世界法学名著译丛
何勤华 主编

世界上伟大的法学家

John Macdonell, Edward Manson

Great Jurists of the world

〔英〕约翰·麦克唐奈 爱德华·曼森 编
何勤华 屈文生 陈融 等译

上海人民出版社

世界法学名著译丛总序

法学，作为近代社会科学的一个重要组成部分，是西方文明的产物。在法学发展的历史长河中，融入了从古代希腊、罗马至现代西方无数法学家的灵气和睿智。历史上的各个法学流派和法学家提出的各种学说，都包含有科学的、真理的内容，都是人类文明的组成部分。将西方法学中的优秀成果翻译并引入国内，为建设现代中国的法学提供借鉴，是我们从事法学研究的一项重要工作。

早在160多年前，先进的中国人如林则徐（1785—1850）等就已经开始将西方的一些法学名著如瑞士法学家瓦特尔（Emer de Vattel，1714—1767）的《国际法》节译为中文，介绍给国人。1864年，北京崇实馆又正式出版了由美国传教士丁韪良（William Martin，1827—1916）翻译的美国法学家惠顿（H. Wheaton，1785—1848）的《万国公法》一书，此后，中国近代维新思想家严复（1854—1921）又翻译出版了一系列西方政治法律名著，使其在国内广泛传播。

进入20世纪以后，我国学术界进一步加快了引进外国法学著作的步伐，先后翻译了施塔姆勒（R. Stammler，1856—1938）、狄骥（Leon Duguit，1859—1928）、耶利内克（G. Jellinek，1851—1911）、奥利弗（M. Hauriou，1856—1929）、拉德勃鲁赫（G. Radbrueh，1878—1949）、霍姆斯（O. W. Holmes，1841—1935）、庞德（R. Pound，1870—1964）、穗积陈重（1855—1926）、美浓部达吉（1873—1948）等人的作品，为当时中国近代法学的形成作出了巨大的贡献。

1949年中华人民共和国成立，尤其是80年代改革开放以后，我国翻译介绍外国法学名著的速度进一步加快，其质量也有明显提高。当代许多外国著名法学家的著作陆续被译成中文，使我们可以与他们为友，与他们对话，与他们交流，从而使我们能够充分吸收他们的智慧，更自觉地建设我们自己的法学。

但是，与哲学、经济学等学科相比，法学界翻译的外国作品还是比较少的，尚有许多优秀的法学经典未能及时译成中文。在这种情况下，上海人民出版社高瞻远瞩，与华东政法大学达成协议，出版一套《世界法学名著译丛》，以为学术界吸收借鉴这些法学优秀成果尽一点绵薄之力。陆续推出的书目有柏拉图的《法律篇》、格劳秀斯的《战争与和平法》、威格摩尔的《世界法系概览》、德沃金的《自由的法》、维拉曼特的《法律导引》、布莱克斯通的《英国法释义》、梅特兰等著的《欧陆法律史概览：事件，渊源，人物及运动》、麦克唐奈和曼森合编的《世界上伟大的法学家》等。

我们清楚地认识到，国外法学名著，每一本都是学术精品，如果翻译得不准确、不畅达，就是对这些精品的糟蹋。所以，在翻译过程中我们尽可能地小心、谨慎、认真，宁肯速度慢一点，也不敢有丝毫的马虎。但由于这些作品都包含了深邃的思想和广博的知识，并夹杂了许多希腊文、拉丁文和阿拉伯文等，翻译起来并非易事。因此，译文中的错误和疏漏仍在所难免。此点，务必请读者诸君原谅，并多加指正，使其在再版时能够加以订正。

在本译丛的翻译出版过程中，我们得到了上海人民出版社领导的大力支持，在此，均表示我们诚挚的谢意。

何勤华

于上海　华东政法大学

译者序

人类法律文明的进步，从古代罗马至19世纪的德国，是一个重要的跨越时期。在这个时期，立法开始兴盛，法律教育已经起步，法学研究成果卓著，法律思想也已经成为人们精神文化的重要组成部分。《世界上伟大的法学家》一书所介绍、评述的法学家，从盖尤斯到耶林，就是这一时期创造法律文明成果的杰出代表。

人类法律文明的成果，一般体现在立法、司法、法律教育和法学研究等方面，各个时代的法学家在其中起着无与伦比的作用。而在社会发生重大变革、人类的生活方式出现重大转折的关键时刻，许多法学家更发挥着启蒙与指导作用，成为人类最为崇高的精神领袖和思想大师。本书所介绍和评述的26位法学家，就是活跃在以上五个领域的法律精英。

立法和司法活动，始终都是人类文明的重要方式，而本书所涉及的帕比尼安、乌尔比安、柯尔贝尔、边沁等学者，都是在这两个领域作出了巨大贡献者，如柯尔贝尔，在路易十四(Louis XIV, 1638—1715)的支持下，主持编纂了《民事条例》(*L'Ordonnance Civile*, 1667)、《水和森林法》(*l'Ordonnance des Eaux et Forêts*, 1669)、《刑事条例》(*L'Ordonnance Criminelle*, 1670)、《商业条例》(*L'Ordonnance Pour Le Commerce*, 1673)、《海事条例》(*Ordonnance Pour La Marine*, 1681)和《殖民条例》(*L'Ordonnance Coloniale*, 1685，柯尔贝尔生前制定，死后两年颁布)等，不仅满足了法国中世纪后期商品经济复兴、资本主义崛起的法律需求，而且为近代法国资本主义法律体系乃至整个大陆法系的形成奠定了历史基础。

法律教育和法学研究，也是人类法律文明的重要活动领域，盖尤斯、巴托鲁斯、居亚斯、朴蒂埃、萨维尼和耶林等，都是这一领域的辛勤耕耘者。而本书对这批法学教授的介绍和评述，让我们领略了他们的成就与风采。如盖尤斯创作了人类最早的法科大学教材《法学阶梯》；巴托鲁斯在发扬光大意大利博洛尼亚大学注释法学派成果的基础上，创立了联系当时欧洲社会实践的评论法学派；居亚斯等中世纪后期的法国法学家开创了人文主义的法学研究，为西欧启蒙思想的形成和传播作出了贡献；朴蒂埃这位中世纪最伟大的私法学家，不仅在法国奥尔良大学教书育人，而且孜孜以求于罗马法和法国中世纪封建民法的研究，推出了一大批创造性的成果，为近代法国资产阶级的法律体系的形成提供了历史基础；而萨维尼和耶林等大师，不仅奠定了德国近代大学法律教育的基础，而且创立了一个历史法学派，引领欧美法学研究的潮流长达近一个世纪。

在近代世界法和法学的发展中，国际法和法学的崛起，是最为引人注目并且对各国的政治、经济、军事和文化的发展影响深远的大事之一。而本书对贞提利斯、格劳秀斯、苏支、宾克尔舒科、瓦特尔和斯托厄尔等一批国际法的创始人与奠基者的介绍和评述，让我们了解了近代国际法和法学的形成、发展与演变的历史，国际法在近代民族国家的形成，海洋、岛屿等人类共同财产的开发、利用和归属标准，预防给人类带来巨大灾难的战争以及一旦战争爆发后如何尊重生命和履行人道主义责任中存在的价值与贡献。尤其是本书对格劳秀斯这位近代国际法鼻祖的介绍和评述，使我们领略到了这位大师为了维护人类的和平、实现对全人类的爱而著书立说、周游于各国统治者的辛劳伟大的一生。

当然，在本书所涉及的法学家中，最值得重视的是作者介绍和评述了一批不仅在法律文明方面，而且在整个人类的进步和发展中作出巨大贡献、影响和声望越过法学，及于政治学、社会学、哲学和历史学等人文社科的法学家和思想家。比如，霍布斯在《论自由》和《利维坦》等著作中提出的政治与法律哲学学说，不仅(在达尔文之前)对英国的思想界产生了巨大的指导力，而且对洛克、边沁、布莱克斯通和康德等政治和法律哲学的形成都产生了影响。又如，孟德斯鸠在《论法的精神》一书中，对法的精神、人类社会的各种政体以及三权分立与制衡等作了系统完整的阐述，从而为1776年的美国独立战争、1787年的美国宪法的制定，以及1789年确立起来的美国共和制度稳定运作两百多年提供了坚实的思想基础。此外，培根在《法律箴言》和《英格兰法汇纂》中提出并践行的法典化主张，格劳秀斯和普芬道夫的古典自然法理论，莱布尼茨的早期比较法思想，贝卡利亚的古典刑事社会学，边沁的功利主义法学，萨维尼的"法是民族精神的体现"的历史法学观点，耶林的"论罗马法的精神"、法的目的，等等，都是越出法学领域的整个人类文明的精神文化遗产。

在翻译和统校全书的过程中，译者深切地感到了本书巨大的学术价值和深厚的思想底蕴。从本书中，我们不仅可以看到人类法律演变的历史，看到大学的兴起与法律教育的进步，看到法学研究的日益深入以及所取得的辉煌成就；也看到了人类一批法学大师如何适应时代的变迁、抓住机遇或者创造机遇，为法律文明的依次进步作出的贡献；还看到了法律先贤如何勤奋刻苦、殚精竭虑、前赴后继，为追求自由与平等、实现社会的公平正义、关注人类的幸福与尊严，以及达至全人类的普遍的爱的伟大情操和高尚品德。从这个意义上说，本书不仅是一部法、法学和法学家史的教科书，也是一部法律人如何生活的教科书。

尽管阿诺德(Matthew Arnold)在《论翻译荷马》(*On Translating Homer*)一书中曾给翻译者忠告："不要去纠缠于荷马的身份这一伤脑筋的问题"(见本书"维柯"一章，边码第388页)，但对于任何一名认真负责的、将翻译视作严谨学问的译者来说，一部信得过译著的译成，离不开成千上万次的求证。这种求证可能有文法上的、版本上的、不常见外文上的、年代上的、人名地名上的、制度上的、思想上的，不一而足。本书朝着这一方向努力，比如在翻译法学家“霍布斯”一章时，为达到精益求精，译者找出商务印书馆汉译世界学术名著译丛中的《利维坦》并仔细勘对，在翻译贞提利斯、格劳秀斯等国际法学家时，译者找到民国时期日本学者寺田四郎著《国际法学界之七大家》(韩逋仙译)作为参证。

一部伟大的作品不应被当作“蜡做的鼻子”(nose of wax)，任人捏弄，为此，本译著对原作未敢故意加以损益。但由于本书的宏大深邃，人物众多，各位法学家的生活经历又极为丰富，加上本书除了英语之外，还涉及法、德、意、荷等语种，以及古希腊语和拉丁语，因此，尽管已经付出了所有的智慧与心血，但本书的翻译仍然可能存在若干缺陷和不足之处，此点恳望广大读者批评指正。2012 年是英文版《世界上伟大的法学家》出版的第 99 年，我们就以这本近 70 万字的译作来纪念大陆法史系列丛书和伟大的威格摩尔吧。伟大的老师，总能给学生心灵上以永恒的影响。

希望本书的出版能经得起检验，影响几代人。

何勤华　屈文生

于华东政法大学

凡　例

一、本译著译自美国著名比较法学家约翰・H. 威格摩尔(John H. Wigmore，1863—1943)组织翻译、编写的“大陆法制史系列”(The Continental Legal History Sieres)第二卷，原书名 *Great Jurists of the World*。

二、本卷由英国科学院院士约翰・麦克唐奈爵士(Sir John Macdonell，1846—1921，Fellow of the British Academy)和比较立法学会干事爱德华・曼森(Edward Manson，Secretary of the Society of Comparative Legislation)合编。纽约联邦地区法院法官范维克滕・维德(Van Vechten Veeder，Judge of the United States District Court，New York)为本书英文版作了《引论》。

三、原书出版于1914年，出版社是美国波士顿的 Little，Brown，and Company，原书正文共607页。原文作者有二十多位(见汉译本目录)。原文最早发表在比较法类的学术杂志上，后由麦克唐奈爵士和曼森先生合编成书。

四、本书直接涵盖的是世界法学史上最为著名的26位法学家的生平、代表性著作、法律思想、法学研究成就等。本书间接折射出的是法学的历史变迁过程。全书介绍的主要法学家有盖尤斯、帕比尼安、乌尔比安、巴托鲁斯、阿尔恰托、居亚斯、贞提利斯、培根、格劳秀斯、塞尔登、霍布斯、苏支、柯尔贝尔、莱布尼茨、普芬道夫、维柯、宾克尔舒科、孟德斯鸠、普蒂埃、瓦特尔、贝卡利亚、斯托厄尔、边沁、米特迈尔、萨维尼、耶林等。

五、《世界上伟大的法学家》是“大陆法制史系列”丛书(共11部)中的第二部；第一部是《欧陆法律史概览：事件、渊源、人物及运动》(已有中译本，屈文生等译，上海人民出版社2008年版)。其余9部迄今尚未译成中文，它们分别是《法国民法史》(法国布里索著)、《德国民法史》(德国鲁道夫・许布纳著)、《大陆刑事诉讼法史》(法国A. 艾斯曼等著)、《大陆刑法史》(德国路德维希・冯・巴尔著)、《大陆民事讼法史》(恩格尔曼等著)、《意大利法律史》(意大利卡洛・卡利斯著)、《法国公法史》(布里索著)、《大陆商法史》(保罗・赫未林著)，以及《欧洲法律发达史》(加布里埃尔・塔德、拉乌尔・德・拉・格拉塞里等著)。

六、原书附有19幅法学家人像插图，本书予以扫描保留。

七、原书中个别脚注因以多国文字写成，译者无力一一破译，故有选择地翻译或照录了其中的一部分。

八、本书的边码为原书页码。索引中出现的页码为原书页码。

九、为方便读者作进一步可能的文献检索和比照，本译著中保留了较多的外文。凡著作名、论文名、法典名称和拉丁文、意大利文、德文、法文等，一律用斜体标出。其他对照性的外文，则用正体标出。

十、书中人名、地名，除约定俗成之外，依据商务印书馆出版的《英语姓名译名手册》(第四版)、《德语姓名译名手册》(修订本)以及《外国地名译名手册》(中型本)。

十一、本书的翻译参考了数百部工具书、已出版译著及同类书籍。书中不少译名源自已出版书籍，限于篇幅，未能一一给出出处。书中涉及大量拉丁文、典故名、德文名词、法文名词等，译者自感吃力，故将原文列于译词中，以便专家指导。

屈文生

2012年10月1日于上海

目 录

大陆法制史系列总序

我们又想起了梅特兰（Maitland）大师，他说："历史是一张没有接缝的网；只想讲某一段历史的人，一定会感到他说的第一句话，就要扯破这张网。"

英美法律史这张没有接缝的网，将我们同西欧和南欧的历史紧密地联合在一起。我们的主要兴趣因此必须自然而然地集中在破译这一就摆在眼前的模式（盎格鲁—美利坚法律模式）之上。当我们追寻这张网的经线和纬线时，我们必然会进入一个更为宽广的视域。

西欧大陆法的历史，说到底是由种族和智识两大运动构成的。一个是日耳曼人的迁徙运动，它把日耳曼习惯移植到了各地，并使之茁壮成长。另一个是罗马法的余威，它或抗拒着其他法律制度，或与其他法律制度保持着竞争的关系，或与其他法律制度结合在一起，始终如此；数以千计的不同结合由此得以出现，如今约有十余种不同的法律制度仍独立存在。但问题是，若不从整体上对它们了解一番并追根溯源，对于其中的任何一种法律制度而言，我们都很难作出完整的理解。

即便是英格兰这样的岛国，也无法逃脱这张网。因为，首先来说，英格兰的各个种族织线——撒克逊人、斯堪的纳维亚人、诺曼人——都是同一日耳曼人经线和纬线的分支；日耳曼人确立了法国、德国、斯堪的纳维亚、荷兰、奥地利、瑞士、北意大利及西班牙的法律。其次，英格兰的法律文化绝谈不上从未受到过罗马法的任何影响；罗马法对欧洲大陆各民族都有过智识上的影响。因此，一方面，当我们把英美法上的任一学说或规则与罗马法进行对比时，英美法中的原则或学说鲜有不能从罗马法上找到源头或未从罗马法中受益的，我们会发现，英美法在与罗马法出现分歧前，必有共通之处。另一方面，在交互影响的几百年里，英美法和大陆法之间，或多或少存在一种"持续的法律交际现象"（constant juristic sociability），如果这样的一种提法是可以的话。总之，西欧的法律与英美法之间存有一种交织的共同的祖先，有种族上的，也有智识上的。

于法学研究而言，这样的历史应为所有有志于了解英美法历史的人所熟知。时机现已成熟。在过去三十年中，欧洲学者将他们的法律史视作现在批判研究和哲学研究的立足点。今天，在英美学者中间，我们发现，人们对于本国和外民族法律制度的对比研究，在视野上已有显著扩大，兴趣也日渐浓厚。如果说，这一研究尚有不尽如人意的地方的话，唯一的障碍就在于，这方面的英语语言研究资料还相对匮乏。

时代的精神呼唤我们对大陆法制史能有深入的研究，1909 年 8 月的那届美国法学院协会的年会上，提交会议的一篇纪念文章中已经悉数指出有益的对策：

> 近来，对于比较法总体研究的势头不减，值得引人注目。美国律师协会中的比较法事务处(The Comparative Law Bureau of the American Bar Association)、泛美科学大会(the Pan-American Scientific Congress)、美国刑法与犯罪学研究所(the American Institute of Criminal Law and Criminology)、统一立法公民联合会议(the Civic Federation Conference on Uniform Legislation)、史学国际大会(the International Congress of History)，还有各大图书馆对于外国法书籍的购买，这些工作和其他运动，在不同程度上触及大陆法中的各部门法。这些活动不断提醒我们，英语文献中，并无大陆法历史的资料。要对大陆法有研究，就要对大陆法的历史或多或少地有些了解。大陆法的各个国家都有其自己的法律制度及法制史。但英国法对于大陆法并非一无所知，这种陌生的程度远不及大陆法对于英国法的不了解程度。只不过是，如果说我们能够对大陆法制史有持续的研究，我们就能永保英美文献的最佳传统。
>
> 我们相信，对于大陆法近代学术成果的熟悉，定会带来新的增长点，对于英美法自身的发展会大有裨益。不仅如此，今日的法典化运动、许多部门法的重构，使得我们更加需要了解诸如欧洲大陆在19世纪做出的法律改革和法典化举措等历史。
>
> 出于这样的原因，我们相信，勤于思考的美国法律人及学者，应自主翻译一些大陆法制史方面的优秀作品。

美国法学院协会于是一致通过下列决议：

“成立一个由五人组成的大陆法制史翻译委员会，该委员会有权组织安排合适作品的翻译及出版。”

编委会成立后，花费了约两年的时间，对这一领域展开了研究，并选择和安排了翻译事宜。编委会决定对这一事业整体推动；大陆法制史系列书籍按照下列主题来协调安排：(1)时期；(2)国别；(3)主题。这样做的目的在于，读者能在有限的空间里，对大陆法有一番最为恰当的概览。

(1) 历史时期的确立。编委会确定，丛书的内容要既包括近代时期，也要涵盖早期历史和中世纪时期；因为无论在实用价值还是在重要性上，早期历史和中世纪时期的历史，均急需我们去了解。任何一卷书都不应仅仅满足于搭建一个有价值的框架，它不能缺乏重要的发展时期，相反，要实现充分展示从早期到近代时期的发达史这一目标。

(2) 国别的确立。编委会确定了法国、德国和意大利作为中心阵地,对于其他国家法制史的发展,要做可能的顺带提及。西班牙本应是第四个着重考虑的国家,但因为没有合适的文献可供参考,故无法列入;编委会的专家一致认为,可资翻译的合适的西班牙法制史书籍,在欧洲还未写出。

(3) 主题的确立。编委会接受了大陆法中关于法律的常见划分法,即民法(或私法)、商法、刑法、诉讼法及公法。编委会努力在这一系列中包括上述五种。但是,若要分开介绍每个主要国家的上述五种法律,则不仅会突破篇幅限制,而且还会造成大量重复。因此,该系列的每一卷书,都是部分按照主题、部分按照国家来编排的。

商法、刑法、民事诉讼法及刑事诉讼法,各出一卷,在这样的一卷书中,基础是欧洲早期及中世纪法律史,接下来是各历史时期的法律史,它要特别论及一个主要国家(法国或德国),还要补充另外主要国家的情况。法国和德国的民法(或私法)各分配一卷。对于意大利法,出版一卷涵盖以上五个法律领域的书籍。关于公法(这一主题的历史与英美法最不相关),法国单独出一卷,其中与英国法共同的发轫之点及后来的分歧,对于英美法院和法律方法的历史有着不同寻常的价值。最后,还有三卷是概览性的,它们的内容关乎各部分间的联系,因而也必不可少。在这三卷中,第一卷是导论性的,其内容是关于大陆法的渊源、文献及运动,简言之,是关于法的外部史(the external history of the law),与波洛克爵士(Sir F. Pollock)和梅特兰教授(Professor F. W. Maitland)合著的《爱德华一世前的英国法律史》(*History of the English Law before Edward I*)相当;第二卷讲的是伟大法学家发挥的历史作用;还有一卷讲的是,在学说发展过程中,所有现代法律制度所具有的共同特点。

无需赘言,这样编排的大陆法制史系列丛书,完全契合我们的需求,但鉴于现有材料都是欧洲的学者为欧洲的需要而写成的,因此实际编起来并不容易。编委会希望,丛书编写的困难,能够得到读者的体察。尽管如此,编委会有理由确信,整合并试图把法律的各个部门有机结合在一起的做法是正确的,为实现这一目的,编委会尽力选择了适合的材料。

编委会感谢那些为丛书的编写付出努力的人。感谢欧洲一些大学的学术顾问,他们为本丛书遴选待译材料给出了许多宝贵的建议。他们的建议让编委会相信,在欧洲法律史学者中,这十一卷的作者们代表着的是:极高的学术水平,最新的研究成果,以及极高的学术声望。编委会在此还要感谢纽约市的埃尔伯特·H. 加里先生(Elbert H. Gary, Esq.),本丛书的编写与准备工作,得益于其在西北大学的"加里大陆法图书馆"提供的大量法学研究资料,它们是不可或缺的。

编委会感谢丛书各位作者的通力合作,慷慨应允使用他们的作品。他们的许可无疑对法学的发展大有助益。

编委会感谢出版商对本丛书表现出由衷的赏识，这对于法学的发展具有更为重要的意义。

编委会特别感谢丛书的译者们。这样的一项工程要求译者具有极高的语言和法律技能；找到合适的译者，并不比找到合适的作者容易。编委会代表法学同仁，感谢他们为这项工作付出的辛勤劳动，本丛书的读者也似乎应牢记，没有他们的付出，这个梦想定不能实现。

编委会对于自己能代表广大法学界和史学界同仁，向大众介绍本丛书的各位作者和译者，感到十分荣幸。不再赘言。

大陆法制史系列丛书编委会

美国法学院协会编辑委员会

原译者 LIST OF TRANSLATORS

托马斯·S. 贝尔　洛杉矶律师
THOMAS S. BELL, of the Los Angeles Bar.
詹姆斯·W. 加纳　伊利诺伊州立大学教授
JAMES W. GARNER, Professor in the State University of Illinois.
拉珀利耶·豪厄尔　纽约律师
RAPELJE HOWELL, of the New York Bar.
约翰·莱尔　费城律师
JOHN LISLE, of the Philadelphia Bar.
欧内斯特·G. 洛伦岑　编委会委员
ERNEST G. LORENZEN, of the Editorial Committee.
罗伯特·W. 米勒　芝加哥律师,西北大学讲师
ROBERT W. MILLAR, of the Chicago Bar, Lecturer in Northwestern University.
弗朗西斯·S. 菲尔布里克　纽约律师
FRANCIS S. PHILBRICK, of the New York Bar.
约翰·辛普森　纽约
JOHN SIMPSON, of New York.
约翰·沃尔格伦　芝加哥律师
JOHN WALGREN, of the Chicago Bar.
约翰·H. 威格摩尔　编委会主席
JOHN H. WIGMORE, of the Editorial Committee.

原编者序

莱布尼茨在他的《法学论辩教学新方法》(*Nova Methodus discendae docendaeque Jurisprudentiae*)中阐述了他一系列的愿景,其中就包括出版有关伟大法学家生平事迹的书籍。两个多世纪过去了,这一提议仍未见成果。只有莱布尼茨和他百科全书式的学识才有能力践行他的方案;但对于我来说,这需要多位学者以某种方式齐心协力才能完成这个被长期忽视的愿望。成果就是这本书,大部分内容都以系列文章的形式发表在《比较立法研究》(*Journal of Comparative Legislation*)上。

有人要我在这本杰出法学家生平事迹的合集中,增加一个简洁的介绍或序言。也许不需要序言,我希望本书能为自己代言。我不认为这是在严格地履行缜密的计划。每个作者都可以在一定的限度内,根据自己认为合适的方式,自由处理他负责的作品;所以每位作者都对自己的作品负责。完全统一的处理模式是不可能的。本书不仅介绍了法学家们的生平,而且还包括他们的主要作品;本书讲的尽管不完全是法学的历史,但它有助于描述法学发达史中的若干重大事件,它们是每个民族历史中的重要部分。

本书有些法学家的小传,依据的是很新的写作素材,或是之前很少被人用到过的素材;本书中,没有一个小传是对现有文献的简单汇总。有很多重要的内容,是在本书中第一次阐发的。我指的或许是盖尤斯、帕比尼安、阿尔恰托、居亚斯、霍布斯和培根的生平。法学史的著作的书写,常常会忽略法学家。如果本书能在某种程度上改正学界常见的将法学原理同它们形成的历史背景以及它们的阐发者生活的时代拆分开来的错误习惯的话,那么就可以说,本书已经实现了它的一个目的。时代精神(*Zeitgeist*)固然不应被忽视,法学家的个性和品质也不容忽视。对于我们所处的这个时代有的法官是如何影响特定部门法的发展的情况,我们很清楚。过去也一样。如果没有科克(Coke)或曼斯菲尔德(Mansfield),或者如果培根(Bacon)代替科克,布勒(Buller)代替曼斯菲尔德在关键时期执掌王座法院(King's Bench),英国法的发展路径肯定会不同。了解居亚斯(Cujas),或格劳秀斯(Grotius),或耶林(Ihering)是怎样的人,有助于理解他们的学说。

本书始于盖尤斯和帕比尼安,终于耶林,跨越近两千年的历史,囊括了法律史上四个伟大时期的代表性法学家:(1)罗马法获得完全发展时期;(2)罗马法被视作欧陆国家的普遍法时期;(3)各种形式的自然法至上的时期;(4)法典化和成文法时代。

本书收录的法学家中,有革故鼎新者,如格劳秀斯;有杰出的实务派法学家,如苏支和宾克尔舒科；改革家如米特迈尔和边沁；法哲学家诸如莱布尼茨和维柯。很多重要的具有影响力的法学家因为本书的篇幅有限，不得不被割舍；但是这些未能列入的法学家也许将来会通过增补本的形式呈现在读者面前。通过这种将各位法学家的生平经历简要地联系在一起的形式，我希望本书能够勾勒出法学史的发展轨迹。正因如此，我们在践行着前无古人的工作。

本书讲述的是二十余位身处不同时期的法学家，他们从不同视角看待法学，并形成了迥异的观点。一些注意到这些差异且注意到早期法学家和当代法学家在崇高追求方面有区别的读者，也许会问这样的问题："法学史在本质上是否就是一部幻灭史？它有没有任何可交流的教训？它是否比法学史作品更久远？我们是否已经远远实现了《法学阶梯》的开篇：'正义乃是让人诚实生活，不伤害他人，分给各人应得的'（Juris praecepta sunt haec: honeste vivere, alterum non Iredere, suum cuique tribuere）？"比较乌尔比安和奥斯丁（John Austin）关于法的定义，我们发现显著的变化。也许一个曾经仅次于神学家的法学家，必须和神学家一起退到一个更低的位置。法学不能按字面理解为"神事与人事的知识，正与不正的学问"（divinarum atque humanarum rerum notitia, justi atque injusti scientia）。有人也许认为，法学史值得《浮士德》中的恶魔（Mephistopheles in *Faust*）的嘲笑。

法学家们无法重回巴托鲁斯和居亚斯的巅峰，巴托鲁斯及他的法学教授子孙被赋予殊荣，"他和他的子孙（如也是法学教授）有权力给他们非婚生子地位的学生以婚生子女的地位或者使他们摆脱弱势群体地位"（见本书边码第 50 页）。他们的学说因为种种原因难以成为过去的样子。他们的学说的作用过去在变，现在仍在变，首先是因为，法学的研究客体已有了分类，这是引起众多变化中的一个方面。在莱布尼茨和维柯之后，法学已不再不可避免地与伦理学和哲学融合在一起。维柯把"万物"（*tutto scibile*）称为法学。他指责格劳秀斯把法学与神学割裂开来。现代法学的世俗化——即与神学分离，甚至在一定程度上与伦理学也发生分离。其次，而且这也是第二大变化，立法涵盖的广泛范围与活动，缩小了法学家的研究领域。凡已被允准担任次级立法者（sub-legislator）的，他已变为法律的解释者了——往往是戴着脚镣去解释法律，始终要服从如下定律：如果立法机关享有立法权，法学家至多拥有学识。

在法律运行上，还有更深层次的变化。法学需要同心理学（psychology）相适应；我的意思是，法律的所有根源都应当弄清楚，而不像过去那样，只弄清楚极小一部分；法律来源不能仅凭或主要根据上级的指令；我们必须关注促使人们在无压力的前提下采用特定规则并予以实施的动机所在，并注意文明人遵守法律和秩序的动力。此外，法学还需要与社会学相适应；任何对于社会关系的单纯法律分析都是不完整的；依据法律方法，它们并不是完全可以得到解释的，它们也无法全部纳入法律体系中，比如明示或默示合同。社会由生活在一起并以多种方式合作的人类组成，他们可能具有多种动机，有自私的和同情别人的，他们还可能彼此间有着伦理上的、经济上的和传统的联系；社会学而不是法学，必须对这样的合意和协调作出解释。社会学可以帮助我们去解释全社会的力量是如何联系在一起并齐力合作的。

法学还需讲述法律发展的进程，但直到最近，由于缺乏必要的数据，这一过程依然不能被人清楚地看到。它必须解释法律发展的不同阶段——比如，继续梅因(Maine)、巴斯蒂安(Bastian)和波斯特(Post)的工作；符号体系得以普遍接受的阶段(the stage in which symbolism is universal)；形式和文字都有效力的阶段(the stage in which form and the letter are all powerful)；主要习惯即是法律的阶段(the stage at which law is in the main customary)。法学必须解释法学与宗教和伦理学分离的原因，以及三者之间的真正关系。法学必须说明，国际法不是意外的惊喜，也不是智慧的发明，而是不可避免的发展的结果。

还有更大的难题等待着法学家们去解决。法学家们必须重新建构某些法律种类和法律概念，才能满足新的现实和思想的需要。因此，财产的概念将不再与以前的定义相一致；它必须受到一些新的限制，比如在土地案件中，先占人的权利及从先占人那儿取得的权利，如今到处会受到最后占有人的权利限制。如果可以的话，法学家还要对诸如“公正租赁”(a fair rent)、“公正工资”(a fair wage)、“最低工资”(a minimum wage)、“合理的工作日时长”(a reasonable length of working day)等概念下定义。当我们阅读哪些垄断行为是依英国普通法的合法垄断，以及哪些是不合理的非法限制交易的非法垄断的判断标准；进而再去阅读一本当代政治经济学书籍中关于不同形式的垄断以及它们造成的利弊影响分析后，我们会发现，法学家使用的定义都已经过时。法学还需要为刑法提供更加坚实的基础，提供更加令人满意的刑罚理论，提供一则更好的比如与责任不一致的精神病种类的定义。在这里，法学家使用的也是过时的或不完善的工具。

最近显现的社会秩序模式必然不是最终的也不会是最好的模式，法学家需要在转型和重构的过程中提供帮助。他已经详述了历史，如今必须去应声解决尚不知晓的难题。

即便是解释制定法这一不算重要的职能，变化亦近在咫尺，而法学家们必须推动这样的变革。英国的法律人和欧陆国家的法律人采用的、用来确定立法机关意图的解释规则不可能都是正确的，总有一天，必须在两者中间作出选择——前者固守制定法的字面含义，并适用特定的技术规则；后者则试图在附属文件或前者不曾关注的立法程序中找寻答案。

法学家们的伟大使命仍在于，在借助伦理学的协助下，每当法律未作规定或者文意模糊时，回答“何为正义”这一问题。这一问题的答案不能按照权力或者抉择来回答。人的良心，无论环境如何变化，永远是温的；它要求以另一种方式来解决问题，而这样的一种要求很难解释清楚。

正义感无论在什么时期都存在，它对某些立法表示赞许，对另一些立法则表示谴责，它旨在创造一种法秩序(*Rechtsordnung*)。在有些社会中，在某些特定时期，这一目的显得更为迫切。它未必永远表达类似的意思，但总是需要被考虑进去。一部对被告人不加审理就宣告有罪的法律，一部从张三处剥夺财产又将其给予随便挑出的李四的法律，或者一部承认溯及既往的法律，可能符合所有立法上的要求，但它的不公正并不会因此而看上去少一些(it would not seem the less unjust)。天文学从占星学而来；化学从炼金术而来；而普世的永恒法的虚幻概念，可能正是另一种新法学兴起的基础。有人感觉到，乌尔比安那些著名的关于自然法的描述，可能还是真理。

至于收录本书的“世界上伟大的法学家”，每一位都以自己的方式在他所处的时代肩负着一项使命，而这样的一项使命，虽然本书所讲的各位伟人在两千年来不谋而合地朝着完成它的方向而前行，它仍然有待人们在区分善与恶时继续去完成。

约翰·麦克唐奈爵士

引　论

对于欧陆法学(European jurisprudence)发展脉络的探寻，无疑会让我们觉得有点远离盎格鲁—美利坚法熟悉的方法和观点。本书所述及的伟大法学家都是具有世界级声誉的。但是有国际声誉的法学家并不必须都要对某一国家法律体系产生显著影响。若按这一标准，许多公认的大家将会被排除在外。曼斯菲尔德勋爵(Lord Mansfield)是法律史上著名的伟大法学家之一，尽管他的影响只限于国内。相较那些以司法实践来体现其个性的法学家而言，本书可能看上去给予教义性、学院派的作者以更多的重视。有些国家，系统表述法律原则的工作是由法官来做的，大部分体现在法官的司法意见中。这些国家法学家的主要类型就是法官。但在欧洲大陆，法律发展是另外一种路径，法律文献是作为大学研究的一部分来被系统研究的；其对法院的判决有直接的控制力。

和神学一样，法学中，条条大路指向罗马。罗马法令人叹为观止的结构受到了促成它在帝国早期保持经久活力的因素的影响；这时的罗马法学家同时也是法律制定者、阐释者和为文明世界执行法律的官员。万民法使得罗马市民法有了更大的自由，激发了其活力。公元前246年，为减轻市民法的排外性，罗马设立了外事裁判官(*praetor peregrinus*)一职；外事裁判官为外国人名副其实地设立了一部法律。但是，在这期间，外事裁判官告示(practorian edict)改变了市民法的形式和实质。只有在事实上成为与其他民族私法相一致的罗马法的一部分时，万民法才开始被认为是人类的共同法，它以事物本性(the nature of things)和世人对平等的一般看法为基础。

那些肩负着发展继承了裁判官告示的罗马法的法学家，一直享有独特的地位。他们作为顾问给雇主建议，并就即将发生的诉讼提出意见。但他们既不准备案件也不争论案件，更无需负责。在罗马，纠纷是由被称为法官(*judice*)的个体公民来解决的。法官接受法学家(jurists)法律上的指导，就像在现代的法庭上，陪审员接受法官的指导一样。当帝国皇帝授予某些法学家充分的解答权(the right of responding)时，这些御用法学家的职权近乎一个现代法官。

尽管法学家偶尔扮演法官的角色，但在公元2世纪之前，他们的影响并不直接。公元2世纪，随着享有上诉管辖权的最高法院在皇家礼堂(Imperial Auditory)成立，法学家受命以皇帝名义履行现代意义上的法官的职责。由此产生的法律文献对法律发展起到持续的控制性影响，直到罗马皇帝对特定案件中的敕令的一般效力开始进行干预。遵守司法先例的最后残迹也被君士坦丁的一项决定所抹去。该决定规定,法官可以不遵循他认为是错误的司法决定。因为正义、公平是通过依法实施,而不是依照判例实现的。

罗马法律的最终形式是帝国法令。流传至现代世界的民法式样即源于此。法律(*leges*)和元老院决议(*senatus consulta*)的数量相比与流传下来的皇帝制定的法律汇编而言,是微不足道的;这些汇编是皇帝对某些案件的决定或意见,如对官吏的敕训、对全国居民的敕谕或公告。这些大量的立法司法职能主要由一个委员会承担,在戴克里先皇帝(Diocletian)时代称之为咨政院(*Consistorium*),主要有法学家组成,他们作为皇帝的顾问听讼,并在立法时提出意见。

在优士丁尼一世(Justinian)去世后的几个世纪里,《民法大全》(*Corpus Juris*)几乎从人们的视野中消失了。《哥特法典》借鉴了许多罗马法内容,但忽视了其在《学说汇纂》中得以反映的真正精神。其中只有阿拉里克的《法律要略》(Alaric's *Breviary*)独自产生了广泛影响。

12世纪,伊纳留斯[1]复兴了对罗马法的研究。注释法学家(Glossators)注重对疑难段落的解释,他们的成果由阿库修斯[2]于1260年汇集,构成了几个世纪以来法学研究的主要成果。注释法学家沉浸于中世纪信仰权威的特性之中,所以他们的成果缺乏历史视角;但是他们搜集和保存了伟大的罗马法遗产:这是一项极有价值的工作。

后期注释法学派(post-Glossators),也称巴托鲁斯学派(Bartolists),将学者的研究方法运用到法律上来,使得前辈相对简陋的方法发展成为一个高度发达的体系。既然对罗马法不能有重要的知识上的贡献,他们便毫不犹豫地从事改进的工作,使之适应新时期的发展。我们很感激阿尔恰托[3]和居亚斯[4]将罗马法作为古典文明的一部分来细细描述。他们集中关注文本,研究历史背景下的罗马法。所以他们对罗马法有真正的理解,但是阿尔恰托和居亚斯的历史方向与实定法的影响很快让位于"自然法"这一哲学概念。

自然法是斯多葛学派自然概念(Stoic conception of Nature)中的一个术语,是共同法的体现。随着万民法的发展,罗马法学家得以接触希腊哲学。当最终在罗马版图上,共同法(universal law)和共同的市民资格(universal citizenship)成为铁板钉钉的事实时,现实条件与斯多葛理论的联系就变得紧密起来。适用于所有人的自

---

① 伊纳留斯(Irnerius,约1055—1130),意大利波伦那大学教师,注释法学派的创始人。——译者注

② 阿库修斯(Accursius,约1182—1260),注释法学派代表人物之一,主要致力于对《国法大全》注释的汇编和总结工作。——译者注

③ 阿尔恰托,16世纪意大利人文主义法学派的主要奠基人,曾对罗马法进行了理性化的研究,并对罗马法大量文本进行过更加精细的重构和解释。——译者注

④ 居亚斯(Jacques Cujas,1522—1590),16世纪法国人文主义法学派的主要代表和核心人物。——译者注

然法概念在帕比尼安[①]和乌尔比安[②]手里切实发生影响。他们两人的意见在文明世界享有法律效力。但是,与罗马法学家实际目的相比,哲学上的阐述是模糊的。在《法学阶梯》中,自然法意指人与动物本质相同。乌尔比安也有相同的看法;在该书的另一页,自然法被认为类同于万民法。尽管在其他地方,这两者是矛盾的。

法学家通常所指的自然法并不表示实定法或习惯,而是表示一种理想的正义,实定法因之而和谐。自然法对市民法的影响,与其说是对裁判的特定原则的补充,不如说是用于简化这些原则并使之和谐的指南。自然法并不被认为高于市民法。因为它是建立在万民法基础之上的,只有作为市民法的一部分时,它才会变得正当和有效。

大约在16世纪中期,当整个西欧重新承认罗马法时,环境又再一次有利于自然法哲学。罗马法的普遍使用和效力无法从任何当局的认可中得到。它是一种共同的思想和方法基础,与特定国家的实定法相对应,某种程度上就相当于罗马法的万民法和市民法的关系。尽管罗马法被称为欧洲的普通法,但是它在实际应用中要受到当地习惯的修正。罗马法的至上性,并不是指作为一个系统在效力方面是至高无上的,而是作为实际体系典范的某一类型。它要求从事物的理想状态出发进行推理,并产生对纯粹权威的蔑视。最终,实定法与源自假设原则的理论规则之间的区别几乎看不见了,并且,不符合自然法的人法不具有权威性这一潜藏在理论中的观点最终成为支持革命的利刃。

自然法作为一个积极概念,有别于纯粹消极的自然权利概念,包括一些可证的和可信的元素。斯多葛学派和古代民族一般从普遍自然(universal nature)得到自然法。阿奎那[③]和中世纪神学家从神性(divine nature)中得到,康德[④]和其他现代哲学家从人性(human nature)中得到。现代思想已经拒绝这些基础,但是术语流传了下来。对自然法之所以有多种适用,是因为潜在着一个基本思想:要符合人类作为理性和社会存在的特定性。这一原则是每一种实定法的正当理由,在英国法中以理性的名义得到承认。

法学体系可能会处处有效力,但实际上并不一定如此。针对像国际法这样不存在实定法律学科的法学体系的创建过程是最富有成效的。格劳秀斯[⑤]和他的继承者发现国际关系的大部分领域没有既定习惯,为了寻求国际法体系的基座,他们

---

① 帕比尼安(Aemilius Papinaianus,约140—212),古罗马法律史上最伟大的法学家。——译者注

② 乌尔比安(Domitius Ulpian,约170—228),古罗马著名的法学家。——译者注

③ 阿奎那(Thomas Aquinas, 1225—1274),欧洲中世纪经院哲学家,神权政治学说的最杰出代表。——译者注

④ 康德(Immanuel Kant, 1724—1804),德国近代著名哲学家,哲理法学派主要代表人物之一。——译者注

⑤ 格劳秀斯(Hugo Grotius, 1583—1645),荷兰著名法学家,近代资产阶级自然法理论的奠基者和国际法的创始人。——译者注

重新找到自然法作为理性的法并使其为全人类所遵循。

与此同时，一个完全独立的法律体系在英国发展起来，走的是一条与大陆方式截然不同的道路。在英国，早熟的中央集权给法律打上形式和个性都非常鲜明的烙印。强大的立法机关很早就制定了通行全国的法令，国王法官的判决不仅对于手上的案件有效力，还被当作一种法律的宣告。这样，英国法成为一部完全通行全国的、实证的和实用的法律。在边沁[①]以前，法学家的推理几乎不存在。早期文献中可以看到的法学家推理方法依靠的是政治学理论，而不是严格意义上的法学。甚至在公法领域，我们依赖的是先例而不是抽象的原则。对法律的验证要从法庭的裁断(recognition)中寻找。这一实用性的格言渲染了英国法学家的哲学，限制了法律成为由明确权威机构实施的一套明确规则体系这样一种概念。由霍布斯[②]阐述，边沁、奥斯丁[③]加以应用的英国法学学派是培根[④]经验主义(empiricism of Bacon)的直接传人。

由萨维尼[⑤]创建的历史法学理论是对法国大革命的一个反应。和革命性的自然法理论趋势相反，历史法学建立了历史的权威(the authority of the past)而不是元首的意志。法律不是人类有意识地制造出来的，它是民族精神成长的产物，与民族生活和个性相交融。法律与其说是专断意志的产物，不如说是语言或宗教的产物。在历史法学家看来，法的类型是习惯，历史发展的连续性是法律健康发展的极其重要的条件。历史法学理论也代表了对分析法学派(analytical school)的反应，分析法学派把立法作为法律唯一正当的来源。

后期法学家，在耶林[⑥]的领导下，对于前述的理论达成一种综合，同时也是一个排他的民族产物。它的历史，和一般的文明一样，是一个借鉴和吸收的过程。将法律正当化为一种人类制度不过是权宜之计。法律是服务于社会的，必须满足其真实需要。

在某一特定时期，这种或那种法学流派的兴起，是历史条件的结果。但是条件不是一成不变的，同时我们会发现曾经被认为定论的理论是虚假的或有缺陷的。法律的每一种理论——哲学的，分析的，历史的，比较的——都体现出一部分真理，

---

① 边沁(Jeremy Bentham, 1748—1832)，英国著名法学家，功利法学派的代表人物。——译者注

② 霍布斯(Thomas Hobbes, 1588—1679)，英国资产阶级革命时期代表大资产阶级、上层新贵族利益的政治法律思想家，近代机械唯物主义的奠基人之一。——译者注

③ 奥斯丁(John Austin, 1790—1859)，英国19世纪著名的法哲学家，分析法学派的创始人。——译者注

④ 培根(Francis Bacon, 1561—1626)，英国近代著名哲学家，近代归纳法的创始人，同时也是给科学研究程序进行逻辑组织化的先驱。——译者注

⑤ 萨维尼(Fridrich Karl Savigny, 1779—1861)，德国著名法学家，德国历史法学派的主要代表人物。——译者注

⑥ 耶林(Rudolph von Jhering, 1818—1892)，德国著名法学家，目的法学的创始人和主要代表。——译者注

并且作为一种方法，每一种都有其存在的合理性和必要性。所有方法在一定程度上都被罗马人使用过，只是没有形成任何理论。很久以前培根就曾指出仅仅是经院式的法律概念是很危险的。

另一方面，只注重实际会导致科学进入一个干涸无果的境地。对法律的哲学和宗教背景进行研究是极其重要的。但是要坚持理想，不能空对空，必须弄清其在实践中的意义。历史法学方法富于启发的效力在后来布朗勋爵(Lord Brown)几篇司法意见中得以很好的体现，但另一方面，它也经常会走向故纸堆主义(antiquarianism)。

对所有清晰的法学思考来讲，分析法学是必要的，但是如果排斥其他看法，它就变成抽象的、机械的形式主义。基本原则的确定对司法执行的统一性、稳定性和公正性来讲是必要的，但是从既定规则出发进行逻辑推理，在遇到多变的情况时，并不总是充分的。僵化和形式主义是判例法系统的最大缺点。克服它只有依照所服务的目的，经常性地修正原则。法律概念应当被视作有效用的假说，而不应被当成绝对的真理。

范维克滕·维德

1 # 1. 盖尤斯
(Gaius)

在意大利北部观光的旅行者，往往对所到之处充满着期待和渴望，但如果他顿生远离尘嚣之念的话，去维罗纳(Verona)①倒是个不错的选择。离开大教堂西门，穿过不大的杜莫露天广场(Piazza dei Duomo)，到达主教宫殿(Palazzo del Canonici)的开普特(Chapter)牧师会图书馆——一处本不大的地方，但颇有名气——在那儿，如果愿意，他可以暂离眩目嘈杂的街道、身后小贩的兜售叫卖，进入一处幽静的学术圣地。迎接他的图书管理员彬彬有礼，庄重而又不失亲切——他很可能是唯一的来访者——在表示愿一睹那份重新誊写过的盖尤斯的羊皮纸后，管理员会毫不耽搁地向他展示，它就在管理员的手边，看上去有些奇特，明显留有岁月的印痕而且撕裂程度也有些严重。这份奇特文件上的所有文字(其中有大量的缩略形式)都连成一片，句读不明，除非他碰巧是一位古文字学者，否则很难明白上面的意思。然而，它的背后有一段奇特、曲折的历史，我们的旅行家不妨坐在这古老静谧的图书馆里听一听这段往事。这里没有现代都市生活的嘈杂之声，却能感受到就在几码之远的地方，阿迪杰河(the Adige)——古罗马诗人维吉尔(Virgil)②笔下的“愉悦的河”(Athesis amoenus)——汹涌澎湃的声音，一如它在1750年前的样子，那时盖尤斯正在著书立说、教授法律(何处不详)，而三百年后，一位勤奋的誊生(何处亦不详)，亲手誊写了盖尤斯这篇最负盛名的作品。

2 那么盖尤斯是谁呢？我们对他的个人情况知之甚少。当可参考的资料很少的时候，猜测就会增多。在对有限的信息的挖掘中，不仅产生了数量喜人的文献，还引发了不少大胆的臆测。我们甚至还不知道他的名字、出生地及居住地。盖尤斯是他的氏族名，还是家族名，抑或仅仅是他的个人名(姓名中的第一个名字)？③最为认可的说法是盖尤斯为他的个人名，但是不少带有商榷性的权威证据表明，其他两

---

① 意大利北部阿迪杰(Adige)河畔的一座历史古城。——译者注

② 维吉尔的拉丁文名是(Publius Vergilius Maro)。人们常据英文 Virgil 译为维吉尔(前70年10月15日—前19年9月21日)，被誉为古罗马最伟大的诗人，留下了《牧歌集》(Eclogues)、《农事诗》(Georgics)、史诗《埃涅阿斯纪》(Aeneid)三部杰作，其中的《埃涅阿斯纪》长达12册，是代表着罗马帝国的巨著。在《埃涅阿斯纪》(Aeneid)中，维吉尔多次提到 Athesis(即阿迪杰河)，并以 amoenus 形容其美丽宜人的景色。Amoenus 的英文对应词是“pleasant”，“愉悦的”的意思。——译者注

③ 在罗马共和国和罗马帝国时代，罗马男性公民名字的命名通常采用三名法(拉丁语：*tria nomina*)，即组成名字的三个部分依次为个人名(拉丁语：*praenomen*)、氏族名(拉丁语：nomen)和家族名(拉丁语：*cognomen*)，在三名之外还可能有附加名(绰号，拉丁语：*agnomen*)。罗马女性公民一般没有个人名和附加名。——译者注

种说法也是有据可依的。如果“盖尤斯”是个人名，那他的全名是什么？为什么举世的人都仅以他的个人名称呼他呢？这其中，再次出现了无数种猜测，而有些纯属异想天开。可能的名字包括：盖尤斯·彭波尼(Gaius Pomponius)、提图斯·盖尤斯(Titus Gaius)、盖尤斯·巴苏斯(Gaius Bassus)、盖尤斯·涅斯特(Gaius Noster)(尽管“noster”只是一个专有名词)以及盖尤斯·莱利乌斯·菲利克斯(Gaius Laelius Felix)。还有人推测他的全名是C.卡西乌斯·朗基努斯(C. Cassius Longinus)，与那位于公元30年担任执政官的著名律师是同一个人，他击败马苏里乌斯·萨宾(Masurius Sabinus)成为萨宾学派(the Sabinian school)或卡西安学派(the Cassian school)的领导人。可以佐证这一观点的事实是，盖尤斯确实是萨宾学派卓越的追随者；不仅如此，在《学说汇纂》中以“盖尤斯”这一名字被引证的仅有四段，其中三段几乎可以肯定是指C.卡西乌斯·朗基努斯；其中一段(Dig. 24，3，59)由尤里安(Julian)所引，两段(Dig. 35，1，54 和 46，3，78)由尤里安的老师雅沃莱努斯(Javolenus)所引；第四段由彭波尼(Pomponius)所引，Dig. 45，3，39)很可能也是指C.卡西乌斯·朗基努斯。①据此，有人断定盖尤斯一定是C.卡西乌斯·朗基努斯为圈内人所共知的简名。但是这一说法与盖尤斯著作中体现的生活年代无法吻合。依照盖氏的作品，《法学阶梯》作者的生活时代很明显远迟于公元30年。为解释清楚这一问题，还有人认为，即便盖尤斯和萨宾学派的领导人不是同一个人，至少也是那人的同名后裔。但此说近乎随意猜测，它意在解释为什么人们只用个人名来称呼他；根据这一看法，其原因显然是——用简名称呼他是为了将他和他的祖先区分开 3
来。胡施克(Huschke)推测盖尤斯可能是两位法学家中的一位——两人的氏族名和家族名相同，唯个人名不同——为了区别两人，人们习惯上用个人名称呼我们的盖尤斯。但是，盖尤斯的同名神秘人到底是谁？胡施克毫无线索。德恩贝格(Dernburg)认为，盖尤斯仅仅是学生给他们喜爱的老师起的一个昵称；此后，无论是在法律职业界还是在图书贸易圈中，这个名字就一直伴随着他。另外一些学者放弃了寻找其全名的研究，他们利用他的单名来支撑某些有关他个人生平的观点。有人说，不带头衔的盖尤斯一定是一个出身卑微之人——也许是位被解放了的自由民；他当然未担任过任何重要职位。蒙森(Mommsen)利用他的单名作为论据来阐发自己的见解(见边码第5页)，他认为盖尤斯是希腊行省的一位地方居民，因为用个人名来称呼一个人是希腊地区的特殊之处。更加神秘的是一件令人惊奇的事实——它只是盖尤斯生平中诸多令人惊奇的事实中的一件——无论是在他活着的时代，

① 在 Dig. 45，3，39 中，彭波尼的“Gaius noster”究竟指两个人(假定C.卡西乌斯·朗基努斯和盖尤斯是不同的两个人)中的哪一个仍有一些疑问。参见：Roby, *Introduction to the study of Justinian's Digest*, p. clxxv; Muirhead, *Roman Law*, second edition, p. 301, note 6。

还是在他死后大约 250 年的时间里(除了上面提到的彭波尼在 Dig. 45，3，39 中引证过的那段尚有疑问的文字外)，他的名字从未被任何法学家或历史学家提到过，甚至连乌尔比安(Ulpian)在自己的《规则集单卷本》(*Liber singularis regularum*)中也没有提到过他，这部作品在许多方面都与盖尤斯的著作相似，人们自然希冀它能提及盖尤斯。

但在那 250 年里，盖尤斯的学术声誉与日俱增，在法律得以教授的地方，他的名字变得家喻户晓。一位生活在 4 世纪末的语法学家狄俄墨得斯(Diomedes)提过他的名字一次；但是在法律方面，最早提到他的是公元 426 年瓦伦提尼安三世(Valentinian III)的《学说引证法》(见边码第 8 页)以及《摩西法与罗马法汇编》(*Mosaicarum et Romanarum Legum Collatio*)。[1]但即使是在这些作品中，关于他的名字，也找不到比"盖尤斯"三个字更多的内容了，因此他的全名(如果他有全名的话)之谜依旧未解。[2]

4 关于盖尤斯的生卒年份问题，我们的依据更加牢靠一些。这一问题的证据材料几乎完全来自他保存至今的著作——《法学阶梯》和《学说汇纂》中收录的、出自他笔下其他作品的节录——尽管材料不多，但也足够让专家们达成大体上一致的看法。

比如说，依据 Dig. 34，5，7 pr. 的章节中保存的一段有关盖尤斯论遗产信托的内容："实际上，在我们的时代，塞拉皮亚斯——一位亚历山大的女人——和她的 5 个孩子曾被带到神圣的哈德良(Hadrian，76—138)面前，这 5 个孩子是在一次分娩中出生的"(nostra quidem aetate Serapias，Alexandrina mulier，ad divum Hadrianum perdueta est cum quinque liberis quos uno fetu enixa est)，我们可以推论出，他生活在哈德良皇帝(Hadrian)统治时期，并且写作这段文字时，哈德良很可能已经去世，这是因为盖尤斯一般(尽管未必没有变化)只会在已故皇帝的名字前添上"神圣的"(*divus*)一词，倘若形容一位健在的君主(如果他要用形容词的话)，则用"至好的"(*optimus*)或"至圣的"(*sacratissimus*)等词语。我们还可从盖尤斯对当时的元老院决议和帝国法律的多处引用中得到不少启发，这些决议和法律的年代，我们可借助其他资料推断得出。而且，每当盖尤斯对某一特定论题展开详细论述而未能提到法律中就这一问题之最新修正时——比如他在谈及《法学阶梯》ii. 177 中的继承确定期(*cretio*)时，没有提到马可·奥勒留(Marcus Aurelius)对乌尔比安《片断》(*Fragmenta*)(xxii. 34)的修改——我们有理由相信，一定是法律修改的时间很晚，

---

① 《摩西法与罗马法汇编》的创作年代不甚确定。胡施克(Huschke)猜测是公元 4 世纪末；其他学者认为要晚于《学说引证法》。《摩西法与罗马法汇编》的 Tit. xvi. 2 中包含一段节自盖尤斯《法学阶梯》(第 3 卷，1—17)的内容。

② 有关问题的全部，参见缪尔黑德(Muirhead)著《罗马法》第 2 版，古迪(Goudy)教授的附录。

以至于盖尤斯根本无法考虑到它们。当然,《法学阶梯》对一些著名立法比如《德尔图良元老院决议》(Senatusconsultum Tertullianum)、《韦勒雅元老院决议》(Vellaeanum)、《马其顿元老院决议》(Macedonianum)也丝毫没有提及,这一现象可以从其他方面加以解释;而且,无论怎样,我们都应考虑到《法学阶梯》中仍有脱漏且未能得到增补[①],它们无疑影响到了全书的内容。但总体上讲,证明盖尤斯生卒年代的证据能令人信服,因此,人们一般认为盖尤斯生活在哈德良皇帝(117—138)、安东尼·庇护皇帝(Antoninus Pius, 138—161)和马可·奥勒留皇帝(161—180)统治时期[②]; 5
这是罗马帝国的"黄金时代",物质财富和行政管理效率都达到历史最好水平;当希腊的影响力快速兴起和扩大后——正如胡施克所言——借用西塞罗(Cicero)[③]的比喻,涓涓细流(*tenuis rivulus*)已经发展成巨海洪流(*abundantissimus amnis*)时——大众文化水平与人们对艺术、诗歌和哲学的兴趣均得到显著提高。在法律领域,这是学术成就最为光辉、成果最为丰富的时期之一,为世界所瞩目。这一时期的中期正是盖尤斯的时代。此时,杰尔苏(Celsus)、阿菲利加努斯(Africanus)、彭波尼,还有尤其值得一提的尤里安(Salvius Julianus)(盖尤斯引用的最后一位法学家),他们的时代都已过去。至于更为辉煌的帕比尼安、乌尔比安、保罗,他们的时代还未到来。

下一个问题是盖尤斯来自何方?他确切的职业是什么?这非常难回答。就这一问题主要有两派观点,它们各自的主要代表人物是特奥多尔·莫姆森(Theodor Mommsen)和爱德华·胡施克(Eduard Huschke)[④],两种观点在细节问题上有不同之处。莫姆森认为,盖尤斯出生在希腊,职业是法学家,他在特洛阿斯(Troas)著书立说并教授法律;特洛阿斯是亚细亚行省(Province of Asia)的一个重要城镇(尽管那里到底有无法律学校,人们尚一无所知),也是盖尤斯本人在 Dig. 50, 15, 7 中提到的三个享有意大利权的城镇(*iuris Italici*)之一。前述文中已提及的人们仅使用他的个人名来称呼他的事实(见边码第 3 页),也被视为他是希腊裔的证据。显然,盖尤斯熟悉希腊语、希腊的文学和历史,他曾引述过荷马、色诺芬(Xenophon)的作品以及梭伦的立法。盖尤斯对异邦人的法律常抱有浓厚的兴趣——他撰写过一部

---

① 原稿的其中一处脱漏恰与《德尔图良元老院决议》有关。德恩贝格注意到,《法学阶梯》中缺乏这类元老院决议,以及其他于学者而言重要的内容,如使用借贷(commodatum)、寄托(depositum)、质押(pignus)、嫁资(dos),他指出以上事实,用以佐证他的学说——《法学阶梯》的出版并不完整,它仅是一部授课笔记的汇编。参见:*Die Institutionen des Gaius ein Kollegienheft aus dem Jahre 161 nach Christi Geburt*。

② 很难断定他是否在康茂德皇帝(Commodus, 180—192)统治时期仍健在。公元 180 年是他生命有证可考的最后一年。

③ 西塞罗(Cicero,前 106—前 43),古罗马政治家、雄辩家。——译者注

④ 罗比(Roby)博士对这一问题有总结,他支持莫姆森理论,对胡施克的理由持反对意见。

6 30卷(books)的《行省告示评注》(*Commentary on the Edictum Provinciale*)①,它是我们所知的唯一一本有关异邦法律的著作——他还特别提及加拉西亚人(Galatians)(Inst. i. 55)和比提尼人(Bithynians)(i. 193)的法律;这两个异邦人民族都居住在小亚细亚(Asia Minor)。依据莫姆森的观点,盖尤斯不是一位从事实务工作的律师,他还把一生献给了学术和教学事业。毫无疑问,他的大量作品具有明确的教育目的。几乎很肯定的是——莫姆森的这一观点有权威性依据——盖尤斯从未拥有过"法律解答权"(*ius respondendi*),也就是说他没有依皇帝授权(*ex auctoritate principis*)发表具有约束力的法律意见的特权。这也解释了为什么在他大量的著作中没有一部"法学家解答"(*responsa*,属于权威意见)或"法律问答"(*quaestiones*,属于实际案例)方面的汇编的缘故;以及他的《案例集》(*liber de casibus*)(《学说汇纂》中的7个片段于此处摘录)仅使用假定的状况和事例,而不用真实案例的原因。假定盖尤斯享有法律解答权,他自然会凭此特权享有威望,那么,这将根本无法解释在他死后250年左右的时间里,竟无一位法律著作的作者提及过他,倘若有人说他还在罗马生活和工作过的话,则更加难以解释得通了。相反,假如他真的是小亚西亚地方市镇里一位法学教授,并在当时的立法机构中不享有任何被认可的地位,而且还与同龄法律人的主流生活相隔绝的话,虽然跟他日后声名大噪相比令人震惊,但基本上还是说得通的,②可以确定的是,他曾有力地参加了两个不同学派间的论战,经常在《法学阶梯》中将自己归入萨宾学派,即"我们的老师"(*nostri praeceptoris*),反对"对立学派的学者"(*diversa scholae auctores*)。他是最后一位在其身上表现出学派对抗的著名法学家,不过,用吉拉德(M. Girard)的话来说,这种争鸣很可能在首都变成"一种不再流行的习惯"(*une habitude démodée*)之后,还在行省的法律学校延续了很长一段时间。

与莫姆森的观点相左,胡施克以及其他一些学者指出,就盖尤斯的名字而论,仅用个人名来称呼人名的例子在罗马也有很多——比如阿庇乌斯(克劳狄乌斯)[Appius(Claudius)]、塞尔维尤斯(苏尔毕丘斯)[Servius(Sulpicius)]和塞克斯图斯
7 (彭波尼)[Sextus(Pomponius)]以及一些皇帝,如提图斯(Titus)和马可(Mar-

① 《行省告示》的确切内容是什么?这是一个争议非常大的问题,读者可参考罗比博士的相关论述(*op. cit.*, p. clxxv ff.)。有人认为,它是若干行省各自以公告形式发布的命令中的相同部分,但莫姆森的观点是,它可能是一种适用于所有行省的一般告示,而每一行省的告示只在它被颁布的那个行省有效,尽管他也认为各行省告示的内容在很大程度上都是相同的。他认为盖尤斯所评注的是《亚细亚告示》(*Edictum Asiaticum*)。但胡施克则认为,任何一位法律家都绝无可能仅针对一个省的告示编纂一部长达30编的著作。

② 盖尤斯在《行省告示评注》的一节(Dig. 11, 7, 9)中所使用的语气"我很纳闷,为什么要规定:该诉权既不能授予继承人,也不能对继承人行使(miror quare constaro videatur, neque heredi neque in herodem dandam hane actionem)"正如普赫塔(Puchta)指出的那样,无疑是在暗示他作为小集团(charmed circle)之外的一名旁观者的态度,而且盖尤斯是在"带着敬意"冒险地去批评官方当局的统治。

cus)——此外，很多希腊作者也并不是仅使用他们的罗马个人名。就盖尤斯援用希腊文字和希腊文献而言，胡施克虽并未刻意否认盖氏可能是出生于罗马东方殖民地的一位希腊人，但他仍强调，鉴于当时希腊文化已在罗马得到普遍传播的情况，仅从这些引文资料就得出结论，未免草率了些。与后来的帕比尼安和莫蒂斯提努斯(Modestinus)不同，盖尤斯从未用希腊文来写作。有人认为，盖尤斯著作中的希腊引文[如盖氏在《法学阶梯》第 3 卷第 141 题(Inst. iii. 141)中引用的《伊利亚特》(*Iliad* vii. 472.5)中的一段]的大部分是当时法律争论中最寻常不过的部分。至于外邦法而言，关注它们的不止盖尤斯，其他一些法学家也在关注它们，而且希腊影响力的扩大、帝国不同地区之间交流的日益增加——“旅行皇帝”哈德良被同时代的人冠以“小希腊”(Graeculus)的绰号——这些都使许多法学家对今日称之为比较法的东西产生了兴趣。至此，胡施克的批评都足够有力，但当他论及自己的建构性观点时，却令人不甚满意。盖尤斯在《学说汇纂》中两次举了“条件”(condition)的例子，一处是“如果船舶来自亚洲”*si navis ex Asia venerit*)；另一处是“如果来自非洲”(*si ex Africa venerit*)。在 Dig. 45，1，74，盖尤斯列举了“图斯库鲁姆的土地”(fundus Tusculanus)和“坎帕尼亚的葡萄酒”(vinum Campanum)。在 Dig. 45，1，141，4中，他写道：“如果身在罗马的数人之间达成如下要式口约：汝答应今天在迦太基给付否？[si inter eos qui Romae(not Troade)sunt，talis fiat stipulatio：hodie Carthagine dare spondes?]”有学者认为能够举出这些例子的人——包括其他一些例子——绝无可能生活在罗马之外。胡施克勉强承认他的上述论据还有些薄弱。但他大胆表示：“这些单个论据并不能证明什么，但将它们综合起来，即有足够的力量”驳倒对方的观点。他的结论是：一位如此精通当时之法律知识、如此热衷于学派间论战的法学家，不可能生活在“某个偏僻的行省”(in aliquo provinciarum angulo abditus)，相反，他一定是在彼时的法律世界中心任职的。

在上述两种观点中，莫姆森的或许更加有理和巧妙，但在听完双方的主张后，我们很难反驳罗比先生的结论(*op. cit.*，p. clxxvii)：没有哪一方清楚地论证了各自 8
的观点，有关盖尤斯在何处生活和写作的问题仍未得到解决。

盖尤斯是一位多产的作家。《佛罗伦萨索引》(Florentine Index)(见莫姆森版《学说汇纂》页首)列举了他的 13 种著作，但并未穷尽。《学说汇纂》摘录盖尤斯的共有 535 处，帕比尼安的 601 处，保罗的 2 081 处，乌尔比安的 2 464 处。这里需特别提及他最为重要的著作。除前文已提及的《行省告示评注》以外(见边码第 5 页)，盖尤斯还有《市政裁判官告示评注》(*Commentary on the Edictum Urbicum*)(据《索引》，仅有 10 卷可以找到)、《十二表法注释》6 卷(他是奥古斯都时期后唯一一位对这部古代法典有浓厚兴趣并对之进行注释的法学家)、《尤利和巴比法》15 卷(*Leges Julia et Papia*)(代表着现代市民法)、《案例论》(*de casibus*)1 卷(见边码第 6 页)，还有几部专论。盖尤斯最著名的著作是《日用法书·金言集七卷》(*Rerum cottidianarum*，*sive aureorum*，*libri vii*；又译《日常法律知识》、《日常事物》等)，他在其中论及大量“日常”基本法律原理，数量上比《法学阶梯》中的要多，但思路基本相同。该著作的副标题是“金言集”(aurea，一译“黄金书”)(但这并不是作者本人给出的书名)证明了后人对这部书的崇敬之情。

然而，在盖尤斯所有著作中，最让我们感兴趣的无疑是他的《法学阶梯》，其全称是《法学阶梯民法释义四编》(*Institutionum iuris civilis commentarii quatuor*)，于我们而言，盖尤斯的详情与这部著作的传奇历史紧密地联系在一起。《法学阶梯》取得了非凡的成功，它逐渐被人们认作是罗马法学生的标准教科书，且这一地位一直持续了300余年。尽管其他一些著名法学家如卡利斯特拉托斯(Callistratus)、马尔西安(Marcianus)、弗洛伦丁(Florentinus)也曾经写过《法学阶梯》，甚至连保罗和乌尔比安也写过，但没有哪部作品能取代盖尤斯的著作确立的至尊地位。盖尤斯的作品中最先得到法学家认可的是《法学阶梯》和《日用法书》；但随着他的声名日渐显赫，其余的著作也取得了同样的权威地位。于是，当瓦伦提尼安三世(Valentinian III)在公元426年颁布《学说引证法》(*Law of Citations*)时——法院和法律职业的公认惯例由此真正获得效力——将盖尤斯列入了五大法学家之一，五大法学家
9 的作品都具有普遍约束力(*universa scripta firmamus*)，对盖尤斯还另加了一句(以消除人们可能因他从未拥有过法律解答权而提出的质疑)：“至于盖尤斯，他的所有作品的片段都被保罗、乌尔比安及其他权威人士引用过”(ita ut Gaium quae Paulum，Ulpianum，et cunctos comitetur auctoritas，lectionesque[＝passages] ex omni eius opera recitentur.)。盖尤斯这位曾名不见经传的法学家、普通的法学教授和作家、精于理论的法律人——或许还只是一名地方居民——一位其作品曾被同时代人及随后的法学家或历史学家认为不值得引证的人，就这样和帕比尼安、乌尔比安、保罗这些辉煌的名字并列在一起，并被人们推崇为法学巨擘。大约又过去一个世纪，优士丁尼即位(公元527年)几年后，开始着手伟大的法典编纂工程，并决定为其《优士丁尼法典》加上一部基础性的导论性论述以作为法典的序言，而优士丁尼心目中理想的论述就是盖尤斯《法学阶梯》和《日用法书》的样子。正如我们从《皇帝敕令》[①](*Constitutio Imperatoriam*)知道的：“根据全部古代法学家的《法学阶梯》，特别是根据朕的盖尤斯的《法学阶梯》和《日用法书》以及其他许多评注编写而成”(ex omnibus antiquorum institutionibus et praecipue ex commentariis Gaii nostri tam institutionum quam rerum cottidianarum aliisque mulits commentariis)，《优士丁尼法学阶梯》的

① 《皇帝敕令》是公元533年12月16日罗马皇帝优士丁尼发布的赋予《法学阶梯》以法律效力的命令，使其自同年12月30日起生效。——译者注

编排顺序和体系与盖尤斯的著作非常接近，甚至很大程度上就是盖尤斯《法学阶梯》的誊写本，它略去了盖氏著作中废弃不用的部分，当然还记录了法律新近发生的变化。任何人只需稍看一下格奈泽特(Gneist)的《汇编》(*Syntagma*)便可发现(该书将两部《法学阶梯》并列对照印刷)，《优士丁尼法学阶梯》的成书在很大程度上要归功于盖尤斯。《优士丁尼法学阶梯》——即《盖尤斯法学阶梯》的改编本——于公元533年11月21日正式颁布，并于当年12月30日起在东罗马帝国发生法律效力。[1]

与此同时，盖尤斯的作品在西罗马帝国却面临着截然不同的命运。西罗马帝国遭受了日耳曼部落的入侵，于公元476年正式灭亡。在西罗马帝国的废墟上建起的日耳曼王国盛行属人法。因此，罗马人聚居区继续受罗马法调整。但在经历过灭亡前半个世纪的动荡后，罗马法已变得模糊费解、讹误甚多，罗马法中的很多条 10
款亟需得到权威论述。如同东罗马帝国，西罗马帝国的法典编纂一样方兴未艾；因此公元6世纪早期，或是在优士丁尼立法前约20年至30年，出现了各种不同的《蛮族法典》(*Leges Romanoe Barbarorum*)(如日耳曼王国罗马人使用罗马法的记录)。至这一时期，在这些法典中，最为重要的是《罗马西哥特法典》(*Lex Romana Visigothorum*)或称《阿拉里克罗马法辑要》(*Breviarium Alarici*)，该法典受西哥特国王阿拉里克二世(Alaric II)之命于公元506年制定，适用于法兰西和西班牙的大量罗马居民，其重要性既源于它自身的价值也与盖尤斯的关系分不开。正如日后的优士丁尼，这位日耳曼国王也决定为他的法典加一部简明的基础性论述作为法典的序言；与优士丁尼的做法如出一辙，他选中了《盖尤斯法学阶梯》以实现其目的。盖尤斯的前三卷被压缩成两卷，第四卷(关于诉讼)被整体略去。原著中废弃不用的部分和有争议的部分被剔除。这就是《西哥特盖尤斯〈法学阶梯〉摘要》(*West-Gothic Epitome of Gaius*)。因为它出自阿拉里克的专门编纂委员之手，所以非常清晰易懂且无需任何解释；相较之下，《罗马法辑要》的其他部分则常需要解释才能明白。同是对罗马法的阐述，《阿拉里克法典》就无法与《优士丁尼法典》相媲美。《阿拉里克法典》确立的是一种粗野、碎片式的、野蛮的罗马法。对于那些伟大法学家的著述——其中集大成者当属《优士丁尼法典》中最宝贵的组成部分《学说汇纂》——阿拉里克的专门编纂委员们无法理解。尽管这样，在整个中世纪的前半段历史时期中，它一直都是西欧罗马法的标准渊源。而在东罗马帝国，同样是在这一时期，27年后颁布的《优士丁尼法典》占据了无可争议的支配地位。

在优士丁尼后的1 200余年间，盖尤斯及其著作的历史大体上是罗马法历史的

---

① 当时的东罗马帝国并不包括意大利国本身。这部法典是在优士丁尼于公元553年再次征服意大利之后，才传播到那里，自此它在意大利深深扎下根来，即使是在优士丁尼死后不久发生的意大利与拜占庭帝国的分裂之后，仍未发生变化。

一个部分。这段历史时期的前 5 个世纪，法律多少处于完全停滞状态。在东罗马帝国，法律进入一个逐步衰退的时代。《优士丁尼法典》不断被删减，并被化成一种“摘要的摘要”（*epitomes of epitomes*）。1345 年哈门纳普罗士（Harmenopulus）的《法律六书》（*Hexabiblos*）是这类著作中最成功的一部，但它亦不过是一部形式异
11 常、内容杂乱的汇编；虽然它试图以某种方式从东罗马帝国的颓势中走出来，并在事实上于 1835 年成为希腊王国具有法律效力的汇编；《法律六书》信笔而书，称盖尤斯是“贵为智者之首，他（在《十二铜表法》中）增加了不同的法律和诉讼”。西欧在这段时期正处于极度无序和混乱的状态中。但人们对于罗马法的研究从未完全停止，而且在意大利本土，罗马法传统还展现出明显的活力，这确是事实。但在很长一段时间里，罗马法并未被按原意来理解，它的存在并不稳固，经常面临着以讹传讹和残损破坏的风险。[1]当西欧面临重新寻找法律要义和政治秩序，即最终拨云见日重新找回自己时，罗马法以其巨大的智识力量，凭借其斐然成绩屹立于世人面前；该罗马法是《优士丁尼法典》版的那个罗马法，而非蛮族法典版的罗马法。11 世纪时期，伟大的罗马法研究复兴运动得以兴起，开启了注释法学家的黄金时代。罗马法在欧洲大陆取得持续辉煌的影响，而在它的辉煌背后，盖尤斯的功劳不可谓不大——虽然不是直接通过《盖尤斯法学阶梯》（因为此时《盖尤斯法学阶梯》的原始版本仍被湮没在一个不知名的图书馆里），而是主要通过《优士丁尼法典》中保留下来的那部分著作中的内容发挥作用。在《学说汇纂》提到的所有伟大法学家名录中，盖尤斯个人最显著的影响在于其有序的分类和体系。如果说他“为所有现代欧洲法典大厦提供了一张底层平面图”（伊尔伯特：《立法方法》，第 15 页/Ilbert, *Legislative Methods*, p. 15）的评价有些过高，那么至少可以说，正是他对秩序和方法的敏锐感觉，对若干部最为成功的现代法典的表现形式产生了明显的影响，其中最著
12 名的当属 1804 年的《法国民法典》，它本身又是之后许多法典的范本。而就在《拿破仑法典》颁布约 12 年以后，盖尤斯的许多神秘故事中最为传奇的一件发生了，那就是《法学阶梯》的正本被再度发掘出来。

让我们重新回到维罗纳，还有主教宫殿，以及摆在我们面前的那份看上去有些奇特而黯淡的文件。中世纪早期，某地一位虔诚的经文誊生一心想抄写圣·杰罗姆（St. Jerome）的《敕函》（*epistulae*），但他可能是无力买到也可能是不愿意去买必

① 这一时期编纂的、最具代表性的低水平法典是《库里恩斯罗马法典》（*Lex Romnna Curiensis*），它同时也给我们一次管窥这位奇特编者的机会。《库里恩斯罗马法典》是一部由格里森人（Grisons）的几位法官和神职人员为该地区的罗马居民制定的法律习惯汇编。在编纂过程中，编者们试图引用瓦伦提尼安的《学说引证法》，但又过于轻率。其结果十分令人惋惜——法律本身不仅遭到曲解，还被删减得无法认出，在被引证的法学家的姓名中，盖尤斯被写成“盖格尤斯”（Gagius），还将斯卡沃拉（Scaevola，一译谢沃拉或斯凯沃拉）误写作“西沃拉”（Scifola）。参见：Vinogradoff, *Roman Law in Mediaeval Europe*, p. 13。

需的空白羊皮纸，取而代之的是一张写有其他内容的羊皮纸，如果他能读懂上面的文字的话，他一定会觉得，与他的圣徒信函相比，那上面的内容无疑是毫无价值。在得到这张羊皮纸以后，他便开始做准备工作，以便能在上面誊写新的内容。第一件要做的事就是抹掉上面的文字，而它碰巧就是《盖尤斯法学阶梯》的文本。我们这位誊生试图对它洗刷和漂白，在羊皮纸上若干字迹牢固之处，他似乎还曾用过锉刀或小刀等工具。清洗羊皮纸面满意后，他即开始直接在它已有的文字上面叠抄新的内容，羊皮纸极为珍贵，251 页中竟有 60 页是誊写过两次的《二誊抄本》(*codex bis rescriptus*)。大概因某种意外，有一张——即第 235 页和 236 页，含《法学阶梯》第 134—144 节的内容——没有与其他部分连在一起，因而未受到誊生的注意。这一页是由意大利学者西皮奥·玛菲(Scipio Maffei)在维罗纳发现的，并于 1740 年在其《神学史》(*Istoria teologica*)一书中发表了该页的内容。玛菲认出这一残存片断(主要是有关“禁令”内容)与《优士丁尼法学阶梯》第 4 卷第 15 题(iv. 15)很相似，但他以为这仅是后世某一法学家对《优士丁尼法学阶梯》所作的概要。他并未想到它与我们的羊皮纸的关系，尽管他已注意到圣·杰罗姆的信函手稿是一份“手誊本”(*codex rescriptus*)。豪博尔德(Haubold)最早认出盖尤斯是这一孤页上文字的作者，他在 1816 年出版的《关于〈论令状〉的维罗纳片段的消息》(*Notitia Fragmenti Veronensis de Interdictis*)中指出这一事实。刚好在同一年，但略早于豪博尔德的上述著作的出版，尼布尔(Niebuhr)作为普鲁士大臣前往罗马教廷，途中在维罗纳的图书馆逗留了几天，发现了一些手稿，其中包括我们这份羊皮纸书稿。他据各种迹象猜测出，在圣徒信函下面可能藏着什么有意思的东西。经允许后，他对这份已擦掉过字迹羊皮纸的第 97 页注入一种叫作“没食子”(Nutgalls)的药液，这使得他成功地破译了该页的内容，而他把这认为是乌尔比安作品的一部分。他随后将他的发现 13
告知了萨维尼(Savigny)；萨维尼立即就认出该手稿是盖尤斯的作品。萨维尼在《历史法学杂志》第 3 卷(*Zeitschrift für geschichtliche Rechtswissenschaft*, vol. iii., p. 129 ff.)讲述了整个事情的经过，这位学识渊博的作者提出了以下猜测，该文木就是《盖尤斯法学阶梯》文本，而那一孤页之前曾是该手稿的一部分，他的这些猜测在日后得到全面证实。手稿接下来的故事，很可能追溯至 5 世纪，可参见缪尔黑德(Muirhead)教授的《罗马法》(第 308—310 页)以及波斯特(Poste)先生版的《法学阶梯》(第四版第 52—53 页)的导论部分，在此不再赘述。但是，此处需专门向许多鸿儒硕学致敬，他们以极大的耐心和坚定的意志不辞辛劳地投身对这一模糊、破损之文本无止境的破译工作之中①；还需要向普鲁士皇家科学院致敬，它以热心公益的

① 但我们能否可以宽恕那位过分热心的布鲁梅(Blume)呢？他那灾难性的化学发现方法破坏的比其他人拯救的还要多。

精神,先是派科学院的专家对手稿准备转录,继而于1820年出版了《法学阶梯》第一个版本,随后在出现多个版本的情况下,于1874年力助施图德蒙德(Studemund)完成其宏伟的文本摹本(*Apographum*)。假如我们为如今拥有一部文本相当完整的《法学阶梯》而自豪的话——事实上它确实比其他任何一部古代法学家[1]所著的作品都要完整——我们应归功于那些才华出众的学者的努力,还有普鲁士科学院对事业雄心勃勃的追求[2]。

众所周知,《法学阶梯》是一部基础性的罗马私法教科书,其内容部分在探讨法律原则,部分则在探讨法律史(法律史的量也不少,这对我们而言何其幸运)。“*In-*
14 *stitutio*”(本义“原理”)一词显然是从修辞学研究者那里借用来的,意指“用以指导学生的书”,如昆提良(Quintilian)的《修辞原理》(*Institutio Oratoria*,一译《雄辩术原理》)。就我们所知,在罗马法文献史中,盖尤斯的作品是第一部以该词语命名的著作。它明确展现了作者盖尤斯的两大显著特点,即表达清晰与结构合理。通篇的风格干净、有力、精准。观点的表达洗练、准确。没有华丽辞藻,也没有冗言赘语。可见这部著作是在精心构思整个写作计划的基础上以高超的写作技艺完成的。盖尤斯对作品充满了激情,所以他能热衷于系统的安排和准确的分类,他的激情似乎弥漫在整部著作当中。正如西塞罗谈到他的朋友塞尔维尤斯·苏尔毕丘斯·路福斯(S. Sulpicius Rufus)时所言,盖尤斯追求的是“用一个艺术家的心和手”来对待法律。正是由于他的不懈努力,才最终将法律的整体内容和局部内容化繁为简形成一个有序的体系。他的特点在于,当他想编撰判例时,他不会按照当时流行的习惯,如《萨宾评注》(*Ad Sabinum*)各编采用的方法一样,将案件不加消化地汇集成一部法律问答(第6页)——演说家弗龙托(Fronto)轻蔑地将这一写法称为“马苏流斯式的废话”(*deliramenta Masuriana*);相反,他会选择对穆基乌斯·斯凯沃拉(Q. Mucius Scaevola,一译谢沃拉或斯卡沃拉)撰写批评性注释来开展工作[斯凯沃拉是西塞罗那一时期的名人,他的辉煌成绩在于他是第一位系统整理罗马法之人——他第一个将市民法进行分类整理(ius civile primus constituit generatim)]。很可能《法学阶梯》主体结构的安排方式并非全系盖尤斯独创,而是很大程度上依赖学派的传统;否则将很难解释。一部著作能作为标准的法学教科书而流行几个世纪,不可能完全来自一个人的智慧:它必然借鉴了大量的前期基础性成果。而不论盖尤

---

① 大约仍有1/13的内容没有被破译出来,其中一半属于第四编。在原手稿中,有3章内容拦腰丢失。其中第一章在一定程度上可从《西哥特罗马法辑要》得到弥补。第二章的内容很幸运地被保存于《摩西法与罗马法汇编》(见边码第3页)。第三章的遗失最为可惜,因为它很可能包含一些我们迫切需要的有关于法律诉讼(*legis actiones*)的补充内容。

② 1898年沙泰兰(M. Chatelain)在欧坦(Autun)发现了一张羊皮纸书稿(所谓的“盖尤斯欧坦手稿”),最先被认为是《盖尤斯法学阶梯》的另一个摹本,但经细致检验后证实,它仅是该著作的一个释本(paraphrase)。参见:Girard, *Manuel elementaire de Droit Romain*, third edition, p. 66, note 1。

斯应在多大程度上归功于其先辈们，我们该归于盖尤斯的功劳无疑是——他通过对研究资料独具匠心的甄别和均衡有序的安排，为世界奉上了一部“无与伦比的法律教科书”[布赖斯(Bryee)先生语，见《历史与法学研究》第2卷第512页(*Studies in History and Jurisprudence*, vol. ii. , p. 512)]。

人们对盖尤斯的歌功颂德与溢美之词一直绵延不绝，但这种对他品德不加区分的颂扬在近年招致了某些非议。也许确实如此，《法学阶梯》具有离奇而又戏剧 15
性的命运色彩，当它重获新生之际正值历史法学派如日中天之时，这“把盖尤斯推向一个名不副实的巅峰”[缪尔黑德，第302页(Muirhead, p. 302)]。但无论如何，既不应夸大盖尤斯的功德，也不应否认其不足。盖尤斯不能被说成是一位尤里安(Julian)或帕比尼安式的伟大创造型法学家，尽管就此而言，只有我们公正地记得以下一点才能作出公允的评价，那就是我们尚无其他任何一部完整的大型著作，从而能让他更为充分地展现其建构性才智。或许说盖尤斯尚算不得一位思想深邃、功底深厚的学者。他的一些分类可能容易受到反驳。他的历史论断并不总是能经得起现代科学评论的检验，而其主要攻击者孔策(Kuntze)似乎认为它们应当经得起检验。他的词源学造诣和同时代大多数人一样浅显。甚至其风格清晰的特征也可能言过其实；因为“清晰”难道不可被用来描述那些头脑简单之人的特征吗？但所有这些只能说明盖尤斯的成就尚有不足之处，其中有些也是时代的局限。即便在完成这些推演之后，盖尤斯余下的坚实的令人吃惊的贡献仍可使他的《法学阶梯》成为法律文献中最具价值和最重要的作品之一。维罗纳羊皮纸书稿的发现也许并未开启“罗马法研究的新纪元”，其所产生的“革命性”影响或许亦没有如一些学者所宣称的那样深远。但如果不肯表达对盖尤斯的感谢，会显得我们过于吝啬；我们既要感谢他为我们做的一切，还要感谢他做这一切所采取的路径——也就是说，我们要感激他展现给人们宝贵的法律和历史资料以及他向历史上众多隐秘之处投射的灯光——不仅包括罗马法历史，还有一般意义上人类制度的历史(特别是模糊的早期法律程序史)——我们还要感激他的纯朴、机敏和温雅，他用一种“智者的温文尔雅”圆满地完成了自己的使命。

耶林(Ihering)曾在《法学中的戏谑与认真》(*Scherz und Ernst in der Jurisprudenz*, ninth edition, p. 139 ff.)一书中提到，有一次当他在思索“因继承的获利性时效取得”(*usucapio pro herede lucrativa*)问题时，脑海中突然闪现出这么一个念头：
如果他能就《法学阶梯》中这一主题的那几节(ii. 52—58; iii. 201)求教一下盖尤斯 16
的话，或许会有些用处。于是，他在当时当地就从冥王俄耳枯斯(Orcus)处召唤盖尤斯的鬼魂。在教授吞吐着的雪茄烟的云雾之中，显现了一个奇特的人的轮廓，他高而干枯，双腿微微有些罗圈，脸上有些雀斑，有着教师通常具有的神态。这就是盖尤斯。盖尤斯对于古代法、拉丁文著作和外邦法的极大乐趣，对于不同法律遗产间细微差别的乐趣，还有对于“限期接受继承的庄重的形式”（*cretionum scrupulosa solemnitas*）问题的乐趣，可能会使许多初学罗马法的学生感到难以理解，因此当他们在初次艰难地试图理解《法学阶梯》时，便不由自主地会在脑海中形成类似的一幅盖尤斯肖像，这大概与学习英国法的学生们在第一次接触《法理学讲演录》（*Lectures on Jurisprudence*）时的情形一样，当他们在无法理解奥斯丁的风格而不得不重复研读、最终仍像一个榔头似的不得要领时，可能会很乐意地认同那拇指指甲般大小的卡莱尔（Carlyle）素描，他被刻画成一个“瘦长、灰白头发、面带痛苦表情的人，长着一双大眼，诚挚而略显羞怯，说话时发出金属般的铿锵之声”（Froude's *Life of Carlyle*, *1795—1835*, vol. ii., p. 194）。但触类旁通，深入的学习会改变人们对事物的最初印象。奥斯丁的读者会认识到，《法理学》不再是一部无聊的教义和风格干枯的读物。同理，如果罗马法的学生能再勤勉一些，就会发现盖尤斯的《法学阶梯》不再是一部索然无味的古旧书籍。当他在接触《学说汇纂》后，再经过刻苦研读尤里安、阿菲利加努斯或帕比尼安的著述后，如果这时在某一节碰巧再看到出自“GAIUS”这五个字母的名字的节录时，他定会惊喜地发现，无论这些摘录涉及什么主题，他所看到的都是洗练与清晰的解说。这时，他脑海中呈现出的会是盖尤斯的另一幅肖像——他是一位慈祥、活泼、有着极好看脸庞的人，一位外表干净、整齐的人[他不就是那个强烈批评过有些人在论述主题时极为无章可循——“可以说是使用没有洗过的手”（*illotis, ut ita dixerim, manibus*）的人吗？]，一位乐于体恤他人的难处、很快即能对他们抱以同情心的人——一句话，一幅十足教师模样的画像。即使它可能并非盖尤斯·涅斯特的真实画像，但它难道不比耶林那幅香烟缭绕的离奇人影画要真实一些吗？

（撰写：James Crawford Ledlie）

2. 帕比尼安 (Papinian)

17

与塞普提米乌斯·塞维鲁[①](Septimius Severus)的关系

在《优士丁尼法典》和优士丁尼皇帝《学说汇纂》的一段引文中(保罗引),法学家帕比尼安的全名是埃米利乌斯·帕比尼亚努斯(Aemilius Papinianus)。在他所属的时代,我们尚无法单从这两个字中推出令人可信的有关他祖先谱系的考证。但足够多的证据表明,他与罗马皇帝塞普提米乌斯·塞维鲁结下了终身友谊;有一种说法是,帕比尼安和塞维鲁的第二任妻子存在姻亲关系。如果该传说是真的,则他们的关系很值得关注:因为她就是那位著名的尤莉娅(Julia)——吉本(Gibbon)曾在其著作第六章的开头对她有过热烈的(但可疑的)赞赏。在这则传说中,很多属于谣传性质,几乎没有什么根据可言,它们只是那位博览群书的迪奥(Dio)所传播的一则荒诞不经的故事;关于尤莉娅是一位美丽的有着二分之一犹太人血统的奇女子,她的个性飞扬跋扈、野心勃勃等诸如此类的说法,倒是有一些根据,通过硬币上的皇后肖像及她新获得的封号"多姆娜"(Domna)来看,其真实性也八九不离十;"多姆娜"的字面意思似乎就是"女士"。

因此,帕比尼安很可能是叙利亚(Syria)人——(因为)皇后尤莉娅来自艾米萨(Emesa)——他是来罗马学习罗马法的外省人。正是由于这一原因,其早期著作《法律问答集》在提到已经逝世的皇帝之名时从不使用"神圣的"一词来指称他们。有学者认为他可能在贝鲁特(Berytus)做过一段时间讲师;而在概括其职业生涯时,莫姆森曾将他称为:"罗马法学家当中在思想和演说上最逊色的罗马人。"我们大概可将他在其前辈[如他的"引领人"深奥的瑟维狄乌斯·斯凯沃拉(Cervidius Scaevola)]的严谨的逻辑中引入仁慈和博爱归因于其叙利亚出身。不管塞维鲁和帕比尼安是否真为斯凯沃拉的学生,但据说他们都是在这位法学家的支持下首次担任法律咨询委员和法律教师的;斯凯沃拉在安东尼时代的法学家和最后一批伟大法学家(帕比尼安、乌尔比安和保罗)之间担当了一种承上启下的历史重任。

斯帕提阿努斯(Spartianus)的上述判断是历史上最早关注帕比尼安的记载,鉴 18

① 塞普提米乌斯·塞维鲁(Septimius Severus,193—211年在位):古罗马皇帝。在位期间,扩建新军团,压制元老院,对外实行扩张政策,吞并美索不达米亚,后在与不列颠土著作战时身亡。他建立了个人王朝,使政府掌握在一个军事独裁者手中,标志着专制主义的发展,对以后罗马帝国造成很大影响。——译者注

于帕比尼安与他的朋友(即那位明日之君)属于同一时代,我们可推断他大约生于公元 146 年。有关后人对其出身的杜撰请见下文(边码第 21 页)。依据同一资料,他接替塞维鲁担任了皇家私人金库(Fiscus)[①]顾问一职;笔者认为其对应的英文翻译“Privy Purse”(国王私用金)不甚准确。但是有关皇家私人金库的宪政地位问题,以及皇家私人金库与国库(State Treasury)是如何逐渐趋同或前者是如何被后者合并的问题,并非笔者的研究目的所在。国库代诉人(*advocatus fisci*)这一特殊职位(可能起源于哈德良时代)在国家实现善意征用(*bona damnatorum*)、无主物(*bona vacantia*)、因无人继承而转归国家所有的财产(*caduca*)等权利方面的职责范围一定很大且持续扩大。

可能如卡洛娃(Karlowa)所言,(有据可考的)帕比尼安的下一次出现是他被朋友塞维鲁(于公元 193 年登基)任命为“请愿奏上官”(*magister libellorum*)或称“请愿接受官”(*alibellis*)。如莫姆森所示,毫无疑问这一职位负责处理的是有关人士请求进阶骑士团或元老院议员阶层的申请,并负有调查申请人的财产是否充足的职责。有学者试图将该称谓译作英文“Master of Petitions”并将之理解为我们自己旧时[②]的“上访法庭”(Court of Requests)。但一定不能忘记的是,拉丁文“*libellus*”一词涵盖的意思很宽泛,它几乎可以包括所有递至皇帝的奏请,既包括私人的也包括司法长官的奏请。

起草“皇帝敕答”:担任帝国高级司法官职务

但是,罗比博士利用“Master of Petitions”这一称谓来暗示帕比尼安通过担任“请愿奏上官”对于准立法可能产生的影响,并补充道,皇帝敕答(Imperial Rescripts)是由他来拟定的。然而,经“‘请愿接受官’帕比尼安对请愿书的处理”(Dig. 20, 5, 12 pr.)在实际上仅能算作衡平性质的裁定,或者说是契约法意义上的规则。此外,我们也许还不应该妄下结论并认定英美法上的早期衡平法官和王玺掌管大臣承担的职能就是“请愿奏上官”担负的主要职责,也不应认定“请愿奏上官”享有事实上的,且衡平法官和王玺掌管大臣并不具有的直接立法权力。

最后,还是依据卡洛娃的另一个看法:公元 203 年,随着普劳提阿努斯(Plautia-

① 区别于国库或公共金库(aerarium)。——译者注

② 指“英美法上的”。另,Court of Requests 的意思有二:一是“小额债务索赔法院”;二是“上访法庭”。“小额债务索赔法院”又称为“良心裁判法院”(court of conscience),是根据英格兰各地的法令设立的初级法院,负责审理最高达 40 先令,但有时也达 5 英镑的小额债务纠纷案件。“上访法庭”是指在都铎王朝和斯图亚特王朝早期曾盛行的小衡平法院,接受穷人的诉状,起初是咨议会的一个委员会,由沃尔西(Wolsey)将其设立为一个单独的法庭,因而早期与星室法庭关系密切。该法庭由王玺掌管大臣(Lord Privy Seal)主持,但实际上由上访法官(Masters of Requests)控制。它一度受到大众欢迎,但遭到普通法院的攻击。1641 年王座法庭的一项判决在事实上撤销了这个法院。此处取第二个含义,即“上访法庭”。——译者注

nus)的失势,帕比尼安被提升为"高级司法官"(Præfectus Prætorio;英文"General of the Guard",因此也译为"近卫都督"、"禁卫军总司令"等——译者注);帕比尼安担 19
任此职直至去世,或至少到卡拉卡拉[1](Caracalla)于 211 年登基为止。他的几位前任是否曾与他人共同行使这一职权,我们尚不得而知,但帕比尼安似乎是单独执掌了这一职位。虽然(高级司法官)这一职位一直具有军事特征,但相较其如今具有的最高民事、刑事司法管辖权而言,原本的军事特征无疑已黯然失色沦为次要地位,掌握这一要职之人已经开始成为皇帝的代理人或代表。

笔者对罗马帝国刑法的关注兴趣不如对其私法及私法的各种发展方法浓厚。私法得以发展的方法中有一种可在皇帝或其代表作出的"司法决议"中找到,它们还时常会与某些通则联系在一起。最高司法管辖权(或称为准立法权,因为案件似乎是假想的,即张三与李四之类的拟制案件)的一个典型例子出现在《学说汇纂》第 12, 1, 40 节(Dig. 12, 1, 40)——帕比尼安在他的高级司法官法庭(Court as Praefect of the Praetorium)上对呈上的"契约草案"(draft bond)作出的解释。

《法律问答集》与《解答集》

罗马私法发展过程中一个更为显著的特征是,一些特许或专许法学家(licensed or patented jurists)无论是在咨询会议厅、讲演室还是在教科书中均可发表意见,而这点与帕比尼安有特别紧密的联系。笔者愿就这一发展模式作如下阐述。

这里要谈的帕比尼安的著作主要是《法律问答集》(*Quaestiones*)和《解答集》(*Responsa*)。《法律问答集》的第一卷表现出上文提及的某种早期的风格(大概是外省的风格),且这一卷的内容大概是在塞维鲁即位前写成的;但该著作的主要部分(如第 17—37 卷)显然是在塞维鲁皇帝单独执政期间(193—198)所著。《解答集》的编写大概始于塞维鲁与卡拉卡拉联合执政期间(198—211),其中第 4 卷以后的内容是在公元 206 年后才开始的,因为改编提及一则同年颁布的法律(Dig. 24, 1, 32 pr., 16);而最后 5 卷(15—19 卷)大概是在塞维鲁死后(211 年 2 月 4 日)到帕比尼安于次年初离开人世之前这一段时间完成。

卡拉卡拉谋杀帕比尼安

围绕着卡拉卡拉处决(更确切些是谋杀)帕比尼安这一事件,有数量不小但前后略有矛盾的传说,当然,基本事实是清楚确定的。帕比尼安陪同塞维鲁到了不列
颠,在那里他显然注意到了卡拉卡拉的弑父图谋,然而塞维鲁后来并未在言语上责 20

---

① 卡拉卡拉(拉丁语:Caracalla, 186—217)是塞普提米乌斯·塞维鲁斯的大儿子和罗马皇帝(211—217)。他杀死他的弟弟塞普提米乌斯·盖塔(Septimius Geta)和盖塔的支持者来巩固他的皇位。——译者注

难帕比尼安的忠心，这一点笔者同意罗比博士的观点。笔者无需交待迪奥的叙述(I. 76, C. 14)，在该版本的表述中，年迈的塞维鲁不得不为其卑劣的皇子扮演一位“可敬的克赖顿”(Admirable Crichton)，而卡拉卡拉并未效仿曼图亚王子(Mantuan prince)。也许值得顺便一提的是，在佐那拉斯(Zonaras，一译左纳拉、诺纳拉斯等——译者注)写于公元12世纪的版本中，他在介绍那段迪奥的叙述(I. 12, C. 10)时直接将“Præfect”(高级长官)写作“Papianus”(帕比安努斯)①，这验证了一个现今已广为接受了的观点(我不记得此前有人提过这点)，即勃艮第“法律书”(law-book，一译“法典”——译者注)的称谓是《帕比安解答法》(*Papiani Liber Responsorum*)[参见萨维尼:《中世纪罗马法史》(Savigny, *Gesch*, ii., chap. vii.)；布伦纳:《德国法律史》(Brunner, *Deutsche Rechtsgesch.*, i. 356—357, etc.)]。

正如英国的约克人认定的一样，塞维鲁的死亡与埋葬地都在约克(英格兰北部城市——译者注)，他被安葬在一座叫作圣·塞维鲁(Saint Severus)的山上，当笔者还是个小男孩时，曾认出那处坟冢。塞维鲁死后，卡拉卡拉与盖塔(Geta)两兄弟(也有可能是同父异母兄弟；Spartianus, Severus, 20, 21；Geta, 1)之间的仇恨旋即凸显——至少是卡拉卡拉对盖塔存有仇恨——他们的父皇曾对兄弟二人的不和有过最后的警告(Dio, 1. 77, cc. 1, 2)，但在皇后的操纵下(见科恩著的《货币》中有趣的钱币)，塞维鲁的警告早已被压制或忽略。吉本曾在其《罗马帝国衰亡史》的第6章对他们返回罗马的情形有过栩栩如生的描述，他依据赫罗迪阿诺斯(Herodianus)的作品完整介绍了该事件的经过。

事件的结局是格塔被谋杀，死在他母亲尤莉娅的怀抱中(Dio, 1. 77, cc. 1, 2)，帕比尼安随后也被谋杀。帕比尼安在卡拉卡拉即位后不久便遭革职，后被斧头砍死。有一种说法是，卡拉卡拉在向他表示出虚假的友谊之后(Spartianus, Caracalla, c. 3)，(时任基层执法官)同时处死了帕比尼安之子，这一细节可能为稍后的潘奇洛里(Pancirolli)的描述提供了部分依据。

无论这位伟大的法学家是因追随格塔还是因为拒绝为卡拉卡拉杀害兄弟的行为辩护而被处死；无论他的死是有人在暗中所盼还是如斯帕提阿努斯所言是凶手预先安排的结果；不管卡拉卡拉引述的讲话中是否真的提到行刑工具是剑而不是

① 勃艮第人的国王耿多巴德(467—516)曾为本民族颁布过《勃艮第法典》，并承诺为他统治下的罗马裔臣民也订定一部特别法。这部勃艮第人罗马立法，后来被称为《解答法》(*Liber Responsorum*)或《帕比安解答法》(*Responsum Papiani*)，或只称作《帕氏法》(*Papianus*)。但这种叫法却归因于一个错误。人们在《阿拉里克法律要略》的一本手写稿末尾发现了题写的“帕比安”(Papian)的名字(但实应为古典法学家帕比尼安，Panpinian)；而事实上《要略》只有最后一节才是帕比尼安的解答；由于勃艮第法碰巧也书写在同一张羊皮纸之上，所以这段文字被误认为是勃艮第法的开头；故而，帕氏的名字就用来给这部法律命名了。参见[英]梅特兰等:《欧陆法律史概览——事件，渊源，人物及运动》，屈文生等译，上海人民出版社2008年版，第16页。——译者注

斧头这一事实;所有这些对于今日的研究都影响不大(Spartianus, Severus, c. 21; Caracalla, cc. 4, 8; Dio, 1. 77, c. 4)。但是,值得一提的是卡拉卡拉的那则著名敕令;依据该敕令,凡在罗马世界(*orbis Romanus*)出生的自由人都是罗马公民[《新律》(*Nov*. 78, 5)错将该敕令归于安东尼·庇护皇帝];迪奥(1. 77, C. 9)认为该敕令大概颁行于这一年(即 212 年——译者注);而它的颁行绝非是哪一个法学家或政治家高瞻远瞩的结果,相反它只是暴君卡拉卡拉使出的手腕,一方面他希冀通过这项能在表面得到大众欢迎的措施来掩饰其恶行,另一方面,他希望能凭借这项“能使大量原本无需纳税的人民成为其臣民”的手段来增加他的税收。 21

潘奇洛里在《论明晰的法律解释》(*De Claris Legum Interpretibus*, i. 55)中曾提到一段令人不可思议的故事,他说 15 世纪初罗马曾出土过一个银质骨灰坛,据说里面装着的正是帕比尼安的骨灰,是他的双亲帕比尼亚努斯·荷斯提里乌斯(Papinianus Hostilius)和优吉尼娅·格莱西利斯(Eugenia Gracilis)来祭奠儿子的——它很不合乎自然顺序,是白发人在祭奠黑发人。倘若照这一说法来看,帕比尼安去世时只有 36 岁——而他的这一卒年显然与同期或近乎同期的历史学家们保存下来的身世事实不相符合。这样一来,这个故事不能算是巧妙(*ben trovata*),只能说明它是人们在文艺复兴时期对这位伟大法学家表达出的特殊情感。骨灰坛很可能是伪造的,但笔者没有余暇来进行考察。帕氏双亲的名字也极有可能是凭空捏造的。读者若想了解小帕比尼安之死,建议参见前文。

卓尔不群的法学家帕比尼安

当时的历史学家对他有着极高的赞扬,不像在其他情形下那般含糊不清。他是“权利的庇护所与法律智识的宝库”(Spartianus, Severus, c. 21);就法学知识和法律解释而言,他超出了所有罗马立法者(*sic νομοθέτας*),可谓空前绝后(Zosimus, 1, 9)。优士丁尼一再承认帕比尼安的地位在其他法学家之上,毫无疑问,部分可归于《学说引证法》授予帕比尼安的卓越地位(见下文),《学说引证法》本身就是最强有力的证明。现代法理学家和法史学家重复着当年的赞颂,从文艺复兴早期到今天一直如此。但我在这里想提请大家注意帕比尼安的一种与众不同的特征,近期的一些权威著述中特别提到了这点[如卡尔洛瓦(Karlowa):《罗马法史》(*Rechtsgesch*),第 1 卷,第 736 页;克鲁格(Krüger):《原始文献》(*Sources*),法译版,第 265 页;《索恩》,英译二版,第 103 页]。

帕比尼安独特的伟大之处就在于他对于理论的应用。他主要通过具体的案例教学,并一直力求根据具体的指导原则来考量个案。他的总结相对较少受到特定情形的限制,相反,他会尽可能以一种抽象的、概括的形式来表达结论。 22

以后,《学说汇纂》的所有伟大法学家都或多或少地具备了这一特点,尽管在帕比尼安身上尤为突出。在我看来，这一特征与一种奇特的、非常有益于罗马私法发展的模式有关——这种发展模式的独特特征就在于以某种权威的形式特许或专许特定法学家对那些艰难而令人关注的主题进行简明扼要的解释。罗马法无疑在很大程度上得益于这一制度，因此即便到今天，它仍有可能给我们带来一些启示。因此尽管它早期的历史中仍有多处争议，且这些争议很可能会一直持续下去，但我想特别引起大家注意的是至少在帕比尼安时代无争议的事实。

法学专家与他们的假想案件

罗马法中的法学专家(the Prudentes)无法确切地与我们所知的任何一种法律专业所从事的职业相对应。法学专家不是辩护律师，而是融合了事务律师、衡平草拟人(equity draughtsman)以及土地转让出庭律师的职能；法学专家在自己的家中接受被保护人本人直接咨询或他们的“庇主”(*patroni*)即“公众辩护人”的咨询。最为活跃和能力出众的法学专家除承担上面这些职能之外，还担负了向公众讲授法律的职能。用彭波尼的话来说，他们奉献的不仅包括法律专业服务，还有他们的闲暇时间，他们向学生付出的与向被保护人付出的一样多。这样，尽管他们的“解答”毫无疑问面对的是诉讼中的实际问题，但还是会自然而然地构想出或假想出某些案例，亨利·梅因爵士(Sir Henry Maine)[1]认为，正是这些假想的案例使得法学的一般规则和原则有了特殊发展(参见《古代法》第 2 章的后半部分)。

推出这种发展形式的还有其他理由，部分是文献学上的，部分源于我们对早期
23 实践的认识，还有部分归于彭波尼和盖尤斯的零星论述，它们写成于哈德良认定某些法学专家具有极重要影响后的这一时期或稍晚时期。在共和国时期，法学专家仅是教师、教科书作者或是议会顾问，无需“请求”也无需“特许”。这一职业向任何自信其在法学研究上有造诣的人开放；他们没有正式职位，在实际案件中，他们的观点通过“专业智慧”或诉讼当事人的引述传达给法官，但对法官并没有拘束力。这些传达至法官的学问能为它们的创作者带来实际的名声——但也仅限于此。这至少是对共和国后期罗马法发展的客观表述。有些学者认为，在共和国早些时期，教皇们(*Pontiffs*)或当年被指定的其中一位教皇，有权发表对承审员(*Judex*)产生拘束力的意见。但这一看法极令人生疑，实际上，它更符合的是先验概率理论(*a priori* probability)与彭波尼的看法，笔者在下文也即将谈到，那就是它不是某一条古老原则的复活，而是奥古斯都(Augustus)[2]的一项新创造。

---

[1] 梅因(Henry James, Sumner Maine, 1822—1888)，19 世纪英国著名法律史学家，历史法学派代表人物。——译者注

[2] 奥古斯都(前 63—14 年)，罗马帝国第一代皇帝(前 27—14)，恺撒的继承人，在位时扩充版图，改革政治，奖励文化艺术；原名屋大维，元老院封以“奥古斯都”的称号。——译者注

奥古斯都皇帝与特许法学专家

那位精明的君主知道，如对主要法学专家对罗马私法发展产生的影响不闻不问，于他绝无益处。法学专家的这种影响无疑是非常巨大的，它不仅体现在当时的司法行政当中，它还会转化为规则的结晶，不时地从裁判官的告示中体现出来；虽然我们在前文提到，法学专家的意见对实际案件中的承审员尚无拘束力。奥古斯都皇帝表面上打着"加强不成文法的影响"的旗号，但实际上打着的极有可能是控制法学专家的影响的主意，他需要法律专家们"依皇帝的许可或保证给出法律解答"——这自然转变成了一种请求与被特许之事（彭波尼，§49）。奥古斯都的本意是在于禁止实际案件中的"非正式解答"，还是仅在于赋予"正式解答"以更大的威信（主要是使法学专家的意见对承审员具有约束效力），这是一个见仁见智的问题。笔者自己认为后一种说法是对的，后来的暴君卡里古拉（Caligula）[①]明确表达的意图多少证实了该看法，他声称除他本人之外，禁止任何人给出法律解答［见下文。笔者采信了一部好书。苏维托尼乌斯（Suetonius）的《罗马十二帝王传》（*ne qui respondere possint praeter eum*）］。 24

在确立这些特许法学家之后，他们交付的解答通常盖有自己的印鉴，这当然不是向"求教人"隐瞒任何意见——笔者在此处避免使用"被保护人"（client）一词，以更恰当地表示其与庇主（Patronus）的关系——而是意在确认该解答出自哪一特定顾问之手。关于援引法律顾问提供的解答意见的方式问题，彭波尼的解释（§49）有些难以服人。恕笔者斗胆无法赞同罗比博士在其《〈学说汇纂〉导论》（*Introduction to Digest*）中所谓"被提到的是求教人而不是法学专家"的观点。笔者认为，无论最先将法律解答意见转告承审员的是谁，很明确的一点是，承审员从被特许的法律顾问处接收法律意见，而且还封有该顾问的大印。

还有，无论大名鼎鼎的马苏里乌斯·萨宾（Masurius Sabinus）是否实属第一个（或者说是在骑士阶层中的第一个）获此殊荣的人，以及无论获此殊荣的确切时间是什么时候，对于我们当前的主题都不重要。尽管莫姆森建议校订《学说汇纂》的1.2.2.48章节，但笔者对此持保留意见并认为萨宾事实上是第一位特许法学家，他约在公元12—14年期间受提比略（Tiberius，一译提庇留、提比留等——译者注）任命（见《实用法理学》，第295页）。

有一段时期，皇帝授予的法律解答特权似乎并不多。卡里古拉皇帝的威胁似乎

① 盖乌斯·恺撒·奥古斯都·日耳曼尼库斯（Gaius Caesar Augustus Germanicus，12—41），为罗马帝国第三任皇帝，后世史学家常称其为卡里古拉（Caligula）。他处决了将他扶上皇位的禁卫军长官，屠杀犹太人，后被刺杀。——译者注

是指向了一个阶层，但这个阶层大概是一般意义上的法律顾问（consulting counsel in general）。

权威解答：哈德良的敕答

但是，在哈德良统治时期，特许法学专家的数量很可能是在增大，并且解答的权威性得到更明确的界定。前一点似乎可从一份哈德良皇帝对于一些已担任裁判官的人请求具有解答权的答复中推论出来，这份答复多少有点模糊诙谐，皇帝大概允许了这些裁判官具有解答权。这显然意味着特许或专许地位的确立，无论它排除这些人原来的常规工作与否。据彭波尼记载（§49），该敕答如下："法律意见解答者的职位通常不是要来的，而是自愿的，任何人只要有足够信心，有能力解答公众的疑惑，朕自然不胜欣喜。"

25 无论这番话的准确意思是什么，据盖尤斯（i. 7）引用的哈德良的一份真实批复，可以推定出当时一定有大量被许可的法学专家存在，这份批复解决的是已被皇帝赋予"法律解答权"的法学家们发表的法律意见的法律效力问题。如果他们的意见达成一致，那么共同意见就具有法律效力；如果相互分歧，承审员可遵循他赞同的意见。

遗憾的是，我们没有这一敕答的原文。根据我们现有的材料，作出下面的判断应当是合适的，即哈德良最初打算授予或确认的仅是（或基本是）特许法学家就实际案件的咨询可以具有的司法上的效力。

盖尤斯的记述

另一方面，在盖尤斯《法学阶梯》第一卷中［写成于哈德良皇帝（在提及他的相关部分用"神圣的"一词来称呼）去世（公元 138 年）之后，如一些学者认为的那样，它大概是在庇护皇帝去世（公元 161 年）之后出版］，我们找到了有关"法律解答"最终效力以及"法律解答"可能的形式的一些其他记述，它们极为重要。盖尤斯的记述告诉我们，"法律解答"属于罗马人民的永恒法律规则；它们是那些被允许"对法律加以整理或制定"（*jura condere*）的法学家的"意见和见解"（*sententiae et opinions*）（Gaius，1. 2，7）。对于上面这则严谨的短语，人们常将之放在哈德良时期（他的敕答中可能从未出现过这一短语）或盖尤斯时期来解释。事实上，它起源于共和国时期。例如我们在戏剧家普劳图斯[1]（Plautus）的《埃庇狄库斯》（*Epidicus*）（3，4，89，90）中可以找到它；该书写成于公元前 195 年之后不久。该剧中第二老的人是一位与波洛尼厄斯（Polonius）[2]风格很类似的万事通，他有个"法律整理者和制定者"

---

[1] 普劳图斯（约前 250—前 184），罗马喜剧作家。——译者注

[2] 波洛尼厄斯是莎士比亚戏剧《哈姆雷特》中的一位饶舌自负的老臣。——译者注

(*omium legum atque jurum fictor*(*et*) *conditor*)的名字。这里的“整理法律”(*Condere* ‘*leges*’)若不当真地来判断,肯定是私人的职责;若从盖尤斯《法学阶梯》(4, 30)这一节来看,“制定法律”(*condere jura*)显然是“法律诉讼”(*legis actiones*)制度中法学专家的职责。很明显,无论是从这一语句固有的意思来讲,还是从普劳图斯在该处及他处使用它的方式,以及盖尤斯对它的使用方式来看,它的意思就是“不具审判权的(non-judicial)的法学专家所从事的某种职业”,而绝不是奥斯丁及其后许多更为出色的法学权威所理解的“司法裁决”。“法律”(*Jura*)一词的意思也似乎并不仅指针对某一特定案件给出的“意见”(*opinion*)。因此,笔者坚持本人在《实用法理学》中已表述过的观点,即作为“法律制定者”(*jurum conditor*)的法学专家就是拟定非制定法的陈述或准则(也就是习惯法)的人。这些“法律”被运用到的具体法律程序阶段以及它们被用到时具有的权威在法律诉讼时期、程式诉讼时期以及帝国后 26
期不尽相同,但它们的本质和形式可能在最早被使用时已经形成。

法律诉讼:一般原则的陈述

众所周知,由于法律诉讼方面的研究资料匮乏(多为片断),所以令人十分遗憾的是,有关诉讼程序一些阶段只能靠常识来推测,或者只能靠猜测哪些阶段在法律诉讼中是必不可省之步骤来得出结论。在这些推测之中,笔者在依据大量权威材料的基础上认为,在该古老的制度下,除“违约之诉”(*legis actio per condictionem*)①外,所有案件中都可能有一份提交至司法官前的诉讼摘要陈述,或者说,至少在大多数案件中肯定如此;一方面,司法官可凭此判断诉讼主张是否在法律规定的范围之内,另一方面,它能使诉讼在提交审判员、仲裁官或审判官之前比较清楚。笔者认为这些陈述就是盖尤斯在《法学阶梯》4. 30 节中提及的“法”(jura),甚或至少是“法”的“存在的理由”(*raison d'être*),盖氏曾在该章节中提到“制定法的古人过分地拘泥于细节”(*nimia subtilitas eorum qui tunc jura condiderunt*)。这些陈述体现为简单的法律原则,它们无疑会尽可能地建立在立法文本的基础之上,有时当然也会包括某些从未编入制定法中的法律陈述,有时甚至会是全新的推论或归纳。这些是缪尔黑德称为“特定诉讼”的法律诉讼的内容,与此相对的是被称为“一般诉讼”的法律诉讼;塞克斯·埃里乌斯(Sex. Aelius,一译“赛斯特·艾里”——译者注)在他的《三分法》(*Tripertita*)②(彭波尼 § 38)和其他“制定法律的人”(*conditores jurum*)努力达到的那些“特定诉讼”,在经过越来越不懈的改进以适应新的要求后,变

① 属于金钱或财产取得之诉,使罗马法上 5 种类型的法定诉讼的一种。——译者注

② 因为该书的第一部分是《十二铜表法》,第二部分是解释,第三部分是有关法律诉讼的问题。故得名。——译者注

得越来越无法依照僵化的古老法而被提起。

在诉讼的一方或者他的"庇主"以口头方式向司法官提出不可撤销的公开诉求时,这些难以琢磨的法律陈述变得有多么令人感到危险?这些陈述在被提交至承审员之前,如何被案件的特别陈述(*verba concepta*)取代,并能在司法官法院依据法律得到修正和和解?还有,"法律诉讼"如何被"程式诉讼制度"取代?这些问题无关本文宏旨。笔者的目的仅在于指出"制定法律"的本意,早期的诉讼制度有助于
27 解释它的含义,它在后期的诉讼制度中被大体保留下来。因为我们没有理由认为法学专家会在程式诉讼制度中停止运用这种"一般原则的陈述";无论是在向承审员提交诉讼文件,还是在听证阶段向承审员宣读的意见中,都能应用到它;而且,从现存的著述来看,它同样能适用于或者更能适用于法律教师指导学生的实践之中。

"法学专家"的双重职能:顾问与老师

实际上,当我们在考察他们的解答或意见时,我们不应忽视的是,在共和国晚期和帝国早期,几乎每一位杰出法学专家都身兼双重职能。他们最初也许仅仅是咨询顾问,后来渐渐地几乎成为法学教师,后一角色更为显明。他们不仅针对法庭上的案件发表意见,还对学校里提出的问题发表意见。从这一双重职能我们发现,在他们所有的"裁决意见"(*dicta*)中,甚至是在他们针对某一特定案例发表的,但并未收入任何一部教学书籍的意见中,都有着为奠定法律原则而作出的"一般见解"和为此目的而付出的努力,这有异于有些英国判决(与奥斯丁所代表的完美判决相对)或现代顾问的法律意见的贫瘠,因为它们总是竭尽所能远离上述做法。

如前文所示,这一特点在帕比尼安的例子中表现得尤为明显;而其他著名法学家对待案件(无论是真实的还是假设的)的相同做法可明显见于基于《学说汇纂》而做的大量《解答》、《意见》、《争论》和《问答》之中;当然,由于优士丁尼最终将它们转变为许多法律(*leges*),所以这些摘录本身的原始性质已无差异。

一般法律准则形式的"解答":权威不断提高

至于"形式"(form),即便是当代法学家针对某一审判中的实际案件的解答,也会是以"一般法律准则"(general maxims)的形式作出。至于最终效力,极有可能是这样,即便在盖尤斯时代,他所思考的也就是不同时期发表的法律准则与承审员在某一案件中援引的法律准则之间的冲突。在实践中,"意见和见解"(即使无立法许
28 可)已经具有了持续权威,它们会及时传递至其他的"意见"和"见解",而从不与实际案件发生联系。在君士坦丁(Constantine)一世时期,很明显的是,这种权威不仅为针对咨询或询问所作的"解答"享有,而且至少也为某些特许法学家的一般著述所享有,那一禁令已停止近100年的历史。因此,我们可在《优士丁尼学说汇纂》中

找到如此多的内容皆引自教义性的、基础性的或是注释性的学说著述，它们属于纯粹教科书性质的法律：它们包含的一般论点与具体先例（无论是实际案例或者假想案例）毫无相似之处，也不像是对特定问题的解答。奥斯丁曾以一种极不合常理的方式质疑甚至是谴责过这些一般论点（Lect. 37；见《实用法理学》第 299 页），他将它们囿于自己褊狭顽固的判例法概念之中。关于此点，笔者无需多言。

笔者亦无意在此讨论罗马法中的“先例”问题，也无意探讨先例的影响，即英国法中某一特定判决对后来类似案件的效力。尽管西塞罗的《论题篇》（*Topica*）（5，28）常被人们引用，但笔者仍有如下疑问：已决案件（*res judicata*）是否确有“单个先例”的意思。就皇帝或由皇帝授予最高司法权的官员作出的判决而言，确实有过一个被人们承认的特殊的先例原则，但在立法时期（从哈德良开始——也很可能从帝国初期开始——直至优士丁尼时期）发生过很多变化。公元 398 年阿卡狄乌斯皇帝（Arcadius）和霍诺里乌斯皇帝（Honorius）的一则敕令明确废除了这一特殊的先例原则（《狄奥多西法典》1，2，11），但最终在优士丁尼于公元 529 年颁布的《优士丁尼法典》中重新得到确认（1，14，12 pr.）。

冲突意见与狄奥多西的《学说引证法》

余下的有关法学专家之“意见和见解”的历史简短且相当明晰；但是它包含一个值得关注的关于帕比尼安崇高地位的确认问题。哈德良要求，法律意见如要取得约束力，必须得到法学专家的一致认可，而随着法律意见的增多，这种一致性自然越来越难取得。正因如此，我们发现君士坦丁一世曾在公元 321 年和 327 年对永不休止的法学家争论（*contentiones prudentium*）表示了不满；他指出“被提到的作者早已辞世”，故而曾废除了保罗和乌尔比安对帕比尼安作品的注释，但随后又确认了保罗的全部著述。君士坦丁的这些谕令在 100 年后得到了狄奥多西二世和瓦伦丁尼安三世（公元 426 年）所谓的《学说引证法》（*Lex Citationum*）（一个后来的称呼）遵循。笔者只叙述这部法律的要点，尽量不触及其他争议。《学说引证法》确认了 29
帕比尼安、保罗、乌尔比安、莫蒂斯提努斯（Modestinus）和盖尤斯的全部著作，还特别提到最后一位作者具有与其他人相同的权威。这五位法学家习惯引述的一些作者的著述也同时被赋予了效力，其中包括萨宾——第一位特许法学专家。（五位法学家的意见）万一有分歧或冲突的，帕比尼安的意见高于其他任何“一位”法学家，但不能高于其他“两位”法学家的相同意见；再次剥夺了帕比尼安的注释的重要性，而《保氏案例》（*Sentences*）被赋予绝对的权威。当两位法学家的冲突程度相等时，法官可自由选择。

这部法律弥足珍贵，特别是因为它有助于解释由优士丁尼《学说汇纂》援用的作者名单而引起的难题。《学说汇纂》自称依据古老法学专家的著作而成，这些法学家都曾被之前的诸位皇帝赋予过汇编和解释法律的权威(《学说汇纂》编纂令,第4节)。

无论“制定法律”的原意是什么,这几个字表示的主要内容显然有以下含义,有普遍性形式并且还是站得住脚的权威。被援引的作者应仅限于被授权的或者特许的法学专家。事实上,最早被援引的作者是穆基乌斯·斯凯沃拉,他于公元82年去世,那时奥古斯都还未出生。这样,斯凯沃拉和其他那些在“特许制度”确立前著书立说的法学家们就被“五大法学家”(在《学说引证法》中,他们五人被称为“学术权威”)在各自著作中所引用。《学说引证法》也明确包括萨宾,我们猜测他应是凭借其所享有的头衔出现在其中的。果真如此的话,这就给我们提出了一个强有力的证据来作出这样的思考:在哈德良的敕答颁发之前,法学意见,即便是特许法学家的意见,也不具有与先例或普遍规则一样的拘束力。

我们从《学说引证法》的语言上还可推出,帕比尼安、保罗、乌尔比安和莫蒂斯提努斯很可能属于“特权阶层”,而盖尤斯很可能不属于这一阶层。

优士丁尼的《学说汇纂》

对于法律意见受到如此机械的、算术般的评估,人们很明显感到厌恶。因此,优士丁尼把收入《学说汇纂》的所有章节都转变成了大量的“法律”(*leges*),并将它
30 们放到了同一水平(《学说汇纂》编纂令,第6节)。因为这部著作在此后要成为唯一一部被引证的作品,所以当然不容许它的内容存在前后矛盾之处,也不允许它收入过时废弃的法律内容(《学说汇纂》编纂令,第8、10节),但这条命令并未得到完全执行。必须承认的是,《学说汇纂》中确实存在着一些相互抵牾之处,这点不容诡辩;另一方面,因为(各章的)内容是依据所引作者(作品)的时期进行前后排列的,故为我们提供了许多实践法原则逐渐发展的有趣例子。

帕比尼安“节日”:关于帕比尼安最后的话

至优士丁尼时期,优氏根据自己的法典对法律课程进行了修订,学生的第三年课程中首次引入了帕比尼安《解答集》专题阅读,然后,这些三年级学生被称为“帕比尼安门生”(Papiniannistae),他们过一个节日来纪念此书的作者帕比尼安。优士丁尼为保留第三年课业中部分旧的学习科目,同时为保证对帕比尼安这一伟大名字的尊敬之情能得以长存,他以其《学说汇纂》的核心内容(Umbilicus)为开始部分,最终设计出了一份某种意义上“人为的命令”(artificial order)并完成了该著作第20、21、22卷的创作①。这几卷被12世纪、14世纪一些佚名的注释者称为“反帕比

① 《解答集》原本只有19卷。——译者注

安"(Antipapian)或"反帕潘"(Antipapin),注意这里的名字不是"帕比尼安"(Papinian)。前一个名字的讹误,前文已有交待(边码第 20 页)。而后一个名字的讹误(Papin)可能引出法国自然科学史上一个令人敬仰的名字——丹尼斯·帕潘(Denys Papin);不过,在受到这位科学家最著名的发明的启发后,笔者仍想不到任何一个有联系的"谐音异意词"(*calembour*)。

"法学专家"的作品及其法学价值

特许法学专家们的"摘要"(institution)通常仅被人们视作是民事审判高级法院依据的"法规"(establishment),而他们的"意见"几乎是上诉案件或延期案件的判决;毫无疑问,经常是这样的。但是,如果笔者在这里理解的是正确的话,那么那些在皇帝许可之前时代的法学专家们的作品,加上后来的特许法学专家的作品,会有一个很大数量。原则上,这种作品通常不仅包括"附带意见"(*obiter dictum*),还有一定量的抽象化原则,远比奥斯丁的"判决依据"(*ratio decidendi*)要宽泛,不仅如此,它通常由其作者直接表明——而不必像奥斯丁第 37 讲和第 39 讲中描述的那样,需要经过辛苦的程序推理或抽象出来。

对我们来说,抽象化原则的优点(更确切地说是其必要性)是非常明显的,因为 31
我们有着庞大且还在不断增加的判例法。这一工作无疑正在进行,并在很好地进行,某种程度上体现在我们的法律年鉴的抬头、评论,甚至在教科书中,而且越来越多地考虑教科书正成为我们法院的[1]一个显著特征。笔者认为,我们的法官现在已不像从前那般嫌厌制定一般规则或发表普遍法律准则,而且他们正如奥斯丁认为的那样,感到自己有责任去这样做。但是,对于重要的法律(它们不断从法院的实践活动中产生)的归纳,特别是归纳到"可认知的程度"(奥斯丁语),即使能让专业人士明白认知,也正变得日益艰难。

在我们欣赏自己国家逐渐形成的法律原则与法律程序的历史价值时,我们对优士丁尼为实现法律通用的目的而作出的英雄般的补救行为不应仅仅是羡慕,而是应该不惜一切代价,彻底制定出一部属于我们自己的、只包含全部现有判例法而彻底清除过去判例的、权威的《学说汇纂》。当然,判例法一定要继续发展,但它应该从容地接受定期的权威修订,并被归纳为一般规则的形式。

在笔者看来,这种做法不仅仅巩固了制定法,更是老生常谈的"英国法法典化"一次有望成功的机会(参见《实用法理学》,第 2 编,第 16 章)。

(撰写:E. C. Clark)

---

① 指英国的。——译者注

3. 乌尔比安
(Ulpian)

32
乌尔比安时代的政治环境

乌尔比安所处时代的社会环境与政治环境似乎并不适合一位伟大的法律天才成长。若要在法学知识或其他任何知识的探索上取得丰硕的成绩，通常必定要有一个稳定的、太平的时代作保障，因为只有在这样的时代，才能确保法律的至上性，对真理的探求才会免受剧烈的、原始的情感干扰。他所全面思考的是人的行为中的正与不正的问题，而学习法律的学生极有可能在情感变得极为强烈之时背离一心一意、不偏不倚的真理探寻之路。的确，这种情形出现过很多——正如我们的[1]历史展示的那样——有些伟大的法学家会在社会政治大动荡时期、法律本身岌岌可危的时期，走到显要的位置。但事实似乎是，像在这样的情形下，被激发出来的人性力量是一种政治的而并非特殊的法律的禀赋。

我们历史上的2世纪末3世纪初这一时期当然不是一个太平时代，倒也够不上一个法治岌岌可危的时代。在“身居高位之人”的阶层中，充斥着很多无法无天的事件，对正义和道德的呼声常常充耳不闻，在被高层政治阴谋所控制的阶层中，人命如草芥。但是，就更为广泛的人民而言，在罗马帝国，强大的法律机器则极有可能正在稳健、有效地运行着。人们买进卖出、租出租入、经营财产以及订立遗嘱，这些行为都能受到法律的全面保护——它(指法律)的发展和形成凝聚了之前各时期与当时最具智慧之人士的心血。

33 但是，(在罗马帝国历史时期中)没有哪一时期能比这一段更不配称作太平时期了。到乌尔比安成年时(他的确切出生日期尚不确定，但据推测大概在公元180年前后)，塞普提米乌斯·塞维鲁是罗马皇帝(193—211)。他“靠杀戮爬上帝位”后，又凭借其胜过政治才能的狡诈与残忍邪恶组合维持了约二十年的统治。在这期间，法律得到毫不动摇的坚持，司法审判得到开明公开的执行。但塞维鲁死后，他生前预料到的混乱随即到来。他的两个儿子卡拉卡拉和盖塔之间多年来郁积的怨恨，此时全面爆发。据说在随之而来的短暂、迅猛的激烈斗争中，卡拉卡拉处死了至少两万人，理由是这些人是格塔的同党。据迪奥·卡西乌斯(Dion Cassius)，在这种恐怖统治下，无人敢在皇帝和他的朋友面前提及格塔这个遭人憎恶的名字，如有人将其写进他们的

① 指“英国的”。下文“我们的”也多指“英国的”。——译者注

遗嘱，则该遗产会被下令没收。但谋杀格塔并铲除其追随者并未平息卡拉卡拉的暴怒。他把自己的癫狂由首都引到各行省。吉本告诉我们(第6章)："所有省份挨个变成了他行使劫掠和残暴的据点。元老院的元老们因害怕参加卡拉卡拉变化无常的动议，只得每天不惜花费巨资为他提供享乐之物，而他总是对它们嗤之以鼻并常赏给他的卫兵们……最富有的家庭，都会由于缴纳无理的罚金或财产被没收而一贫如洗，绝大多数人民都由于巧立名目、日益增多的赋税而穷苦不堪。在国内完全平静无事的时候，他稍有一点不顺意，便会在埃及的亚历山大里亚(Alexandria)发布命令进行大规模屠杀。他自己躲在一个极安全的地点——塞拉庇斯(Serapis)神庙中，观望并指挥杀害了数以千计的罗马公民和外乡人，从不考虑受害人的人数，或他们各犯有什么罪。"①

乌尔比安的学术著作

类似事件的发生之际，正是"这个使人性蒙羞的魔鬼"②占据着罗马帝国的位首之时，乌尔比安创作完成了其一生中的大部分作品。不管乌尔比安的伟大著作《论告示》③(共83卷)的绝大部分章节是否真如莫姆森所言是在卡拉卡拉执政之前完成，还是其全部内容是在卡拉卡拉执政期间完成的，④有一点明确的是，乌尔比安在这一时期的著述数量巨大。我们认为他所有的作品中应归于这一时期，除《论告示》外，还有对"市民法"的详尽注释——《论萨宾》⑤(*Libri ad Sabinum*，51卷)以及大量针对各种制定法的专论⑥，针对不同裁判官职责的论著和《法学阶梯》(两卷)及其他作品。⑦ 34

① 本段译文参考了[英]爱德华·吉本:《罗马帝国衰亡史》(D. M. 洛节编本)上册，黄宜思、黄雨石译，商务印书馆1997年版，第65页。本文译者更正了原译文中的部分讹误。——译者注

② 这是吉本对卡拉卡拉的评价。——译者注

③ 《论告示》(*Ad Edictum*)又称《敕令评论》。——译者注

④ 《学说汇纂》单从该著作中选摘的片断就远比从其他任何单个法学家全部著作中摘录的片断还多。

⑤ 这里提到的萨宾当然是著名的法学家玛苏里乌斯·萨宾[《市民法三编》(*Libri tres iuris civilis*)的作者]，他生活在提比略统治时期。兰普里狄乌斯(Lampridius)曾把这里的萨宾与亚历山大·塞维鲁的一位也叫作萨宾的朋友相混淆，这称得上是无知与马虎典型代表；普赫塔曾称兰普里狄乌斯是一位"糟糕的、难以令人相信的著者"之一，但我们有时又不得不求助他，因为我们缺乏这一时期的材料。

⑥ 《论执政官法十编》(*De officio Proconsulis libri X*)是其中之一；它是一部关于刑法的专题论著，规定的主要(除一些别的事项以外)是适用于基督徒的生效的刑法。乌尔比安唯一的任务就在于完整地描绘现行刑法的情况，因此他绝不可能对适用于基督徒的刑事制定法表达自己的赞同或反对。最有可能的是，"他对"除法律方面以外的"事情都不感兴趣"。但他在中世纪时期被视作基督徒狂热的敌人。这一指责很可能起源于拉克坦提乌斯(Lactantius)的《神学原理》(*Institutiones Divinae*)第11卷中的一段话。

⑦ 乌尔比安全部著作的清单可以在鲁多夫(Rudorff)的《罗马法律史》(*Römische Rechtsgeschichte*)第1卷第190、191页找到。也可参见罗比博士《优士丁尼〈学说汇纂〉研究导论》(*Introduction to the Study of Justinian's Digest*)第199、200页。乌尔比安许多作品的写作日期不很确定[比如《解答集》、《法学规范》(*Liber singularis Regularuin*)两部作品]。他的许多作品完成于埃拉加巴卢斯(Heliogabalus)统治时期。专论《通奸论》(*De adulteriis*)则明显著于卡拉卡拉执政之后。

早期生涯

倘若乌尔比安是一位学者性情之人，那么他能在罗马城燃烧之时（形象地讲）仍静心撰写冗长的法学论著恐怕就没什么特别之处了。但实际情况远非如此。无论是作为一位实际参与者，还是一名极感兴趣的、机警的观察者，他的一生都始终与政治事件紧密相连。他在相对较早的年纪就已在公众生活中露面。在塞普
35 提米乌斯·塞维鲁统治时期，他是帕比尼安公堂上的一名顾问律师（assessor），并担任帝国咨议会委员。有传闻说，他与帕比尼安之间曾存在某种程度上的竞争关系，根据鲁多夫（Rudorff）的《罗马法律史》（第1卷第189页），他甚至还与帕比尼安的垮台有关。但是，所有此类形式的推断证据都极不足为信。在卡拉卡拉统治时期，他担任记录法官（*scriniorum magister*），而保罗在此时则担任申诉法官（*ad libellos*）。

埃拉加巴卢斯[①]：乌尔比安的推罗人血统

在埃拉加巴卢斯[他曾是叙利亚太阳神的大祭司，在马克里努斯（Macrinus）短暂但充满血腥的统治插曲之后，继承了卡拉卡拉的帝位]时期，乌尔比安的职业生涯发展似乎停滞过一次。他被剥夺了所有的荣誉[②]，并被驱逐出罗马，甚至受到过被处死的威胁。在埃拉加巴卢斯这位叙利亚人颇有东方女人气与高压式的五年统治期间，乌尔比安似乎将主要精力集中于写作，尽管他毫无疑问对公共事务仍保持高度的关注。乌尔比安那时之所以对法院政治事务保持着特别的个人兴趣是有原因的。埃拉加巴卢斯[其母亲索艾米亚斯（Soaemias）是卡拉卡拉和格塔的大表姊妹，和未来的皇帝亚历山大·塞维鲁的母亲尤莉娅·莫米娅（Julia Mamaea，一译"马梅亚"）是亲姐妹]是第一位具有亚细亚血统的罗马皇帝。乌尔比安——正如他亲自在一直保存至今的《学说汇纂》[③]中（50，15，1 pr.）告诉我们的一样——具有推罗人的血统。虽然罗马帝国上下团结一致、固若金汤，狭隘的地方主义不断被打

---

① Heliogabalus 也称 Elagabalus，即埃拉加巴卢斯皇帝（218—222 在位），他荒淫放荡、臭名昭著，强令罗马人崇拜太阳神，处决几名持异议的将军，引起社会不满，被禁卫军所杀。——译者注

② 据说这些荣誉包括埃拉加巴卢斯授予他的至上职位——"高级司法官"（Præfectus Prætorio）。单据其他资料，他到亚历山大·塞维鲁统治时代才出任"高级司法官"一职。

③ 但推罗可能并不是他的出生地。布雷默（Bremer）在其（*Rechtslehrer u. Rechtsschulen im Römischen Kaiserreich*）第87页指出，乌尔比安有段时间曾在推罗居住过，还可能在贝鲁特大学做过不长时间教授。在罗马历史上，叙利亚和叙利亚人这一时期的人物辈出，引人注目。帕比尼安很可能是叙利亚人（见本书第17页）。尤莉娅·多姆娜（塞维鲁的妻子）也是叙利亚人。乌尔比安、埃拉加巴卢斯皇帝以及尤莉娅·莫米娅（见上文）全是叙利亚人。马克里努斯曾在安提俄克（Antioch，古叙利亚首都、现土耳其南部城市）主持法庭审判；一场在叙利亚的战役最终结束了他的短暂统治。

压，人们支持更大的统一帝国的趋势日渐加强，但很明显乌尔比安一生对推罗城以 36
及叙利亚的风物仍保持着强烈的个人兴趣。①艾米萨（Emesa；它同推罗和贝鲁特一样，是叙利亚的一个重要城市）的祭司作为第一位有着亚细亚血统的皇帝而登基——这对乌尔比安之于公共事务的兴趣来说，自然是一个触动，它激励着乌尔比安在未来晋升到一个他之前从未获得过的更高职位。②尤莉娅·莫米娅这位聪明而又充满野心的女人，很可能已经预料到埃拉加巴卢斯异乎寻常的统治难免短命，她静悄悄地为儿子亚历山大称帝做好了准备。乌尔比安似乎获得了莫米娅的完全信任，并可能协助她将计划付诸实施。大约在公元222年，他至少已担任"粮食供给官"（*praefectus annonae*）；在一把匕首终结了"太阳神大祭司"治国的这场悲喜剧之后，我们发现，乌尔比安不久之后就被冠以导师和哲学家的称谓，他还成为了那位16岁皇帝的朋友。

乌尔比安与亚历山大·塞维鲁之间的友谊

在他的后半生，乌尔比安得到了他的主子——皇帝和（可能更为重要的）女主子——皇太后的全部信任。亚历山大有一处称他为"吾友"（*amicus meus*），还有一处称他为"吾父"（*parens meus*），历史学家的若干段落都可证明这位皇帝和法学家乌尔比安之间存在着亲密的私人友谊。③此时（及随后的6年）乌尔比安成为罗马
帝国事实上的"摄政者"，用佐西莫斯（Zosimus）的话说，他是"皇帝权力的同伴 37
（partner）"。有关他的实际地位，有各种描述。据有些资料显示，彼时的"高级司法官"④一职是由乌尔比安、弗拉维努斯（Flavianus）和基里斯督（Chrestus）共同执掌，但后两者很快被革职，乌尔比安随即独掌大权。还有一种说法是，乌尔比安担任一个由16位元老组成的咨议会的主席，这些元老由皇帝特别任命，讨论时政并据此向皇帝提出建议。无论怎么说，他担任着的是一个需要付出极大心血的职务，故而他几乎无暇从事学术活动。据说亚历山大皇帝在履行审判职责方面最为勤勉；乌尔比安很可能在最大程度上分担了皇帝的工作，从而减轻了皇帝作为罗马全境至高正义源泉的沉重担负。据说亚历山大用白天的大部分时间来处理信件和请愿书；在决定私人争议时他显示出了极大的"超越其年龄的耐心和谨慎"；我们推测他很大程度上受到了学识渊博、经验丰富、精明睿智的乌尔比安的

---

① 在前注所引述的源自《学说汇纂》的一段论述中，我们可发现乌尔比安对推罗许多古迹和自然风光表现出的自豪之情。乌尔比安还曾在其他段落中提到过叙利亚、亚细亚以及古迦太基语（本注释略有删节。——译者注）。

② 我们在此假定乌尔比安是在亚历山大统治时期才担任"高级司法官"一职。但还请参见前相关注释。

③ 据说乌尔比安是亚历山大会单独召见的两个人之一，并且还经常是皇帝的座上宾。

④ 高级司法官，原本只是"禁卫军队长"，逐渐成为国家第一要职，是皇帝在军事、法律和财政事务上的直接代理人。

指导。①

针对乌尔比安的军事对抗：乌尔比安之死

但是，乌尔比安面临的不仅仅是一个勤奋工作的官员所面临的困难。尽管他得到皇帝和太后的宠爱，但他的处境也远非安全。他的升迁招致很多人对他的妒忌，并逐渐升级为公开敌对，最终导致他的垮台。如今，要判断乌尔比安与其对手间争斗的确切性质绝非易事。导致争斗的主要原因可能是乌尔比安一以贯之地反对军事阶层影响的扩大，尽管他的失败还可能一定程度上归于他的个人原因。乌尔比安不仅是一位聪慧的律师，同时也是一位精明圆滑的廷臣；如果我们说他和当
38 时的大多数朝廷官员一样，不反对（朝中的那些）阴谋诡计，大概并无不公。他很可能生性对军事阶层不抱同情之心，事实上对任何一位将法律至上和把管理秩序作为第一要务的官员来讲，他们很可能难以容忍禁卫军无节制的放任与影响。皇帝本人，很大程度上，对待他的士兵较为仁慈；他需要稳定住禁卫军的情绪才能保证自己的权威，常常恩威并举才能奏效。据塔西佗的《历史》(i. 84)，禁卫军原本主要由意大利年轻人中的柔美男子组成，但在塞维鲁斯时代，禁卫军的大部分成员是从帝国其他地区比如马其顿和西班牙招募而来。因此，禁卫军的纪律纽带（帝国古代中心地区原先帮助保留下来的优良传统）逐渐松散。禁卫军长期以来放纵成性，享有事实上的豁免特权，因此他们对（如今的）限制极为厌烦。亚历山大节制禁卫军特权的措施很可能得到了乌尔比安的有力支持。自从弗拉维努斯和基里斯督②被免职后，他在朝中的影响无人能及。经过很长一段时间的阴谋和反阴谋，积压甚久的仇恨最终酿成了灾难的爆发。公元 228 年，罗马发生了一场难以控制的暴乱，持续了三天之久。在得知自己有生命危险后，乌尔比安躲进皇宫寻求避难，但是愤怒的士兵强行闯入宫中，在亚历山大和莫米娅面前杀死了乌尔比安。③乌尔比安政敌的影响十分强大，以至于亚历山大竟未敢公开惩处暴乱的罪魁祸首，元凶被免去担任埃及的象征性荣誉职务，随后被调往克里特。暴乱引起的亢奋渐渐平息后不久，他被悄悄地除掉。

---

① “睿智”是吉本在描述乌尔比安时最喜欢使用的一个形容词。在《新律》97，6；《优士丁尼法典》6，51，9 和《戴克里先法典》9，41，11）都有类似的形容乌尔比安的词语（翻译时略有删节——译者注）。可能这些形容词可用于所有伟大的法学家，但它们用于乌尔比安身上当然是最合适的。

② 相关叙述见原文第 37 页。弗拉维努斯和基里斯督很可能反对莫米娅的影响，并反对亚历山大削减禁卫军的特权。迪奥·卡西乌斯的一位摘录者（epitomator）说，此两人是受乌尔比安密谋陷害才离职的，但并无证据证明这一说法。弗拉维努斯和基里斯督有时被说成是乌尔比安的前任，有时又成了与乌尔比安共执权柄的同僚。

③ 《奥古斯都历史》的著者在叙述亚历山大·塞维鲁的生平时，略去了乌尔比安死亡的整个经过；关于这一时期的历史材料有相当一部分值得怀疑，这又是一个证明。

乌尔比安作为法学家的卓越之处

这就是这位著名的罗马人的一生，多亏了优士丁尼《学说汇纂》的编纂委员选择了他那么多的论述，以至于他对欧洲法学发展产生的影响很可能比其他任何一 39
位法学家都要大。这样的评价并不等于说他是最伟大的法学家之一。乌尔比安并非那种像拉贝奥(Labeo)①、尤里安(Salvius Julianus)或帕比尼安那样说服力极强、原创型的法学家，也就是说，他不属于那种“创造——甚或是发现——法律”类型的法学家。乌尔比安的才智并不在艰苦的开拓性工作之上。他的才智倒是体现在表达清晰和说理清楚的能力上。他凭借自身非凡的判断力和洞察力，在全面掌握当时存在的法律之后，使用自己的术语对各种法律原则和论题开展重述工作。他的著作清晰、恰当地展现了先哲来之不易的成果。但他不只是一个汇编者，也不仅是一个提供他人智慧的人。在他的著述中，他人的观点的确极为显眼。但是，乌尔比安并不只是重复他人的成果。他所吸收的，可以说都是经过他消化后再结晶的。他有着敏锐的鉴别力，可以发现哪部作品所具有的永久的价值。他曾经立刻遭受过尖刻而又务实的抨击。但他会摒弃他看来不甚重要的内容，对保留的部分加以仔细检验，然后再以自己清晰的方式对它们重新详加论述，并指出法律实际需求中如适用这些法律命题应该有什么样的条件和限制。

乌尔比安的清晰风格

至于风格，乌尔比安是一位造诣极高的能将作品表达得非常清晰的大师，他与盖尤斯都是罗马法学家中风格最为清晰的。②他的作品言语没有矫饰，不做作，也无浮夸晦涩的修辞。③乌尔比安写作使用的语言，正如罗比博士所言，④是当时“有教养的人在日常生活和工作中的语言”。换句话说，它是简洁直白的。但这样的文风并非没有瑕疵。我们的确因此可免受其他时代法学家迂腐做作文风的折磨，但是它可能偶尔存在着表述⑤不严谨的问题，并且在信马由缰的表述中，法律问题的实质要害往往处于被视而不见的危险境地。但是，对我们来讲，乌尔比安文风的这一 40

---

① 拉贝奥(M. Antistius Labeo，约前 30—10 或 11)，出身平民，倾向共和政体，当过大法官，曾拒绝接受奥古斯都推荐他为执政官。在法学上，他富有创新精神，属于萨宾派的彭波尼曾赞誉他是法学界的革新者。——译者注

② 乌尔比安著作原文流传下来的并不多，但即使这样，也足以证实上面的评价。即便在那些经过《学说汇纂》“编辑”的论述，也同样展现出了流畅表达的非凡能力。

③ 关于这一点，见下文第 43 页，奥斯丁对此的评价。

④ 见《导论》第 209 页，罗比博士是就古典法学家整体而言的，但是他的评价特别适用于乌尔比安。

⑤ 在《优士丁尼法典》6，25，10 中，“disertissimus”这一术语曾被用来描述帕比尼安和乌尔比安两人。但似乎它用于乌尔比安远比用于帕比尼安更合适。

缺陷却证实了他思路清晰的优点。才思敏捷的特点促使他能够运用大量丰富的、最有价值的法律内容来充实法律文献。他芜蔓的叙事风格帮助了我们——一如帮助罗马帝国中他的那些后辈一样——去理解先哲留下来的艰涩、模糊的文献。正因如此,当优士丁尼的编撰官们汇编《学说汇纂》时,从乌尔比安的作品中引用的内容比其他任何一位法学家的都要丰富。它们为《学说汇纂》的编纂奠定了坚实基础。引自乌尔比安的片断(计 2 462 条,比保罗的 2 080 条和帕比尼安的 595 条都多)占据了《学说汇纂》三分之一之强。尽管其中有些摘引的篇幅比较长,但还是远远短于所引述原文的篇幅。汇编者的职责就在于"从过量中,去除掉无意义冗余的法律内容",他们在履行职责过程中大范围修剪了乌尔比安的作品。若将《梵蒂冈残卷》75—83 卷[内含乌尔比安全整的(未加修剪的文本)]和《学说汇纂》7, 2, 1, 2 至 4 以及 7, 2, 2 和 3(这里已没有"无意义的过量")作一比较,我们即可发现他们履行职责的程度。①

罗马法学所谓的衰落

有人说罗马法学的衰落肇始于乌尔比安和保罗。的确,无论是乌尔比安还是他的后继者,都未能达到与尤里安或帕比尼安相同卓越的程度,而且更为确定的是,乌尔比安后继者们的著作还显示出了实力的下降。但是,这种论断易给乌尔比
41 安带来不公的评价。在乌尔比安的著述中,很难发现有任何明显的倒退迹象,他对法律问题的模糊认识,或是他在给出意见时有任何敷衍之语。我们在前文试图表明(边码第 39 页),乌尔比安的才能集中在某一特定方面;但仅仅这一事实并不足以定性他在"倒退"。像他这种特殊类型的人同样也会取得成功,完成有益的作品,帕比尼安就是代表。在乌尔比安的同代人和后继者中,他享有很高的威望,且事实的确如此,随后的几个世纪里,在能够全面理解古典时期法学家成就的能力缓慢且持续地下降的情况下,能如此成功地维系罗马法学,很大程度上得益于乌尔比安著作的影响。乌尔比安的学生莫蒂斯提努斯[乌尔比安在《学说汇纂》47, 2, 52, 20 中称呼他为"我的弟子"(studiosus meus)]是一位具有相当审判能力的出色法官,他将乌尔比安与斯凯沃拉和保罗并列为"法的领路人"(κορυφαῖοι τῶν νομικῶν),完全忽略了帕比尼安。在随后的几个世纪里,乌尔比安在法院中的权威性——特别是在东罗马帝国——仅次于帕比尼安,公元 426 年瓦伦丁尼安的《学说引证法》正式表明了这一事实。

① 在罗比博士的《导论》中(第 73 页始),这两段被并列为两栏以最有教益的方式排列。但我们几乎没有必要去说,汇编官员所剔除的未必是"无意义的过量部分"。他们的工作性质要求他们忽略所有过时的内容,也包括大量有价值的内容,甚至从文学角度上来讲,是本质的内容。仅根据《学说汇纂》中被摘引的片段来评价法学家著述的文字修养,将是最为不公的。

乌尔比安的自然法

笔者在这里简要讲讲乌尔比安著名的对法的三分法：市民法、万民法和自然法；或可被分别称为只适用于罗马人的法、适用于各民族的法以及人类与动物共同适用的法。如人们认为的那样，这种分法并非独为乌尔比安所提出。当然，我们无法讲出，在众多法学家的著作中还有哪些也采用了这一划分法，因为很多著作并未保存到今天。但就《学说汇纂》而言，它不仅出现在第一卷第一章的那几则引自乌尔比安的著名片断中，而且还出现在另外两则片断中。其中一段是《学说汇纂》12，6，64，引自特里弗宁（Tryphoninus）的明确论述，另一段是《学说汇纂》1，1，5，它引自赫莫杰尼安（Hermogenianus）必要的含蓄叙述。然而，如萨维尼的结论所展示的那样，[①]这一学说对罗马法中的法律规则并未产生特别明显的影响，并且事实上不能作为法的分类的基础。但是，承认萨氏的这一观点，并不意味着乌尔比安的这一 42
划分是无意义的或是荒谬的，而奥斯丁对此不恰当的批评则有可能会令人产生如此假想。萨维尼本人——大体上采纳了多诺（Donellus）[②]对乌尔比安的辩白——指出乌尔比安这一学说的真正意义和价值。他提醒我们一个重要的考量因素，即在每一种关系中，我们必须区分内容和形式，并且法律关系的内容可以与法律形式相分离。在绝大部分的法律关系中，比如说所有权或债的法律关系，其内容是“任意的”，换言之，可以想象人类没有它仍可以继续生存。但是，能区别与乌尔比安所言之关系（男性与女性的结合，子孙的繁衍和教育）的是它们的内容是“非任意的”，它是由对人类和动物都适用的自然关系所组成，没有它，人类无法继续生存。乌尔比安所指的“法（ius）”（我们确实也看到其他动物甚或野兽也被认为是熟悉自然法）一定程度上极富幻想、异乎寻常，但如果就此猜测他果真设想动物之间存在一种法律关系，则过于荒谬。他所希望指出的不过是：人与人之间某些基本法律关系之内容（区别于形式）的构成要素在动物世界几乎有确切的对应。而且这也并非“盲目自信”或“离谱的推论”（见奥斯丁著《法理学》第5版，第209，210，552页）。正如萨维尼所言（*loc. cit.*），乌尔比安的划分“不但正确，而且重要并值得思索”，它尽管在法的基本分类上无用，但对其他法律思想上产生的影响——不仅在乌尔比安时代，还包括随后的几个世纪里——是巨大的。萨维尼对乌尔比安学说的论述为我们提供了一个值得学习的态度典范，如果想让讨论结出硕果的话，则无法回避这些问题。那么，他的地位是怎样的呢？（他是）一位学识渊博、经验丰富的法学家，一位扎根

① 《当代罗马法体系》（*System des heutigen Römischen Rechts*），第1卷。

② 多诺（Donellus，1527—1591）有时也拼为“Doneau”，法国著名法学家，也有人将 Doneau 译为“德纽”。——译者注

于法律传统和哲学传统的人士，在艰苦的法学事业氛围中孜孜以求，审慎地阐述了一套学说。三百年后，一群造诣颇深的法学家认定他的学说值得保存下来。几个
43 世纪后，我们会发现他的学说仍对两类截然不同的人产生着影响。最后，到我们当下，他的学说仍被认为值得现代最伟大的法学家潜心探究。我们斗胆认为，面对像这样的事实，奥斯丁的那些批评意见表现出半是性急暴躁、半是自高自大的轻视态度——这是他在论及这位“出色的”乌尔比安和“这位法律圣贤”时宣泄出（可能是无意识地宣泄）的态度——这完全没有意义也毫无结果可言。

乌尔比安的理想主义

44 当奥斯丁抱怨乌尔比安的拉丁文“雄辩家式的”而不对他的胃口时（loc. cit., p. 563），他一直在思考可能是刚才讨论过的那个片段还有诸如法学之本质（Dig, 1, 1, 10, 2）和法学家的职能（Dig, 1, 1, 1, 2）的论述。但是，用“雄辩的”这一语词来形容乌尔比安的风格并不恰当，所以奥斯丁反对的可能在于乌尔比安论述的内容而非它的形式。关于自然法的那一节论述，无需多言。至于另外两节，尽管它们显然够不上科学上的精细，但它们在事实上也远非仅仅是“雄辩家式的”修辞。事实上它们展现的是法学本质[①]的某种崇高典范以及真正法学家的职能。但即使它们仅仅做到了这一点，这样的不足（如果它们算得上是不足的话）当然也情有可原。法律持续遭受着外来诱惑的困扰，它们总是试图把它从高贵自然的科学的地位上拉下来，从而降为一种取巧的行业。我们要感谢那些把法律保持在高贵理想层面的人。在法学领域，一如其他学科领域一样，我们总是可从爱默生笔下的“怀抱远大理想的”那个人身上学到很多。

（撰写：James Crawford Ledlie）

---

① 我们可把乌尔比安的意思理解为类似以下的内容：法学家的工作在于通过检测既存法律规则或努力发现新的规则两种方式来鉴别法律原理。为实现这一目的，他就必须持续地思考两点（对应于法律的两个方面）。第一，他必须考虑公平正义的要求，它是法律的生命原则——换言之，他必须适用理想的标准，这一标准在本质上能不受纯粹人事的限制。这样的标准暗含于对“更高正义”、“衡平”、“人类理性”等等的经常性诉求之中。第二，他必须考虑到效用的要求——换言之，他必须适用一个实际的标准，因为实定法规则意在规范人类的行为和事务。最伟大的法律人——无论他是法官还是法学家——就是能将生活中此处的物质现实同清晰视野下的彼处理想紧紧结合的人。“法学是有关神和人的事物的知识，使正义和非正义的科学”（Iurisprudentia est divinarum atque humanarum rerum notitia, justi atque injusti scientia）。

4. 巴托鲁斯[①]

(Bartolus)

不同于乌尔比安的巴托鲁斯 45

(意大利法学家巴托鲁斯)

在有些方面，中世纪伟大法学家巴托鲁斯同西罗马帝国衰亡时期最为著名的法学家乌尔比安有着某种程度上的相似性，在乌尔比安生活的那个时代，奥古斯都时代[②]的昌盛与活力已逝去[③]，或者说正在逝去。与乌尔比安一样，巴托鲁斯并非以思想和著述的原创性著称，但他具有乌尔比安式的论证清晰和思维敏锐等特点；在相对短暂的职业生涯中，他正是因此获得了崇高的荣誉，其著述在他死后至少两个世纪里依然保持着影响力。有时他也扮演干练的朝臣角色，我们将从下文他觐见查理四世皇帝中窥得一斑。

---

① 本节的主要参考资料如下：萨维尼的《中世纪罗马法史》(*Geschichte des römischen Rechts im Mittelalter*)第6卷，第122—163页；《法国大百科全书》(*La Grande Encyclopedie*)第5卷，第524页以下；雷内(Laine)的《国际私法引论》(*Introduction au droit International Prive*)第1卷，第115—163页；韦斯(Weiss)的《国际私法的理论与实践》(*Traite theorique et pratique de droit International Prive*)第1卷，第2辑，第15页以下；维拉(Rivier)的《罗马法史引论》(*Introduction Historique au Droit Romaine*)，ss. 214—215，第568页以下；劳伦特(Laurent)的《国际私法》(*Le droit civil International*)第3章，第273页以下；菲奥雷(Fiore)的《国际私法》(*Diritto Internazionale Privato*)第1卷，第4章，第43页以下；霍耳岑多尔夫(Holtzendorff)的《法学百科全书》(*Encyklopadie der Rechtswissenschaft*)第1卷，第155页以下。

② 公元前29年，屋大维凭借军事力量重新统一了古罗马，先后被罗马元老院授予"第一公民"、"奥古斯都"的称号。从此他集国家的一切重要职务于一身，掌握了绝对的权力，这一现象被称为"元首政治"。屋大维执政时期，帝国疆域东起幼发拉底河，西临大西洋，南至撒哈拉大沙漠，北以莱茵河和多瑙河为界，大致上完成了天然疆界的扩张。屋大维统治罗马达44年之久，这一时期被称为奥古斯都时代(Augustan age)。这一时期因贺拉西、奥维德和维吉尔等诗人的出现而成为一个文化灿烂时期。——译者注

③ 吉本：《罗马帝国衰亡史》第1卷，第7章，第194页。

他们的时代差异

我们饶有兴味地注意到，乌尔比安活跃的时代见证了罗马全体臣民被赋予公民地位的历史事件，然正如吉本所言，[①]这一做法给罗马公民的只有空名，而他们却要为此承担实实在在的义务，使罗马帝国向世界表明其实现了普遍的、统一的统治权，并帮助罗马法取代了各地的其他法律制度而一跃成为通行于罗马全境的伟大法律体系，巴托鲁斯在一个风云变幻的时代看到了光明。彼时，统一性被多元性取
46 代，恺撒的帝国早已不是西欧富有生机的政治力量，在蛮族人的个人主义影响下，“人”而非“公民”成为真正的法律上的人和权利的主体。蛮族部落在匈奴王阿提拉(Attila)、西哥特人首领阿拉里克一世以及汪达尔王根塞里克(Genseric the Vandal)率领下入侵罗马帝国，在很大程度上打破了罗马统一性的符咒。甚至早在公元476年，西罗马帝国的很大一部分领土分裂为六个条顿人王国。意大利和诺里孔(Noricum)组成了奥多亚克王国(Odoacer)；北非成为汪达尔根萨里克或盖萨里克王(Gaiseric)的领地；从卢瓦尔河到直布罗陀海峡为尤列克王(Euric)的统治范围；罗纳河流域与索恩河流域成为勃艮第的耿多巴王；法兰克亲王统治着缪斯河、摩塞尔河以及莱茵河下游等流域地区；还有苏汇维人(Suevi)则在今天的北葡萄牙和加里西亚的区域开拓了王国。在原罗马帝国沦陷与割据的影响之下，新的秩序开始取代旧的制度，我们进而发现(正如基佐所言)，个体的独立成为蛮族人的最显著特征，这也为我们正确理解如下法律思想发展的历史进程提供了关键的注脚，即罗马法学中的属地主义和后期欧洲法学上的属人主义这两种截然相反的法律思想。匈奴部落、哥特部落还有法兰克部落都珍视其自由、独立的属人主义，并承认除本部落习惯法之外，再无其他法律。正如我们必须在日耳曼原始森林中去寻找自由之根一样(孟德斯鸠曾这样说过)，我们必须在入侵意大利的蛮族部落中去寻找属人法神圣化为最高权威之基本观念的最早萌芽，而它注定要对欧陆国际私法的发展产生巨大和深远的影响。

意大利自治城市的商业贸易崇尚属人法观念

我们追溯至12世纪和13世纪时期时即会发现，意大利自治城市的商业成长对于“每个人随身携带着自己的属人法，不因经商等故而离开出生地暂住其他城市而
47 丧失其属人法”这一观念的树立所起到的绝非是微小的影响。不仅如此，即便是在同一城市，如果它的不同角落适用着相互冲突的法律也不罕见；就好比我们在今日之印度发现同一城市中的不同区域在对待“优先购买权”问题上的习惯做法不尽相

① 吉本：《罗马帝国衰亡史》第1卷，第7章，第164页。

同一样。

罗马法研究

但是尽管中世纪确实孕育出了大量属人法，不过在以后的每一个世纪里，罗马法研究却从未真正停止过对杰出学者注意力的吸引。罗马很可能（甚至毫无疑问的是）在优士丁尼统治的某一阶段（大约 400 年时间）失去了其在乌尔比安时代作为法学教育中心的地位，优士丁尼本人在征服了意大利后，确认了罗马法律学校的特权，并提供资金支付教师薪水以维持学校。但随着西罗马帝国的瓦解，法律学校的公共捐赠无法继续维持。但罗马法在普通的世俗学校中，仍被当作一门古典文学中的一部分来教授，萨维尼曾从当时利奥九世教皇（死于公元 1054 年）的一段记录引过图勒（Toul）的一则例子。大约在同时，我们还在拉韦纳（Ravenna）找到了一所法律学校的踪迹（这点毫无争议），且根据 13 世纪时期的作者奥多弗雷德（Odofredus）的观点，它就是早先存在于罗马的同一所法律学校。

在巴托鲁斯时代，我们知道法律的讲授地在意大利，如比萨、佩鲁贾、帕多瓦和博洛尼亚；所以当需要创建法律思想新世界时，人们采用的方法主要是补充而非取代罗马天才们为文明社会已经确立起来的、意在永久指引人类的体系。不仅如此，这一趋势还因罗马天主教的态度而被大大加强。罗马天主教具有的体制使其本身成为统一性和普遍性的化身；而全体神职人员代表抽象意义上的人民，教皇则是国家和主权的象征。由此，从 7 世纪开始，神学著作者就经常认识到“教会使罗马法维持了下来”的原则。

注释法学派

但是，罗马法的系统研究直到 11 世纪末才能称得上得到复兴。法学家伊纳留斯是注释法学派（一直兴盛至 13 世纪中期）的奠基人，但我们对其个人生平所知甚 48
少，只知道他大约死于公元 1188 年，还有，根据奥多弗雷德，他竭其所能，自我钻研（studuit per se, sicut potuit）。注释法学派是巴托鲁斯学派的前身，因其主要的教学内容是对原始的罗马法律著作进行简短注释，故得此名。它的主要发扬者是阿库修斯，他的伟大作品《〈国法大全〉标准注释书》（*Glossa Ordinaria*）十分贴近时代。该著作享有如此广泛的声誉，以至于超越了法律的原始渊源，实际上达到了公认准则的程度，即“注释书中未承认的，法庭也不承认”（*quod non agnoscit glossa*，*non agnoscit curia*）。

评论法学派与后注释法学派

接下来是评论法学派和后注释法学派时代，他们放弃采用注释文本的方式，而改用更为综合与科学的方法，对法律各部门区别对待，并把调整同类问题的原则组织到了一起。也许这些规则并未全部得到清晰地表达，也未体现出最便捷的编排顺序，评论法学派所使用的拉丁文由此被那个可能过于吹毛求疵的批评家拉伯雷(Rabelais)描述为“是厨师和锅碗工的玩意儿，而不是法学家的”(*cuisinier et marmiteux, non de Jurisconsulte*)。评论法学派的早期代表法学家有：奥德拉杜斯(Oldradus, 1335)，他曾在帕多瓦、锡耶纳、蒙特利埃、佩鲁贾以及博洛尼亚等地担任法学教授；他的弟子有巴托鲁斯和阿尔伯雷克(Alberic)。早期代表法学家还有贝勒佩舍(Pierre de Belleperche)或拜拉佩提卡(Petrus de Bellapertica)，死于1308年；琼纳斯·安德烈亚(Joannes Andreae)，中世纪时期最著名的程序法权威，死于1348年；以及蒂努斯(Dinus)[1]的学生西努斯(Cinus)，佛罗伦萨人，曾在博洛尼亚任教授，死于1303年，是但丁[2]的朋友，巴托鲁斯和彼特拉克(Petrarch)[3]的老师，还是一名诗人(其纪念塞尔瓦加(Selvaggia)[4]的十四行诗和献给但丁的抒情诗是他的诗歌风格的最好例证)，同时也是一位享有广泛知名度的法学家，他因坚持认为遗嘱的形式应由“行为地法”调整，迥异于当时流行的“物之所在地法”学说而彰显了自己卓著的才华。

巴托鲁斯：其人其事

就是在法学史的这一时期，巴托鲁斯的名字开始为人们所知。对于他的出生
49 日期和早年岁月，我们不得而知。他出生在安科纳省的一个名叫萨素弗拉多的镇子，位于森提诺河边(River Sentino)，也是佩罗提(Perroti，卒于1480年)的故乡；佩罗提是15世纪一位重要学者，以其对斯塔提乌斯(Statius)和马提雅尔(Martial)作出的评论而著称，还曾把波利比阿(Polybius)[5]的五部著作翻译成拉丁文。有关巴托鲁斯的出生年月，人们说法不一，集中在1309年至1314年间，但他自己提到他于21岁时获得博士学位，因为这一事件发生在1334年11月10日，所以我们完全可以接受萨维尼的说法，即巴托鲁斯一定出生于1313年11月10日和1314年11月10日之间。据兰斯洛图斯(Lancellotus)提供的副本，巴托鲁斯的博士学位证书上还载有其父亲的名字弗朗西斯(Franciscus)，系伯纳库修斯(Bonaccursius)之子；据巴托鲁斯的传记作者兰斯洛图斯，我们还得知他的母亲名叫桑克塔(Sancta)，这些记录似乎有力地驳斥了他是弃儿的传闻；兰斯洛图斯是在1576年出版了巴托鲁斯

---

① 蒂努斯，佛罗伦萨人，曾在博洛尼亚任教授，死于1303年。——译者注
② 但丁(Dante Alighieri, 1265—1321)，意大利诗人。——译者注
③ 彼特拉克(1304—1374)，意大利诗人，学者、欧洲人文主义运动的主要代表。——译者注
④ 蒂努斯诗歌中一位女性的名字。——译者注
⑤ 波利比阿(Polybius)，史学家。——译者注

的传记。巴托鲁斯有两个兄弟，伯纳库修斯（随自其祖父的名字）和彼得。他的启蒙老师是另一个彼得，阿西西（Assisi）市的语法学家，巴托鲁斯对其怀有无比真挚的感激之情，认为他富于才华，纯真而虔诚。14 岁时，他在佩鲁贾开始学习法律，他的主要老师是奇诺，前文已提及；巴托鲁斯曾告诉他的学生巴尔杜斯（Baldus），奇诺的讲座对他的法律素养产生了极重要的影响。他随后又到了博洛尼亚，在那里，他跟随四位著名法律家布特里加留斯（Buttigarius）、莱内留斯（Rainerius）、奥德拉杜斯（Oldradus）以及贝尔维素（Belvisio）研习法律。他似乎还在佩鲁贾圭多（Guido）的指导下学过几何学，巴托鲁斯称呼圭多为“大学问家”（*magnus Theologus*），此外他还醉心于希伯来语。他在托迪（Todi）和比萨担任司法陪审官一职，另据迪普洛瓦塔修斯（Diplovataccius）说，巴托鲁斯在履行职务时曾因对一件死刑案件判决不公而被流放四年。但萨维尼并不相信这一说法，而且该说法也无同时代的证据加以佐证。1339 年秋，我们发现他在比萨履职，成为其师莱内留斯的同事，薪水是 150 弗罗林；巴托鲁斯告诉我们，这一年他 26 岁，并且他在比萨居住过的寓所到萨维尼时代仍得以保存，房屋上刻有铭文，是对这一事实的纪念。1343 年，他转到佩鲁贾，在那里他 50
很快成为一名享有广泛声誉的法学教师，意大利各地的学生云集到他的讲堂，其中最为著名的两位学生是巴尔杜斯和他的兄弟安格鲁斯（Angelus）。为表彰巴托鲁斯作出的卓越贡献，佩鲁贾当局在他来到佩鲁贾五年后授予他和他的兄弟伯纳库修斯以公民权，再后来到 1355 年，当巴托鲁斯被派往觐见在比萨的查理四世皇帝时，佩鲁贾这座城市有了更多的理由来崇敬他。巴托鲁斯为佩鲁贾争取到了许多特权，并为佩鲁贾大学争取到了一份确认特许状。他回来时，还为自己带回许多个人荣誉，皇帝为他加官晋爵，任命他为市议员（councillor），还授予他其他皇帝特权。其中一项罕见的特权是，他和他的子孙（如也是法学教授）有权力赋予他们处于非婚生子地位的学生以合法地位或者使他们摆脱弱势群体地位。巴托鲁斯有过两次婚姻，他的第一任妻子是安科纳省本地人，他们结合时间不长，除此之外，我们对她所知甚少。他的第二任妻子是佩鲁贾阿范尼（Alfani）家族的潘丽娜（Pellina di Bovarello），她的寿命比巴托鲁斯长，他们育有两个儿子和四个女儿。巴托鲁斯于 1357 年 7 月死在佩鲁贾，终年 44 岁，他被葬于圣·弗朗西斯科教堂，人们为了纪念他，在那里树起一块纪念碑，上面的铭文简短有力——“巴托鲁斯的骨头”（*Ossa Bartoli*）。依其在 1356 年 5 月 14 日作出的遗嘱，他指定两个儿子为主要继承人，但他给每个女儿 450 弗罗林的遗产，同时也有针对妻子制作的合适的条款。他向佩鲁贾一家修道院遗赠了一座中型图书馆，主要有 30 卷法律书籍和 34 卷神学图书，这些书籍显示出了他的学术兴趣所在，据说后来有一位修道士窃走了这些图书，并把它们带到了那不勒斯。巴托鲁斯属于不激进的教权主义派，这并非出于强烈的信仰，更多地是因为他的理性，正如他所言，他的生活“受教会控制”（*in terris amicis ecclesiae*），他避免自己卷入当时由归尔甫派(Guelf,即教皇派)和吉伯林派(Ghibelline,即保皇派)之间的世仇所引起的政治漩涡之中。

巴托鲁斯超乎寻常的权威

我们所知道的有关他个人生活的信息只有这么多;考虑到他的事业生涯也就是短暂的18年或20年,在大多数人才开始为自己将来的名声打基础时,他已经为自己的成功确立了极高的声誉,这的确令人惊讶。中世纪再无任何一位法学家曾
51 获得过他这般普遍公认的荣誉。作为解释罗马法的权威,他终生都未受到任何挑战。即便在去世以后的几个世纪里,他依旧得到尊崇。他被人们称作"法律之星"(*lucerna juris*)或"法律之父"(*pater juris*)以及"首席法学家"(*dux jurisconsultorum*),在很长一段时期中,曾在意大利、西班牙和葡萄牙有着立法者般的权威。在帕多瓦,人们还专设了巴托鲁斯讲席,以阐发他的法律意见。如果说巴托鲁斯的名气随后在法国和意大利确实被历史学派代表人物居亚斯、阿尔恰托(1492—1550)以及其他学者有所遮盖的话,那么在德国,从15世纪将罗马法作为"普通法"来"继受"的运动起直至现代,他的声望几乎从未受到影响。他无疑是一位实务型法学家,强烈的务实常识促使他决心从他那个时代普遍适用的相互冲突的制定法、习惯法和封建法的乱象中抽象出与时代相符的一些原则。这是他一生的伟大目标,但不幸因在年富力强之际英年早逝。巴托鲁斯希望从罗马法、教会法、封建法和习惯法中抽象出某种"普通法",以避免罗马法的专门技术、教会法的狭隘、封建法的毛糙、习惯法的不足和匮乏。如果他能有常人的寿命,留给后世的可能是更多的作为其辛勤耕耘之果的不朽作品。不过即便未能如此,一如我们将在下文要看到的,在他的著作里,仍然可以找到构建"国际私法"主要理论学说所需的大量材料。

独特的教学

巴托鲁斯的著述原初多以讲义的形式出现,是他在大学里授课时讲授内容的一部分;但他随后又以注释和手稿评论的形式对它们进行补充,并出版了著作选集,1475年,他首次在威尼斯出版了5卷;到1615年,最终出版了11卷。很显然,这
52 一情况说明,他公开出版的作品并未体现其强烈的个性——能够深深地打动讲堂里听课的学生。因此,许多批评家根本无法理解他何以享有超出其前辈和同辈学者的崇高声望,于是,他们试图以多种方式对此进行解说。巴托鲁斯注释式的法律教学法展现出了新的精神,充满新鲜和活力,把法律之冷静、判决之清醒的特点都糅合进教学方法之中,这为其他学者所欠缺。所以,如果说他确实使用了前一个世纪流行的辩证方法(而该方法在某种程度上使得之前学者的著作令人十分厌倦或阅读起来也难有收获的话),但绝未滥用过该方法。

然而，对我们而言，巴托鲁斯最引起我们关注的是他对“法则区别说”（theory of Statutes）的发展所产生的影响，能与之相媲美的只有后来的达让特莱（d'Argentré）对该理论的发展。巴托鲁斯并非这一著名学说的创始人，关于这一点现已得到公认（因为有人曾提出巴托鲁斯是该学说的创始人），因为很明确，在他之前，他的两位老师，奇诺和奥德拉杜斯（无需再提其他人），就早已将注意力集中到法律冲突这一论题上来，并提出了明确的解决准则。虽然巴托鲁斯不是上述理论的创始人，但无可否认的是，他将该理论的应用范围大为扩大并且大大扩充了其前辈所做的工作；因此，当巴托鲁斯前辈的名字几乎停止与法则区别说有联系时，巴托鲁斯的名字却与该学说的历史一道变得不朽。正如魏斯（Weiss）所言，如果说他不是这一学说的创始人，那么至少他是该学说的先驱之一。然而，假如说作为法则区别说创始人的说法为他带来了本不属于他的声望，那么在另一方面，他的实际教学却未得到人们真正的欣赏。比如，有人说过，他的理论主要建立在他将一切法律分为属物法与属人法这一总的分类之上。但是，当时意大利所有的法学流派都对该二分法完全不了解，他自身的学派也同样如此，法国学派也是到16世纪达让特莱传播过该理论之后，才对该二分法有所了解。的确，巴托鲁斯只是顺便提及法律应被分为属物法和属人法，该术语似乎是指物的法则或人的法则。但是，许多法学论著的作者倾 53
向于认为，这一分类只是他在举例时顺便讲的一句话，因此并不能被认作他教学的核心所在。

如后注释法学派所言，法则区别学说的本质可概括如下：(1)罗马法是普遍法，因此也适用于异邦人；(2)“制定法”是前者的例外，且仅适用于制定它的主权国家管辖下的人和物。从上述两个主要原则我们可以推出下面几点：(a)称为“人法”（persons）的法则并不适用于异邦人；(b)称为“物法”的法则既适用于本邦人，也适用于异邦人，因为物一定受立法者的控制；(c)调整人的法则，不论公民在哪里，都对其适用。巴托鲁斯曾就如何适用上述一般性规则作出了这样的解释：如某一法则允许“家子”（*filius familias*）来执行遗嘱或禁止丈夫将妻子列为继承人的，对于居住在适用该法之城市的外邦人并不适用。相反，如果某一法则规定，丈夫在未经妻子同意的情况下不得转让其妻财产的，则该法则有“域外效力”（extra-territorial effect）；一般来说，在对待规范人们丧失行为能力的其他法则上，也适用类似的原则。然而，巴托鲁斯发现自己会经常遇到一些复杂的情况（如继承问题），这迫使他制定出了一些特殊规则，甚至通过巧妙地解释文本来克服这些困难。巴托鲁斯的弱点恰恰在此，他的这些易受攻击的观点被后来的一些评论家，如阿希尔紧抓不放，并以此为把柄无情地嘲笑巴托鲁斯。由此，达让特莱说，“人们经常取笑说，Jus Atrum 和 Atrum Jus 指的是不同的意思”（*ridere vulgo solent cum dicitur* JUS ATRUM *aut* ATRUM JUS *diversa dicere volenti*）。

对于规定长子继承父亲全部财产的法则是既可以适用于域外的本邦人，还是仅适用于居住在本邦内之人的争议，巴托鲁斯通过详细考察立法的措辞是“长子是全部财产的继承人”（*primogenitus succedat in omnibus bonis*）还是“死者的遗产应由长子继承”（*bona decedentium veniant in primogenitum*）来解决问题，对此，迪穆林
54 (Dumoulin，1500—1566）严厉抨击过；巴托鲁斯的观点是，前一个法则处置的是人身的问题，后一个法则处置的是财产问题。正是因此，他的批评者说：“然而，这种区分只是语词上的，通常不被接受”（*Tamen rejicitur haec distinctio quae verbalis est et communiter reprobatur*）。这种区分在我们现在看来尽管有些幼稚，但直到18世纪仍有人支持该区分，还有不应忘记的是，法国一位非常杰出的学者注意到Jus vert和Vert Jus之间的区别。实际上，巴托鲁斯也曾试图寻找出某种方法，来区分各法则应属于上述两种不同种类法律中的哪一种，他说：“在我看来，应严格遵循制定法或习惯法的用语”（Mihi videtur，quod verba statuti seu consuetudinis sunt diligenter intuenda），他的这一论断无论如何都很难驳斥。巴托鲁斯接着说：比如，关于处分财产的规定使用了“遗产”一词，或关于处分人格的制定法或习惯法所使用的语词；他又举例说，比如使用了下列语词：长子继承。可见，巴托鲁斯的主要目的显然在于确立如下规则：制定法或习惯法的实际用语是理解其目的和内容的真正钥匙，到今天，这一规则已为大家广为认同。巴托鲁斯对上述规则所作的解释可能已被人们采纳，也可能没有，但不管是哪一种情况，那都是次要的，并不影响上述规则本身的正确性。巴托鲁斯的批评者达让特莱（d'Argentré）和其他人作出的解释也并未取得多大的成功，而且他们同样遭到后世一些法学家的批评。此外，为对巴托鲁斯公平起见，我们必须记住的是，在巴托鲁斯生活的年代，人们在解决每一个问题时通常都要将其观点建立在明确的罗马法条文之上；而且，巴托鲁斯所面对的是一些新的情况；而这些新的情况对罗马法学家来说是完全陌生的。所以如果说巴托鲁斯所作出的某些解释是武断的，这并不足为怪。因为“思想是注释法学派的，用语是罗马法的（Il pensiero era dei Glossatori，la formola era del Diritto Roma-
55 no）。”[1]实际上，巴托鲁斯那些被人们攻击的缺陷情有可原，对此我们不必多费笔墨。我们应该更加清醒地意识到的是，从巴托鲁斯的身上，我们看到了一位生活在14世纪上半叶的法学家所奠定的原则——某些法律具有域外效力，但某些则不具有域外效力——竟可成为我们现代法学的基础。[2]为证明这一原则，巴托鲁斯还论证过下列规则：

---

① 《国际私法》（Diritto Internazionale Privato），米兰，1980年，第42页。

② 参见菲奥里（Fiore）：《国际私法》（*Diritto Internazionale Privato*，第3版），第1卷，第48页；圭多·福斯纳托：《意大利学派的原则》（Fusinato，Il principio della Scuola Italiana），博洛尼亚，1885年，第23页。

(1)（订立）合同、遗嘱之类的法律行为，如符合行为地法的外部条件，则上述行为有效；

(2) 协议的自然后果或预期发生的后果应当依据契约缔结地法来裁断；

(3) 但因疏忽或延迟而事后引起的意外后果，应依契约履行地的法律来裁断，如履行地不固定的，则适用请求地（Ubi petitur）法；

(4) 程序规则以及与诉讼程序有关的一切规则应当由法院地法，即审判地法来规范。

后世的法学家在几个世纪里对上述这些规则几乎毫无发展；正如劳伦特（Laurent）所说，后人应以一种更为宽容与公正的态度来纪念巴托鲁斯，无论如何他的身上都闪耀着作为当代法学先驱的荣光。对先辈思想中存在的缺陷和错误进行批判并不难，但是如果没有像巴托鲁斯这样的法学家为后世学者铺路的话，没有一种科学能发展得真正完善。

巴托鲁斯的主要著作

巴托鲁斯给后人留下了大量的法学作品，其中值得一提的主要有：

1.《三卷本〈学说汇纂〉评注》（*Commentarius in tria Digesta*），该书于 1470 年在威尼斯首次出版。

2.《〈法典〉前九卷评注》（*Commentarius in libros IX. Codices priores*），1478 年。

3.《〈法典〉后三卷评注》（*Commentarius Super libris III. posterioribus Codicis*）[1]，1470 年在那不勒斯出版。在该书的前言中，我们了解到他是在身体罹患一 56
次重病之后，开始编著该书的，疾病一度使他无法继续正常的法学研究工作，编写该书的目的在于充实大脑。

4.《原件汇编》（*Lectura Super Authenticis*），1477 年，该书是他对亨利七世皇帝自 1312 年以来所颁布法令的汇编（第 11 卷）。

5.《撒旦在法官耶稣面前对圣母提起的诉讼》（*Processus Satanoe contra Divam Virginem Coram Judice Jesu*），描写的是魔鬼与耶稣基督圣母之间的一场模拟审判；在这场审判中，魔鬼主张人类是他的财产，主张这种长期占有关系是为了支撑自己的辩称——这种占有系“出于恶意的”（mala fide），因而无效。毋庸置疑的是，魔鬼的主张最终并未胜出。巴托鲁斯旨在为审判程序提供一个实践注脚，该书在后世被多次印刷，还被从拉丁文翻译成其他语言后出版。该书还提到其他一些法学家写的许多类似著作，比如《彼列书·路西法对基督提起的诉讼》（*Liber Belial, s. processus Luciferi contra Christum*）。萨维尼将这部作品视作笑料，因为其过分

① 优士丁尼的《法典》共 12 卷，这里的评注分别针对的是前 9 卷和后 3 卷。——译者注

学究与夸张，但巴托鲁斯本人显然也只在乎读者能将这部作品视作是对诉讼程序规则的实践研究而作出一点认真的贡献而已。

巴托鲁斯作品在当今的价值

巴托鲁斯的作品是联系西罗马帝国瓦解前所盛行的古老法律制度与欧洲现代国家所继受的法律制度之间的纽带，其作品对当今的普通学者几乎没有什么吸引力。人们很少查阅他的作品，至少在这个国家如此——它们静静地躺在公共图书馆的书架上，很少有人翻阅它们。今后它们也不大可能引起人们的关注。但对于那些有兴趣揭示现代法学是如何从早期法律制度一步步演化发展而来的学者来说，巴托鲁斯作品对中世纪晚期所产生的影响显然会让他们充满兴趣。这段历史
57 的显著特点在于其"觉醒后的能力"与"坚持不懈的进取精神"，从而使得它与其他时期具有显著的区别；只有了解这种特点之于法学发展的作用，我们才能够看到它们在随后几个世纪里的进展，或者理解它们在西欧不同国家法律思想中所产生的显著分歧，甚至是意大利、法国和德国等各个法学流派。

当然，在与罗马法的关系上，英国法不同于欧洲其他国家的法律，罗马法对英国法的影响远没有对欧洲大陆国家法的影响大。不列颠岛屿的隔离塑造了与我们所生活的特定环境相一致的法律、宪法和习惯法。然而，与其他国家贸易往来的日益增加也给我们带来了因不同国家之间的法律冲突而产生的复杂问题。这些问题也是 13 世纪乃至后来几个世纪的法学家所要着力解决的问题。凡是有兴趣解决这等日益复杂问题的人，没有一个会无视法学研究领域中那些早期思想家的重要著作，也没有一个人不从中受益。因此，从这一点来看，巴托鲁斯仍旧值得国人关注。

曾经有一段时间，人们将中世纪称之为黑暗的、野蛮的时期，这个时期人们崇尚的只有"武力至上"(Faustrecht，拳头权)和"暴力统治"(Kolbenrecht)。然而，我们无法把这个孕育了但丁、彼特拉克的年代说成是一个没有天才光芒闪耀的时期；而在这一时期所有的法学家之中，巴托鲁斯所占据的卓尔不群的地位永远都不可否认。据说，法甚至具有诗性；但正如耶林所说的："法的诗性在于其问题的崇高性、威严性以及运行的相对规律性。"(*die wahre Poesie des Rechts liegt in der Erhabenheit seines Problems und in seiner an Majestät und Gesetzmässigkeit dem Laufeder Gestirne vergleichbaren Bewegung.*)①像巴托鲁斯这样一个在这等革命性运动中起带头作用的人，可以率先提出一些高深的问题，当之无愧应位列于世界上伟大法学家的神殿。

(撰写：The Late Sir William Rattigan)

---

① 摘自《罗马法的精神》(*Geist des römischen Rechts*)。——译者注

5. 阿尔恰托
(Alciati)

（意大利法学家阿尔恰托）

法可以从法律的历史演进以及它与时代的有机联系、法律文本的综合分析法，以及法律基本原则的哲学意义等多个角度进行探究。本书收录的部分法学家就是从第二、三两类角度研究法律的代表人物。本篇及随后一篇记叙的两位法学家就是把上述方法运用到罗马法学研究的杰出开拓者，他们的丰硕成果证明，比较研究法和历史研究法具有极端重要性。阿尔恰托(Alciati)曾深受意大利人文主义运动影响，是人文主义法学派名副其实的创始人。之后，他的高徒居亚斯(Cujas)充实并完善了这一方法，而且实际上在多方面超越了他的老师。后来，随着对罗马法的理性化的研究，越来越多的罗马法文本被更加精细地重构和解释，罗马法作为一门科学得到普遍发展，并对国家立法产生影响①，这些在很大程度上都要归功于他们两人。 58

阿尔恰托之前的罗马法

东罗马。优士丁尼统治东罗马帝国的半个世纪里，在他的批准下，大量希腊译作及其法律汇编节录得以出现，当然还有一些评论和解释(尽管为他所禁止)。而后的一个世纪，罗马法研究停滞且为世人忽略。君士坦丁堡公立法学院(public law school of Constantinople)于公元717年关闭。公元740年至911年，在拜占庭皇帝授权下，几部希腊—罗马法典或手册得以连续颁布。因此，我们才见到了利奥三世《法律汇编》②

---

① 由于本文和下一篇关于居亚斯的文章部分主题重合，而且时间跨度相近，所以我们希望大家在阅读这两部分研究成果时能把两篇对照来看，否则两篇文章将难免出现相当多的重复。

② 见《元照英美法词典》，第458页。——译者注

(*Ecloga Legum*，740)、《首要法律》(*Prochiron*，约 878)、《法律入门》①(*Epanagoge Legis*，884—886)以及最为重要的《巴西尔法典》(*Basilica*，or *Basilicae*)②。表面上
59 来看，这些作品都以《优士丁尼法典》为蓝本；实际上，它们取材于译著、节录以及评述，并最终取代了原本。因为这些法律汇编假借权威之名且流传颇广，再加上希腊文取代拉丁文(the substitution of the Greek language for the Latin)以及教会法的影响日渐增加等因素，所以伟大的罗马法学到 11 世纪末为止一直陷入停滞状态。

西罗马③。为了恰当地评述阿尔恰托和其他人文主义者的地位及其改革的影响，我们必须把优士丁尼大帝到 16 世纪这一时期罗马法的命运熟稔于心。这段漫长的历史可以划分为几个大致明晰的阶段：11 世纪中叶之前的罗马法；11 世纪后半叶主要由博洛尼亚大学(Bologna University)的伊纳留斯(Irnerius)主导的罗马法复兴运动；注释法学派；巴托鲁斯学派或后注释法学派(又称评注法学派)；15 世纪是人文主义法学的起步阶段，而 16 世纪是人文主义的鼎盛时期。细述这一历史演进显然需要不少篇幅；但出于当前研究的需要，我们可以简要地描绘它的典型特征，以便从更为真实的角度透视研究主题的关联性和意义。

(一) 11 世纪中叶前的罗马法

西罗马帝国和蛮族的决战时期，被称为“行省罗马化和罗马蛮族化”时期④。帝国法院和罗马法享有至上权威；但是，鉴于民族差异和法律体系冲突，属人主义原则(principle of personality)开始凸显。在蛮族人控制的省份，罗马法沦为地位低下、任人曲解的空壳。在《国法大全》(*Corpus Iuris*)出版之前，我们可以看到多种汇编(complications)，比如东哥特国王的法令——《勃艮第罗马法》(*Lex Romana Uurgundionum*)⑤以及《罗马西哥特法典》(*Lex Romana Visigothorum*)，后者又称为《阿
60 拉里克罗马法辑要》(*Breviarium Alaricianum*)，阿拉里克二世于公元 506 年颁布，是《狄奥多西法典》(*Theodosian Code*)的简本，主要适用于法国和西班牙境内的罗马人，对西欧社会产生了深远影响。大约 30 年后，优士丁尼的法典汇编仅在东罗马以及优士丁尼收复的意大利失地适用，而在几个世纪里，法典在西罗马一直名存实

---

①② 见《元照英美法词典》，第 478 页。——译者注

③ 关于中世纪罗马法史请参见 1909 年伦敦出版的保罗·维诺格拉多夫著《中世纪欧洲罗马法》(本书已出中译本，译者是钟云龙，中国政法大学出版社 2010 年版)。中世纪欧洲，最高权力被很省事地交了出来。我们可以特别参考 H. Fitting(赫尔曼·芬廷)的大量作品，以及 M. Conrat(马克斯·康拉德)的著作(《中世纪罗马法的文献史》，莱比锡，1889—1891 年)。至于前阿尔恰托时代的历史，萨维尼的伟大著作《中世纪罗马法史》(Geschichte des römischen Rechts im Mittelalter)仍然是不可逾越的高峰，尽管后来的研究成果在某些方面修正了他的观点。

④ 维诺格拉多夫(Vinogradoff)，前引书，第 4 页。

⑤ 由勃艮第国王于公元 532 年颁布，主要取材于《西哥特罗马法》(*Lex Romana Wisigothorum*)，但有关材料被统一加以编排。它为生活在勃艮第的罗马人提供明确的罗马法规范。——译者注

亡。蛮族化的《库里恩斯罗马法典》①(*Lex Romana Curiensis*，8世纪末)能够反映罗马法的进一步衰落，它是在对《阿拉里克罗马法辑要》不完全摘要的基础上的法律习惯概述，曾适用于瑞士东部、意大利北部及蒂罗尔(Tyrol)地区；罗马法的衰败还可见于罗马—日耳曼人的法律(*Lex legum*)，它们多是提奥多里克的法令(Edict of Theodoric)、西哥特法、《优士丁尼法典》和蛮族法典中的杂糅。

中世纪早期，蛮族政权无法解决他们的法律体系不协调问题。虽然加洛林王朝初步实现了法典的协调统一，但仍强调民族间的差异性，由于法律适用因人而异、因地适宜，所以法律冲突相当普遍。属人法的原则并未因地方习惯的兴起与适用而被全盘否定，它只是随着相关区域占统治地位的民族变更，而自然呈现出罗马、伦巴第(Lombard)或法兰克等民族的特征。罗马法在一些地区则为这些习惯奠定了基础，比如，《优士丁尼法典》在意大利中部占主导地位；《国法大全》以及优士丁尼大帝后世皇帝的法律在意大利南部占主导地位；《阿拉里克罗马法辑要》则在法国南部和西班牙北部占主导地位。罗马法的影响还明显扩展到了德国、法国北部和英格兰。不仅如此，教会的法律汇编也从罗马法中获益不少：《教会罗马法选编》(*Lex romana canonice compta*)②是9世纪伦巴第人的一部罗马法汇编，供神职人员使用；而《安塞尔莫·德迪卡塔教会法汇编》(*Collection Anselmo dictata*)③则是罗马法与教会法的混合。教皇和教会法院坚持维护大量罗马市民法的权威，其权威性仅亚于教会法。与此同时，其他几种法律文献也延续了罗马法的生命；其中有塞维利亚的伊西多尔《溯源》或《起源》(*Etymologies* or *Origins* of Isidore of Seville)，其内容多是古典文献、立法文件以及法学家著述的片段；另外，更为重要的是，还有数量众多的《节录》(Epitomes)、《大全》(*Summae*)④以及对《优士丁尼法典》 61
和《法学阶梯》的"注释"(*glosses*)⑤——它们往往更注重语法而非法律问题，比如《皮斯托亚优士丁尼法典注释》(Pistoian Gloss on the Code)和《都灵法学阶梯注释》(Turin Gloss on the Institutes)。

如此一来，我们可以看到在优士丁尼之后的五个世纪里，罗马法仍然在实践中得以使用，尽管它在这里或那里或多或少地都呈现了水准下降、被假冒、被断章取义等问题，但无论是领土征服，还是封建王权的发展，都未能完全摧毁它。作为一

①② 见《元照英美法词典》，第840页。——译者注

③ 见《元照英美法词典》，第246页。——译者注

④ 比如佩鲁贾人的从《优士丁尼法典》节录的《大全》(Perugian *Summa* of the Code)。

⑤ Glossa原指(比如在古希腊和拉丁作家那里)古文、诗文或外国文字需要的翻译、阐述。后来被当成是对本身的解释；塞维利亚的伊西多尔是在此意义上使用这个词，并且阿尔库因(Alcuin)从而为之下了定义："对一个词语或名称的解释(unius verbi vel nominis interpretatio)。"在注释法学者手中，注释从针对单个词，延伸到整个句子和段落，有时会成为连续的评注。

门科学，它没有保留多大的活力；早期罗马、君士坦丁堡和贝鲁特（Berytus）等地的法学院在当时派不上用场；罗马法理论教学和系统研究主要限于神职人员系列的学校，它们在当时甚至被视为是修辞学研究的补充，和教会法研究的预备。

（二）11世纪后半叶的复兴

11世纪是一个转型时期，欧洲的宗教、社会和政治组织经历了一场巨变。教皇的权力不断侵蚀等级制度和世俗政权；在格列高利七世（Gregory VII）时代，既有人主张教会世俗化，也有人反对。封建制度在这一时期趋于完善。经院哲学及其辩证法、神学思索和形而上学式的玄想（metaphysical speculation），是在兰弗朗克
62 （Lanfranc）①和安瑟伦（Anselmus）②时代建立起来，并经阿贝拉德（Abelard，也译为“阿伯拉尔”或“阿贝兰德”等）③和彼得·伦巴德（Peter Lombard）进一步发展。11世纪还见证了一场法律复兴（juridical renaissance）——这场运动比文艺复兴来得要早——并在法国南部、伦巴第、拉韦纳（Ravenna）和博洛尼亚等地区结出了丰硕的果实。大约11世纪中期，有关《学说汇纂》（*Pandects*）的研究传到了法国。除“注释”和“摘要”外，更为系统化的著述开始问世，比如说《罗马法的佩特吕抗告录》（*Petri Exceptiones Legum Romanorum*）就是一例，它是一部供地方法官使用的手册，其内容源于《国法大全》，同时也参考了日耳曼人的法律和习惯；再比如说《市民法大纲》（*Brachylogus iuris civilis*），它是一部以优士丁尼的《法学阶梯》为基础的法律概要，同时还吸收了《优士丁尼法典》以及《尤里安节录》（*Julian's Epitome*，6世纪中期）和《阿拉里克罗马法辑要》的内容；再有就是新近发现的《优士丁尼法典概述》（*Lo Codi*，约1149），是一部用普罗斯旺语写成的《优士丁尼法典》概要，供地方法官使用，它是第一部以本地语言写成的罗马法作品，也正是这一原因而受备受关注④。至于伦巴第的各市，那里的人口、权力和财富业已发展；伦巴第人的市镇组织以及他们对自由和独立的热爱，给市民社会和政治生活注入了新的活力，激发了新的需要；商业的持续繁荣和日益密切的私人关系，亟需一部比日耳曼各蛮族法典更

---

① 兰弗朗克（Lanfranc，约1010—1089），欧洲中世纪经院哲学家，曾担任伦巴第地区的律师，精通法语和逻辑，曾在图尔当过加尔的学生，后来进入诺曼底地区帕克修道院，最后成为坎特伯雷大主教。他强调神学必须凌驾于辩证法。——译者注

② 安瑟伦（St. Anselmus，1033—1109），欧洲中世纪经院哲学家、神学家、实在论的主要代表之一，被称为“奥古斯丁第二”。生于意大利北部奥斯塔的一个贵族家庭，曾在诺曼底的帕克修道院的兰弗朗克门下学习，后继任院长。晚年任坎特伯雷大主教。——译者注

③ 阿贝拉德（Petrus Abailardus，1079—1142），中世纪法国经院哲学家、神学家。生于法国南特附近的巴莱镇。学哲学于巴黎，1101年起，在默伦、科尔贝、巴黎等地办学，讲授哲学。仅在巴黎就有欧洲各地来的学生五千名，名噪一时，他的唯名论思想受到官方教会的强烈反对，被视为“异端学说”。他本人多次受到教会迫害，最终被禁闭在吕克尼修道院致死。他的主要著作有：《论三位一体》、《伦理》、《是与否》等。——译者注

④ 参见维诺格拉多夫，《中世纪欧洲罗马法》，第60页及以后。

为成熟、更为协调的民法。日耳曼法的“注释”越来越多地引用罗马法的内容。约在1070年，《帕维亚法典》(*Liber Papiensis*)问世；它是一部帕维亚地方法官们宣布的布告和法令的汇编，具有罗马法和伦巴第法的混合性特征。拉韦纳(Ravenna)法学院因支持亨利四世和克雷芒三世(Clement III)反对格列高利七世，而名声大振，但它很快就被玛蒂尔达侯爵(Marchioness Matilda)创建的博洛尼亚大学所超越，并消解了拉韦纳大学的影响力。佩波(Pepo)①约于1076年在博洛尼亚讲学；但当时最有名气的教授是伊纳留斯②。后来的注释法学者尊称其为“法律的明灯”(*lucerna juris*)。他针对《优士丁尼法典》和《法学阶梯》的讲座，极大地促进了罗马法的学术研究。他的作品包括：难以计数的“注释”，关于《优士丁尼法典》和伦巴第法的“大全”，以及有关法律程式和解释方面的著述。从某些方面来说，他是一位创始人；他是第一位系统地校勘、比较罗马法文本的学者，以期从中得出真实的结论。在他的带动下，博洛尼亚大学成为法学研究的圣殿；正是从那里，一个个杰出的罗马法学家开始不断涌向意大利、法兰西和欧洲其他地方的大学。另外，蒙波利埃(Montpellier)的普劳提阿努斯③(Placentinus)，牛津的瓦卡留斯(Vacarius)也是最早开展法学研究的人物。④

(三)注释法学派(约1100—1250)

伊纳留斯之后是布尔加鲁斯(Bulgarus)、马丁努斯(Martinus)、雅各布斯(Jacobus)和雨果(Hugo)，时称“四博士”。他们于1158年在“隆卡利亚议会”(Roncaglia 63
Diet, 1158)发表了著名宣言，支持腓特烈·巴巴罗萨皇帝(Frederick Barbarossa)对伦巴第各市享有征税权。尽管他们倾向于中央集权君主政体，反对封建分立，但是他们的决定源于他们解释特定罗马法文本的方式，而并非出于任何党派立场。他们把封建法看作是永久租赁契约学说(doctrine of emphyteusis)⑤的发展。普劳提阿努斯是马丁努斯的一位高足，曾在曼图亚(Mantua)、博洛尼亚等地任教，后来又

---

① 佩波(Pepo)，法律博士，对罗马法痕熟悉，曾利用过《学说汇纂》(残篇)的规定，其生平无从考察。——译者注

② 伊纳留斯(Guarnerius或Warrerius)，最初教授“自由学艺科目”，很可能约1088年教授法律。死于1125年。——这部分主题，最主要的权威是芬廷：《博洛尼亚学派的起源》(Die Anfänge der Rechtschule zu Bologna)，来比锡。也可以参考佩斯卡托利(G. Pescatore)：《论伊纳留斯的注释》(Die Glossen des Irnerius)，格赖夫斯瓦尔德，1888年。

③ 普劳提阿努斯(Placentinus，约1120—1192)，曾在波伦纳大学讲授法律，后去法国南部的蒙特利尔创建了法律大学。他在该地完成的关于《优士丁尼法典》和《优士丁尼法学阶梯》的《注释集成》，对注释法学派的发展起了重要作用。——译者注

④ 普劳提阿努斯和瓦卡留斯(Vacarius)是两位伦巴第法学家，他们的盛名来自在外国建立了学院。普劳提阿努斯在法国的蒙波利埃(Montpellier)建立起一座学院，并于1192年在那里逝世。瓦卡留斯在英格兰的牛津建立了一座学院。——参见[英]梅特兰等：《欧陆法律史概览：事件，渊源，人物及运动》，屈文生等译，上海人民出版社2008年版，第112页。——译者注

⑤ 参见维诺格拉多夫：《中世纪欧洲罗马法》，第51页。

到了蒙波利埃，并于1192年在蒙波利埃逝世。布尔加鲁斯的学说是法理学中的克里索斯托(Chrysostom)①，经罗杰留斯(Rogerius)和巴西安努斯②(Bassianus)等弟子传给了胡格莱努斯(Hugolinus)和阿佐(Azo)，再由他们传给了阿库修斯(Accursius，约1182—1260)③——博洛尼亚注释法学派的领袖。阿佐(卒于约1230年)曾在博洛尼亚和蒙波利埃大学任教。他对《法学阶梯》和《优士丁尼法典》所作的"注释"和"大全"具有如此之高的声望，特别是在法庭之上，以至于那些立志成为法官的人把他作品中的每个字都视若珍宝——"不读阿佐的书，就不能登宝殿(法庭)"(*chi non ha Azzo, non vada a palazzo.*)在英国，阿佐的追随者是布拉克顿(Bracton)。布氏所著的《论英格兰的法律和习惯》(*De legibus et consuetudinibus Angliae*)④是英国对罗马法学作出的最为重要的贡献。该书专为法律从业者而著，大部分内容是以亨利三世时期的判例法和阿佐所著的罗马法材料为基础。与此类似，德意志出现了习惯法的汇编，比如艾克·冯·莱普考(Eike von Repgow)的《萨克森明镜》(*Sachsenspiegel*)，是一部萨克森人法律的汇编。此后，相近的作品接连出现，显示出罗马法的影响力日益增强。阿库修斯所著的《〈国法大全〉标准注释书》(*The Glossa Ordinaria*)是从卷帙浩繁的手稿中抽取出来的大量注释和片断的综合汇编，如今这些手稿的大部分已失传；该书是整个学派的标志性作品，它不仅将散落各处的文本和观点汇集起来相互比较，还精巧而富有观察力地理顺了某些前后矛盾之处。

注释法学家的作品一般具有鲜明的务实性，主要为满足大众咨询及地方法官

---

① 克里索斯托(Saint John Chrysostom，约347—407年)，又称"金口约翰"，有非凡的讲道才能，希腊教父，生于叙利亚安条克，父亲是罗马帝国军官。文中讲布尔加鲁斯的学说成为法学中的克雷索斯特，意指布氏理论造诣在法学界地位很高。——译者注

② 巴西安努斯(J. Bassianus)，约1190年去世，四博士之后，注释法学派中比较活跃的人物。布尔加鲁斯的弟子，继承其师的观点，成为当时波伦纳大学注释法学权威。阿佐是他的学生。——译者注

③ 阿库修斯(Accursius)是最著名的注释法学家。无论从他的功绩或智慧来讲，他的名字足可以成为这个学派精神的代名词。他出生在佛罗伦萨附近(于1182年)，曾在博洛尼亚求学，后来又任教于此，长达四十年，期间完成了他的注释，卒于1260年左右。这部注释作品，不同与其他同类注释，取名为《阿库修斯注释》(*Accursiana* 或"*ordinaries*")，它是对此前的注释、概述以及其他作品的全面汇编。——参见[英]梅特兰等:《欧陆法律史概览:事件，渊源，人物及运动》，屈文生等译，上海人民出版社2008年版，第112页。

④ 《论英格兰的法律和习惯》最初也由拉丁文写成，原书名是"*De legibus et consuetudinibus Angliae libri quinque*"，直译为中文是《论英格兰的法律与习惯五卷》。国内学者有时还将此书翻译为《关于英国的法和习惯》、《英格兰的法律与习惯》等。该书的成书年代有争议，何勤华教授在其主编的《英国法律发达史》中提到1250年(p. 53)；美国坎平教授所著的《盎格鲁—美利坚法律史》中提到的时间是1256年(p. 122)；网上大英百科全书上标明的时间则是约1235年。该书的英文名常翻译为"*On the Laws and Customs of England*"。美国学者乔治·伍德拜恩(George Woodbine)于1915—1942年间在纽黑文耶鲁大学出版社共编辑出版该书4卷；英国学者塞缪尔·索恩(Samuel Thorne)于1968—1977年间在剑桥大学出版社翻译出版了该书4卷，名为《布拉克顿论英国的法律和习惯》(*Bracton on the Laws and Customs of England*)。——参见屈文生:《普通法令状制度研究》，商务印书馆2011年版，第3页。

之需。部分地区的法院赋予了其极高的权威性，法庭只认可注释法学家的注释作 64
品中确立的观点，这一时期流传这样一句话——“得不到‘注释’承认的，也得不到
法庭的承认”(*Quod non agnoscit glossn non agnoscit curia*)。注释法学家的“释义”
(*Glossae*)是对具体法律文本的阐明和解释，最初标注在行与行之间，后来就直接标
注在边页的空白处；有的“释义”实际上是对整部作品作出的一种连续的评注，称为
“释义文献”(apparatus)[1]。有时“释义”只是语法性的注解，但有时则是重要的法学
理论。“概述文献”(Summae)是对优士丁尼法律汇编作品的全卷或特定篇章更为
系统的概述。在早期的法律作品中，经院辩证式的论证法占主要支配地位；但到后
来，注释法学派的主要作品采用的是一种文义解释法，他们使用更简洁的术语解释法
律文本，尽管经院辩证式的论证法仍被用来推导结论。在一个经院哲学大师——如
艾尔伯图斯·麦格努斯(Albertus Magnus，也译为“大阿尔伯特”)、托马斯·阿奎那
(Thomas Aquina)和邓斯·司各脱(Duns Scotus)等——辈出的时代，哪还会有别的
方法。不过，优士丁尼的方法逐渐成为新一代法律人熟悉的，正如老一代法律人亚
里士多德的方法一样。法学并未像哲学那样成为神学的婢女。此外，程序法(*ordo
iudicarius*)得到了确立，与此同时还出现了与程序有关的一些作品，例如《异见集》
(*dissensiones*)及《法律问答》(*quaestiones*)等。所有这些作品均表明，它们的作者对
优士丁尼全部法律(不包括用希腊文写成的《新律》)有很好的把握。但他们对盖尤
斯(Gaius)的作品以及诸如乌尔比安(Ulpian)等古典法学家的著作片断以及《巴西
尔法典》等似乎不甚了解，他们也不曾关注过《狄奥多西法典》或《阿拉里克罗马法
辑要》；但他们运用了伦巴第的教会法和封建法，以及意大利的城市立法。这一点
可见于《学说汇纂》16 世纪版本中采用的特殊划分方法——“旧编学说汇纂”(*Di-
gestum vetus*，第 1 卷至第 14 卷第 2 题)、“增补版”(*Infortiatum*，第 24 卷第 3 题至第
38 卷)、“新编学说汇纂”(*Digestum novum*，第 39 卷至第 50 卷)。为找到正确的来
源，他们曾对不同文本进行过反复的比较和极为认真的比对(阿库修斯尤为如此)。
尽管他们开展了大量正确而有益的工作，但明显的缺陷导致整个学派的地位迅速
下降。首先，细微的语义解释过多(比如 *quamvis* 是 *etsi* 的等值词)，提出的某些解
释有悖常理(比如他们认为 *lex Furia Caninia* 来源于 *canis*；Tiber 源于 Tiberius；仅
用 *episcopus* 或 *papa* 来阐述 *pontifex*)。其次，相对于法律文本的实质内容而言，解
释过多，有喧宾夺主之嫌；最后，缺乏历史洞察力，比如在许多细节上错将乌尔比安
甚至优士丁尼当成基督教纪元之前的人物，将安东尼·卡拉卡拉(Antoninus Cara- 65
calla)与马库斯·安东尼(Marcus Antonius)相混淆，在重要的臆断上也出错，比如，

[1] 有关注释法学派的“释义文献”(apparatus)和“概述文献”(summae)等内容，参见何勤华先生的《西方法学史》(第二版)，中国政法大学出版社 2000 年版，第 67 页。——译者注

因为日耳曼治下的帝国是罗马帝国的正常延续，所以采用类似的法律和政体。诸如此类的错误解释为数不少，其根源在于有些注释法学家无法正确认识《国法大全》各组成部分之间的历史关系。

（四）评论法学派或后注释法学派

注释法学派在重建优士丁尼法这一事业上已经做了许多工作，但随着阿库修斯简写本的出现以及法院和学校对阿库修斯近乎专一的关注，注释法学派的发展进程受到阻碍。相较"注释"而言，法律文本与法律来源不受重视。有些人甚至大费周折，对注释的注释还作出注释。14、15 世纪兴起了一个反对"注释过度"（tyranny of the gloss）的学派，称作"后注释法学派"（the school of the post-glossators）、"评论法学派"（the school of the commentators）、"写作学派"（the school of the Scribentes）或巴托鲁斯学派（the school of the Bartolists）。早期代表人物在法国有雅克·德·惹维尼（Jacques de Revigny/Jacobus a Ravanis，1296 年去世），他是一位坚定的反对者，精于逻辑论；他的学生皮埃尔·德·拜拉佩提卡（Pierre de Belleperehe/Petrus a Bellapertica，1308 年去世）也是反对者之一，他后任"法国司法大臣"（Chancellor of France）；在意大利，反对者有法学家兼诗人西努斯·皮斯托亚（Cinus a Pistoia），他是但丁的朋友、彼特拉克（Petrarch）的偶像、巴托鲁斯的老师。西努斯曾对注释法学派的盲目信奉者予以严厉抨击，并宣称"注释是恶魔而非真实"（glossa illa est diabolica et non vera）；[①]巴托鲁斯[②]（1314—1357）也是在意大利的一名反对者，他曾在比萨（Pisa）和佩鲁贾（Perugia）等地执教，是该学派公认的领袖；注释法学派的反对者们对他极为尊重，奉为权威，并称为"法律之王"（monarcha iuris）。一些学者，比如亚森（Jason），赞美他为"世间之神"（terrestrial deity）。即使是阿尔恰托，也承认他在某些领域堪称头号法学家；不过，居亚斯（Cujas）对阿库修斯的评价更高。

巴托鲁斯的作品包括有关《学说汇纂》和《优士丁尼法典》的评论或"演讲集"（lecturae），公法、私法以及程序方面的著述，比如《审判规则》（*Ordo iudici*）和《论证人》（*De testibus*）；此外还有一些有争议的作品和法律意见（consilia）。在许多地区，这些作品都享有法律效力。帕多瓦大学（Padua）设有专门教席，专门讲解法律、注释以及巴托鲁斯的作品，包括"巴托鲁斯的演讲文本与释义"（lectura textus, glossae, et Bartoli）[③]；正如一位法国学者所评价的那样，他几乎就代表了"法和先知"

① 《〈法典〉评注》8，45. 对比参看《〈法典〉评注》6，15："老师说，注释……即使说了上千遍，所说的也都是错的"。

② 参见本书第四章。

③ 参见萨维尼，前引书，第 6 卷，第 154 页。

(the law and the prophets)[①]。注释法学派的突出人物还有——意大利的巴尔杜斯(Baldus, 1327—1406),任教于佩鲁贾和帕维亚,并且经常从事司法与外交事务。 66
此外,还有卡斯特罗(P. de Castro)、伊莫拉(P. de Imola)、亚森·德·迈依(Jason de Mayno)、凯普拉(B. Caepolla, 1454—1535)等。在法国,库内奥(G. de Cuneo)是一名大主教;而法布尔(J. Faber, 1340年去世)是一名领主法院法官,因完成若干实务性著作而被誉为"实践之父"(pater practicae)。他们的法学作品,与巴托鲁斯的著作一样,同样包括评论性作品,实务与程序手册,以及决疑论作品(casuist works),后者主要包括"案件"(casus)、"法律问答"(quaestiones)、"法律意见"(consilia)和"系统性著述"(systematic treaties)。[②]

巴托鲁斯学派追求将实践应用与理论研究相结合,并从罗马法学中提炼出满足他们所处时代需求的法律。因此,法律文本的本义往往会被曲解;他们试图用罗马法元素建构法律原则,但这些原则与古代市民法完全不同。在这一过程中,他们采用的是经院哲学的逻辑论证方法,这种方式虽然不是第一次被采用,但这一次却更为彻底和精细。在阿贝拉德的影响下,巴黎成为经院哲学的最重要的中心;萨维尼的研究表明[③],这种方法最早是在13世纪后半叶被法国法学家运用到法学之中,就发生在西努斯将这些"现代派"(moderni)的原则介绍到意大利之后不久;这里的"现代派"与被称为"守旧派"(doctorcs antiqui)的早期注释法学派相对。所以,如果说注释法学派的态度在某些程度上带有"人文主义"色彩,他们的罗马法或多或少与实际生活相脱离,那么评论法学派则能够将法律与实际生活还有经院哲学很好地协调起来。他们将罗马法与教会法、伦巴第城市法令和立法联系在一起(尽管只是在孤立的文本之中有如此联系),通过这种联系,他们总能注意到真实的司法案由。注释法学派一直把《国法大全》视为"共同法"(*ius commune*)的化身[④],是文明社会的"普遍法"(universal law);但它仅限于理论层面如此。评论法学派则将之引入 67
实际立法建构与司法行政实践的工作之中,尽管是以一种不完全纯粹的方式;所以他们构建了"《学说汇纂》的现代应用"(usus modernus Pandectarum)。相比于理论法学以及建立在基本原理上的有力推理成果,法律执业者注意的更多的是"通说"(communis opinion);这样一来,援引权威要比推理的提出更受欢迎。但是,无论是针对细微差异的研究,还是证实或证伪的论证,均大量存在。尽管巴托鲁斯学派生

---

① "he law and the prophets"典出《圣经》,路加福音,第16章。

② 参见布利索(J. Brissaud):《法国法的一般历史》(Cours d'histoire générale de droit francais, 2卷本),第1卷,巴黎,1904年,第210—222页。

③ 萨维尼,前引书,第5卷,第603页及以后。

④ ius commune 指针对一般情况下普遍适用的法律规范,与其形成鲜明对照的是个别法(ius singulare)。——译者注

活在文学大师辈出的年代，他们与这一时期闻名世界的不少文学大师——如但丁、彼脱拉克、薄伽丘(Boccaccio)——交往密切，但他们的文风却枯燥且累赘、显得啰嗦而平庸；居亚斯的评论是："对容易的问题，啰里吧嗦；对困难的问题，缄默不语；对细小的问题，长篇大论"(verbosi in re facili, in difficili muti, in angusta diffusi)。

在意大利和法国，他们的影响一直到阿尔恰托和居亚斯等人物出现之后仍持续了一段时间。在德国的影响更为长久，一直延续到萨维尼时代。德国于15世纪明确"继受"罗马法。但这是经过巴托鲁斯学派注释的罗马法；"当代罗马法"(heutiges römisches Recht)只是在名称上而非在本质上更为罗马化。

(五) 罗马法学的复兴

15世纪并未产生像前几个世纪所涌现的如伊纳留斯、阿库修斯或巴托鲁斯这样杰出的法学家。最初的环境对法学家不利。国内冲突和党派斗争此起彼伏。不加限制的民主力量的过度发展加速了"意大利各共和国"(Italian republics)的垮台。法学教授在自己的祖国并不总是受到重视，所以不得不接受"逍遥学派教师"(peripatetic teachers)的漂泊生活，时而在某所大学，时而又前往他处。他们采用的"辩论"(disputationes)式写作方法实质上来源于他们的先辈，唯有此种工作勉强让教授们的活动不至于纯粹贫瘠无果。他们把实践与教学活动紧密联系在一起，并在提供的法律建议中大量使用罗马法原则。罗马法逐渐被视为一种"普通"法，或是对地方立法的空白起"补充法"(subsidiary law)的作用。习惯法和制定法的多样性体现在如下几点，例如地区差异大，难以调和的冲突和混乱，在这种情况下，罗马法提
68 供了广为认可和接受的规则，从而推进法律的统一和协调。而且，由于罗马法并不侵犯神职人员利益，也不反对统治权力的扩张，故而即受到神职人员也受到最高统治者的青睐。另外，15世纪发生的若干重大历史事件，皆为罗马法学的迅速复兴铺平了道路。这一百年里，君士坦丁堡陷落；印刷术得到发明，造纸业得到显著发展。各地兴建图书馆，法学家的手稿和书籍增多，探索新大陆成为热潮。对古典文明的浓厚兴趣被激发起来；古典历史、古典文学、古典文明(classical antiquity)、古代制度的研究气候形成。这些在意大利文艺复兴之前100年就已逐渐兴起。我们发现，多数人并不是严格意义上的法学家，而是人文主义学者，比如盎博罗削·特拉弗萨瑞(Ambrigio Trawersari, 1439年去世)，他将许多希腊文手稿译成拉丁文，并提倡法学研究应追本溯源，反对建立在评论法学派出版物基础上的研究；劳伦提乌斯·华拉(Laurentius Valla, 1405—1457)在其古典学和语文学(philology)研究中，不时对古代法学家的遣词造句进行阐发；还有诗人兼学者安杰洛·波利希安(Angelo Politian, 1454—1494)，认为罗马法文本是古典文明的无价之宝——不仅体现了法律本质，更重要的还能解决拉丁语文学的难题——他是最早将学术成果运用到司法侦查中的学者之一，1485年他把威尼斯版本的《学说汇纂》和著名的佛罗伦萨手稿进

行仔细比较。到16世纪，智识活动（intellectual activity）的各个分支都深受日渐发酵的人文主义的影响，人文主义运动迅速从意大利传向各国，并造就了人文主义三巨人——意大利的阿尔恰托，德国的乌尔里希·查修斯（Ulrich Zasius，1535年去世）和法国的比代（Budé，也称“布多伊斯”，Budaeus，1467—1540）[1]——他们在总体上向世人证明注释法学派、评论法学派以及他们的前辈法学家存在的严重缺陷。在研究方法上，他们创造了一种更为详尽、连贯和体系化，更富于理性和科学的方法来研究和真正理解罗马法。三人中，又数阿尔恰托最为伟大。

埃蒂安·帕基耶（Estienne Pasquier）从1561年开始出版他的《法国考据》（*Recherches de la France*），其中他将12—16世纪之间的法学家分为三个学派，即注释 69
法学派、写作学派（*Scribentes*，如他所言，这是学者们的提法，他本人将之称为“Docteutrs de droict”），以及人文主义学派（the Humanistes）。

阿尔恰托的生平[2]

阿尔恰托（Andrea Alciati或Alciato；Andreas Alciatus）于1492年5月8日生于米兰省（Milanese）科莫（Como）附近的阿尔扎泰（Alzate）。他是独子。他的父亲安布罗焦（Ambrogio）是一位富商，曾任米兰的什长（decurion，类似于城镇治安法官或参赞），后来还曾担任驻威尼斯全权公使。他的母亲马吉莉塔（Margherita）是高级贵族出身。在他的祖先中，不少人曾在教会和政府中声名显赫，学识亦十分渊博。阿尔恰托幼年就刻苦学习，在米兰这个希腊古典文化复兴的重镇接受了启蒙教育。他的老师中有一位名叫亚努斯·帕哈修斯（Janus Parrhasius）的那不勒斯人；阿尔恰托的古典语言，特别是拉丁语知识很大程度上归功于他。弗朗西修斯·卡尔乌斯（Franciscus Calvus）是他的同窗之一。

大约在1508年，阿尔恰托带着学习法律的愿望来到帕维亚大学；在这里，他上过许多教授的课程。例如，亚森·迈侬（Jason Maybnus；de Mayno）便是其中一位。亚森·迈侬坚持使用传统方法授课，他讲授的主要是“通说”（communis opinion）而非法律文本本身，但他对古代文学的品析对阿尔恰托影响极大。菲利普斯·保罗（Philippus Paulus）也是他的一位授课老师，保罗在与迈侬的激烈争论中显示出他娴熟的技巧。还有一位教授叫保路斯·派克斯·蒙特·比科（Paulus Picus a Montc Pico），阿尔恰托曾在1522年这样记述：他的论文像迷宫一样费解和模糊。[3]从阿尔恰托的朋友博尼法丘斯·阿默巴赫（Bonifacius Amerbach）于1526年在巴塞尔大学

---

① 他的有关法律的作品是《潘德克顿评注》（Annotationes ad Pandectas）。

② 本段的写作从穆勒的《安德列亚斯·阿尔恰托》（LLE. von Moeller，Alclat，布雷斯劳，1907年）中获益良多。

③ 《象征诗》（Emblemata），1599年版，第115页，诗96：“费解和模糊，就像皮库斯，可以称为迷宫”（Obscurus et confusus，ut picus fuit，Labyrinthus appellabitur）。

的观察我们得知，当阿尔恰托将自己的精力从“注释”和“评论”转移到《优士丁尼法学阶梯》上来时，他旋即意识到自己三年来接受的法律教育毫无意义。[①]

70 1511年，可能是因为战乱动荡，阿尔恰托迁居博洛尼亚，师从卡罗鲁斯·鲁伊努斯(Carolus Ruinus)。两年后，当他还是名学生时，就已发表了填补空白的处女作——《优士丁尼法典最后三卷评释》(*Annotationes in tres libros Codicis*)，他自称只用了两个星期就写了出来。前九篇在中世纪非常有名，常常被视为《优士丁尼法典》本身；但其余部分并未受到多大重视，其内容主要涉及公法，史学性重于实践性。这一著作不仅显示出年轻的阿尔恰托丰富的古典文学知识，而且更为重要的是，他以鲜明的风格，明确表达了在法学新方法中引入人文主义思想的追求。[②]次年，他被授予博士学位。

回米兰之后，阿尔恰托成为“法学家学院”(College of Jurists/Collegium iurisconsultorum)的一员，打算从事律师事务。他很欣赏这句谚语——“年轻的律师，年老的医生”(Esto advocatus iuvenis et medicus senex)——对一名医生来说，需要长久的经验，而对于一名年轻的律师来说，精力、耐心、雄心和孜孜不倦地研习权威著作，所有这些都相当重要；不仅如此，正如阿库修斯曾说：“既年轻又敏锐”(Quanto iuniores tanto perspicaciores)。[③]阿尔恰托向征询者给出的第一个法律意见与一则巫术案有关。起诉书最早被提交到了教会法院，主持法庭的大主教在给出判决之前就此问题向阿尔恰托征求意见。阿尔恰托机智幽默地避开了调查官(inquisitor)的指控；但在这个案子中，年轻的阿尔恰托律师尚未从根本上超越他同时代的人。

1518年，阿尔恰托被阿维尼翁大学(Avignon)任命为“特聘教授”(regens extraordinarius)，任期两年，薪俸是500达卡银币(约合105英镑)。同在这一时期，弗朗西修斯·里帕(Franciscus a Ripa)加入了法学系，他们两人都获得了授予特定学位的权利。此后，阿尔恰托发表了一系列著述——《探讨》(*Dispunctiones*)、《遗漏》(*Praetermissa*)和《逆说》(*Paradoxa*，也有译者翻译为《悖谬》、《谬误》等)，并且对法国的新兴运动产生了巨大影响。两年任期结束之后，因不满薪俸标准，在他正欲返
71 回意大利的时候，学校与他续了一个两年工作合约，薪俸增加了100达卡。此时他的声名迅速传至整个欧洲。这一时期，他大约有700名听众，有年龄偏大的学生、青年学子、世俗人士、神职人员、贵族、高级教士以及教会和政府中的其他显贵。在冬季学期(1520年第一学期)，阿尔恰托以《论词汇之意义》(De verborum significatio-

---

① 参见布克哈特·比德曼(T. Burckhardt-Biedermann)：《博尼法丘斯·阿默巴赫与改革》(Bonifacius Amerbach und die Reformation)，巴塞尔，1894年，第193页及以后(穆勒所引，第17页，注释1.)。

② 关于这方面，请参见下文。

③ 参见阿尔恰托在其《附属文集》(Parerga)90，21中所说，载阿尔恰托：《作品集》(4卷本)，第4卷，法兰克福，1617年，第405页。

ne)为题开设讲座；凭借自己的学识和风格，他赢得了广泛的尊崇。支持他的听众认识到，阿尔恰托为已经只剩枯骨的法律注入了血肉，并赋予了它新的生命和精神。许多国家的学者向他发出热情的问候，并寄去了赞誉的书信。乌尔里希·查修斯(Ulrich Zasius)①被阿氏《逆说》中的推理所体现出来的智慧、博学和深度深深震撼；对于这位德意志优秀的法学家而言，《逆说》这部作品非常真实，完全不像想象中的那般悖理；在一封写给博尼法丘斯·阿默巴赫的信中，乌尔里希·查修斯谈到，一位伟大的罗马法学研究革新者已经出现，并表示他已做好在阿尔恰托旗下战斗的准备。阿默巴赫立即前往阿维尼翁，以使阿尔恰托继续从事他的法学研究。在这一时期(1520年)，阿尔恰托还见到了布多伊斯(Budaeus)，并在不久以后开始与查修斯通信。著名的三巨头由此确立——被称为"奠定潘德克顿法的三巨头"(triumviratus constituendae rei pandectariae)，人文主义学派的名家伊拉斯谟(Erasmus)也承认这一提法——并对此后的学者与法学产生了深远的影响。"查修斯、布多伊斯和阿尔恰托是照亮当时法学星空的三巨头"(Zasius, Budaeus, and Alciat sind das Dreigestirn das damals am Himmel der Jurisprudenz leuchtete)。

此后不久，经阿默巴赫介绍，伊拉斯谟与阿尔恰托相互认识；以后他俩之间鸿书频传。但是，意大利法学家在法国和本土也有反对者。1521年，由于一场瘟疫的爆发，阿 72
维尼翁大学被迫关闭，阿尔恰托回到米兰，在那儿他继续做执业律师；但在获悉阿维尼翁大学的危险已经过去后，他于11月返回阿维尼翁。然而，第二年春天瘟疫再度爆发；而与此同时，他的合约也已到期。学校提出续约的条件是，如果瘟疫再次爆发并足以中止教学活动，则他的薪俸将相应减少。阿尔恰托拒绝该要约，离开阿维尼翁前往米兰。在米兰，他出版了著名的《象征诗》(Emblems; *Emblematum libellus*)一书的第一版。

阿尔恰托的律师业务发展迅速，但他永不停息的性格决定他走得更高更远，他开始渴望在意大利一所大学中担任教授职务，最好是在帕多瓦大学。1523年，战争和骚乱四起，他遭受了巨大损失；他的房子被烧毁，里面的东西也全部化为灰烬。尽管阿尔恰托的诉讼委托人(*clitellae*)不断增多(他在一封信中曾开玩笑地将"clientele"称为"clitellae"，后者在拉丁文中是"牲畜用负重的驮鞍"的意思)，但他仍然抽出时间开展学术活动，并积累其他各门学科的知识——语文学、法学、神学、史学、食疗烹饪学(cookery by the side of medicine)以及其他几门学科。

作为人文主义者，阿尔恰托对"典雅文学"(bonae literae)的热爱并不亚于《国法大全》；他将几部戏剧从希腊文翻译成拉丁文，比如阿里斯托芬(Aristophanes)的

---

① 查修斯生于1461年，死于1534年；比阿尔恰托年长很多。他被任命为家维教法院的公证人，后来被赋予最高职权。1500年，他当上夫来堡大学教授。正如其自己所承认，在主要观点上，他与阿尔恰托是一致的，仅仅在细节上有差别。但在有一个方面，他与他的这位意大利朋友截然不同——他不是一个移民的迁徙教授，而只专注于他自己的大学。

《云》(*Clouds*);他还创作诙谐短诗;完成《象征诗》的写作;他甚至创作了一部喜剧,名字是《费拉吉鲁斯》(*Philargyrus*,即爱金钱者)。他敏锐地关注那一时代的重大事件,特别与罗马法复兴类似的运动(kindred movement),比如说“文艺复兴运动”(Renaissance)和“宗教改革”(Reformation)等。他的德国朋友可让他了解到德国发生的事件;在他的书信中,我们发现他经常提及路德(Luther)焚烧“罗马教皇的诏书”(papal bulls; 1520)以及焚烧自己著作的事情;他还表示,路德的个性给他留下了深刻印象,但对这位伟大改革者的咒骂及粗犷举止并不欣赏。阿尔恰托并未放弃天主教信仰(在这方面,他与当时众多人文主义者和法学家不同);但他反对天主教最高法院(papal court)的许可证制度,也反对迷信性质的信仰以及学术权威未加斟酌的狂热断言。构成他的要素,是知识,而不是宗教。1528 年初,因为米兰爆发了新的战争,所以他又回到了阿维尼翁。

此后阿尔恰托又在布尔日大学(Bourges)担任教授(1529—1533),这段时间在
73 他的学术生涯中极为重要;这一时期也是人文主义法学,尤其法国的人文主义法学,得到发展的重要时期。在文艺复兴运动中,意大利的地位不断下降后,法国则呈现日益上升的势头。16 世纪初,意大利的文化迅速传播到法国,法国对意大利发动了数次战争,这一局势加上战争附带的两国交往又加速了这一传播。弗朗西斯一世(Francis I)对意大利的艺术与学问十分推崇,在他的庇护(赞助)下,他的宫殿中经常出现来自意大利的艺术家、语言学家和学者。阿尔恰托感觉到自己在法国已很受赏识,他的新学说或许在那里能得到更广泛的接受和认可,而且法国君主的保护或许也能推动他的事业,基于上述判断,他同意与布尔日大学签订二年的合约(通常都是这个年限),他接替了葡萄牙人萨尔瓦托·德·费尔南迪纳(Salvator de Ferrandina)的教职,薪俸为 600 达卡,外加旅行津贴等。不久阿尔恰托便在这里多次参与到与不少杰出法学家的辩论之中;比如,奥尔良大学(university of Orleans)的著名法学教授皮埃尔·德·莱斯图瓦勒(Pierre de l'Estoile; Petrus Stella 为同一个人)、布多伊斯等,与后者讨论的主要与古代度量衡有关[阿尔恰托之前就此有专门著述《论重量与测量》(*De ponderibus et mensuris*)]。他的首场讲座是一次公共辩论(*public disputatio*),题为《论取得时效的五要件》(De quinque pedum praescriptione),这篇讲座后来附加上他对六位商榷者的答复意见一起出版;讲座的内容包括对《学说汇纂》和《优士丁尼法典》某些篇章的解释和说明,比如《论口头之债》(De verborum obligationibus)和《论简约》(De pactis)。阿尔恰托这一时期又结识了不少杰出的朋友,有些是法国文艺复兴运动的“领军人物”(leading lights),比如说蒙田(Montaigne, 1533—1592,思想家,怀疑论研究者)①。阿尔恰托在这一时期深受学

① 蒙田(Montaigne, 1533—1592),法国散文作家,其散漫而生动的有关个人的散文被认为是 16 世纪法国散文的最高表现形式。——译者注

生欢迎；学生从欧洲各地（特别是法、意、德等国）簇拥至他的“麾下”，其中许多人已经是身份显赫之人或者注定要成为重要人物。我们只要稍微提及他们中一些人的名字，读者就会明白，聆听他讲座的是怎样一批富有智慧、精力和天赋的人；比如约翰·加尔文（John Calvin）、维利乌斯·冯·朱奇麦（Viglius von Zuichem）、卡尔·叙凯（Karl Sucquet），后两位是伊拉斯谟推荐给阿尔恰托的，伊拉斯谟鼓励他们将文学和法学结合起来作研究。此外，还有弗朗索瓦·科南（François Connan；是加尔文的朋友）、泰奥多尔·贝扎（Theodore Beza）、阿米约（J. Amyot）、沃尔马（M. Wolmar）、格斯拉（C. Gessner）、卡纳耶（J. Canaye）、奥索尼厄斯·乌韦（Ausonius Hoxvir）以及其他一些人。此外，一些达官显贵也偶尔来听他的演讲，比如说法国王储（the Dauphin），甚至还有弗朗索瓦一世本人。一次，弗朗索瓦一世参加了他的演讲，阿尔恰托巧征妙引，千方百计修饰他的开篇部分；他强调罗马法学的伟大和恢弘，理应受到充分尊重，并且指出甚至那些摧毁罗马帝国的民族也乐于保留罗马法（libentis- 74
sime ius Romanum servaverunt），他还借奥索尼厄斯致皇帝狄奥多西（Emperor Theodosius）的短诗献给弗朗索瓦一世以赞美他，并结束自己的演讲。

阿尔恰托的声名继续远扬；他的听众一学期比一学期多。为此他申请加薪。但与此同时，他还在考虑到意大利的大学任教，比如帕多瓦大学和锡耶那大学（Siena），并就此曾与米兰公爵的秘书商议。他在一封写给后者的信中谈到，相比于意大利，法国更适宜教学；意大利学生中有部分形成对立的派系，他们对人文主义文化不屑一顾。1531 年 3 月，阿尔恰托在布尔日大学的任职又延长了两年，薪俸翻了一倍（他与意大利当局的协商起到了预期效果）。这一时期他的出版物——演讲录、论文、译作、诗歌——接连问世。然而，他不大适应布尔日的气候，1532 年，他有好几个月都在生病。环境不适加上他与校方及市政当局的争执，促使他离开了布尔日。在班博（Bembo，时任利奥十世（Leo X）的秘书，后任红衣主教）的鼓动下，他到了帕多瓦大学，但对于薪俸的数额及保障并不满意。帕维亚镇的代表奥勒留斯·阿尔布契乌斯（Aurelius Albucius），从米兰公爵弗朗西斯·斯福尔扎（Francis Sforza）处前来拜望他，并许诺授予阿尔恰托头衔和荣誉（比如参议员的身份），并提供 1 500 达卡的报酬。于是，在帕多瓦大学的合约结束后，阿尔恰托便去了帕维亚大学。

在这所意大利大学里，他的期望并未完全实现。在给班博的信中，他抱怨“经院主义者”（scholastici）厚颜无耻的行为，并不无遗憾地说，不管他的思想在法国和德国多么受欢迎，意大利人对他总是以冷嘲热讽相迎。1535 年是帕维亚大学的巅峰时刻，无论从豪华的教授席位，还是从学生的人数来讲，都是如此。但在这一时 75
期，阿尔恰托那些卓越朋友们的一一离世，令他陷入了巨大的痛苦之中。先是查修斯于1535年辞世。紧接着，托马斯·摩尔爵士(Sir Thomas More)[1]也在同一年被处死；摩尔爵士和文艺复兴时期许多其他伟大的人文主义者一样，也曾与这位意大利的法学先锋有过鸿书往来。1536年，伊拉斯谟去世；阿尔恰托对他这样评价："他誉满全球"(cuius fama frequens totum circumvolat orbem)。这一年(1536)，阿尔恰托的《附属文集》(*Parerga*)的第一部分面世；同年出版的还有一部《司法程序》(*Processus iudicarius*)，是出版商误置在阿尔恰托名下的一部作品，出版商很清楚把阿尔恰托的名字印在书的扉页的价值有多大。由于查理五世(Charles V)和弗朗索瓦一世之间的战争爆发，阿尔恰托在帕维亚的活动被迫中断，许多学生也离开了帕维亚；阿尔恰托在一封写给阿默巴赫(Amerbach)的信中谈到，对母亲的挂念激励他没有放弃自己的教授席位、案件当事人和财产。但到1537年底，他接受了博洛尼亚大学为期三年的教席合约，薪酬缩减到1 200达卡，这表明此时他已很大程度上失去工资协商能力(bargaining capacity)。任性胡闹的学生，对他和其他一些教授搞恶作剧，给他带来了不少烦恼。透过学生的这种敌视或漠视学术的现象，阿尔恰托觉察出意大利人文主义某种令人惋惜的衰退迹象。正如保罗·乔维欧(Paolo Giovio)的评价一样：用阿尔恰托的话来说，知识的光焰在16世纪中期在意大利已经熄灭，它传给了法国和德国。

1538年，就在博洛尼亚大学的合约期满前，谣传阿尔恰托已打算离开博洛尼亚，面对这一情形，博洛尼亚校方有人威胁扣押他的财产，并将其诉至教皇。但是，由于他在博洛尼亚交了新的朋友，比如瓦萨里(Vasari，当时是一位青年画家)，所以他同意再留任一年。之后，经查理五世的提议，他被再度聘请回帕维亚大学任教；但由于皇帝与弗朗索瓦之间又起纷争(1542年)，尽管他们与教皇之间曾于1538年订立《停战十年协议》。在赫克里斯·德埃斯特(Hercules d'Este)的邀请下，阿尔恰托又转会到费拉拉大学(Ferrara)[2]。在那里，他获得了极高的礼遇。教皇保罗三世(Paul III)授予他"教廷最高书记"(apostolic protonotary)职务，尽管阿尔恰托似乎希望获得红衣主教职位(cardinalate)。这时，在一封写给友人的信中，他为自己的漂泊
76 生活作了解释：君主们的命令和战争的混乱，不仅迫使他在四面八方游走，还剥夺了他的宁静与安定；他认为有一天可以写一本法学家游记方面的书，特别要写他本人的游历。尽管他的心漂泊未定，但仍继续《附属文集》一书的写作，终于在1543年

---

① 由于被天主教会封为圣人，又称"圣托马斯·莫尔"(Saint Thomas More)是英格兰政治家、作家与空想社会主义者。1516年用拉丁文写成《乌托邦》一书，此书对以后社会主义思想的发展有很大影响。他于1478年生于伦敦的一个法学家庭，毕业于牛津大学，曾当过律师、国会议员、财政副大臣、国会下院议长、大法官。1535年因反对亨利八世兼任教会首脑而被处死。——译者注

② 费拉拉(Ferrara)：意大利北部一城市，位于威尼斯西南。13世纪早期埃斯特家族在此地建立了一个非常强大的公国，并且使它成为文艺复兴时期一个繁荣昌盛的文化和艺术中心。人口123 200。——译者注

又增添了八卷。三年后，他再次回到帕维亚。由于时常遭受巨大的身体病痛，他从未停歇的一生于 1550 年 1 月 12 日走到了尽头。他被葬于圣埃皮法尼奥(S. Epifanio)教堂。

阿尔恰托的逝世受到极广泛的悼念。亚历山德罗·格里马尔迪(Alessandro Grimaldi)在他葬礼上的讲话表达了所有人的心声；他说，伟大的法学家阿尔恰托的逝世，让帕维亚、意大利、法国乃至整个世界陷入悲痛之中。有人说，自从阿尔恰托去世，法学已死，灵感再无。他的墓志铭十分低调，却也从中可见世人对他的崇敬，以及人们对他在推动法学研究重现古代辉煌的过程中所作的开创性工作的认可："他实现了学术的整个周期，是重塑法学研究古代尊严的第一人"(Qui omnium doctrinarum orbem absolvit, primus legum studia antiquo restituit decori)。

阿尔恰托体格健壮，身高中等偏上，胸膛宽阔，体态略显肥胖，皮肤黝黑，长着一双炯炯有神的大眼睛，厚唇，长鼻，大耳。这些与众不同的外貌特征很容易引起周围人的关注。他讲话时嘴角上时常挂着微笑[卡尔达诺(Cardano)如此评价他]，能够完全控制住听众的注意力。

阿尔恰托的作品及其特点

阿尔恰托的作品不是对法律或其他学科教条式或系统式的研究；它们关注的是作品写作的年代和背景，因而多少带有(甚至说必然带有)碎片性，它们是一位勤奋的求知者一生的探索与收获的结晶。阿尔恰托希望他的作品能够揭示罗马法的价值意义，把真正的罗马法与有些外国学者有意强加在罗马法上的虚假添附辨别开来，从而将经典法学家时期的罗马法还原给人们，从罗马法最初制定的时间与地点的角度——而不是后来的注释法学派和评论法学派的视角——来解释罗马法的意义与运用。出于这一目的，无论是在专业授课当中，还是在研究创作中，阿尔恰 77
托都未采用任何一种模式化的、固定的方法。从他著作的题目来看，这一特点可见一斑——比如《逆说》(即看似不可思议的观点)、《遗漏》(那些被忽略或遗漏的问题)，《探讨》(比对、调查与修正)，《评释》(*Annotationes*，注释与评论)，等等。他除了对《法学阶梯》和《优士丁尼法典》的各论题写成卷帙浩繁的评论外，还撰写了多种其他著述和文稿，比如《论执政官》(*De magistratibus*)、《论推定》(*De praesumptionibus*)、《论重量与测量》(*De ponderibus et mensuris*)、《论词汇之意义》(*De verborum significatione*)，等等。他的法律解答(legal opinions; *Responsa*)收录在一部他去世之后出版的著作之中，其第四版于 1582 年在巴塞尔(Basel)发行，包括大约 800 例裁决；法律解答的内容涉及城市法、教会法、封建法、刑事法、遗嘱、合同法、私法(*privilegia*)以及民事诉讼法。其中一些解答对同期历史上某些重要争议话题的解决大有裨益，比如说符腾堡(Würtemberg)的乌尔里希公爵(Duke Ulrich)与奥地利的费迪南德(Ferdinand)之间的争执及不伦瑞克的小亨利公爵(Duke Henry the younger of Brunswick)与戈斯拉尔(Goslar)的争议等。阿尔恰托对历史抱有浓厚兴趣,不仅体现在他对古代生活和制度的研究之上,例如他的作品《历史赞诗》(*Encomium historiae*, 1530)中;实际上,早在 1519 年,阿尔恰托就在他给《塔西佗札记》(*Notes on Tacitus*)一书的献词中强调了史学研究的重要性。在该书中,他娴熟地对李维(Livy)和塔西佗(Tacitus)作了对比,作为一位公正的评论家,他毫不迟疑地给予后者更高的评价。此外,他还研究 15 世纪以来的米兰史;但在这部作品的处理上,他并没有表现出很强的批判精神,倒是把精力主要纠缠在了一些少人问津的枝节性问题之上。"它具有高度的趣味性"但是他的"铭文集"(collection of inscriptions)具有更高的价值,经常被后世的研究者使用。在史学文献铭文这一领域享有盛誉的学者蒙森(Mommsen)这样评价:阿尔恰托不仅革新了法学,而且为碑文学(science of epigraphy)奠定了基础。作为一位人文主义者,他对传统文学有着深厚的感情;他曾把几部希腊文作品翻译成拉丁文出版,比如阿里斯托芬的《云》;他还
78 出版过警句汇编,比如《希腊—拉丁警句选》(*Selecta epigrammata graeca latine versa*, 1529)。他还原创过一部喜剧(上文已经提及),一些拉丁文诗歌,其中最重要的是广受好评的《象征诗》,这部作品曾在许多国家出版,随着时间的推移,它后来还被翻译成大多数欧洲语言。最后要提及的是,他还写过一篇有关决斗术的文章《论决斗》(*De singulari certamine*)(单卷本),他不仅作为一位训练有素的律师探讨各种问题,而且还展现了一位杰出作家具备的古典和现代文学功底。

阿尔恰托的作品风格清新流畅,既没有受那个沉闷乏味的时代气息所限制,也没有把作品写得迂腐沉重,他不是在卖弄华而不实的学识。他的作品没有受到经院主义及过于注重引据的影响,因而越发显得难能可贵。他的目的一方面在于让读者感到轻松,另一方面还能让读者深受教益。有位写成"阿尔恰托传记"的作者曾说:"他不仅教给其读者知识,同时还愉悦读者"(Er will seine Leser nicht nur belehren, er will sie zugleich unterhalten.)。他把中世纪时期、他生活的时期人们对历史的解读与那些从古典文明中得出的解读结合了起来,并通过增加个人轶事和自传式的反思来淡化专题论文的严肃性。因此,他可能是我们发现的最早一位能够把文字写得纯正而优雅的法律人,他的个性化征象就在于,他是一位具备良好修养的人文主义者和真正的艺术家,他的身上有着无穷的魅力。

作为革新者的阿尔恰托

阿尔恰托对于学问的各个分支都有着强烈的兴趣,对与法律具有关联性的学科,比如史学、语文学尤其如此。他热衷于追踪新发掘出来的古代作品,不管是纯文献性的,还是专业性(比如与医学问题相关的)的作品。他会充满热情地追随他

所处的时代和中世纪时期的文献。他对罗马学者有着广泛的了解，特别是对西塞罗(Cicero)有极深的研究，阿尔恰托将其誉为“雄辩之父”(the very begetter of eloquence; *parens eloquentiae*)。跟伊拉斯谟一样，阿尔恰托养成了一种纯粹、简要、灵活的拉丁风格，跟同时期很多学者不同的是，他拒绝盲随当时盛行的西塞罗主义(Ciceronianism)崇拜(这一点也与伊拉斯谟一样)。更为难得的是，跟过去和同时
期绝大多数法学家相比，他对希腊语造诣很深，尽管他并未像布多伊斯那样成为 79
一名希腊文化研究方面的巨擘(consummate Hellenist)，但不管怎样，他充分利用了自己对于希腊学者以及古典罗马法学的了解，并在此基础上取得了丰硕的成果。

阿尔恰托是人文主义运动的领导者之一，他很重视学派的所有志向，实现了自己优秀同行提出的所有伟大目标。要实现这些目标，不仅要有渊博的学识和一名正直的法律人所必需的素质，还要面对反对者的回应和批评；反对者通常把他们的注意力仅局限于严格意义上的法学，他们通常无暇或无力去钻研经典文献。阿尔柏利克斯·贞提利斯(Albericus Gentilis)因此说，那些傲慢的人文主义者或阿尔恰托们(他称之为“阿尔恰托党”，Alciatei)根本不配被称为法学家，因为法学家即使不去学习希腊语或拉丁文，也完全能够胜任他们的工作。尽管如此，阿尔恰托始终坚持独立和自己学派的文化，以对抗盲目信任和暴政统治带来的束缚。他强调确立一种建立在正确的、恰当的学识基础之上的信念，以及建立在真实素材(也就是说可以从中得出有效结论的最终资料)之上的明智判断，比消极地接受经院主义注释的结论更为重要，比熟悉那些仅仅重复彼此观点的评论法学派的见解也重要得多。只有事实才是神圣不可侵犯且永恒不变的，只有事实才是最令人信服的权威。尽管他离成为一名红衣主教仅有一步之遥，然而他拒绝了罗马教皇的很多要求，甚至拒绝承认《圣经》具有最终裁判效力。

16 世纪引入罗马法中的这一新的方法，并不是个孤立现象的结果，而是人类智慧对传统压力和相伴的滥用传统的全面反叛，同时也是人类的聪明才智在思想和信仰的各个领域中逐渐走向成熟的一个过程。因此，它与路德教(Luther)和加尔文教(Calvin)的宗教改革、笛卡尔(Descartes)①的哲学疑问、拉伯雷(Rabelais)②和蒙田的怀疑主义、以及如斯卡利杰(Scaliger)和利普西斯(Lipsius)等学者的先驱工作、
欧洲掀起的大规模文艺反抗、传统建筑风格再次引入的努力以及类似趋势的现象 80
有着紧密联系。总之，它象征着“中世纪信仰”(medievalism)、中世纪的教条以及被扼杀的个人主义的结束，并宣告了富有自由精神、注重个性张扬以及追求自然与真

① 笛卡尔：(Descartes, 1596—1650)，法国数学家、哲学家，因将笛卡尔坐标体系公式化而被认为是解析几何之父。他的哲学思想基于唯理性的前提“我思故我在”。——译者注

② 拉伯雷(Rabelais, 1494? —1553)，法国人文主义者，作品对中世纪经院哲学和迷信进行讽刺，最著名的作品为庞大固埃(1532 年)和卡冈都亚(1534 年)。——译者注

实的现代主义的开始。

阿尔恰托在其出版的第一部作品(《优士丁尼法典最后三卷评释》)之中,就大胆地宣告了法学研究迫切需要新的方法,他认为法学有必要同人文主义接轨。他意识到,在他之前,已有人借助《国法大全》并从中寻求慰藉,试图把法学从旧的桎梏中解放出来。但是,没有人能够指明前进的目标,无人知晓前进的路径。因此,尽管阿尔恰托还只是个年轻人,却号召大家武装起来;他呼吁必须抛弃旧传统,他要告诉世界,如何才能确立一个新的状态;他预料到有人会反对,也想到遗老们会颇有微词,他想象到了那些愚昧的、无法理解时代潮流的人的谩骂和聒噪;然而,他不会改变他的目标,他是勇敢的,对自己的事业是有信心的。在这项伟大事业中,阿尔恰托得到了德国的查修斯(Zasius)和法国的布多伊斯(Budaeus)的帮助;伊拉斯谟在一封写给卡尔·叙凯(Karl Sucquet)的信中说,把法学从此前令人扼腕的境地中恢复正常的正是他们三位,他们指出此前法律文本中存在讹误与残缺,主张还原法律文本最初的形式与意思。

阿尔恰托并没有减少他对教会法、习惯法以及德国、伦巴第、法国、意大利等地法律的思考,会不时提到上述法律。但是,当他谈到"法学"(jurisprudence)时,则必然专指罗马法。在他看来,了解罗马法的精髓,并能像帕比尼安(Papinian)和斯凯沃拉(Scaevola)那样可以对罗马法作出有说服力的、精准的解释,是任何一位现代法学家至高无上的荣耀。阿尔恰托曾这样讲过:春去秋来,世事变幻,但是罗马法体系却仍然延续着它的辉煌与伟大,正如古人所言,它是永恒的上帝的一件作品。一位伟大的法学家是一名专司正义之神的牧师。在很多时候,一部释义性的理论
81 著作要远比一部供辩护律师用的实务作品要重要得多;理论可比领袖,实践可比普通人。要想有效地从事理论研究,就不可不追根溯源,不是指注释法学派"注释"或巴托鲁斯学派迷宫般复杂的"评论"(尽管有时候向巴托鲁斯本人请教,确实会有收益);若要准确地解释"法"(*lex*)的含义,研究者个人的理解至关重要,同样重要的还有理解别人就某些意见发表的难以解决的见解,或者是别人为某些解释发表的解释。注释法体系最多可以很好地阐释一些规则和程序,但很难发展成为一个和谐而统一的体系。仔细研习《国法大全》一遍要比终身致力于学习"解释"(*interpretationes*)、"重述"(*repetiones*)和"辩论"(*disputationes*)更加有益。"辩证程序"(dialectical proceedings)更关注的是"词"(words)还是"物"(things),是"教条式的断言"(dogmatic asseverations)还是"毫无偏见地追寻真理"(unprejudiced searching for truth),优士丁尼会怎么回答这样的问题呢?如果你想寻找出答案,那就得依靠优士丁尼的方法。

此外,除了要追根溯源,我们还必须经常将法学研究与其他相关学科联系起来,唯有此,才可借助其他相关学科的研究成果来实现人们对法学研究结论的解

释、强化或是必要的修正。考虑到知识要有完整性，分支学科之间存在实质性联系，因而法学必定存在大量的辅助学科（subsidiary subjects）；但只有某些领域尤其重要，比如，历史学、语文学和典雅文学。反过来说，精确的法律概念对于更加全面理性地理解上述这些学科的作用难以估量。所以主要围绕文意解释做学问的语文学家，很少会洞悉法律文献的正确含义以及法律解释的重要价值。因此安格鲁斯·波利提安努斯（Angelus Politianus）曾经因不知晓"自家继承人"（suus heres）的真正含义，而遭到索齐尼（Socinus）①的嘲笑。至于注释法学家和评论法学家如阿库修斯、巴尔杜斯以及他们的同事，甚至从来没有接触过非法学知识。真正的法学最起码应该拥抱其他科学或者与其他科学有着紧密的联系："这门艺术本身包含了所有其他的"（Haec ars ceteras omnes in se continet）。从某种意义上讲，这才能称之为 82
杰出。因此，阿尔恰托的比较方法，通过系统运用例证，旨在揭示《国法大全》与整个古代文化之间的联系；而灵活运用这一方法又需要他有多方面的知识储备。对于一个产生诸如列奥纳多·达·芬奇（Leonardo da Vinci）②、莱昂·巴蒂斯塔·阿尔伯蒂（Leo Baptista Alberti）、米开朗基罗（Michaelangelo）③这样的世界天才级人物的时代来说，要求法学家具备上述条件并非苛求。然而，谈及罗马法律发达史，阿尔恰托认为当时难以做出好的成果；特别是罗马法的早期历史更多只能去推测和猜想；因为那一时期的历史尚模糊不清，人们了解的不过是微弱的影像。他很少关注优士丁尼之前的法律渊源，也几乎不清楚在《国法大全》中，早期罗马法的内容到底有多少。

总而言之，可以说阿尔恰托并没有完全实现他所倡导的研究方法和研究计划。像我们的柯勒律治（Coleridge）④一样，总是计划得很多，但只实现了一些片段；然而，这些片段式的成果却注定对当世及后代产生深远的影响、留下重要的启发。阿尔恰托重构了法律文本，他示范给世人的是，法律文本应该怎样去解释，应从何种角度去解释，怎样才能把这些法律文本与它们得以制定时期的生活和思想联系起来。毫无疑问，阿尔恰托也犯有错误，有些是探索者很难避免的，还有一些错误则源于由来已久的传统；但是他的根本意图就在于开创一种合理的、科学的方法，并最终实现了这一意图。他比其他任何一名法学家都适合被称作"人文主义方法论

---

① 索齐尼，索齐尼斯教派教徒，16 世纪意大利持有唯一神观点，包括否认耶稣的神圣性教派的拥护者。——译者注

② 达·芬奇（Leonardo da Vinci，1452—1519），意大利文艺复兴时期伟大画家、雕刻家、建筑学家。——译者注

③ 米开朗基罗（Michaelangelo，Buonarroti，1475—1564），意大利文艺复兴时期伟大的绘画家、雕塑家、建筑师和诗人，文艺复兴时期雕塑艺术最高峰的代表。——译者注

④ 柯勒律治（Coleridge，1772—1834），英国诗人批评家浪漫主义流派的倡导者，同威廉·华兹华斯一起出版了抒情歌谣（1978 年），里面包括了他最为著名的诗歌《老水手的故事》。——译者注

的奠基者”;16世纪法学的法国学派的崛起有他的功劳;法国学派一方面有多诺(Doneau)①这般杰出的分类理论家,而另一方面又有如居亚斯(Cujas)这样的人文主义的考察者和重建者,居氏称得上16世纪真正的法学先驱。

(撰写:Coleman Phillipso)

① 雨果·多诺(Hugues Doneau),16世纪法国人,他是权利理论的奠基人,在对罗马法学的《法学阶梯》进行评注时找到“主观权利”概念,由此提出了主观权利与客观法的区分,并且创立了权利类型理论,认为权利包括三种类型,即对物的权利,对他人的权利即债权(personal right)和对自己的权利即人格权。他的权利类型理论构成了现代民法典产生的重要理论条件,为后世法典编纂运动作出了巨大贡献。——译者注

6. 居亚斯
(Cujas)

居亚斯之前的法国法学

（法国法学家居亚斯）

早在11世纪，法国和意大利就都已经感受到知识文化大潮的来袭。巴黎大学的课程中已包括法律（主要是教会法，但包含罗马法要素）、神学和艺术。如前文所言在阿贝拉德（Abelard）等人的影响下，巴黎成为经院哲学的前沿中心；经院哲学的方法论和思想对法学研究以及法律实践产生了巨大的影响。各类汇编取材于法国的惯例和习惯，我们发现在11世纪伊始有一部名为《耶路撒冷法》（*Assizes of Jerusalem*）的汇编。无数手册、摘要面世，其中包含很大一部分罗马法的内容，比如《教令集》（*Decretum*）、沙特尔伊沃的（Ivo of Chartres）的《全法》（*Panormita*）、《佩特吕抗告录》（*Exceptiones Petri*）、《市民法大纲》（*Brachylogus iuris civilis*）以及《优士丁尼法典概述》（*Lo Codi*）。有两所相互竞争的法律院校对国内法和罗马法学的进步贡献良多：一所是蒙波利埃法学院（school of law of Montpellier），在"成文法地区"[①]（pays de droit écrit）的法律教育领域首屈一指，该学校的创立很大程度上要归功于普拉坎梯努斯（Placentinus，也有人译为"普莱塞提斯"）[②]；另一所是奥尔良法学院，它由法国国王"美男子"菲利普（Philip the Fair）创建，是"习惯法地区"（pays de droit coutumier）法律阐释的权威机构。另外，在法国君主专制政体下，法学在早期就被运用于

① 法国曾分为成文法地区和习惯法地区两部分；这一划分一直持续到《法国民法典》的颁布。参见[英]梅特兰等：《欧陆法律史概览：事件，渊源，人物及运动》，屈文生等译，上海人民出版社2008年版，第162—166页。——译者注

② 普拉坎梯努斯（Placentinus，约1120—1192年），意大利注释法学派的代表人物之一，12世纪下半叶就在法国南部蒙彼利埃创办了法科大学。——译者注

政府和国家事务。菲利浦·奥古斯都[1](Philip Augustus,他于1190年建立皇家法院,由指定的执行官或执事来主持)、圣路易国王(St. Louis,他在法国各省设立了法
84 院机构)和法王“美男子”菲利普将身边精通罗马法的法学家聚集起来。随着罗马法学说逐步发展起来,这些法学家的影响与日俱增。他们在君主的授权下起草法令汇编——这些“法令集”(Établissments)无疑对封建制度产生了极大冲击,并且限制了教皇权力的扩张。随着皇权的扩张与法学教育的传播,高等法院(parlements;也译为“巴列门”)的地位不断提升,高等法院的法官(magistrates)多是能干的法学家,他们根据证据来断案,取代逐步过时的“决斗断讼”(trial by battle)的审判方式。《圣路易法令集》(*Établissments de Saint Louis*,约1270),主要根据君主的法令、图赖讷—安茹(Tourain-Anjou)和奥尔良(Orléans)地区的习惯,以及优士丁尼的《国法大全》汇编而成;它是一部伟大的法典,包含民事诉讼程序规则、刑事诉讼程序规则和源自大量法律判决的法律原则。1283年,出现了《博韦习惯法》(*Coutume de Beauvosisis*)一书,由菲利普·德·雷米(Philippe de Rémi)和西尔·德·博马努瓦(Sire de Beaumanoir)编撰。这部法典体现出罗马法对法国北部习惯法产生的巨大影响,也体现出古典法学的规则与日耳曼法概念冲突时,前者在法官处经常获胜。几乎与此同时,另三部罗马法著作问世,一部是杜兰德(Durand)的《法鉴》(*Speculum iuris*),另两部是富科(Foucaud)的《法学问题》(*Quaestiones iuris*)和《取得诉权的原因》(*Recipiendarum actionum rationes*)。

14世纪初的法国形成了一个由罗马法法学家组成的学派;其中最为杰出的是雅克·德·雷维尼(Jacques de Revigny)、皮埃尔·德·拜尔派尔希(Pierre de Belleperche)、纪尧姆·德·屈内奥(Guillaume de Cunéo)、彼得吕斯·雅各比(Petrus Jacobi)和若阿内斯·法贝尔(Johannes Faber)。他们在奥尔良、蒙波利埃或是图卢兹(Toulouse)担任教授和律师,在教会和世俗国家都享有很高声誉。他们的著述具有一鲜明的实用性特征;他们致力于移植罗马法规则,以此为当时的习惯法制度和政治机构注入新的活力和生命力。法贝尔的著作《〈法典〉简论》(*Breviarium in Codicem*)和《〈法学阶梯〉评注》(*Commentarius ad Instituta*)尤其体现了这一目标。另外还有一些实用手册出版,比如布勒伊(G. du Breuil)的《辩论的风格》(*Stylus parlamenti*),它解释了皇室法院诉讼程式中必不可少的习惯和程式。

15世纪,查理七世(Charles VII)、路易十一世(Louis XI)和查理八世(Charles VIII)着手实施了多项工程。查理七世致力于重新组织法国的政府机构,为改革司
85 法颁布了一部法令(1453年),并且下令为制定相关法典准备材料。与此相似,查理八世为改革审判机构颁布了一部法令(1493年);在其统治期间,各地习惯法的汇编

---

① 菲利浦二世,法国国王(1180—1223)。——译者注

工作得以完成。这一时期，巴托鲁斯学派在法国取得一席之地，尽管它无法像在意大利一样深入人心，但已小成气候。法国的博士们从来不会像意大利人那样沉湎于经院哲学关注的细节和臆测之上。正如近来一位学者讲道："顺从地全盘接受一个像巴托鲁斯学派一样混杂的新生事物实在不符合法国人的逻辑"(L'esprit français est trop logique pour accepter sans résistance une création aussi bâtarde que celle des Bartolistes)。但是，15 世纪法学研究虽日趋式微，不过巴托鲁斯学派的影响触及法国的一些其他学派，并且一直居于支配地位并延续至下一个世纪。在这样的大背景下，居亚斯的对手福卡德尔(Forcadel)倡导的理论开始在图卢兹广受欢迎(详见下文)。

16 世纪运动

没有哪个世纪像 16 世纪这样给西方世界带来如此严重的创伤；但也没有哪个世纪比 16 世纪为西方世界带来更为显赫的荣耀。16 世纪初始之时，西方社会(不包括意大利)实际上仍是一个中世纪世界；在其接近尾声时，它见证了一场决定性的巨变。文艺复兴和宗教改革向世界宣示了现代主义的到来。所有过去的信仰、陈旧的制度、昔日的生活态度和思维方式遭到现代主义彻底的颠覆而一去不复返。统一的、基本相似的西方意识发展成为特殊的、个别的国家意识——每个国家都有了自己的发展路线，确立了自己的政体、本族文学、本国宗教信仰和本国艺术。条顿民族的文艺复兴(Teutonic Renaissance)同拉丁语地区的一样，始于对经院哲学的代表亚里士多德主义(Aritotelianism)至上的反抗；但它的精神更趋于民主，带有更多的宗教和神学色彩；它的堡垒是代表《圣经》权威的圣保罗(St. Paul)和趋于跟随新柏拉图主义(neo-Platonism)与神秘哲学的圣奥古斯丁(St. Augustine)。至于拉丁语地区的运动，法国的文艺复兴明显有别于它的缘起地意大利，前者更明确地集中于教育、文学和法律等方面，而后者更多的是关注哲学方面。然而，有较短的一段时期，法国文艺复兴呈现出一种意大利风格。这一点在 16 世纪三四十年代显得尤为突出；佛罗伦萨沦陷(fall of Florence, 1530)、弗朗西斯一世(Francis I)次子与 86
凯瑟琳(Catharine)①联姻之后，大批意大利人涌入法国。在文艺复兴和宗教改革之间并非总是存在一条明晰的界线；尽管大体而言，前者更为世俗化，而后者则更具宗教性质。在法国，宗教改革从未发展成为一项举国参与的运动。绝大多数法国人是天主教徒(Catholics)，他们厌恶新教徒(Protestants)更多地是因为新教徒支持教派分裂，而不是因为他们的异端信仰。这种对抗带来了持续三十多年的宗教战

① 1533 年凯瑟琳作为政治筹码嫁给了法王弗朗索瓦一世的次子亨利。后因长子早逝，1547 年亨利即位称亨利二世，凯瑟琳成为王后。——译者注

争，并在圣巴塞洛缪(St. Bartholomew)大屠杀事件①中达到最高潮——总体上这对学者们和法学家们(他们中不少人都是宗教改革运动的领袖)的自由智识工作，以及法国的人文主义产生了非常不利的影响。但在此之前，法国对欧洲的古典文学和法学研究的进步曾有过很大贡献。法兰西学院(Collège de France)在古典哲学领域享有至高声誉，而布尔日大学在法学领域独占鳌头。人文主义有力地推动和滋养着法国文学的发展。一些著名的希腊语教授、拉丁语大师继承了布多伊斯(Budaeus)伟大事业的衣钵；比如，雅克·图桑(Jacques Toussain)，他是布多伊斯十分喜爱的一个学生；再如阿德里安·蒂尔内布(Adrien Turnébe)，他把一些学者的拉丁语著作或翻译成了希腊文，或作了评论；德尼·朗班(Denys Lambin)，他的拉丁文作品享有盛誉；让·多拉(Jean Dorat)，他是一位埃斯库罗斯风格评论家(Aeschylean critic)，也是七星诗社(Pléiade)②的灵魂人物；马雷·安托万·米雷(Mare Antoine Muret)，他是一位拉丁语言大师，强烈抵制对西塞罗主义(Ciceronism)的盲目迷信。亨利·埃蒂安(Henri Estienne)，他的出版机构发行了大量几乎全由他本人编辑的希腊语和拉丁文作品，他的著作《希腊语宝典》(*Thesaurus Graecae Linguae*，1572)是留给学术界的丰厚遗产；雅克·阿米约(Jacques Amyot)，他是罕见的天才翻译家，法国精神的启示者；皮埃尔·皮图(Pierre Pithou)，他是一个全才；约瑟夫·斯卡利格(Joseph Scaliger)，法国古典学史上最伟大的名字；还有伊萨克·卡索邦(Isaac Casaubon)，他的理想是“重现古代世界的面貌”。在这些名字当中，也许还应加上皮埃尔·德·拉·拉姆(Pierre de la Ramee)，他关于逻辑学的著名著述《辩论原则》(*Dialecticae Institutiones*，巴黎，1543 年；1555 年译成法文)表达了对亚里士多德学派权威的反对，该著作在新教徒居多的高校受到拥护(但牛津大
87 学却是例外)。

至于人文主义法学(humanist jurisprudence)，尽管真正的奠基者是阿尔恰托，但这不妨碍我们将皮埃尔·德·佩斯图尔(Pierre de Pestoile)视为这一学派的先驱。他于 1512 年在奥尔良开设讲座。对于巴托鲁斯学派学者们强调细枝末节又教条死板的研究方法，以及巴托鲁斯学派的先辈们(即注释法学派，译者注)作出的大量注释，他在法国发出彻底反对的声音。尽管在某些方面，他们在对待注释法学派时要比他们对待该学派的继承者经院主义学派宽容得多，但是像拉伯雷(Rabelais)

---

① 1562—1594 年法国发生胡格诺贵族和国王、天主教贵族冲突的长期内战。这次内战不仅是一次宗教战争，而且是一次争夺权力的斗争。1572 年 8 月，胡格诺教徒的重要人物聚集巴黎，参加领袖纳瓦尔王亨利的婚礼。23 日夜，亨利·吉斯(天主教集团首领吉斯公爵之子)以巴黎各教堂钟声为号，率领武装部队，屠杀胡格诺教徒 2 000 余人，包括海军大将科利尼在内。纳瓦尔王亨利因同意改奉天主教才幸免于死。这次惨杀在历史上称为“圣巴托罗缪之夜”，因为 8 月 24 日正是圣巴托罗缪节。——译者注

② Pléiade，称作七星诗社，16 世纪法国文艺复兴时期的诗人团体，由七位成员组成。——译者注

这样的文艺复兴人物，对他们则一概嗤之以鼻；他在其《巨人传·庞大固埃》（*Pantagruel*）中对巴黎的博士们说："如果他们的论战是公开且容易裁断的，那些愚蠢不合理的论据，以及阿居赫斯、巴勒德、巴道勒、德卡斯特罗……的荒谬观点却让人感到困惑。这些老学究不懂得法典里的法条，只是几个维护什一税的懒汉，他们缺少研究法律所需要的智慧，因为（这点是确定无疑的）他们既不认识希腊语，也不懂得拉丁语……"（Au cas que leur controverse était patente et facile à juger, vous l'avez obscurcie par sottes et déraisonnables raisons et ineptes opinions de Accurse, Balde, Bartole, de Castro ... et ces aultres vieulx mastins qui jamais n'entendirent la moindre loy des Pandectes, et n'estoyent que gros veaulx de disme, ignorans de tout ce qui est nécessaire à l'intelligence des loix; car(comme il est tout certain), ils n'avoyent cognoissance de langue ny grecque, ny latine ...）对比阿库修斯的注释和《学说汇纂》的文本，他发现："在世界上没有任何一本书如同法典这样美好，华丽，优雅。但是它边缘上阿居赫斯的注释却是如此肮脏，如此龌龊，如此恶心，只是一堆伏在法典上的垃圾。"（Au monde n'y a livres tant beaux, tant ornés, tant élégants comme sont les texts des Pandectes, mais la bordure d'iceux, c'est assavoir la glose d'Accurse est tant infâme, tant sale, tant punaise, que ce n'est qu'ordure et vilenie.）拉伯雷坚持法学应当通过人文主义文化得到增强。与这一新学派的其他人一样，他坚持认为一名真正的法学家是不可以不了解语文学、历史学和基础科学（science in genenral）的。与此类似，德埃伦（Douaren），最为著名的人文主义法学家之一，嘲笑巴托鲁斯学派文字功底薄弱、研究方法单调以及文体过于经院模式化。他对巴 88
托鲁斯学派将自己沉湎于逻辑之中，一味攻击其他学者的观点而不亲自寻根溯源的做法感到不满。他声称，若不全身心投入治学，无人能成为法学家或政治家，而只会成为吹毛求疵的讼棍（pettifogger）。后注释法学派低级的拉丁语水平、鄙陋的文风遭到强大的批评家和造诣极高的大师们的诟病，比如米雷曾评论他们的文章是一锅大杂烩，胡拼乱凑，是一些粗俗的、外来的、不为人知的表达（foedissima barbararum, peregrinarum, inauditarum vocum colluvio）。其他抨击巴托鲁斯学派意大利风格[①]的著名学者，除居亚斯本人外，还有巴伦（E. Baron）、霍特曼（F. Hotman）和鲍德温（Baudouin）。

法国新的罗马法学派（new French school of Romanists）的首要目标是：借助全面、广泛地浸透着人文主义文化的一切辅助手段，恢复真正的罗马法学的原始资料

① 意大利风格（mos italicus）指注释法学和评注法学的繁琐注释，这些注释和评注遭到人文主义法学派的诟病，人文主义法学派主张高卢风格（mos gallicus），即注重法律文本（而非理论学说对法作出的评注），并力图培养法学家综合的和系统化的（或精简式的）精神。——译者注

和文本，凸显罗马法独具的重要性和应用性；其次，将这些重新复原的内容整合并构建出一个连贯的体系结构，并显现其整体的精神和哲学理念。这一目标也是文艺复兴和古典文明复兴所蕴含的全面改革的一部分，同时人们普遍渴望的、抑制司法机构滥用权力的诉求也推动了这一目标的确立。人们已经意识到，通过引入古典概念和原则，才可获得对罗马法更多的理性理解，从而有利于现状的改进。许多法学家为这一主张奔走呼号，其中尤其值得注意的有法国的霍特曼，他著有《反特里波尼安》(*Antitribonianus*, 1567)；在德国，还有伟大的改革者和富有造诣的人文主义者梅兰希通(Melanchthon)，著有《论法律演说》(*Oratio de legibus*, Haguenau, 1530)，以及奥尔登多尔普(Oldendorp)，他著有《法与公正的司法论断》(*Disputatio forensis de iure et aequitate*，科隆，1541 年)；后者着重强调对司法审判机构的改革首先应从改革法学教育开始。

法国人文主义法学方法论的主要代表人物就以前或新近发现的法律文本出版了"批判性版本"(critical editions)；例如戈德弗鲁瓦(D. Godefroy, 1582—1622，有时也译为"戈德弗罗伊"，Denis Gothofredus)的《国法大全》；另一位戈德弗鲁瓦(J. Godefroy, 1582—1652)的《市民法的四种法源》(*Quatuor fontes iuris civilis*)，即前优士丁尼的法律文本(ante-Justinian texts)，这位戈德弗鲁瓦先生属于 16 世纪学派，这更多是因为他的著作本身而非其所处年代；迪蒂耶(J. du Tillet，卒于 1570 年)和居亚斯(1522—1590)的《狄奥多西法典》；皮图(1539—1596)出版的《神法》(*Lex Dei*)以及后狄奥多西时期的《新律》(*novellae*)；另外一位皮图(F. Pithou, 1544—1621)出版的尤里安的《摘要》(Julian's *Epitome*)和西哥特的法律；迪蒂耶(J. du Tillet)出版的乌尔比安的《规则集》(*Regulae*)；布沙尔(A. Bouchard)出版的盖尤斯
89 的《法学阶梯》和保罗的《见解集》(*Sententiae*)①；博纳富瓦(E. Bonnefoi，卒于 1574 年)出版的《东方法》(三卷)(*Juris orientalis l. iii*)；居亚斯和奥古斯丁(A. Augustin)出版的《巴西尔法典》(*Basilica*)②；其他一些希腊—罗马法律资料由鲍德温(Baudouin)、拉贝(Labbé)、博斯凯(Bosquet)等人出版。这一时期还有一些法国杰出法学家，他们并没有完全地投入罗马法的研究；例如，查理斯·迪穆林(Charles Dumoulin)，他被同辈的法学家称为"法国的帕比尼安"；霍特曼(F. Hotman, 1524—1590)；德埃伦(Douaren, 1509—1559)；多诺(Doneau, 1527—1591)，他是一位伟大的罗马法学体系化者(systematizer)；鲍德温(Baudouin, 1520—1573)，著名的神学

---

① Sententia 在汉语中可作三种解，其一，意思、含义；其二，个人意图之表白；其三，法官判决。译者认为此处是第二种含义。——译者注

② *Basilica* 就是 *libri Basilicorum*(《巴西尔法典》)，根据东罗马帝国皇帝利奥(Leone)六世(公元 886—911 年执政)的命令编纂的希腊文罗马法文献汇总。总计 60 篇，篇下分章，从各种希腊文版本中摘录了优士丁尼《国法大全》的文献，并做出评论和归纳。此汇编在东罗马帝国逐渐取代《国法大全》。——译者注

家兼法学家；朗科内(Ranconnet，卒于 1559 年)；戈夫(Govea，1505—1566)；科南(Connan，1508—1551)，他开创了一般分类，这项工作后来由多玛(Domat)以及其他体系化者继续；其中包括布里松(Brisson，1531—1591)，孔特(A. Le Conte，卒于 1586 年)，P. 法贝尔(P. Faber，1540—1600)等人①。这些名字使得法国的法学在 16 世纪处于世界领先地位；在这些杰出的人物中，又数居亚斯最为突出。

居亚斯的生平②

雅克·居亚斯(Jacques Cujas，另称作 Jacobus Cajacius，译为“雅各布·居亚修斯”)原名居亚修斯(Cujacus)，改名的原因是为了读起来上口——1522 年生于图卢兹，一个漂洗工(fuller)的儿子。他最初在自己家乡追随阿诺·费里埃(Arnaud Ferrier)学习法律。费里埃是阿尔恰托的弟子，后历任巴黎高等法院院长、法国驻特伦特会议(Council of Trent，也译为“塔兰托公议会”)大使、驻威尼斯大使、纳瓦拉③国王的大臣(chancellor to the King of Navarre)。与阿尔恰托不同的是，居亚斯幸运地遇到了他的首位老师；他此后一直认为费里埃是他所认识的教授中最有才能的一
位。在图卢兹，居亚斯遍览名家的法律注释，并且经常和同学参加公共辩论。同时 90
他还专注于古代语言(特别是希腊文)、历史学、修辞学、哲学、伦理学、语文学以及诗歌的学习。1547 年，他个人开设了《法学阶梯》讲座课程；这一尝试非常成功，不久，许多名门望族不远千里慕名将他们的子女送到他这里学习。大约 7 年之后，居亚斯离开图卢兹，自此再没有回来过，据说这是因为他未能成功获得罗马法教席(chair of Roman law)。可以肯定的是，当时他是候选人，他的竞争对手是福卡德尔，是一名巴托鲁斯学派的学者。最终，福卡德尔在 1556 年获得教授席位(professorship)。但不能肯定的是，居亚斯是否参加了有关部门举行的实际测试；因为这一时期的大学档案都已经不复存在④。无论怎样，福卡德尔的胜出受到以下事实的影响。首先，在图卢兹，巴托鲁斯学派依然是主流；其次，大多数学生——他们对于教授享有投票权——选择投票给福卡德尔，一是由于让·布丹(Jean Bodin，他是居亚

---

① 关于居亚斯与他的主要同事的关系，参见下文。

② 人们非常渴望了解居亚斯生平的详细情况。最好的记叙，尽管很短，仍然是 Berriat Saint-Prix 的 *Histoire du droit romain, suivie del'histoire de Cujas*(1821 年)，第 373—454 页，以及注释，第 455—611 页。——E. Spangenberg 的德文译本，*Jacob Cujas und scine Zeitgenossen*(莱比锡，1822 年)，包含一些不太重要的补充和注释；它主要的用处在于可以很方便地按年代顺序排列居亚斯的著作。——萨维尼在《西弥斯》第 4 卷(1822 年)第 194—207 页上，有一篇短文，能提供少许辅助材料。

③ 纳瓦拉(Navarre)，位于西班牙北部和法国西南部，是中世纪封建国家纳瓦尔王国的所在地。——译者注

④ Papyre Masson 在居亚斯去世那一年(1590 年)出版的 *Vie de Cujas* 一书中，断言居亚斯遭到竞争失败的打击，其他许多人也重复了这一观点。1671 年 Bernard Medon 在其著作 *Histoire de Maran* 中否认上面的论断，他认为前论与大学的档案不相一致，但是他并没有引述大学档案。Berriat Saint-Prix 接受了传统观点。

斯的对手)的游说,二是因为福卡德尔经验丰富、仪态端正、机智诙谐并且擅长在演讲中运用修辞手法。格拉维纳(Gravina)评述说,大学好福卡德尔而恶居亚斯,就好比喜欢猿而厌恶人。居亚斯离开之后,他的一个学生,让·阿马里东(Jean Amariton)出版了居亚斯研究乌尔比安的笔记,并将此书献给他。

1554 年 11 月,居亚斯在邻镇卡欧尔(Cahors)得到一个教席,接替葡萄牙教授安东尼·德戈维亚(Antony de Govea)。德戈维亚教授几乎在法国度过了一生,他是一名杰出的罗马法法学家,在学界享有盛誉。但半年之后,居亚斯应邀到布尔日大学填补鲍德温的空缺;布尔日当时以民法——用霍特曼的话说是“科学的大市场”(le grand marché de la science)——著称。鲍德温因为他的宗教观点,离开法国去了德国。向居亚斯发出邀请的是法国贝里地区的女公爵(Duchess of Berry,她是弗朗西斯一世的女儿)玛格丽特(Marguerite)。她采纳了米歇尔·德·洛皮塔尔(Chancellor Michel de l'Hospital)的建议。她同父亲弗朗索瓦一世一样,热衷于文艺和学术。布尔日这时已经拥有数位顶尖教授,例如孔特(Le Conte)——阿尔恰托的学生同时也是《国法大全》编辑者;德埃伦(Douaren)和历史法学派的杰出代表多诺(Doneau)。后两位把居亚斯视为强大对手,制造各种事端为难他,并趁其不在,
91 唆使学生反对他。皮尔韦吕(Pulvaeus)听从他们的教唆,出版了辛辣的讽刺作品攻击居亚斯,此举得到其在奥尔良的学生安托万·福凯林(Antoine Foquelin)的响应。尽管居亚斯得到了孔特的支持和听众的声援[其中有他的学生皮埃尔·迪福尔·德·圣茹伊(Pierre du Faur de Saint-Jouy,即法贝儿 P. Faber)、卢瓦塞尔(Loysel)、皮埃尔·艾罗(Pierre Ayrault)、法兰西·拉格诺(Francois Ragueau)、尼古拉·西塞纳(Nicolas Cisner)、和皮埃尔·皮图(Pierre Pithou)],他仍然在 1557 年 8 月离开了布尔日,并在 11 月应邀前往瓦朗斯(Valence;因有时拼为 Valencia,也译为“瓦伦西亚”)。在布尔日大学期间,居亚斯的重要著述开始出版——例如《〈法学阶梯〉札记》、《保罗〈见解集〉札记》、《〈学说汇纂〉若干章节的评论》以及《评注集》(*Observationes*)——这些著作奠定了他在同辈法学家中的领先地位。他也因此收获了与埃蒂安·帕基耶(Etienne Pasquier)等显赫人物的友谊。陪同他前去瓦朗斯的,还有他的几位学生。在此期间,他与阿维尼翁地区一名医生的女儿完婚。很快他就再版了前述著作,并对《评论》和《评注集》补充了新的研究成果;其中,前者献给让·德·蒙吕克(Jean de Montluc),他是瓦朗斯的主教,居亚斯的至交。此时居亚斯的声望如日中天,以至于当时的一位法学家莫吕(M. Vertranius Maurus)这样评价:从居亚斯的著作中引用片言只语已无必要,因为当时居亚斯的著作人手一本。

1559 年 6 月,德埃伦去世,贝里地区的女公爵再次邀请居亚斯前往布尔日。他富有雅量,对于德埃伦这位过去的论敌发了悼文。接下来的几年中,居亚斯有更多的著作问世;比如他对《优士丁尼法典》最后三卷的评论,以及对“论债的意义”(*De*

verborum obligationibus)一节的评论等，并将其献给玛格丽特和洛皮塔尔。当玛格丽特成为萨伏依(Savoy)女公爵后，她和她丈夫都非常渴望重现都灵大学昔日的辉煌。所以当夫妇俩曾经从格勒诺布尔(Grenoble)请到都灵大学的安托万·德·戈韦亚(Antoine de Govea)去世时，他们劝说居亚斯接替空缺的教席(此时是 1566 年 9 月)。在居亚斯旅居意大利期间，他参观了多所大学，观摩他们的教学方法并查阅手稿；他试图借得著名的《学说汇纂》的佛罗伦萨手稿(Florentine manuscript)，但未遂心愿。居亚斯似乎并不能很好地适应都灵的气候或是意大利的生活方式，于是他在 1567 年 8 月返回了瓦朗斯大学。瓦朗斯大学因与格勒诺布尔大学联合，其地 92
位变得愈加重要。不久之后爆发了新教徒起义，瓦朗斯大学被控制，教学停顿下来，直到第二年和平的到来。随着居亚斯教授工作的全面展开，其声名达到顶点，众多学子前来参加他的讲座，其中许多来自国外，浑然不顾路途遥远和法国动荡的政治和宗教局势。1570 年，他再一次被迫回到里昂(Lyons)，在那里他撰写了一些新作，新修订了一些旧作。这时他获得了若干所大学的邀请，比如阿维尼翁大学、贝桑松(Besancon)大学和布尔日大学。但在圣·热尔曼(St. Germain)恢复和平(在 7 月)之后，他重回瓦朗斯。他的学生人数继续增加，其中不乏学术名家(prince of scholars)，比如约瑟夫·斯卡利格(Joseph Scaliger)以及法国最伟大的历史学家之一雅克·奥古斯特·德·图(Jacques Auguste de Thou)。1571 年的秋天，居亚斯虽然患病，但依然继续着他的讲座，在他被扶进课堂时还请求听众的原谅。在圣·巴托罗缪节(St. Bartholomew，1572 年 8 月 24 日)惨案中①，他救了斯卡利格②和他的同事博纳富瓦(E. Bonnefoi)的性命。后来，查理九世(Charles IX.)任命他为格勒诺布尔高等法院的荣誉顾问，由此奠定了居亚斯的崇高地位(1573 年 5 月)。

1575 年 6 月，为能有一个更为宁静的环境，居亚斯又前往布尔日③。这时的布尔日几乎全是天主教徒，但的确非常安静。然而他在那儿并不是那么幸运，一场市民之间的纷争迫使他移居巴黎。应国王总检察长(procureur-général)的请求，高等法院于 1576 年 4 月 2 日发布了一项法令：取消了在大学里公开讲授民法的禁令。这甚合居亚斯之意，高等法院甚至还授权他颁发学位——“据法院所知，居亚斯是一名有着非凡见解的伟大人物”。(d'autant que le dit Cujua est, comme la cour sçait, personage de grande et singulière doctrine et condition.)大约三个月之后，布尔日恢复和平，他重返布

---

① 圣巴托罗缪是法国的狂欢节，时间是每年的 8 月 25 日。1572 年 8 月 24 日晚，法国国王查理九世在母亲的胁迫下，展开了对新教胡格诺派教徒的屠杀。屠杀迅速扩展到全国，导致法国第二次宗教战争。——译者注

② 斯卡利格(Scaliger Justus，1540—1609)，法国古典学者、语言学家，出生于意大利。——译者注

③ 布尔日的日子并不比在瓦朗斯的快乐，因为一年内，他又离开布尔日到巴黎住了一年。有兴趣的读者还可阅读[英]梅特兰等：《欧陆法律史概览：事件，渊源，人物及运动》，屈文生等译，上海人民出版社 2008 年版，第 201—204 页。——译者注

尔日，并且再没有离开。迪埃·达朗松(Due d'Alençon)发给他养老金。

居亚斯余生大部分时光都在国内动荡局势和宗教冲突中度过，还有其他一些原因也给他带来了痛苦和悲伤。1581年，他失去了妻子和唯一的儿子，这一度让他沉浸在巨大的苦痛之中。他在一封信中谈到，是斯卡利格(Scaliger)的友谊止住了
93 他的泪水，将他从生不如死的境地中解救出来。在给另外一位朋友的信中，他表示非常渴望见到斯卡利格，他们的见面将帮助他走出悲伤，巨大的悲伤正一点一点击垮处于孤独中的他。这时他收到了来自意大利的邀请。格列高利十三世(Gregory XIII)亲笔写信给他，表示如果他接受博洛尼亚大学的教授席位，将提供丰厚薪金和崇高荣誉；但各种缘由使他继续留在布尔日。他深感自己需要家人的陪伴和再生育子嗣，所以尽管他已年逾花甲，还是娶了一位年轻的妻子；但他们只生下一个女儿(1587年)。1852年，居亚斯前往巴黎，请求退休，但被亨利三世(Henry III)拒绝。他生命中的最后两年也颇为坎坷。国王亨利三世遇刺(1589年8月1日)之后，同盟(the leaguers)拥戴亨利四世(Henry IV)的叔叔——波旁的红衣主教(Cardinal de Bourbon)担任国王，称为查理五世(Charles V)。有人对居亚斯许以重金，要求他写下赞颂红衣主教的文字；重金承诺不奏效后，居亚斯又受到威胁，被煽动起来的布尔日的狂热分子也对他施加压力。然而，任何事情都无法动摇他拒绝撰写颂歌的决心，哪怕后来他差点在一场暴乱中丧命。内战一直持续不断，在贝利地区尤为激烈，这对居亚斯产生了极大的影响；1590年10月4日居亚斯去世，随后为他举行了一场公开的葬礼。

和阿尔恰托一样，居亚斯一生也是流离转徙：那个动荡不安和险恶四伏的时代，加上敌对阵营的几位教授和旧学派的支持者们从未放弃对他敌意的现实，使他无法享受到平和与宁静。许多坚持自我、冒险开辟新途径并且充满热情的伟大人物往往也和居亚斯一样过着这种漂泊的生活。这其中，仅就法学家和政论家而言，我们发现迪穆林、鲍德温、多诺和霍特曼等人都概莫能外。在圣巴托罗缪大屠杀之后，在法国占据法学教授席位之人，只要被人怀疑是异教徒或支持改革运动，他们的地位便岌岌可危。拉米斯(Ramus)①在遭到索邦神学院②多位博士、经院学派好斗者和改信新教且遭正统派复仇者(orthodox avengers)的攻击后，在大屠杀中丧命。著名批评家、学者朗班那斯(Lambinus)获悉此事后，震惊而死。斯卡利格(Scaliger)像多诺以及霍特曼一样，被迫到日内瓦寻求临时避难。但居亚斯对宗教

① 彼得勒斯·拉米斯(Petrus Ramus)拒绝承认传统的"亚里士多德—经院哲学的辩证法"(*Aristotelian-scholastic dialectic*)的正确性。参见[英]梅特兰等：《欧陆法律史概览：事件，渊源，人物及运动》，屈文生等译，上海人民出版社2008年版，第303—305页。——译者注

② 索邦(Sorbonne)神学院，法国巴黎大学旧称，1253年罗伯特·德·索邦创建。19世纪改组。早期以神学研究享誉。1261年改成巴黎大学，巴黎大学拆分时成为巴黎第四大学。——译者注

从未表现出这种不妥协的或坚定的态度。居亚斯可能和伊拉斯谟(Erasmus)、蒙田
(Montaigne)[1]一样,属于温和的怀疑主义派,具有极大的容忍之心并且憎恨任何一 94
种狂热行为。这种态度并不是因为缺乏勇气或优柔寡断。在必要的情况下,他宁可献出生命,也会坚持自己的理念,决不屈服于一群虎视眈眈的围攻者们所制造的具有煽动性的呼告。他遵行天主教教义,但有一点不容忽视,在他的遗嘱中,他并未宣布赞成它,他还写明禁止把他的著作卖给耶稣会士,并奉劝他的妻女只信奉《圣经》的规诫。他被认为公开信奉"改革宗教信仰"(reformed faith)[2],我们发现霍特曼指责他丢弃了原来的宗教教义。但是,在他的讨论中,只要法律问题涉及宗教争论,他总是惯于说:"这与裁判官告示无关"(Nihil hoe ad edictum praetoris)。因此,他经常强调法律问题和宗教问题是分离的,他肯定法学的世俗特征,并宣称法学不再是神学面前低微的婢女。

如果仅考虑他取得的一些次要的成就(secondary accomplishments),居亚斯似乎并不具有卓越的学术天资。据说他课堂上的介绍部分过于突然,讲话的整体语速过快,嗓音忽高忽低,并且他也不急于马上回答学生向他提出的问题,如他的学生亚历山大·斯格特(Alexander Scot)所言,不"当场"(ex abrupto)回答问题。他在饭桌上或者与朋友的交流中总是避免讨论法律。当他们向他提问时,他总是建议他们前去参加他的讲座。其实,居亚斯并不擅长措辞激烈的唇枪舌剑,对于秀美华丽的修辞也无多大热情,他的身上缺乏当时为人推崇的言辞激辩之风气。事实上,他似乎很瞧不起雄辩的技艺,对那些没有真知灼见、学识匮乏的法律演讲尤其贬斥。他认真准备公共演讲,他的演讲内容明晰易懂、分析准确透彻。居亚斯深思熟虑,凭借科学的方法、渊博的学识以及新颖的启发性观点,能把即使最晦涩的内容也准确地加以阐释。他总是非常关心学生,学生对他也很依赖。他允许学生和他一起用餐,使用他的图书馆,并且经常在经济上帮助他们。在讲座开始之前和结束之后,从他家里到教室的这段路程,总有学生自发列队陪他一起走。在他频繁的游历过程中,许多学生一直相伴左右,当他们离开他以后,也始终与他保持着密切的联系和友谊。

居氏著作[3]及其特色 95

和阿尔恰托的著作一样,居亚斯的著作也没有对罗马法学作整体性的、详尽系

---

① 蒙田(Montaigne),法国思想家、作家、怀疑论研究者。——译者注

② "改革宗信仰"指一整套信仰生活与价值观。如果是指神学,是指加尔文主义(或称"归正神学"、"改革宗神学")(Reformed Theology)。——译者注

③ 由 C. A. Fabrot 搜集出版的著作是 *Opera Omnia* 10 卷本(1658 年出版于巴黎);此外,还有以附录为题的 11 卷本,其中不仅包括其他题材,还包括他的 *Notata Antonii Mercatoris*。那不勒斯版本(1722—1727)和威尼斯版本(1758—1783)共 11 卷本实际上只是再版,但这些版本阅读起来更方便,因为内附有题为 *Promptucrium Operum Jac. Cujacii* 2 卷本的索引(1763 年首版,1795 年再版)。

统的描述。当时对罗马法学的研究尚未成熟，无法完成这样一项工作。但居亚斯对实现这一目标的贡献超过其他任何单个研究者。卷帙浩繁的著作几乎全是对原始材料的评释性研究。在这些著作中，最重要的是《帕比尼安评注》(Commentaries on Papinian，在他去世后出版)和《校对修正评注全书 28 卷》(*Observationum et emendationum libri XXVIII*)。后者尤其重要，居亚斯原计划写 40 卷，从 1556 年一直到居亚斯去世止陆续出版，只有最后 4 卷是由皮图(Pithou)在其去世后出版。《校对修正评注全书 28 卷》广受赞誉，如著名的罗马法学家海纳修斯(Heineccius)，评价这部书是"无与伦比的巨著"(opus incomparable)、"神圣的著作"(opus divinum)。这些著作为我们提供了大量经恢复的法律文本或校勘意见以及大量订正及解释，只是顺序性欠佳。他的其他著作，反映了他讲座的大部分内容；比如《论阿富里坎》(*Tractatus ad Africanum*)以及对保罗(Paul)、乌尔比安(Ulpian)、莫蒂斯提努斯(Modestinus)、马塞勒斯(Marcellus，也翻译为"马尔塞鲁斯"等)、尤里安(Julian)、斯卡沃拉(Scaevola)等人的《市民训诫》(*Recitationes sollemnes*)，居亚斯努力保持这些古典法学家原作的形式，恢复他们的原意，借此重现他们在优士丁尼法律汇编中的贡献。他为《学说汇纂》所作的《摘要》(*Paratitla*)是一本小册子，即便他的论敌霍特曼也建议自己的儿子随身携带这本书，因为《摘要》对以前已经出版的《学说汇纂》中的一些多少存在错误的论题，居亚斯进行了大量的订正与补充，然后进行再版以使其内容更丰富精确。尤其值得一提的是，他首次向世人展示了众多经校勘过的手稿。这些手稿都是他在每一个有可能出现古罗马著作的地区苦苦搜集而来的。除了上述论述罗马法的著作之外，在居亚斯的著作中还有一些就职演讲稿，这是他的学术职责所在。他还有两篇商榷性文章，一篇是《安东尼·墨卡托附注》(*Notata Antonii Mercatoris*)，署的是笔名"安东尼·墨卡托"(Antonius Mercator)，另一篇是支持蒙吕克主教应付多诺攻击的作品。此外还有一部论述封建法的著作
96 《封地论》(*Treatise on Fiefs*)①和一部论述教会法的作品(对格列高利九世《教令集》三卷的评论)。至于法国"国家法"(national law)的重要组成部分——习惯、王室法令、判决和高等法院命令——他未撰写专门作品，但他在写作过程中将自己这方面的知识运用于举例和对比中以充实他的著作，在他为他人提供专业咨询时也无疑会运用这方面的知识。

鉴于居亚斯发掘或出版了大量罗马法手稿，他在罗马法史上占据了至关重要的地位。他努力收集这些文献的兴致很高，不知疲倦。为了得到这些珍贵的手稿，

① 指在封建制度下，为授予人或领主服役而保有之土地。封地起源于西罗马帝国衰亡时期分布于欧洲各地的北部日耳曼的军事政策，征服某地的军事首领将大片土地分赐予他部下的高级将领，后者又将土地分赐给士兵。分封的土地是作为对受封者效忠的奖赏和酬金，如受封者不再效忠，则授予人有权收回土地。——译者注

他不怕辛劳也丝毫不吝惜钱财。居亚斯前往意大利的主要原因之一就是去那里调查各种手稿。1571 年，他前往普罗旺斯（Provence）旅行亦是出于同样的目的；之前一年，他已经委托好几个人做手稿的调查工作；1572 年，他得到了一位意大利朋友的帮助；1575 年一位贵族特意从帕多瓦赶到布尔日，奉上一部其收集到的古代法学家们的《见解集》。居亚斯永不停息的热情并不能简单归结为一种藏书嗜好，而是来自他作为一位真正的开拓者和学者所具备的品质。实际上，他总是乐于将他珍贵的藏品借给渴望阅读它们的学生们；他的一些朋友和出版商也借去了一部分。许多暂借出去的，因为没有归还而丢失。在他逝世后，他的一位学生制作了一份藏书清单，从目录上看，大约在 1574 年时，居亚斯的图书馆藏有 200 部左右的手稿。但据新近出版的一份清单，实际上约有 400 部之多，该清单系从他逝世后制作的一份详细书目复制而来。居亚斯自己收藏的这些文献虽然已经数量可观，但这些仅仅是他从事学术创作时参考文献的很小一部分。他的信札中很大一部分内容都与藏书或文献有关。经居亚斯考证过的手稿以及许多已佚失的手稿涉及三个发展时期——前优士丁尼时期的罗马法作品、优士丁尼时期的罗马法作品和后优士丁尼时期的罗马法作品。他于 1566 年出版的《勃艮第罗马法》①（*Lex Romana Burgundionum*）很可能依照的是皮埃尔·皮图（Pierre Pithou）的一部手稿，但是他将之误认为是一名叫作“帕比安”（Papian）的法学家的作品②。此外，居亚斯首次出版了 97
《某些早期法学家的咨询集》（*Consultatio veteris iurisconsulti*③），但手稿却已失传；手稿的残篇曾在 1564 年和 1566 年被陆续发现，大部分文本在 1577 年被发现，到 1586 年这部作品基本复原。这部作品被附在他的 60 册咨询意见汇编之前。他在献辞中提到，发现该手稿的并非他本人，而应归功于安托万·卢瓦塞尔（Antoin Loysel）。《论阿斯与影响》④（*De asse et ponderibus*）这部作品系安东尼·庇护（Antoninus Pius）时代的法学家沃尔乌西乌斯（Volusius Moecianus）所作，尽管还有其他学者认为它是在《狄奥多西法典》（*Theodosian Code*）颁布（438 年）之后完成的；居亚斯于 1586 年首次汇编出版该作品，一并出版的还有前优士丁尼时期部分法律文本。居亚斯还是第一个出版《狄奥多西法典》第 6 卷至第 9 卷的学者，依照的是沙尔潘

---

① 由勃艮第国王于公元 532 年颁布，主要取材于《西哥特罗马法》（Lex Romana Wisigothorum），但有关材料被统一地加以编排。它为生活在勃艮第王国的罗马人提供明确的罗马法规范。——译者注

② 请看 1586 年他的版本的书名：*Burgundionis iurisconsulti, qui Papiani responsorum titulum praefert, liber*。

③ 即 Consultatio veteris cuiusdam iurisconsulti，一位公元 6 世纪的不知名作者关于法律问题的长篇意见书，它援引《格雷戈里安法典》（*codex Gregorianus*）、《赫尔莫杰尼安法典》（*codex Hermogenianus*）和《狄奥多西法典》（codex Theodosianus）中的谕令以及法律家保罗著作中的论述作为自己解答的依据，是一部再现罗马法渊源的重要著作。——译者注

④ 阿斯是古罗马的货币单位。——译者注

(Charpin)的手稿;尽管这部作品不甚完整,但它在之后雅克·戈德弗鲁瓦(Jacques Godefroy)进一步完善该文献的过程中起到了莫大的帮助作用,戈德弗鲁瓦的版本在他去世若干年之后面世(1665 年)。现代学生要感激居亚斯的是其在《校对修正评注全书》第 21 卷(1585 年)中提供的大量保罗《见解集》中的片断;它们源于贝桑松(Besancon)的手稿。后优士丁尼时期的罗马法作品集中,他首先拿出的是《巴西尔法典》(*Basilica*)的大量卷册;为展现这一作品,他查阅了大量较现存文献更为完整的手稿,比如收藏在"凯瑟琳·德·美第奇图书馆"(library of Catharine de' Medici)的资料以及他在意大利生活期间获得的资料[1]。他的这些劳动成果后来在法布洛特(Fabrot)出版《巴西尔法典》的完整版本时起到了很大的作用。至于优士丁尼汇编本身,居亚斯为恢复《优士丁尼法典》做了大量工作。他和安东尼斯·奥古斯梯尼斯(Antonius Augustinius)重建了几乎所有的希腊文法律。通过校勘过去的手稿,他校订了《法学阶梯》的文本,并推出了 1585 年版本。此外,很多时候,当其他研究者在处理法律文献时,居亚斯总是乐于给予鼓励并提供帮助:皮图兄弟(brothers Pithou)在他的建议和赞助下出版了《尤里安节录》[2](*Julian's Epitome*,16 世纪就已经出版数次);孔特(Le Conte's)版的《新律》是在居亚斯修订之后才出版的。不仅如此,他有时还为非法学书籍的出版提供有价值的材料,这主要得益于他在皮图的图书馆中发现了古希腊人书信,他将其译为拉丁文,并于 1606 年在日内瓦出版。

98 居亚斯的风格以极度简明著称,这使得大多数人阅读他的著作都感到非常困难,而见多识广的学生除外。我们发现,居亚斯的文章不仅学术水平极高,而且语言典雅,表达清晰,论证富于理性,引证和对比使用得当、学识渊博,这些都为其作品锦上添花。与同辈的大多数学者(特别是大多同辈的法学家)沉闷、晦涩及不正宗的拉丁文风格相比,以上所有特点都使他的语言措辞和整体风格别具一格。他虽不具有米雷(Muret)那般遣词造句的能力和古典正统的文风,但却致力于展开有力的、方向明确的、精确的批判性调查研究,他的文章显然非常适合阅读。

居亚斯的方法

阿尔恰托是人文主义法学派的主要奠基人;但是在那个时代,他的思想和方法只被极少一部分人接受;固陈守旧的大多数学者对此持反对态度。但居亚斯死后,他的新方法被全面确立了起来,反对的声音逐渐湮没,大多数开明而心无偏见的学生都对此达成了共识。新学派的路线以前多少还不够确定,现在最终明确下来;学

---

① 参见居亚斯 1567 年 8 月 7 日书信。

② 君士坦丁堡的法学教授尤里安编辑的一部法规汇编,其中用拉丁文概述了从 535—555 年的 124 项帝国法律。——译者注

派的目标也变得更加清晰和明确。以前，面对新学派的挑战，巴托鲁斯学派追随者可以很好地维持他们的权威地位，也许他们可以通过些许成功来重申自己是进步而超凡的学派。但到现在，对比之下他们的方法论弊病百出，观点也变得不堪一击。居亚斯的作品批判了早期法学遗产，显示出了历史学派的胜利，这一点，当时其他任何学者的著述都无法企及。作为一名人文主义者，他熟谙古典文献，并利用这一优势将法律文本和历史文本作纯文字上的比较，收到显著的功效。他使法学研究摆脱宗教影响，将法学研究从“两个习惯于”中解放出来，即习惯于在研究中专注于单个立法的注释，习惯于在研究中专注于学究式的细节和注释者们无尽的分歧意见。但是，对于阿库修斯（Accursius）和注释法学派，居亚斯并不像巴托鲁斯和其他巴托鲁斯学派学者那样，轻视他们仅有无用的“虚构和贫瘠的想象力”[①]。对于注释法学派，他精炼而实在地评价说：“简单问题，废话连篇；复杂问题，缄默不语； 99
避重就轻，王顾左右而言他。（Verbosi in re facili, in difficili muti, in angusta diffusi.）”对于阿库修斯，他认为阿库修斯应在所有法律解释者中占据很高的地位[②]。居亚斯偏爱注释法学派的主要原因是，注释法学派在校勘文本方面作出了不少贡献。他不停地敦促学生们去研读原始文献，而不是博士们冗长晦涩的评论。他致力于把法学建设成一门理性的科学；他批判无知的法律从业者及他们作出的并受到法庭认可的判决，这些判决往往建立在偏见、个人考虑、狭隘的视角、错误的概念以及飘忽不定的基本原则之上。毫无疑问，相比于实践，他更重视理论——考虑到其工作性质和时代环境，这也在情理之中；但是他决不轻视实务工作，他的咨询集充分显示了这一点[③]。至于对他的前辈意大利法学家阿尔恰托的评价，居亚斯在承认他是第一个系统使用历史和比较的方法进行法学研究的学者的同时，或多或少认为他仅是一个普普通通的释法者，其引述不够精确，评释的文章不够详尽，不够深刻。

居亚斯运用的是一种比较的、批判的和历史的研究方法。罗马法学的组成元素（比如说优士丁尼汇编的的内容）的来源后来已不为人知；关于它的构成要素，我们可以遵循的唯一线索就是，这些元素在原始著作中所在的位置。这样，研究古代民法有三种方法：第一，接受现有分类，充分利用它，并指出如何通过一个预先的修改计划来避免已经发现的理论瑕疵；第二，对研究对象的原始编排顺序置之不顾，重新建立一个更为全面、连贯和富于逻辑性的秩序；第三，按照从原始文献中得来的线索，借助类似学科的概念和研究成果，尽可能重现推定存在的来源。上述第一种研究方法，从纯法学角度看，将使优士丁尼的立法得到最大程度的完善；第二种

① 《校对修正评注全书》，第 7 卷，第 16 章。
② 《校对修正评注全书》，第 3 卷，第 11 章。
③ 例如，可参见他的第 23 部咨询集。

方法更契合普遍理性的迫切需要，将凸显立法成果的哲学意义；第三种是历史方
100 法，涉及时间、地点和环境，将阐明组成整体的各要素的内在意义和彼此间关联。居亚斯和新学派使用的正是最后一种方法。这样，在他们进行研究时，《国法大全》并非只被当作法律条文的共同集合体（在他之前，《国法大全》经常被如此对待），而是一个彼此关联、错综复杂的聚合物，如果不对之分解，审视其每一个组成部分，就难以很好地理解它。居亚斯的大胆构思重建了被特里波尼安（Tribonian，优士丁尼时期一位才华出众的大臣）改变和抛弃的理论；恢复了一度被拜占庭（Byzantium）的蒙昧所破坏了的罗马单纯传统；通过搜集分散在各地的片断残章，使古典法学家的作品获得重生；按照罗马法学创始者最初的想法阐明罗马法学的基本原理；以深受众人欢迎的方式真实再现罗马法学的真谛，显示光辉灿烂的罗马遗产。在居亚斯的著作中，我们看到了一名严谨的史学家所具备的中立无私的司法观点，一名才华横溢的艺术家具有的丰富的想象力，以及一名学者所具有的满腹学识。只要他提出新的解释，都会毫不留情地批驳此前的观点，并向世人说明，他的方法如被任何一名善于处理细节并且能作出公正冷静判断的学者所用，即可驳倒谬误，同时将真理发扬光大。居亚斯在构思过程中考证了乌尔比安的《规则集》和保罗的《见解集》，并为其作上注解；对阿非利加努斯①（Africanus）完成了评论；恢复了帕比尼安的著作，帕比尼安这位学识渊博的法学天才最终死于卡拉卡拉皇帝②之手。这位伟大法学家的作品流传下来的只剩下一些残卷，但居亚斯把全副心力投入到这些珍贵稀少的遗作上，凭借自身的勤奋和深刻的洞察力使之重新焕发生机，萃取出它们直到其时仍不为人所知的内在奥妙。通过研读优士丁尼汇编中很多法学家学说的片断，居亚斯发现人们对其中许多法律编排的理解很狭隘，而且对它们的继受也很随意；他意识到这些平淡无奇的片断是古代法学的结晶，经过他的处理，古代法学的发展样貌得以清晰展现。他通过恰当的方式把孤立的文本恢复了原貌，把它们放在各法学家的作品中的原处，又将这些法学家归入他们各自的学派，再把这些学派置于它们各自独特的时代。但值得注意的是，17 世纪甚至 18 世纪伟大的罗马法学家并未采纳这种细致严苛的研究方法；因此，像维尼乌斯（Vinnius）、弗特（Voet）、海奈克齐乌斯（Heineccius，还有海纳修斯、海内丘、海奈克栖乌斯等译名）、朴蒂埃（Pothier）等法学家一般都遵循优士丁尼各版汇编既有的有瑕疵的编撰顺序，而其他人比如多玛（Domat）与莱布尼茨（Laibnitz）一致，采用的是一种随意的、与古典法
101 学家的理念不同的分类方法。16 世纪以前，已有人就法律文本的解释做出一些尝

① 公元 2 世纪的罗马法学家，全名为 Sextus Caecilius Africanus，主要著作是：《问题九编》（*IX quaestionum*）和《书信集》（*libri epistularum*）。

② 卡拉卡拉（188—217），罗马皇帝，嗜杀成性的暴君，杀害岳父、妻子、兄弟及其弟的友人，大肆屠杀日耳曼人，217 年被罗马近卫军司令刺死。——译者注

试；但法律解释因所占比例不大，也未形成系统，所以尚未上升至一门科学的高度；其如能被称为科学，必然意味着它是一个由一系列学说构成的完全整体，而这些学说中又包含有按某些特定原则来划分的事实；不断被提及的事实又决定着上述特定的原则，也影响着已经确立的学说。居亚斯坚持运用语文学、历史、古典知识来检阅法律文本，以此确立了一种有效的方法，后人借助这一方法取得了丰硕的成果。但是，他的目的不在于创建一个罗马法学的整体架构。他把这项工作留给了后人；他们可以从居亚斯前期开拓性的工作中得到启发。他的天赋本质上具有强烈的批判性和分析性；他不具备哲学家那般综合概括的能力，无法通过分析调查来使各个独立部分变成一个有机的整体。

以上是对居亚斯的方法论和研究观点的简短评述；最后，具体举一两例谈谈他对于优士丁尼汇编的不同部分以及各法律手稿、不同版本的法学著作的观点，可能是饶有趣味的。他对《法学阶梯》的总体布局和结构似乎颇为满意。他认为没有必要对这部作品作长篇评论，研究者只要写出简短的注释，把那些因时间或抄写者和出版者的粗心而被篡改的版本恢复原貌即可。他还认为，研究这部作品的最佳方法是将它与《西奥菲卢斯的法学阶梯释义》(*Paraphrases of Theophilus's Institutes*；Theophilus 还译成狄奥菲鲁斯、提奥菲鲁斯、狄奥斐洛等)的释义进行比较学习。关于《法学阶梯》和优士丁尼其他法律之间的关系，他认为，《学说汇纂》和《优士丁尼法典》中的许多段落可通过借助《法学阶梯》中呈现的事实、篇章架构和原则得到更清晰的解释。他还举了大量例子来支持他的论点。与被称作"普及版"(*Vulgata*)或"真确本"(*Authentica*)①的拉丁译本相比，居亚斯更欣赏希腊文版的《新律》，但是，
与他那个时代由梅尔策(G. Meltzer，荷兰人，1501—1531)等人出版的译本相比，他 102
又更喜欢"普及版"那个版本——也许因为早期的版本更贴近原意，而且又曾为注释法学派所用，并得到法庭的认可。他所参考的利奥(Leo)的《新律》，仅仅有助于解决《学说汇纂》、《优士丁尼法典》或《法学阶梯》的含混之处。在陶里拉斯(Taurellus)质量上乘的《佛罗伦萨学说汇纂》(1553 年)中，居亚斯发现许多有待订正之处，尽管他承认这部作品具有很高的价值。他渴望完善不足之处，但他未能借得被小心守护着的手稿。他认为(萨维尼亦持同样观点)在现存的《学说汇纂》手稿中，有几部并非佛罗伦萨版本而是另外较早时期手稿的复制品，但所有手稿都应该经过校勘和检验，以完成一部最完善的版本。为践行这一理念，他做了大量的重建工作，特别是《论禁令与否决》(*De interdictis et relegatis*)中的最后 10 部法律，它们正是佛罗伦萨手稿所缺失的部分。

① 一部汇集了截至公元 556 年的 134 条《新律》的拉丁文本汇编。其中收集的或者是拉丁文新律的原文，或者是希腊文新律的拉丁文译文。它之所以被称为《真本》，是因为人们曾认为该汇编收集的都是原始文本。

居亚斯和同辈诸学者间的关系

居亚斯的一些杰出的学生和同辈学者，前文已有提及；我们还简要提及了属于居亚斯学派的一些罗马法学家和其他法学家。关于后者，也许我们还应提到德国法学家、哲学家吉芬(Hubertus Giphanius, Giffen, 1537—1616)以及荷兰的朱奇麦斯(Viglius Zuichemus, 1507—1577)，他是《西奥菲卢斯的法学阶梯释义》(*Paraphrases of Theophilus's Institutes*)的第一编辑。在一些地区，居亚斯的方法论遭到强烈反对，我们应当记得罗马法有一个强劲的敌手——习惯法，它拥有大批有权有势的追随者和拥护者。古谚云："法律形成于习惯(coutume passé droit)"(比如罗马法)；这一点经常被强调。事实上，在巴黎大学，在相当长的一段时间里，罗马法的教学是被法令禁止的；正如我们所见，它部分的复兴，是对居亚斯的特别恩赐。在学术上，他的著名对手皆是他的同胞，如德埃伦(Douaren)、多诺(Doneau)、迪穆林(Dumoulin)和霍特曼(Hotman)。发生在他们之间热火朝天的论战，表明居亚斯理论的新颖，也充分显示了它们的历史意义。

103 弗朗索瓦·德埃伦(Francois Douaren，亦 Duarenus，也译为杜阿雷努斯)是阿尔恰托的学生，生于1509年，1559年卒于布尔日。他在布尔日当过律师，后来成为一名教授，对居亚斯充满敌意。他与鲍德温和巴龙(Baron)亦发生过争论。与他的导师阿尔恰托相似，他把文学研究和法学研究结合了起来。他的作品具有优美的古典风格，连他的强大论敌也对其颇为赞赏，其中最主要的作品是《〈学说汇纂〉评论》。他比居亚斯更为重视法律实务；他对巴托鲁斯学派及其方法的批驳极为犀利辛辣，这一点前已述及。他是最早将法学从先辈的"蛮夷之学"(barbarous importation)析出的学者之一。他一直与加尔文保持联系，并且他的《论圣职》(*De sacris ministeriis*)一书显露出宗教自由主义的精神。

于格·多诺(Hugues Doneau, 1527—1591)是德埃伦的学生，最早在布尔日担任教授，后来因为他的宗教观点，易装后逃离法国，先后定居于日内瓦(Geneva)、海德堡(Heidelberg)、莱登(Leyden)，最后在瑞士的阿尔特多夫(Altdorf)去世。他是16世纪最杰出的、富有创造精神的法学家。不同于居亚斯，他并未深入探究各法律之间的历史联系，也未探究最初制定法律时，罗马法学家和立法者的用意何在。他关心的问题在于法律文本的实际意义，以及它们被编入优士丁尼汇编时具有的含义。这样说来，多诺从严格意义上讲更像是一位律师，而居亚斯则同时还是一位历史学家(他本人也有意向这方面发展)。对多诺而言，罗马法就是法律，是市民和政治社会的长久指南；而对居亚斯来说，它还是珍稀的文物残片。多诺视之为成品，采用系统、工整的方法来处理；居亚斯把它当成变化的有机体，采用比较的方法来研究。所以，多诺的贡献主要在于教义性的论文，而居亚斯的贡献则在于创作评论、注释和校勘的文本。多诺重新处理涉及这一或那一标题的主题内容，然后以新的顺序对它进行编排阐释，将各种元素捆绑在一起。他系统性地提炼定义，制定规则并且运用逻辑推导出结论。在这种三段论程式中，他有时会巧妙地运用辩证技巧和经院式的区分，并且尤其喜好使用“二难推理”(dilemma)。但他是一位人文主义者，而非巴托鲁斯学派成员。他的写作风格明显逊于居亚斯，他崇尚质朴而非华丽，但又谴责一些法学家过分简略的文风，这经常导致他的文章晦涩难懂。在德 104
国，他对罗马法进行了系统注解，出版《〈国法大全〉评论》(*Commentarii iuris civilis*)一书，赢得了广泛赞誉，并且成为无数类似著述的典范。

弗朗索瓦·霍特曼(Francois Hotman)，1524 年生于巴黎，1590 年卒于巴塞尔(Basle)；他的父亲皮埃尔(Pierra)是一位国会议员。霍特曼在奥尔良大学研习法律，做过执业律师，后来在巴黎教书。因为他是新教徒，后逃往瑞士，在洛桑(Lausanne)任教，随后(1555 年)来到斯特拉斯堡(Strasburg，位于法国东北部)，在这里，他遇到同样出于宗教原因而流亡在外的博杜安(Baudouin)。在瑞士，他很快便获得巨大的声誉，并为他的法国教友从德国获取救援。后来，他返回家乡，接着在瓦朗斯任教(1563—1566)，之后接替居亚斯在布尔日的教席。圣巴托罗缪大屠杀最终将他驱出(与多诺一样)他的国家。此后，他一直居住在瑞士，并于巴塞尔逝世，临终前身心都遭受巨大的苦痛，但直到最后，仍顽强不屈，坚守信仰。霍特曼研究法律并不像研究考古学和哲学那样，专注于很多严格意义上的历史材料。他主要关注法律解释，引证古典作家的例子。他无意做概括总结或是建构体系化的论述。除了研究罗马法学的论文，他的著作还涉及封建法、法国公法，比如《论法兰克王国之法》(*De iure regni Franciae*)和《法兰克—高卢》(*Franco-Gallia*)；在后面这部作品中，他讨论了法国古代宪政。他也是最早支持国家主权思想的学者之一。在法国出版的《反特里波尼安》(*Antitribonianus*，1567)一书中，他呼吁统一立法以及建立一个实践联盟，并且以历史和综合的方法来研究法律——这些想法的实现，在某种程度上因为巴托鲁斯学派和人文主义学派的对抗而受阻。他表示，罗马法研究的新方向必将修正法国的国家法。他要求制定一部集大成的法典，能够体现罗马法学的精髓，亦能体现任何源于其他来源的有价值的东西。他倡导使用本族语作为法律出版物的媒介。不同于居亚斯，他并不是一个醉心于古代法律制度的膜拜者。他甚至怀疑法国的研究浪潮是否能产生益处。

弗朗索瓦·博杜安(Francois Baudouin)，1520 年生于阿拉斯(Arras，法国北部
城市)，卒于 1573 年。博杜安在鲁汶(Louvain)完成学业之后，成为迪穆林的助理， 105
在法国开设免费讲座课程(1546 年)，之后先后在布尔日、斯特拉斯堡、海德堡、巴黎以及昂热(Angers)担任教授。他是加尔文和布塞尔(Bucer，也翻译为布塞珥，全名 Martin Bucer，1491—1551，宗教改革家)的朋友，但是他似乎并未明确信仰新教。

他在法国信仰天主教(Catholicism),在德国信奉路德教(Lutheranism),在瑞士崇奉加尔文教(Calvinism),并最终放弃他的“非正统观点”(heterodox opinions)。正如居亚斯拒绝为同盟(the leaguers)的行径辩护,博杜安也拒绝为法国朝廷(French Court)的圣巴托罗缪大屠杀一事作正当性证明。和居亚斯一样,博杜安赞成仁厚宽容和独立自由,反对外在形式和符号,并且批判极端暴力与分裂主义。他属于历史法学派,和居亚斯一样,非常强调历史的重要性,博杜安云,“法学,离开历史就是瞎子”(Sine historia caecam esse iurisprudentiam)。但不同于居亚斯的是,他将历史性的专题论文作为研究法律学说发展历程的终极目标而非一种探究手段。因此他经常选择这方面的主题并对之作出最好的历史性阐述。他试图追寻罗马法的起源。在对《十二铜表法》的叙述中,他常常问自己为什么某个条文应被理解成这个意义,而不是另一个意义。当研究优士丁尼《新律》时,他致力于讨论立法者在那一时期所作出的修正,以及当时多变的环境是如何促使立法者作出这些修正的。

夏尔·迪穆林(Charles Dumoulin, 1500 年生于巴黎,1566 年在此去世)曾在奥尔良和普瓦捷(Poitiers)学习法律,随后前往巴黎作执业律师,但并不成功。他信奉加尔文教;由于民事纠纷(civil dissension)被迫离开巴黎。之后,他在斯特拉斯堡(Strasburg)和贝桑松(Besancon)教授法律。1557 年他返回故里。同大部分法学家一样,他也是一位出色的宗教争论者(religious controversialist)。他出版了反对教皇权威的论著。为避开当时如火如荼的神学与政治争论,转而研究法学。他强调要把法律和公共事务以及法庭实务结合起来。他倾向于巴托鲁斯学派的方法论,对福卡德尔(Forcadel)有一些尊崇;福卡德尔勉强称得上是居亚斯的对手,对巴托鲁斯极为推崇。除了关于巴黎习惯法的专著外,博杜安还著有一些关于封建法和
106 其他主题的作品。他的著作显示了其渊博的学识和对辩证法的驾驭能力,但他的文风艰涩,不为大众喜欢。他收集并研究了大量法国的习惯法和习俗,为法国建立更为统一、连贯的制定法奠定了基础;他还宣称自己与封建主义为敌。他对于法国法的贡献可与居亚斯之于罗马法的贡献相提并论。在他对法国习惯的评论中,他没有纠缠于法国法的基本原则;他对习惯法进行系统化分类,在很大程度上,为朴蒂埃(Pothier)的工作和《法国民法典》的制定铺平了道路。同辈学者称他为法学家之王,对此他欣然接受;他的个性桀骜不驯,自恃无人配称他的老师。

居亚斯曾与前述各位法学家展开过激烈的辩论,招致了不少讽刺、挖苦、恶言谩骂乃至粗口侮辱。布里索(M. Brissaud)说当时伟大的法学家都遭受了像对荷马史诗中的英雄式的谩骂。在这一时期,他们的争论常常伴随着人身攻击。霍特曼在对居亚斯的攻击中,指责他在加入“宗教改革派”(reformers)之后,出尔反尔,又返皈天主教。霍特曼说,他会把这个变节者的名字从他的所有著作中删除,并诋毁他是“temulentus”、“lutulentus”、“turbulentus”(酗酒、肮脏、混乱)。他对待博杜安

则更为苛刻。与此相似，多诺也对居亚斯有过无端谩骂和荒谬的指责。富尼耶(Fournier)和奥尔良大学的让·罗贝尔(Jean Robert)教授等一小部分人也曾写文章对居亚斯发动人身攻击，对他的方法论和学说吹毛求疵、恶意指摘。反过来，作为被攻击者，对于这些辱骂，居亚斯并未置之不理，而是进行了反驳——并且未做太多的节制——甚至不惜自降身份去变换那些根本不值一提的对手们的名字。但在所有这些争论中，他很少发起攻击。对于批评，他一直显得极端敏感，始终没能原谅梅里勒(Merille)，因为梅里勒四处收集居亚斯相互矛盾的陈述。事实上，一部作品没有一处错误，这几乎是不可能发生的奇迹；由于其涉及面之广，几乎所有带有开拓性意义的著作，都需要依后来的结论进行自我修正。

居亚斯作品的影响暨本文结语 107

无论在世时还是去世后，无论在国内还是在国外，居亚斯都赢得了很高的声誉与尊崇。据说德国的教授们习惯于在提及他的名字时举帽致敬。他同辈中最博学的人之一孔特(Contius)曾评价他为，“我们这个时代最博学的人和最顶尖的法学家(vir doctissimus et iurisconsultorum nostri temporis princeps)”①；有人还将他形容为“肩负恢复法学往昔尊严天命的人”(vir iurisprudeniae in antiquam dignitatem restituendae natus)。帕基耶(Pasquier)曾提及法学诸学派，最后一个即是人文主义法学派，他还授予居亚斯象征成功的棕榈叶，他评价居亚斯前无古人、今后也很可能鲜有人能与之相媲美。

后世学者均认为，居亚斯是最伟大的人文主义法学家，是那个时代最伟大的法学家，在反对封建传统、经院程式以及积累意见的做法方面(practice of accumulating opinions)作出了卓越贡献。他向世人展示如何可将随意、无理性的罗马法研究 108
转变为理性的探究，并以此为基础建立起名副其实的法学科学。文学、历史以及语文学从此可以为法学研究服务。法学学者和法律实务工作者一样，均沉浸在罗马法中；罗马法既是律师和立法者实践所需的丰富营养，也被重新确认为一种普遍文化。在居亚斯的眼中，法学家的著作并不是一个孤立存在的事物，而是生活的一部分，是社会福祉的一部分。他校勘的手稿、恢复的古代文献资料和对法律的注解阐释，对那些苦苦搜寻资料的后世学者而言是珍贵的宝藏。卡龙达斯(Charondas)编辑的《国法大全》1575 年版、帕西斯(Pacius)的 1580 年版和戈德弗鲁瓦(Godefroy)的 1583 年版皆在很大程度上受惠于居亚斯的文本改进工作以及阐释性的注解。整个 17、18 世纪，戈德弗鲁瓦版的《国法大全》在法庭上具有权威效力；高等法院在作出裁决时，经常借助于居亚斯的观点和结论。据当时的杰出历史学家德·图

① 参见他编辑的《国法大全》前言。

(A. de. Thou)的记载,即便在更早些时候,居亚斯在法庭上经常被法官和律师称为"le jurisconsulte"(法学家)。大约到18世纪末,"成文法地区"的司法实践受到他的著作的深刻影响。朴蒂埃(Pothier)在其作品《优士丁尼学说汇纂》(*Pandectae Justinianae*)和其他涉及罗马法的合同法论著中,把居亚斯看作引路人。所以居亚斯的著作对后世而言,具有权威性,富有魅力,能激发灵感,它的很大部分被《法国民法典》所吸收,从而被赋予了永久的生命力。

(撰写:Coleman Phillipson)

7. 贞提利斯*① 109

(Gentilis)

长期以来，人们一直把格劳秀斯(Groutius)看作是近代国际法之父(father of modern international law)②，他就像一颗在黑暗时代中闪耀的明星，远处相伴着几颗几乎不值一提的小卫星。格劳秀斯在国际法学界的地位无疑是举足轻重的。但是，人们似乎经常会忘记，他的成功之路是由其他人铺就的，尤其是贞提利斯(Albericus Gentilis)。若没有这位意大利法律人逻辑缜密且极具说服力的前期开拓性工作，荷兰法学家格劳秀斯很难取得如此成就。通过对贞提利斯著作的研究(不能忘记的是，贞提利斯是格劳秀斯的先辈)，我们可知其在近代国际法发展历史中具有崇高的地位，尤其是他在国际法蓬勃发展时期的地位；我们还可以看到，由于贞提利斯的观点与近代国家的观点有着更大的相似性，就此言之，贞提利斯较之格劳秀斯更称得上是当今国际公法的鼻祖(progenitor of the existing law of nations)。

一、贞提利斯的生平

阿尔柏利克斯·贞提利斯，又称阿尔柏利克(Alberico)或阿尔柏利哥·贞提莱/利(Alberigo Gentili)，1552年1月14日生于意大利安科纳(Ancona)边界附近的一座小城——圣·歧内西俄(San Ginesio，今天多译为圣·杰涅西欧)。通说认为，他是家中七个小孩中的长子，还有些认为他是次子。他的父亲，马泰乌斯(Matteus，Matteo)是个医生。贞提利斯在接受了完整的家庭教育之后，就被送到意大利的佩鲁贾(Perugia)大学。这所大学是当时意大利最著名的高等学府之一，尤以法学著称，著名的巴尔杜斯(Baldus)和巴托鲁斯(Bartolus)均任该校教授。二十岁 110
刚过，贞提利斯便取得了法学博士学位。其后，他曾在意大利的亚斯科利(Ascoli)任代诉人(proctor)或裁判官职。随后回到其出生地做辩护律师，并常就该地方的法律制度问题接受咨询。

---

* 读者在阅读本节译文时，可对照日本学者寺田四郎著《国际法学界之七大家》(韩逋仙译，吴旭阳勘校，中国政法大学出版社2003年版)第1—46页的内容"'国际公法'之始祖阿尔柏利克斯·贞提利斯"。——译者注

① 霍兰(Holland)教授在最近出版的《大不列颠百科全书》中有关贞提利斯的文章以及内扎德(H. Nézard)在*Les Foundateurs du droit international*(巴黎，1904)中的文章给本文提供了有用的素材。

② 在最近出版发行的著作《古希腊和罗马的国际法和习惯法》两卷本中，作者认为，近代国际法决不是一个完全的创新。其中一部分是重建，另一部分是古代制度和习惯的延续。的确，格劳秀斯和贞提利斯以及其他所有国际法早期学者总是对典据、规则、习惯、类比，以及所有的图解例证情有独钟。

贞提利斯的父亲拥护新教，后受到异教徒裁判所的压迫而不得不背井离乡，带着贞提利斯远赴卡尼奥拉(Carniola)的首都莱巴赫(Laibach)。不久，他们家最小的儿子也来到那里，贞提利斯就带着他到了德国的蒂宾根(Tübingen)。其后，贞提利斯又到了德国的海德堡(Heidelberg)。几个月后(即1580年8月)，他去了英国。在英国，他受到了神学家康体俄(Contio)、莱斯特伯爵(Earl of Leicester)的医师菩加律西(Borgarucci)、伊丽莎白女王的意大利语教师卡斯提利俄内(Castigione)等意大利新教徒流亡者的欢迎。经其介绍，不久他就与牛津大学校长菲利普·西德尼爵士(Sir Philip Sidney)，以及该大学副校长罗伯特·都德里(Robert Dudley)和托比·马修(Tobie Mathew)结为知己。1581年1月1日，贞提利斯通过雷斯特伯的推荐，以法学博士身份进入牛津大学，任该大学讲师。他非常满意自己的工作，同时对牛津大学勤奋好学的氛围及其宜人的风景和气候大为赞赏并表现出热爱之情。与此同时，作为一名罗马法学家，他因其讲座、辩论及其著作而声名远播。

1584年，英国政府曾就"西班牙大使门多萨事件"(The Mendoza Affair)向贞提利斯和法兰西法官哲·霍特曼(与贞提利斯同时进入牛津大学)咨询。政府不顾英国人民因西班牙大使门多萨对伊丽莎白女王的谋反行为所产生的激愤之情，听从
111 了贞提利斯的意见[①]。翌年，贞提利斯在牛津大学论丛上发表了关于大使的权利和义务的学说，继而发表了献给菲利普·西德尼爵士的《外交官论》(*De legationibus*)[②]，对上述学说作进一步阐述。1586年，荷瑞希·帕拉维奇诺(Horatio Pallavicino)在德国担任萨克森选帝侯[③]的临时大使时，在沃辛汉(Walsingham)的推荐下，贞提利斯成为大使的随员。第二年，回到牛津大学之后，他被任命为罗马法学的钦定讲座教授(the Regius Professorship)。

贞提利斯就当时的种种问题出版了很多著作。除了关于罗马法和古代战争惯例的专题论文外，他于1588年在伦敦发表了较之前者更著名的《战争法注解第一篇》(*Prima commentatio de iure belli*, 1588)。第二篇和第三篇于1589年发表。1589年，他将已发表的三篇统编成新书，取名《战争法规论》(*De iure belli libri tres*, 1589)，在德国的哈瑙市出版。贞提利斯不仅要参加诸多学术和文学活动，1600年8月，他还成为伦敦四大律师会馆[④]之一的格雷律师会馆的一名会员，借此契机从事裁判实务。1605年，得到英王詹姆斯一世的许可，贞提利斯任西班牙大使馆的辩护

---

① 参见下文关于大使的论述。

② 威尔顿在《国际公法史》中称这次著名的咨询发生在《外交官论》出版之后。这种说法是不正确的。另外，威尔顿似乎错误地理解了贞提利斯在这个问题上的意图。

③ 选帝侯(德语：Kurfürst，复数为Kurfürsten)是德国历史上的一种特殊现象。这个词被用于指代那些拥有选举德意志国王和神圣罗马帝国皇帝的权力的诸侯。此制度严重削弱了皇权，令德意志的政治分裂更严重。

④ 四大著名律师会馆，即林肯会馆(Lincoln's Inn)、格雷会馆(Gray's Inn)、内殿会馆(the Inner Temple)和中殿会馆(the Middle Temple)。——译者注

律师。任职期间，在审判西班牙和荷兰之间的战争中发生的有关俘虏的争议案件时，他代表西班牙以律师身份在英国高等海事法院(Court of Admiralty)出庭。(贞提利斯关于此事的记载详见其死后在德国汉诺威出版的《西班牙辩护论》(*Advocationis Hispanicae libia duo*，1613)。1608年6月19日，贞提利斯在伦敦逝世，葬于比修普盖特(Bishopsgate)的圣·海伦教堂。

贞提利斯的著作的重要性以及他对国际法作出的伟大贡献直到近期才得到公认。多少年来，学者多把格劳秀斯视为国际公法的创始人，而忽视了在他之前的先驱们。但是，贞提利斯的不朽之业迟早会为举世公认。

有人说，贞提利斯之所以可以在学界复兴，是由于得到国际法学者埃纳里克·阿玛瑞(Emerico Amari)、荷兰格罗宁根的赖格尔(W. A. Reiger of Groningen)、曼西尼(Mancini)，特别是霍兰(Holland)教授的帮助。1874年11月，霍兰教授曾就贞提利斯的生平和著作发表公开演讲，指出了贞提利斯对国际法的贡献，并对其主张作了充分的肯定和强调。此次演讲内容公开发表后引起意大利国际法学家曼西尼的注意。1875年3月，以曼西尼为主席，亨伯特(Humbert)亲王为名誉主席的极富影响力的意大利委员会诞生。翌年9月，该委员会发表一宣言。宣言称贞提利斯为“上帝的先知，接受神旨的和平使徒”，并称赞他是信仰自由的杰出的倡导者、新时代的开拓者，并在各处举办了贞提利斯的纪念会。但是，也不是没有人反对此种运动。一方面，意 112
大利极端天主教派抨击这些对背叛者及教会公敌表示敬意的行为，认为其有违神旨；而另一方面，在荷兰，格劳秀斯的崇拜者们为他们本国学者的学术权威地位受到威胁而感到极度担忧，甚至谴责阿瑟教授(Professor Asser)支持意大利运动是一种背叛行为，这些举动最终促成了1886年在荷兰代尔夫特(Delft)举行的格劳秀斯铜像的揭幕式。

直到1908年，贞提利斯逝世三百周年纪念时，意大利政府才在其故乡为其竖起了纪念碑。1877年，英国在利奥波德亲王(Leopold)任名誉主席的委员会的倡议下，在圣·海伦教堂中为贞提利斯举行了一个纪念仪式——尤为重要的是——由霍兰教授任编辑，贞提利斯最伟大的著作《战争法规论》的新版本终于出版发行了。

二、贞提利斯的著作

贞提利斯的著作涉及面广泛，除了现存的大量原稿和一些已经散佚的论著外，大概总计达三十种[①]。他关注多方面的问题，涉及诸多当时有关法律、政治、道德争论，包括国际公法、英格兰和苏格兰的合并、主权的界限、罗马法和教会法的某些旧

① 贞提利斯著作的详细目录请参见霍兰教授写的《阿尔柏利克斯·贞提利斯》一文——此文是1875年公开演讲稿的再版本——发表于《国际法研究》(牛津大学，1898年)；另外霍兰在大不列颠百科全书中的文章前面已经提到过。

规则的适用和冲突、再婚问题、舞台演艺在法律和道德上的定位问题、谎言的正当性等众多问题。贞提利斯的诸多著作中，最伟大并足以永载史册的是三部论及国际法的著作：第一部也是最重要的一部——《战争法规论》；第二部，《外交官论》；第三部，《西班牙辩护论》。这三部著作几乎对国际法的所有关键问题进行了全面系统的论述：一方面，有力地论证了一些有疑义的新问题；另一方面，对以前已经建立起来但时常遭到破坏的规则进行了强调说明。贞提利斯从未试图编纂一部完整详尽的法典，但是他对国际法种种问题的研究都足以使他名垂青史①。

《战争法规论》并不具有学术论证通常具备的一些特征，它主要来源于一系列
113 公开辩论的讲稿。贞提利斯对于战争法的论述摆脱了将战争法规与军纪军规相混淆的古代观点。他将他的论点建立在法律和道德的强有力的支持之上。本书共分成三卷：卷一介绍战争的一般问题——战争的主体资格，战争的正当动机和理由；卷二重点论述交战行为的合法形式——宣战、公然的敌对行为开始后法律允许和禁止的行为、间谍以及毒药和计谋行为的采用、对敌方人员（平民、俘虏、人质）以及财产的处置、司令官的盟约及休战协定等；卷三则论述了战争的结束、占领的权利、战胜国对于战败国的人身以及财产的权利、和平的建立等问题。因此《战争法规论》中所研究的问题是：在何种情况下，战争才可以合法正当地开始、进行以及终结。

《外交官论》侧重于说明大使馆的发展历程，而较少涉及有关大使的法律原则。本书同样分成三卷：第一卷主要介绍各种不同种类的大使的历史起源，罗马祭司团使节所采用的庄重仪式，有关罗马招待的外国大使的地点、时间、形式及赠与的礼物等；第二卷涉及普通使节的特权和豁免权；第三卷则论述了大使的资格。

如前所述，《西班牙辩护论》是一部作者在荷兰—西班牙一案中担任西班牙律师时所写的案件趣闻的集锦。在荷西战争中，荷兰主张有权获得在英国领海上的西班牙的货物的所有权。除了诉诸历史先例以及罗马法的适用原则，此书对领土主权学说作了准确而精当的说明（包括对邻海的绝对管辖权），并以此作为交战国及中立国相互间权利义务的根本原则。贞提利斯对这个重大问题的研究已经迈出了具有重要意义的一步，而他的结论在很大程度上开了近代国际法学说的先河。

114 尽管这些著述偶尔会带有学究式的迂腐气息，致使文章繁复冗长，观点模棱两可，但就整体而言，这些著作富有活力、言辞直接、条理清晰。确实，贞提利斯并不能用伊拉斯谟（Desiderius Erasmus）式或其他的例如当时流行的西塞罗式的流畅典雅的拉丁文进行写作，但是，与他同时代的其他大多数学者相比，尤其是那些写法学或神学论文的学者，他以其简单、活泼、多变的谈话式风格，且不拘泥于精致华丽

① 在此提到的论著是指《战争法规论》（霍兰编辑）；《外交官论》（伦敦，1585 年）；《西班牙辩护论》（汉诺威，1613 年）。

的辞藻修饰的文风而更胜一筹。此外，由于他的机敏诙谐以及对于当前问题心无旁骛的专注，他的文风避免了枯燥乏味之感以及冗长离题的危险。

三、贞提利斯的地位及其研究方法

贞提利斯在国际法历史上地位如何？他持什么观点？他又采用了什么研究方法？贞提利斯是近代国际法领域首位著名学者，也是第一位明确界定近代国际法诸问题的学者，并且从根本上按照与当代的国际法概念和惯例相一致的方法展开研究。由此，我们有理由这样说——作为格劳秀斯的先驱，为其开拓道路并对格劳秀斯及后世的著作都产生了深远影响的先行者——贞提利斯不愧为近代国际公法真正的鼻祖（更确切地说，如果一定要将这个头衔授予某一位法学家的话，非贞提利斯莫属）。在格劳秀斯之前的众学者中，贞提利斯是历史法学派的著名代表人物。他对国际公法在世界范围内扩张的坚持，与荷兰的宾克尔舒科（Bynkershoek）的著作中表达的论点极为类似，论证都极为有力[1]。而贞提利斯对于苏支（Zouche），这个英国最早与其持有相同观点的代表人物的影响是毋庸置疑的。尽管贞提利斯的观点仍存在种种不足——毫无疑问在当时的环境下，他的论述总会有缺陷——但是，就他著作整体而言，却大大超越了在他之前的所有学术著作，比如，阿亚拉（Ayala）、弗朗西斯科·德·维多利亚（Francisco de Victoria，1480—1549）、多明哥·索托（Domingo Soto，1494—1560）、培利（Belli）、苏亚雷斯（Francisc Suarez）[2]等著名的法学家的论著。他们或是把罗马法和规制国际关系的规则相混淆， 115
或是没有辨明哲学或神学原则与法学原则的区别，或是将国际战争的规则与国内的军纪命令混为一谈[3]，或是认为“国家团体”（societas gentium）只能由信仰基督教的国家组成。对于那些已经由前人所肯定或假定的国际法理论的神学基础，贞提利斯一一拆解，全盘否定之。而对神学家们教条专断的研究方式，贞提利斯毫不客气地予以抨击，且直截了当地建议他们不要干涉与他们无关的事情，（“silete theology in munere alieno”）[4]。贞提利斯也否定了哲学的演绎法。他之所以不重视与研

---

① 见下文本书作者有关宾克尔舒科的文章。

② 苏亚雷斯（Francisco Suarez）是西班牙的一位耶稣会会士，大约在1610年，他对jus也作了分析，他说：jus一词真正的严格的恰当的含义应当是每个人对于应当属于他的东西的一种道德力量（a kind of moral power [facultas] which every man has, either over his property or with respect to that which is due to him.）——译者注

③ 参见早期很有影响的塞尔维亚的艾西多尔（17世纪初）的观点。他列举了万民法（ius gentium）中包含的许多不同的类别，并作了更进一步的分类，如兵役法（ius militare）涵盖了大量不同的规则，像进入敌对准状态的方式，军纪的破坏，遗弃，军事荣誉及奖赏，战利品的分配等（见 *Originum sive Elymologiarum lib. v.*，尤其见第5册书）。

④ 参见《战争法规论》第1卷。

究神、人类和国家的内在本质相关联的抽象理论和形而上的假设，是因为这些理论和假设无益于建立起一个理想的社会体系，不能满足人民需求，也不能为建立一个由有机且充满活力的国家构成的真实的社会起到指导性作用。哲学家培根(1561—1626)曾提倡研究学问的真正方法，其实贞提利斯研究国际法时早已发现并坚持遵循这些方法：即调查现实状况及具体事实，并依归纳法总结出一般规则，但是，仍然要根据新发现的情况对一般规则进行修改或删减。

由国际法这个概念引发了很多问题，贞提利斯将这些问题限定在法学探究范围内，并排除与主体缺乏密切联系的问题，从而便于人们更好地理解这些问题。相对于人文主义学派，即阿尔恰托所创立的包括居亚斯、霍特曼等人的阿尔恰托学派，贞提利斯把自己归类于旧罗马法学派中的巴托鲁斯学派。巴托鲁斯学派专注于对法学问题本身的研究，而较少关注传统文化与广义文学的同化问题。居亚斯抨击巴托
116 鲁斯学派忽视人文科学，是一群愚蠢、不知羞耻的胡言乱语者并且行径卑劣——"blaterones, inspientes, omprobi, avari"——针对这一恶评，贞提利斯反驳说狂妄自大的阿尔恰托学派根本不配称为法学家，真正的法学家即便不懂希腊语或拉丁文，仍能很好地开展法学研究[1]。尽管贞提利斯没有格劳秀斯那样博学多才，但是他也与后者一样涉猎颇广。为了支持或论证自己提出的事实和结论，他往往要广泛引用或参照古代、近代，甚至当代学者的学说著作，比如，希罗多德(Herodotus)[2]、修昔底德(Thueydides)[3]、亚里士多德(Aristotle)、波利比阿(Polybius)、李维(Livy)[4]、普鲁塔克(Plutarch)[5]、西塞罗(Cicero)、迪奥·卡西乌斯(Dion Cassius)[6]、迪奥杜拉斯·塞库鲁斯(Diodorus Siculus)[7]、哈利卡纳索的狄奥尼修斯(Dionysius)[8]、

---

① 参见霍兰(T. E. Holland)的《国际法研究》。

② 希罗多德，约前484—约前430年至前420年，古代希腊历史学家。生于小亚细亚的哈利卡纳苏斯城。因参加当地反对僭主统治的斗争被迫离开故乡。在古罗马时代，希罗多德就被誉为"历史之父"。所著《历史》一书，共9卷。1—5卷第28章，叙述西亚、北非及希腊诸地区之历史、地理及民族习俗、风土人情。第5卷第29章起，主要叙述波斯人和希腊人在公元前478年以前数十年间的战争。书名和分卷方法均出自希腊化时代的学者之手。该书也是一部文学作品，书中众多人物性格鲜明，语言生动，亦作《希腊波斯战争史》。希罗多德在欧洲史坛最先对史料采取了一定程度的分析批判态度，而不是盲目相信一切传闻。他创造了叙述历史的新方法，把记载史实和加以阐释有机地结合起来。对于历史事件，希罗多德并没有首尾一贯地解释发生的原因，时而诉诸神的意志和命运，时而认为取决于个别人物的才能，也有时借助于对历史或地理情况的分析。希罗多德虽然推崇雅典民主，但充分肯定古代亚非人民的文化成就。——译者注

③ 修昔底德，前460—前395，古希腊历史学家，著有《伯罗奔尼撒战争史》。——译者注

④ 李维(Livy，前59—17)，罗马历史学家，所著罗马历史由142卷组成，现存仅35卷。——译者注

⑤ 普鲁塔克(Plutarch)，古希腊传记作家和哲学家。他写的希腊罗马名人比较列传，一部传记集，曾被莎士比亚用在他的古罗马戏剧的。——译者注

⑥ 迪奥·卡西乌斯(Dion Cassius)，罗马史学家。——译者注

⑦ 迪奥杜拉斯·塞库鲁斯(Diodorus Siculus)，希腊历史学家。——译者注

⑧ 迪奥尼修斯(Dionysius)，约前50—前7年。——译者注

斐罗(Philo)以及《圣经》(the *Bible*)、《学说汇纂》(the *Digest*)、《寺院法大全》(*Corpus Iuris Canonici*)，还有德尔图良(Tertullian)、奥古斯丁(St. Augustin)、左那拉斯(Zonaras)①、巴尔杜斯(Baldus)、阿尔恰托(Alciatus)、布丹(Bodin)②、霍特曼(Hotman)、维吉尔(Polydore Vergil)、马基雅维利(Machiavelli)③、弗朗西斯科·圭恰迪尼(Guicciardini)④、科瓦鲁维亚斯(Covarruvias，西班牙法学家)和培利(Belli)等人的著作。

就国内法而言，贞提利斯隶属于巴托鲁斯学派，但是他对于国际法则保持着独立而后是变革的态度。我们可以相信他的话——他从未读过有关战争法的好书⑤。但是在某种程度上，我们必须承认他从西班牙神学教授弗朗西斯·德·维多利亚(Franciscus de Victoria，1480—1546)和意大利法学家彼尔瑞诺·培利(Prerino Belli，Bello，Bellinus，1502—1575)那里受益匪浅。贞提利斯曾经将罗马法学派，尤其是博洛尼亚(Bologna)学派的研究方法弃之不顾。因为这个学派把国际法仅仅看作是罗马法的运用和扩张。贞提利斯的专题论文和对于一般原则的阐发并未沿用当时法学研究者采用的惯常模式，即将论文变成对罗马法典周密而涵盖面广的注释。他这种谨慎的态度在对罗马法的研究上表现的更为明显，对牛津大学的罗马法复兴运动也起了极大的作用，这可以从一位当代英国作家的描述中得知⑥。贞提利斯使用过“国家团体”这一便利术语，但他坚持认为这种团体(societas)与主权统治下的市民社会(civitas)不同，因此这类团体的权利和义务不能用罗马法的规则来规 117
定。在讨论大使的治外法权时运用尤利亚地法(lex Iulia maiestatis)的时候，在探询军事行为是否为建立在严格法(stricti iuris)或诚信(bonae fidei)基础上的合同行为时，以及在处理法律原则时，贞提利斯时常会引用罗马法的原则和概念。但是这些对罗马法学的借鉴，在前人寻求最终的法律认可或终极解决之道时并无裨益，仅被引以论证自己的观点而已。因此，贞提利斯与传统观念彻底决裂，这一观念滥觞于阿库修斯(Accursius)和巴托鲁斯(正如格劳秀斯所言，由于时代的局限性“temporum suorum infelicitas”，这两个人可能已被谅解)的时代，之后持续了几百年直到他所处的时代，如科瓦鲁维亚斯和巴斯克斯(Vasques)依然拥护之。当然，不论是贞提利斯还是其他学者都不能把罗马法的原则完全从国际法的体系中抹杀。一方面，

① 古希腊编年史学家和神学家。——译者注

② 布丹(Bodin，1530—1596)，法国法学家、政治哲学家。——译者注

③ 马基雅维利(Machiavelli，1469—1527)，意大利政治理论家，他的著作《君主论》(1513年)阐述了一个意志坚定的统治者不顾道德观念的约束如何获得并保持其权力。——译者注

④ 弗朗西斯科·圭恰迪尼(Guicciardini，1483—1540)，佛罗伦萨的政治家。——译者注

⑤ 参见《战争法规论》第1卷。

⑥ 《法律研究的指引或准备(1599)》在此书中他称贞提利斯通过他不懈的努力加速了古罗马法学家所创造的古罗马法的死亡。

两法有相通的基本点；另一方面，《学说汇纂》里的各种学说有利于解决国家间的争端。因此，1609年3月20日，英国国王詹姆斯一世在议会发表演说，对罗马法充满溢美之词，从某种意义上他将之视为国际法(Lex gentium)。

贞提利斯对当时及过去的事件加以考察，从当时的惯例中得出支持自己的证据，此种态度，使其又一次成为这一领域的革新者。贞提利斯确实会时常参照古代学术权威的学说，但他从未忘记其目的是解决当代问题的，因此这种引证从来不只是学术博识的展示。贞提利斯通过对当代时事的探究，强调了他对国际法的地位和因袭的性质的认识。不论是以明示条约的形式表现的规则，还是已成为默示规则的惯例——他都非常重视，尤其涉及国与国之间的法律。同时，贞提利斯认为因时事易变，法律也必须有机发展，适时改变，与当时的实际情况相适应。格劳秀斯曾公开承认他青睐古希腊和古罗马的实例，认为来自这两大文明的实例具有足够的说服力和权威；而贞提利斯则不然，他着眼于16世纪的政治事件和问题——例
118 如，查理五世(Charles V)和弗朗西斯一世(Francis I)的冲突，西班牙和荷兰之间的冲突，英国和西班牙之间的冲突，意大利及其压迫者之间的冲突，征服美洲的战争以及除了战争问题以外的很多其他问题，比如，罗马教皇的特权问题，与非基督教国家联合的问题，中立商人和交战方彼此相抵触的索赔主张，海洋的自由问题等。处理上述所有争议时，贞提利斯尽量避免离开事实而得出一个普遍化的结论，他凭借鲜活的思想，饱满的精神与理性的常识，根据实用性和必要性的标准，依据一个谨慎无私之人的正义和衡平的观点，提出一个可以广为接受的解决方法。但有一点必须记住，当国家及统治者过于明显地表现出偏执、虚伪、欺诈、逃避责任的倾向，或习惯采取过分严酷残忍的手段，总是被恣意妄为、自私自利的念头所控制时，这些解决方案作为既定的原则便显得尤为重要。

四、和平时期的国际法

(一) 国际公法的概念；国家团体；罗马法基础

被贞提利斯称之为万民法(ius gentium)的国际公法是所有国家或者至少绝大部分国家所承认的规制"国家团体"(maior pars orbis)的法律，这就是社会或国际团体的法律[①]。尽管他没有使用就苏支与弗朗西斯·德·维多利亚所一贯采用的更精确的表达方式"管辖国家的法律"(ius inter gentes)一语，但他的基本观点已经明确表达：这种管理独立的主权国家或民族之间关系的法律既是一种明示的契约，又是由长期以来人们所认同的习惯所衍生出的默示契约。"国际团体"的成员相互依赖但又彼此独立。因此，作为具有相同利益和需求的人类来说，任何一方遭遇困

① 参见《战争法规论》第2卷。

难，都会对他方造成一定影响，因此彼此的联合、相互的理解、调解规制的法律是必
不可少的。一方面，这些法律有其积极的基础——“国际惯例”(usus gentium)——
而另一方面，则基于对自然理性的迫切需求。自然法(ius naturae)或者自然之理 119
(ius naturale)或者自然理性(ratio naturalis)的权威在包括格劳秀斯、宾克尔舒科和
德·马尔顿斯(De Martens)等在内的古代及后世的学者的实践过程中确立了起来。
但是，贞提利斯却并不像16世纪的其他学者，尤其是耶稣会会士那样，因经院主义
的复兴和先前惯例，不加选择地盲目崇拜自然主义原则，也没有一味纠缠于对各种
大量的无关紧要问题的详尽描述。确实，在16世纪，奥尔登多尔普(Oldendorp)、亨
明(Hemming)等学者已经开始了对自然法(ius naturae)的研究，而且他们研究的角
度比耶稣会或方济会的研究角度更宏观、具有全局性。贞提利斯引进自然理性主
义原则，一部分是为了解释国际法的起源，还有一部分是为了巩固其积极的约束力。
因此，他采用新教的观点来反对天主教思想——根据教会法，在罗马教皇统治之下广
泛存在着等级阶层，或是在世俗事务中君主对一国的统治被视为罗马法学家眼中的
罗马最高权力(“imperium romanum”)的延续[1]。我们时常可以发现贞提利斯运用自
然法论证法律原则的合理正当性或惯例的合法性，以至于常常会排斥法律条文在现
行法哲学意义上模糊不清的解义，他从人性、公平正义等人类最高层次的共识上理解 120
自然法。贞提利斯坚持法律具有确定的约束力就如同他积极承认道德的作用或神法
的命令。他又谨慎区别神学家的事业及目标与法学家的活动范围及作用。

贞提利斯的先锋事业与16世纪的大运动是一致的。16世纪见证了社会的变革，新精神和更广阔的前景的建立，神权政治的衰落以及近代国家的兴起。定义市民和教会权威的中世纪政治概念，一方面来自希腊和罗马的学说，另一方面来自希伯来和基督教的教义。13世纪末，罗马教皇的世俗权威开始受到极大的挑战。尤其是在法国，教会内部的分裂进一步加剧了教皇权威的衰落。15世纪的宗教会议运动使教皇威权的本质是信托这一理论传播开来。文艺复兴和宗教改革使人文主义、对科学的求知欲得以复兴。从政治和宗教两方面来看，它们创立了独立精神，激发了大家为人类社会追寻比神权政治更理性化的基础，并以市民社会代替教权主义的权威，在世俗和法律基础之上建立起一个由领土国家组成的社会，组成一个神权主义联盟并受到教会法的管辖。在贞提利斯看来，这些国家的领导者是君主；而君主仅仅是各自国家的保护者或管理人而已，并非不受法律管辖的绝对的统治者。格劳秀斯赞同圣·托马斯(St. Thomas)把第五十一首赞美诗理解为君主的免责以及他们超越法律之上的地位。尽管贞提利斯所处的时代比格劳秀斯早，但是

① 维多利亚同样拒绝承认教皇在世俗事务上的绝对权力(dominus orbis)，拒绝承认与自然法(ius naturale)相对立的所谓的君主的贵族统治。

他的观点表现出与近代观点的一致性，他认为，国王无所不能和具有绝对权力的说法仅仅是神学家的妄想，是法学家向君主表达的谄媚之词。

121 最后，在贞提利斯脱离神学家的诡辩术的羁绊而基于市民基础构思出“国家团体”概念之后，他更进一步——这是从贞提利斯的一般观点中自然得出的一个著名推论——即将非基督教国家甚至野蛮团体也包括在国家团体中①。当时学者的通说是，只有天主教的君主，即使扩大范围，也仅限基督教的君主可以拥有统治权。但是，贞提利斯坚持认为非基督教徒和异教徒也可以在各自领土上正当地享有主权。信奉异教或不信奉基督教甚至是盲目信仰都不能从根本上成为发动战争的正当原因。这类人民可以建立条约关系，也享有派遣公使的权利。另一方面，那些没有任何宗教信仰的民族则类似于海盗，即人类公敌，应被排除在国际团体之外。这类人尚处在最末流的牲畜阶段，在某种意义上可谓反对上帝，反对自然的。因此，必须用战争来征服他们使其回归人类的轨道。至于盗贼和掠夺者，与海盗一样，都不能享受国际法上的利益，即“盗贼及海贼，不得依万民法享受利益”（neque praedones eo iure gentium fruuntur aut piratae）。贞提利斯对霍特曼的相反的观点表示出极端惊讶：“所以我完全不同意霍特曼认为万民法之效力及于逃亡人和掠夺者的观点”（Ergo miror Hotmannum adfirmare voluisse ius gentium imo et cum frugitivis et cum praedonibus esse）。

（二）国际关系——通行自由和海洋自由

如果把世界视为一个自治独立的国家共同体，这个共同体得到有效地约束，国家之间依据团体原则进行交往，共同体本身是自然法的要素，在尊重各国行使领土主权
122 的前提下，土地与海洋属于全人类，因此，不可以无理由拒绝他国无害通过一国的领土，任何人都有权利进行不受干扰的海上航行，进行一般的通商活动，在外国港口寻求避难，享有在市场上经营的权利。如没有正当充分的理由而否认这项自然权利，违反了团体基本原则。因此，这不仅非法损害直接相关方，而且侵害了全体人类社会。为维护这种权利而宣战即属正当行为（si iter negetur, si portubus, si commeatu, si mercatura, si commercio excludimur）。这就是贞提利斯主张基督教可以对土耳其人发动战争的原因：土耳其人拒绝基督徒向萨拉森的无害通行，这是不正当的行为。

通行权问题一直是国际法学上长期争论的焦点问题，众说纷纭，而以往的惯例又常常彼此矛盾。根据圣·奥古斯丁（Augustinus）的理论，首先，通行权是一种自然权利；其次，人类的常态是和平友好，而非战争和仇恨。贞提利斯肯定了通行权②。但

---

① 维多利亚早在一个修订版本中提出过这种观点，在 Indies 中研究西班牙人的权利中涉及过。

② 博内特（Bonet）也持有类似观点，认为如果君主想要安全通行，他有通行权和获得给养的权利，但要支付相关费用，并承担因此引起的损害赔偿。

是,通行权不是一种不受限制的权利。在他人领地上自由通行并不意味着未经所有权人的允许就可以随意狩猎;更不用说不经过领土统治者的许可而随意发动战争了。这已成为一种惯例,通行权的概念也被广泛接受,但为了获得足够的安全保障,这种惯例应该被纳入国际法。

海洋与空气一样,所有人均可自由使用,不能成为任何人独享之物,根据这一原则,衍生出了航海权。与此类似,为了使航海者获得庇护和给养,并确保双方相互友好互惠的权利义务,海岸、河岸、国际河流、港口、海港等,应该向所有人开放。
地方君主只享有监管权和司法管辖权。因此,任何国家发表的声称其对邻近的海 123
洋或领海享有绝对主权的声明是无效的——例如,威尼斯人对亚得利亚海主张权利,威尼斯人认为威尼斯与亚得利亚海临近,因此可以基于"所有人"或"海洋的所有者"(domini maris)的理由而试图占有该海域,这种行为无异于故意侵占。同样,1580 年英格兰和西班牙之间发生的冲突事件,西班牙大使门多萨在伊丽莎白女王面前抱怨德雷克[①]的种种行为时,女王强调海洋就像空气一样可以自由使用,所有人都有权使用或在其上航行;任何一个君主或国家都无权对其主张绝对权利,因为这种占领控制是违背自然法则和公共利益的。类似的争论还出现在 1602 年,丹麦国王主张控制北方海域,并且声明在没有其许可的情况下禁止捕鱼[②]。

最后,关于通商权、交通权等,贞提利斯指出西班牙人以拒绝与本国进行贸易活动为由而对新世界发起战争是正当的[③]。在西班牙和英格兰的冲突事件中(1580 年,上文已经提到过),英国女王提醒西班牙大使,西班牙人违反国际法将英国人排除在外而与西印度通商,造成了对本国人民的损害。女王并不承认罗马教皇有权将领土授予西班牙君主。贞提利斯认为,构成此类因拒绝通商而引发战争的禁止通行的商品,应该是普通的商品。禁止有害货物进口,或禁止某些珍贵物品,例如金、银的出口,并不违法;允许外国人进入海岸或边境,但拒绝他们进入国内交易市
场也不必然构成对通商权(ius commercii)的侵害。 124

(三) 国际关系:大使[④]

贞提利斯在对大使进行了定义并指出大使的公共性和神圣性之后,根据派遣国和接受国的不同性质区分了大使的类别;同时根据派遣大使的目的不同,对大使进行了区分。例如自由大使(libera legatio)[⑤](虽有大使之名,但主要前去处理自己

---

① 弗朗西斯·德雷克(Francis Drake, 1540—1596)英国海军英雄和航海家,是第一个环球航行的英国人,曾任舰队副司令,击败西班牙无敌舰队(1588 年)。——译者注

② 相关更进一步的细节请看下文关于宾克尔舒科的内容。

③ 维多利亚同样认为西班牙人只要不造成任何损害,就享有在印度领土上通行和居留的权利,享有与当地国民通商的权利。如有反对,西班牙有权发动自卫战争,占领被征服者的领十。

④ 参见实在法学派的代表人物之一的荷兰法学家宾克尔舒科以及理查·苏支的文章。

⑤ 参见罗马的惯例,古希腊和罗马的国际法和习惯,第 1 卷,第 308 页。

的事务)、国务大使、包括负责宣战和议和的“折卫大使”(legatio negatio),以及送达嘉奖和慰问的“仪礼大使”(legatio officosa),而临时大使(legati temporarii)则被又称为办理大使(residentes)。

除非有正当合适的理由,任何接受国不得拒绝接待国务大使。但是,统治者在任何时候都有权拒绝自由大使、仪礼大使和临时大使。因此英国国王亨利七世曾合法拒绝接受他国的办理大使。派遣使节权在出现敌对行为时即告终止。各交战国的大使,不会被当作敌人对待,但应安全送回其本国。由于海盗和强盗处于国际法规制之外,因此他们不享有派遣使节权,造反者亦然。但是异教徒及被逐出教会的君主和国民,不能被剥夺这项权利,因为他们仍属于国家团体,而此项权利是基于政治关系而非宗教关系产生的。因此,当罗马教皇尤利乌斯二世(Pope Julius II)
125 对威尼斯颁布禁止令[①]时,威尼斯仍然享有该项权利,因为此权利是由国际法保障的。与此相类似的,基于自然理性的需要,新教、伊斯兰教及犹太教的大使也都被大家所接受。如果一旦发生国内战乱,交战双方力量相当,彼此相互承认对方是“正当的敌人”(iusti hostes),而非认为对方是造反者,他们仍可以相互或向他国派遣使者。

与大使有关的最重要的问题是其不可侵犯性和治外法权。这是两个密切相关的问题。国际法在这一方面的发展,贞提利斯个人的建议和著作产生了极大的影响。他认为,大使并不是在任何地方均享有不可侵犯性,只有在其驻在国的领土以内享有。但是,当大使担任着和平和两国相互理解的推动者的角色,且代表着君主或国家的人格时,不论何时何地,他们都应该受到礼遇。纯粹宗教性质的使节不论在何处都具有不可侵犯性。所有这些大使都享有在中间领土上无障碍通行的权利。如果发现使者有间谍行为,或被发现卷入了对一国君主或国家叛乱的行为,或犯有刑事罪,应将该大使遣返回国,但不得对其执行比这更严厉的处罚。如果大使对君主人身造成伤害,他必须为此负责,甚至可以被判处死刑,因而大使的君主就应将他引渡给受侵害国家,由其行使司法管辖权。大使的一般安全保障特权,及于其随员、行李和住所。

关于民事裁判管辖权,贞提利斯对大使的免责权设置了一些限制。大使驻在外国时,因在他国领土上缔结的合同而产生的问题,应该与其他在当地定居的外国人一样受当地法院管辖。如果不这样的话,大使可能利用其地位而不正当地剥夺
126 臣民的财产,这会导致无人再愿意与该大使缔结合同[②]。

---

① 禁止令:一项基督教禁令,将某人或某地区排除在大部分圣礼之外,并不准其以基督教形式安葬。——译者注

② 《外交官论》II. 16. 有关这一方面,贞提利斯提到了罗马皇帝尤里安(Julian)和罗马法学家保罗斯(Paulus)在《学说汇纂》中的观点,他可能是受到罗马法某些规则的过渡影响。

关于大使享有外国刑法豁免权的观点，贞提利斯在 1584 年，就门多萨事件与霍特曼接受英国政府咨询时就已经进一步阐述了。根据斯洛科默顿的供词，西班牙大使作为密谋释放玛丽·斯图亚特并废黜伊丽莎白女王一案的同谋而受到起诉。英国政府起先倾向于对门多萨采取严厉措施，一些议会成员辩称“他将自己置于国家的保护之下是无用的，因为他的行为已经违反了国际法。”尽管有相反的前例，即莱斯利主教一案，贞提利斯的观点仍然得到当时普遍的认同。英国政府最终未对门多萨个人进行严厉处罚，而是下令将冒犯的大使驱逐出境，并派遣一名大臣向西班牙君主解释作出此种裁决的理由①。

(四) 国际关系：条约

贞提利斯强调这样一个原则：国王是为国家而存在，而非国家为国王而存在(non regna esse propter reges, sed reges propter regna factos esse)。因此，国王就必须承担某些义务，他的行为也必须受到一定限制。一个国王要经常为自己的国家着想，而不能仅仅考虑个人利益。他并非其领土的绝对所有者，而仅仅是一个“管理人”、“保护人”、“监护人”或“用益权人”。国王不得缔结任何对国家有明显损害的契约，不得以契约方式将国家转让，不管是教皇还是国民都没有权力将这种权利赋予国王。一旦缔结这种条约，那么有这种越权行为的国王的继任者也不受此条约的约束。但是世袭的封建君主则有权分配贡品及其他财产。只有将臣民视为奴隶 127
的专制统治者如苏丹王(The Sultan)②，才会认同这种转让国家的行为。而且，国王可以不为小型冲突制定任何规则，但针对必要且合理的常规战争则不行。君主亲自缔结的条约，一旦其在条约上签字，条约即可生效。如果是其代表所签订，则必须经正式批准后才发生效力。

君主及其国民要受其前人所缔结的合法条约的约束吗？贞提利斯认为，按照通说，和平条约和金钱债务契约一般而言对后继者具有约束力；但是友好盟约和结盟条约则不然——原因是结盟契约的性质暗含了个人间的关系，因此契约的一方当事人不得约定在其死后契约仍然有效。但贞提利斯竭力主张应排斥这种区分，因为个人关系是订立私人合同时所产生的，而在含有公共性质的盟约问题中并不存在所谓的私人性质的关系。但在实践中，后继者最好能重新正式认可这种同盟；但这种承认的形式可以是多种行为或语言，甚至可以默示推定。

和平条约必须规定得明确清晰，以免日后发生争议。在这一点上，贞提利斯写了两个章节的内容来阐述应该如何解释某些条款、规定和术语(比如，军队、舰队、

① 《西班牙国家记事一览表》(1580—1586)；布尔什(Birch)：《伊丽莎白女王统治时期大事记》(*Memoirs of the Reign of Queen Elizabeth*)；霍特曼：《大使》(1603)。关于大使的特权的范围众说纷纭；但是可以明确的是，在 1584 年前，一些学者已经提倡大使享有完全的免责权。

② 苏丹王(The Sultan)，历史上土耳其的君主。——译者注

武器、防御工事等)。和平条约像君主缔结的所有条约一样,是信义契约,而不是意
128 大利法学家巴尔杜斯所主张的一种严格法。在贞提利斯之前的时代,一般认为条约的约束力依赖于誓言,教皇可以迫使难以驾驭的誓言签署者遵守誓言,违背誓言是一种宗教上的冒犯(这种观点在贞提利斯所处的时代已经过时)。因此,在 1435 年的阿拉斯条约(Treaty of Arras)中,神圣罗马帝国皇帝查理七世(Charles VII)明确承认了教皇此种强制行为的效力;英格兰国王爱德华四世(Edward IV)请求教皇撤销他作为国王承诺过的誓言;在亨利八世(Henry VIII)与弗朗西斯一世(Francis I)于 1514 年缔结的条约中,因迫于开除教籍的威胁,也被迫承认了教皇训令的效力。和平条约的效力不因缔约方在受恐惧折磨的情况下缔结而受到损害——这种恐惧威胁是战争必然的附属之物。如果被俘虏的君主是通过合法途径被俘的,则他们签署的契约对自身有效;但是他们的臣民没有服从该条约的义务。

友好盟约(amicitia)只暗含道德性质的一般义务,比如,提供援助;而同盟契约则有两种,防守同盟和进攻同盟。但是,不论是友好盟约还是同盟契约,如果带有非法目的,或具有违背法律或道义的敌意,则为无效。如果两国间发生战争,第三国根据友好盟约对双方均有义务,当产生冲突时,第三国应基于一般的考虑而决定自己的态度。第三国应该尽可能公平地对交战国提供援助,或向更正义的一方提供援助,但是如果无法确定谁是更正义的一方,则可以由结盟的先后顺序决定。如果第三国与交战双方关系相同,那么防御国比进攻国优先获得援助。双方都可以获得金钱、必需品等的援助。如果交战双方都依据条约想获得更多的援助,而第三
129 国对于哪一方的战争行为更符合条约约定存有疑惑的,那么可以不向任何一方提供援助。同样,如果双方都不遵守条约,那么若无正当理由不得只对一方提供援助。

与异教徒缔结盟约是合法的吗?与其缔结通商条约是允许的,因为符合自然法这个人类普遍存在的基本法。与其他契约性关系相比,与不同宗教的人建立不平等盟约是合法的,比如附属国与接受进贡的国家之间的契约;反之,当一个基督教国家被迫屈服于非基督教国时,这种联盟也是合法的。但异教徒不得以对抗基督教国家为目的结成联盟,因此,弗朗西斯一世和土耳其人的结盟是受到谴责的。

针对使条约无效的事实以及可以使条约终止的情况,贞提利斯认为,针对私人契约,欺诈的陈述和实质性的错误都可使条约无效。另外,主权国家之间缔结的公共契约则由国际法而非国内法解释。签约者之一是未成年人的事实不是终止条约的有效理由。因此,年轻的爱德华三世以此提出不遵守与苏格兰人缔结的条约的要求是无效的。在国际条约中,产生废弃条约的情况不在于是不是未成年人,而在于是否行使了主权。在国际条约中,往往隐含着"情势变迁"(rebus sic stantibus)的条款;如果情况发生根本变化或产生新的纠纷则可以免去先前条件下约定履行的义务。

如果一个国家，而非个人，故意破坏条约中任一款约定，则属违反条约。如果 130
条约一方远征他国海盗，或者在条约未特别禁止的情况下，为他国的流亡者提供庇护，不认为是违约。如果故意隐匿敌人，或者拒绝向对方引渡逃兵及其他避难者，则视为违约。由于任何条约都是统一而不可分割的，所以当一方不能履行或拒绝履行条约中的任一部分时，条约可以完全弃之不用。必要性和不可抗力(vis maior)是不履行条约的充分理由，但在上述情况下，其原因必须正当，而且没有逃避的理由。恶意终止条约使得违约方将遭受另一方的报复。但是这并没有赋予非违约方有权在随后与违约方交涉时背信弃义。

五、战时的国际法

(一) 战争的性质和目的；正义战争的条件

贞提利斯指出：战争规则依赖于获得一致认可的惯例、无形中形成的一般习惯以及自然法。但是，不同于基于古代的罗马法和教会法产生的规则。战争不是国民的常态。它理应通过外交协商和会议、提交仲裁(已引用了很多例子来说明这种解决冲突的方式)或者采取自然理性所预示的和平手段解决，而非草率地诉诸武力或其他暴力的救济方式来解决问题。

贞提利斯对战争的定义是迄今为止最简洁精确的：战争即国家运用武力公正地解决争议的方式(Bellum est publicorum armorum iusta contentio)。这个定义包含三个要素：(1)在主权国家之间的对抗(因此排除了私人间的纷争，“rixa, pugna, inimicitia privatorum”)——当缺乏高级法庭裁判解决纷争，缺乏能够使判决得到实
施的执法机构时，战争才被视作合法的；(2)使用武力；(3)交战双方遵守双方既定 131
并被广泛采纳的法规，并且以正当方式发起和进行，因此，排除了非正当的敌对行为，例如挑衅侵略(excursions)、攻击(populations)、强盗行为(praedationes)、抢劫(latrocinia)以及盗贼及掠夺者的行为，还包括非常态非正义的敌人(iusti hostes)。格劳秀斯关于战争的定义和以暴力持续纷争的状态的观点，过于宽泛和含糊，其定义可能也包含了私人间的征战或一对一的格斗。

对待盗贼、海盗或谋反者，无需遵守正当战争的要求。这些人故意游离人类社会和人类法律制度，因此已经放弃了法律保障的一切权利。所以即使是与这些人缔结的正式条约也不必再遵守。

战争的正义性取决于战争起因的合法性和充分性。如果战争是基于诸如自卫、公共安全，甚至是基于公共事业、荣誉等必要的理由而发起的，则这样的战争是无可非议的。就像维多利亚等人所持有的观点，如果无法确信交战双方谁享有更优越的权利时，则双方都有可能是正义的。

在贞提利斯之前的很多学者，诸如巴尔杜斯、约翰·鲁布斯(Joannes Lupus)、

阿里亚斯(Arias)、维多利亚、威廉莫斯·马修(Wilhelmus Mathiae)等人就曾对正义之战的条件作了规定，他们坚定地认为除了要求战争起因具有正义性和充分性以及程序正当外，还须满足必要性标准。在一些情况下，由于宗教信仰的不同而引发的战争受到人们的谴责；而在另外一些情况下，因自我权力欲的膨胀和骄傲自负的虚荣心而导致的战争同样遭到唾弃。有时，关于合法战争的条件，人们曾零零碎碎地研究过，并且通常是从与基督教国家之间发生战争的角度进行研究。但是在贞
132 提利斯之前或同时代的学者中，没有人能够像贞提利斯一样，如此充分地、富有逻辑性地、理性地、全面地研究这一问题。

(二) 战争的理由

在异教徒国家中，宗教的差异不能成为战争的理由。任何人不能被强迫接受其他宗教信仰。道德的说服力和理性的论争才是使他人皈依我们的信仰的正当途径，而不是通过武力来强迫他人信服——因为宗教与一个人的理智和自由的意志相关①。宗教，可以说，是上帝和人类的结合体。上帝控制着灵魂。因此，维多利亚坚称由于异教徒和无信仰者没有信服我们的信仰而对他们产生敌意，这是不公正的。贞提利斯批判巴尔杜斯在研究对异教徒发动的战争中将教会的宗教动机和世俗的目的混为一谈，而且驳斥了巴尔杜斯认为的非基督教国的国王不能对其领土行使合法主权的观点。只有基于迫切的必要性的“神圣战争”，才是正当合理的。但是，也有例外，那就是在国家团体中，可以对完全没有宗教信仰的国民发动战争，因为他们被视作与海盗及其他人类的敌人一样。此外，君主不能以战争来强迫臣民遵从自己的信仰。只要不会对自己的国家造成实质性损害，臣民可以合法地改变他们的信仰(nisi quod detrimenti illinc respublica capiat)。君主亦享有这一自由。

在私人交易中，随着时效的经过，诉权随之消灭；在国际事务中，同样按照时效原则，过去引发战争的原因和其他主张也会随着时间流逝而失去效力。因此现在的君王无权通过武力来重新获得曾隶属于罗马帝国统治的领土。神圣罗马帝国经常强调的理论是荒谬可笑的。贞提利斯认为，罗马的主权(imperium romanum)已
133 经不复存在，一个新的秩序已经开始建立。君主的死亡并不必然导致时效规则开始运行。继任者如果拒绝对前任君主尚未赔偿的违法行为进行赔偿，他就有可能成为他国征战的对象，而这并不违反国际法。

战争的合理理由(materiam belli praebent)可以分为三个层次：一是源于神；二是源于自然；三是源于人。神的理由可能是上帝明示的命令，例如对以色列人发布的神谕，希腊和罗马的先知和预言者发表的言论。自然的理由是基于人类特定阶

① 这个问题在如今已没有价值，但是在贞提利斯写他的著作时有着极其重要的作用。

层之间固有的敌意(例如,犹太人对迦南人的敌视,希腊人和罗马人对蛮族的敌意,基督徒与穆斯林的不和等)。但是,贞提利斯认为这是一个错误的假设。所有的人都同属于一个阶层——人类,人与人之间没有根本的敌对性;而与生俱来的亲密关系却是不证自明并且极为重要的。基督教国家对土耳其发动的战争是合法的,不是因为宗教的缘故(土耳其信奉伊斯兰教),也不是因为他们天生是敌对的,而是由于土耳其人背信弃义、不断侵扰且存有敌对行动。反之,如果他们保持和平状态,则对他们的任何攻击都是非法的。

自卫是所有生物的本能行为,因此也是发起战争的自然理由。自卫是即刻发生的行为,是必要防卫(necessaria defensio),对于一场早有预谋或谋划已久的攻击或只是可能发生的攻击,进行有力的反击(utilis defendio)应是在人类的预料之中的。换句话说,这一行为的发生是为了维持力量的平衡。要使预想的防卫变成合法的行为,则必须有合理的理由才可以。因此,土耳其和西班牙理应获得反抗的权利。因为很明显,他们的主要目的只是获得一般的主权而已。进而言之,正当防卫(honesta defensio)允许其他国家向反抗不当侵略的国家提供帮助:因为整个人类社 134
会(generic humani societas)是一个整体,世界是一体化的(mundus unum est corpus)。贞提利斯非常赞同并常引用安布罗斯(Ambrose)的观点——教会法的原则之一:被迫地防卫是完全正义的(Plena est iustitia quae defendit infirmos)。我们可以保卫他国的国民来反对他们的君主吗?如果君臣之间的纠纷是私人问题,则这由他们的法院管辖。但如果是公共纷争,有大量的反对者反抗他们的统治者,而这个统治者确实极端不公正而残暴,则我们可以进行干预。尤其是在荷兰和英国保持着长久友好关系的情况下,英国对荷兰境内发生的公共纷争进行干预是完全合法的。贞提利斯极其赞同莱斯特斯伯爵(Leicester)支持比利时人的政策,赞成贾斯特斯·利普西斯(Justus Lipsius)的观点,即如果比利时沦陷,则西班牙的暴力将不再受任何限制。

除了旨在避免战争而不是制造战争的一般性防卫的规定,仍然存在宣战的当然原因。这些原因涉及宣战动机的必要性、实益性和正义性。战争的必要性——例如外国人被剥夺了公民权利,或者移民占用未被占用的土地时受到干涉;实益性——例如对遭受的损害实施报复行为,致使他人无法再施加侵害,以此维护受到非法侵害的当然权利,如邦交权、交通权、航海权、庇护权;正义性——使战争不仅仅是为了自己的利益,而是为了人类共同的利益(communi ratione et pro aliis),比如对抗蚕食同类的人,自相残杀的人或实施残忍兽行的人。

最后,引发战争的人为原因,即受到侵略的国家因被侵犯而享有积极权利,要求损害赔偿。这种引发战争的原因不能是微不足道的小问题。一个国家不能因为小小的挑衅而使用武力,只有在战争是必要时才可以使用武力。此外,权利的侵害

135 必须是国家或国民的行为；私人的行为未必就是国家的行为，除非在个人实施种种犯罪行为时，该国表示默许。

（三）战争的实施

不仅仅战争的理由必须正当，而且战争的开始和进行也应该是正当的，否则，战争如同谋杀一样邪恶而可憎。在战争开始之前，公开的宣战是必须的。遵循罗马惯例，在宣战后，还应该有一段时间的缓和期，留给双方机会以谋求和平的解决方法。当君主与反叛的臣民之间发生战争时，或封建宗主与从属的君主之间发生战争时，宣告程序可以省略。宣战的直接结果是通商关系的终止。

雇用刺客是非法的，使用间谍则是合法的，但这无疑是用间谍的生命冒险。同样，利用叛国者来对付叛国者，也是合法的。毒药、魔术、毒蛇、猛兽等禁止使用，而大象、马、狗等却允许在战争中使用。战争中可以使用计谋，但是不能有背信弃义的行为。所有行为和允诺都必须是善意的。除此之外，诱骗敌人也是正当合理的，地米斯托克利(Themistocles)①就这样做过。

贞提利斯赞成波利比阿(Polybius)的观点——为了击溃敌人，使战争迅速结束，战争法容许破坏敌方堡垒、城镇、别墅、庭院、船舶、产品等；但是对一些不必要的破坏，如对寺院、门廊、雕像、果实累累的果树及其他无害物(res innoxiae)实施的损坏，以及对圣坛、坟墓等神圣之物的破坏都要受到谴责。与波利比阿不同的是，
136 贞提利斯认为在特定情况下可以破坏寺院：例如敌人本身不尊重寺院，或在以前的战争中不曾尊重寺院；或敌人已经亵渎了寺院；或寺院成为战争获胜的障碍时，可以对寺院进行报复。与蛮族对抗及出现特别异常情况时，这些通常的禁止行为都将成为合法行为。

关于对敌人的处置问题，不得以对待敌人的方式对待非战争参与者，包括妇女、儿童、无害和无防备的人、温和的农民②（他们与外国商人享有同等地位）③等。各国的学说一致认为，不得侵犯在神圣之处请求避难的人④。人质与战时的俘虏不同，尽管他们都不得订立遗嘱。人质不承担本国人违反契约义务的责任⑤。可以处死逃跑的人质；收留人质则被认为是违反国际法的行为。自然法和神法都规定禁止杀害俘虏，但是并非如此规定就一定能在实践中得到遵循⑥。在例外情况下，可

① 地米斯托克利（约前524—约前460），著名的政治家、军事家。——译者注

② 我们可以回想一下1584年，莱斯特在控制荷兰时，《法律和法规》中指出："在没有获得执行官的命令的情况下，任何人都不能对妇女、儿童、老人、寡妇、年轻的处女或婴儿施加武力。"

③ 见下文外国商人在交战国领土上的地位。

④ 埃瑟克斯伯爵(Earl of Essox)的指令更严厉："在医院和教堂寻求庇护的人应该被抓，如果他们理应像罪犯那样被抓。"(State Papers, loc. cit.)。

⑤ 维多利亚持有相同意思。

⑥ 贞提利斯引用了保罗(Paulus)的观点(《学说汇纂》，L. 17, 144)。

以严酷地对待俘虏，例如，抓捕的人因俘虏而受伤；俘虏有背信弃义或违反战争法的行为以及被释放的俘虏第二次被抓时，可以对其苛以酷刑。任何人在被送到安全区域(intra praesidia)前，并非俘虏；但是对于在送达前，便放下武器投降且无逃跑企图的人，不得处以死刑。对于主动投降的人，应当加以保护，除非有紧急原因否 137
则必须接受敌方人员投降。司令官或军队大多数人签署的投降书对于那些反对投降的人一样具有保护效力。交换战俘必须是平等善意的。赎金要求必须合理。如果被释放的战俘在支付赎金之前死亡，则由他的继承人承担支付赎金的义务。当战俘承诺以后不再参加对抗抓捕他的人的战争以求获得释放时，这种承诺具有约束力。但是，如果他的承诺损害他的国家利益或违反军事法，则承诺不一定有效。在后一种情况下，法学家通常认为应将俘虏恢复到原来被俘的状态。重获自由的俘虏享有恢复公民资格和重获财产的权利。

总司令(如果总司令不在，由下级长官负责)可以缔结军事条约。如果这种条约是在缔约者的权限范围内的，且经过批准，则具有约束力。这种权限一般仅限于军事行动，不包括那些可以建立终局性和平的事项。双方签订休战协定后，依据自然法、神法和人类的普遍共识埋葬死者，交换和释放战俘。未经授权的个人行为不构成对休战协定的违反；但是，应该将该不当行为实施者交给对方，使他受到应有的惩罚。在停战期间，军队不得暗中进退。安全通行权必须在诚信的基础上行使；一方违约，则另一方可以以相同方式报复。所有的约定和承诺都不得带有逃避责任的企图，用语必须精确，避免存在牵强附会的解释及其他任何违背诚信的言行。

(四) 战争的结束

交战双方都有义务避免暴行，并且应维护公正(即名誉、正义、人道等)。当战胜国已经控制战败国时，更要遵守这些义务。一般而言，战胜国的行为，要依据其因战争所遭受损害的严重程度、蒙受损失的大小以及确保终局性安全的必要性来决定。而超越这个范围的，则是非正义的。因为战争不是目的，而是为了追求和
平——这就是和平的常态(concordia ordinata)。如果战胜国能够遵守自然法和万 138
民法，而不是仅仅遵循从战败国那里强行获得屈服的誓言，则和平可以长久存续。即使有重大的挑衅行为，残忍粗暴的惩罚措施仍然是野蛮的。法学家对于应遵守哪种指导性原则持有不同的意见，但贞提利斯坚定地认为，衡平法(aequitas)要优于严格法(ius strictum)，公正善意原则(honestas)也要优于实用主义(utilitas)。

战胜国可以剥夺战败国一切武器、旗帜、徽章等。战胜国可以破坏战败国的防御工事，如果必要的话，甚至可以毁坏他们强攻所得的城镇，填塞他们的港口。但即使战败国的宗教信仰被认为是错误的，他们的寺庙及神圣物也应该得到保全。

艺术品、图书馆、作品手稿等是不可侵犯之物[①]。如果从开战到结束战争的各种程序都符合法律和正义，那么战胜国就可以占领战败国的领土。但这种占领的权利具有特定性而不具普遍性，战胜国的占领仅限于军队所占领的领土（这是霍特曼所持的观点）。至于全盘占领（adquisitio universalis），只有当一国完全被他国合并，其领土及权利义务方一并转让给合并国。一旦合法占领即意味着有效的占有，完全的控制。如果在和平条约里没有另外的约定，那么土地、场所、建筑物、船舶、武器，及其他战利品都属于占领者管辖。在敌人尚未被驱逐出境之前，这些均不归还于
139 原所有者。

对于战败者的处置，贞提利斯强调，在没有紧急理由的情况下[②]，杀害俘虏、战败国军人或国家首脑，或在恢复和平后仍不释放战俘的，有违国际法。在战争激烈之时，一些严酷的行为是可以被谅解，但战争结束后则不然。另外，战俘不能被视为奴隶，至少在基督教国家之间不可以。

战胜者的其他权利——出于全局安全的考虑，可以改变战败国的政府组织形式；战胜国可以要求战败国皈依战胜国的宗教信仰（前提是战败国没有其他宗教信仰）和语言。最后，战胜国可以要求战败国进行战争赔偿、缴纳贡品、承担金钱义务，而且如果战胜国认为善意的裁量权（pro arbitrio boni viri）对于本国安全非常重要，可以要求战败国割让领土。

（五）海战

除一般战争中交战双方的权利义务问题之外，贞提利斯还提出了一些有关海战问题。贞提利斯极其反对当时通行的惯例——颁发抓捕许可令，因为这无异于认可了对没有武装的无辜商人等进行劫掠的行为："我认为，这种权利极其可恶，我们最神圣的国王应该摒弃它，因为它会导致抢劫，这种抢劫实际上并非是在战争中，而是针对没有武装的无辜的商人以及其他远离战场的人。（Dico esse odiosissimum hoc ius litterarum markae quod merito divinissimus noster rex abominatur; per quod geretur latrocinium verius quam bellum contra inermes et innoxios mercatores et alios ab aciebus longe positos.）"像科瓦鲁维亚斯和阿亚拉（Ayala）这样的法学家都承认报复的合法性。甚至格劳秀斯都认为，由于君主或国家的债务或不履行的义务，臣民的财产可以被扣押。

---

① 在这一方面，就如和其他方面一样，贞提利斯的观点领先于同时代的其他学者。1623 年，海德堡（Heidelberg）遭到攻占以后，那里著名的图书馆遭受掠夺，很多珍贵的手稿被抢掠到梵蒂冈。不久，形成的惯例规定，如果一个城镇投降后，它的宪章、公共文件等都要受到征服者的豁免——就像 1678 年，法国国王路易征服比利时根特一样。

② 贞提利斯提到了著名的康拉丁（Conradin）的例子，1268 年，康拉丁被安茹的查理一世打败，应教皇克雷芒四世之求，被处死。贞提利斯认为，当康拉丁被俘后，像对待罪犯那样对待他是错误的，但是他的死是具备最高必要性的。这在 1586 年前苏格兰女王玛丽与巴宾顿的阴谋被发现时，伊丽莎白一世引用了这个例子。

关于在海上抓捕的问题，存在各种各样的学说，各个国家也有不同的做法。一些人认为，战利品一旦被捕获即归属于捕获者；有些人认为，捕获物应该连续二十四小时处于捕获者掌控之下才发生所有权方移转；贞提利斯等人则认为，财产的取得，应在到达捕获方的安全区域才生效(deduction intra praesidia)。这几种学说中，二十四小时说最为流行①。 140

(六) 中立②

关于中立国的权利义务问题，贞提利斯提倡属地主义原则，这是个不可缺少的标准。交战国在中立国领土上并不享有无限制的绝对通行权，但无害通过是合法的，不过由于主权国家和君主有权禁止其领土上的任何军事行动，因此最好能得到该国或君主的同意。如果外国商人只是在敌国领土上作暂时性停留，没有参加战争，并且忠实地恪守中立立场，那么交战国就不能像对待敌人那样对待他们。因为商人可以免受包括报复行为在内的一切战争行为。但是，如果这种商人或其他性质的外国人已经在敌国永久居住，并且将他们的全部或绝大部分财产放在此处，即便是他们还没有获得该国市民的全部权利，他们可以被视为已具有敌国臣民的地位。然而，判断是不是该国臣民，并不以其出生或是否归化为标准——因为任何人都可以是多个地方的居民，而要根据他的住所，但是不能仅参照居住的事实，而是要关注居住的意思——如对居住的意思有疑惑时，可以其是否住满十年来推断。 141
此外，一个人可以有很多住所。因此，基于这些考虑，居住者的物品虽然可以被没收，但严格意义上的外国人的财产应该受到尊重(正如英国和西班牙之间的战争中发生的那样)，除非这些外国人积极地援助敌人。

依据属地主义，在中立国内获得的物品或俘虏不得移送给捕获者，必须经领土的君主批准才可以移交。即使战俘在合法捕获后逃至中立国，这项原则仍然适用，因为领土的变化意味着主权及管辖权的变化。因此，在法国和西班牙战争中，西班牙逃亡者逃至英国境内时受到了英国的保护。同样，1588 年，当西班牙人受到英国舰队的驱逐逃至法国海岸时，也受到了保护。

任何中立国一旦向一方提供军需品及其他给养品，或者以某种方式唆使或鼓动一方，即视作参战，可以被另一方视为敌人。更通俗的表述即取悦敌人的人也是敌人。在万民法中，虽然没有特别规定明确禁止中立国与交战国发生通商关系；但是，根据自然法或衡平法原则，交战国一方可以就停止这种通商关系发表一个普通声明或提出特别要求。贸易自由和商人的权利毫无疑问要受到尊重。然而，一旦中立商人的利益与交战国的最高利益之间发生冲突，则后者处于优势地位。因此，

① 参见有关苏支和宾克尔舒科的文章。

② 参见有关宾克尔舒科的文章。

贞提利斯回忆起 1589 年伊丽莎白女王主张英国舰队抢劫汉萨同盟国（Hanseatic
142 States）①的船舶是正当的，因为其将食品、海军物资、船只送给西班牙。（在此情况下，1597 年，应丹麦大使的要求，英国政府列出了一份违禁物品的清单；1604 年，英格兰国王詹姆士一世和西班牙国王菲利普三世达成的协议中也作了相关规定，其后在瑞典和共和国②的协议中也有类似规定。）因此，贞提利斯认为，英国等国向正与国王交战的土耳其人提供军需物品是非法的。同理，查尔斯·勃艮第（Charles Burgundy）③对那些向敌人提供物资的外国商人采取了严厉的惩罚措施。解决以上这些问题的指导性原则可以以下面这句格言概括：己所不欲，勿施于人（Quod tibi fieri non vis，alteri ne feceris）。

六、结 语

在国际公法史上，贞提利斯的著作具有不朽的价值。与其他学者相比，他竭力使国际法从根深蒂固的神学理论和错综难解的经院式诡辩论的桎梏中解放出来。对于国际法的各主要问题，贞提利斯有着清晰的认识，并坚持自己的观点，同时据此预示了近代国际法的流行观点，认为调整国际关系的规则是基于法律，而不仅仅是基于礼仪。他经常援引神法，总是借助自然理性和自然法的权威。他这样做的目的是为了使被人类直觉所普遍肯定的事项获得进一步的确认。他避免哲学的抽象性和辩证法的诡秘难辨，这会构成对学科基础的稳定性的威胁。他胸怀切合实际的目标，像公正不阿的法官一样来思考，根据常识而不是过去的权威理论来判断当时的热点争议。对于这些问题，尽管缺乏前人的赞同与支持，也未经历长期的实践，但他坚持根据正义和人性找出明确的解决之道。与格劳秀斯包罗万象的概括式著作相比，贞提利斯的著作看起来有些细碎。但是，有一点我们必须清楚，前者
143 的作品要比后者更晚出版，并且有后者作为模板，为其提供了诸多有利条件。毋庸置疑，格劳秀斯的哲学领悟力确实略胜一筹。凭借这一优势，他详细阐述了国际法体系。不过，其中一部分论述在某些方面有倒退的迹象，而另外部分论述则与同时代的要求和实际环境相去甚远。因此，格劳秀斯的著作有时会呈现出抽象的演绎论文样态。贞提利斯则恰恰相反，他通常会考虑到实际情况和现实可能性，从未忘记调整个人之间或国家之间关系的整套规则应是彼此关联不可分的。因此，他避免种种独断专行教条守旧的研究方法。贞提利斯明确划分了国际法学家和神学家各自的领域，谨慎区分了国际法学者和国内法学者的事业范围。他没有对国际法

① 汉萨同盟国，中世纪北欧城市结成的商业同盟，以德意志诸城市为主。——译者注

② United Provinces，脱离西班牙统治的荷兰北部七省联合起来成立的共和国，1581—1795 年。——译者注

③ 查理·勃艮第公爵，16 岁时被宣告为查理五世，成为西班牙帝国的国王。1519 年他成为了德国和其他西班牙领地的君主。——译者注

和国内法作出不合理的类比假设——这种假设曾主导了格劳秀斯著作的根本的分类。

综观上述各因素，同时考虑到两大法学家所处时代的不同，在贞提利斯的时代，作为先驱，其研究过程中遇到的困难远大于格劳秀斯，而格劳秀斯则拥有杰出的系统性论述能力并且对欧洲产生了巨大影响，我们不难得出结论，贞提利斯和格劳秀斯都对国际法作出了巨大的贡献。但是，意大利法学派极力推崇贞提利斯，而荷兰法学派则将格劳秀斯视作神明，最终我们也无法断定究竟谁在国际法发展历史中占有更重要的地位。

（撰写：Coleman Phillipson）

8. 培根
(Bacon)

（英国法学家培根）

思想界很容易忽视培根这位法学硕儒（Master of Laws）还是一名律师（lawyer）。不管是在“大数的扫罗”（Saul of Tarsus）①时代之前还是之后，一样都有许多带职侍奉者（tent-maker）②；但是在约克府的维鲁兰勋爵③（Lord Verulam of York House）之前，英格兰并不缺律师，之后也从未缺乏过。保罗作为异邦人的使徒（Apostle to the Gentiles）④被我们所铭记，而培根则是一名经院学者的使徒（Apostle to the Schoolmen）⑤。我们要关注的不是他们从事什么职业。事实上，培根投身法律事业是历史的悲剧之一。然而忘记他的律师身份，就等于忘记他是一位法学家——事实上这完全是两码事；也等于我们忽视如下事实：调整人与人之间关系的法律

① 这里的“扫罗”指“保罗”。保罗（拉丁语：Paulus；前 5—67），天主教圣经思高译本译作保禄，原名扫罗（扫禄，拉丁语：Saulus），因家乡为大数（又译塔尔索），所以根据当时的习俗也被称为“大数的扫罗”（Saul of Tarsus），信基督教后改名为保罗。天主教教廷将他列为圣品，提到他时常称圣保禄（Sanctus Paulus），但新教则通常称他为使徒保罗。他是神所拣选，将福音传给外邦人的使徒，也被历史学家公认是对于早期教会发展贡献最大的使徒。他一生中至少进行了三次漫长的宣教之旅，足迹遍至小亚细亚、希腊、意大利各地，在外邦人中建立了许多教会，影响深远。在天主教及圣公会，其纪念圣日为 6 月 29 日，与圣彼得联合庆祝。大数位于今日土耳其的小亚细亚半岛的东南部，位于托鲁斯山脉之下、西德奴斯河流往地中海的出海口。是罗马帝国时期基利家省的首府、使徒保罗的出生地。——译者注

② 带职事奉者又称“织帐篷者”（Tentmaker）。典出新约中使徒保罗以织帐篷为业供应生活所需。同时并努力传道，完成福音使命。相对于全职传道者不以世俗的职业养生，完全靠教会供给所需，带职事奉者一般都有一份维生的职业。——译者注

③ 这里的“约克府的维鲁兰勋爵”是指培根；培根曾于 1618 年被封为维鲁兰男爵。——译者注

④ Gentiles 是指“非犹太人；不信犹太教的人”，常指基督教徒。保罗被认为是外邦人的宗徒。——译者注

⑤ 如前所引，保罗在外邦人中宣教，称为“外邦人的使徒”，培根批判经院哲学的科学观和传统逻辑思维方式，所以被称为“经院学者的使徒”。——译者注

(laws)的重要性不比那些体现粒子间相互作用和能量流动的定律的重要性低。于培根而言，恰如对另一种使徒而言，没有什么事是不纯洁或普通的，也许唯独国内法(municipal law)除外，而且一切与人或事关联的，都是他会花心思去质疑其合法性并进行缜密思索的对象(all that appertained either to things or men were the subject of legitimate curiosity and ordered speculation.)。英格兰法依天理(hereditary right)认定他是英国的国民；他不但通晓人法(laws of men)，还有自然法(laws of Nature)。

尼古拉斯·培根爵士

弗朗西斯·培根(Francis Bacon)出生在一个显赫的法律世家，这个家族与格雷律师会馆(Gray's Inn)①联系密切。弗朗西斯·培根本人和他父亲——大名鼎鼎的尼古拉斯·培根爵士(Sir Nicholas Bacon)毫无疑问可说明下列这一不能不令人惊讶的事实：自 16 世纪以来，在格雷律师会馆共有四十位"姓"(family name)培根的学生，其中有八位的"本名"(praenomen)②叫"弗朗西斯"。执掌大法官法院(Court of Chancery，也译为"衡平法院"等)第一位专业法律人士是尼古拉斯·培根爵士。自1558 年伊丽莎白女王(Queen Elizabeth)③任命他为英格兰掌玺大臣(Lord keeper)④到 1578 年，他一直担任这一职务。他可能是女王依法任命的首位官员(first legal appointment)。在他任职期间，根据"王室委任授权书"(Royal Warrant)和法律(Statute)的规定，掌玺大臣与大法官(Lord Chancellor，也译为"御前大臣"等)⑤职能

---

① Inns of Court 有时也翻译为"法学院"、"出庭律师公会"及"律师公会"、"律师学院"等。第一个是"林肯会馆"(Honorable Society of Lincoln's Inn)，它于爱德华一世(1272—1307)时期成立。它的现存记录可追溯至 1422 年。在这之后，内殿会馆(Inner Temple)、中殿会馆(Middle Temple)、格雷会馆(Gray's Inn)相继成立。律师和学生就居住在约计 10 余个这样的律师会馆之中，并在这里接受普通法的传统和知识等教育。律师会馆受法官监督，并附有预备律师会馆(Inns of Chancery)。参见〔美〕腓特烈·坎平：《盎格鲁—美利坚法律史》，屈文生译，法律出版社 2010 年版，第 72 页。——译者注

② 所谓 praenomen 是指一个人的"本名"或"个人名"，即 given name 或 first name。古代罗马男性公民名字的命名通常采用三名法(拉丁语：tria nomina)，即组成名字的三个部分依次为个人名(拉丁语：praenomen)、氏族名(拉丁语：nomen)和家族名(拉丁语：cognomen)，在三名之外还可能有附加名(绰号，拉丁语：agnomen)。——译者注

③ 伊丽莎白一世(Elizabeth I，1533—1603)，于 1558 年 11 月 17 日至 1603 年 3 月 24 日任英格兰和爱尔兰女王，是都铎王朝第五位也是最后一位君主。她也是名义上的法国女王。她终身未嫁，因此被称为"童贞女王"(The Virgin Queen)。也被称为"荣光女王"(Gloriana)、"英明女王(或直译好女王贝丝)"(Good Queen Bess)。在她之前的都铎王朝君主顺序是亨利七世、亨利八世、爱德华六世和她的异母姊玛丽一世。

④ 也有人译为"国玺大臣"。——译者注

⑤ 关于 chancellor 一词，学界实际上一直没有一个固定的翻译。一般而言，在一般语境下，它常有"(名誉)校长"、"一等秘书"等含义；在法律语境下，我们常将"(Lord) Chancellor"翻译为"大法官"，也有学者坚持将之译为"(衡平法院)御前大臣"、"秘书长"、"内阁学士"、"中书令"等。需要注意的是，这些译名大多强调的是 chancellor 的行政属性(如"御前大臣"、"秘书长"、"内阁学士"、"中书令")，而唯有"大法官"这一译法强调了他的司法属性。当然，我们必须提及的是，在英国相当长的历史时期中，chancellor 确实是一个拥有强大行政权力的官员，堪称"国王的国务卿"(King's Secretary of State)。相应的，人们将 Court of Chancery 翻译成"御前大臣法院"、"大法官法院"、"衡平法院"、"文秘署"、"内阁公堂"、"中书法院"等。参见屈文生：《普通法令状制度研究》，商务印书馆 2011 年版，第 60 页。

不分。尼古拉斯·培根是伊丽莎白一世时代的杰出人物，在法学界颇有孚望；其
145 子弗朗西斯承父亲余荫，青出于蓝。尼古拉斯是一个诚实、幽默且谦卑的人，憎恶同行同辈中的不诚信现象。他平静地向女王报告了令人愤慨的无节制自由（monopoly licences）[1]的问题。“陛下（Madam），您愿听我讲实话吗？无尺度的自由使人堕落（*Licentia omnes deteriores sumus*）。”尽管地位尊贵，他却从不摆架子，这一点他的儿子就不及他明智。“阁下，您的宅子太小了！”女王曾在哥汉布里（Gorhambury，旧译高阑城）[2]同他这样讲道。“陛下，”他回答道，“寒舍尚可，是您对我的厚爱才使这宅子看上去变小了。”作为一名法官，他向来直言直语，雷厉风行，他非常厌恶业内的拖沓和诡辩风气。有次他对一位喋喋不休的辩护人（pleader）说：“你我之间有着巨大的差异，对我而言，痛苦在于张口说话；对你来讲，痛苦在于闭上嘴巴。”

1561 年 1 月 22 日，弗朗西斯·培根“穿着大法官紫袍”（born in the legal purple）降生，此时，尼古拉斯·培根担任掌玺大臣已有 3 年；如女王所预言的，培根一出生就注定不平凡，他注定会继任其父之权位[3]。年仅 12 岁就进入剑桥大学三一学院（Trinity College, Cambridge）学习，并于 1575 年 3 月肄业，那时他刚满 14 岁。1576 年 6 月 27 日，培根进入格雷律师会馆，同年 11 月 21 日，有人为讨好身居高位的父亲，他和四位哥哥被安排到了“资深律师大事务公司”（Grand Company of the Ancients）[4]。此后不久，他被送往巴黎最为专业的学校（subtlest school）学习了三年外交。在此期间，他父亲退休，后于 1578 年 2 月突然辞世。弗朗西斯立即返回英格兰，重新开始学习法律，以格雷律师会馆的办公室（chambers）为家；格雷律师会馆最初是在 1579 年授权他和他的兄弟安东尼（Antony）合用办公室若干年，后于 1588 年又延长了他们的居住时限。显然，掌玺大臣早就为儿子的归国做好了安排，并很可能是计划自己能在荣退之后照看儿子法律学习和生活。培根一生最大的损失莫过于其英明的父亲在这节骨眼上去世。他在欧陆国家学习的外交学和诡辩术（sophistries），需要得到稳健博学的“痛苦在于张口说话”的父亲的指正。

146

格雷律师会馆：培根的著作（Readings）

培根从未舍弃格雷律师会馆的办公室。1622 年 11 月 8 日，当培根从大法官任

① Licence 在此的意思是“too muchliberty”，即“太多的自由”或“放任”。洛克的《政府论》下篇第 6 节中有这样一句话：“But though this be a state of liberty, yet it is not a state of licence.”翻译为“虽然这是自由的状态，却不是放任的状态。”——译者注

② 培根父亲当时的居所。——译者注

③ 女王曾称弗朗西斯为“小掌玺大臣”——译者注

④ Ancients 旧译“老生”（见水天同先生《培根论说文集》译本，商务印书馆 1983 年版，第 6 页），实际上是指伦敦四大律师会馆和预备律师会馆中的特定成员。在格雷律师会馆，其成员一度被分为四部分，即主管（benchers）、资深律师（ancients）、出庭律师（barristers）和学员（students）。在中殿律师会馆和预备律师会馆中，曾一度对除学员外的所有成员均称为资深律师。——译者注

上下台后，会馆重新授权他对办公室40年的使用期限。从此他在“斗室”(cell)中过起了隐退生活。“宁静而又可持续的生活，我选择归隐于格雷律师会馆。”在那个世外桃源(faithful stronghold)里，他可以远离耻辱(disgrace)[1]，自由眺望他亲手修建的小径，写作赞美他喜爱的那些花园。这几间他曾居住过45年的房间，在他死后，按照其遗愿，用于善事——将约300英镑的出售收益换成“一些小小的救济礼物”，资助给15位剑桥学生(scholar)和10位牛津学生。他的这一慷慨举动，很难不让人回首他困顿的职业生涯。1580年，他获“特别准入”(special admittance)，在格雷律师会馆安顿了下来，不用吃集体伙食(excused him from keeping commons)。他母亲哀伤地回忆说，通宵达旦的学习(late hours)使培根后来难以适应会馆的学生伙食。1582年6月27日，他取得了律师资格，两年之后，即1584年11月23日，以梅尔库姆·里吉斯地区[2]议员身份(as member for Melcombe Regis)进入议会。他立即投身公共事务之中，同年就如何对待罗马法学家和超新教徒(ultra-Protestants)写给女王的信显现出他宝贵的智慧。1586年，尽管培根尚未在格雷律师会馆任教，但他已成为该律师会馆“教授名录”(Reader's Table)的荣誉成员，次年[3]他被选为安东尼·圣·莱杰教授[4](Reader Anthony St. Leger)的助理教授(Assistant Readers)之一。从这两件事我们可以发现，培根是一名积极上进的律师。他的第一部著作(Reading)讨论的是《威斯敏斯特法II》(the second *Statute of Westminster*)第五章“圣职推荐权”(Advowsons)。[5]该著手稿流传了下来，但就笔者所知，尚没有出版。

令人遗憾的是，“斯托集”(Stowe Collection)并未向斯佩丁先生(Mr. Spedding) 147

---

① 此处“disgrace”指的是1621年，培根被国会指控贪污受贿，被高级法庭判处罚金4万英镑，监禁于伦敦塔内，终生逐出宫廷，不得任议员和官职。虽然后来罚金和监禁皆被豁免，但培根因此身败名裂。从此培根不理政事，开始专心从事理论著述。——译者注

② 梅尔库姆·里吉斯隶属于韦茅斯市(Weymouth)。——译者注

③ 根据Heath先生回忆是1587年；但是根据格雷律师公会Ponsion Book记录则为1588年。

④ 按照英国制度，大学教员的等级可分为Chair Professor，Reader，Senior Lecturer，Lecturer，Assistant Lecturer各级，中译名分别为“讲座教授、教授、高级讲师、讲师及副讲师”。参见金圣华：《齐向译道行》，商务印书馆2011年版，第39页。——译者注

⑤ 13 Edw. 1. c. 5(1285)(see Co. Litt. 17b，119b，344b)。这一部分立法是对圣职推荐权遭到侵害的救济。根据《克拉灵顿诏令》(*Constitution of Clarendon*)(1164年)，所有涉及圣职推荐权的问题已转至王室法院；但是有效的令状对归复地产权人而言却起不到什么作用。我们发现未足龄继承人、归复地产权人、已婚妇女以及宗教人士，他们的财产处于未占状态时，终身地产保有人(life tenants)和其他人通过虚假的关于圣俸的介绍，使他们经常丧失圣职推荐权。共有三种原初令状——一个是权利令状(de recto advocationis)，两个是财产令状(darrien presentment and quare impedit)，但是当他们不能提供足够的救济时，立法赋予这些归复地产权人这样一种根据占有权的圣职推荐权令状之诉，当该继承人的最后一位被继承人一生中，最后一个牧师职位空缺之时，他在去世之前已经成年，或者在此之前，通过遗嘱进行生命终结后进行地产转让，或指定有继承人的不动产。培根关于这个复杂问题的观点一定很有价值。埃德华·科克爵士表达了这样的观点，一个婴儿也可以举荐圣职，无论他的年龄——御前大臣持同样看法(参见3Inst.，156；Co. Litt.，89a，note1)——这丝毫不会入培根的法眼，除了否认权利终止这一点。

和希思先生(Mr. Heath)开放,他们无法获得这本著作唯一原稿的抄本,因此斯佩丁先生整理出版的培根作品集最终也未能收录该作品。这是一大损失,因为该著是现存最早的培根的法律作品。但可能有一个例外,有一部作品可能更早——即1587年写成的《论布莱德威尔特权令》(*The Discourse upon the Commission of Bridewell*)①,下文在细述培根早期的宪政思想时,笔者还会提及该著作。显然,此时的培根已是一位学识渊博的律师(deeply read lawyer)。的确,在此之前(1586年),他的贡献就已经得到肯定,这一年,他成为格雷律师会馆的"主管"(Bencher),而且依枢密院(privy council)1584年2月8日的一份决议,他开始有资格"签署诉状"(sign pleadings),并可在威斯敏斯特答辩。按照一般发展轨迹,他要在取得律师资格五年后才能享有此资格。于是,培根大约在1586年正式开始执业。同年(1586年),他被选为汤顿(镇)的议员(member for Taunton)②。1589年培根前往利物浦,担任格雷律师会馆学监(Dean of Gray's Inn)。次年,被任命为女王特别顾问(Queen's Counsel Extraordinary)。1593年,他代表米德尔塞克斯(Middlesex)进入议会,随后一年(1594年),他被委任为会馆代理司库(acting Treasurer)。所有这些似乎都表明他的职业和政治生涯正处于上升时期。但据说,他直到1594年才首次在法庭上辩论。不过,有很多证据可以反驳这一说法,因为到此时(1594年)他不仅担任了八年的律师会馆主管,作为女王顾问也有四年之久,而且他出庭办理的都是重大案件。所谓1594年首次出庭辩论,很有可能是那年的1月25日,他第一次在法庭上大获全胜——足以得到伯利(Burghley)③的认可。同年2月5日、6日的辩论更使培根律师名声大噪。此后复活节开庭期(Easter Term)④他在与科克(Coke,
148 一译库克)的出庭对抗中延续了辉煌,这在查德利案(*Chudleigh's Case*)中有详尽记载。培根自称"面对重大案件总是非常勤勉";这一点有培根辩论时留下的文字为证,这些材料显示出他的工作细致入微,在判例法方面造诣深厚。如果有人认为培根在查德利案中尚不熟悉法庭事务,那就大错特错了。此时的培根的确相信自己有把握进入王室刑事法院,但尽管有艾塞克斯⑤(Essex)的支持,他最终还是没有成

① 英王为了解决游民带来的社会问题,在1557年于伦敦成立第一个感化院/劳役场布莱德威尔(Bridewell,也翻译为布莱德维尔等)。布莱德威尔原本是国王亨利八世的宫殿,后被改造为救助和惩治流浪汉的机构,并且在治理伦敦的犯罪上扮演主要角色。没有一个词语能够完整的界定布莱德威尔的性质,它被人们称为感化院、"监狱"(prison)、"医院"(hospital)、"改造所"(house of correction)甚至"学校"(school)等。——译者注

② 汤顿是英格兰萨默塞特郡(Somerset)第一大镇。——译者注

③ 培根的姨父,财政大臣。——译者注

④ 英格兰法院早期的四个不固定的开庭期之一,后来被确定下来。一般在每年的4月15日开始,到5月8日结束,有时可以延长到5月13日。从1875年11月2日复活节开庭期被废除,由另一种开庭期(sitting)所代替。——译者注

⑤ 艾塞克斯伯爵(Earl of Essex, 1565—1601),当时红极一时的女王宠臣。——译者注

功，这一事件让他感受到了事业的发展上受到了阻力。1595 年，他写信给艾塞克斯，表达了退出法律行业的想法。也许那时培根很缺钱，常入不敷出，因此必须要有一个固定的经济来源。但当他申请监护事务官职务(Mastership of the Wards)时，又未能遂愿。1596 年 5 月，他试图担任卷宗主事官(Mastership of the Rolls)，结果因对手舞弊而失败。培根逐渐卷入了缠扰在整个司法系统上的腐败网络之中。落选卷宗主事官之后，培根获得担任星室法院书记官(Clerkship of the Star Chamber)的职务，但 1597 年，他实际上又将该职务让给掌玺大臣托马斯·埃杰顿爵士(Sir Thomas Egerton)之子，因为掌玺大臣为他安排了卷宗主事官的空缺。埃杰顿于 1597 年 11 月 12 日提出了这一不光彩的建议，当时他正奉命调查那位和培根竞争监护事务官职务之人的腐败行为。

16 世纪司法职务的买卖

尽管麦考利勋爵(Lord Macaulay)并未提及，但这起事件非常重要。因为有助于我们清晰地了解该时期的司法体制，它显然不同于麦考利先生在其并不客观、带有戏剧性的文章中提到的那样，而我们如果要保证公正客观，就有必要对那个年代的司法体制作一番了解。大法官法院是在 16 世纪晚期时从枢密院独立出来的，该法院的法官称为大法官。从很早以前起，大法官法院就一直有 12 名事务官(Master)，他们在这一时期负责发布“恩典类令状”(writs of grace)，协助大法官审理案件及“中间申请”(interlocutory motion)①。这种协助很有必要，因为有些大法官并非法科出身，比如 1589 年获任命的克里斯多夫·哈顿爵士(Sir Christopher Hatton)。大量工作，如制备账目(taking of accounts)及其他更大的事务，均委托至事务官处理。培根在他的“大法官法院诉讼程序规则”(Chancery Orders)②中，大幅限制了这种授权委托的范围。抗辩者在书记官前提出抗辩是荒唐的。这些事务官的工作不 149
是以薪水(by salary)而是(诉讼当事人的)诉讼费用(by fees)的形式支付，而他们的任命须向大法官支付一笔钱款。名义上，国王(the Crown)任命首席事务官，即所谓的“卷宗主事官”；但在实践中，大法官有权授予这一职位。在伊丽莎白和詹姆斯一世(James I)统治时期，对这些职位的明码标价，并不一定说明那些官员就是腐败的，因为买卖是相当公开的。但毫无疑问的是，事务官受到某些腐败势力的控制。

---

① 在案件审理过程中，提出的寻求获得暂时的救济，而非为获得终局判决的申请。也指为了使案件能得到正确的审理并最终被判决而在诉讼进行中向法庭请求作出命令的申请。——译者注

② 也译为“衡平法院诉讼程序规则”。指由御前大臣、掌玺大臣或钦差大臣(Commissioners of the Great Seal)签发的命令，规定衡平法院的诉讼程序。在查理二世时期，就有一些初步的规则，在培根担任御前大臣的时代及其后任直至 1873—1875 年《司法组织法》(Judicature Acts)实施的时期里，这些规则更趋完整。现由《最高法院规则》(Rules of Supreme Court)所取代。——译者注

他们须用(诉讼当事人)缴来的费用弥补他们(购买司法职务)已支付的费用,为此,他们会想方设法增加案源(legal business)。卷宗主事官麾下有声名狼藉的"六书记官"(Six Clerks)。他们名义上是每个案件当事人的事务律师(solicitors),实际上负责保存案卷记录,并迫使原告(suitors)高价购买无用的诉讼程序的副本。他们的职责在于教唆兴讼及增加大量正式的诉讼文件。诉讼费用很高的原因是"六书记官"中的每一位麾下又设有八名宣誓书记(eight sworn clerks, 1668 年后增加到十名,他们共同被称为"六十书记官",Sixty Clerks),他们从"原告给'六书记官'所支付诉讼费用中按照一定比例"领取报酬。[①]当时,在培根任司法职务之前,大法官法院不仅绝对存在腐败,而且改革很难推进(irreformable)。"尽管诉讼费用过高,但是既得利益群体是改革最坚定的反对者……这些官员靠他们的代表(deputies)完成工作,且付给这些代表的酬劳通常不高;因而这些代表自然通过不当做法为自己捞取利益。有的甚至对上司瞒报案件并截留诉讼费。……尽管报酬过低的代表实际上并未将工作做好,但原告仍要向那些挂名的官员支付丰厚费用。这些官员很自然地把他们的官职视为财产。因为官职由大法官出售或赠与亲友。……从售卖高级官位的大法官,到行使上级官员权力的下级书记官,都在维系这一体制以获得利益。王室法庭'仅仅是一个哄骗臣民钱财的垄断大亨'(The Court mere monopolie
150 to cozen the subjects of their monies),这句话颇有道理。"鉴于当时的风气如此,因此培根向托马斯·埃杰顿爵士献金风波也就称不上腐败了。掌玺大臣有所卖,培根有所买。在当时的司法环境下,这样的交易竟然可以达成,实在令人匪夷所思。1622 年,培根被惩处,但这种风气并未得到扭转。主事官(Mastership)的标价节节攀升。1688 年价值 1 000 英镑;到 1725 年麦克尔斯菲尔德(Macclesfield)遭弹劾的时候,价格已经翻到 6 000 英镑。(司法职务买卖)丑闻随着麦克尔斯菲尔德的免职而告终,但大法官法院依然没有得到改善;到 1816 年,埃尔顿勋爵(Lord Eldon)已表示大法官法院已没有多少地方需要改革了。直至相对晚近的时代,在这样的环境下,大法官中即便是最优秀的人物,大多也已经丧失了他们美好的秉性。受托人律师(solicitor-trustee)仍有可能仅为了获取费用而违背客户意愿将某项财产作为诉讼标的,但如今已经比较少见了。然而,这种现象得以改观的时日并不算长,因为此前事务律师根据出庭律师(counsel)的建议提起诉讼完全被认为是合理的专业性事务和极其正常的日常工作。如果说在 1597 年培根的献金风波中,他的诚实品性还不被质疑的话,那么到 1622 年,很难再把他视为一名诚实可信之人。(实际上)在案件结束后从原告处收受的大笔"调研费"(expedition fees)和礼品的腐败程度一点也不逊色于把司法官职卖给声名狼藉之人。控告埃尔登勋爵腐败是荒谬的,不

---

① W. S. 霍兹沃思:《英国法律史》,第 217 页。

过，他有身处恶劣环境，却不思改革之过。在良心的法庭上，从培根到埃尔登，几乎每一位大法官都和培根一样，应受到惩罚。事实上，“调研费”到18世纪中叶时变得极为普遍，下议院（House of Commons）的一个委员会曾在1740年建议治理这一问题。“哈德威克（Hardwicke）签署了这项建议报告，但其并没有提出任何整改措施。18世纪后半叶，几乎所有的改革方案都未被采纳。从哈德威克（1737—1757）到拉夫伯勒（Loughborough，1793—1801），期间没有任何一位大法官对改革进行过全面的部署。”培根当年确实曾试图清理“奥吉厄斯的牛舍”（Augean stables）①。但不能否认的是他不幸被腐蚀。幸好在当时的人们看来，培根是一个政治犯而非刑事犯。他受到了应有的惩罚，但并未借助司法之手。培根1622年下台后，曾在一篇题为“宣告一场圣战”（an advertisement touching an holy war）的“献辞”（Epistle Dedicatory）②中，自比德摩斯梯尼（Demosthenes）③、西塞罗（Cicero）④和塞涅卡（Seneca）⑤： 151
“三个人的毁灭皆不是因为战争或其他灾难，而是因为被司法当局判了罪，沦为罪犯；他们还都是闻名遐迩的作家，在后代人的记忆当中，他们的灾难只不过是他们崇高的行为和伟大的著作中的一点瑕疵。⑥这段话（实际上整篇献辞）以及他提到的“我挚爱的祖国”（mine own country which I have ever loved）并未能唤醒人们的良知并让其感到罪恶。培根非常清楚大法官法院犹如一块沥青，想触碰它又不弄脏自己是不可能的。他多次萌生退出法律事业的意图，但一直没有机会。一个专攻一门学科的人要放弃自己的本行是不现实的。他不得不调整自己以适应那个时代和在之后两个世纪中的人们的行为方式——当然不是那种诚实的生活方式，只是当他们面临诱惑时能如此行事，似乎已算是比较诚实了。

---

① 奥吉厄斯的牛舍：相传舍内养牛3 000头，30年未打扫。大力神赫拉克勒斯（Hercules）引来河水，于一天内清洗完毕。奥吉厄斯的牛舍比喻指肮脏的、腐败的地方，此处指腐败的司法队伍。——译者注

② 所谓“献辞”（dedicatory epistle）是一种风气。当时的文学作品流通，除门市出售之外，还有预订（subscription）。作家往往把作品献给某一名人，并且就此在书前印上一封致受献者的信。照例，名人会发动他的亲戚朋友在作品付印之前就预付书价。这样，印刷的费用就有保证了。作品上市的时候附有预订者的名单，这可以投合一些读者附庸风雅的喜好，单子上的名人越多，促销的效果就越好。参见吕大年：《理查逊和帕梅拉的隐私》，《外国文学评论》2003年第1期。——译者注

③ 德摩斯梯尼（前384—前322） 古雅典雄辩家、民主派政治家，早年从伊萨学习修辞，后教授辞学。积极从事政治活动，极力反对马其顿入侵希腊。——译者注

④ 西塞罗（前106—前43） 古罗马著名政治家、演说家、雄辩家、法学家和哲学家，以善于雄辩而成为罗马政治舞台的显要人物。从事过律师工作，后进入政界。开始时期倾向平民派，以后成为贵族派。公元前63年当选为执政官，后被政敌马可·安东尼（Marcus Antonius，前82—前30）派人杀害。——译者注

⑤ 塞涅卡是古罗马政治家、哲学家、悲剧作家、雄辩家、新斯多葛主义的代表。曾任帝国会计官和元老院元老，后又任掌管司法事务的执政官和后来的皇帝尼禄的家庭教师。尼禄即位后，他成为尼禄的主要顾问之一。失势后闭门谢客，潜心写作，65年因涉嫌谋杀尼禄案而被尼禄勒令自杀。——译者注

⑥ 此段译文录自[英]培根：《论古人的智慧》，李春长译，刘小枫编，华夏出版社2006年版，第84页。——译者注

《法律箴言》与《英格兰法汇纂》

了解这个时期的司法腐败概况，有助于我们更清楚地理解培根的处世风格以及他人生道路的艰难。现在我们就对他余下的律师生涯进行一番了解。在培根向埃尔斯米尔勋爵(Lord Ellesmere)递交第二份申请之前，他刚刚作为南安普敦(Southampton)的代表参加了1597年10月24日召开的议会。由于他未能得到卷宗主事官职务，便开始从事律师行业。但在这一时期，较法律实务而言，培根更为重视的是法律课题(legal projects)。《法律箴言》(*Maxims of the Law*)这部极有价值的书正是写于1596—1597年间。要与这本书一起阅读的是《英格兰法汇纂》(*Digest of English Law*)中确立的原则；这些原则源自1623年出版的《广学论》(拉丁文增大本)[①](*De Augmentis*)第8卷第82条及以后的箴言和《关于修订英格兰法的建议》(*Proposal for Amending the Laws of England*)中的警语，以及其他关于这一主题的著述，比如《法格言集》(*De Diversis Regulis Juris*)，这部他一生都在不断修订的作品。1614年5月2日，培根在一项议案中提出“授权特定专员审查刑事法律的施行状况，以做到凡过时者应被废止，凡适合被保留者及调整同一对象的法律，均应简化为一种明确的法律形式。”同年6月，他向国王提出任命一个刑事法律委员会(Commission on the Penal Laws)，把承载普通法内容的案例汇编(Reprots)法典化，
152 并重建“官方判例汇编”(Official Reporters)体系，以期建立一个权威的判例法体系。但这些尝试从未得到落实。在1622年的“献辞”中，培根提及《广学论》：“我还开始撰写法律著作，开辟司法写作的中间道路，既不同于哲学家令人尊敬的理论作品，也不同于律师们令人生厌的纠缠于细枝末节的著作。尽管我曾打算对我们国家的法律制作一个特别汇纂本或对之重新编纂，但这项工作需要人手，凭我自己的力量和文笔是不能胜任的，只好把它搁到一边。”《法律箴言》是我们看到的唯一将这一法律汇纂构想变成实际的成果。我们认为在1622年[②]3月那些灾难性事件发生之后，培根可能已经没有心思做这件事了。他更乐于修订已经出版的作品，并发表社会科学著作。法律是一个决开的堤坝(broken bank)，他宁愿意把自己那“少得可怜的才能”用在“那些永不垮塌的堤坝和山峦”上。所幸《伟大的复兴》(*Instauration*)的写作并未受到大法官法院事件的拖累。

临近16世纪的尾声，作为律师和法律问题权威的培根声望日隆，他参与当时若干重大案件，如由科克提出控诉的1596年的斯莱德案(*Slade's Case*)和1601年的

---

① 这部书也译为《学术的进展》、《崇学论》等，全名应为 De dignitate et augmentis scientiarum，在这本书中，培根强调了比较法的重要性，“判断的对象(本国法)不能同时成为判断的标准”。——译者注

② 原文为1522年，似为误排。——译者注

克伦威尔勋爵案(*The Lord Cromwell's Case*);培根由此成为业内首屈一指的执业律师。爱德华·科克爵士(Sir Edward Coke)算是他唯一的正式对手,而我们很难对二者进行比对;但毫无疑问的是,培根乐于展开较量。《用益法》(*Statute of Uses*)引发了当时最为尖锐的一场法律争论。1592 年,时任内殿律师会馆教授(Reader at the Inner Temple)的科克对用益制度已有深入研究,曾于 1594 年同培根参与著名的查德利案,他采用已经衰落的亚里士多德主义(decadent Aristotelianism)能够提供的最完善的推理方法,分析了用益制度的功能。1599 年 9 月,培根接到格雷律师会馆教授双席职位(Double Readership)的约请,并于 11 月 14 日接受了该约请,继续就用益制度展开辩论;1600 年的大斋节(Lent Vacation)期间①,培根作了著名的"用益法解读"(*Reading on the Statute of Uses*)讲座,为期长达 6 天,也有可能是 9 天。他丝毫没有畏惧科克所确立的先例。他的目的就是要同科克展开较量。一如在《法律箴言》所阐述的一样,在这部研究深入的作品中,培根希望自己成为一名没有对手的律师,唯一例外的就是克罗克(Croke),只有他可与自己相提并论。 153

在詹姆斯一世加冕礼日(Coronation Day of James I.),培根受封为爵士,不久便与奥尔德曼·巴纳姆(Alderman Barnham)的女儿结婚;巴纳姆为培根带来的不仅是他的女儿,大概还有不菲的财富。1607 年,培根获得了渴求已久的副总检察长(Solicitor-Generalship)②一职。

詹姆斯登基后苏格兰/英格兰新生人口国籍案③和其他案件

培根在担任副总检察长和总检察长期间作出的法律意见(arguments of law)的案卷尚有一些保留至今。其中有 1607 年在财政署内室法庭(Exchequer Chamber)④大

---

① 指从圣灰星期三节(Ash Wesnedday)至复活节为期 40 天的斋戒及忏悔,以纪念耶稣在荒野禁食。——译者注

② 在英格兰,国王律师(King's Solicitor)的职位始于 1460 年,从 1515 年起使用现在的名称。其源起与衡平法院有密切的联系。现在副总检察长为地位仅次于总检察长(Attorney-General)的政府法律官员,除法律职责外,兼具政治职责,他一般总是下议院的议员。其任务主要是为内阁和各部部长提供法律咨询,将法律议案提交议会审议和通过。自 1895 年以后,他便不能再以私人名义执业。总检察长职位空缺时,通常但并不总是由其继任。在其离职后,经常会被任命为法官。在苏格兰,国王律帅(King's Solicitor)首次出现于 17 世纪,自 18 世纪初期起该职位便一直延续下来。在 17 和 18 世纪时,通常有两名副总检察长共同履行职责,但后来经常总是只有一名。其在政府中为较低级别成员,随政府的更替而离职。现在,他为总检察长(Lord Advocate)的副职和首席助理,履行总检察长的全部职责,尤其是在有关财税(Exchequer)的案件中代表政府出庭,但他不能依职权(jure officii)提出控诉,除非总检察长已去世或离任。按惯例,在法庭上他有权坐在围栏以内法官席的左侧。在总检察长职位空缺时经常由其继任。——译者注

③ 读者如感兴趣,可在英文版《培根全集》第 1 卷阅读到该案全文,见该书第 652—666 页。——译者注

④ 早期英格兰中央法庭有这样一种做法:法官与财政署官员聚集在财政署的内室讨论法律或业务方面的难点。这使得人们产生了这样一种观念,即这种集会成为了一种法庭,并且议会也时常授予这一法庭以权力。——译者注

法官和所有法官面前展开辩论的詹姆斯登基后苏格兰/英格兰新生人口国籍案(Post-Nati of Scotland)①;1604年培根和约翰·克罗克爵士(Sir John Croke)共同代理边境地区委员会(Council of the Marches)提起边境地区管辖权诉讼(jurisdiction of the Marches)②,对方的律师是科克,后者替王座法院出庭(appeared for the King's Bench),该案随后于1608年上诉至科克(before Coke);1616年之前在王座法院提起的洛氏土地保有案件(Lowe's Case of Tenures, see 9 Co. 23);1616年之前的斯坦诺普夫人的撤销用益案(*Lady Stanhope's Case of Revocation of Ueses*);1615年判决的控告毁损行为案(*Case of Impeachment of Waste*, see 11 Co. 79)③,及路易斯·鲍尔案(*Lewis Bowle's Case*);以及1615年至1616年的,即布朗洛诉米歇尔案(*Brownlow* v. *Michell*,又称*Case de Rege in consulto*)。④

1608年,培根完成《叛国罪案例》(*Cases of Treason*),并于1641年出版;其中包括《法律统一化的准备工作》(*Preparation of the Union of Laws*)以及《答A.海爵士问》(*Answers to the Questions of Sir A. Hay*)等论文。1614年,他以"总检察长"(Attorney-General)的名义出版了起诉案例《关于决斗,在星法院对普里斯特和赖特提起诉讼》(Touching Duells, Upon an Information in the Star-chamber Against Priest and Wright)⑤1609年,副总检察长培根被选为格雷律师会馆的司库,并一直担任该职务,直至1617年升为大法官。在担任司库期间,培根规划了格雷会馆内的小径和花园的布局,并成功说服法官(the Bench)批拨经费实施这一规划。从《津贴
154 账册》(Pension Book)中我们发现,他种植了许多红玫瑰和香叶蔷薇(sweet-briar),而且他亲自种植的山毛榉树和英国榆(每株8便士和10便士)很可能有一些存活至今。1613年,培根升任总检察长,并于1617年3月11日,重新接管了其父38年前

① Post-Nati是post-natus(事后出生者)的复数形式,指的是詹姆斯一世登基后出生于苏格兰的人;在英格兰已不是外国人。培根关于此案的演讲,以及他关于"英格兰和苏格兰两王国的法律统一"的演讲或论文由理查德·班吉在1641年"根据作者的副本和授权出版"。"叛国罪案"于同年出版,还包括关于"法律统一"的论文,尽管很可能是形式上的变化。此刻对这些主题的兴趣都是自发形成的。

② Marches特指英格兰和苏格兰、英格兰和威尔士接壤的边境地区,或王室土地的边界,或苏格兰房屋土地等不动产的边界。——译者注

③ impeachment of waste是指"对毁损行为的控告"。英国1925年《财产法》(Law of Property Act)第135条,如果授予某人"免予因毁损行为而被控告"(without impeachment of waste)的终身土地利益,则其可以在该土地上伐木并据为己用,或开设矿井,但其不得毁损家宅或砍伐观赏性树木,或实施被认为构成衡平法上毁损的其他行为。——译者注

④ 我们也许还应提及一场饶有兴味的辩论,1614年10月23日星法庭所审理的盗鹿案件,涉及王室森林的问题。1615—1616年官方对奥利弗·圣约翰、欧文、约翰·温特沃斯爵士以及萨默塞特郡伯爵和伯爵夫人的指控,难以在这篇文章的篇幅中列出。

⑤ 这一卷似乎罕见。斯拜丁先生将之重印。复印件是"为罗伯特·维尔森而印,并将在格雷律师公会大门口以及保莱斯墓地的圣经标牌处出售。1614年。"

放下的国玺(Great Seal)①。不久之后(1618年),他升任大法官,受封为维鲁兰勋爵(Lord Verulam),1621年又加封了圣·奥尔本斯贵族(peerage of St. Albans)的头衔。

《托西尔的判例汇编》

这一时期的判例汇编只有《托西尔的判例汇编》(*Tothill's Reports*),它收集了从1617年3月11日至1621年5月3日的69项大法官法院判决。从这一丰富的史料中,我们能对培根的法官工作有更全面的认识。不过,实际上,《托西尔判例汇编》并非完美,它所收录的案件很多都不易了解,即使是那些容易被理解的案件,也经常漏洞百出。②

在培根的所有法律作品中,我们还需要特别提出的一部是《大法官法院条例》 155
(*Ordinances in Chancery*)。该条例的相当一部分出自培根之手,并且他很可能正是藉此来整顿大法官法院的。

评价作为法学家的培根

我们已经按照年代顺序介绍了培根留传于世的法律作品,并且概述了培根法律生涯中的主要事件。通过浏览这些不甚清晰的片断与辩论,审视他对法律史的贡献以及他的法律职业生涯,他留给我们的总体印象是令人失望的。他广博的智慧和精妙的思维似乎从未坚持用于法学重大问题的研究,更多的时候,仅仅是浅尝辄止。有人也许会说,培根从未还清他对英格兰法的欠债。我们说,他是一位伟大的代诉人(great advocate),也是一位伟大的辩护者(great pleader),借用科尔里奇勋爵(Lord Coleridge)那句要紧的评价:"他是伟大的,即便在法律上亦如此"(great, even as a lawyer),但似乎没有证据可以证明他是一位伟大的法官,似乎也没有多少证据可以证明他是一位伟大的法学家。初读培根专业著作的读者难免会这样想:他靠法律生活,但法律没有靠他来维系生命(He lived by the law, but the law did not live by him)。但是,当我们再次乃至多次阅读时,它们又会给我们不同的感悟。我们发现,初读时产生这一悲观认识的根源在于,他的法律作品多是片段式的遗稿。实际上,培根并不靠法律生活,而且大体上不甚注意其法律作品的文艺价值

---

① 国玺是指行使诸多王权的印玺,是王权的一种象征,由忏悔者爱德华(Edward the Confessor)引入。现在它由御前大臣(Lord Chancellor)或掌玺大臣(Lord Keeper)掌管。根据1706年《与苏格兰合并法》(Union with Scotland Act)的规定,联合王国(United Kingdom)应使用同一国玺,用于加盖在议会召集令(writs to summon parliament)、签署对外条约以及所有与英联邦有关的国家行为(Acts of State)文件之上。——译者注

② 但我们很方便地给这些案件列出清单。《托西尔》的版页根据王室纪年排列。好奇的人们可能会认为在衡平法院判决中寻找这些案例的细节,是非常值得的。名单如下:(见原文154页)。

(literay merit)。但是,当他认识到这些作品能够提升自己时,就写得非常细致入微,比如《法律四论》(*Four Arguments of Law*)。当然也并非一直如此,例如他著名的《用益法再读》(*Double Reading on the Statute of Uses*)留给我们的就是不甚清晰的片段。如果说培根是一位伟大的法学家,那么我们或许不应过分在意其法律作品在形式上的凌乱,而应专注于发现其中的本质规律,汲取其法律思想的精华。如
156 果对培根的法律著作研究越细,就越能不无遗憾地、深切地感受到,他的法律观点往往曲高和寡,甚至普遍不受重视。对他的作品按时间顺序进行梳理,或许能有更大的帮助。

关于布莱德威尔特权令

1587年,培根26岁,他在这一年完成了《简论布莱德威尔委任状》(*Brief Discourse upon the Commission of Bridewell*)①。无论从哪个角度来看,这都是一篇质量上乘的论文,它充分显示出培根在有关宪政问题的制定法和判例法方面具有渊博的知识。该文质疑的是一部王室特许状(charter)的合法性问题:王室颁布特权令,授权布莱德威尔的典狱长(Governor of Bridewell)具有在伦敦市范围内自由行使逮捕、监禁和处罚邪恶分子(evil characters)的权力。对这一问题,培根从《制定法全书》(*Statute Book*)和《法律年鉴》(*Year Books*)等处旁征博引,认为"国王的特许状违反普通法、习惯法或制定法,应无效力,依法不应作为执法的理由"。培根继续写道:"平常我们难道无法看到凡获英格兰国玺之印的仿佛皆为神圣;尽管绝对违反了王国的法律、习惯或制定法,但如若不接受这等无效非法特许状的,就会被扣上反叛的帽子。"培根在文章中并未使用矫揉造作的语言,但已确立了17世纪英国需要践行的宪政立场。他自始至终无疑都坚持限制王权,尽管当他在执掌国玺时,像他父亲一样,在重大问题上不敢擅自对抗诏令。那位舍不得让培根在格雷律师会馆同大家一起吃集体伙食的母亲,她的弱点对培根的性格影响很大。但若从《托西尔判例汇编》中的托马斯·米德尔顿爵士案(*Sir Thomas Middleton's Case*)来看,我们发现培根对于王室官员腐败极为反对。该案中,一艘政府船舶(government vessel)的船长和船员同意扣除一定比例的工资,用来救济那些在海上遭受重伤的船员。1590年,托马斯·米德尔顿爵士担任海军司库(Treasurer for the Navy),在
157 航程结束发放工资的时候,截留了从船员工资中扣除的救济金。尽管全体船员都无权对扣除的工资主张权利,但还是羁押了司库。培根认为,对这笔救济金,海军司库应向全体船员负责。事实上,他拒绝承认政府机关可凌驾于法律之上,或者可

---

① 这里的commission的意思是"政府、政府部门或法院授权某人或某些人从事特定行为或行使职权(authority of an office)的令状或证书",与文章中"charter"(特权状)同义。——译者注

以任意违约或者践踏衡平法的基本原则。这个案子既意味深长也十分重要，它表明培根当时完全顶住该案中来自各方的压力。它还证明培根一生都拒绝承认国王不合宪的权利主张(unconstitutional claims of the Crown)。但是公平正义的姗姗来迟还是有损于英格兰大法官法院的形象；培根的判决是在诉讼请求提出约三十年后才作出。

国王特权

在《国王特权案例》(*The Cases of the King's Prerogative*)一书(培根选稿，但可能并非由他本人编纂)中，培根巧妙地总结了国王在与议会、臣民、战争与和平、金钱、贸易和交通等人、事方面的特权。书中无一字与培根在1587年就"布莱德威尔特权状"(Bridewell Charter)和1618年船员工资案(Seafarer's Wages' Case)中阐发的观点相冲突。《法律统一化的准备工作》(毫无疑问出自培根之手)与该书中不可多得的序言完成于1608年，其主体部分于1641年在《叛国罪案例》中出版，还被收录在同年出版的一本演讲集中。在该书及其序言中，没有一个字修正培根一直以来持有的宪政观点。他在该书的前言中特别指出，国王无权将现存的法律法典化，或者说国王没有统一英格兰法和苏格兰法的权力，但是可以处理行政问题，比如重新规划巡回审判区(circuits)以及修改签发和平授权状的方法(method of issuing commissions of peace)等。

另一部值得注意的作品是培根在35岁完成的《法律箴言》(*The Maxims of the Law*)。书中写有献给"神圣的女王陛下"(Her Most Sacred Majesty)；但女王对他早先在议会中公然抗议违法与违宪补贴(illegal and unconstitutional subsidies)的做法并未加以原谅；培根的这一反抗精神在其任一宪政作品里都并不鲜见，尽管麦考利对此有不同的评价。然而如果去掉献词(dedication)中委婉的挖苦部分(fine flowers of bitterness)——"若陛下的政府能够在各方面做到深思熟虑，那就称得上无与伦比"(for if your government be considered in all the parts it is incomparable)，这一献词不仅是一份毫不退缩的控告书，他控告的对象正是自己注定要管理的司法系统，还是他强烈呼吁改革的宣示。他说：

> 拜上帝佑护，陛下境内太平，这个时代，科学在发展，而良心却有泯灭之危险；如果人的智慧很大，但他们的愿望则更大；法律的数量成倍增加，但效力和 158
> 执行力却在减小；然而增加的不只是案件的数量(其中不公正者常有)，间接、恶意滥用法律与正义的做法也不在少数：这毋庸置疑孕育着巨大的罪恶，陛下须运用王室政策，议事机构和星法院的震慑及远见，王室法官的庄严和廉正来遏制这种情形，因为我们很容易就可以看到，陛下在统治时期已颁布了众多有

关防止合同欺诈、交易欺诈及担保欺诈，有关因拖延、诈害密谋（covins）等滥用法律，有关线人（informers）、陪审员及司法大臣（ministers of justice）的腐败等问题的极好制定法，数量越来越多，条文越来越精明，已经超越了诸位先王们的时代。

推动法典化

培根认为法典化是整饬社会秩序的唯一办法，他从女王1593年发表的一次讲话中看到了希望。女王在演讲中提道："要广泛修正英格兰的法律，使其更加简洁与明确；完善土地及动产的转让证书（assurances of lands and goods）①，避免证书的空洞与不安全；消除对臣民实施'圈套式刑罚'（snaring penalties）；复兴一批有益的法律（profitable laws）；法官在量刑时有更好的指导；律师在行使辩护职责时能得到更有效的保障；减轻学生的阅读负担；要解除那些只会寻找麻烦的、好斗的起诉人的武器；要对那些只是希望获得其应有权利的、诚实的起诉人给予救济。"

或许，这之前与这之后的国王都没有如此乐于倡导法典化的需要。培根真切地寄希望于女王的个人影响力，而且坚信加强法律能够带来巩固国王（地位或权力）的结果。对于国王与法律之间的关系（他关注的不是两者产生时的关系，而是它们在运转中的关系），培根从未放弃过探索（是他一生乐此不疲地敲打的一个音
159 符）。他在关于伯特伦（Bertram）谋杀约翰·廷代尔爵士（Sir John Tyndale）的小册子——不是由斯佩丁（Spedding）出版的——中写道："法律是不会说话的国王；国王是会说话的法律（The law is a dumb king, the King a speaking law）。所有下属法官不过都是一台台管风琴（organ-pipes），奏出的是国王已然设定好的、保证其王国处于正常状态的、协调一致的音符；因此如果某位法官发出了不协调的声音，没有臣民会要他承担修正或纠正之责，而是将错误告诉该场音乐的首席（chief master），并要他用耳朵来辨识曲调。"配得上这段话的，应是培根在其名篇《论司法》（*On Judicature*）②中描绘的那副完美的法官图像。他无法做到自己应该做到的样子。

《法律箴言》

《法律箴言》是培根对法律这架完美风琴的贡献，他寄希望女王能在它上面弹奏出和谐的乐章。在该书的"献辞"和"序言"中，不乏对法典化问题的讨论。他使

① assurances的意思是"财产转让证书；不动产转让证书"，指财产转让的合法证据，亦称"common assurances"，凭此可以防止或消除纠纷等。该词通常用于土地的转让。——译者注

② 《论司法》的中译本，参见《培根论说文集》（水天同译，商务印书馆1942年竖排版，第171—174页；1983年版，第193—197页）。——译者注

伊丽莎白女王忆起奥古斯都·恺撒(Augustus Caesar)的胜利:

> 他给大地带来和平,将注意力转到(*Pace data terris*, *animum ad civilia vertit*)民众的权利;制定了多项法律(*Jura suum*; *legesque tulet justissimus auctor*)。

培根提醒女王莫忘优士丁尼,他的荣耀在于“遍历罗马法,把卷帙浩繁且存在不少冲突的罗马法变成一部统一的高水平的法典(corps of law)”。培根指出,和平年代就是改革的年代,因为在和平的环境下“才能积累下大量的财富、敲诈的手段……堆积的诉讼与纠纷,以及逃避与欺诈滥用法律的情形”。他感到了要参加到改革事务中来的内心号召,“我认为每个人都亏欠自己职业很多债;人们既然希望从工作中获得尊重(countenance)和利润,那就应该担负起努力工作的义务以补偿其债务,也应该做一些有助于其工作或为工作增彩的事情。在某种程度上,当人们诚实大方、怀有敬意地工作而不是自甘贪腐堕落时,当同一职业已然受到不良影响却仍能出淤泥而不染时,就可实现这样的目标;但在很大程度上,只有他看清并巩固科学本身的基础和根基时,才可更好地实现这样的目标;所以不仅要使我们的职业更具名望和尊严,而且还要使其在实质上更臻完美”。这是一段培根对理想、对崇高信念的表述,却让人唏嘘不已,因为他似乎是故意抛弃了这样的理想和信念 160
(如果那段历史不是虚假的话)。这不禁让读者相信圣·奥尔本斯勋爵(Lord St. Albans)腐败案的背后另有谜团尚未解开。然而,在证据面前,我们还无法得出这样的结论:这起腐败案主角是勋爵的书记员,而勋爵本人根本没有从中获益,他只是在道义上和法律上负责。

培根在这部作品的“序言”里接着宣称,从一开始,他的目标就是努力工作,以使法律变得更臻完善,而这样的目标最好“通过把那些分散在相同法律中的规则与理由汇编起来”来实现,所以必须废止英格兰法中有害的部分——其不确定性——并对其“无益的细节”(unprofitable subtlety)加以纠正。培根认为这样的汇编本是有可能的:“将这些规则按照一定的方法或顺序汇编,这显然是上策,因为只有通过汇编把各规则变得更连贯且彼此有联系,才能使每一则特别规定看起来更加精细且更具深意。”这一建议本身蕴含有不可估量的价值。他设想把那些分散在各处的混杂的条文整合成一部统一有序的法典。他特别重申了创制出这样一部法典的可能性,如不是一位伟大的法学家,是不会有这样宏伟的设想的。但对于未能去从事这样的工作,他表示遗憾。他原来欲完成的仅是一部能够立即发挥用途的法典,他的目标是“一部并非要有多少新内容、方法、语言或者名家语录的作品,只是供学者批判,供时间检验”。但培根从未完成他所设计的这样一部作品。从某种程度上说,《法律箴言》大概算是这样一部作品的示范样板。培根在担任总检察长期间,又一次萌动想完成这一作品，而且还发表了《关于修正英格兰法的建议》。后来，在《广学论》(*De Augmentis Scientiarum*，也译为“《学术的进展》”等)一书中，他仍想完成这一目标，但一直没有实现。我们发现培根写出了许多有价值的片段和建议，充满了富有价值的想法。但他终究未完成那部拟供“时间检验”的法典。培根意识到，仅凭一己之力，是无法完成英格兰法律汇纂的。三个世纪过去了，他的设想依然没有实现。如果说在 1605 年这一任务还比较容易完成，到了 1905 年的时候①，优士丁尼式的法律汇纂工作的复杂程度已是从前的很多倍了，其难度不可想象。
161 培根已完成的片段——《法律箴言》——此处无需再去分析。只有功力深厚的法律人才有可能完成这样一部法典，一旦写成，也许在这一刻，可能就有执业律师正在仔细研读并已从中受益。虽然本文不拟对《法律箴言》作出详细的解读，但必须指出它的重要价值在于，培根在这样一个“啰里啰嗦”(subtle prolixity)的时代，力主法典化，并身体力行证明了这一运动的可能性。

查德利案:《用益法》

1594 年的“查德利案”和 1600 年的《用益法解读》不可不谈。查德利案提出了如下观点：A 为了自己及其继承人的用益将地产转让特定人(A infeoffed certain persons of the land in question to the use of A and the heirs of his body)，受封人及他们的继承人在 A 的长子 B 的有生之年享有剩余财产的用益(with remainder to the use of the feoffees and their heirs during the life of A's eldest son B)，B 的男性子嗣享有限嗣继承的剩余财产的用益(with remainder in tail to B's male issue)，A 的其他在指定继承中尚且存活的儿子享有剩余财产的用益(with remainder to A's other sons then living nominatim in succession)，A 的非限嗣法定继承人享有剩余财产的用益(with remainder to A's right heirs in fee)。A 先于受封人死亡，他转让 B 自由继承，排除随后的剩余地产权人(A died in the lifetime of the feoffees, who infeoffed B in fee to the exclusion of the subsequent remaindermen)。B 有两个儿子，S 和约翰，享有排他性的附带用益②(B had issue two sons, S and Joh, who possessed contingent uses so excluded)。B 向陌生人 C 转让地产，C 再向另一个陌生人 D 转让；S 死后没有子嗣，于是在 B 死后，他的小儿子约翰与原告弗赖恩(Freine)签订了租契(lease)。D 的代理人狄龙(Dillon)又与弗赖恩签订了租契，他藉此提起了“侵害之诉”(action of trespass)。培根和科克(Coke)要辩护的观点是，原告的利益已不存

---

① 本书的出版时间是 1914 年。而本文则在 1905 年最早发表在美国《比较立法学会杂志》(*Journal of the Society of Comparative Legislation*)第 6 卷，第 263—283 页。——译者注

② 附带用益是指以将来发生的附带事件为根据而生效的用益。——译者注

在，因为当约翰的地产权变成占有权之时，受封人已无地产权。财政署内室法庭的大部分法官认为，凡受封人未被授予未来用益(future uses)的，未来用益只能在受封人享有瞬息占有[①](*scintilla juris et tituli*)或者仍占有残余地产时才能实现；他们以此为由驳回了原告的侵害之诉。查德利的受封人不享有瞬息占有，所以约翰·查德利无地产权。培根在他详尽而有分量的辩论中，极力主张瞬息占有理论；但他又不失时机地嘲讽了科克的观点——该理论的基础支撑……[②]在查德利案中，他在 162
法庭上直言不讳地说："各位法官大人，希望诸位能够明白，你们之于英格兰王国法律(laws and statutes)的权力，与'教皇至上论者们'(Papists)坚持认为的只有教会能解释《圣经》(Scriptures)的权力不同[③]，不要把法律变成'船员的破筒袜'[④](shipman's hose)或'任人捏弄的蜡做的鼻子'(nose of wax)；但即使我们说教会对《圣经》解释的权力，也是对它们所作的忠实解释和合理运用。"能发出如此这般的宣告，他的这段辩论便值得铭记，也是他身为宪政法学家(constitutional jurist)的体 163
现。但《用益法解读》似乎显示出，他意识到《用益法》确实创设了一种新的用益，无

① 指"一种用以解释授予附条件用益权(contingent uses)时用益受封人(feoffee to uses)权利地位的理论。例如为了乙及其继承人的用益而将地产权转让于甲及其继承人，即用益受封人，并且当特定事件发生时，用益权再转归丙及其继承人，这时，根据《用益法》(Statute of Uses)，对土地的占有(seisin)——这是一种普通法上的权利——和用益全都应转归乙及其继承人，甲事实上已不享有这种权利。但现在的问题是当该特定事件发生、丙及其继承人取得用益权时，是谁为了丙的用益权而占有土地呢？这种理论认为该特定事件发生时，对土地的原始占有(original seisin)复归于乙，这样就使其可以为丙及其继承人的用益而占有土地。此时乙即享有瞬息占有或权利的'火花'(scintilla juris)。这实际上是指一种将来的附条件的用益权(contingent uses)在受到一种可执行的用益权(executory uses)限制时，尽管用益受封人的权利已因前一用益权的执行而几近消灭，但对他来说仍存在一种占有的可能性或是所谓的权利的'火花'，以使将来的附条件用益权或其他可执行用益权在条件成就时能够发生。此理论曾在英格兰为判例所反对，后又被1860年《财产法修正案》(Law of Property Amendment Act)废除。"——译者注

② 译文这里略有删节。——译者注

③ 马丁·路德的宗教改革曾提出取消僧侣特权，指出人人得应平等。僧侣的仪式不见得神圣，不应有特权，而将僧侣变为平常人，同时又主张"人人都是自己的牧师"，将平常人变为僧侣，从而抹杀了僧侣与平常人之间的界限。另外，他还提出要推倒三座墙：世俗与教会之间的，当时教会凌驾于世俗之上；应该是人人而不是只有教皇才能解释《圣经》；主张不仅是教会而且国王也可以召开宗教会议。这些都突出了平等性。——译者注

④ 关于"shipman's hose"这一短语，译者需略作说明，它本来是指船员们被戳破成破烂不堪的袜子(大概是配靴子穿的一种长袜，通常是羊毛袜)。法律如果被解释出许多例外的或者复杂的情形，可能就像到处是漏洞的袜子。译者在阅读詹姆斯一世与科克发生的冲突的文献中，也发现了这一短语，摘录如下：His clash with James I was startling for the times. He ruled that "The King is under God and the Law", these being fighting words, if not treason, from the King's perspective. In Star Chamber, Coke told the King that "The Common Law protecteth the King". James responded in anger that this was "A traitorous speech, the King protecteth the law, and not the law the King! The King maketh judges and bishops. If the judges interpret the laws themselves and suffer none else to interpret, they may easily make, of the laws, **shipmen's hose.**" 参见 The Honourable Mr. Justice Gordon Killeen: "Judgments as Literature: Some Thoughts on Masters of the Craft", Paper presented on March 10, 2006, at the Sixth Colloquium on the Legal Profession at the University of Toronto。——译者注

需普通法的规定即可发生效力，尽管他并没有分析这两类限制有何区别。他的主要观点是，用益是一种由用益设立人塑造的产权，不仅是对实际占有的形而上的模仿(a use is a species of property moulded by its creator, and not a mere metaphysical imitation of a real possession)。“用益转让不过是信托的公开化而已。”他对一部已经生效的法律(an operative law)并不抱有形而上的幻想。现实才是唯一重要的。“瞬息占有的幻想”(The conceit of *scintilla juris*)必将和林肯律师会馆主张的“占有的模仿”(imitation of possession)一同消亡。“《用益法》……可使受封人的位置得以继续”，这是议会不合逻辑的意愿，不是搁置(*in gremio legis*)①状态中的产权的合乎逻辑的“火花”(spark)。科克和培根均在查德利案中发表观点，且都对用益法进行了解读；但只有培根意识到，经院哲学(scholasticism)与法律的关系最终必须彻底废止。培根在他的《用益法解读》一书里没有刻意“去激起幻想或微妙的怀疑，或设计出大量枯燥而复杂的案例，关于案例，没有被掩藏的只有一个，而即便是唯一选取讨论的案例，其很大程度上与用益本身无关。但我选择的是古人的道路(ancient course)——法律向怀疑敞开大门，但不是敞开了去怀疑法律(to open the law upon doubts, and not to open doubts upon the law)。”事实上，培根最后在其为经院学者(schoolmen)掘好的坟墓中，最终让瞬息占有制度归于消亡。②

我们还要花些篇幅来讲述培根其他伟大的辩论(arguments)。詹姆斯登基后苏格兰/英格兰新生人口国籍案，又称卡尔文案(*Calvin's Case*)，一如培根在法庭上所说的，“其意义极为重大”。案件聚焦的问题是，在詹姆斯登基(accession of James)
164 之后，英格兰或苏格兰的本国人(natives)在两国是否均已加入了国籍(naturalized)。英格兰与苏格兰合并委员会委员(Commissioners of Union)于 1605 年建议采取双重国籍(double naturalization)；鉴于下议院的态度，议会两院后于 1606 年 2 月 25 日又在混合议案调查委员会(hybrid committe)充分讨论了这一议题。第二天，法官中以十人赞同一人反对的结果建议上议院(Lords)支持苏格兰新生人口具有英格兰国籍(反之亦然)，批准了埃尔斯米尔勋爵在上述混合议案调查委员会陈述的观点。但是下议院拒绝通过这样一部法律，于是国王在次年复活节开庭期③之前就这一问

---

① 〈拉〉搁置；中止。该词表示了处于不确定剩余地产权(contingent remainder)产生与终止之间的可继承地产的法律状态。——译者注

② 实际上，瞬息占有制度在林肯律师公会备受争议，直到 1860 年通过的圣伦纳德法官法案(Lord St. Leonard's Act)，特别宣称“用益权或瞬息占有中的占有权(seisin to use or scintilla juris)”不应该“被认为是未来用益权(future uses)或附条件用益权或待生效用益权(executory uses)理论基础或者效力来源。”——译者注

③ 复活节开庭期是英国古代法中的四个开庭期之一。英国法院自 13 世纪以来一直沿用的四个开庭期，即春季开庭期〔Hilary〕、复活节开庭期(Easter)、三一节开庭期(Trinity)和米迦勒节开庭期(Michaelmas)。1873—1875 年《司法组织法》(Judicature Acts)予以废除，并将每一法律年度划分为开庭期(sittings)和休庭期(vacations)。——译者注

题组织了一次听证会。培根支持詹姆斯登基后新生人口具有两国国籍，而且他的观点被大法官和十三位法官采纳。只有福斯特(Foster)和沃姆斯利(Walmsley)持有不同意见。培根的辩论很详尽，开宗明义地称他所依据的主要是“理性的基础和源泉”(the foundations and fountains of reason)。入籍(naturalization)是附属于主权？入籍在这起案件中与立法机关的关系是“共同的”(joint)还是“个别的”(several)关系？它们是“这个问题的深度所在”。培根借助亚里士多德的经院学者的版本(Schoolmen's edition of Aristotle)，证明君主制(monarchy)是政府的自然状态(natural state of government)——“从天地主宰到人间国王，如果愿意，在蜜蜂的世界里也是如此”：“其他状态则是法律的产物。”培根在此运用了自然法原理，而自然法长久以来一直在不自觉地塑造着欧洲的司法制度，因为他在该案中援用到了自然法学说，所以独具匠心也异乎成功。但也需要直接的修正。培根于是援引了布拉克顿(Bracton)的话：“无法律则无国王(或译为：法律造就了国王)”(*lex facit quod ipse est Rex*)[①]。而且“国王的行为与许可受法律的限制，我们每天都在这些方面争论。但我想问，架空或阻碍原先恭顺(original submission)的是王位还是运行中的法律？这是自然的吗？还是应该说，所有的效忠都是法律要求的(all allegiance is by law)？”培根在另一处回答了这一问题，他的答案是否定的。“没有人会认为孩子服从管束是法律要求的，尽管法律在某些方面确实起着积极的作用；即使臣民对于世袭君主的效忠是法律要求的，但这同时也是自然法作用的结果。[②]”他接着以近乎狂热的方式重申了自己的论点，他举出议会职衔(parliamentary title)“我们自然的君主”(Our *natural* sovereign and liege lord)，并对着每一位法官说道，他绝不允许伊丽莎白“成为一位依制定法的女王(a statute Queen)，而应是一位依习惯法的女王(a common-law Queen)”，在结尾时还提到“我们自然的君主；如‘议会立法’(Acts of Parliament)所确立的：习惯法的价值胜过制定法；自然法的价值则更在两者之上”。本·琼森(Ben Jonson)一定也曾听到过这样的言论，他曾写道：“每个听他演讲的人都有着他将结束 165
演讲的担忧。”(The fear of every man that heard him was lest he should make an end)[③]。

---

① 布拉克顿的这句话常被引用：Rex non debet esse sub homine sed sub Deo et sub lege, quia lex facit regem. (The king is under no man, yet he is under God and the law, for the law makes the king.)国王虽在万人之上，却在上帝和法律之下，无法律则无国王。译者查阅《布莱克法律词典》第9版，第1870页，找出类似法谚，略有差异，最后一句缺。Rex non debet esse sub homine sed sub Deo et lege. (The king should not be under the authority of man, but of God and the law.)——译者注

② 原文照录如下：No man will affirm, that the obedience of the child is by law, though laws in some points do make it more positive; and even so it is of allegiance of subjects to hereditary monarchs, which is corroborated and confirmed by law, but is the work of the law of nature. ——译者注

③ 这句话出自本·琼森的“论培根”(*On Bacon*)第一段。本·琼森称培根为演说家：他的语言，在他能不开玩笑或者说略去玩笑之处，是本着高尚的精神进行的评头论足。他的言简、紧凑、有力度，而且所言之语不空洞、不拖沓，无人能望其项背。他的话语的所有成分都蕴含着他的(言语的)自身的魅力……每个听他演讲的人都有着担心他将结束演讲的担忧。——译者注

自然法

培根对自然法(law of nature)和“自然衡平法”(Natural equity)上的贡献显著，不仅对他被尊为法学家有助，对于法律思想的总体发展亦很有价值。在上述辩论的后半部分①，培根指出“自然法则是英格兰法的基础”。“法官阁下，依自然法，世界上所有人都是彼此自然化的②(by the law of nature all men in the world are naturalized one towards another)。他们都是由一块泥土做成人形，上帝吹了一口气后变成人的……是市民法和国家法引入了诸如‘市民’(*civis*)和‘外国人’(*exterus*)，‘外来人’(alien)和‘本国人’(native)等词汇及它们间的语义差异。它们因此具有了消减自然法的倾向，但是它们并不最受欢迎，因此有着极其严格的解释……尽管在任一方面都有着严格的解释，但是每一部国家法都在消解或减损着自然法……此外，因为英格兰法是自然法的分支，所以它必须支持入籍(naturalization)，因此很明显，它对(新生苏格兰人的)入籍颇为有利……英格兰法有关入籍的规定，显示了英格兰法的智慧和优良的内在，适合这个好战但又有雅量的帝国。”

在这篇辩论中，培根获得了巨大的成就——他极其出色地调和了“民众对于国王的臣服”和“国王对于法律的臣服”间的关系，并得出了“国王的神圣权利就在于统治权利”的结论(The right divine of kings to govern right was really the conclusion achieved)。只要国王依法统治，就没人能够质疑其出身的神圣性，也没有人就国王的双重人格(dual personality)质疑普洛登的三位一体论(Trinitarian metaphysic of Plowden)。这部分辩论在英格兰法发展的历史中有着重要的意义，因为它展现了自《博士与学者》③(*Doctor and Student*)在百年前写成之后，自然法学说的发展轨迹。但是，这篇伟大辩论的惊人之处在于其结尾处。两个王国的联合是必要的：“不分开，就不可战胜”(*si inseparabiles insuperabiles*)。当自然法已然成为必然法(law of necessity)之时，它不承认还有竞争者存在。弗朗西斯·培根早生了二三十年(Francis Bacon was born a generation too soon)。他作为宪政思想者的力量和他
166 在辩论中的巨大影响力两相结合，在解决那些在他生活的年代中就已广受舆论关注

---

① 这段文字可参见英文版《培根全集》第1卷，第661页。——译者注

② 这里有个双关，naturalized既有“归化的”、“入籍的”，又有“自然化的”、“驯化的”之意。——译者注

③ 《博士与学者》一书由克里斯托弗·圣·杰曼(Christopher St. German，1460—1540)所著，是一部关于普通法的著作，写的是一名神学博士与普通法学者的对话，该对话是在圣·杰曼去世之后才一齐出版的。它采用了一位神学博士与一位普通法学者对话的形式，包括两个对话。第一次对话是用拉丁文书写，出版于1523年，第二次对话用英文书写，出版于1530年。后来在第二个对话上又增加了13章有关议会权力和管辖的内容。在本书中，作者用宗教和道德标准对普通法规则进行了评判，并对理性法、自然法和普通法的基础提出了许多质疑。他将教会法学者关于不同法律及法律之目的、性质的研究纳入了通行的形式中，并促进了这些原则在不同方向上的发展。——译者注

的成熟问题之上原本可以走得更远。如果是培根而不是斯特拉福德[1](Strafford)向查理·斯图亚特[2](Charles Stuart)进言,英格兰或许至今仍保留着习惯法上的君主政体(common law monarchy)。

培根作为一名宪政法律人的影响力没有丝毫削减。他升任掌玺大臣前,在布朗洛诉米歇尔案(有关 *de non precedendo rege inconsulto* 令状)中发表的著名辩论,给司法史上留下了浓重的一笔(a forensic triumph)。他辩了两个半小时,“从头到尾,现场的听众竟无一人退场”。伊丽莎白女王曾打算增设一个与颁发特许状(grant of patents)相关的新职位。但法官们以违反《大宪章》(*Magna Charta*)为由拒绝承认被提名者,女王最终放弃了这一想法。詹姆斯一世(James I)后重提此事,并任命一位名叫米歇尔(Michel)的人担任此职。首席书记官布朗洛(Brownlow, the Prothonotary)依据一部法令中关于费用的规定,质疑国王新设这一官职的权力。培根代表国王出庭,他的老对手科克说培根这次发表了“著名的辩论”。这场辩论的智慧不容否认。旧的宪政立场得到了保留。原告嘲讽培根提出的令状(writ *de non precedendo*)是“权力绝对化,带有特权的污迹,是对正义的打击,会无限期延迟”。法官们要解决的唯一问题是程序问题,即国王的宪法权利是在王座法院还是在大法官法院审查。国王在其特权被质疑时,有权成为争议的一方当事人,而毋庸置疑的是,现在国王的特权受到了质疑。“国王可根据需要选择法院;更多的应该朝着有利于自己的方向来选择。”法院必须知晓的是“在保护国王权利免受损失方面,作为国王代言人的英格兰法是非常精明的。”国王通过该令状重获了所失去的全部权利。“若说国王无权授予或创设任何新的职位(office *de novo*),我想没有人会这样断言;对此我不需要作任何引证;各位心中都有数,十分有数,而且大家都有很多经验。”获得这一职位之人依该令状会得到国王的保护。“所以,陛下及各位大人,我要以这句话来结束辩论——服从好过牺牲(*obedience is better than sacrifice*);这是一件自愿的事情,而且很多时候是一件荣耀或光彩的事情;服从永远会被接受。”时任总检察长的培根半威胁地疾步离开国王,他说“因为时代还是它们本 167
来的样子”,以此循循善诱并令首席法官(Chief Justice)中止程序。培根实现了他的目的。假使查理能有这样一位高参,他也许也能懂得“时代还是它们本来的样子”,并谨遵宪法之于国王的限制,而对于这些宪政限制,培根即使在其最卖力、最出色的辩论中,也始终小心翼翼,从未越雷池半步。限于篇幅,这里不能再细述,但读者如对这一事实感兴趣,还可了解培根在边境地区管辖案那一名篇中详尽的辩论。

---

① 17世纪英国革命时代(查理一世时期)的贵族人文主义者,也是旧王朝卫护者。——译者注

② 全名为查理·爱德华·路易斯·约翰·卡西米尔·西尔维斯特·塞弗里诺·马里亚·斯图亚特(Charles Edward Louis John Casimir Silvester Severino Maria Stuart),又称小王子查理(Bonnie Prince Charlie)或小王位觊觎者(The Young Pretender)(1720—1788)。——译者注

通过了解培根对引发该案件的程序的态度，也知他谨慎的宪政立场。除非"议会中的三级提议"①(by the advice of the thee estates in Parliament)，国王不应把扩张或者撤回国王特权(Royal Prerogative)弄成法律攻击的目标。

培根与大法官法院

作为法官的培根所做的工作，书写法律史上新的篇章，尽管关于这一点鲜有人详细叙述，或者说根本没人提到。不容置疑的是，他在大法官法院留下了一笔，尽管他的任期不长，尽管他的结局极为糟糕。很难去将《托西尔案例汇编》中收录的(培根在大法官任上的)裁决一一提到，但有些案件不得不提。《亚尔斯顿诉肯特案》(*Arleston v. Kent*)取消了结婚需要缔结的保证书(bonds)。在《托马斯·米德尔顿爵士案》中，政府的一个部门被勒令作出解释。在《萨谢弗雷尔诉萨谢弗雷尔案》(*Sacheverell v. Sacheverell*)中，一位负责签发强制出庭令(Commission of Rebellion)的官员因放跑一名囚犯而被投入监狱，直到囚犯归案后才释放。在《格兰特诉伊兹案》中(*Grant v. Edes*)，原告向不动产受托人(feoffees in trust)转让地产，为其幼子的利益(to the use of his infant sons)。大法官法院允许其出售"转让受限的土地"(settled lands)去偿还转让后发生的债务(to pay debts contracted after the date of the settlement)。在《莫里顿诉布里格斯案》(*Moreton v. Briggs*)中，大法官法院作出的裁决认为，财产没有交付，不构成转让无效的条件。在《古德弗洛诉莫里斯案》(*Goodfellow v. Morris*)中，法院纠正了转让中的姓名错误，依照转让方(conveying party)意思为土地设立担保。在"摩根诉理查森案"(*Morgan v. Richardson*)中，原告尽管受"维持特权令状"(writ of privilege)保护，但已被捕。原告后依《人身保护令状》(*Habeas Corpus*)被释放，抓捕他的人被治罪。在《于埃诉赫斯顿案》(*Huet v. Hurston*)中，大法官法院作出的裁决认为，审判后无救济。在《朗诉朗案》(*Long v. Long*)中，大法官法院裁定，证人在被询问后，可以被再次传唤。埃尔斯米尔勋爵曾作出过另一种判决。

当我们重读培根颁布的《大法官法院条例》时，我们会发现他的"法院百条"(Hundred Rules of Court)最终为大法官法院确立了规则，使大法官法院变成了一
168 个管理有序的法院，而不是一个仅以仁慈但无序的方式来分配飘忽不定的衡平手段的"良心法院"(court of conscience)。"法院百条"到底有多大篇幅出自培根之手，尚不得而知。也许他收集了当时存在的规章(埃尔斯米尔勋爵在此之前已经对它们有过整理)，在增加了他那个时代之前已有的零散的指令后，形成了一个有机的整体。我们可以很自然地推测，受法典化思想影响至深的培根，会完成这样的工

① Estates有一个重要义项是指"僧侣、贵族、平民"三级。——译者注

作。“法院百条”体现出在有限的空间内亦可容纳伟大内容的理念，并为后世提供了可资借鉴的模式——正如培根这位大法官的设想，以及他的“法院百条”所展示的那样——它是诉讼年鉴[①](Annual Practice)众多无用内容中隐藏的具有价值的“最高法院规则”(Rules of the Supreme Court)直接效仿的对象。能为盎格鲁-撒克逊民族创立衡平法程序，绝非司法史上一件容易的事情。仅此一件就足以堪称伟大。当我们向他的百年规则(Century of Orders)致敬的时候，我们必须清楚的是，这也只是弗朗西斯·培根向世界贡献的全部法律和理性中的一小部分而已，这可能会让我们意识到，这位英格兰人是一位多么伟大的法学家。他视人法(human law)为自然法(physical law)的姊妹。在研究自然法问题时，他思考的是“人类在存在时具有的普遍的善，以及自然的本质”(the general good of men in their very being, and the dowrises of nature)；在研究前者时，他思考的是“人类在社会中应具有的普遍的善，以及政府的本质”(the general good of men likewise in society, and the dowrises of government)。他在详述“卡尔文案”时运用到的“自然法”将这两者结合了起来。用于一切人与物的法律规则就是人对全部法律理解后形成的概念以及对于弥漫于宇宙间的自然衡平的信仰。

(撰写:James E. G. De Montmorency)

① 又称“白皮书”(white book)。记载英国最高法院的诉讼程序，包括最高法院规则，并附有综合性注释，每年修订和重新公布一次。——译者注

169

9. 格劳秀斯
(Grotius)

（荷兰法学家格劳秀斯）

本篇所讲述的这位荷兰著名法学家生活并活跃于法律史第二期的衰落年代。所谓法律史第二期，是指自公元476年西罗马帝国灭亡到1648年《威斯特伐利亚和约》(*Peace of Westphalia*)这段历史时期，这是一个跨越中世纪并开启近现代史的时代，也是一个暴风骤雨、波澜重叠的时代，其后因为人文主义精神的产生，而逐渐归于平静。人文主义产生之初多有朦胧的表象，但后来逐渐树立为清新的榜样和国家治理的新原则。在这场思想运动中，没有哪个法学家能像格劳秀斯那样被长久地尊为学者、哲学家、政治家、诗人、历史学家以及杰出法学家。

格劳秀斯最初随其祖父姓 Groot 或 Greut，后来拉丁化为 Grotius。不管从哪个方面，这一姓氏都因格劳秀斯的伟大而享有了之前未曾有过的荣光。与格劳秀斯同时期的鲁本斯(Rubens)为他所绘的肖像至今仍保存在德累斯顿画廊(Dresden Gallery)。肖像上的格劳秀斯神态高贵、容貌俊朗、面目慈祥。而且，关于格劳秀斯的种种传说都证明他具备了虔诚、笃实和博学等诸多美德。约翰逊博士(Dr. Johnson)以格劳秀斯的外甥的名义致信卫斯博士(Dr. Vyse)，信中对格劳秀斯的评价是这样的："任何学者都能从他那里得到启发。"

家庭渊源

1583年4月10日是传统的复活节，这一天，格劳秀斯降生于荷兰的代尔夫特(Delft)。而四年前也就是1579年，荷兰北部七省自发组成了独立的政治联盟——乌德勒支联盟(Utrecht Union)。胡果・格劳秀斯是法国贵族高耐特(Carnet)家族的后裔。他的曾祖父考耐留斯・高耐特(Cornelius Carnet)娶了艾蒙嘉德(Ermin-

garde)，她是德尔福特市的市长狄德瑞克·得·格鲁特(Diederic de Groot)的女儿，也是其唯一的继承人。市长认为他们祖上有功于国家而被赐名“格鲁特”，女儿的 170
后代应该沿用这个姓氏。所以考耐留斯的儿子胡果(Hugo)取姓格鲁特(Groot)，格鲁特成为了他们家族的姓氏，并传给胡果·格劳秀斯的父亲约翰(John/Jan)和本文的主人公。据考证，胡果出身于书香门第，父亲约翰是一位法学博士和莱登大学(University of Leyden)的校董，也是杰出的学者和颇有声誉的律师。而胡果，更以其聪颖早慧从家族中脱颖而出。

自幼聪颖

9岁的格劳秀斯就已经是一位颇有造诣的拉丁文诗人，12岁进入了莱登大学深造，投入著名学者约瑟夫·斯卡利杰(Joseph Scaliger)门下，并受到文坛巨匠杜萨(Douza)的褒赞，杜萨曾预言：“格劳秀斯不久将超越与他同时代的人物，并能与古代一流的学者比肩。”不出所料，两年后，这位年轻的天才发表了马蒂阿鲁斯·闵纳乌斯·菲力克斯·卡培拉(Martianus Mineus Felix Capella)撰写的深奥著作——《智巧与哲学、语言与学识的结合》(*The Marriage of Mercury and Philology, or of Speech and Learning*)的注释辑本，在注本中，格劳秀斯的渊博学识和尖锐观点震惊文坛。从他对写作这本注本的前期准备中足以看出其阅读的深度和广度。他说，“我们对照其他与卡培拉研究相同问题的作家的作品”。“在最初的两本书中，我们参考古代哲学家如阿普列尤斯(Apuleius)、阿尔柏利克斯(Albericus)等的学说。在语法部分，我们将卡培拉与古代语法学家作了比较；在修辞学部分，我们对照了西塞罗(Cicero)和亚基拉(Aquila)；在逻辑学上，参考了波菲利俄斯(Porphyry)、亚里士多德(Aristotle)、卡西奥多鲁斯(Cassiodorus)和阿普列尤斯的作品；在地理学方面，参考了斯特拉波(Strabo)、梅拉(Mela)、索利努斯(Solinus)和托勒密(Ptolemy)的著述；在数学方面，参考了欧几里得(Euclid)的著作；在天文学方面，我们查阅了希吉努斯(Hyginus)及其他对此作过研究的学者的作品；在音乐方面，对照了克雷欧尼得斯(Cleonides)、维特鲁维乌斯(Vitruvius)和波伊提乌(Boethius)的相关学说。”

以上绝非一个14岁男孩在吹嘘他所引证的材料的权威性，他注释中暗含的诸多细节可以证明他深入研究过这些古代学者的学说。同年，格劳秀斯翻译并出版了西蒙·史蒂文(Simon Steven)1586年出版的关于航海的著作，展示了他丰富的数
学知识；在接下来的一年里，他又完成了对一本天文学的诗体论文——《亚拉突的 171
天文现象》(*Phenomena of Aratus*)的翻译，西塞罗曾翻译过，但译本有部分失散，未能完整流传下来。西塞罗作品的编辑者、资深评论家阿贝·德·奥里维(Abbé d'Olivet)认为：“西塞罗的才智无法掩盖格劳秀斯的锋芒。”而且，格劳秀斯对拉丁文

优雅娴熟的使用得到同时期一流学者的高度赞扬。彼时，格劳秀斯已经声名远播。1598 年，地位显赫却命运多舛的荷兰驻法大使巴尔弗尔德(Barneveldt)邀请他一同前往王宫觐见亨利四世，在那里，他得到了国王的亲口夸赞。旅法途中，格劳秀斯取得了奥尔良(Orleans)大学法学博士学位。一回国他便投身法律实务工作，不到17 岁就开始独立处理案件，并在这一方面取得惊人的成就，年仅 24 岁就被任命为荷兰、西兰(Zealand)和西弗里斯兰省(West Friesland)的总辩护官(Advocate-General)。他总常被描述为“绝世之英才”(*adolescentem sine exemplo*)、“聪慧的神童”(*juvenem portentosi ingenii*)，天生记忆超群，对很多重大事件烂熟于心。

婚姻家庭

1608 年 7 月，格劳秀斯与丹麦西兰岛费勒地区的名家之女玛丽结婚，此后琴瑟和谐相伴到老。玛丽的确是甘于奉献的贤惠妻子，遇顺境，为丈夫增光添彩，遭逆境，安慰他，扶助他。夫妇二人育有三儿一女。据说英国的希腊史学家乔治·格鲁特(George Grote)也是格劳秀斯家族后人，不过这一说法还有待考证。可以肯定的是，荷兰著名政治家、前荷兰驻维也纳大使范·居尔埃伯爵(Count Van Zuzlen)是格劳秀斯女儿的直系后裔。他的女儿嫁给了一位名叫蒙巴(Mombas)的法国人。可惜，这位伟大法学家的长子和小儿子未及结婚就夭折，所幸次子彼得·格鲁特(Peter de Groot)后来担任阿姆斯特丹市议长，享年 70 岁。

172

宗教倾向

格劳秀斯的父母都具有虔诚的宗教情怀，他本人才华横溢，而且对人类有超越国别和种族的关怀与怜爱，加上导师乌伊顿菩加尔特(Uitenbogaard，这位导师在日后引起荷兰教会分裂的宗教冲突中扮演了重要角色)的引导，在这些因素的综合作用下，格劳秀斯自幼便接受了宗教熏陶。当时尼德兰两大宗教学派在关于“自由意志论”①(Free Will)和“得救预定论”②(Predestination)两个原则问题上产生严重分歧，这两大学派分别以莱顿大学校长阿明尼乌(Jacob Arminius)和该大学教授哥马如(Franciscus Gomarus)为代表。前一学派主张修正后的贝拉基主义③(Pelagianism)，致力于改变“得救预定论”的苛严规定，而后者较前者相对正统，已被路德(Lu-

① 是否受到神的恩宠完全取决于个人的自由意思。

② 人是否得救完全取决于神的意志，又称神意宿命论。

③ 一译伯拉纠主义，由创始人伯拉纠(Pelagius)的名字命名。主张否认原罪，并主张人能以其自由意志保持正直，人可以不依靠上帝的恩典，通过自己自由的意志，达到无罪之境。换言之，一个人的自由意志完全有能力选择上帝、选择善或者选择恶，而不需依靠神的恩赐。伯拉纠主义教导，人本质是善的。因此，它直接否认了原罪，不承认任何由亚当遗传下来的原罪。被罗马教廷斥为异端。——译者注

ther)、加尔文(Calvin)、贝札(Beza)接受,也得到哥马如的积极支持。后一学派在其追随者眼中更加正统,拥有更多的信徒,他们仇恨阿米尼乌斯教徒(Arminians),对其加以残酷的宗教迫害,故而阿米尼乌斯派向总督府递交了由格劳秀斯导师乌伊顿菩加尔特起草的正式抗议书(Remonstrannice)。尽管格劳秀斯很同情抗议者,但直到 1608 年阿米尼乌斯去世后,他才真正表现他的宗教倾向。当时,他发表了一首名为"阿米尼乌斯之死"(In Morten Arminii)的诗歌,完全加入了阿米尼乌斯教派。

1613 年,格劳秀斯以大使的身份出使英国的詹姆斯一世王室,暂时远离了宗教冲突,同年他被任命为鹿特丹市的议长(pensionary)①,但他提出了任职的前提条件——不得违背其意愿将其免职。他能提出这一任职条件,足以证明他依然受到国人的尊重,而且似乎率先避免公开参与当时日益激烈的宗教纷争。他本性追求和平,倡导两派之间实现和解与宽容,基于这一理念,他受命担任使团团长,出访阿姆斯特丹,并用荷兰语对到会的市长们发表演讲。格劳秀斯极力宣传宗教宽容的 173
必要性和优越性,尤其以理论上的教旨要点为论证基础,旨在恢复教会的宁静与和平。但是,他的雄辩没有取得实效。此次出访的失败沉重打击了格劳秀斯,致其高烧不止,险些丧命。他与马丁·路德宗教改革教会的分歧日益明显,而且还卷入了老朋友巴尔弗尔德的案子中。最终,在总督拿骚公莫里斯(Prince Maurice of Nassau)的敦促下,于 1618 年 8 月 29 日逮捕格劳秀斯和他思想上的同伴,莱顿市议长胡格柏瑞特(Hogerbrets)。他们被指控的罪名是:严重叛国,扰乱尼德兰现有的宗教信仰,编写造反书(Utrecht)。逮捕是秘密进行的,由 24 个人组成的特别审判委员会奉命审理此案(另有权威人士说是 26 人)。被告对法庭的构成提出抗议,宣称只有荷兰联邦政府才有资格对他们进行裁判,而且许多审判委员会成员本身就是原告,对持阿米尼乌斯思想的人士明显存在偏见。但他们的抗辩被驳回,并遭惩处。时年 72 岁的巴尔弗尔德被判处死刑立即执行,胡格柏瑞特和格劳秀斯被判终身监禁,前者在自己家中执行,后者在荷兰南部的罗弗斯泰因(Louvestein)城堡,那是一座由法尔河和默兹河冲击而成的岛屿。格劳秀斯于 1619 年 6 月 6 日到达这个城堡。最初的监禁措施非常严格,后来渐渐放松,他的妻子可以每周探视两次,而且允许他接收友人的赠书,并就非政治性问题互相通信。管理上的松懈为他提供了逃跑的机会,而他果断且忠实的妻子抓住机会助他迅速逃脱。

格劳秀斯定期收到一箱书籍和衣服,已成惯例。起初,看守人员严格检查这只箱子,后来慢慢放松警惕,箱子不经查看就送进格劳秀斯的房间。他的妻子觉察到这一疏漏,据此设计了逃跑计划——将格劳秀斯装进箱子里运送出去。为给搬运找个合适的理由,妻子假装声称格劳秀斯因为用功过度而生病了,希望把所有的书

---

① "pensionary"是 1619—1794 年荷兰共和国的城市(或省)法律顾问、省议会议长的称谓。——译者注

都搬走还给原所有人。接着，她找到一个足够大的箱子，以运书的名义把丈夫藏在其中。箱子上还挖了小孔以便通气，一切准备就绪后，格劳秀斯躲进箱子，而妻子睡到他的床上。由于之前通知过狱警，格劳秀斯病中不宜打扰，所以一切进行得很
174 顺利。箱子安全送到后，阿米尼乌斯教派的朋友接应并帮助格劳秀斯逃离。妻子则一直待在狱中，估计丈夫已经安全抵达后，才毫不畏惧地将此事通知看守。狱长立即下令将她严密监视，但是在督府议会(State-General)的帮助下，几天后她就被释放了，并获许带走一切留在城内的物品。至此，经过 20 个月的不公监禁之后，格劳秀斯怀着对祖国的挚爱被迫漂流异国。在监禁的日子里，他用荷兰语写成了专题论文《基督教信仰的真谛》(Truth of the Christian Religion)，此后他又将其翻译成拉丁文。这篇著作因文笔简洁、理性、敏锐、有力而广受欢迎。不能否认的是，格劳秀斯对新教的信仰相对温和，从书信中更明确地证明，罗马天主教教会的神圣庄严和至高权威对他的吸引力非常大(而那些神学教义对他影响甚小，可以忽略不计)。同时，许多其他教派也声称格劳秀斯是他们的信徒，以此事实为素材，梅纳热(Gilles Ménage)①写下下面的隽语：

> "士麦那、罗德岛、科罗丰、萨拉米斯、希俄斯、阿尔戈斯、雅典，
> 以及无数的其他城市，竞相争夺诗人荷马的故乡；
> 阿黎奥教派、亚米纽斯教派、加尔文教派、罗马教派、路德教派，
> 以及索奇尼斯教派，竞相争夺格劳秀斯的宗教信仰。"
> (*Smyrna*, *Rhodes*, *Colophon*, *Salamis*, *Chios*, *Argos*, *Athensae*,
> *Sideroei certant vatis doe patria Homeri*;
> *Grotiadae certant doe religione*, *Socinus*,
> *Arrius*, *Arminius*, *Calvinus*, *Roma*, *Luthoerus.*)

流亡法国

格劳秀斯的流亡岁月可以说是他参与公众生活的第二阶段，这一阶段，他在写
175 作上取得的成果比早期更加出色且丰硕。特别是在此期间，他完成了具有里程碑意义的杰作《战争与和平法》，仅此一书就足以让他英名不朽。他在法国避难之时获得许多追随者，并且受到当时法国国王路易十三的款待。路易十三赐他每年 3 000 法郎的津贴。但是这笔钱很难定期发放，因为权倾一时的红衣主教黎塞留(Cardinal Richelieu)要求格劳秀斯以绝对无条件地忠于法国作为领取津贴的前提，

① 17 世纪的法国学者。——译者注

格劳秀斯很快觉察到黎塞留操控时局于股掌之间，但他不愿出卖自己的独立人格，招致黎塞留的不满；格劳秀斯旋即专注于书写《辩解书》(*Apology*)，以献给荷兰和西弗里斯兰省的人民，因为在那里，面对不公正的指控，他巧妙地为自己辩护。原书用荷兰语写成，而后又翻译为拉丁语，甫一面世即引起国人的广泛同情，但也招致荷兰总督府更强烈的不满，总督府颁布法令宣布该书为禁书，违令阅读收藏该书的人将被判处死刑，这一苛严的法令击碎了他回国的奢想，而且不得不开始担忧自己的安危。在朋友的建议下，他于 1623 年 2 月 26 日，向法国国王提交了入籍申请，得到了国王授予的特别保护。数年之后，1631 年，在弗雷德里克·奥兰治亲王的友好声明下，凭借《辩解书》在荷兰的良好反响，格劳秀斯回到祖国，再次受到家乡人民的欢迎。但是，他是注定要失望的，因为盲从与偏执的情绪在国内仍然流行，格劳秀斯再次被流放。现在格劳秀斯对荷兰已彻底绝望，再也没有看她一眼。他先去了德国汉堡，两年后进入瑞典的外交领域，接着他被任命为瑞典驻法国大使，在这个充满荣耀和个性的职位上他干了十年，在多次复杂的外交谈判中，他用自己的才华战胜了狡猾的对手。正是在这繁忙的时期，他撰写了《荷兰史》(*History of the Netherlands*)，翻译了普罗科匹阿斯(Procopius)的《哥特人和汪达尔人的历史》(*History of the Goths and Vandals*)，[①]还写了《美洲国家的起源》(*The Origin of the American Nations*)。

不幸辞世 176

在格劳秀斯的领导下，瑞典使团的工作获得瑞典首相奥克森斯滕(Oxenstiern)的充分肯定；伟大的古斯塔夫(Gustavus)的独生女克里斯蒂娜女王(Queen Kristina)也对格劳秀斯深表赞许。但是，女王将一位关系暧昧且受她赏识的人派往巴黎，令格劳秀斯不悦，于是他以年老体弱为由请求召他回国。在高度赞扬了他的卓越成就之后，女王很不情愿地批准了他的请求，并表示，格劳秀斯的功绩令她永生难忘。格劳秀斯随即离开巴黎，于 1645 年 5 月 16 日抵达汉堡，从那里前往吕贝克(Lübec)和维斯马(Wismar)。沿途每到一处，他都受到最热情的款待。在维斯马，瑞典海军还安排了一艘军舰供他调遣，格劳秀斯乘军舰去到科尔马(Colmar)，再由陆路到斯德哥尔摩(Stockholm)。彼时，瑞典女王还在乌普萨(Upsal)，得知格劳秀斯已到首都，立刻回宫召见他，并于次日促膝长谈，在交谈中，女王再次向他表达了最高的敬仰，恳求他继续担任国务大臣(Councillor of State)，但格劳秀斯决意离开瑞典，个中原因连他的传记作者也不得而知。女王发现他去意已决后，赠他一笔厚

① 哥特人是日耳曼人的一支，在 3—5 世纪入侵罗马；汪达尔人是日耳曼族的一支，在 4—5 世纪进入高卢、西班牙和北非，于公元 455 年攻占罗马。

礼，还安排船只送他去吕贝克。格劳秀斯于 1645 年 8 月 12 日起程，但是在海上遭遇暴风雨袭击，轮船失事。他只好在距离但特泽克(Dantzic)14 英里的一个港口避难，然后他乘坐一辆敞篷车从陆路前行，这导致他体力衰竭。当 1645 年 8 月 26 日到达罗斯托克(Rostock)时，他已经虚弱得无法动弹。当时虽然请了一位医生前来救治，但医生很快就断定格劳秀斯已经回天无力。而他本人似乎也知道生命已到尽头，请求见牧师。罗斯托克的神学教授约翰·奎斯托普斯(John Quistorpius)见证了格劳秀斯生命的最后时刻——弥留之际，格劳秀斯大脑清醒，甚至还能说话。正是通过这位神学教授之手，我们知晓了文坛的不朽巨匠——格劳秀斯临终前感伤的话语。约翰写道："我见到他时，他几乎是在死亡的边缘。我走上前，告诉他必须依赖耶稣基督，没有耶稣基督我们没法得救。他回答道：'我已把自己全部的期待都托付给耶稣基督'，我开始用德语大声复述，以'主耶稣'一词开始祈祷；他双手紧握，以低沉的声音跟着我念。祈祷完毕，我问他是否明白我的意思，他回答，'我
177 很清楚'。我继续对他反复朗诵那些上帝在人临终时赐予的箴言，问他是否听得明白，他回答：'我只听到你的声音，不理解你说的话。'这是一个完成了人间旅程的飘忽灵魂留下的最后话语，在此刻，这位伟大的荷兰人也失去了生命的活力；如同子夜时分，终结了辛勤的今天，但也开启了新的明天。"起初格劳秀斯被临时葬在城市的主教堂(the principal church of the city)里，最终葬在位于代尔夫特(Delft)的祖先陵墓里。他自书碑铭，以简洁的文字回忆了他伤感的流亡生活：

"荷兰的罪犯和亡命之徒、瑞典的驻外大使，胡果·格劳秀斯长眠于此"(GROTIUS HIC HUGO EST, BATAVUM CAPTIVUS ET EXSUL, LEGATUS REGNI, SUECIA MGNI, TUI.)

格劳秀斯仙逝后，他的妻子据说在海牙的基督教反对派集会上去世。

个人品性

要想评价这位伟人的性格并正确感知他的广博才华，最好的方法是解读 1687 年出版于阿姆斯特丹的《格劳秀斯书信集》。他富有同情心，对宗教感情深厚但又毫不偏执，执著地关注时事，学识渊博，最重要的是他对促进基督教和平与统一的热切愿望，这些都通过他与友人的真诚交流展现在世人面前。他所有的信件都满含坦率与真诚，毫无憎恶或偏颇的指责。这些书信必然是出自一位虔诚、博学且深刻的伟人之手，而这位伟人一直以一个文化人士的眼光来关注时政、文化及宗教问题，除却偏见与狭隘，唯一的目的是想获得公正的结论。即便是格劳秀斯的对手也不得不承认他的价值，萨尔马修斯(Salmasius)宣称："宁愿仿效格劳秀斯，也不愿意享受财富、地位与神圣的罗马教廷职位。"尽管格劳秀斯因遭受莫里斯亲王(Prince Maurice of Nassau)不公正的压迫而存有个人怨恨，但他在《荷兰史》中仍给予亲王

公正客观的评价。由此可见，惨无人道的流放没有扭曲他的判断力，也没有扼杀他 178
的爱国心，正如宗教冲突没有影响他的仁慈，政治斗争也没能让他偏离崇尚荣誉与正直的人生轨迹。他的美德经历了历史的考验；而作为学者和法学家，他声名远播。

杰出作品

在格劳秀斯的众多作品中，最重要的是《战争与和平法》，该书为他赢得了永世敬重。与他同时代的还有斯卡利杰(Scaliger)、贝拉明(Bellarmin)、玛丽安娜(Mariana)、萨尔皮(Sarpi)、培根(Bacon)、帕斯卡(Pascal)、霍布斯(Hobbes)等杰出人士。《战争与和平法》不愧为划时代的巨著，卡尔夫(Calvo)曾公允地评价：该书将真正的天才与普通的作者区分开来。事实证明，没有任何作品获得比《战争与和平法》获得更广泛的认可和更至高无上的声誉。格劳秀斯于 1623 年 6 月在桑利斯(Senlis)附近的巴拉尼(Balagni)的一所乡村房舍里开始了《战争与和平法》的撰写，房子是他朋友让·雅克(Jean Jacques)提供的。第二年 6 月格劳秀斯就完成了书稿。令人吃惊的是，1868 年发现的《捕获法》(*De Jure Praedae*)手稿表明，格劳秀斯早在 1604 年就开始构思战争与和平法的主题，而他荷兰东印度公司辩护律师的身份，引发他积极探索这一学术领域。东印度公司原本的组建目是开展和平的商业活动。但是，与英国的东印度公司一样，该公司最终被迫以武力镇压武力。需要格劳秀斯解决的问题是：荷兰东印度公司的一位船长的捕获行为是否合法。这个问题在荷兰引起了广泛争议，有人认为私人公司无权取得捕获物。格劳秀斯需要极力证明捕获行为是合法的，弗卢因(Fruin)教授发现这份论文手稿正是格劳秀斯论述该问
题的成果。关于格劳秀斯的创作原因，可能要归于他朋友皮尔斯(Peirese)的劝说， 179
后者要他根据流亡初期的独特经历重新安排自己的工作，以转移精神上的注意力，并将精力都倾注于写作，以缓解悲伤和压力。另外，时代背景也是作者创作的重要动机。当时，欧洲“三十年战争”(The Thirty Years' War)正硝烟弥漫，战争引发了无情的、持续的仇恨，漫长而无序的战争带来的痛苦感受督促着格劳秀斯探究规则，以规制战争的恐怖与残暴。格劳秀斯在序言(Prolegomena)中写道：“我看见，在基督教世界里战争是很普遍的，这令最野蛮的民族都感到羞耻。人们诉诸武力的理由很牵强，甚至都没有理由。一旦开战，那些神圣的、人道的法则被彻底抛弃。似乎人们被授予了无节制地实施一切罪行的权利。”面对这些恐怖的现实，一些有识之士呼吁基督徒停止使用武力。但是，格劳秀斯为上述两种失序提供了更实际、更温和的救济。“任何事都可以做，但任何有关战争的行为均得禁止。”格劳秀斯认为尽管他被祖国无情驱逐，但在祖国从事的法律实务工作在某种程度上为使他开展上述研究任务打好了基础。如今，流亡中的格劳秀斯希望通过进一步的勤勉努力来推动这一学科的发展。他认为先驱们没有科学地对待这个问题，唯一可行的

方法就是将人定法(instituted law)与自然法(natural law)加以区分。

格劳秀斯解释说:"自然法是恒定不变的,容易归为人文科学。而依靠组织机构产生的人定法,因地域不同而稳定性差,所以不属于人文科学范畴。"尽管以前也有论述战争法的专门著作,但格劳秀斯认为,这些书的作者都对自然法、神法(divine law)、国际法(law of nations)、民法(civil law)与教会法(canon law)等概念混淆不清。他承认自己受惠于巴尔萨泽·阿亚拉(Balthazar Ayala)的《战争的权利和义务及军纪》(*De Jure et Officiis Bellicis Et Disciplina Militari*, 1597年出版于阿姆斯特丹)和牛津大学民法教授阿尔柏利克斯·贞提利斯(Albericus Gentilis,卒于1608年)的《战争法》(*De Jure Belli*, 1582年完成,1583年首版发行)。《战争法》的章节标题与格劳秀斯第一和第三本书的内容比较相似,而且,该书引用的一些史料在格劳秀斯的作品中也有提及。

180 不过,格劳秀斯对前人的借鉴似乎仅此而已。正如哈勒姆(Hallam)指出的那样,格劳秀斯对每个主题的阐述都比前人丰富得多,可谓彻彻底底的哲学家。而贞提利斯不过是个文献资料的编辑者,其作品的主要特点是引述的文本和先例具有绝对权威性,他对这些文献也是一概照抄。尽管格劳秀斯也广泛涉猎古今著作,但他引用的文本和先例只是作为证据来论证自己的独到观点。正如普拉迪耶—福代雷(Pradier-Fodéré)所评论的那样,格劳秀斯之前,没有人能将理性的权威和经验的权威结合到如此完美的程度;他的著作可谓是哲学与历史的完美结合,并对现代的国际政治产生深远影响。格劳秀斯采用的是归纳法。他认为,个人及其社会性是法律和国家的源泉。这种社会性并不仅仅是和同伴过不同生活所需要的,也是为了他人福祉,安宁且理性地存在所必要的,而不是不顾一切道德动机的功利主义。这种社会的传统取向契合人类智慧的本质,或者更准确地说,是法律或自然法的源泉。法律禁止我们侵犯他人之物,如果我们占有了他人之物,应该返还原物及其所生利益,要信守诺言,赔偿因自己过错造成的损失。简言之,法律的功能可以概括为:"不要占有属于他人的东西,偿还我们所欠的债务。"大体上,法律可以分为自然法和意思法(或实在法、制定法),前者有关正确理性的规范,区分了哪些与人的理性和社会性相一致,哪些相背离,相应地,造物主(the Author of Nature)予以命令或禁止。后者分为神意法(*divinum*)和人意法(*humanum*),分别由神规定的和由人制定的,两者均构成市民法(*Jus Civile*)或万民法(*Jus Gentium*)的规则。

依此分析路径,格劳秀斯提出了人文主义原则,构成了全书的主旨精髓,该书认为,调整国家之间关系和调整个人之间关系很相似,并非功利主义,而是依据普通法上调整国与国相互关系的权利。正是由于确立了这一原则并将其运用到战争法领域,格劳秀斯赢得了"国际法学奠基人"的美名,或如马滕(Marten)对他的尊称——"国际法学之父",维柯(Vico)还称他为"人类的国际法学家"。格劳秀斯的作品并非完美，有些方面被后世的一些法学家超越，比如克里斯蒂安·托马修斯(Christian Thomasius)对宗教与法律道德的划分更为清晰，另外，格劳秀斯也没能 181
完全摆脱因当时主流的伦理哲学支离破碎且思想上的专断性而导致的混乱，但这些并不抹杀他的伟大成就，在残酷、凄惨的战争期间，他是探索权利原则和社会基础的第一人，这些原则和基础不是源于教会或《圣经》，也不是以个体身份孤立存在，而是基于人与人之间的社会关系。格劳秀斯的开拓性研究为后继者拓宽研究路径奠定了基础。正是通过格劳秀斯的著作，自然法思想开始影响洛克(Locke)、卢梭(Rousseau)等大批后世学者的伦理学和政治学著作。

所以，无论格劳秀斯的理论存在怎样的瑕疵和混杂，他的传世之作仍然获得全欧洲的普遍尊重，麦金托什(Mackintosh)的话无疑代表了当今学术界的主流观点——"这也许是各门学科初创时期，一位博学天才奉献给世杰的最完整的著作。"哈勒姆激烈地驳斥着杜格尔德·斯图尔德(Dugald Steward)对格劳秀斯的批评，他认为斯图尔德的批评缺乏敏锐性与客观性。可以毫不夸张地说，他逐条批判了斯图尔德的评论。

弗里德里希·尤利乌斯·斯塔尔(Friedrich Julius Stahl)是一位激进的批评家，他认为格劳秀斯的理论试图以公民权利的源泉——契约义务为基础，建构自然法的整体框架来得出最终结论；通过康德(Kant)和卢梭的进一步发展并直接引发了法国大革命。实际上，格劳秀斯认为义务是道德权利的规则(*obligans ad id quod rectum est*)与真诚的建议(*consilia honesta*)的分界线，前者指正直者负担义务，后者指不包含于法律的完美建议(*legis aut juris nomine non veniunt*)。斯塔尔认为，格劳秀斯率先提出了如下观点：除非依据契约关系，否则国家本身对国民没有强制的权力，国家只有为个人服务的目的。这种思想正是一个世纪后席卷欧洲政治社会的理论精髓。格劳秀斯所阐述的思想，起初犹如小雪花，从山巅释放，但是在它盘旋降落的过程中体积和容量不断增大，最终积聚了雪崩般的巨大能量沉落到山谷深处。

如艾仁思(Ahrens)所说，尽管存在一些负面批评，我们不能忘记，格劳秀斯正是通过他的《战争与和平法》对主张专制的马基雅维利(Machiavellian)的欺骗政策
(policy *des Lugs und Trugs*)给予致命的打击，使《威斯特伐利亚和约》(*Peace of* 182
Westphalia)的签署成为可能，该和约开启了新时代，确立了法律面前所有宗教一律平等原则，赋予了变革的合法性。《战争与和平法》的需求量如此之大，以至于到1758年，已印制45次，该书还是欧洲各大学的教材。但是格劳秀斯却没有从中获得任何金钱回报，他的酬劳只不过200本赠书而已，他还将其中的大部分送给他的朋友、法国国王以及法国王室的一些权臣，剩下的以每本1克琅的价格出卖，所获收益远不及他在这本书上投入的心血。瑞典的奥德罗普(Gustavus Adolphus)对格劳

秀斯的著作非常崇拜，在指挥战争时也随身携带，吕岑会战(Lützen)结束后，人们在他的枕头下面发现了这本《战争与和平法》。但是另一方面，这本书受到了教皇的批判并被列入需删改的作品之列(*Index Expurgatorius*)，不过巴贝拉克(Barbeyrac)很理性地评价说，这种批判其实是最高的荣誉，否则人们会错误地以为，该书作者支持彻底废除自然法和国际法的专制政体主义。

其他作品

除了前面已经提及的著作外，格劳秀斯还有下列作品：

(1)《雅典、罗马与巴达维亚国家的比较优势研究》(*The Comparative Merits of the Athenian, Roman, and Batavian Nations*)(1602年)。

(2)《论海洋自由或荷兰参与东印度贸易的权利》(*Mare Liberum de Jure quod*
183 *Batavis competit ad Indica commercia*)，在这篇论文中，针对当时葡萄牙独占东部海域(Eastern Seas)的声明，格劳秀斯坚持认为所有海洋都是自由的，任何一个国家不得私自占有。这篇文章其实是《战争与和平法》的一个章节，在未经格劳秀斯允许的情况下，该文于1609年单独发表，最初没有引起很大的反响。但是，到了1623年，约翰·塞尔登(John Selden)发表《闭海论》(*Mare Clausum*)，猛烈抨击格劳秀斯这篇文章，支持英国在独占的海域驱逐荷兰渔民，其中很多论据都是格劳秀斯首先提出的。由于塞尔登确立了与英国的孤立地位和海上霸主光环相适应的国际法原则，他的爱国行为受到了国王和祖国的高度赞赏，而格劳秀斯则被监禁、流放。三个世纪的历史证明了格劳秀斯主张的公海自由航行的观点是正确的。现代国际法学已经采纳了宾克尔舒科(Bynkershoek)在《海洋主权论》(*De Dominio*)中所提出的大炮射程说(canon-shot limit)。俄国在19世纪试图重新挑起有关白令海和阿拉斯加地区的争议。阿拉斯加原属俄国，如今已纳入美国的版图。而美国在晚近时期(still more recently)也试图突破宾克尔舒科学说的限制，但未能成功。

(3)《格劳秀斯全诗集》(*Hugonis Grotii Poemata Omnia*)，首次出版于1616年，汇集了格劳秀斯的爱国诗歌、格言警句、挽歌、婚礼颂歌、史诗和三部戏剧，即便不能仅凭这些作品就赋予他天才诗人的桂冠，但诗集中蕴含的广博学识和优雅用词，可谓是上乘之作。

(4)《希腊悲剧和喜剧摘录》(根据手稿及拉丁译文作了修订，*Excerpta ex Tragediis et Comediis Graecis, emendate ex Manuscriptis et Latinis Versibus reddita*，1626年)。

(5) 欧里庇德斯悲剧。《欧里庇德斯的悲剧〈腓尼基妇女〉》(根据手稿及雨果·格劳秀斯的拉丁译本作了修订，Euripidis Traged. Phenissae, emendate ex Manuscriptis, et Latina Facta ab Hugone Grotio，1630年)。

(6)《卢坎的〈法尔萨利亚或恺撒与庞培之间的内战〉》(*Lucani Pharsalia, sive de Bello Civili inter Caesarem et Pompejum, libri*, 10 卷,1609 年),这个辑子包括有精心制作的校订本和评注。

(7)《斯托巴欧斯选集》(*Florilegium Stobœi*, 1622),这是一本希腊古诗的拉丁语译本,它遵循了斯托巴欧斯(Joannes Stobaeus)选集的精神,包含了上百个摘录, 184
几年后,格劳秀斯发表了与之风格相同的续集,收录了他取自希腊悲剧和上述第四项的喜剧中的摘录。

萨尔马修斯于 1606 年从海德堡著名的巴拉蒂那图书馆(Bibliotheca Palatina)中的文献发现,花甲之年的格劳秀斯还在孜孜不倦地准备将希腊诗文集翻译为拉丁文,可惜未及译作出版,格劳秀斯就驾鹤西去了,最终于 1795 年,由他同胞附上希腊文本一并出版。和其他著作一样,格劳秀斯通过透彻、优美而准确的论述,表达了同样的愿景——优美的诗文中,流露了对和平的愿望并认为后人会感激我们的付出:

> 慢慢地接受即便不是最好但也是较好的事物,
> 这表达了我们对和平而非灾难的热爱。
> 你曾说过,我们的辛劳即使令此世不悦,
> 后人也会感激我们的付出。
> (*Accipe, sed placidé, quae, si non optima, certé*
> *Expressit nobis non mala pacis amor.*
> *Et tibi dic, nostro labor hic si displicet aevo,*
> *A grata pretium posteritate feret.*)

这就是世界上最伟大的天才的生平和著作,他是知识界当之无愧的精英,后世一直以法国国王亨利四世的预言——"荷兰的奇迹在此"(*Voila le miracle de la Hollande*)来盛赞他的才华与智慧,彼时,格劳秀斯还只是一个十多岁的少年。

(撰写:The Late Sir William Rattigan)

185

10. 塞尔登[①]
(Selden)

（英国法学家塞尔登）

古希腊吟游盲诗人荷马（Homer）在他的伟大史诗《伊利亚特》（*Iliad*）[②]中慨叹道：“埃阿斯（Ajax）[③]或者赫克托（Hector）[④]轻而易举就能将巨石掷出，而今，能力退化的人类即便两个人一起也不能像他们那样把巨石举起来”。

而当我们审视塞尔登时，我们感受到了一个来自17世纪的真正的史诗式英雄的气息。他是一位集学者、法学家、历史学家、政治家和考古学家于一身的杰出人物。他学识渊博，著作等身，作品包括《荣称论》（*Titles of Honour*）、《英格兰的犹太人》（*Jews in England*）、《叙利亚诸神》（*Syrian Gods*）和《什一税史》（*History of Tithes*）；还有一些相对次要的作品，诸如《犹太人历法》（*Jewish Calendar*）、《阿伦德尔碑石集》（*Arundel Marbles*）[⑤]和《席间漫谈》（*Table Talk*）等。这些作品无不迸发出智慧和风趣的火花。他像是“跑在诺亚洪流前的一个巨人”。和他相比，我们现代人已然可悲地退化了。

---

① 本节内容的发表已得到了《法律时代》（*Law Times*）所有者的许可。

② 《伊利亚特》是古希腊诗人荷马（Homer）的叙事诗史诗，是重要的古希腊文学作品，也是整个西方的经典之一。——译者注

③ 埃阿斯（Ajax），特洛伊战争中的英雄。——译者注

④ 赫克托尔（Hector），据荷马所著的《伊利亚特》，他是特洛伊王子，是普里阿摩斯和赫卡柏的长子，被阿喀琉斯杀死。——译者注

⑤ 《阿伦德尔碑石集》（*Arundel Marbles*）是塞尔登于1628年对托马斯·霍华德（阿伦德尔伯爵）（Thomas Howard, Earl of Arundel）所收藏的关于希腊艺术和历史的大理石所做的目录。——译者注

塞尔登的出生地和早期岁月

塞尔登(Selden)的父亲是一个自耕农,收入微薄,每年仅 40 英镑左右。塞尔登一家住在萨塞克斯郡(Sussex)沃辛(Worthing)附近的西塔灵(West Tarring)以北半英里远的小村庄萨尔温顿(Salvington);但就像莎士比亚(Shakespeare)一样,塞尔登的身体里流淌着贵族的血液:这源自他的母亲玛格丽特(Margaret)——拉辛顿(Rusington)的托马斯·贝克爵士(Sir Thomas Baker)的女儿和唯一的继承人。

1584 年,塞尔登于萨尔温顿降生。相较于因为赫西俄德(Hesiod)①而闻名的维奥蒂亚(Boeotia)②,萨塞克斯郡并没有因为见证了塞尔登的诞生而变得出名。塞尔登降生的小屋存在至今,人们将其称为“镶花之屋”(Lacies)。门楣上刻有几行字,据说是塞尔登在不满十岁时所题写,大意是:

“来!正直的人!如果您到访,寒舍绝不闭门,请进来入座!如果你是盗贼,请自觉远离!本屋绝不欢迎。”

奥布里(Aubrey)③告诉我们,塞尔登的父亲热衷于音乐,小提琴拉得非常好。“在圣诞节的时候,为了自己取乐和助邻居欢欣,当邻居们跳舞时,他会为其伴
奏”——这俨然是《韦克菲尔德牧师传》④中所描述的田园生活。“在一次圣诞宴会 186
中”,奥布里接着说,“还是年轻学生的塞尔登,因其出众的才华而被引荐给考古学家的妻子科顿夫人(Lady Cotton)。”

世人动辄宣称当今教育已经普及。如果教育是鲍恩勋爵(Lord Bowen)所批评的“泛滥、快速、填鸭式的教授”,那么不妨认为我们已经拥有了教育。但我们真的像我们的先辈那样认真地对待教育吗?以塞尔登为例,他最初在奇切斯特(Chichester)的教会文法学校(Free Grammar School)⑤读书,该校由斯托里主教(Bishop Storry)于 1497 年创办。在 16 岁时,塞尔登离开那里去了牛津的哈特学院(Hart Hall)。哈特学院的前身是仍在世的老一辈牛津人所熟悉的马格德林学院(Magdalen Hall)。而后,哈特学院更名为年轻一代所熟知的赫特福德学院(Hertford College)。在牛津度过了大学四年的时光后,他接着在位于伦敦的克利福德

---

① 赫西俄德(Hesiod,约前 8—前 7 世纪),与荷马齐名的古希腊诗人。主要作品有《工作和时日》(*Works and Days*)和《神谱》(*Theogony*)。——译者注

② 也译为波奥提亚、比奥提亚、彼奥提亚、贝奥提亚等,古希腊城市。——译者注

③ 约翰·奥布里(John Aubrey, 1626—1697),英国古董收藏家及作家,其代表作品为《短暂的生命》(*Brief Lives*)。——译者注

④《韦克菲尔德牧师传》(*The Vicar of Wakefield*, 1766),是英国著名作家奥利弗·戈德史斯密(Oliver Goldsmith, 1728—1774)的著作,歌颂朴实自然的田园生活。——译者注

⑤ 教会文法学校(Free Grammar School)是指在当时由教会控制和兴办的免费学校。——译者注

(Clifford)法学院开始了他的法律生涯，此后，按部就班地进入律师会馆(Inn of Court)①——内殿律师会馆。在那里，他为获得律师从业资格度过了八个多年头，即从考入大学到获准进入法律界前后跨度十二年。但现在，我们所满意的高等教育时间是多久呢？大概仅仅是那段时光的三分之一吧。

塞尔登所在的律师事务所位于纸业大厦(Paper Buildings)，在办公室里就可以俯瞰整个花园。“事务所在整栋建筑的最高层，在那里，有一个供其出入的走廊。”在律师界，他获得了“意见提示者”(giver of opinions)的美誉。在遇到需要专业知识的案件时，同行们经常向他求教。但是，进行大量的法律实践并不是他的全部抱负，他也不满足于做一名律师。他说：“普通法必须有唯一的表达——这一众所周知的说法对我从来不起作用。(The proverbial assertionthat that Lady Common Law must lye alone never wrought with me)”法律应当通过文学作品的方式得到自由表现。

考古学家协会——本·琼森(Ben Jonson)

上文提及的著名考古学家科顿，当时居住在威斯敏斯特(Westminster)，靠近旧宫(Old Palace Yard)②。其房子及连带的花园一直延伸到河边——现今的英国国会上议院也位于河边的某一处。科顿在他的房子里珍藏了大量华丽辉煌的藏品，如手稿、钱币、碑石和其他历史遗物。遍及全国的学者们将科顿家的藏书室选为聚会的场所。

科顿将塞尔登视为志趣相投的朋友，让他自由使用其藏书丰富的图书室，同时，还热情地将自己的房子借给他使用。通过科顿的引荐，塞尔登结识了上流社会的学者、考古学家以及诗人们，如卡姆登(Camden)、斯贝尔曼(Spelman)、约翰·戴维斯爵士(Sir John Davies)、迈克尔·德雷顿(Michael Drayton)和本·琼森。

本·琼森是塞尔登的仰慕者，也是其挚友。此外，他还是同时代学者中最为博
187 学的一位。在英国国王詹姆斯(James)一世即位后不久，拥有诗人声望的本·琼森和查普曼(Chapman)在一出名为《向东去啊》(*Eastward Hoe*)③的戏剧中，因讽刺打趣苏格兰人而得罪了国王和宫廷。为此，这两位不走运的剧本作者被关进了监狱。有传闻说，他们的耳朵和鼻子将会被割去。然而，他们直到被释放也没有遭受到这种耻辱。

---

① 律师会馆(Inn of Court)：英格兰和威尔士地区的辩护律师(barrister)必须是位于伦敦的四家律师会馆的成员：林肯律师会馆(Lincoln's Inn)、内殿律师会馆(Inner Temple)、中殿律师会馆(Middle Temple)和格雷律师会馆(Gray's Inn)。律师公会对其成员拥有监督和训诫的权利。——译者注

② 旧宫(Old Palace Yard)位于议会(Houses of Parliament)西侧，东临威斯敏斯特大教堂(Westminster Abbey)。——译者注

③ 《向东去啊》(*Eastward Hoe*)，亦作 *Eastward Ho*，由乔治·查普曼(George Chapman)，本·琼森(Ben Jonson)和约翰·马斯特(John Marston)于1605年出版。——译者注

为了庆祝被释放，他们宴请塞尔登，表示感谢（其在琼森获释中的贡献）[①]。琼森的母亲也出席了宴会。在宴会上，这位慈祥的老妇人向儿子举杯祝贺，并展示了她准备的纸张。她说，如果他真的要被执行割耳鼻的刑罚，就让儿子把这张纸混着酒喝下去，那将会是一杯强力毒药。为了说明其母亲想出的策略并不是无教养的妇人之计，琼森赶紧补充说，其母亲其实当时已经下定决心自己喝下第一杯毒酒。

欢快且充实的日子

在科顿家的学术圈子的强烈影响下，塞尔登不久便成为了一名作家。他从周围无与伦比的知识宝库中吸收着养分：时而与格劳秀斯（Grotius）就《海洋封闭论》（*Mare Clausum*）[②]一书进行辩论；时而研究英国早期居民的历史；时而就本·琼森的戏剧《狐》（*Volone*）发表赞赏的诗篇；时而对决斗或者决斗审判进行研究；时而对迈克尔·德雷顿精彩且诗意的英格兰、威尔士游记进行注释——后来，这些注释结集为著名的（地形学著作）《多福之国》（*Polyolbion*）一书；时而关于大法官职位进行论述，甚或写出《布朗田园诗简介》（*Introduction to Brown's Pastorals*）一书。

无论话题是什么，塞尔登渊博的学识和流畅的笔触都可以随时对之进行完美的阐释。然而上述作品与他更为纯粹的作品相比，仅是涂鸦之作而已。在他的作品中，律师们最感兴趣的也许是他关于法庭辩论的专论。他以自己的博学和实战经验，详细地描述了控辩双方如何在法官面前相互对抗，像装备了坚固堡垒和方形盾牌的武士一样；如何互相协作，并轮流提出自己的质疑；以及他们怎样对抗，直到有人弃械投降，或者有救星出现。

塞尔登从不迷信。但是，人们疑惑的是，塞尔登为何会坚持一个古老的观念——向上帝控诉是合理的，即上帝会维持正义。“战争是合法的，”他在其《席间杂谈》中说，“人是万物灵长，对于人与人之间的冲突，上帝是唯一的法官。现如今，
如果两人之间出现分歧，并且不能根据人类的证言来裁决，那为何不能在得到君主 188
许可之后，交由上帝来裁判呢？”

《荣称论》和《什一税史》

1614 年，继《席间杂谈》之后，塞尔登的《荣称论》出版了。该书也使塞尔登的名望达到了顶点。该书讲述了荣称的历史，涵盖了国王和红衣主教，独裁者和可汗，

---

① 作者在此处没有说明感谢塞尔登的原因。由于，塞尔登是业界闻名的律师，他在本·琼森的释放过程中应该发挥了律师的作用。——译者注

② 也译为《锁海论》、《海洋闭锁论》、《领海论》等。塞尔登于 1618 年完成此书。格劳秀斯则著有《海洋自由论》（*Mare Liberum*）。——译者注

公爵和伯爵，伯爵领主(Landgrave)和侯爵(Margrave)[①]，男爵和骑士等荣称。该书还讲述了与每个荣称相匹配的仪式、勋章，以及荣称授权典礼的历史等等。该书显示了他广博的知识面，直到现在仍受到古文物研究者和纹章学研究者的追捧。他的朋友本・琼森，在书的序言里向他致意：

你足不出户，现在却是全国皆知：
我该对你哪方面的优秀表达爱慕？
是你的能力，还是对事情的执著信念？
抑或是财富和教授灌输的意志？
又或是你不知疲倦的努力搜集的成果？
是你慷慨的诲人不倦么？
是什么样的谎言使你恼怒？
何种事实有赖于你的澄清？
人们在不停地探寻古老的遗物，而却轻视判断评价；
欺诈被打上了耻辱的烙印，而这催生了权威吗？

1616年，塞尔登出版了一部很有价值的著作——《首席法官福蒂斯丘的英格兰法之注释》(*Commentary on Chief Justice Fortescue's Leges Angliae*)；次年，又发表了他的《诸神论》(*De Deis Syriae*, the *Golden Calf*, *Apis*, *Baal*, *Moloch*, *Astarte*, *Astaroth*)和《犹太人的结婚与离婚》(*Marriage and Divorce among the Jews*, *Uxor Ebraica*)。这两部作品都洋溢着东方文化气息，但并非舶来品，而是塞尔登原创的研究成果。此后，他的《什一税史》面世。在该书中，他坚决主张什一税的依据不是神权。这个观点使他为神职人员所深恶痛绝。英国国王詹姆斯一世将其书放在西奥伯尔德(Theobalds)宫殿供大家翻阅。而大主教劳德(Archbishop Laud)强迫塞尔登写文章改变之前的论调——这不得不让我们想起，意大利天文学家伽利略(Galileo)也曾被教会胁迫，并放弃被罗马教廷认为是异端邪说的日心说观点。

在整个文学史上，从未出现过在短短的十年间却有如此惊人的文学创作的情况。而这活跃的十年恰好横跨塞尔登26岁到36岁的时光。这些作品是如何被他完成的，这仍是个谜。威尔金(Wilkin)所编辑的书中关于上述文学活动的推测，使意图了解真相的人更加迷惑。但毋须怀疑的一点是，他一定是绞尽脑汁地争分夺秒创作。和中殿律师会馆图书馆(Middle Temple Library)的创始人一样，他应该会说"世间没有比损失时间更糟糕的事情"。即使在理发的时候，如果有灵感从脑中

① 伯爵领主(Landgrave)和侯爵(Margrave)：这是两种起源于德国的头衔。——译者注

闪过，他也会迅速地将其记录下来。有一次，当莱登(Leyden)的大学者艾萨克·弗休斯[①](Isaac Vossius)来拜访他时，因为当时他正忙于创作，故他在楼梯上大声说，他没有时间浪费在闲谈上。 189

“自由高于一切”——塞尔登的政治生涯

一篇文章如若能建立在伟人一生的基调之上，那么这篇文章通常是引人入胜的。对自由的热爱就是塞尔登的人生基调。他的座右铭“自由高于一切”在他的所有书中都曾出现，实际上是：

> 稀有的自由之爱(Love of freedom rarely felt)；
> 王座上之自由之爱(Of freedom in her regal seat)，
> 英国之爱——而非学童之热情(Of England-not the schoolboy heat)，
> 像凯尔特人那样的疯狂和歇斯底里(The Wild hysterics of the Kelt)。

正是这样的人生基调，使得生来是学者和隐士的塞尔登踏入了政治斗争的竞技场；也使他成了各种形式的暴政专制的敌人，不论这种专制来自国王抑或是“议会党”(Parliamentary Party)。这是纷扰最甚的时代——也许是英国宪法史上纷扰最甚的时期。“特权论”和“神权说”，虽然是英王詹姆斯一世时期的纯理论，但到了查理一世国王时期，已经成为施政实则。在接踵而来的斗争中，塞尔登成为议会党的领导者之一。在1628年，他与科克(Coke)共同起草了英国的新自由宪章——《权利请愿书》[②](*Petition of Right*)；次年，在关于吨税(tonnage)和磅税(poundage)[③]的辩论中，他上演了卓越而难忘的一幕：

一个名为罗尔(Rolle)的议员的货物因欠税而被查封。下议院对查封事件提出抗议，认为这种行为违法，且侵犯了议员的特权。下议院议长(Speaker)企图通过拒绝把争议问题提交表决的方式进行回避。塞尔登不同意议长的做法。他站出来说：“议长先生，如果我们命令您将问题提交表决，您也敢拒绝么？如果您不打算提交，我们只好就这么干坐着；这样我们永远也不能做任何事情。那些步你后尘的人会说：‘他们是遵照国王的命令不提交表决的。’我们坐在这里，是因为带有国玺的国王命令要求我们这么做。有权统治两院的高高在上的陛下任命您为议长，而现

① 艾萨克·弗休斯(Isaac Vossius)，亦作Isaac Voss，著名的荷兰籍学者，手稿收藏家。1618年生于荷兰莱顿(Leiden)，1689年卒于伦敦。——译者注

② 《权利请愿书》(Petition of Right)，英国宪法的渊源之一，于1628年由国会通过。——译者注

③ 吨税(tonnage)和磅税(poundage)，英国历史上的税赋形式，首先由爱德华二世(Edward II)征收。1787年的《税收合并法》(Customs Consolidation Act)取消了这两种税。——译者注

在，您却拒绝履行职责。”

议长回应道：“我接到国王的命令，休会直至三月十日，不用再提交任何表决。”接着，议长挣扎着离席，却被霍斯(Holles)和瓦伦丁(Valentine)两个年轻力壮的议员牢牢按在椅子上，[1]直到下议院发布声明：(1)反对教皇制度(Popery)和亚米纽斯
190 教派(Arminianism)[2]；(2)反对吨税和磅税。

查理国王认为这次事件“极大地蔑视皇权和政府，并煽动暴乱”。参与此次事件的塞尔登和其他一些人被关进了伦敦塔监狱(the Tower)，而后被转移到马歇尔希监狱(Marshalsea)，最后被移送到威斯敏斯特的城楼(Gatehouse, Westminster)看管，直到1631年5月才被释放。

“不偏不党”

塞尔登所遭受到的上述不公平待遇如果加之于普通人身上，或许会使其记恨一世不能释怀，但塞尔登非但没有这样做，反而很好地平衡了心态。两年后，人们发现他作为内殿律师会馆的委员，组织了一次由伦敦四大律师会馆参与的盛大化妆舞会，以检验他们对国王的忠诚，以及是否厌恶普林(Prynne)所著的《讨戏子檄》(*Histriomastix*)[3]一书所隐藏的恶毒和下流。同年，他将自己的《海洋封闭论》献给查理一世，并署名为“卑微而最忠诚于您的臣民”。但是，没有人会认为塞尔登是一个趋炎附势的人，因为他在各个斗争的派系之间奉行着中间路线。

作为一个明智的人，塞尔登厌恶“狂热分子的极端信仰”，不管是对政府还是对教会。自从劳德主教逼迫他改变《什一税史》的论调后，塞尔登不再是主教的朋友。但他也没有对另一教派——长老教会(Presbyterian Party)表现出亲近。1643年，他成为威斯敏斯特“神学者会”(Assembly of Divines)的成员，并且用他的希伯来语、希腊语和其他古代的语言彻底征服了他们。当那些人引用他们的经文时，他会说：“在你们口袋中镀金的、被你们经常诵读的《圣经》的每页上，意思可能是这样的，而希腊语或希伯来语所强调的却是其他的意思。”塞尔登每次都能使他们哑口无言。

下面提到的对塞尔登的评价，也许可以更好地证明塞尔登的中立态度。查理国王曾考虑让塞尔登做他的大法官。如果不是福克兰勋爵(Lord Falkland)的劝告，

---

① 韩逋仙先生此处译文有不准确之处，读者可参见：[日]寺田四郎：《国际法学界之七大家》，韩逋仙译，2003年版，第99—100页。——译者注

② 亚米纽斯教派(Arminianism)是新教(Protestant Christianity)的一派，由荷兰宗教改革家雅各·亚米纽斯(Jacobus Arminius)创立。——译者注

③ *Histriomastix* 的英文全称是：*Histriomastix: The Player's Scourge, or Actor's Tragedy*，其作者威廉·普林(William Prynne)是一位清教徒(Puritan)。该书批评了英国文艺复兴阶段的戏剧，以及一些传统宗教节日，如圣诞节。该书引起了极大的争议，曾被列为禁书。——译者注

查理国王可能已经做出了任命。因为福克兰勋爵非常清楚，塞尔登不会接受这样一个职位。“他年纪大了，”克拉伦登(Clarendon)说，“而且体质较弱。这么多年来，他以自己喜欢的方式享受着闲暇；他也很富有，但他不会计划去约克(York)旅行，或是为了晋升而刻意安排。”“塞尔登长得很高大，”奥布里说，“我想他大概有六英尺高，长鼻子歪向一侧，有着全灰色的眼睛。”

塞尔登曾经在很长一段时间里做肯特伯爵(Earl of Kent)的执事(steward)。在伯爵死后，他继续陪伴伯爵夫人居住在怀特弗利(Whitefriars)的豪宅里。他从来没 191
有特定的仆人，但伯爵夫人的仆人都由他指拨调遣。奥布里说，(有传言称)塞尔登秘密地和伯爵夫人结了婚，但这值得怀疑。如果是这样的话，这也仅仅是一桩“权宜婚姻”(*mariage de convenance*)，因为塞尔登连女性朋友都没有，他称婚姻为“没有希望的事情”(desperate thing)。他说，“《伊索寓言》里的青蛙是极其聪明的。它们很想得到水，可是它们不会跳进井里，因为它们知道进去了就再也出不来了。”如果塞尔登有一位青春貌美、热情似火的年轻妻子，他也许会像《米德尔马契》(*Middlemarch*)①里那位博学的葛绍邦先生(Mr. Casaubon)那样，因为有一位多萝西娅(Dorothea)夫人而感到很不自在。

但塞尔登并不是一个索寞寡欢之人。“他的宴席上常常宾朋满座，也从来不缺少博学者相伴。”1654年，他死于水肿，并于伦敦圣殿教堂(Temple Church)②厚葬。他死后留下了一批非常有价值的图书资料，他的遗产管理人之一马修·黑尔爵士(Sir Matthew Hale)和其他管理人提出将这些资料捐献给林肯律师会馆(Society of Lincoln's Inn)。该协会也非常急切地想得到这批资料。但是根据相关规定，该图书馆应是一家对“其他三家律师会馆也开放的图书馆”，因此遗产管理人的上述愿望难以成行。这些藏书最终归属于牛津大学博德利图书馆(Bodleian)③，这让林肯律师会馆十分失望。

克拉伦登勋爵笔下的塞尔登

塞尔登的描写出自名家——克拉伦登勋爵(Lord Clarendon)之手。“他是这样一个人，”这位研究内战(Civil War)④的历史学家说，“没有任何形式的语言可以匹

---

① 《米德尔马契》(*Middlemarch*)：其英文全称是 *Middlemarch: A Study of Provincial Life*，由英国著名女作家乔治·艾略特(George Eliot)所写的著名小说。——译者注

② Temple Church是位于舰队街(Fleet Street)和泰晤士河(River Thames)之间的一座建于12世纪晚期的教堂。内殿律师公会(Inner Temple)和中殿律师公会(Middle Temple)都曾使用过这座教堂。——译者注

③ 博德利图书馆是牛津大学的研究型图书馆(research library)，它是根据重建人托马斯·博德利爵士(Sir Thomas Bodley, 1545—1613)的姓命名。该图书馆历史悠久，是欧洲最古老的图书馆之一。在英国，该图书馆在规模上仅次于不列颠图书馆(Britain Library)，位列第二。——译者注

④ 此处的Civil War指的是发生于1642年至1651年之间的英国内战。——译者注

配他的功绩和美德。正如在他杰出的作品中所展现的那样，他如此惊人地拥有遍及各个领域的渊博知识，掌握多种语言，以至于任何一个人都会把他想象成是一个活的图书馆。而且除了读书和写作外，他不会浪费一点时间。然而，他的仁慈博爱、和蔼可亲以及谦恭有礼仿佛受到过最好的宫廷教养。但他的温顺安良、慈悲宽厚和乐于助人的性格并非来自后天的教育。他所有作品中表现出来的风格似乎都很严厉、无情，有时甚至有些晦涩阴暗。这不能完全归咎于那些深奥的主题，对于这些主题他通常采用超越常规的方法进行描述，同时还兼具文体应有的美感，并大量使用古代语言。但他又是头脑最为清晰的论述者，擅长化难为易，并将其呈现为读者已经了解的东西。”英国诗人米尔顿（Milton）称他为“学者中的领袖，我们国家的光荣”。

192 塞尔登的《席间杂谈》

物之轻者，往往上浮于时流，其坚者，则下沉焉。论塞尔登之作品，亦可作如是观。塞尔登是历史研究方法的先驱，为了纪念他的考古学研究与法学研究，人们创建了塞尔登学会（Selden Society），以此向其表达敬意，并使它们不朽于世。但是，所谓“曲高和寡”，他的那些伟大的著作，却鲜有读者问津；用桑普森牧师（Dominie Sampson）[1]话来说，这些大卷的学术书籍本来可以招得众人“啧啧称奇”（Prodigious）。唯《席间杂谈》魅力犹在，颇受欢迎。“席间杂谈”这样的书名有着迷人的魅力。路德（Luther）、罗杰斯（Rogers）、科尔里奇[2]、约翰逊（Johnson）都用过这样的书名。在《席间杂谈》中，我们仿佛看到圣人、贤人或者学者们围坐在桌子周围，在亲切的气氛下愉快地交谈，充满了智慧和学识，用深入浅出的方法将深奥的哲理阐述为“普通人能理解的”语言。就像为塞尔登撰写传记的理查德·米尔沃德（R. Milward）所评价的那样，“即便像宗教的最高宗旨和国家首要任务这样的主题”，塞尔登也可写得浅显易懂。因为读者也指望在塞尔登的著作中找出“打趣的空话”。

在晚餐后提出一些深奥且有难度的论题来辩论——很多人害怕这会导致消化不良，然在当时，在一些学院和修道院保留着这样的习惯；在塞尔登的时代，许多重大问题亟待解决。因此，《席间杂谈》中的内容绝非卖弄学问，而是像科尔里奇说的“意味深重之金科”（weighty bullion sense）那样，蕴含着无上价值；它的内容远胜过那些巧妙的讽刺、粗俗的趣闻轶事。有人会说，伟大的法律家通常精明有余，但不

---

① Dominie Sampson 是沃尔特·司各特爵士（Sir Walter Scott，苏格兰历史小说家、剧作家、诗人）所写的小说《盖伊·曼纳林》（*Gay Mannering*）中的人物。——译者注

② 塞缪尔·科尔里奇（Coleridge，1772—1834），英国诗人、批评家、浪漫主义流派的倡导者。——译者注

够机智诙谐。然而，坊间却经常流传着关于塞尔登的风趣幽默。比如，男孩同父亲说："既然你娶了我母亲，为什么我不能娶你的母亲?"这样的逻辑能让男孩娶得他的祖母。还有一次，他说："不要说仇敌的坏话，而应赞美他。一旦你落入他的手中，他也许会待你好一点。"有个西班牙人在临死时就是这么做的。他的告解神父(confessor)为了让他忏悔，向他描述恶魔是如何折磨那些邪恶的人，并将他们打入地狱。在回应神父时，西班牙人把恶魔称为"我的主人"——"我希望我的恶魔主人不会那么残忍。"神父责备了他不分黑白。"对不起"，那个西班牙人说，"我之所以这么叫他，是因为我不知道死后会落入谁的手中。如果是恶魔，那么我希望他能看在对他说过好话的份上，对我好一点。"这种感觉就像受神感召的夫人向恶魔行屈膝礼那样。她说："做个恶魔实际上很好"(*It's aye gude to be ceevil*)。

我们经常震惊于塞尔登的大胆言论，尤其是在对待宗教问题上。这足以说明他最常用的话"自由高于一切"。"向异教徒宣讲是徒劳的"，他说，"一个人内心只能去遵从那些他认定的事情，而不是其他事情"——这种观点让我们想起托马斯·莫尔(Thomas More)对乌托邦人的一个最古老的原则的推理，即没有人应因其宗教信仰而遭受惩罚——"因为人们不信仰他们所喜爱的一切。(Because a man cannot make himself believe anything he pleases)"他接着说："宗教就像是服饰：有人穿的紧身短上衣(doublet)是开口的(slashed)，有人穿的是有缘饰的(laced)，也有人会穿全无装饰(plain)的，但每个人都穿着紧身上衣。因此每个人都有自己的宗教信仰，只不过在外观装饰上有所不同罢了。" 193

需要注意的是，塞尔登所处的时代，正是"迷信式的宗教"(fancy religious)盛行的时期。行为，即宗教信仰对人们生活的影响，是他所要考虑的。他说："看到一个追随训诫的人刚回到家就开始欺骗撒谎，这让我非常忧虑。"他说得非常实在。诚如他所言"博爱是一种美德，人们虽口上宣扬却未付诸行动!"塞尔登将"衡平法"(Equity)视为"无原则的事"(a roguish thing)。他说："就普通法(Law)而言，我们有一个衡量的尺度，知道我们必须信任什么。衡平法则全取决于大法官的良心。良心有广狭，衡平法亦不能不随之有广狭也。"在评价这句名言时，需要注意的是，在塞尔登发表这个言论的时候，所谓的衡平法尚未成为一种制度——"一种为一定规则所支配的、受先例所约束的、精心设计的制度"；衡平法尚未成为一种由哈德威克勋爵(Lord Hardwick)和埃尔顿勋爵(Lord Eldon)所独创的天才般的制度。塞尔登的传记作者对传记的读者或其他读者，作了如下中肯的告诫："在愉快的阅读时，应该识别故事发生的时代。在阅读时，应想象这些言论做出的时间和原因。这样才会给它们更多生命力以及独特的意味。"

人民的幸福

对于“人民之幸福，乃最高之法律”(*Salus populi suprema lex*)①这一格言，塞尔登有着精确的研究。他认为，该格言真意是“使之成为最高之法律”(*Suprema lex esto*)而非“为最高之法律”(*Suprema lex est*)。换言之，在《十二铜表法》(*Twelve Table*)中，“人民之幸福”并不是要去否认现存的法律，而是一种去推动所有法律和立法的精神和原则。对于“不知法者不免责”(*Ignorantia juris neminem excusat*)②这一格言，塞尔登对它的合法性解释是，“不是所有人都通晓法律，而是因为每个人都会把不知法当作辩护的托辞，且没有人能够驳倒它”。查理二世(Charles II)曾故意为难“皇家学会”的自作聪明的人们：装着金鱼的碗为什么比没有金鱼的碗要轻？关于这个问题，他们给出了许多堂皇的理由；而后，他们被告知，事实并非如此。塞
194 尔登说：“我们总是习惯性地在弄清事实之前，急着给出理由。有一次，罗伯特·科顿爵士对一只可能是摩西(Moses)或诺亚(Noah)的鞋子的东西大为赞叹，并对其不可思议的外形和样式赞不绝口时，科顿夫人提出了一个极好的问题，她说，‘但是，科顿先生，您确信这是一只鞋吗？’”

(撰写：Edward Hanson)

---

① *Salus populi suprema lex*，出自于西塞罗的《论法律》(*de Legibus*)一书，其大意是“人民的利益(或幸福)是最高法律”(Let the good of the people be the supreme law)，或者“人民的福利是最高的法律”(The welfare of the people shall be the supreme law)。——译者注

② *Ignorantia juris neminem excusat*，拉丁语法律格言，其大意是“不知法者不免责”(ignorance of the law does not excuse，或者 ignorance of the law excuses no one)。——译者注

11. 霍布斯
(Hobbes)

（英格兰法学家霍布斯）

托马斯·霍布斯（Thomas Hobbes）生于1588年，其父为英国威尔特郡查尔顿及威斯特波特的教区牧师（Vicar of Charlton and Westport in Wiltshire），他是家中的次子。4岁时，霍布斯被送往威斯特波特教堂读书，6岁开始学习拉丁语和希腊语。从一开始，霍布斯就接受了十分严格和高要求的教育。1602年3月初，少年霍布斯进入了牛津大学的马格德林学院（Magdalen Hall, Oxford）学习。无疑，在某种程度上他受到了学院的清教主义（Puritanism）的影响，而当时牛津大学依然保留着浓厚的中世纪经院哲学（scholasticism）的氛围，因此他受到这一势力的排斥。1607年底，霍布斯获得学士学位，并成为威廉·卡文迪什（William Cavendish）的辅导老师及朋友，卡文迪什后来是德文郡的第二伯爵（second Earl of Devonshire）。他与他的赞助人（patron）保持了长达20年的联系，1631年，霍布斯成为他的第一个学生[①]的长子的辅导老师。此后，他进行了一次较远的国外旅行，并于1637年回国。在欧洲大陆的长时间旅行过程中，他认识了诸多当时的思想家，其中包括伽利略（Galileo）、笛卡尔（Descartes）等人。尽管尚无法考证到具体的时日，但早在1626年以前，霍布斯就与弗朗西斯·培根有密切的交往了。莱斯利·斯蒂芬（Leslie Stephen）评价道："根据奥布里（Aubrey）[②]，霍布斯会根据培根的口述而写作，这表明培根认为霍布斯比其他助手（amanuenses）更睿智，霍布斯还帮助培根把

① 他的第一个学生应该是指威廉·卡文迪什；他的赞助人应该是指卡文迪什家族。——译者注
② 约翰·奥布里（John Aubrey, 1626—1697），出身于英格兰上流社会的一个乡绅家庭，是早期皇家协会的重要成员之一，培根的忠实追随者。——译者注

部分论文翻译成了拉丁文。然而，霍布斯却很少引用培根的观点，并且似乎没有受培根哲学思想的直接影响。”①不过，最有可能的是，霍布斯的法律观点受到了这位大法官思想的影响，而且可能追溯到一些司法思想上的一致性。

社会哲学

尽管霍布斯曾多年用心发展自己的哲学主张，但直到 1637 年才开始系统地形成他的哲学体系。1640 年，他完成了论文《法律要义：自然法与民约法》②(*Elements of Law, Natural and Politique*)，大约在 10 年后，分成两部分出版：一部名为《论人
196 性；政治的基本原理》(Human Nature, or The Fundamental Elements of Policy)；另一部是《论政治体：法律、道德与政治之要义》(*De Corpore Politico*, or Elements of Law, Moral and Politic)。1641 年，他完成了《论公民》③(*De Cive*)，并在书中阐释了他的政治和宗教理论，该书于 1642 年出版，1647 年再版，几年后又出版了英文版。此时霍布斯并不在英国。似乎是出于愤怒或什么原因，他于 1640 年 11 月匆匆离开英格兰前往巴黎，并在那里住了下来。在巴黎的 11 年里，他完成了《利维坦》(*the Leviathan*)这部不朽之作；该书稿送往伦敦出版，1651 年与读者见面。霍布斯被指控在书中支持克伦威尔(Cromwell)和“大革命”④(Great Revolution)的结果，但并未受到追究与处罚。⑤1651 年，霍布斯的确是与共和国⑥(the Republic)达成了妥协，其实很多更为杰出的保王党成员(cavaliers)也同样选择了妥协。1655 年，他终于能够出版他的简版哲学著作《论物体》(*De Corpore*)；该书“包含了他的哲学第一原理(first principles)，以及在数学和物理方面的学说。”完整版《论人》(*De Homine*)是论心理学，始终未出版，虽然他在 1658 年出版了一本同名著作，但其价值甚小。在这段时间中，霍布斯耗费了大量的时间，徒劳无益地与英国皇家学会(Royal Society)的思想家们争论。他并非一名数学家，故在早期与笛卡尔的争论中，并未获得成功；他在 1660 年至 1666 年期间与萨维尔几何学教授⑦约翰·沃利斯(John Wallis, the Savilian professor of geometry)之间的那场荒谬的争论也一样没有取得什么成

---

① 托马斯显然沿袭了像培根那样对科克的蔑视。

② 本书中译本已由中国法制出版社于 2010 年出版，译者是张书友。——译者注

③ 本书中译本已由贵州人民出版社于 2003 年出版，译者是应星、冯克利。——译者注

④ 克伦威尔用武力颠覆了英国皇室，杀了查理一世，在历史上如同一次“大革命”。——译者注

⑤ 在“有关普通法的对话”的论著中对此有足够的证据证明。

⑥ 1649 年，克伦威尔领导的议会军打败了王党军队后，于 1649 年 1 月处死了国王查理一世，同年 5 月 19 日，英国宣布为共和国。但是 1653 年，克伦威尔宣布就任“护国主”，实际上就是军事独裁专制，共和国名存实亡。——译者注

⑦ 萨维尔几何学教授于 1619 年由牛津大学创立。本职位，和萨维尔天文学教授，是由数学家和古典学者亨利·萨维尔所创立。——译者注

功。在卡文迪什家族的保护下，他在有生之年里不停地工作，直到 1679 年 12 月 4 日与世长辞，享年 92 岁。霍布斯晚年时，已声名显赫。在国内外，他既是被崇拜的偶像，也是被抨击的对象。对于特定阶级，霍布斯主义（Hobbism）成了罪恶的物种。1734 年，“作为典型的无神论者、唯物主义者、政治上的绝对主义者、自私伦理的布道者，他受到多方面的斥责”。然而，随着由霍布斯本人充满争议的态度和新奇的攻击方式所引起的那种特别仇恨的逐渐消失，人们不再质疑他敏锐的思想和出众的哲学观点。他点燃了英国人思想的火花。

上文提到过的斯蒂芬先生在他颇具价值的自传笔记[①]中曾说：

> 霍布斯对英国人的思想产生了发酵作用，在达尔文主义出现以前无人能出其右……的确，霍布斯（的思想）是培根（Bacon，1561—1629）、伽利略（Galileo，1564—1642）、开普勒（Kepler，1571—1630）、哈维（Harvey，1578—1657）以及笛卡尔（Descartes，1596—1650）等杰出人物开展的智识运动的产物。同时他受到了经院哲学的极力否认。在他所谓的“第一哲学”（*Philosophia Prima*）之中，他对“第一原理”问题只是走马观花、浅尝辄止，但没有认识到笛卡尔创立的现代哲学中回答最根本问题的重要意义。霍布斯彻底的唯名论（nominalism）是他最为显著的特点；同时，他极少受到培根的系统归纳法和实验等重要理论的影响。他认为物质的运动是终极的事实（ultimate fact），并运用几何学的方法，构想出普遍知识（universal knowledge）的基本科学体系。他的构想让人联想起赫伯特·斯宾塞（Herbert Spencer）[②]的一些观点……然而，霍布斯最伟大的成就在于其政治哲学，特别是在《利维坦》中得到了最充分的体现。正是在这座大厦的理论体系框架下，他后来努力提出的哲学的基础，与他的学说非常契合，但并非就是其基础。与同时代的其他思想家一样，他在很大程度上也受到了当时教派仇恨（sectarian animosities）引起的邪恶风气的影响。他的疗救方法是——主张教会完全服从世俗的权力，从而形成一国的宗教须依赖本国的世俗君主的理论，这种学说既不能从教会也不能从哲学家那里推论得出，因此，该理论既震惊了理性主义者（rationalists），也让正统派（the orthodox）感到极其诧异……为了证明其绝对主义，霍布斯将社会契约理论（doctrine of the social contract）——那一时期胡克（Hooker）和格劳秀斯（Grotius）已对此进行过阐述——解读为一种并非是君主与臣民之间的契约，而是臣民之间服 197

① 《全国名人传记辞典》第 27 册。

② 伯特·斯宾塞(1820 年 4 月 27 日—1903 年 12 月 8 日)，英国哲学家。他为人所共知的就是“社会达尔文主义之父”，所提出的一套学说把进化理论适者生存应用在社会学上尤其是教育及阶级斗争。——译者注

从君主的契约。他认为，国家的形成基本上是自然状态(state of nature)向前发展的唯一选择。否则，国家就会处于无政府状态，或者野蛮状态。君主权力至高无上和统一因此是文明生活的基本条件和表现形式。对于这一点，尽管有些保留，但他甚至将道德准则置于从属地位；他关于人性自私的独特理论，削弱了对暴力恐惧的约束力以及每个人对自身优点的希望。

但是，最后一句话带有误读的性质，因为最后霍布斯所谓的"暴力"理念中包含上帝(*Supreme Being*)运用的控制手段，并认为一切权力都源于神。

自然法则[1]

霍布斯认为自然法则(laws of nature)是一种戒条或一般法则，是"理性所发现的；它禁止人们去做损毁自己生命或剥夺保全自己生命的手段的事情，并禁止人们
198 不去做自己认为最有利于生命保全的事情。"他告诉我们，不可将自然法则与"自然权利(*jus naturale*)"相混淆，后者是指"每一个人按照自己所愿意的方式运用自己的力量保全自己的天性——也就是保全自己的生命——的自由。换言之，这种自由就是用他自己的判断和理性认为最适合的手段去做任何事情的自由。"[2]上述的法则和权利不可与我们可以称作"市镇来源"(municipal origin)的法则和权利相混淆。霍布斯反对奥斯丁(Austin)将"法"定义为"对个体或者群体具有强制性权力的命令。"[3]在对"法"的这一定义的解释中，霍布斯是这样认为的："人类的欲望和其他激情并没有罪。在人们不知道有法律禁止以前，从这些激情中产生的行为也同样是无辜的；在法律没有制定以前他们无法知道法律禁止的，而法律的制定在他们同意推定制定者前也是不可能的。"[4]在这一段落中，霍布斯对自己自然法则和自然权利的构想，似乎没有像原来那般全是赞许，但也许，或者可以肯定地说，这并非他的本意。在霍布斯的学说中，关于人类中的最初或原始"战争状态"(state of war)的阐述毫无疑问是在暗示，在"市镇权威"(municipal authority)出现之前，是一种"不用承担责任的、无罪的状态"(irresponsible sinlessness)。此外，由于自然法则是"由理性所发现的"，所以霍布斯大概认为，在人类原始的混乱状态时期，这些法则仍然含

[1] 本文将"laws of nature"译为"自然法则"，而将"law of nature"及"natural law(s)"译为"自然法"。——译者注

[2] 《利维坦》，第一部分，第14章。本段译文参考了〔英〕霍布斯：《利维坦》，黎思复、黎廷弼译，商务印书馆1985年版，第97页的文字。需要说明的是，商务印书馆的版本将此处的"laws of nature"译为了"自然律"。——译者注

[3] 《计算或逻辑》，第5章(威廉姆·莫勒斯沃斯爵士的版本，第1卷，第74页引自该文)。参见《论政治体制》(*De Corpore Politico*)及《关于普通法的对话》。

[4] 《利维坦》，第一部分，第13章(第3卷，第114页)，本段译文援用了商务印书馆1985年版《利维坦》的译文，第95页。——译者注

糊不明(*in nubibus*)。人类不自觉地忽略自然法则的后果,可能会使他们对此有一种出于本能的欣赏,并最终将自然法则确立下来。当我们考虑霍布斯阐明的法则时(当然,我们暂且是在假设霍布斯学说的进化过程),这个问题会变得非常清晰。"自然的首要法则,也是根本的法则(first and fundamental law of Nature)"是"寻求和平,然后信守和平"。之后,他还提出了"自然权利的概括"(the sum of the right of nature)的观点,即"采取一切可能的方法,来保卫我们自己",这一阐释是对上述论断的补充。

最初的"战争状态"赋予每个人做任何事情的权利。自然第一法则(The first law of nature)通过默示的形式修改了这一权利。自然第二法则中则包含了对这一权利的准确修改,它说:"在别人也愿意这样做的条件下,当一个人为了和平与自卫的目的认为必要时,会自愿放弃这种对一切事物的权利;而在对他人的自由权方面 199
满足了相当于自己让他人对自己所具有的自由权利。"[1]放弃的权利换得的即是限制其他人自然权利的权利。[2]考虑到让出权利的人得到特定的转让至本人名下的权利,这样的过程就已实现。"权利的互相转让,就是人们所谓的契约。"当不具有相互性(mutuality)时,这样的权利转让就是赠与(gift)。当我们达到"自然法"(natural law)的这个阶段时,就必须有一些明确的强制力的存在,因为只要契约中还有任何需要履行的部分,就会有霍布斯称之为"期约"(pact)或"信约"(covenant)[3]的存在,而如果没有强制性来保证它们的实施,那么,"期约"或"信约"就不会实现。

> 如果信约订立之后双方都不立即履行,而是互相信赖,那么在单纯的自然状态下(也就是在每一个人对每一个人的战争状态下),只要出现任何合理的怀疑,这契约就变为无效。但如果在双方之上有一个共同的并具有强制履行契约的充分权利与力量时,这契约便不是无效的。[4]

然而,强制力并不必然是"市镇武力"(municipal force)。它所需要的,仅仅是能够约束契约当事人履行契约的强制力。"可以指靠的激情是畏惧。这种激情有两种十分普遍的对象,一种是不可见的神鬼力量,另一种是失约时将触犯的人的力量。在这两种力量中,前一种力量虽然较大,但就畏惧感讲来,一般是后一种产生

① 本段译文援用了商务印书馆1985年版《利维坦》的译文,第98页。——译者注

② 该论断可以和但丁在《论君主政制》(*De Monarchia*)中的权利定义相比较"人与人之间所维持的动产和不动产的均衡维持了整个人类社会,当被侵犯时会作出回应。"(维克斯蒂德译)。但丁根据摘要《法律是一门良好的艺术》(*Jus est ars boni et oequi*)总结出此定义。

③ 在商务印书馆版的《利维坦》译本中,pact除译为"期约"外,还译为"公约"等;而covenant除译为"信约"外,也翻译为"盟约"等。——译者注

④ 本段译文援用了商务印书馆1985年版《利维坦》的译文,第103页。——译者注

的畏惧较大。对前者的畏惧在每一个人身上来讲就是他自己的宗教，在文明社会出现以前就在人类的本性之中占有其地位。”①

最后一句话是很有意义的，因为其将自然法则的约束力归结为信仰和外部力量。霍布斯宣称，当事人之间的契约是不受世俗权力(civil power)管辖的，便彼此相约到所畏惧的神面前去发誓；但他还补充说：“同时也可以显然看出，誓言不能增加约束力。因为信约如果合法的话，就不论有没有誓言，在神的眼中都是有约束力的。”②

如果翻开《论自由》(*Of Liberty*)③一文，我们可以发现，自然法被描述为“正确
200 理性的指令”(dictate of right reason)。霍布斯告诫读者，“所有学者都对自然法的定义避而不谈，尽管他们在写作中常常使用这个概念。”两个世纪里，一直没有一个公认的自然法概念，在霍布斯这位哲学家死后，这种情形又过了很长时间。

在司法思想方面，霍布斯的成果极少。《论自由》的第二章和第三章，实际上是《利维坦》里面有关自然法则论述的一个转写(transcript)。④他将“自然法”定义为“正确理性的指令”；将“自然的首要法则，也是根本的法则”表述为：“在能找到和平的地方，要寻求和平；在不能找到和平的地方，要通过战争来帮助实现和平。”“第一特别法”(the first special law)正源于此，它和上文提到的“第二自然法则”(the second law of nature)相对。因此“第一特别法”是“所有的人对不能保留的一切事物的权利；但一些特定的权利必须转移或者放弃”。

《论自由》的第三章题为“论其他自然法则”(Of the other Laws of Nature)，内容紧接《利维坦》第一部分的第十五章。第二特别法的目的在于“履行契约，或保持信任”。在《论自由》一文中有这样的阐述，第二特别法是“自然法的一个戒条(a precept of the natural law)”，因为它“是获得和平之必需”。《利维坦》中说，“自然法是正义的源泉和起源”。将这一定义与柏拉图(Plato)对正义(justice)的定义相比，是一件很有意思的事情；柏拉图认为⑤，正义是一种自然的和谐和健康的思维习惯。但丁(Dante)在《论君主政制》(*De Monarchia*)中指出，正义是不偏向任何一方的正直或者规则。边沁(Bentham)修正了这一概念：“在两种相反的行为方式中，你想知道哪一种更具有优先性吗？计较出两者的善与恶，然后去选择能够实现‘更大限度的善’(the greater sum of good)的那个。”事实上，霍布斯像边沁一样功利(utilitarian)，但又像但丁一样热爱衡平。“最大限度的善”即为最终的目标。他说：“正义……是理

---

① 本段译文援用了商务印书馆 1985 年版《利维坦》的译文，第 107 页。——译者注

② 本段译文援用了商务印书馆 1985 年版《利维坦》的译文，第 108 页。——译者注

③ 见《霍布斯全集》(英文版，The English Works of Thomas Hobbes)第 2 卷，第 16 页。据译者查阅资料，第 2 卷《论自由》正文共 319 页，其中 Of Liberty 是第一篇，共 62 页。——译者注

④ 论述的第一部分《论政治体制》(De Corpore Politico)，莫勒斯沃斯爵士的版本，第 4 卷，充分论述了自然法，并将其划分为主要法则和次要法则。

⑤ 《论共和国》(*Republic*)第 4 卷。

性的规则。因此，禁止人们去做损毁自己的生命的事情，便称为自然法。”这种功利 201
主义观念在他的“第七自然法则”(seventh law)中有所阐述；该条法则宣称，刑罚的
程度当取决于刑罚能产生多少积极的效果。“人们关注的重点不是过去的恶有多
么深重，而是关注会产生多大程度的善。”“第九自然法则”(ninth law)则是卢梭
(Rousseau)的学说的前瞻——“每个人都需承认他人在本质上与自己是平等的”。

在《论自由》和《利维坦》两部作品中，我们可以看到，霍布斯在其中阐述了相同的自然法则观点。从前者中，我们可以看到，“自然法则是不可改变和永恒持久的：自然法则所禁止的，永远不可能成为合法的；自然法则所要求的，永远不可能成为非法的”。从后者中，“自然法则是永恒不变的。不义、忘恩、骄纵、自傲、不公道、偏袒等都决不可能成为合乎自然法则的。因为决不会有战争可以全生而和平反足杀人的道理。这些自然法则由于只对欲望和主观努力具有约束力，我所指的是真诚与持久的努力，所以便易于遵行。因为，既然自然法则所要求于人的只是努力，努力履行这些自然律的人就是实现了它们，而实现了自然法的人就是正义的。”①

霍布斯在其进一步建立自然法理论学说过程中，直接遇到了观点上的难题。
他通过逻辑思维进行推理并得出了“实现了自然法的人就是正义”的观点，“研究这
些自然法的科学是唯一真正的道德哲学，因为道德哲学就是研究人类相互谈论与
交往中的善与恶的科学……由于研究美德与恶行的科学是道德哲学，所以有关自
然法则的真正学说便是真正的道德哲学”。②在《论自由》一文中，霍布斯补充说：“所
有学者确实认为，自然法就是道德。”那么，道德就是自然法吗？霍布斯自然感到解 202
释起来很困难：“这些理性的规定人们一向称之为法，但却是不恰当的，因为它们只
不过是有关哪些事物有助于人们的自我保全和自卫的结论或法则而已。正式说
来，所谓法律是有权管辖他人的言论。但我们如果认为这些法则是以有权支配万
事万物的上帝的话宣布的，那么它们也就可以恰当地被称为法。”③这样，霍布斯再
一次向我们表明，法是“超自然权力”(a supernatural power，上帝)发出的“他的命令
或是具有强制性权力的命令”。人们违反自然法，明显会自动受到其惩罚，这会促
使人们增长经验，并认识到自然法的客观存在；并促使人们将之前存在的自然法制
定为法律并加以服从；以及促使人们承认隐藏在自然背后的创造性力量，如同立法
者(Law-giver)创制的能够确保世间万物安全的法律及其条件并加以服从。创造生
命的上帝，必须制造一个供这个生命居住的居所；必须创造一个能确保这个生命存

① 本段译文援用了商务印书馆1985年版《利维坦》的译文，第121页。——译者注

② 《利维坦》，第3卷，第147页。本段译文援用了商务印书馆1985年版《利维坦》的译文，第122页。——译者注

③ 同上，第一部分，第十五章；也可见在《论自由》的文章，第三章，及《论政治体制》。比较但丁在《论君主政制》中断言“权利。因为是善，它首先存在于上帝的心中”。

续和繁衍的条件。这些条件包含在所谓的自然法则之中。这似乎就是霍布斯采纳的观点。这是一种逆向推理的论证方法。从这一自然法则的论证中，我们推断出上帝。我们认为自然法则起源于上帝，这是一种“直觉概念”(intuitive conception)。

康德与自然法则

伊曼努尔·康德(Immanuel Kant，1724—1804)在他的《道德形而上学》(*Metaphysic of Morals*)一书中，借鉴了霍布斯的部分观点。在这部作品中，他提出要使外在立法(external legislation)成为强制性法律(obligatory laws)。它们通常称为“外在法律”(external laws)。“那些外在法律即使没有外在立法，其强制性(obligatoriness)也可以为先验理性(reason a *priori*)所承认的话，就称之为‘自然法’。那些法律若无外在立法就无强制性时，就叫作‘实在法’(Positive Laws)。因此，可以设想，外在立法包含着纯粹的自然法。可是，在这种情况下，就必须假定一条，在先的自然法来确认制法者有权利使别人服从其意志行为的权威。”[1]霍布斯在预先假定这一“在先的自然法”时没有任何困难。造物者(Creator)与所造物之间的相互关系催生了自然法。当康德宣称：“法是由我们的理性无条件地经由先验强加给我们，表现为源自最高制法者的意志(Will of a Supreme Law-giver)或者神的意志(Divine Will)。”他的这些看法与霍布斯的看法完全一致。霍布斯也不会反对康德这样的结论：“作为最高意志，可以只享有权利而不承担义务；但它只能说明一个有道德之人的思想(idea of a moral Being，道德存在)，他的意志可以成为适用万物的法律，但不能把他想象为该种意志的创始者。”维鲁兰勋爵(Lord Verulam)培根在他的《我的信仰》(*Confession of Faith*)中写道，自然法则“正是天地万物的法则”，“当上帝最早停
203 止工作开始休息，并停止造物的时候，自然法则即开始生效”。他在著名的“詹姆斯登基后苏格兰新生人口国籍案”(*Case of the Post-Nati of Scotland*)发表的辩论中宣称，自然法是构成国内法的基础，因为自然法保护的是生命、自由和夫妻社会(the society of man and wife)——事实上，自然法就是人类社会的构成元素。霍布斯也许就是采纳了培根的这种观点，因为他们曾一度有过密切的交往[2]；对自然法概念的这种理解至关重要，因为它使我们认识到，国内法这座大厦的建立必须依赖自然法这一根基。培根哲学、霍布斯哲学或者康德哲学中的自然法应当先于社会的自然进化而存在；这里的社会进化不仅包括政治上的造法者的技巧和手段，甚至也包括社会世俗习惯中的硬性规则。这些思想家关注的是人类社会中法的起源，关注

---

① 康德：《法律哲学》(W. 黑斯蒂)，第 33 页。本段援用了《西方法律思想史资料选编》(该书编写组编，北京大学出版社 1983 年版)“康德的法律哲学”的译文，第 397 页。——译者注

② 据说，霍布斯曾参与翻译《亨利七世的一生》(*The Life of Henry VII*)。

的是存在于最早的风俗习惯背后的东西。这些“背后的东西”并不是自然顺序意义上的自然法，用腓特烈·波洛克爵士(Sir Frederick Pollock)的话来说[①]就是“自然顺序的‘意愿’和‘应然性’(the *will* or *ought* of natural sequence)”但与“理性行为和道德义务的应然性”是类似的，而在人们早期的思想中，就常把这里的应然性与自然顺序的必然性(inevitableness of sequence in nature)相混淆。

作为法律家(lawyer)的霍布斯

激发起霍布斯建立自然法学说的灵感，是出于怎样的原因呢？或许是由于培根，但更有可能的是通过培根的法律书籍。霍布斯在《普通法的对话》(*A Dialogue of the Common Law*)[②]中直接或隐含地告诉我们他曾经读过或者研究过的法律书籍。但此时，他并不是一位专业律师[③]。牛津大学的民法课程从来没有引起他的兴趣，他也很少去伦敦的四大法律会馆(Inns of Court)或大法官法院(Chancery)，除非是以朋友身份去拜访培根和塞尔登。他不是一名专业律师，也从来无意要做一名专业律师。但不时他会举办一场法学盛会。霍布斯告诉我们[④]，他已经“全面地考察了自《大宪章》(Magna Charta)以迄现在的各部制定法，没有一部遗漏。我想，我一直在致力于研究它们，对我来说，研究得已经够多了；这种研究只是为了自娱自 204
乐，而不是取悦别人……我还坚持不懈地通读了利特尔顿(Littleton)的《土地法论》(*Tenures*)[⑤]一书，还有著名学家爱德华·科克爵士为它所写的评注”。他继而称赞了科克，因为他提出“理性是法的灵魂”；还因为科克将“有悖于理性的东西就不是法律，理性是法律的生命，不仅如此，普通法自身不是别的，就是理性”(Nihil, quod

---

① 《自然法和人类法》(*Laws of Nature and Laws of Men*)。

② 该书的全名是“*A dialogue between a philosopher and a student of the common laws of England*”，2006年，姚中秋先生和毛晓秋先生前后推出两个译本，一个译为《哲学家与英格兰法律家的对话》(上海三联书店)，另一个译为《一位哲学家与英格兰普通法学者的对话》(上海人民出版社)。英文版除单行本(1681年版)外，收录在《霍布斯全集》第6卷(共11卷)。本书中有关《对话》一书的引文，译者或直接援用上述两位先生的译文，或遵从原著的意思或者本译著的风格，在他们的基础上有所变动。——译者注

③ 有人几乎是被迫相信霍布斯受过法律培训，对此曾有过一项调查但没有任何结果。有一个名叫托马斯·霍布斯的人1505年曾去林肯法学协会做律师，另一个同名者1592年去了格林法学协会做律师。第一个比我们研究的霍布斯早了一个世纪，第二个时间也早了几年。还有一个托马斯·霍布斯是在1635年之后在中殿法学协会做普通律师，而且自1620年起成为议会的议员，但他不是个哲学家。“我不为任何人而只为我自己辩护”这句话显示伦敦四个法学协会或高等法院的准入条件。很有可能的是，霍布斯进入了高等法院。不幸的是高等法院的记录散落在私人手中，大部分可能已经被销毁。如果还有现存的应该是陈列在大英博物馆。——译者注

④ 《关于普通法的对话》，第6卷，第3页。

⑤ 也翻译为《论保有》、《土地保有法》等。利特尔顿的《土地法论》(*Tenures*)大约是1418年或者说是印刷术介绍到英国的6年之后问世。也有人将 *Tenures* 译为《土地保有法》。还有的书中将其译为《论租佃》(参见《普通法的历史基础》，第IV页)。利特尔顿的《土地法论》也是用拉丁文写成。——译者注

est contra rationem, est licitum.)。这句话扩展为一个完整的法律系统。霍布斯还向我们介绍了布拉克顿(Bracton)对法的定义:“法律乃是正义的制定法,要求做诚实的事情,而禁止做相反的事情。”(Lex est sanction justa, jubens honesta, et prohibens contraria.)他称布拉克顿是“最地道的普通法学者”,他经常引用布拉克顿的观点,此外就是弗莱塔(Fleta)①和菲茨赫伯特(Fitzherbert)的观点。他对英格兰审判程序的历史也有全面的了解。他在案例和判决中引用了科克的《英国法概要》(*Institutes*)②。他引用了克里斯托弗·圣·杰曼(Christopher St. German)的《博士与学者》(*Doctor and Student*),也是他熟悉英格兰诉讼程序的重要的事实依据。他对罗马法以及罗马法上的审判程序也比较熟悉;他对制定法和普通法的知识可信手拈来;对一些不太清晰的法律问题,他采取专业的态度来处理。他肯定是穷尽了他那个时代所有可获得的案例汇编(reports),而不是仅仅将阅读范围限于那些有名的著述,因为他在论述“死罪”(Crimes Capital)时说:“还有,我在爱尔兰总检察长约翰·戴维斯爵士(Sir John Davis)的汇编中发现,在国王亨利六世时代,有人曾因为言及国王天生愚蠢,不适合统治国家,而被判处叛国罪。”

霍布斯曾对科克作过毫不留情的批评。他说:“英格兰法律学者的著作中的推理能力,再也没有比爱德华·科克的《英格兰法概要》一书展现得更加薄弱了,不管他怎样为自己辩护。”与(霍布斯)这位哲学家的对话中,法学家(科克)回答说:“尽管我听到你、还有其他人对于我的指责,但在我的《英格兰法概要》中,还是有很多精彩的内容,它们既很精湛,也很正确。”霍布斯巧妙地用略带轻蔑的态度回应道:“(那是因为)别的法律家的著述跟其他科学著述一样乏善可陈。他引用过亚里士多德(Aristotle)、荷马(Homer)的著作,及别的法律人士(gownmen)普遍阅读的著作,但在我看来,这些著作恰恰削弱了他的权威;因为,任何人都可以靠一位仆人做到他的程度。”

---

① Fleta 音译为弗莱塔;如斜体,则表示《弗莱塔》一书,又称为“*Fleta seu Commentarius Juris Anglicani*”,所以又意译为《英格兰法律摘要》。根据《元照英美法词典》(第 561 页)对于该词的解释,它系有关英格兰法律的一部古代论著。相传为一法官或律师约于 1290 年被困于伦敦弗列特监狱(Fleet Prison)时作,并因该监狱而得名 *Fleta*。据笔者的进一步检索,补充信息如下:该作品的创作时代大概在爱德华一世时期(Edward I),其大部分内容是对于布拉克顿作品的简单临摹。据说,作者所以被囚禁于弗列特监狱的原因是他犯了渎职罪。*Fleta* 最早由英国著名法学家约翰·塞尔登(1584 年 12 月 16 日—1654 年 11 月 30 日)于 1647 年发掘印行。——译者注

② 科克的法学理论主要体现在他的《英国法概要》(Institutes of the Lawes of England, 1628—1644,也翻译为《英格兰法总论》等)中。该书分为 4 卷,其中第 1 卷是科克对利特尔顿《土地法论》(Littleton's Tenures)的精密注释和翻译,也就是著名的《科克论利特尔顿》(Coke on Littleton)。科克在该书中不乏对令状制度的论述,他提到:“每位臣民都有三大护身之宝,分别是国王、法律以及国王令状。法律是规则,但不会说话。国王藉王室法官来断案,他们是会说话的法律。程序和执行乃法律之生命,它们恰存在于国王令状之中”。参见屈文生:《普通法令状制度研究》,商务印书馆 2011 年版,第 4—5 页。——译者注

埃德蒙·普洛登

霍布斯对于法律书籍的了解，肯定已经延伸到法学研究和形而上的思想领域，以及普洛登(Edmund Plowden)的《汇编》(*Reports*)①和《调查》(*Quœries*)等。埃德蒙·普洛登，生于1518年，卒于1585年，被公认为是都铎王朝时期(Tudor period)最博学的法律家，而且他出版的作品更是使其声名经久不衰。在他所处的时代，人 205
们对他的成就已经既敬畏又敬重。作为一个坚定不移的罗马天主教徒(Roman Catholic)，他时刻准备好，守卫自己的宗教立场来对抗国王，必要时，还会依靠普通法的分量和理性。1554年，他在什罗普郡(county of Salop)任提审法院法官(justice of Gaol Delivery)，就在这一年，他在抗议议会的会议后，退出了议会，因而被控告藐视议会。在答辩中，他"发起了有力的反驳和抗辩"，迫使总检察长匆匆放弃了控告。在"中殿律师会馆"(Middle Temple)的历史上，他是一任有名的司库(Treasurer)，那时会馆的主厅正在建造当中(great Hall was a-building)，当时人们曾怀疑他是聚集在建筑场地内众多罗马天主教徒中的一个避难者。普洛登公开自己是一名罗马天主教徒，坚持他的信仰，而不顾一切法律程序。他的一切为了信仰而自我克制的举动，都体现了他的才智和独立的品质。后来伊丽莎白女王打算授予他上议院议长(woolsack)②的职位。但如果他接受这一任命，就意味着他将与罗马脱离关系，出于尊严，他拒绝了这一显要职位。普洛登就是这样一个伟大时代的伟大人物，他的声望在后世人眼中几乎成为一个传奇。他尊重并珍视中世纪时期(约结束于普洛登出生之时)就已为所有英国人遵循的普通法的所有智慧和原则。普洛登去世三年后，霍布斯出生；大约三十年后，霍布斯开始转向英格兰法的研究，此时普洛登早已被奉为权威，声望达到了顶峰。霍布斯因此必须充分运用到普洛登的《汇编》和《调查》；事实上我们发现，霍布斯最初关于法律和政制的一些观点，正是得益于这些文献。

在普洛登《汇编》所记载的一些特定案例中，我们找到了自然法则与理性，它们

---

① Plowden也译为"普劳登"等，普洛登汇编属于私人汇编，收录的是1550年到1582年案例。参见〔美〕腓特烈·坎平：《盎格鲁—美利坚法律史》，屈文生译，法律出版社2010年版，第89页。——译者注

② Woolsack，羊毛坐垫，指代英国上议院议长一职。可译为"上议院议长专座上的坐垫"、"上议院议长的专座"等。英国御前大臣作为上议院议长时，必须坐在一个有红布面的羊毛袋做坐垫的专门座位上。这起源于伊丽莎白一世时期。当时，一项禁止英格兰出口羊毛的法案被通过。在通过该法案时，几只羊毛袋放在上议院的座位上，几位法官分别坐在这些放在羊毛袋的座位上。这些羊毛袋能使法官们不断想起羊毛是国民财富的源泉之一。在御前大臣受封为贵族成为上议院的议员前，御前大臣以上议院议长身份出席上议院会议时，他只可以坐在该专门座位上。如果御前大臣想以议员身份参加上议院的有关辩论——当他可以这样做时，他应离开该专门座位，到位于左边的座位上发言。尽管他作为上议院议员投票时可以坐在该专门座位上，但他以委员会成员身份在委员会会议上发言时，必须坐在议员席上。——译者注

经过了详细的解释和有力的论证。律师摩根(Serjeant Morgan)在“Colthirst 诉 Bejushin”①案中说:“理性是所有法律之母。”但是,运用自然法最得当的一个案例是“沙林顿诉斯特拉顿案”(*Sharington v. Strotton*)②——它是一则值得所有研习法律史的学者用心关注的案例。我们发现,该案在多处引用了亚里士多德的学说及《政治学》(*The Politics*)中的内容,对自然法进行了缜密的论述,其论述方式与后来霍布斯采用的几乎相同。在案件的辩论中,我们看到,有关于普通法追求自然指令的
206 内容;有提到“自然法、理性法以及上帝法”(the Law of Nature, the Law of Reason, and the Law of God)等说法;有提到“英格兰的法律中没有违背自然、理性或上帝法的”;也有提到“依自然法,哥哥必定要帮助和安慰弟弟,就像父亲对儿子一样”。在辩论中,布罗姆利(Bromley)和他的学徒(Apprentice)诉称:“不仅哲学注重万事万物源自自然,法律也是如此,而且这一点在英格兰法中具有更大势力,也更具有实际意义,因此这是有效而充分的理由(good and sufficient considerations)③。从那里可见,安德鲁·贝恩顿(Andrew Baynton)在这里表示出的要他的男性继承人(for the provision of his heirs males)在土地上享有用益是一个充分的理由。”“每个人都有一种自然的愿望,希望把自己通过辛勤工作得来的财产留给自己的血亲。”首席法官卡特莱(Catline, C. J.)支持这一观点。“布罗姆利的学徒说,请阁下向我们展示判决的理由,好让我们学习一下。卡特莱说,于我们而言,前述安德鲁提出的将他的地产交给他所生的男性继承人的感情,让他的土地继续归自己的血脉和姓贝恩顿的人的手上的愿望,以及他对于他的兄弟们的那份兄弟之情,都足以成为在土地上享有用益的充分理由。你在刚才的辩论中提及‘自然之力是最大的’(*Naturæ vis maxima*),我认为‘自然之力是双倍最大的’(*Natura bis maxima*)这就是其可以提出用益的最充分有力的理由。”

在《案例宝库》④(*Case of Mines*)中,我们可以读到“普通法,无异于纯正的、证明了的理性”;“普通法是建立在理性基础之上的。”在上述案例中,我们可以发现深藏其中的霍布斯的主权学说;基于这一理由,该案在政治学的历史上占有重要的地位。下面这句话精确地概括了霍布斯的观点:“法律赋予国王的职责就是保护他的臣民;这种保护包括两个方面:一是组织军队,保护国民,打击敌对势力;二是制定优良的法律。”在这个问题上,我们还需提及“兰开斯特公爵领地案”⑤(Case of the Dutchy of Lancaster),普洛登在《汇编》中,对国王身份的双重人格的形而上学(met-

---

① 《普通法院》第 4 版,vi. 普洛登:《案例汇编》,伦敦,1779 年,第 27 页。也可见《博士与学者》。

② 普洛登:《案例汇编》,第 303 页。

③ 虽然 consideration 在这一短语中经常表示“对价”,但在这里似乎是“考虑”之意。——译者注

④ 《案例汇编》,第 316 页。

⑤ 《案例汇编》,第 213 页。

aphysics of the dual personality resident in kingship)有详细的阐述。国王具有“一个政治的身体与一个自然的身体,两体不可分离”(a body politic and a body natural together indivisible)。霍布斯关于制定法的观点可与普洛登在《汇编》中就各案例对该问题发表的意见进行比较。他的这些观点都包含在普洛登《汇编》中的各种各样的案例之中。在“莱斯特伯爵诉海登案”①(Earl of Leicester v. Heydon)中,我们看 207
到“对于议会立法(Act of Parliament),每位臣民都是当事人和利害关系人”。在“帕特里奇诉夏普和克罗克”(Partridge v. Sharpe and Croker)②,这则非常重要的案例中,霍布斯提供了一种有趣的解释学说:“文字(words)不过是空气的振动,并不能构成法律,但却可以是法律的具象;法律的生命依赖于文字解释者的见识,他们就是法律的制定者。如果法律的制定者是分散的,他们的见识不能被他人所知,那么一些可能与他们思想最接近的人将会对法律中的文字进行解释,这些人即为法律界中的圣贤,他们的才华在对这些问题的研究中不断地得以施展。”在同一案例中(第 88 页),我们还可以读到“凡法律和理性允许的,它们的理解可以与法律中的文字相反……他们对于法律的解释不会与普通法与普通理性所允许的相反,尽管法律中的文字与它们是相反的”。此外,在富尔默斯顿诉斯图尔德(Fulmerston v. Steward)③的案例中,我们看到“法官对于一般而非特别的法律文本已有解释,而其解释与法律文本相反,因为文本有悖于理性”。在斯托厄尔诉祖奇勋爵(Stowel v. Lord Zouch)这一案例中,普通法的重要性更加凸显:“领会一则法案之意义的途径就是去仔细研究普通法,因为它是每一部实证法的最初渊源(the ancient)。”法官确实是在“尽可能地去靠近普通法的理性。”同样是在这一案例中,霍布斯详细叙述了所有法律共同的最终目的:“安宁与和谐是所有法律的目的,法律是为了和平而制定的。”“法律的最终目的不外乎和平,其天然使命即阻止争斗,创造安宁。”自然法是世间事物都须遵守的规则,也是一切事物的基础。“凡突破法律文字的本义是为了避免更多不便之处的,或因紧急避险(necessity),或是因为客观需要,或是出于‘非自愿的无知’(involuntary ignorance),在所有这些情形中,法律本身并没有被违背。”④这一观点可使人想到培根的学说在其《法律格言》一书中提到的“紧急避险赋予人们私权上的权利”(*Necessitas inducit privilegium quoad jura privata*)。

霍布斯受到普洛登普通法思想和常识的熏陶的实例有很多。霍布斯对普洛登作品的研究令众人深信不疑。霍布斯还受到伟大的法学家塞尔登⑤和克里斯托 208

① 《案例汇编》,第 396 页。

② 《案例汇编》,第 83 页。

③ 普洛登:《案例汇编》,第 109 页;也可参看 Stradley v. Stetcard,第 804—805 页。

④ Reniger V. Rogosse,普洛登:《案例汇编》,第 4 版,第 18 页。

⑤ 约翰·塞尔登(John Seldon, 1584—1654),英国 16、17 世纪著名人文主义学者、法学家、历史家。——译者注

弗·圣·杰曼等人的积极影响。

约翰·塞尔登(John Selden)

学识渊博的塞尔登和霍布斯私交甚密,但是他们仍会在一些基本问题上发生激烈的争论。理查德·巴克斯特①(Richard Baxter)引用马修·黑尔②(Sir Matthew Hale)的话告诉我们,塞尔登"对霍布斯的错误常提出反对意见,他曾经亲眼目睹塞尔登非常强烈地公然反对霍布斯,每当此时,他或者离开,或者将霍布斯赶出房间"。人们一定非常遗憾,因为博斯韦尔(Boswell)没能将这两位最伟大的英国智者之间的对话记录下来。毫无疑问,他们影响并修正了彼此的观点。下面这段文字摘自塞尔登的《席间杂谈》(*Table-Talk*,或译为《闲谈录》)一书,我们可将这段话与霍布斯就自然法被赋予约束力这一问题的观点相比照:

> 我不能自我想象,自然法除了意味着上帝之法(Law of God)外,还意味着什么?我如何才能知道,我不应去偷盗,不应通奸,除非什么人曾经告诉过我应该如此?一定是因为有人曾告知过我吗?不是因为我认为我不应该去做那些事情,或者说不是因为你认为我不应该做;因为如果是这样,我们的想法也可能会改变。那么约束的力量从何而来呢?它来自于更高的权力(a higher Power),除此之外都不能产生约束的力量。我不能约束我自己,因为我可能又会解除对自己的约束而放松自己;一个和我同等地位的人也不能约束我,因为我们可能会互相解除对于对方的约束。它必须是一个更高的权力,甚至是全能的上帝(God Almighty)。如果我们两个人达成一个协定(bargain),为什么我们中的任何一个都必须遵守它?为什么你必须注意你所说的,我必须注意我所说的?很显然是因为与我相关的某事告诉我"信用必须遵守"(*Fides est servanda*);如果我们改变主意,签订一个新的协定,遵守信用(Fides servanda)的信条依然存在。③

同样,塞尔登关于国王的定义与霍布斯的基本观点也非常相近:"国王是人们为自己的利益和出于普世安宁起见而创造的。"但是另一方面,当塞尔登宣称:"每一部法律都是国王与国民之间的一个契约,因而必须被遵守"时,我们也可发现两人的观点有本质上的分歧。然而,它处的一些段落又表明,这句话并不是塞尔登真

① 理查德·巴克斯特(1615—1691),英国基督教清教徒牧师,王政复辟时因力促当局对脱离国教的温和派实行宽大而遭受迫害和监禁。——译者注

② 马修·黑尔(1609—1676),英国法理学家,曾任王座法庭首席法官(1671—1676)。——译者注

③ 《席间杂谈》是约翰·塞尔登的谈话,爱德华·埃伯于1868年重印。

正的观点。

克里斯托弗·圣·杰曼

《普通法的对话》(*The Dialogue of the Common Laws*)充分证明霍布斯对于他那个年代所有关于法律的理论、哲学和历史的状况都十分了解。我们确实不可能 209
对该结论表示不满,因为他是弗兰西斯·培根的一个非常聪明的学生,他吸收了这位伟大思想家的法学精髓。不过,培根和霍布斯两人很可能都是从克里斯托弗·圣·杰曼处获得他们关于自然法的理论,克里斯托弗·圣·杰曼著有《博士与学者》和《论神职人员的权力和王国的法律》(*A Treatise concernynge the Power of the Clergye and the Lawes of the Realme*),他还因与托马斯·摩尔爵士(Sir Thomas More)①的辩论而闻名于世。《神学博士和英格兰法学学者之间的对话》(The Dialogue between a Doctor of Divinity and a Student of the Laws of England)于1518年首次出版。②它出版后立刻成为教科书,就连布莱克斯通(Blackstone)③的作品也未能取代它。1815年,该书的第18版面世(英译本),献给"律师会馆所有的年轻学者及法学教授"。至20世纪初,该书在美国仍广泛使用。书中的第一则对话告诉我们,世界上存在一个永恒法(a law eternal),它本身是不可知的,但是通过赋予我们理性法的自然知性之光(the light of the natural understanding which gives us the law of reason),或是通过赋予我们上帝之法的上天启示(heavenly revelation which gives us the law of God),或是通过赋予我们人法(law of man)的"有权为其臣民制定法律的"君王的命令,人们可以了解到永恒法。

> 理性之法铭刻在每个人的心中……教导他什么应该去做,什么应该避免去做……理性之法引导人们过幸福生活……理性之法教导人们:热爱善,远离恶;你希望别人如何待你,也应该怎样去待别人;我们不能做任何不诚实的事;一个人必须与他人友好相处;要公正地对待每一个人;不能做任何有损于他人的事情;侵犯者(trespasser)应当受到应有的惩罚;如此等等。这些理性之法的规则又延伸出其他种种的次级戒律(secondary commandments);它们是从第一戒律中所得出的必然结论。例如,上述理性之法教导人们应该热爱善,从而可以延伸出,一个人应爱戴他的恩人(benefactor)这一次级戒律。一个人能称

---

① 托马斯·莫尔爵士,英格兰政治家、作家与空想社会主义者。1516年用拉丁文写成《乌托邦》一书,该书对以后社会主义思想的发展有很大影响。1478年生于伦敦的一个法学家庭,毕业于牛津大学,曾当过律师、议会议员、财政副大臣、议会下院议长、大法官。1535年反对亨利八世兼任教会首脑而被处死。——译者注

② 这一表述出现在1815年版的文本中,但《国家传记辞典》所说是1523年。

③ 布莱克斯通(1723—1780),英国法学家,当过法官、下议院议员。——译者注

得上是施恩者,表明他具有仁慈、善良的品质,否则他不应该被称为施恩者。也就是说,他是一个善良的施恩者,而不是邪恶的人:[西塞罗的《论法律》(Cic. 1.2, *De Legibus*)]因此这个施恩者,无论在何时何地都应该受到爱戴。这一法则也允许人们去做许多看似非正义的事:如用暴力去对抗暴力是合法的;每个人都有权捍卫自己和自己的利益不受非法权力的干涉。这一法则与调整人们行为的人法和上帝之法共同运行实施,约束人们的行为,它必须被遵
210 守,并且这一法则也应该包含以下含义:要遵循人法的一般规则,禁止做任何违反它的事。①

这些足以说明霍布斯的自然法理论系直接来自克里斯托弗·圣·杰曼,尽管霍布斯的理论无疑也受到但丁(1265—1321)《论君主政制》一书中的某些观点的修正,可能还包括菲奇诺(Marsilio)②的作品以及宗教改革前期法学家们常参阅的一些经典著作。波洛克爵士(Sir Frederick Pollock)③在其《普通法的扩张》(*The Expansion of the Common Law*)一书第五章谈及《对话》的内容时提到——

当神学博士提问英国法的学者对自然法的看法时,学者回答说,普通律师间并不使用这一术语,宗教法学者(canonist)或者罗马法学家(civilian)倾向于用自然法这一术语,而他们谈的是理性。"精通英格兰法的法学家们并不使用自然法这一术语,也从不讨论什么事是自然法要求实施的,什么事是自然法禁止实施的,什么事是自然法不要求或不禁止实施的;但他们所有的分析却都是基于这一逻辑。比如当一件事是建立在自然法基础之上时,他们会说理性允许去做这样一件事。如果这件事在自然法上是被禁止的,他们会说它与理性不符或理性不允许这样去做。"但严格说来,就我目前所知,这一段落本该完全被忽略的;中世纪的自然法传统后来被宗教改革的争论所打破,因此17世纪的研究者们对自然法感到非常困惑。

211 但这样的说法对于霍布斯而言并不恰当。几乎可以断定,他完全知道以上所引的文字。波洛克爵士直接地或间接地指出:"人们在整个中世纪时期所接受的是,自然法起源于希腊的伦理理论。"霍布斯继承了中世纪的学说,并且以一种新的、非经院式的形式将该学说传承给18和19世纪的法学家和哲学家。如果霍布斯

① 参见《博士与学者》,问答I,前言,ii。

② 菲奇诺(1433—1499),15世纪意大利神学家和哲学家。——译者注

③ 波洛克爵士(1845—1937),英国法学家,因对爱德华一世之前的英国法律史的研究而闻名,终生与美国大法官霍姆斯保持通信。——译者注

作为一个法学家没有其他重要学说的话，至少可以说，他依社会哲学和司法思想，复兴了整个中世纪的自然法理念。在《利维坦》一书中，霍布斯的思想得到了进一步的扩展和深化；继而，克里斯托弗·圣·杰曼无意间促成了自然法这一概念的重要新发展，这个概念从希腊经罗马传播至西欧，在这一历程中，曾使诸多的思想家感到困惑难解。

霍布斯借鉴了圣·杰曼著作所采用的对话形式来写他的普通法著作，很显然，《普通法的对话》的文采（brilliant literary qualities）远胜于《博士与学者》（*Dialogus de Fundamentis Legum et de Conscientia*）的高水平译本。如果说霍布斯在《利维坦》一书中发展的自然法思想是为了将来应用，那么在他的《普通法的对话》中，他主要是为普通法学说赋予新的内容[①]；这就是自然理性、自然衡平及哲学本身。这位哲学家（霍布斯）认为法律就是“拥有主权权力者向他或他们的臣民所发布的命令，公开并明确地宣告每个人可以做什么，必须克制不做什么”。“法律”与“权利”之间的区别是霍布斯继而试图探讨的问题，因为科克无视这种区别，所以他的论述便成为了对科克的一种苦涩的嘲讽。“法律迫使我做或禁止我做某些事；因而，它对我施加了一项责任。而我说的权利，则是法律留给我做法律不禁止我做的事情，及不做法律未命令我必须做的事情的自由。爱德华·科克爵士难道没有看出承担义务与享有自由之间的区别（difference between being bound and being free）吗？”霍布斯接着阐释了布拉克顿关于君主权力的学说“是古老的普通法，英格兰国王的唯一笼头（bridle，也可译为‘限制’），只应当是对上帝的敬畏”。[②]在讨论完国王至高无上的权力后，霍布斯继而讨论的是“论法院”（Of Courts）。霍布斯证明“各法院的司法管辖权限不是那么容易分清的，只能由国王议会中的国王本人来界定。法律家自己做不到这一点，因为你已经看到，各法院之间存在很多争论，特定个人之间也存在很多争论”。在这次和其他几次的讨论中，可怜的爱德华爵士占了下风，而霍布斯则显示了异常大的气势。然而，将矛头指向爱德华·科克不免有一些忘恩负义，因为霍布斯本人曾从科克的《英格兰法概要》中学习到大量法律知识。但不管怎么样，攻击的理由已经足够直白了。霍布斯指责科克“故意削弱国王的权威——他在整部《英格兰法概要》中都竭力实现这样的目标——或者企图在人民中间将自己的意见悄悄地变成本王国的法律”。霍布斯下面的一句话对科克的指责更为严 212
厉：“他还试图在他的正文和页边处插入拉丁文的句子，仿佛它们才是理性之法的原则所在。他无视古代法律家的权威，也没有肯定这些拉丁文句子本身的理性，试

① 选自普洛登的《案例汇编》。

② 与但丁在《论君主政制》中的陈述比较，“很显然，世俗君王的权力可以不依靠任何普世权力”。（“It is plain that the authority of the temporal monarch descends upon him without any means from the fountain of universal authority.”）

图以此让人们相信，它们才是英格兰法的真正基础。”在后来的几年中，霍布斯差不多以同样的气势，抨击了皇家学会的沃利斯（Wallis of the Royal Society）①。霍布斯在论战中无法做到适可而止：他必须置对方于死地，即便他出手时用到的只是一块驴的腮骨（with the jawbone of an ass）。

霍布斯与法律

仔细阅读《普通法的对话》后会发现，霍布斯不仅在英格兰法方面有着渊博的知识，不仅可运用自己雄辩的才能并依照自己的王权学说对普通法做出调整，而且还对他所处的那个时代和之后两个多世纪一直运行的法律体系的弊病，保有敏锐的洞察力。以下这些简短的摘录可说明霍布斯对法律的基本看法及改革政策。“理性是法律的生命，这指的是技艺性的（artificial），而非自然的（natural），这我不能理解……‘法律理性’（legal reason）这个词本身也是含混不清的。地球上，除了人具有理性之外，其他任何生物都存在理性。”既然宣称“理性即是普通法”，霍布斯要提问的是“既然要将理性之法适用到每一个能引起争论之处，那么我们最初颁布的制定法要达到什么样的目的呢？”答案就是：“一切人定法（human law）的宗旨都是在本国境内的人们之间实现和平与正义，并抵御外部的敌人。”“但什么才是正义？”“正义就是给予每个人属于他们自己的。”“这个定义很好，然而它是亚里士多德提出来的。那么，与普通法这门科学的原则相一致的定义又是什么呢？”“还是亚里士多德的这个定义。”“哈！看你们这些法律家对哲学家是多么依赖！这才是理性。因为世界上所有普遍意义的、高贵的科学和法律，都是真正的哲学，而英格兰的普通法在这中间只是很小的一部分。”

继之而来的争论是“这是理性之法的指令：制定法乃人类在当前的世界上获得安全和幸福的必要手段，应被所有的臣民遵守，如同理性之法一样，国王和全体臣
213 民都应遵守，因为这是上帝之法。”但制定法必须是“真正有效的、有国家强制力保证实施的”（laws living and armed）。国王制定法律后，还需要军队保证实施。而且，“国王的理性，只要是基于建议和深思熟虑后公布于众的，便是‘法律的灵魂’（*anima legis*）；而属于理性之法的‘最高的理性’（*summa ratio*）及衡平，所有人都认为它们永远都是英格兰的法律，因为它们与《圣经》一样，都具有基督精神。”霍布斯宣称，国王为实现保护臣民的目的，可拥有无限的权利去征兵和征税。“当他们新成立的共和国退回到君主国时”，奥利弗·克伦威尔不就这样做的吗？国王仍然“既是制定法的立法者，也是习惯法的立法者”，因为国王的理性可取代普遍的理性，并

① 沃利斯（1616—1703），英国数学家，伦敦皇家学会创始人之一，对代数、几何学的发展和微积分起源有重要贡献。——译者注

成为孕育普通法的基础。作为唯一立法者的国王，也是唯一的法官。基于此，才有司法法院(courts of justice)和衡平法院(courts of equity)之分——前者适用处理"英格兰王国之内的实证法"，后者处理适用以理性之法来裁决案件。霍布斯关于法院、各种类型的诉讼及辩护、诉讼与法律、道德理论间关系的详细论述非常值得一读，从而也向世人展示了他通过日积月累而打下的法学功底。他常常是一个十足的教条主义者。他声称："这些任命状(letters-patent)很清楚地表明，英格兰王国的所有世俗案件，除了属于财政法院的诉讼之外，都应当由这位首席大法官裁决。"这个国家所有的普通案件应由首席大法官审判，但属于公共财政领域的案件除外。霍布斯开诚布公地指出滥用法律程序和法院的现象："辩护人(pleader)通常认为，为了维护其当事人的利益，他应尽自己所能地为其辩护。为此，他必须具备扭曲法律条文偏离其真实含义的能力，并懂得花言巧语诱导陪审团甚至是法官使其偏向己方；除此之外，还要具备许多我不会也不愿学会的技艺。"

> 就我本人而言，我相信，今天的人们比起以前的人来说，更娴熟地掌握了挑剔制定法的措辞的技艺，因而，也就鼓励他们自己和其他人因为微不足道的原因而提起诉讼。普通法裁决的多变和不一致，也经常会使人们对于那些理性的看法和根本没有依据的诉讼，却抱有胜诉的希望；还有对自己的诉讼中何为衡平的无知，千人中没有一人研究过这种衡平。法律家们不是在自己心中，而是在以前的法官们的先例中寻找裁决的依据；就好像古代的法官不是在自己的理性中，而是在(罗马)帝国的法律中寻找裁决依据一样。诉讼数量增多的另一个，也许是最大的原因是，由于缺乏对土地转让的登记——而这在土地 214
> 所处的城镇地区是很容易做到的；于是，如果不经过一番诉讼，土地买卖就不能顺利完成。最后一点，我相信，律师的贪婪在古代没有现在这样厉害，那个时代充满了动乱，而从那之后，律师们则处于和平状态；在这种状态下，人们有余暇研究骗术，又能得到那些热衷于诉讼的人的雇用。他们有能力仔细地研究和解释制定法、契据、自由保有地的让与协议、租约及其他契约、证据和证词中的每个字，于是，他们就有了摆弄他们秘技的丰厚土壤。

之前，霍布斯对数量众多的起诉人(statutory informers)、行骗者(concealers)和律师有过评价("属瞒天过海一族，他们轻而易举便可修改法律")。他和培根一样，认为法律是个龌龊的行业(a miserable trade)。但他要比培根幸运，因为他无需以法律为生；他能一边抽着烟斗，一边从容不迫地批判法律。他极力主张扩张大法官法院的权力，主张赋予它对普通诉讼法院判决的复核权。他所追求的理想是，普通法与衡平法渗透融合；将所有的法院变为衡平法院。他声称，普通法本质上是衡平法。“我非常乐意知道，除民事或普通诉讼法官外，存在衡平法院——不管是由大法官还是别人审理——的目的究竟何在？……除此之外，既然所有的法院都应当根据衡平原则裁决案件，而所有的法官在衡平案件中都有可能受到欺骗，那么，在服从普通法法官之外再服从衡平法法官，对于任何人或对于国家，又有什么害处呢?”他对于法院对成文法的解释职责的论述具有很大的说服力。

“成文法是不可能违背理性的，因为没有什么会比人们遵守他们已经认可的法律更具理性。但并非对于法律文本作出的文理解释(grammatical construction)就是法律，立法机关意欲凭借其实现的意图方为法律。我承认，据制定法的词句判断立法机关的立法意图确实是一件非常困难的事情，这需要很强的理解能力，还必须考虑到立法的时机与新法所欲救济的对象之间的关联。几乎很少有什么东西能被极为清晰地写下来，以至于当写它的原因被遗忘后，仍不会遭到无知的文法学家或挑
215 剔的逻辑学者之曲解，从而对诚实之人造成伤害、压迫甚至是毁灭。也正因为如此，法官理应得到他们享有的荣誉和报酬。”

以上这部分讨论旨在说明正义和衡平法之间的重要关系。最后得出的结论是“正义成就法律，衡平法解释法律，并可修正据该法律作出的判决。我并没有偏离爱德华·科克爵士给衡平法下的定义(见《英格兰法概要》第 21 章)——衡平法是某种完美的理性，它可解释、修正成文法。尽管我对衡平法的解释与爱德华爵士有所不同——因为我认为，对于一部法律而言，除了它的制定者，没有人可以修改它。所以，我没有说衡平法可修正法律，而只是说它可修正错误的判决”。

此时，对话者们转向另外一个主题——犯罪和惩罚。整部《普通法的对话》最终的目的在于展示霍布斯有关政制的学说(doctrine of government)及其发展；霍布斯紧接着“仅仅是自然理性”(mere natural reason)的第一原理给叛国罪下了定义。他认为“密谋发动内战并给人民带来毁灭性灾难的”构成叛国罪。既然国民的安全是最高的法则，那么危害国民安全的行为就应该是最严重的犯罪，也就构成严重的叛国罪(high treason)。在详尽地论述叛国罪之后，霍布斯转而谈到重罪。在论述过程中，他激烈地批判了爱德华·科克爵士的观点，并以此自娱。现代人很难想象这位首席大法官遭到的抨击。在这一基调下，霍布斯提出了“推定谋杀”(constructive murder)的学说，“爱德华·科克爵士在《英格兰法概要》第 3 卷第 6 页说，如果行为人的行为，即他杀死另一个人，是非法的，那么这种行为就是谋杀”。

霍布斯反驳道：“任何一部制定法中都没有作这样的区分，只有爱德华·科克爵士的普通法中，才讲这样的区分。我对此完全无法相信。如果一个男孩正在偷摘苹果树上的苹果，不巧从树上摔下来，正好砸断了站在树下的一个人的脖子，但同时保住了他自己的生命。爱德华爵士似乎认为应该判这个孩子绞刑，就如同他是事先预谋从树上跳下来的。然而，本案中所谓的犯罪，充其量只是一个简单的侵

害他人的财物而已，他所造成的损害或许只是六个便士或是一个先令而已。我承认，侵害财物(trespass)是违法行为，但从树上摔落却并不违法。然而恰恰是从树上摔下来这一本身并不违法的行为而非侵害财物这一违法行为导致了那个人的死亡。所以这个孩子应与树下之人的死没有干系，因而只应按非法侵害财物而进行赔偿。但我认为，爱德华爵士犯这样的错误是因为他没有很好地理解布拉克顿的 216
著作，尽管他曾在其作品的页边空白处引用过布拉克顿的话。”

霍布斯接着说，如从树上坠落这一行为上能够找出重罪杀人的证据，那么树下人之死应被认定为谋杀。显然，现代司法实践更接近霍布斯而非爱德华的观点。但他与爱德华的争论并未就此终结。在另一件事情上，霍布斯愤怒地说：“假如他的定义一定就是法律规则，那么他不就可以随心所欲地确定是不是重罪了吗？但鉴于他曾说，不具备完美理性者不成为法律，所以它并不是制定法。在我看来，它不但与理性距离甚远，简直是荒谬透顶。”这句话是针对正在生长的庄稼或果实不能是盗窃罪的对象因为它们附属于不动产这一观点的批评。

霍布斯接着讨论的是“异端罪”(heresy)。他提出了是否有权利焚烧异端的问题。这是被制定法所禁止的，也不能成为普通法所吸收的习惯。他因此再度严厉地抨击了爱德华爵士。在侵犯王权罪(praemunire)问题上，爱德华爵士认为，赦免的一般权力在议会而不在国王(严重的叛国罪除外，该罪被视作对国王的犯罪)，霍布斯不赞成这一观点，他认为所有的犯罪都是针对国王的犯罪。

《普通法的对话》最后谈及的是“关于我的和你的法律”(laws of *meum* and *tuum*)。这一部分讨论的是主权和议会的起源和发展。关于英国议会起源的叙述很有价值；论述完这一问题后，《普通法的对话》戛然而止。

“法律是公众的良心”(The law is the public conscience；也译为“法律是公众的良知意识”)[①]这条主线贯穿《普通法的对话》的始终。霍布斯竭力使市民法更接近于自然法——更接近于能支配人们意志、接近人们内心的法。我们知道什么是正确的，但是我们不能想做什么就做什么。霍布斯希望现实中的市民法能够体现自然法，成为完美的衡平法。霍布斯用心设计了一个完美的共和国(a perfect commonwealth)蓝图，他宣称，如果他在《论人性》(*Human Nature*)和《论政治体》(*De Corpore Politico*)两部书中所表述的关于法律和政策的观点能被人们所接受并且实行，那么英格兰王国的和平唾手可得：“如果每个人都能接受我在此发表的关于法律和政策的观点，共和国将从中得到无尽的好处。”他认为，所有完美的法律都直接来自于上帝。“自然法，也是道德法，是自然之缔造者的法律，是全能的上帝的法律； 217

① 《利维坦》(Leviathan)第三部分，29。

我们的救世主耶稣基督传授的上帝之法就是道德法。”①

在霍布斯看来,法律和政策组成一个不可分割的整体:如果将它们作为一个整体来对待,并将其视为维系人类社会的稳定的制度,而不仅仅是从宗教的角度来看待它们,就不会像18世纪的布拉姆霍尔斯(Bramhalls)笔下那般不堪一击。

法学家霍布斯

不可否认,霍布斯绝对称得上是一位伟大的法学家。当他在书房叼着那只标志性的烟斗时,他不仅仅在“编织”他的语言和思想。虽然他开玩笑地说,如果他读的书和其他人一样多的话,就会像他们一样无知。但事实上他研读过大量的书籍和资料。他掌握的英格兰法知识足以说明这一点。他在事实和实践的王国中遨游,以求得他的理论。他推崇普通法,因为它是事实而非理论,因为它代表的是发展自数个世纪以来人与人形成的经验的法律。霍布斯更是一名现代思想家:他从事实中提炼出理论;他或许并没有做到最完美,但是他在总结英国从古到今的发展历程的基础上,提出了他自己的法律和政治学说。正是基于这样的事实,他的著作和思想在哲学领域的影响很可能较洛克和卢梭的影响更加长久——他们没有站在霍布斯深远的思辨基础之上。作为一名思想家,更准确地说是一名预言家,霍布斯的影响力在不断增强而非削弱;他推崇的政府暴政理论(doctrine of governmental despotism)正迅速地被现代许多国家所认识并实践。杰思罗·布朗(Jethro Brown)在他最近的《奥斯丁式的法律理论》(*The Austinian Theory of Law*)的一书中讲道:“值得一提的是,霍布斯的理论主要阐述了政府而非国家,而卢梭的理论主要关注
218 的是国家,对政府的阐述则是不充分的。霍布斯选择的道路通向政府暴政,而卢梭选择的道路则将通向‘多数人的暴政’(despotism of majorities)。人们认为洛克对政府和国家的存在均有较好的理解,但他的理论主要为‘个人主义’(individualism)作了铺垫,个人主义发展的最终结果必定是无政府主义。”霍布斯选择的道路不一定更好,但他的选择是基于他在所处的那个时代中获得的经验、英格兰法的发展方式以及他从中世纪法学家、思想家和法律家处发展出来的自然法思想等基础之上的。他选择了一个唯一可调节个人主义和专制主义之间矛盾的方法。霍布斯对多数人暴政有深入的认识:多数人暴政注定会退化为“民众、流氓、卑鄙之徒的统治或篡夺”(rule or the usurping of the popular or rascall and viler sort),托马斯·史密斯爵士(Sir Thomas Smith)在他的《论盎格鲁共和国》(*De Republica Anglorum*)中曾这样写到过。但霍布斯希冀的是政府暴政制度,谁又能说我们没有实现他那坚定的理想呢?的确,建立或推翻政府的就是那些大多数人(moe in number),他们以某

① 给威廉姆·厄尔(William Earl of Neweastle)的献词。

种能被人们轻易觉察的方式改变着这种或那种政治前景、这样或那样的不满，调整去年或前年的税收或税率。然而，强大的政治机器（great governmental machine）离开大多数人和政治天空（political sky）依然运转不息。霍布斯和我们一样认识到了这一点。他知道，那位在很多方面都很成功的克伦威尔，在触及政府机器时衰败得几乎无可救药。共和国时期后几年的国家财政史表明：一位统治者代替另一位统治者是一回事，而干涉政府机器则是另一回事。霍布斯是位极其敏锐的观察者，他意识到政府存在的目的在于实现社会均衡（social equilibrium）；而社会均衡在处于波动的大多数人暴政或个人的无秩序专制统治之下，是无法实现的。

激发托马斯·霍布斯这位法律家的想象并提出社会哲学思想的，大概是他收集和处理法律文献的能力。于他而言，没有什么渊源是模糊不清的，也没有什么法律记录落满了尘埃就不能加以使用。枯燥无味的中世纪哲学、浩如烟海的普通法案卷，都是他重述有秩序的政府理论——自然法理论是它的组成部分——的资料，然后再将自然法运用到他生活的社会（当时仍处于波动状态中）。他是那种思想极为深刻的法学家，因为他将法律与社会联系起来，自他以后，法律在整个欧洲都对社会具有约束效力。霍布斯的法学理论与概念并不是那种吸引哲学家思维、对世界不管不顾的单纯思想的想象，而是建立在他对其所处社会的本质作出最密切观 219
察之后得出的结论，是以数个世纪以来英格兰社会法律体系发展变化为基础的。他秉持牛顿（Newton）发现物质世界的定律的科学精神来解决社会政制问题；他在社会学领域对人们思想起到的影响或许并不低于牛顿在应用科学领域的影响。卢梭、边沁（Bentham）和奥斯丁都是霍布斯真正意义上的后继者，而霍布斯的方法论依然为今天研究同一问题的学者所采用。在法哲学这一默默无名的领域，霍布斯的影响也从未消失。康德曾直接或间接地从霍布斯的思想中获益，其程度之高并不亚于他在另一个思想领域从大卫·休谟（David Hume）[①]处所得到的教益。

（撰写：James E. G. Dc Montmorency）

① 大卫·休谟（1711—1776），英国哲学家、经济学家、历史学家，不可知论的代表人物。——译者注

220

12. 苏支 (Zouche)

理查德·苏支(Richard Zouche,一译朱什),1590年出生于英国威尔特郡(Wiltshire)的安斯提(Ansty),他的父亲是安斯提庄园领主弗朗西斯·苏支(Francis Zouche)。1609年,他成为了牛津大学新学院的研究员(Fellow of New College)。1617年,他成为博士会馆(Doctors' Commons)①的一名律师。1619年获得民法学博士学位(D. C. L)。次年,他接替阿尔柏利克斯·贞提利斯(Alberieus Gentilis)的接班人约翰·巴登(John Budden),成为牛津大学罗马法学的钦定讲座教授(Regius Professor of Civil Law at Oxford)。此后不久,他便结了婚,并放弃了他的职务。1623年,他以一名自费学生身份(fellow-commoner)②进入瓦达姆学院(Wadham college)。两年之后,他被任命为圣·奥尔班学院(St. Alban Hall)③的校长。他两次当选海斯(Hythe)地区议会的议员(分别在1621年和1624年),而后在1632年成为牛津教区的大法官。

从那时起,伦敦的法律实务工作和大学的学术研究成了他的主要活动。在大学,他还承担着繁重的成文法典的编纂工作(1629—1633)。最终,在1641年,他被任命为海事高等法院的法官。

在英国"革命战争"期间(1642—1649),苏支同情保皇党人,在遭到阻挠和反对之后,不得不屈从于那些寻求实现大学改革的国会视察员。他在克伦威尔(Cromwell)④执政时期被免去法官职务,但不久后被任命为判决著名的东·庞塔里昂·萨(Don Pantaleon Sa)一案的法官之一。在牛津他度过了余生绝大部分时间。在此期间,他似乎没有得到任何一个政党的青睐。直到1660年查理二世(Charles II)登基后,他才复任海事高等法院法官的职务,但是一个多月后他便离开了人世。

和苏支同时代的人对于他出色的人品都深表敬佩;作为学者,他卓越的学术成
221 就令众人叹服;作为一名著名作家,他博学多才,享有极高的权威。对于他的《法律学要义》(*Elementae Jurisprudentie*)一书,桑德逊主教(Bishop Sanderson)这样评论:"任

---

① Doctors' Commons,此处译作"博士会馆",其为当时伦敦专门从事民法案件的律师所组成的团体,类似于今天的律师协会。——译者注

② 在旧时英国牛津、剑桥等大学,学生有 fellow/commoner 和 scholar 之分。前者大概指未获得 scholarship 的学生,或称自费生。Scholarship 则既指一种身份,也指获得的资助(grant)即奖学金。——译者注

③ 圣·奥尔班学院(St. Alban Hall)曾是一所独立的学术机构,后并入墨顿学院(Merton College)。——译者注

④ 克伦威尔(Cromwell),激进派的议员,代表剑桥市竞选议员,先是入主短期议会(1640年4月),后来又入选长期议会(从1640年8月到1660年4月)。——译者注

何人读它都会百读不厌，称赞不已。"英国的考古学家安东尼·伍德（Anthony Wood）描述了一个令人欣喜的苏支的形象："他是一位名副其实的艺术家，一位思维缜密的逻辑学家，一位专业的历史学专家；在罗马法的理论和实践方面，他是当时的领军人物，苏支的作品在海外受到了极大推崇（部分作品还被多次重印），便从某种程度上证明了上述论断……他出身显贵，言谈举止高雅得体，同时个性随和，平易近人，风度翩翩，因而自然惹人喜爱，谦恭有礼。事实上，除了在进取精神方面有待提高以外，他各方面都趋于完美。但如果他是另一种性情，由于时代背景而造成的他学术生涯的中断期，可能已经阻碍了他的继续前进的步伐。"

苏支的著作

苏支出版的著作在学科范围上显示出非凡的多样性，在数量上也相当可观。无需提及他人，就以其同胞塞尔登（Selden）和培根（Bacon）为参照，与他们相似，从某些方面看来他也是文艺复兴的产物。在这个时期，作家和思想家都不愿将自己的研究局限于某一专业领域，他们对知识的渴求引导他们步入更为广阔的领域，甚至是那些看似艰深晦涩或是奇特古怪的学科。苏支出版的著作包括一部诗歌、一部戏剧、一本格言集、大学辩论手册以及一些更具辩论性质的著作；[①]但他最重要的成果是对法学整个学科领域的系统性研究以及对法学多种分支所作的更为详细的探究调查。

苏支在法学著作的基石是《法律学要义》（*Elementa Jurisprudentice*）。该书的写作方法和主题主要以罗马法为基础。其中，他介绍了运用两分法将法学要素分为权利（*Jus*）和救济（*Judicium*）两部分，并系统而合乎逻辑地运用这个方法——甚至还有些自动地——来讲解接下来不同的部门法律，涉及了一系列专题著述——《封建法》、《宗教法》、《海事法》、《军事法》以及《程序法》。在所有这些著述中，有关国际法的论述最为重要——事实上，他作为杰出法学家的声望主要是来自这些论文：《宣战讲和法》（*Juris et judicii fecialis sive juris inter gentes et questionum de eodem explication*，牛津，1650年），这篇论文被视作国际法庞大主体的一个简要大纲；而《问题释疑》（*Solutio questionis veteris et nove, sive de legati delinquentis judice competente dissertatio*[②]，牛津，1657年）一文，则是对先前大纲中的某一特定内容，例如国际公法中公使的地位，更为完整的解说。如今的评论绝大多数把苏支看作国际法学者。 222

为了更公正而精确地评价苏支的地位，有必要对他的英国前辈在国际法领域的事业，以及他著书立说时期各国之间关系的本质进行简要的介绍。

---

① 苏支作品的完整目录请参看霍兰德教授在《国家传记词典》中关于苏支的文章。

② 这两种著作以后会作为《宣战讲和法》（*De jure inter gentes*）和《问题释疑》（*Solutio questionis*）分别谈到。

苏支与他的英国前辈的关系

国际法的早期发展是个艰辛的过程，其快速发展的主要障碍是封建制度的惯例以及居于主导地位的教会的影响力。15 世纪末至 16 世纪初，许多重要的国家崛起，而且国与国之间普遍产生了更为清晰的分界线。教皇的政治权力被极大地颠覆；在主权和自治原则的指导下各国内部的组织和外部国家间的关系在某种程度上日趋制度化、体系化。这样，战争行为在一定程度上受到规制。而且，随着各国常备军队的建立和维持，与军事纪律相关的系列法律条文也逐渐形成；进而，随着国家间交流的增加，与公使和外交使节相关的许多行为习惯便逐渐具有了法律效力。

西班牙、法国和英格兰被视作此项运动的领军者。在西班牙，阿方索九世（Alfonso IX）草拟了《七章律》（*Siete Partidas*）。这是一本军事法律手册，苏支有时会引用到；在意大利，各种各样的论文层出不穷——例如，格拉提安（Gratian）的《教令集》（*the Decretum*），托马斯·阿奎那（Thomas Aquinas），巴托鲁斯（Bartolus），巴尔杜斯（Baldus），以及其他一些人都发表了论文；在法国，早在 14 世纪末期就已经有了奥诺·贝尼特（Honore Bonet）的《战争之树》（*L'Arbre des Batailles*）；在德国，加布烈尔·比尔（Gabriel Biel）完成了《诸类聚》（*Collectarium*）一书，对类似专题作出了早期的探索。

在英格兰，国家的统一始于诺曼征服。大约两个世纪之后，议会代表制原则稳固地确立下来，司法行政部门也随之组织起来。亨利七世（Henry VII）时期，伴随着改革的进行，出现了常设大使馆。亨利八世（Henry VIII）时期，其外交政策吸引了
223 人们大量的注意力，教会法和罗马法是主要的制度。在这之前，牛津大学已经设有一所法律学院。随着教会法在宗教改革中的衰落，亨利八世在牛津和剑桥都开设了罗马法的讲座。伊丽莎白女王时期，罗马法博士会馆经常就有关国际事务问题接受咨询。

早在 15 世纪，英格兰作家就发表了许多重要的原创专著、改编作品以及翻译作品。尼古拉斯·厄普顿（Nicholas Upton）依巴托鲁斯关于骑士的身份地位的学说进行进一步阐述，同时在有关战争的问题上，厄普顿主要参考了格拉提安（Gratian）和约翰内斯·德·莱格纳诺（Johannes de Legnano）的学说。在论及骑士间决斗和报复问题时，他引用了巴托鲁斯，盖伊·德·贝索（Guy de Baiso），巴尔杜斯以及其他人的权威论点。最后，对于俘虏问题，他采纳了巴尔杜斯学说中的严惩的观点。1475 年，苏支匿名出版了《贵族社会之现状》（*Boke of Noblesse*）一书。在该书中他提出了"向基督教徒宣战是否合法"的问题。该书同时遵循了《战争之树》中的权威说法。该书后由吉尔伯特·黑爵士（Sir Gilbert Hay）翻译。贝尼特主张战争主要是

一种国与国之间的关系。

16世纪,阿尔伯里克斯·贞提利斯的伟大著作诞生了。政府官员的回忆录中收入专题论文这种现象体现出学术活动进入新的时期,并且也可视作他们就任职期间接受的特定的提问作出了回答——如:瓦伦廷·戴尔(Valentine Dale)解答了有关战争开始的不合法性和缺乏充足理由的问题[①];又比如,他对于安东尼奥在一部书中对其获得葡萄牙王位辩护的看法;以及其他与海盗行为相关的问题。罗斯主教(Bishop of Ross)就莱斯利案(the case of Leslie)曾向大卫·刘易斯(David Lewis)、瓦伦廷·戴尔,威廉·特鲁里(William Drury)、威廉·奥布里(William Aubrey)以及亨利·琼斯(Henry Jones)等人征求过看法,这些人都是罗马法博士会馆的律师。

在玛丽·斯图亚特(Mary Stuart)事件中,戴尔接受过咨询,而且他还草拟了书面意见。除此之外,在苏支之前,大量英国作家出版过更为详尽的专题文章——如:马修·萨克里夫(Matthew Sutcliffe)、威廉·富尔贝克、威廉·维尔伍德(William Welwood)、约翰·塞尔登、理查德·伯纳德(Richard Bernard)以及约翰·伯荷(John Boroughs)爵士,这些人在下文论及苏支各部分著作时会被提及。

苏支被一些学者称为国际公法的第二位奠基人,也许主要是因为他在法律术语名词的创新方面作出了极大贡献——例如他以“国家间的法律”(*jus inter gentes*)——取代了陈旧、含糊不清但又普遍使用的表达——“万民法”(*jus gentium*)。 224
因此,在有关国际法的著作中他和他的新提法经常被提及,这似乎预示着一个新的出发点,一个在法律的根本原则上全新的、更为现代的概念。但他的一般观点,学者们却很少提及。他采纳实在法的观点,因而很快就显示了自己与英国学派的亲密关系。苏支非常注重引用实例和先例,但他没有从事法律学说的科学发展工作。

也许,鉴于当时生活的时代现状,那些尚未解决的事件,有争议频发的国际政治局势,有些动荡危险的国际关系,苏支不肆意展开法律学说发展的问题,不急于将其抽象化、一般化,也不急于将先例中的原则理论化,而采取一种谨慎的态度不失为明智之举,因为这些极有可能无法适应当时的现实条件,尤其是在如此显著的转型过渡时期。

英国学派异乎寻常地讲究实际。他们从特定的环境和必要程度方面考虑政策和法规的运用。因而,塞尔登的《海洋封闭论》(*Mare clausum*),作为反驳格劳秀斯的《海洋自由论》(*Mare liberum*)的论著,以及他的《自然法及万民法论》(*De jure naturali et gentium*,1650)几乎都采用了实证主义。塞尔登的方法被塞勒(M. Scelle)描述成“实证主义学说疯狂的高潮(aboutissement brutal de la doctrine posi-

① 《国家公文日程记录》:伊丽莎白统治时期的国内系列事件(1582—1590)。

tive)”这种实证主义的趋势也体现在伟大哲学家的身上，如培根、洛克和霍布斯，当然在其他方面，这些人的学说之间存在着巨大的差异。曾经有一段时间，牛津大学出现过较有影响力的法学院。除了经常在那儿授课的外国人，如贞提利斯，还有相当多的学者。值得一提的有瓦伦廷·戴尔、尤利乌斯·恺撒爵士（Sir Julius Caesar）、威廉·富尔贝克、威廉·维尔伍德，后来苏支也加入其中。总而言之，这些人构成了整个学院。他们所有的作品中都或多或少体现了相似的精神：所有人都强调惯例和实践、条约和公约的重要性，以及政治发展引起的各种现象的重要性。在他们著作中更具理论性的那些部分，无论他们是否有意为之，罗马法都会被引用，作为权威性论据并提供类比；但新近发生的现实事件也决不会被忽略。

225 ## 苏支与罗马法

罗马法为国际法学的发展提供了无法估量的帮助，更不用提对近代各国国内法律发展的帮助了。事实上，在许多方面它就是国际法的基础。几乎没有多少学者和法学家没有受到过罗马法深远的影响[①]。教会促进了对优士丁尼法律的研究与应用。它被教皇和罗马教皇法庭视作与封建法同级的法律。在意大利，对罗马法的研究已经持续了很长的时间。博洛尼亚法学院和罗马法注释法学派（1100—1260）在欧洲有着很高的声望。意大利掀起文艺复兴浪潮后后，很快各国也都进入了文艺复兴时期，在此期间罗马法复兴更大规模地展开了。在法国，罗马法甚至超过了日耳曼法以及风俗习惯成为法的主流。在12世纪早期，《优士丁尼法典》（*Justinian Code*）在法国就有了译本。西班牙阿方索九世（Alfonso IX）的手册——《七章律》——在很大程度上是根据罗马法编著的。德国学生早在12、13世纪就前往意大利法学院学习。至16世纪，德国有了很多著名的外籍教师。1575年，在荷兰，莱登（Leyden）大学建立以后，随之兴起了一个法学家的流派。17世纪中叶，格劳秀斯、维尼乌斯（Vinnius）、胡伯（Huber）和范·雷文（Van Leuwen）等法学家非常活跃。

至于在英格兰，塞尔登认为《优士丁尼法典》是在12世纪从博洛尼亚传入的。在英格兰国王斯蒂芬（Stephen，1097—1154）当政（1135—1154）后，大教主西奥伯尔德（Theobald）邀请意大利学者瓦卡留斯（Vacarius）到牛津大学教授罗马法，从那时起直至爱德华一世（Edward I）逝世，罗马法在英格兰产生了极大的影响。布拉克顿（Bracton）从中直接获益良多，因而对它极为尊重。《弗雷塔》（*Fleta*）[②]中采用了

---

① 参见伯丁（Bodin）的观察报告：《共和国》（*De la Republique*）（巴黎，1577年）；莱布尼茨（Leibnitz），《歌剧》第254页；罗伯特·怀斯曼爵士（Sir Robert Wiseman），《法律的法则》，或者《超越于其他法律之上的罗马法的优越性》（伦敦，1686年），第110页。

② 《弗雷塔》（Fleta），1300年，相传为一法官或律师一判事在弗雷塔监狱中所写的法律论文的名称。见何勤华主编：《国际法学界之七大家》，第124页。——译者注

大量《法学阶梯》中的实质性内容。类似的，同一时期的科克（Coke）对布拉克顿的认同也意味着他对罗马法的接受。这部外国法律的广泛应用，得益于各种各样的原因，例如：大学的影响，特别是牛津大学的罗马法学院；教会法庭对罗马法的认同；以及在日益发展的商业往来和财产取得过程中，普通法的不足与疏漏必须得到补救和完善；最后是优士丁尼法律的内在本质，其规定内容的广泛性，其原理和原则的普遍适用性。

罗马法对苏支的影响在他的著作中表现得相当明显。他的立场、对法的划分 226
和分类以及观念，都受到罗马法的极大影响。因此，他把和平时期法律和战争时期法律都分成四个层次——法律地位（*Status*），所有权（*dominium*），义务（*debitum*），义务违反（*delictum*）。优士丁尼皇帝的权利以及公民的义务被转移为国家的权利义务，对原则的直接适用和推论在前述两种情况下几乎无异。当然，并不只有苏支这样不加区别地模仿，他的前辈贞提利斯和格劳秀斯亦如此。在《海洋自由论》（*Mare Liberum*）中，正如处理的是一幢房子或是一匹马一样，格劳秀斯论述了人和物，契约和诉讼，财产的占有和转让①等问题。但是，苏支还显示出了从传统中释放自我的一面，因为他列举了许多近期的或同时代的惯例——这一点，格劳秀斯没有做到。

苏支和他所处时代的关系

荷兰法官宾克尔舒科（Bynkershock）以经常引用许多近代的实例而受到赞扬；但苏支在很久之前就开始了这样的实践。事实上，国际法后来的发展很大程度上得益于他的大胆创新——这一点不得不强调。的确，这种方法已经为贞提利斯采用过；但苏支是第一个将其系统而持久地运用于全部研究著作的人。自此以后，国际公法获得了以前经院主义方法即不加区别的知识积累所缺乏的活力和灵活性。

然而，不像宾克尔舒科那样，苏支没有从近代实例中得到明确的结论。他对实例进行分析，清晰地陈述它们的主要问题，给出支持或是反对的论点（许多都沿用了他大学中进行辩论时所采用的方法），但他通常不表现自己的态度，避免自己的观点倾向于一边或者涉及其他观点。不能说这样的态度是由于苏支认为司法无能，应该说更多是因为他著书立说时期欧洲变幻莫测的时局，使他产生了对独断结论的反感厌恶，以及他对于当时国际关系正处于过渡时期的认识，国家政府机构面
临重组，相应地，与之相关的惯例法规则也将不可避免地面临改造。 227

① 如今，一些学者也会出现类似的错误推论（因为表面的相似而误入歧途，或是因为不重视基本原理的区别），鉴于国家或民族发展的方式相同，他们会设想个体的有机发展，以及对他们的生活理性而经济的统筹安排。

三十年战争，以波西米亚人对哈布斯堡王室[①]的费迪南(Fordinand)的反抗为开端，逐步发展成为罗马天主教与新教之间、帝国主义与领土主权之间巨大的冲突。在国际法历史上，其结果影响深远。从15世纪到17世纪中叶，马基雅维利[②]式的、极为低劣的外交政策一度盛行，几乎破坏了国际法的根基。其后，君主们并没有把自己的利益与自己国家的利益视为一体，为了签约国的利益或方便可以随意破坏或修改条约。

然而，随着16世纪封建主义的衰落、教会权威的逐渐倾覆以及国家的逐步统一、他们自身对自治权的主张，再加之法学家和国际法专家不断著书立说，这些为《威斯特伐利亚和约》的确立开辟了道路。该条约确立了各国独立的国际体系，以及每个国家的专属领土管辖权，且通过承认大国间的均衡原则为近代国际法打下了基础。在三十年战争期间及其后，一些国家开始迅速地开发他们的海洋资源，后殖民扩张更加速了海上开发。

中立问题和海洋自由问题随之出现；公使和特使们的确切身份也有待进一步明确；军事纪律以及海战的相关事宜也被加以讨论；总的来说，在此期间，国际法显示出了显著的实践性和普世的实用性等特点。当我们更进一步考察苏支各部分著作时，也就不难发现苏支和这次运动的密切关系了。而且值得注意的是，《威斯特伐利亚和约》在1648年签署，而1650年，苏支的主要作品，即《宣战讲和法》(*De jure inter gentes*)的第一版就问世了。

苏支的研究方法和一般处理方法

如同苏支的所有著作都采用了同一种阐述和构思的方法一样，他的整个思想体系也基于同一个中心原则，同一个根本因素——人类关系的基本原理，即人类是基于理性而进行交流(*the ratio communionis humane*)[③]。这是他的《法律学要义》
228 (*Elementa Jurisrudentice*)的根本思想，而他接下来的著作都是这个思想的进一步发展和延伸应用。首先，他论述了属于同民族内的关系(*communio in genere*)方面的法的基本原则(*juris et judicii principia generalia*)；然后，谈及了私人间的关系(*communio quce inter personus privates intercedit*)，君主与其臣民之间的关系(*communio quce privates cum principibus intercedit*)；在此之后，他转入到特别的关系

① 哈布斯堡王室：一个德意志王室家族，其成员曾于中世纪后期到20世纪这一段时期内分别在欧洲各国任统治者，在西班牙国王查理五世统治期间达到其鼎盛时期。查理于1558年退位之后，帝国被西班牙和奥地利瓜分，西班牙的统治结束于1700年，而奥地利于1918年以后停止了统治。——译者注

② 马基雅维利(Machiavelli，1469—1527)是意大利政治家和历史学家，以主张为达目的可以不择手段而著称于世，马基雅维利主义(machiavellianism)意为运用权术和谋略达到目的。——译者注

③ 参看《宣战讲和法》(*De jure inter gentes*)前言。

(*communiones speciales*)的论述中，如宗教(*sacra*)、军事(*militaris*)、海事(*maritima*)、封建制度(*feudalis*)；最后，他在最重要的作品中谈及了国家间关系的维系，牵涉到国家间的不同以及不同国民的介入行为的处理等。在所有这些论述中，他首先考虑的是权利——被普遍接受的法律最主要的论点，法律的权威性(*quae sunt minus dubitati juris*)以及法律救济(*Judicium*)，包括引起争论的问题，各自就争议问题主张的权利(*ea que videntur juris controversi*)①。

遵照上述方案，苏支在他的国际法著作中首先提到了和平和战争两种状态下的权利(the *Jus*)。在初步考察了权利的定义和主要来源之后，他将和平问题细分为这样几个相关的方面：(1)法律地位，君主和臣民的关系，国家间相互的地位问题；(2)所有权，拥有以及获得的方法；(3)义务，外交使节、大使、条约和同盟问题；(4)义务违反，再次调查了战争的种类和宣战的必要性等问题。

同样，苏支把战争状态下的问题也分为这样几种：(1)地位，定义了军事力量的种类、敌对势力的种类；(2)所有权，战利品、战后公民资格或财产的恢复问题；(3)义务，军事协定、通行权、休战协定、和平条约和人质；(4)义务违反，违反军事协定，违反战争规则，等等。接着是该书的第二部分——裁判。

在论述了纠纷的解决和司法管辖问题后，苏支再一次对和平进行了阐述：(1)地位，主权、君主和臣民的关系以及国籍问题；(2)所有权，占领理论和领海问题；(3)义务，君主、公使的优先权，统治者的承诺以及继任者是否受到先前条约的约束；(4)义务违反，对某个臣民的侵害是否也是对他的国家主权的侵犯，引渡、干预调停、外国船只的征用问题以及违反条约问题。最后论及战争。

在对战争的合法性以及应合法性要求而产生的和平解决纠纷的紧迫性进行初步考察论证后，苏支展开了与先前相似的分类研究：(1)地位，敌人及其住所的 229
认定；(2)所有权，财产取得的方法、海上捕获物、敌人船上中立方的物资、禁运品以及临检权问题；(3)义务，决斗、战俘、赎金、在中立国领土追击敌人问题、逮捕大使的条件、将军附条件投降的情况、和平条约的制定问题、在俘虏中缔结的条约、人质问题、休战问题以及安全通行问题；(4)义务违反，宣战是否必要的问题、人质问题、报复行为(*lex talionis*)是否正当以及战争期间对战俘、妇女、圣地的侵犯行为等问题。

对于权利问题下的诸多问题，苏支进行了相对明确的说明；而对法律救济问题下的诸多问题，他是以问题的形式加以阐释的。他没有为这些问题提供明确的解决方法，只是罗列了多种见解和许多实例和先例。从中，他希望读者通过归纳法或苏格拉底式的推理，得出自己的结论。苏支对权威观点的引用相当系统且广博，在

---

① 参看《宣战讲和法》(*De jure inter gentes*)的前言。

每一个事例中，他都给出确切的资料来源。苏支对于历史上著名法学家的论述烂熟于胸，在所有国际法专家和法学家中，他的导师是贞提利斯和格劳秀斯。除了古代学者和《学说汇纂》，他频繁参阅伯丁(Bodin)、康拉德斯·布鲁诺斯(Conradus Brunus)、帕卡留斯(Paschalius)、贝索德斯(Besoldus)、阿亚拉(Ayala)、巴托鲁斯，霍特曼(Hotman)、卡姆登(Camden)、塞尔登、维尔伍德以及其他许多法学家的著作，同样也经常提到罗德岛(Rhodes)的法律，阿方索九世的《七章律》，以及《康梭拉多海商法典》(*Consolato del Mare*)。但是，他并不是格劳秀斯的卑微的追随者：首先，正如先前已指出，他先论述和平问题然后论及战争，优先强调了和平的重要性；其次，他把主要的重点放在了现代的事实和事件中。

国际法的定义和渊源

苏支将国际法定义为一种在和平或战争时期调整国家元首或者主权国民之间关系的法律。这种法律的通过得益于根据理性实施的习惯法的力量的支持。依照这种法律的原则，国家之间相互区别，王国得以建立，商业得以产生，战争被
230 正当引入。这个定义及其暗含的根本观念是苏支国际法最重要的进步。他参考比较了罗马的万民法概念以及盖尤斯的定义。追根溯源，他简要地谈到基于自然法的罗马程序法(Roman fecial law)，然后再提及另外两个渊源——从惯例而来的法律，以及在条约、公约、盟约、社团约定、国际公约等协议中双方的合意演变而来的法律。

在著作《问题释疑》(*Solutio quaestionis*)中，对于大使及其随从的法律地位，苏支提出：大使的特权的基础并非自然法则，而是基于国家间的合意——也就是，根据各国自愿设定的法律义务，根据情势和环境的需要而确立的任意法(*usu exigente et humanis necessitatibus*)。自然法和任意法可能一致也可能冲突。一旦出现冲突，普遍适用的抽象法则就可能不得不让步于更为具体的实际利益。同样，塞尔登在他的《海洋封闭论》(*Mare clausum*，1635)和《自然权利和万民法》(1650年，同苏支的《宣战讲和法》在同一年发表)中，对自然法和意志法(voluntary law)作出了区分。他称后者为介入国家间的法律(*jus gentium interveniens*)，或者国家间的次级法律(*jus gentium secundarium*)①。同时提出："国家间的次级法律是指非经团体之大多数通过，而是由惯例或习俗逐渐发展而来的法律。"(*Interveniens autem jus gentium dicimus quod non ex communi luribus imperio sed interveniente sive pacto sive morum usu natum est，et jus gentium secundarium fere solet indigetari.*)

---

① 这个表达方式他是从巴斯克斯(Vasques)那里借用的。

和平时期的国际法①

苏支首先探讨了某些一般问题②(参考了很多亚里士多德、庞波尼乌斯③、圣·奥古斯丁的观点):和所有人都做到和平相处是否可能且可取,例如与野蛮人相处的情况;是战争还是和平能创造更大的利益;我们是应该倾向于不公正的和平还是正义的战争等问题。和平,被定义为秩序井然的和谐(圣·奥古斯丁所说的"有序的和睦",ordinate Concordia)。和平是国家的正常状态,对国家而言它产生的利益最大。这种和平分为两种:道德上的和平(*pax moralis*),此为上级和下级之间的和平——如,家长和其他家庭成员之间;社会的和平(*pax civilis*),同级之间的和平——如,城市间或国家间。但是,他承认现存的国家间存在着事实上的不平等,为了一般的交往、友好相待以及最为重要的商业交流,维系和平显得最为迫切必要。伯丁曾经指出过各统治者间的某种先后次序,他认为在君主位阶中,教皇之后,接着便是近来拒绝西班牙要求的法国的统治者。 231

领土主权和国家政策

签署不平等条约或者接受别国的保护会改变君主或国家的地位吗?根据普罗库鲁斯(Proculus)观点,苏支指出,保护并不意味着从属,即使是事实上的从属国,其自由也应当得到尊重。赛拉(Sylla)的论述说明了同样的意思:"受古代罗马贵族保护者,虽在保护之下,但并不是其臣下(*Clientes sunt sub patrocinio, non sub ditione*)。"英格兰女王玛丽·斯图亚特事件引出了一个新的问题,即一方领土的主权统治者是否在他国领土上享有权利?从否定的方面看,苏支指出玛丽是一位自由而独立的女王,不能被判处国事罪(不得对陛下定罪"*in majestatem peccare non posset*"),因为她和伊丽莎白女王是平等的;从肯定的方面看,一个国家不可能有两个独立的女王。此外,地位相同的人也可由于明示或默示的同意或非法的义务而服从于与他处于同等地位的人的裁断。按近代的惯例,那些没有最高权利的人不得派遣大使。因此,伊丽莎白女王曾拒绝接受阿尔巴(Alba)公爵派遣的大使,因为他并未得到西班牙君主的委派。

主权的范畴并不仅仅是领土的所有权,同样也包括对臣民的统治管理权。领土可以通过以下方式获得:(1)当土地是无主物时,依占领取得;(2)如果是以前被抛弃的土地,依时效取得;(3)依赠与取得;(4)依继承取得。在最后一种情况下,苏

---

① 这里并不是要遵循苏支论述的顺序以及主题的安排,而是在和平与战争两个方面下看待问题更加有益。

② 其中引用了大量亚里士多德(Aristotle),彭波尼(Pomponius),圣·奥古斯丁(St. Augustine)的参考资料。

③ 提图斯·庞波尼乌斯·阿提库斯(Titas Pomponius Atticus,前109—前32),罗马法学家。——译者注

支研究了王位移交继承的不同模式。这些问题在荷兰威廉奥兰治的即位以及西班牙王位的继承事件中，成为了激烈争论的焦点。

关于海上主权问题[1]，苏支分别引用了在“占领”这一概念上观点相左的两个
232 人——乌尔比安和保卢斯(Paulus)的论述，并且沿袭了格劳秀斯的观点：认可一个国家对其领海有着绝对专有管辖权。他并没有对这个问题展开详尽研究，因为在苏支之前，格劳秀斯、塞尔登以及其他法学家早已全面论述过。

一般来说，一个国家无限度扩充其军事或海上力量，以及相关军备等其他诸如此类的行为，即使并不必然违反任何具体的国际法规，也可能在事实上造成对邻国的干扰或被视作敌对的不友好的行为。在这种情况下，苏支同意格劳秀斯的观点，认为邻国有权干预。培根在《论文集》[2](*Essays*)中关于这一点也有相应的陈述：“即使在没有遭到任何攻击的情况下，无需其他问题，仅是对迫近的危险产生的正当恐惧就可以成为战争的合法理由。”

每个国家都有自卫权(self-preservation)。因此，本国有权阻止他国可能直接或间接损害本国的行为。另外还有一个问题：一国是否可以禁止中立国的军队通过它的领土，或者禁止中立国的臣民在其领土上进行商业行为？苏支认为在三种情况下可以禁止上述行为：“(1)当军队要求通行时(*Si cu armatis transitus requiratur* ...)(2)对于诱导敌军者，当然拒绝其通行(*Juste negatur transitus iis qui hostes adducunt* ...)(3)未经领土统治者同意……(*Si non a principe territorii petatur transitus* ...)”。至于商业贸易，苏支认同与他同时代的学者的严格学说。一旦此种贸易，不论以任何方式削弱国家力量，使国家贫困化，即可实施禁止。因此，任何可能削弱道德或宗教信仰的行为会被禁止，同样出口黄金白银也可被禁止。

如果君主之间或是各自的臣民之间出现争论，可以由常设法官通过和平裁断解决，也可以诉诸仲裁员，或是接受现行法，或是遵循博学之士的建议寻求解决。此外，苏支还补充道，如果公民在外国实施犯罪行为，那么他们可以优先受到国外法庭的管辖。这些建议是在国家动辄诉诸战争，太过好战的情况下提出的，获得后
233 世学者[3]很高的赞誉。

国籍与住所

在苏支所处的时代，国籍的定义非常模糊。他谈到了古罗马的政策。一个罗马市民接受外国的公民身份，便会依据事实，剥夺其原先作为罗马市民的权利，这

---

① 参见作者关于宾克尔舒科的论文，发表在《比较立法杂志》上。

② 整个系列丛书在1625年出版。

③ 参见E.柯西：《国际海事法》(*Le Droit maritime international*)(巴黎，1862年)。

是古罗马的一项宪法准则。但在希腊和其他一些古国则通行着不同的惯例。根据近代的参考资料,在一些地区仍然保留着个人可以同时享有两个国家的公民权的做法。因而赫夫特(Heffter)认为,认可一个人可以同时是多个国家的臣民的做法可以被接受(*Unterthan mehrerer Staaten Zugleich Kann man personlich nur durch Duldung sein*)。尽管在紧急情况下可以存在特殊的例外,但现在被普遍认可的通常原则是"一个人只能效忠一个国家";苏支就这项法律作了精确而清晰的论述。

在谈及法国法庭关于住所问题的判决的正当性时,苏支曾作出如下说明:"法国法院对于侨居或留住于外国之问题,认为可以要求该侨居或留住于外国的个人受到该外国司法权的管辖,并且须缴纳租税,但如果以此种侨居或者留住的事实就认为该侨居或留住者是该外国的市民,除了受到特别招聘的人之外,更认可其与出生在该外国的人享有同样的市民权,理由是不充分的。(*Fortassis vero id respexerunt, quod quamvis incolatus et domicilium in externo regno sufficiunt ad constitucndum aliquem subditum jurisdictioni et prestandis muneribus obnoxium non tamen sit satis ad constitucndum civem, ut corum privilegiorum civilium sit particeps quae in regno natis competunt, nisispecialis allectio supervenerit*)"赫夫特批评苏支完全否认一个人对一个以上国家效忠的可能性未免太绝对了。他还提到了多个古代国家的惯例(但未涉及罗马),以及许多新近认可的对多国效忠的事实。但近代的观点却支持苏支的学说。比如,在1848年,当布鲁厄姆爵士(Lord Brougham)要求加入法国国籍时,法国司法大臣克雷米厄(M. Crémieux)告知他如果要加入法国国籍就必须放弃他作为英国臣民的权利。

除了那些现在属于国际私法领域的问题之外,苏支还探讨了一些其他类似的
问题。他区分了因为贫困或压迫迁移出境的移民与旨在建立殖民地的移民。在此 234
基础上,修昔底德(Thucydides)认为,一个新形成的民族,并不应该附属于她的母国而是作为一个与其平等的国家。如果一个统治者同时是两个不同国家的君主,那么出生于其中一个国家的公民是否也完全享有另一个国家的公民权呢?苏支在苏格兰公民罗伯特·加尔文(Robert Calvin)和英格兰公民约翰·宾利(John Bingley),在苏格兰国王詹姆斯继承英格兰王位后在伦敦的财产继承一案中作出了肯定的回答。一个公民可以拒绝效忠,在未经许可的条件下离开他的国家吗?与西塞罗以及特里弗宁(Tryphoninus)一样,苏支似乎表示赞成,除非以躲避债务或是躲避服军役为目的。但和格劳秀斯一样,他认为在集体逃亡事件中应另当别论。

一个在国外生活了很长时间并且已经在国外成家立业的人,并无必要被视作已经放弃了原有的国籍,除非他自己正式获得了该国的国籍。巴黎最高法院的一项法令被引用来证明这个结论。外国君王授予一国公民荣誉无需得到该公民自己国家的认可。关于国家司法管辖权,苏支谈到了一个重要的问题——引渡。他指

出，这不是确定的法律问题，而是相关国家针对该问题缔结特别条约的问题。

大使和外交

友好国家的领导人以及国家本身之间应该相互尊敬和互致好意。有礼而谦恭的关系不仅可以通过君主亲自建立，也可以通过大使和特使的努力而形成，借此国家各自的利益也可以通过和平的方式得到调整。特使们依据出席会议或和平协商的原则，肩负特殊的使命，因此他们必须是地位尊贵或是声望较高的人。

在苏支著书立说的年代以及之前，并没有既定的有关大使及其随从权利的法
235 规。学者说法不一。一些学者和国际法专家主张，只有大使享有绝对的豁免权，其他学者则认为随从等人也应享有同等权利；还有的主张在特殊情况下，可以对使节合法行使外国裁判管辖权。格劳秀斯坚持治外法权原则，以及该原则必然包含的内容。这个法律推定拥有众多的拥护者，但并没有以任何方式被普遍接受。贞提利斯的见解不是十分明确，但倾向于这样一种观点，即大使应该服从领土法，但在特殊的阴谋事件中可以被遣返回国。这一程序在门多萨（Mendoza，1584）事件中采用过。此后不久，一本匿名的小册子在英格兰出版。根据该册子，如果发现大使甚至该国统治者，在其他国家领土上对该国实施阴谋罪行，可以被处死。后来，在詹姆斯一世统治下，罗伯特·科顿（Robert Cotton）勋爵反对大使完全豁免。同样，威廉·维尔伍德也支持这样的观点，即大使应该得到必要的尊敬，但前提是他们遵守他们驻在国的法律。

苏支赞同格劳秀斯的观点，主张大使的特权应该基于国家间的合意，即基于各国的自由意志（on the *jus gentium voluntarium*）。他对各种类型的大使进行了划分——如：宗教公使、常任大使、特派公使。严格而言，大使必须是最高权力派出的代表，而不是由一个殖民地，或者一个省，或者自治州派出的。他可以带上他的眷属——妻子、孩子、仆人，也可以是辅助人员。他的信用状显示了他的权力。君主对使节的授权有时是公开的，有时是保密的。对于在接待和谒见过程中使节应受到的尊敬以及其他礼节规范，苏支都作出了详细的说明。另外他还提出了一些问题，但没有作出解答：如，训令对大使的约束力有多大？如果他的行为有违君主的授权，那么他的行为会对君主产生约束力吗？如果是的，那么约束到什么程度？他是否有资格干预其国人的私人事务？除了驻在国君主之外，他应否受到其他人的尊重——如，他穿过某国领地时是否应该受到该领地国君的尊重？被本国驱逐出境者受外国君主的委派而成为原来国家的大使时，他的大使身份是否得到安全保障？对于最后这个问题，贞提利斯持否定态度，而爱德华·科克爵士则表示同意。

236 对大使的侵犯行为，将被视作侵犯大使所驻国家的行为，同时也被视作侵犯了大使的派出国。

关于民事诉讼的问题，苏支同意格劳秀斯的观点而反对贞提利斯，反对大使和随从人员有义务受到地方裁判管辖权的管辖；但和帕卡留斯(Paschalius)的观点一样，苏支认为不论在何种情况下，大使的住所不可以成为犯罪分子的避难所。使节实施犯罪行为时，如果情节不严重，那么不妨加以忽略；但如果情节严重，苏支和格劳秀斯观点一致，认为驻在国可将该犯罪的大使遣送回国，并要求对他进行处罚或者放弃职权。为了避免紧急危险的发生，可将他逮捕或审查。但是，如果他有武装暴力犯罪行为，则无需经审讯和判决，可以正当自卫为理由合法地将他处以死刑，此处采“自然防御的方式，而非惩罚的方式(*per modum naturalis defensionis, non per modum paenae.*)”

作为其对整个论题的专著——苏支的《问题释疑》于1657年出版，恰逢著名的东·庞塔里昂·萨(Don Pantaleon Sa, 1653年)事件发生后不久。针对支持和反对大使及其随从责任豁免的问题，他考察了从古至今相互冲突的论辩和实例。他论证了对东·庞塔里昂·萨的定罪是正确的，因为他作为其兄弟——葡萄牙大使的随从人员，不能从英国裁判管辖权中得到豁免的待遇[①]。

苏支谈到了法国国王亨利四世。他将西班牙大使的秘书关入大牢，原因是该秘书企图收买国王的仆人。针对该大使的抗议，国王回答道：“你从哪里得知大使和他的随从有权实施策反驻在国的行为并冒犯君主的尊严?”最后，苏支提出了四条理由用以陈述为什么随从人员须受到外国裁判管辖权的约束：(1)他们本质上仅
仅是大使的附属(*comites vero facti sunt accessorie tantum*)，并不拥有和大使同样的 237
资格；(2)他们并未被授予信用状；(3)只有大使才是其派出国君主的代表，这一点是豁免权的重要基础(*legatus solus personam principis sustinct, quod est precipuum immunitatis fundamentum*)；(4)接受国君主对于大使有更多信任和信心，(*quod plus legatis quam comitibus corum ab eo quo admittit credi oporteat*)。因为大使普遍都享有极高声誉，人数较少，容易监管也容易防止他们有不良预谋。

关于和平，还有一些问题需要提及。君主签订的契约性交易赋予他们与私人公民同样的权利和义务。君主出于公共事业的目的而签署的不受任何时效约束的条约——如，城镇或其他土地及金钱的让渡——将由继任者继承。更正式的协定，如正式条约，应该明确规定彼此具体的权利和义务，并附以具有最高诚信的宗教宣誓作为违反条约的制裁。

是否可以和不同宗教信仰的人订立条约呢？这个问题指出了这样一个事实，

---

① 莱布尼茨谴责克伦威尔在此事件中的行为，认为这是违反国家法律的(《论最高的法与德国的最高使节》)。同样的，宾克尔舒科陈述说，他只见过非常少的案件采用这样的惩罚，极少数的例外并不能成为一般豁免原则的理由。(参见《比较立法期刊》，loc. Cit.，pp，36 et seq.)

尽管《宣战讲和法》(*De jure inter gentes*)在《维斯特伐利亚和约》出版后两年才出版,但它一定先于《维斯特伐利亚和约》完成,否则,苏支一定会注意到《维斯特伐利亚和约》中的新条款,这些新条款揭示了人们对宗教持有一种更加宽容的态度和更包容的理解。

在综合考虑了多种情况后,苏支毫不犹豫地确信,当君主的保证或许诺与至关重要的公共政策或国家利益存在冲突时,后者(指国家利益)占更重要的主导地位。例如:一个承诺援助其他国家的君主,在作出许诺后自己国家遇到严重的困难时,
238 是否依然有义务向他国提供帮助?苏支对情势变迁(*rebus sic stantibus*)条款进行了严格解释。1585 年,伊丽莎白女王曾答应联合省(The United Provinces)向其提供人力和钱款,但出现了新的情况,她把此事提交给了一些法学家讨论。这些法学家宣称每一个条约都可以适用情势变迁条款,因此女王无需再承担条约的责任。

我们能否撤销在条约中授予外国人的贸易特权?苏支认为不可以允许外国人行使贸易特权以至于损害本国臣民的利益,因此如果发生损害,可以撤销其特权。为了支持他的观点,他提及伊丽莎白女王和汉莎同盟的城镇之间的某一协议。双方怀着敬畏立下的庄重宣誓可能因为敬畏而不得遭到否认,但是在非正式承诺的情况下也许将是另一回事;同时在对情况以及相关实情错误理解或者由于信任了欺骗性的陈述而作出的宣誓,不得认为其有约束力。如果条约一方违反了条约的一项条款,那么条约另一方可以拒绝接受所有的条款。

战争时期的国际法——苏支之前的作品

苏支专著中有关战争的论述,与那些论述和平的论文一样,比他的英国前辈的著作更全面、更综合、更系统、也更权威。事实上,贞提利斯《战争法规论》(1589 年)的出版是国际法历史上的一个里程碑。苏支是继贞提利斯之后的一个世纪以来英国所有学者中唯一一个完全认识到这部著作重要性的人。他仔细研究了书中的种种学说,并毫不犹豫地继承了其中的许多观点。在《战争法规论》出版后不久,英国就出现了许多译本和改写本,以及多少有些原创性质的作品——如,埃利奥特(Eliot)的《战争与决斗论》(*Discourse of War and Single Combat*)以及翻译而来的法语作品《战争指南》(*Instructions for the Warres*)。

比上述这些著作具有更高价值的是原创作品,即 1593 年出版的马修·萨克里夫(Matthew Sutcliffe)的《军队的惯例、程序及法律》(*The Practice, Proceedings and Lawes of Armes*)。从该书中可以明显感受到贞提利斯带来的影响。该书论述了诸多战争的原因,驳斥了认为即使有正当的理由战争依然违法的荒谬观点(反对早期基于有悖宗教的原因而反对一切战争的观点),坚决主张统治者有权阻止邻国
239 军备的大规模扩张,谴责西班牙的侵略行径,对法国国王路易十一世(Louis XI)的

行为大加赞赏，对洛伦佐·德·美第奇（Lorenzo de'Medici，1449—1492）维持意大利国内稳定的行为，以及对伊丽莎白女王对低地国家的有关[①]政策表示了赞许，支持一国在受到攻击时不必对敌宣战（正如与法国国王菲利普二世之间的战争一样），而且强调在劫掠被攻陷的城镇时，必须对妇女儿童以及老人弱者施以仁慈怜悯。同时，该书也谈及了有关俘虏和战利品的问题。书中是这样概括战争的目的和本质的："当主权者基于合法正义的缘由而发动战争并正当宣战时，这些战争被视作正义的、合法的，通过对非正义方进行有序的必不可少的谴责和适度的惩罚，最终实现正义，获得有保障的和平。"

十多年过后，威廉·富尔贝克（William Fulbecke）发表了《国际法学说汇编》（*the Pandectes of the Law of Nations*，1602）。该书的第七章基于贞提利斯和阿亚拉的权威观点对战争进行了论述。作者主张对敌宣战的行为必须以庄严的方式作出，而且对俘虏不能处以死刑。同样，理查德·伯纳德（Richard Bernard），在1629年出版的书中也主张温和仁慈，肯定战争的合法性，承认征服权和获得战利品的权利。和贞提利斯以及萨克里夫一样，他也承认以自卫为目的的干涉权。

战争时期苏支的国际法

与前人相比，苏支的著作的论述范围更广泛，把握更准确，但他与早期学者观点的密切联系十分明显。他把战争定义为主权国家基于正义的理由而进行的斗争。通常，正式的宣战是必不可少的。在这种情况下存在是常态的战争（*bellum solenne*）与非常态的战争（*bellum minus solenne*）——与私斗不同，如同为古人所承认的家族与家族的对抗，或者类似报复的情况。在私法中，复仇是不允许的。由于一人的责任而对另一人造成了伤害，违反了自然衡平观念。但是在国际法中则不一样。在国际法中每一个个体都被认为是国家的一个组成部分，因而应对其非法行为负责任。

国家有责任在诉诸战争之前通过各种途径寻求避免战争的最佳解决之道。 240

宣战申明在以下情况下是可以合法免除的：(1)当发生以必要的自卫为目的的战争时；(2)对抗那些早已被认为是敌对国家时；(3)对不适用国际法的造反者或叛国者发动战争；(4)当派遣的大使未满足要求的一定条件时。

苏支分析了战争中不同种类的军事力量，并且区分了敌对势力的种类："国家之间的战争状态包括为领土权、支配权以及兵权等最高权力而发动的战争以及因敌意者、敌对者或其他敌对情况引起的战争。（*Status inter cos quiuscum bellum est*, *est condition inter ipsos que ad imperium militare refertur*, *quod est dominationis*,

① 低地国家（Low Countries），指荷兰、比利时、卢森堡的总称。——译者注

prepotentie, et patrocinii militaris, vel condition cum aliis ex qua alii inimiei, alii hostes habentur)."因此，军事力量被分成了三类：统治权(*dominatio*)，依靠军队获得；震慑力(*praepotentia*)，征服者对被征服者的权威；庇护(*patrocinium*)君主对于臣属国的军事权利。至于敌对势力，他们被分为敌意者(*inimici*)、敌对者(*adversarii*)、敌人(*hostes*)——例如土匪、造反者、叛国者、海盗(*quos offendere et perdere omnino licet*)以及正当的敌人(*justi hostes*)(经宣誓后参加战争的敌人"*quibus omnia belli jura debentur*")。

苏支继而提出了一些相关的问题：违反自然法或者国际法的人是否也该被认为是敌人，还有信仰其他宗教的人(指非基督徒)，以及生活在敌对势力领土范围内的友邦的臣民也该被认为是敌人吗？一个生活在中立国领土上的敌对国家的臣民应该被认为是敌对者还是中立者呢？苏支提出了许多持不同观点的实例和看法，但他并未明确得出自己的结论。

战时财产可以通过两种途径获得：个别获得(*acuisilio parlicularis*)，通过个人获得；普遍获得(*acquisilio universalis*)，当领土遭到侵略或是被放弃时，通过国家获得。被敌人带入中立国领土的物品是否需要物归原主呢？苏支倾向于肯定的回答，并举出一个实例作证：当西班牙的船只被荷兰人截获并被带入英国港口时，英
241 国海事高等法院命令他们归还这些船只。从敌人处得到的东西在被运往安全地带之前是否已经是俘获者的财产？一件物品如果不再能为其追夺者夺回时，是否认定为已被捕获？苏支用古代罗马法官保卢斯(Paulus)的话定义战后财产复归权(*postliminium*)："……接受对方返还的亡失物，并且令其恢复从前状态的权利……(*Jus a nisse rei recipiendae ab extranco et in statum pristinum restituende*)"同时，根据从罗马法中提炼的大量不同的规则，我们是否可以抢掠那些敌对势力占领地区的财富？苏支认为曾经属于敌人的财富，或者后来被敌人合法获得的财富，是可以对其进行掠夺的。

苏支提出了大量有关军事纪律和军事司法组织的问题。但其中许多问题在早期的英国或多或少都有过规定。国王或者总司令制定了各种战争的规则。因此，英国国王约翰(John)、理查一世、理查二世和亨利五世颁布了各项规章制度和法令条例(亨利五世曾下令应该保护妇女儿童、牧师和圣物，以及农民)；亨利七世，亨利八世以及伊丽莎白女王制定了更进一步的法规；革命战争期间，则由诺森伯兰(Northumberland, 1640)公爵为皇家军队制定法规，还有埃塞克斯(Essex)为议会党人的军队制定了《战争法则与条例》(*Laws and Ordinances of War*, 1643)。

苏支，沿袭传统，继而探讨了战争中出现的种种问题，以及交战国相互间的义务。他谈到了军事会议，即君主或指挥官参与的协商会议；军事使节；负责休战及和平谈判的特派大使等问题；说明了双方首领间的军事协定包括：(1)自由通行

(*de commeatu*)；(2)休战协议(*de induciis*)；(3)交换及释放战俘(*de captives permulandis et redimendis*)；(4)出让领地(*de conditionibus iis qui loca obsessa dedunt*)。如果军事条约涉及停战及最终的和平，则必须由最高统治者签订。

那么由将领签订的和平条约能否约束君主或国家呢？苏支谈到了罗马元老院认为订立条约必须经过批准的坚定立场。但是当最高统治明知有此条约并默许的时候，可推定为批准，因为在此情况下，统治者的行为暗示同意签订条约。尽管只有默许本身并不能保证这种推论。如果一方的君主否定将军缔结的条约，则条约 242
他方应该回复到未缔结时的情形吗？苏支未作出明确解答。

接着，苏支论述了一些关于人质的问题：人质在其用以交换的对象死亡后能否恢复自由？交出人质的一方能否接受逃亡的人质？对于后者，贞提利斯和格劳秀斯都给出了否定的回答，苏支指出这和英格兰爱德华三世的主张一致。我们能否因为提供人质的一方的犯罪行为而处死人质？贞提利斯持肯定意见，格劳秀斯则表示反对，而苏支并没有表态。在敌人之间存在报复行为(*lex talionis*)吗？贞提利斯似乎持肯定意见，而格劳秀斯却持反对意见。贞提利斯谴责因为无力保护而杀害战俘的行为。苏支指出了一些不合法的行为——尽管是以问题的形式指出——如，虐待战俘、妇女和儿童以及持有武器的妇女，亵渎圣地，在军事会议上使用诡计、谎言或是陷阱，下毒，暗杀，拒绝为敌人埋葬，虐待特使和投降者，以及其他各种相似性质的行为。

海事法和海战

在苏支之前的英国，有关海事法的著作没有什么重大意义。《康梭拉多海商法典》的规则，体现了许多很早之前的惯例，在很长一段时间内海事法规范着英格兰及其他国家关于海上抓捕的相关问题。英国国王爱德华三世、理查二世和亨利七世大规模禁止进口非由英国船舶运载的外国货物；伊丽莎白女王拒绝外国渔船以及从事海岸贸易的外国船只进入近海的捕鱼区。16 世纪，英格兰积极反对法国宣布确立的法规"自由船舶自由货，不自由船舶不自由货主义(*robe d'ennemi confisque celle d'ami*)"①。17 世纪中叶，通过了多项重要的立法措施——如，1650 年长期议会禁止外国船只与美洲殖民地进行贸易，除非有特别许可；翌年，克伦威尔(Cromwell)通过了《航海法》(*Act of Navigation*)。

威廉·维尔伍德(William Welword)的《海洋法提要》(*Abridgement of all sea-* 243
lawes，1613)论述了海事高等法院法官的管辖权，以及关于渔业的争议。他主张并

① "自由船舶自由货，不自由船舶不自由货"意为中立船上的敌国货物不可以扣留，敌国船上的中立货物可以扣留。——译者注

不必然存在一种在任何海域都可以实施捕鱼行为的普遍自由。他反对格劳秀斯混淆航海自由和捕鱼自由。贞提利斯在他的《西班牙辩护状》(*Advocatio Hispanica*，1613)中谈到了英格兰和西班牙以及其他国家间的种种争端，并且讨论了某些与禁运物、战利品和海盗相关的问题。

苏支在海战法中谈到了关于外国船只的征用、海上抓捕以及临检权的问题。他主张因为战争原因而征用我方港口附近的外国船只是非常合理合法的。

是否允许没收敌对船只上的中立财产？在苏支的时代，通行原则是如果船只可以被合法的没收，那么它上面的货物也是可以没收的。在格劳秀斯看来，这只是推定货物的敌性特征，可以被相反证据推翻。关于中立船只上的敌人货物，苏支表示英国最高海事法庭已经裁定它们可以被合法占有。苏支是从海事礼仪的角度分析临检权的，他认为临检权应该基于国家间的合意和国际礼让。一艘普通的商船不能仅仅因为其没有对军舰行礼致敬而被当作合法的捕获品。如果某一船只被带入了抓捕方的港口，或是带到了抓捕方的舰队所驻扎的港口，罗马法中称作在军队控制之中(*intra praesidia*)，则被认为已被捕获了。这样，这些船只被重复捕获的可能性将减至最小；但是为了使该法规更为精确，如格劳秀斯所言，安全扣留须满24个小时方视作扣留，这是欧洲各国认可的扣留标准。

中立、禁运物等等

关于中立国的权利和义务以及交战国的相关权利和责任苏支论述得很少。他用术语“amicus”和“amicitia”代替了更有表现力的中立的(neutral)和中立(neutrality)。后两个词虽然不曾被普遍使用，但在他之前早就被用过。是否允许在中立国
244 领土上追捕敌人？他倾向于这样一种观点：按照万民法，在任何地方都可以追捕敌人。那么倘若我们在敌国领土上俘获的战俘还没有被带入军队的控制之中，我们可以带着他穿越中立国领土吗？他的观点似乎是否定的。他回忆起了在日内瓦(Geneva)和米兰(Milan)战争中的一个实例，米兰遣送战俘穿越博洛尼亚(Bologna)的领土；而著名的法学家伊姆莫拉的约翰(John of Immola)在接受罗马教皇使节咨询时，裁定这样做是违反国际法的。

从古至今，禁运物问题都是整个国际法领域最具争议性的问题。在苏支的时代，习惯和惯例是变化不定且反复无常的。各国根据自己的利益而采用合适且方便自己的做法。直至苏支的时代过去之后，国际性的努力才明显地显露出来——例如在《比利牛斯(Pyrenees)条约》(1659年)和《乌德勒支(Utrecht)条约》(1713年)中，均明确指出了禁运物的性质，并且列举了某些具体的物品。

苏支秉承格劳秀斯的观点，认为只有以下直接服务于战争或者可以为战争利用的物品才应该被禁运——如武器、钱款、粮食给养。他承认这是从禁运物制度是

一种刑罚措施这样一个事实中进行逻辑推理得出的推论。但是,他比格劳秀斯和宾克尔舒科更进一步认为,在某些情况下,以下可以制造禁运物的物资也可以被认为是禁运物——如,钢铁(可以制造武器)、木材(可以制造船只),等等。在这方面,他考虑了每种特殊情况下周围环境情况的特征,以及国家的迫切需要。事实上,有时候为防止欺诈的出现有必要采取更为严厉的措施。毫无疑问,他的这种态度是受到罗马法的相关条款规定的指引——如参议院的马其顿法令(*the senatus consultum Macedonianum*)——该条法规不仅禁止向未成年人贷款,也禁止出贷可用以获取钱财的物资给未成年人,称作"以契约行使诈欺"(*cum contractus fraudem sapit*)。

此外,禁运物品的附属物——如剑鞘——本身也要禁运吗?苏支引用了众多古代实例,但是却没有提出任何个人观点。同样,对于进一步的问题苏支也没有提出解决方法:例如我们可以拦截从敌人处返还或向敌人处运送的物品吗?烟草是否也被视作禁运品(假设它是为用来维持给养)? 245

最后,在一艘船上禁运物和合法货物混载的情况该如何处理?苏支援引了一位古代学者的观点来支持自己的看法。他坚持认为必须对以下两种情况加以区别:一种是两种货物属于同一个所有者;另一种情况是它们分别属于不同的所有者。在前一种情况中,两种货物都可以被合法地没收——至少在货主对这种欺诈性货运行为知情的情况下,可以这样处置。在苏支的论述中并没有提及同时代英国的惯例,但是,似乎有迹象表明英国高等海事法院的早期惯例并不分别考虑物品所有权的归属而一概没收船只和货物。后来,这样的规则有所松动。只有当合法货物是禁运物所有者的财产或者存在欺诈性行为时①,船只和部分合法的货物才会被一并没收。

苏支著作的价值

上文考察了苏支作品中关于国际法的内容主旨,简要地阐明了他的学说,介绍了他与他的前辈以及与同时代人的关系。他广博的学识和卓越的才能——不论在法律上还是在文学上——已为那个时代所认可。他的见解,无论在他生前还是死后,都极具权威性。他的出众才艺令人叹服。正如瑞士法官利维埃(Rivier)评价的:"他是一位聪明睿智、学富五车、多才多艺的著名法学家,是一部活的潘德克顿法典(living Pandect of the Law),他是一位罗马民法学家、封建法学家、国际公法学家,同时还是一位诗人,最为重要的是,他是国际法这一学科的重要奠基人之一。"②

① 参见罗宾逊:《海事法报告》(*Admiralty Reports*)第3卷,第221页。

② 原文为德文,照录如下:"Er war beruhmt als scharfer, gelehrter, vielseitiger Jurist, 'living Pandect of the Law,' Civilist, Canonist, Feudist, Publicist, auch als Dichter; vorzüglich bedeutend ist er aber als einer von den Gründern der Wissenschaft des Volkerrechts."——译者注

他的声名遍及整个欧洲大陆，他的不同版本的作品均被反复重印，而且被翻译成多种语言。

246 然而，在近代，人们对苏支的著作有不同的评价。例如，惠顿（Wheaton）认为《宣战讲和法》不过是格劳秀斯著作的缩略本。其中大多数例证都引自罗马法和罗马史，并且认为该书赢得的声名全得益于术语上巧妙的创新——“国家间的法律”。而另一方面，上文提到的利维埃先生则认为苏支是国际法学的奠基人之一；卡顿保恩（Kaltenborn）也认为苏支的主要作品是第一本真正的国际法论著；奥普特达（Ompteda）作出了相似的评论，认为苏支在国际法的历史上占据了重要的位置。真实的评价更倾向于后者而不是惠顿的观点。惠顿一定没有读过遭到自己如此不公正诋毁的苏支的作品。

事实上，与其把苏支定位成一个创新者，不如视他为将学说系统化的人。然而，当时同样的评价却被更多地赋予了伟大的学者格劳秀斯。事实上，综合各种因素，苏支很难成为一个改革创新者，考虑到他写作的时代，当时发生的各类事件，国家间不稳定的关系，国际政治的冲突，宗教的矛盾——简而言之，他所处的年代是一个经历着急剧变化的时代。撰写抽象的、完全理论化的，也是终局性的论著——似乎更适合乌托邦的社会而非这个不完美的世界——将鼓动各国怀疑国际法的整个结构；苏支对这一切洞若观火，决不会轻易尝试。

247 苏支一贯以符合逻辑、前后贯通的方式，简明精确的风格阐述国际法的主旨。依此作风，面对国际法领域越是具体的问题，他就越会在合适的位置将可疑的问题加入他的论述中，但通常都以问题的形式。这其中有很多问题他并没有给出答案，也有许多问题并不是直接回答，而是通过暗示回答——尽管只是尝试性的——通过举例和推论的方法。他没有试图进行深入的分析，而且小心翼翼地避免形而上学的专题学术论文范式。他满足于根据实践常识和时代及地点的紧迫需要的引导对问题进行分析。

苏支的风格以谦虚和保守为特色，这与宾克尔舒科的强势、固守己见以及独断教条形成了鲜明的对比。苏支的著作相对温和和简练，它在国际法的发展过程中并没有占据如同格劳秀斯的论著一样高的地位。但是，苏支在他的前辈基础上，在很多方面已取得明显的进步——如“国家间的法律”这一术语的运用，以及它的内在含义，对惯例法优越于自然法的认识，对习惯和惯例的新近实例的运用，对法律发展与政治演进的相对联系的把握等。苏支是早期英国学派的国际法学家和公法学者中最伟大的一位。这个学派学者后来的传统——很多实证法学派的欧洲大陆学者自不待言——很大程度上都受到了他的影响和指引。

（撰写：Coleman Phillipson）

13. 柯尔贝尔

(Colbert)

248

(法国法学家柯尔贝尔)

让·巴普蒂斯特·柯尔贝尔(Jean Baptiste Colbert)①在路易十四②统治中期③也

---

① 柯尔贝尔去世时是塞涅莱市及沙都耐夫市侯爵,索城及利涅荷等几个市镇的男爵(见雅尔:《传记历史大字典》,"柯尔贝尔"一章,第 399 页)。

② 柯尔贝尔的头脑要远远强于路易十四,而路易十四最大的优点据说在于愿意接受柯尔贝尔的建议。(博纳绍斯:《法国史》,1862 年英语版,第 399 页)不过我们应当记住,路易十四自己就是一个个性鲜明、能力出众的人。在红衣主教马扎林看来,他的能力和素质可相当于四位杰出的国王和一位诚实的人(马丁:《法国历史》,第 4 版,第 13 卷,第 4 页),而艾克顿勋爵(Lord Acton)也认为,他是近代出生的君主中能力最为出类拔萃的(艾克顿勋爵:《近代史演讲录》,第 234 页)。此外,如果伏尔泰的评价可信的话,那么他的统治要比二十个一般的朝代的统治对法国更有价值(《伏尔泰作品选集》第 18 卷的《路易十四时期》,1819 年版,第 206 页)。

③ 即 1661 年至 1683 年。马扎林红衣主教于 1661 年 3 月 6 日去世,第二天路易十四就把大法官赛涅和三个国务大臣,即尼古拉·富凯(财政主管)、米切尔·泰利耶(国防大臣)和雨果·德利奥纳(外交大臣)召集到卢浮宫,在讲话中对他们暗示,虽然到那时为止他一直是让刚过世的红衣主教治理国家,但今后他将成为自己的首相("今后我将自己当首相"),大臣可以在他征询意见时提出自己的意见。因此,没有国王的命令,大臣禁止签发任何文件,同时没有国王的允许,国务大臣也不可直接签署任何文件(马丁:《法国历史》,第 4 版,第 13 卷,第 549、550 页)。许多人怀疑(特别是富凯)仅 22 岁半的年轻国王是否能够管理国家。(转下页)

249 是路易十四最鼎盛时期担任法国的财政大臣，声名显赫。他因多方面的辉煌成就①
而闻名于世，但其作为法学家和法律改革家作出的贡献却往往被忽视。对于每一个学
250 习法国历史的普通学生而言，柯尔贝尔总是被视为能干而成功的财政家(financier)②，

(接上页)这种怀疑被证明是完全错误的。事实上，路易十四将统治权攥在自己手中长达 54 年之久(即直到 1715 年 9 月 1 日他去世)，而且从未放开过(马丁：《法国历史》，第 4 版，第 13 卷，第 4 页)。在这段很长的时间里，路易十四拥有惊人的记忆力和充沛的精力，他每天花 9 个小时投身公共事务(艾克顿勋爵：《近代历史讲演录》，第 234 页)。然而，在年轻国王统治初期的 11 年中(即从 1661 年到 1672 年)，国王组阁的政府受柯尔贝尔的思想影响颇深，以至于路易十四的统治和他的杰出的大臣们的自传内容几乎是相同的(《剑桥近代史》，第 5 卷，第 15 页；马丁：《法国历史》，第 4 版，第 13 卷，第 35 页)。但是，直到 1669 年，柯尔贝尔才真正获得国务大臣的头衔，尽管在此之前的多年中，柯尔贝尔实际管理着国家的大部分事务(马丁：《法国历史》，第 4 版，第 13 卷，第 23、33、34 页；艾尔弗雷德·艾梅：《柯尔贝尔——路易十四大法典的创始者》，第 11 页)。鉴于这些情况，很难理解为什么艾克顿勋爵仍把柯尔贝尔当作某一部门大臣，尽管在 1661 年马扎林去世之后他已经担任此职(艾克顿勋爵：《近代历史讲演录》，第 234 页)。但是毋庸置疑，在马扎林去世前的一段时间里，柯尔贝尔已经秘密地、非正式地协助路易十四审查富凯的财政预算，而且早在 1649 年处理米切尔·泰利耶的事例中，柯尔贝尔就已被任命为国务委员了，柯尔贝尔和米切尔也确立了婚姻关系。

① 参见皮埃尔·柯莱门：《柯尔贝尔的信件、箴言和回忆》，第 1 卷，第 1 页。1669 年，柯尔贝尔被任命为国务大臣，同时受命掌管海军、商业、殖民地、国王的内务、巴黎、教会事务、法国里昂和奥尔良的政府事务(马丁：《法国历史》，第 4 版，第 13 卷，第 33、34 页)。那时，他和那些普通的历史上极少提及的大臣官位一样(同上)。他首先作为一位杰出的财政和金融专家而获得一流政治家的赞誉，但是“财政并非柯尔贝尔一个人的，它是政府各个权力部门得以正常运转的支撑点，它是为公众服务的，关系到所有人的利益”(马丁：《法国历史》，第 4 版，第 13 卷，第 32 页)。然而，最终他几乎控制了政府的所有部门(艾尔弗雷德·艾梅：《柯尔贝尔——路易十四大法典的创始者》，第 11 页)。

② 柯尔贝尔在以非公开的身份工作并且他的名字尚且不为人知晓时，他在 1659 年 8 月 31 日写给红衣主教马扎林的信中说：“财政问题的解决需要一个公正严明的司法体系与之配套。”(皮埃尔·柯莱门：《柯尔贝尔的信件、箴言和回忆》，第 2 卷，第一部分，第 14 页)而且他不应再与一个不顾国家利益、不诚实的大臣，即富凯联合在一起(同上，第 5 页；马丁：《法国历史》，第 4 版，第 13 卷，第 24 页)。因此红衣主教去世前向国王建议任命柯尔贝尔暗中帮他调查富凯的财政违法行为。这项工作，柯尔贝尔一直进行到 1661 年 9 月 15 日即富凯被捕方停止。实际上，逮捕富凯是几个月以前就已经作出的决定(见马丁：《法国历史》，第 4 版，第 13 卷，第 26—28 页；皮埃尔·柯莱门：《柯尔贝尔的信件、箴言和回忆》，第 2 卷，第一部分，第 14 页；G. P. R. 詹姆斯：《路易十四的生平》，第 3 卷，第 101、122 页)。对富凯的审判历时 4 年，为了给富凯定罪，据说各种法律条文均被引用以佐证富凯的违法行为，这场历时 4 年的审判最后在 1664 年 12 月 20 日以富凯被判终身流放而告终，但这个判决很快就被国王无情地改为更严厉的终身监禁(见皮埃尔·柯莱门：《柯尔贝尔的信件、箴言和回忆》，第 2 卷，第一部分，第 1 页及以下各页；G. P. R. 詹姆斯：《路易十四的生平》，第 3 卷，第 141、142 页)。这似乎是在欧洲近代史上唯一的一个国王将轻罚改为重罚的例子(G. P. R. 詹姆斯：《路易十四的生平》，第 3 卷，第 142 页)。柯尔贝尔和泰利埃被指控对富凯怀恨在心(贡特·德·高斯纳：《马扎林与柯尔贝尔》，第 1 卷，第 80 页)，因而合谋整垮富凯，希望富凯因严重的叛国罪而被判死刑(同上，第 141 页及以下各页；皮埃尔·柯莱门：《柯尔贝尔的信件、箴言和回忆》，第 1 卷，第 27 页)。根据审判时所提交的证据，这一判决可认为是合法且正当的(皮埃尔·柯莱门：《柯尔贝尔的信件、箴言和回忆》，第 2 卷，第一部分，第 2 页)。马歇尔·蒂雷纳在提到柯尔贝尔和泰利耶在富凯一案中的作用时说：“我相信柯尔贝尔非常希望他被绞死，如果不这样的话，泰利耶将会更害怕。”(出处同上，第 27 页)柯尔贝尔的叔叔亨利·皮索尔(Herry Pussurt)似乎和他的侄子一样讨厌富凯。在对富凯的审判中，就整个事件，他情绪激昂地抨击富凯长达四个小时之久(《塞维涅夫人的信札》，1862 年版，第 1 卷，第 469 页)。在富凯失势之后，柯尔贝尔很快就在 1661 年 3 月首次担任财政主管，最终在 1665 年 12 月担任财政总审计长，继续实施他的财政改革方案(马丁：《法国历史》，第 4 版，第 13 卷，第 39 页)，引进公共账目法则，使其更规范、简明，并采用新的征税制度。他以最初的交易价格还清了公共出借人所要求的公债券的利息，其数量远低于票面价值，同时(转下页)

法国海军①的创始人，法国商会的复兴者②以及法国殖民事业的拓展者。③他鼓励并保护农业的发展，④新建同时修缮了很多宏伟的公共建筑，⑤致力于促进文学、科学

(接上页)他致力于为国家建立稳固的商业社会基础(主要见皮埃尔·柯莱门:《柯尔贝尔的信件、箴言和回忆》,第2卷,第一部分,第14页及以下各页;G. P. R. 詹姆斯:《路易十四的生平》,第3卷,第168页及以下各页)。此外,他使富凯的党徒交还了他们侵吞的公共财产(出处同上)。通过这种方式,柯尔贝尔才得以降低税收并填补已经空虚的国库,最终使公共年收入提高到原来的三倍,但是这一提高并没有建立在私人收入的增加或有用的公共项目的完成的基础上(艾克顿勋爵:《近代历史讲义》,第244页)。然而,在柯尔贝尔管理期间,由于路易十四发动了几次战争,导致法国财政日益衰退,几乎再次到了国家破产的地步。尽管违背意愿,为了填补空虚的国库,柯尔贝尔不得不反过来采取一些曾经富凯采用、当时自己也谴责过的措施以筹措资金(《伏尔泰作品集》,1819年版,第18卷,第220、221页)。

① 1661年马扎林死后,留下了30艘旧船,十年之后,也就是1671年,多亏了柯尔贝尔,法国拥有了270艘各式战船,30艘战舰,52 000名水手(见皮埃尔·柯莱门:《柯尔贝尔的信件、箴言和回忆》,第3卷,第一部分,第4页)。在马扎林时期,每年花在海军上的费用从未超过200万里弗赫,而在柯尔贝尔执政时期,其费用至少是这个数字的6倍(出处同上)。柯尔贝尔也建造了港口和兵工厂,在那里可以修理任何破损的战舰(见皮埃尔·柯莱门:《柯尔贝尔的信件、箴言和回忆》,第3卷,第一部分,第13页)。同时,他极力支持实行《海事法》,即海事法典的一部分(见已公布法典)。在他死后,他的长子德赛涅莱侯爵继续为海军事业而努力,他继承了父亲海军大臣的职位,并展现出他非凡的能力(马丁:《法国历史》,第4版,第14卷,第2页)。在德赛涅莱短暂的职业生涯中,海军的力量日渐强大(皮埃尔·柯莱门:《柯尔贝尔的信件、箴言和回忆》,第2卷,第一部分,第4页)。柯尔贝尔也加强了本国的陆军防务,为了保护国家的边界不受侵犯,他在法国的北部和东部建立了三道防护地带(《世界古今传记》,第9卷,《柯尔贝尔传》,第224页;皮埃尔·柯莱门:《柯尔贝尔的信件、箴言和回忆》,第5卷,多处)。

② 在马扎林的领导下,商业并不繁荣,而柯尔贝尔却极力鼓励商业的发展,在他的努力之下,许多贸易公司成立,并宣扬经商并不有损体面,人人皆可参与(马丁:《法国历史》,第4版,第8卷,第117页),从而使商业得到极大的复兴。法国制造业,尤其是里昂的丝绸业,法国的支柱产业或阿朗松的支柱产业针织饰带制造业,哥白林(Gobelin)和博韦(Beauvais)的挂毯制造业的发展都得到了柯尔贝尔的大力支持,在阿朗松附近,柯尔贝尔就拥有一幢乡间大别墅(《伏尔泰作品集》,1819年版,第18卷,第190页)。柯尔贝尔对塞夫勒(Sevres)的瓷器业和盘碟制造业(威廉姆·托克:《法国君主制的兴衰史》,第456页)也提供了很多资助,他还制定了一些商业条约。并根据巴斯卡(Pascal),除了开放航海运河(皮埃尔·柯莱门:《柯尔贝尔的信件、箴言和回忆》,第4卷,第112页及以下各页)外,他还极力推动郎格多克运河工程,这个运河连接着比斯凯湾和里昂海湾(出处同上,第79页),为了与北边的国家通商,他从英国查理二世手中购买了敦刻尔克海口(见马丁:《法国历史》,第4版,第8卷,第286页)。经济上"自由通商"的概念就是在18世纪从柯尔贝尔这儿借鉴而来(艾克顿勋爵:《近代历史讲演录》,第12页)。他说:"商业最重要的就是自由竞争,应该让那些有志发展的人们尽情地各展其能,这样才会给国家带来最大的利益和发展。"1673年颁布的《商事条例》绝大部分是出自柯尔贝尔之手。

③ 除了在卡宴(圭亚那首都)、马达加斯加和本地治里(印度城市)建立殖民地外,柯尔贝尔还重建了在加拿大、马提尼克岛和圣多明戈的殖民地(威廉姆·柯莱门:《法国君主制的兴衰史》,第456页;马丁:《法国历史》,第4版,第8卷,第113页及以下各页;《钱伯斯百科全书》,第3卷,第337页)。尽管《黑色法典》(殖民地法规)在柯尔贝尔死后才颁布,但立法构想全部来自于他的灵感。

④ 参见马丁:《法国历史》,第4版,第8卷,第34、35页;皮埃尔·柯莱门:《柯尔贝尔的信件、箴言和回忆》,第4卷,多处,第40页及以下各页。柯尔贝尔尽可能地鼓励饲养家畜以及引进外来牲畜,他重新确立了饲养家畜免税制,等等(皮埃尔·柯莱门:《柯尔贝尔的信件、箴言和回忆》,第4卷,第48、67页)。这种免税制是在亨利四世时期由索列首先制定的(巴舍莱:《法国杰出的大臣们》,第329页及以下各页)。

⑤ 通过购买的途径,柯尔贝尔在1664年成为建筑业负责人。他除了把凡尔赛从一个狩猎旅舍改建成一个宫殿(这极大地违背了他本人的意愿)之外,还扩建并翻新了杜伊勒利宫、卢浮宫、枫丹白露、圣日耳曼大道和香波堡,使它们都焕然一新,大大地美化了巴黎城(皮埃尔·柯莱门:《柯尔贝尔的信件、箴言和回忆》,第5卷)。这项工作他主要委托给了建筑师佩劳特和布隆代尔(出处同上,第49页)。

252 及艺术[1]的发展。虽然柯尔贝尔在历史上极负盛名，集所有荣耀于一身，甚至有些学者认为他是人类历史上最杰出的大臣[2]，超过了叙利（Sully）和黎塞留（Richelieu），更不用说马扎林（Mazarin）[3]。同时，他也是路易十四时期系统编纂成文法典的推动者，[4]柯尔贝尔这方面的成就正是本文欲重点介绍的部分。

以上，我们主要关注了柯尔贝尔在公众事业方面的建树，接下来将重点介绍柯尔贝尔的生活和出生。让·巴普蒂斯特·柯尔贝尔 1619 年 8 月 29 日[5]生于兰斯
253 (Rheims)[6]。他的父亲是尼古拉·柯尔贝尔（Nicholas Colbert），母亲是玛丽·皮索尔（Marie Pussort）。其父早年事业不佳，经常四处举债，[7]在兰斯从事一些商业经营，极有可能是一个经营服装、羊毛或丝绸买卖的商人[8]，尽管也有人说他最初是一

---

① 碑铭与勋章学院、科学院、在罗马的法兰西学院、建筑学院和音乐学院的创立皆可归功于柯尔贝尔（皮埃尔·柯莱门：《柯尔贝尔的信件、箴言和回忆》，第 5 卷，第 53 页）。他在任职期间，于 1679 年设立了民法的教授职位（威廉姆·托克：《法国君主制的兴衰史》，第 456 页），并且把皇家图书馆搬到了一个更适宜的地点，藏书量也从原有的 16 000 册增长到 40 000 册（博纳绍斯：《法国史》，1862 年版，威廉姆·罗伯森译，第 397 页）。在 1667 年 5 月 21 日，柯尔贝尔成为法兰西研究院的一名成员并依惯例致词（皮埃尔·柯莱门：《柯尔贝尔的信件、箴言和回忆》，第 5 卷，多处，第 57、58 页）。

② 博纳绍斯：《法国史》，1862 年版，译者威廉姆·罗伯森在第 399 页中提到，底比斯的崛起和没落与伊巴密浓达有着密切的关系，同样路易十四统治辉煌期始于柯尔贝尔，也终于柯尔贝尔。如果给予路易十四一个"伟大"的称号，那么他的伟大也都是由于柯尔贝尔（《世界古今传记》，第 9 卷，"柯尔贝尔传"，第 223 页）。随着柯尔贝尔的去世，整个法兰西王朝的国力与世界影响力也日渐衰退。

③ 马扎林曾被称作"最有能力、最成功的大臣"（艾克顿勋爵：《近代历史讲演录》，第 235 页）和"地位最显赫的政治家"（出处同上，第 236 页）。

④ 伊桑贝尔等：《法国古代法律大全》，第 18 卷，第 103 页。埃诺大法官认为："柯尔贝尔在恢复金融秩序上极具远见，这位大臣崇尚井然的秩序，并且他处处为政府着想，这也正是他的主要特点，因而当时的司法、商业、海运业和警察等行业的发展也都受到了这种影响。"（出处同上）

⑤ 巴舍莱：《法国杰出的大臣们》，"柯尔贝尔"一章，第 368 页；皮埃尔·柯莱门：《柯尔贝尔的信件、箴言和回忆》，第 1 卷，第 23 页。在兰斯的圣伊莱尔教区的洗礼证明无疑可以确切表明柯尔贝尔的出生日期和出生地，但是，另有书记载，柯尔贝尔的生辰是 1619 年 8 月 22 日（马丁：《法国历史》，第 4 版，第 13 卷，第 21 页）。也有书记载他是于 1619 年在巴黎出生的（查莫斯：《传记大辞典》，第 10 卷，第 15 页），还有书记载着他是直到 1625 年才在兰斯受洗的（《著名的让·巴普蒂斯特·柯尔贝尔的一生》，1695 年英文版，第 3 页）。在 1825 年查理十世举行加冕典礼之际，在兰斯，人们在皇宫附近的塞海尔街道上的一所房子里看到一块石碑，金色的碑文如下："让·巴普蒂斯特·柯尔贝尔，路易十四的国务大臣，于 1619 年 8 月 29 日出生于此。"（皮埃尔·柯莱门：《柯尔贝尔的信件、箴言和回忆》，第 1 卷，第 473、474 页）

⑥ 也译为"理姆斯"、"汉斯"等，是法国东北部城市。——译者注

⑦ 皮埃尔·柯莱门：《柯尔贝尔的信件、箴言和回忆》，第 1 卷，第 23 页。柯尔贝尔的父亲有时也被称作尼古拉·柯尔贝尔·德·旺迪耶尔（Nicolas Colbert de Vandiere）（出处同上）。他最终成为了费蒙斯（Fimes）的行政长官塞涅尔·德·旺迪耶尔，同时担任国王日常事务的第一侍臣，（《世界古今传记》，第 9 卷，柯尔贝尔传，第 208 页及以下各页）同时担任战时特别财务官（Tresorier de l'Extraordinaire des Guerres）（巴舍莱：《法国杰出的大臣们》，第 220、403 页）。

⑧ 参见《世界古今传记》，第 9 卷，"柯尔贝尔传"，第 208 页及以下各页。柯尔贝尔生前就已经出版的《法国奴隶的叹息》（*Les Soupirs de la France Esclare*）一书的作者曾将柯尔贝尔戏称为"兰斯商人的儿子"（《柯尔贝尔的信件、箴言和回忆》，第 1 卷，第 467 页）。

个酒商，后来又成为一名公证处职员①，不过柯尔贝尔的母亲和亨利·皮索尔是兄妹关系，后者最终成为“巴黎议会”(Parliament of Paris)中的一名杰出顾问，并成为国王钦定的两名“王室财政顾问”(*au couseil royal des finances*)之一。②他与柯尔贝尔在一些重要的法律改革项目中的联系在下文可以了解得到③。此外，柯尔贝尔与米歇尔·勒·泰利耶(Michael le Tellier)④也有联系，泰利耶和柯尔贝尔叔叔的妻子是姊妹。柯尔贝尔的叔叔——圣普昂的让·巴普斯蒂特·柯尔贝尔(Jean Baptiste Colbert de Saint Pouange)，⑤在商业和金融领域拥有很高的声誉，最终也获得了显赫的官位。⑥

柯尔贝尔的生平

谈到柯尔贝尔的祖先，几乎没有什么可说的。然而，当他成为一个著名的政治家时，人们开始努力探求他的家世，认为他即使不是苏格兰皇室后裔，也必是苏格兰高贵名门的后代，该家族大概在13世纪后期时已定居法国。⑦对于这一出身，柯尔贝尔丝毫没有否认；不过，有人怀疑柯尔贝尔是借某种令人不齿的手段努力支持 254

① 参见《世界古今传记》，第9卷，“柯尔贝尔传”，第208页；《著名的让·巴普蒂斯特·柯尔贝尔的一生》，英文版，1695年出版，第3页。《吉尔的传记词典》(A Jal's Dictionnaire de Biographie et d'Histoire)；葛雷芒(Glement)：《柯尔贝尔的生活》(Colbert's life)，第2卷。

② 参见马丁：《法国历史》，第8卷，第77页；《圣西门公爵回忆录》，共2卷。

③ 参见柯莱门：《柯尔贝尔的历史》，第2卷，第291页及以下各页；保尔·维奥莱：《法国法律史要旨》，第186页。

④ 泰利耶最终成为大臣，并且担任国务大臣一职一直到1666年(维奥莱出版与1819年的著作，第18卷，第36页)。他的儿子弗朗西斯或称卢瓦，是法国最著名的军事大臣之一，成为柯尔贝尔政治生涯末期的最重要的对手。卢瓦是路易十四时代的撒旦，而柯尔贝尔是那个时代的善良的天才(见G. P. R. 詹姆斯：《路易十四的生活与时代》，第4卷，第60页；同时参见艾克顿勋爵：《近代历史讲演录》，第239页)。

⑤ 皮埃尔·柯莱门：《柯尔贝尔的信件、箴言和回忆》，第1卷。

⑥ 参见《新总传记》(*Nouvelle Biographie Generale*)，第5卷，第101、102页；科纳克伯爵：《马扎林和柯尔贝尔》，第1卷，第81页。

⑦ 吉莱·梅纳热是一个系谱学家，据说他最终被柯尔贝尔剥夺了养老金(《著名的让·巴普蒂斯特·柯尔贝尔的一生》，1695年英文版，第228页)，他假称已经探寻到柯尔贝尔是苏格兰国王的后代(出处同上)；而柯尔贝尔则自称是一个古老而高贵的苏格兰家族的后代，该家族名为“卡斯伯特(Guthbert)家族”(柯莱门：《柯尔贝尔的一生》，第1卷，第519页；《钱伯斯传记大字典》，第10卷，“柯尔贝尔传”)，据说，该家族的某一分支在1281年定居于苏格兰(《世界古今传记》，第9卷，第208、225页)。

英格兰的詹姆斯二世于1687年5月21日在议会中颁布了“英皇制诰”，证明了柯尔贝尔的父母是苏格兰的高贵显赫的贵族的后代，父母双方都有高贵血统(参见柯莱门：《柯尔贝尔的历史》，第1卷，附录，第519—532页。其中对柯尔贝尔的祖先进行了详细的阐述)。柯尔贝尔穿着手臂上有蛇(拉丁语为“Coluber”，法语为“Couleuvre”)图案的外衣，以此来暗示他的名字，柯尔贝尔全体家族成员均采用了这样的方法(《吉尔的传记词典》，第399页)。据资料记载，堡山(Castelhill)男爵与苏格兰和法国的柯尔贝尔家族的共同祖先，也有同样的蛇臂图案的外衣(《世界古今传记》，集9卷，“柯尔贝尔传”，第208页及以下各页)。有关柯尔贝尔家族方面更多信息，参见皮埃尔·柯莱门：《柯尔贝尔的信件、箴言和回忆》，第1卷，附录，第467页及以下各页。

这一说法，以证明自己有着高贵的出身。[1]但是，柯尔贝尔在事实上更有可能只是出身在一个受人尊敬的中产阶级家庭。[2]可以确定的是，在16、17世纪，该家族其中的一支定居于特罗伊斯(Troyes)，另一支在兰斯(Rheims)。[3]柯尔贝尔家族的成员主要在这两个城市以及巴黎经商，并且享有受人敬仰的声誉。[4]

但是公正地说，在1667年，柯尔贝尔的一个儿子获准进入慈善机构(l'Ordre de
255 Malte)，这似乎能够证明他是贵族。[5]很有可能当时的官员们因为急切地想得到这位极具权势的大臣的感激与赞赏，因而并没有仔细审核柯尔贝尔提供的证据。

关于柯尔贝尔的童年，目前并没有可靠的详细资料，但是可以肯定，在其年幼时[6]，柯尔贝尔就以其强烈的保守态度和往往令人难以理解的谨慎而显得与众不同。他的外貌很难说是迷人的。[7]据其他同时代的人所描述，他的外表并不出众，身材矮小，总是显得垂头丧气而且严肃刻板，尽管尚不足以使人生厌。[8]

他的外在形象并不讨人喜欢，但人们曾评价他有狮子般的大气，而没有狐狸一般的秉性。[9]不过在一些人看来，他极端小心、谨慎的性格在某种程度上并不符合这

---

① 据权威资料记载，柯尔贝尔下令，将其祖父(一位羊毛商人)坟墓上的原有石头秘密替换成另一块，在上面柯尔贝尔用古老的文字和语言刻上看似真实的苏格兰骑士(理查德·柯尔贝尔)的英勇功绩，以及一个传说，“在苏格兰我是婴孩，而兰斯给了我坟墓”(En Ecosse je cus le berecau, et Rheims M'a donne le Tombeau)(巴舍莱:《法国杰出的大臣们》，“柯尔贝尔”一章，第329—403页；《新总统传》，第12卷，第100、101页；《著名的让·巴普蒂斯特·柯尔贝尔的一生》，1695年英文版，第228页；科纳克伯爵:《马扎林和柯尔贝尔》，第1卷，第78页；皮埃尔·柯莱门:《柯尔贝尔的信件、箴言和回忆》，第1卷，附录，第471页)。

② 马丁:《法国的历史》，第4版，第13卷，第21页；科纳克伯爵:《马扎林和柯尔贝尔》，第1卷，第81页；皮埃尔·柯莱门:《柯尔贝尔的信件、箴言和回忆》，第1卷，第22页。依阿贝·舒瓦西所言，柯尔贝尔对其祖先引以为荣(巴舍莱:《法国杰出的大臣们》，柯尔贝尔一章，第320页及以下各页)，但很诚实地告诉了他大儿子关于他家族祖先的真相(科纳克伯爵:《马扎林和柯尔贝尔》，第1卷，第79页)。

③ 科纳克伯爵:《马扎林和柯尔贝尔》，第1卷，第81页。

④ 《新总统传》“柯尔贝尔”一章，第12卷，第100、101页；《吉尔的传记词典》“柯尔贝尔”一章。柯尔贝尔伟大的叔叔让·巴普斯蒂特·柯尔贝尔，出生于16世纪，于17世纪离世，最初是特尔瓦市的一个商人，后来将他的事业拓展到安特卫普、法兰克福、里昂、威尼斯、佛罗伦萨，并在那里建立了产品销售的分支机构(参见马丁:《法国历史》，第4版，第13卷，第21、22页；科纳克伯爵:《马扎林和柯尔贝尔》，第1卷，第79页；《新总统传》)。

⑤ 皮埃尔·柯莱门:《柯尔贝尔信件、箴言和回忆》，第1卷，第23页。

⑥ 《悼让·巴普蒂斯特·柯尔贝尔》(1783)第3页，以下关于柯尔贝尔早期的经历值得一提再提，在他为泰利耶效命时，有一次，根据泰利耶的命令，柯尔贝尔需将一封来自王后母亲(奥地利的安妮)的信送至正在色当的马扎林处，柯尔贝尔接到严格的指示，一定不能将信留在红衣主教马扎林手中，待其看完，柯尔贝尔必须携信返回。但马扎林希望保留这封信，于是想尽各种办法，使柯尔贝尔妥协，但是由于柯尔贝尔的坚定和对主人的忠诚，马扎林的各种办法均未能得逞。在后来的若干年中，由于泰利耶的推荐，柯尔贝尔供职于马扎林处，马扎林对上述事件记忆犹新，并因此对柯尔贝尔赞赏有加(《钱伯斯传记大字典》柯尔贝尔传，第5卷，第15页及以下各页；《著名的让·巴普蒂斯特·柯尔贝尔的一生》，1695年英文版，第4页；《吉尔的传记词典》“柯尔贝尔”一章)。

⑦ 参见科纳克伯爵:《马扎林和柯尔贝尔》，第1卷，第80页，柯尔贝尔最好的一张肖像由南特伊完成，但是画像与书籍中对柯尔贝尔形象的文字描述难以匹配(马丁:《法国历史》，第4版，第13卷，第23页)。

⑧ 《著名的让·巴普蒂斯特·柯尔贝尔的一生》，1695年英文版；《吉尔的传记词典》“柯尔贝尔”一章。

⑨ 马丁:《法国历史》，第4版，第13卷，第23页。

一描述。当然，如果他同时代人的描述是可信的，他就是一个少言寡语的人，在他看来，长时间的谈话会浪费很多时间，他很少对任何重要问题给予口头的回答，除非摆在他面前的问题和提议已经形成书面材料，并且他可以据此展开更周密的考虑。[1]他对事业特别勤勉和用心，对细节也掌握得非常完整和准确，[2]可以说没有人能比柯尔贝尔更为勤奋和努力了。[3] 256

尽管有关他拥有与红衣主教马扎林(Cardinal Mazarin)同样强大的理解能力的说法遭到质疑，[4]但其理解力的确超过常人。他睡眠很少，饮食上很节制，他所采取的唯一的休息方法就是改换工作，或者从完成一项困难的任务而转入完成一项较为简单的任务。[5]一个人的绰号有时恰是发现他性格特征的线索，因而我们有必要提一下柯尔贝尔的绰号——“大理石”(Vir marmoreus)，[6]而德·赛维涅夫人(Madame de Sevigne)给他取绰号为“一意孤行”(Le Nord)，一想到要找一位他的拥护者不免觉得担心。[7]

毋庸置疑，柯尔贝尔的命运主要是由其自己改变，他凭借自身的才干和努力获得法国政府部长的官职[8]，但是，确实又是他在圣普昂的叔叔让·巴普斯蒂特·柯尔贝尔(上文已提及)[9]首次将柯尔贝尔从最初的商业经营中带入政界，[10]并努力地于1648年[11]为柯尔贝尔在米歇尔·勒·泰利耶的手下谋得一职，泰利耶当时不是 257

---

① 《著名的让·巴普蒂斯特·柯尔贝尔的一生》，1695年英文版，第3页；《吉尔的传记词典》“柯尔贝尔”一章。

② 皮埃尔·柯莱门：《柯尔贝尔的信件、箴言和回忆》，第1卷，第21页。

③ 皮埃尔·柯莱门：《柯尔贝尔的信件、箴言和回忆》，第5卷；《学术字典》，1694年版序言。正如拿破仑一世(参见《拿破仑的一生》，第3卷，第163页)，柯尔贝尔的工作能力是无限的。

④ 马丁：《法国的历史》，第4版，第13卷，第22页。

⑤ 《查尔斯·佩罗回忆录》，第34页。

⑥ 巴舍莱：《法国杰出的大臣们》，“柯尔贝尔”一章，第329页。

⑦ 同上；参见《塞维涅夫人的信札》(1862年注释版)，第3卷，第33页。

⑧ 皮埃尔·柯莱门：《柯尔贝尔的信件、箴言和回忆》，第1卷，第31页。

⑨ 同上，第253页。

⑩ 科纳克伯爵：《马扎林和柯尔贝尔》，第1卷，第81页；马丁：《法国历史》第4版，第13卷，第22页。柯尔贝尔早年曾先后被送到巴黎和里昂学习经商，最终回到巴黎，在巴黎，他最初是一名公证人，后来成为一名公诉人，之后，他又成为了一个职员(马丁：《法国历史》，第4版，第13卷，第22页；科纳克伯爵：《马扎林和柯尔贝尔》，第1卷，第79页)。至于柯尔贝尔是否曾为马扎林的银行家塞萨尼和马赛拉尼工作尚不能确认(科纳克伯爵：《马扎林和柯尔贝尔》，第1卷，第81页；《世界古今传记》，第9卷，“柯尔贝尔”一章，第208页)。

⑪ 正是这一年，柯尔贝尔与家世殷实的玛丽·沙龙结婚。沙龙是詹姆斯·沙龙(布卢瓦本地人)和玛丽·贝贡之女(《著名的让·巴普蒂斯特·柯尔贝尔的一生》，1695年英文版，第6页；马丁：《法国历史》，第4版，第13卷，第22页)。他们婚后生有9个孩子。这些孩子分别在政府、教堂、军队等部门工作，都很出色(巴舍莱：《法国杰出的大臣们》“柯尔贝尔”一章)。他的一个女儿嫁给了谢弗勒斯公爵，另一个嫁给了德赛涅莱公爵。柯尔最大的儿子是众所周知的德赛涅莱侯爵。有人说他的成功应归功于其所处的有利环境，而不是个人的能力(皮埃尔·柯莱门：《柯尔贝尔的信件、箴言和回忆》，第3卷，第二部分)，但也有一些人认为他至少可以说他和他的父亲一样有才干(《伏尔泰作品集》，1819年出版，第17卷，第35页；《塞维涅夫人的信札》，1862年注释版，第11卷，第582、583页)。根据已公开的一封曼特农夫人的书信记载，柯尔贝尔的大儿子希望继承父亲的所有职位(皮埃尔·柯莱门：《柯尔贝尔的信件、箴言和回忆》，第3卷，第二部分，第15页；(转下页)

法国的财政总审计长(Comptroller-General of Finance)就是国防部长(Minister of War)。[1]为这位杰出的政治家效力期间,得益于以前受过的商业、法律以及金融方面的训练,[2]柯尔贝尔对于商业经营表现出不凡的天资;因为柯尔贝尔具备出众的才智和尽心尽责的品质,泰利耶决定把他作为自己的门徒(Protégé)推荐给马扎林。[3]马扎林很快认识到了柯尔贝尔的价值,[4]并将几项棘手的外交任务交给他处理。[5]后来,马扎林任命柯尔贝尔为自己的督办管(*intendant*),并选任他为自己的遗嘱执行人之一。[6]无论在公共事务领域,还是在私人生活领域,柯尔贝尔在管理和金融方面都表现出了突出的才能,对此,马扎林非常满意,[7]因而在临终前,[8]他把柯
258 尔贝尔推荐给了路易十四,他提道:"我的一切受恩于您,陛下,但是我相信通过给您推荐柯尔贝尔,在某种意义上我可以偿清陛下的恩典。"(Je vous dois tout, Sire, mais je crois m'acquitter en quelque sorte avce votre majesté en vous donnant Colbert.)[9]

实际上,国王并不需要奄奄一息的大臣马扎林的推荐,因为在红衣主教马扎林临终之前的一段时间,柯尔贝尔一直在秘密地为路易十四调查和评估富凯(Fouquet)的日常财务报表,通过这些工作柯尔贝尔向国王展示了他的出众才能以及过人

(接上页)马丁:《法国历史》,第4版,第14卷,第2页)。实际上,他确实当上了海军大臣,任职期间,他为国家作出了突出贡献(出处同上,第3卷,第一部分,第4页;《伏尔泰作品集》,1819年出版,第17卷,第35页)。在其父亲去世后,他只活了7年,卒于1690年11月3日,年仅39岁(《塞维涅夫人的信札》,1862年注释版,第11卷,第582、583页)。柯尔贝尔的另一个儿子布兰维尔侯爵,担任好几个法院的职位,但由于他支持泰利耶的儿子卢瓦,后来这几个职位均被革除(皮埃尔·柯莱门:《柯尔贝尔的信件、箴言和回忆》,第3卷,第二部分,第16页)。柯尔贝尔的另一个儿子成为了鲁昂大主教。

① 《吉尔的传记词典》,"柯尔贝尔"一章。

② 马丁:《法国历史》,第4版,第13卷,第22页。

③ 出处同上。科纳克伯爵:《马扎林和柯尔贝尔》,第1卷,第81页。

④ 柯尔贝尔最初并不欣赏马扎林出众的才智,但是最终如实评价了马扎林的才能(马丁:《法国历史》,第4版,第13卷,第22、23页)。

⑤ 这些任务中有一个就是去罗马会见教皇亚历山大七世,说服他把德卡斯特罗公国的领地归还给帕尔马公国,并且帮助威尼斯人(《世界古今传记》,第9卷,"柯尔贝尔"一章,第210页)。执行此次任务之前,柯尔贝尔被任命为克鲁瓦西侯爵(出处同上)。最后他被封为德赛涅莱侯爵。柯尔贝尔死后,这一爵位由他的大儿子世袭。

⑥ 科纳克伯爵:《马扎林和柯尔贝尔》,第1卷,第3页;亚历山大·查莫斯,F. S. A.:《传记大辞典》,新版,第10卷,"柯尔贝尔"一章,第10页;《吉尔的传记词典》,第395页;皮埃尔·柯莱门:《柯尔贝尔的信件、箴言和回忆》,第1卷。

⑦ 据说黎塞留和马扎林被称为政治专制主义的创始人,因此柯尔贝尔就应被称为行政专制主义的创始人(科纳克伯爵:《马扎林和柯尔贝尔》,第1卷,第5页)。

⑧ 据说马扎林向路易十四推荐柯尔贝尔的言辞是其生前最后的话语。

⑨ 《悼让·巴普蒂斯特·柯尔贝尔》,第4页;《世界古今传记》,第9卷,"柯尔贝尔"一章,第211页;马丁:《法国历史》,第4版,第13卷,第26页;《舒瓦西回忆录》,第579页。尽管柯尔贝尔最初并不敬重红衣主教马扎林,而最终他被马扎林的才能和许多其他优良品质所彻底折服(参见马丁:《法国历史》,第4版,第13卷,第22、23页)。

天资。[①]马扎林死后几个月，富凯失宠，柯尔贝尔被任命为财政督办官(intendant of the finances)，到1665年他被任命为财政总审计长。[②]此后，柯尔贝尔在政界的事业如日中天，不断得到晋升。毫无疑问，他所生活的时代对他的发展是非常有利的，因为当时法国的政治体制是政府必须通过议会产生，除去极少数例外，一个人无法仅凭其出身和地位的优势，而获得政府的职位。[③]因此，像柯尔贝尔、波舒哀(Bossuet)[④]和卢瓦(Louvois)这样的中产阶级不断受到路易十四的重用和青睐，路易十四也成为了历史上杰出的(*par excellence*)重用商人阶级的国王(King of the Merchant Classes)[⑤]；路易十四也乐于接受他的贵族们只是他的侍臣(courtiers)，而不是一个个成为政治家。

在某种程度上，确定上述方针也是出于国王的一种担心，他担心那些出身显赫 259
的人一旦被提拔进入政府高层，有一天或许会因权势不断扩张而威胁和限制国王自身的权力和特权。

无论如何，有一点可以肯定，在柯尔贝尔及其长子德赛涅莱侯爵(Marquis de Seignelay, 1651—1690)和卢瓦过世之后，再没有人有足够的才智和富有力量的个性来制约路易十四(1638—1715)了，他完全凌驾于内阁(Ministry)之上，处于至高无上的地位，此时的内阁成员或许更适合被称作"虚有其名的职员"(titled clerks)。[⑥]

笔者不再赘述柯尔贝尔担任内阁大臣期间的经历，主要是因为，本文在前面部分已对柯尔贝尔的主要成绩有简短的叙述，而且在有关法国历史的著作和传记作品中，也都有相关的详细介绍。现在我们须关注的是柯尔贝尔作为法学家和法律改革家作出的贡献。

法律改革家柯尔贝尔

柯尔贝尔身兼数职，正如我们所看到的那样，在同一时期他同时处理政府各个部门的行政管理工作，[⑦]但在繁忙之余，他依然有时间和勇气去启动和指挥系统编纂和

---

① 马丁:《法国历史》，第4版，第14卷，第26—27页；《世界古今传记》，第9卷，"柯尔贝尔"一章，第210、211页。

② 皮埃尔·柯莱门:《柯尔贝尔的信件、箴言和回忆》，第2卷，第一部分，第5、6页。

③ 《剑桥近代史》，第5卷，第3页，皮埃尔·柯莱门:《柯尔贝尔的信件、箴言和回忆》，第1卷，附录，第467页及以下各页。

④ 波舒哀(Bossuet, 1627—1704)，法国辩论神学家、演说家、讲道者、天主教主教，支持法王路易十四，鼓吹绝对君权论。——译者注

⑤ 塞西尔·于贡:《17世纪的上流社会的法国》，第147页；另见:皮埃尔·柯莱门:《柯尔贝尔的信件、箴言和回忆》，第1卷，第467页，其中引用了在柯尔贝尔时代出版的一部作品中的一段话，抱怨政府任用像卢瓦、柯尔贝尔这样的资产阶级。

⑥ 圣西雷斯子爵:《弗朗索瓦·费奈隆》，第45页。

⑦ 马丁:《法国历史》，第4版，第13卷，第33、34页；皮埃尔·柯莱门:《柯尔贝尔的信件、箴言和回忆》，第1卷，第1页；阿尔弗雷德·艾梅:《柯尔贝尔——路易十四大法典创始者》，第11页；1661年到1672年这段时间是柯尔贝尔最辉煌的时期，这个时期他的思想有着至高无上的地位(马丁:《法国历史》，第4版，第13卷，第35页)。

修订本国法律的艰巨工作，这一点令即使是当代最为勤勉的政治家都感到非常惊讶。彼时，不论在政治领域还是文学领域，最终的理想和努力都是为了获得社会等级和权势，①整个法国特别是省级的司法管理极其不规范，腐败丛生，②对此，柯尔贝尔有着强烈的改革热情。省级司法管理的不规范和腐败问题部分是由于许多封建法院为对抗钦命裁判官(Royal Magistrates)③而提出的相冲突的要求(rival claims)，他们声称封
260 建法院的独立性受到王权的侵蚀，但封建司法仍然存在着，尽管是以一种混乱的、专横的和腐败的方式存在。④另外，民事和刑事程序或多或少存在着缺陷。从保护公民的利益和提高司法效率的角度，程序需要简化和改革。同时，急需缓解对罪犯适用的酷刑。因为刑罚本应起到改造罪犯和威慑的作用，但实际上却恰恰产生了相反的效果。

正是在这种情况下，柯尔贝尔出于贵族式的真诚的动机，极力劝说路易十四支持立法，批准并推动一项重大的立法计划将所有现存的法律、法令系统化，⑤进而在全国范围使法律体系一体化、固定化和确定化，同时必要地削减拥有司法权力的官员人数，⑥通过多种方式促使他的王朝声名远播，即使政绩不能彪炳史册，也能使自己的统治成为盛世的符号。尽管柯尔贝尔没有完全实现作为一个法律改革家所希望完成的全部工作，但这显然不是他的过错。⑦不论怎样，他的确启动了法典编纂的程序，最终催生了《拿破仑法典》，同时有助于促进法国习惯法与罗马法的再度融合。⑧

在柯尔贝尔的一篇没有注明日期的论文手稿中，展示了自己的法典成文化的思想。显然，他很明白这种想法并不具有独创性，虽然在历任法国国王中，他了解
261 到只有亨利三世有过这种想法，即计划将国家全部的法令汇编成一部法典⑨；亨利

① 《剑桥近代史》，第 5 卷，第 15 页。

②③ 出处同上。在克莱蒙·费兰多主持的特别巡回法庭暴露出其中存在的许多需要改革的弊病(马丁：《法国历史》，第 4 版，第 13 卷，第 69 页及以下各页)。

④ 《剑桥近代史》，第 5 卷，第 15 页。菲利普二世统治法国时期封建贵族处理司法事务的权力受到限制，他们再也没有权力任意判决案件。同时，法官必须依据现行法律审判和裁决案件。

⑤ 阿尔弗雷德·艾梅：《柯尔贝尔——路易十四大法典创始者》，第 15、17 页；保尔·维奥莱：《法国法律史要旨》，第 185 页。

⑥ 保尔·维奥莱：《法国法律史要旨》，第 185 页；《世界古今传记》，第 9 卷，“柯尔贝尔”一章，第 216 页。

⑦ 参见阿尔弗雷德·艾梅：《柯尔贝尔——路易十四大法典创始者》，第 17 页。

⑧ 詹姆斯·布里：《历史和法学研究》，第 107、376、377 页；帕耶法官：《法国民法手册》，第 9 版，第 8 页。自从 12 世纪路易七世统治时期发现了优士丁尼法典的手抄本后，罗马民法在欧洲的大部分地区，特别是在法国，成为学者研究的热点。

⑨ 阿德门·埃斯马：《法国刑事诉讼法史》，第 173 页；柯莱门：《柯尔贝尔的历史》，第 2 卷，第 297 页；帕耶法官：《法国民法手册》，第 9 版，第 14 页。早在亨利三世之前，就有人向国王提出过法典编纂的想法，其中包括查理七世、路易十一、亨利二世(见 D. M. 艾尔德：《法国民法》，第 19 页)，当然也包括亨利四世(阿尔弗雷德·艾梅：《柯尔贝尔——路易十四大法典创始者》，第 14 页)。此外，16 世纪很多著名的法学家在其著作中也表达了对法典编纂的计划的支持(出处同上)。当看到多马正撰写民法方面的论文(同上)，而拉姆瓦尼翁——巴黎最高法院首任院长正计划并启动在全国实行全面统一的立法计划(同上)，柯尔贝尔抓住了这一最佳时刻重新启动了这项工作。学识渊博的著名法学家巴泰米勒·奥扎内也参与其中(保尔·维奥莱：《法国法律史要旨》，第 184 页)。

三世曾指派布里松总长(President Brisson)承担该项任务,布里松也的确汇编了《亨利法典》(*Code Henry*),然而却没有真正颁布实施。

在柯尔贝尔的时代,确切而言是法国大革命以前,法国的民事法律实际上主要分为两大基本体系,一是习惯法,二是成文法;每一体系又进一步细分出众多分支,[1]共有 180 种以上的习惯法遍布法国的各个省份。[2]除普罗旺斯(Provence)和朗格多克(Languedoc)外,在法国大部分地方,罗马法退回到了一千年以前它形成时的习惯法形态,但同时需指出的是,在法国北部和中部地区,有一些习惯法,尤其是土地方面的习惯法,和罗马法毫不相干。[3]除习惯法和成文法外(被视为地方法),法国也受罗马法、封邑法(laws of the Prince)和地方议会的决议约束[4]。

柯尔贝尔在其修订和编纂法典的计划得到国王的支持和认可之后[5],毫不迟疑 262
地付诸行动,并且立刻制定了重要的启动计划[6]。紧接着,成立了专门委员会进行必要的准备工作,发现和讨论该计划存在的缺陷和不足之处,并进行修正[7]。最初,该委员会由两类人员组成:著名法学家和“御前会议”(*du Conseil du Roi*)成员;排除了不是大臣的巴黎最高法院成员,[8]也排除了司法系统的人员(Les Corps Judiciaires)。这一委员会被称为“司法会议”(Conseil de Justice),下设三个部门,[9]第一
个部门负责与教会有关的事务,第二个部门负责与贵族有关的事务,第三个部门则 263

---

① D. M. 艾尔德:《法国民法》,第 20 页。

② 同上,根据权威统计,在大革命之前,不考虑适用成文法的省份,法国至少有 50 项一般性习惯法和 225 项地方性习惯法(马克思·勒格朗:《常用法律辞典》,第 184 页)。

③ 詹姆斯·布里:《历史与法学研究》,第 107 页。

④ D. M. 艾尔德:《法国民法》,第 19 页。“议会”不能与“国民大会”相混淆,尽管国民大会负责授予君主特别津贴和批准特别税的征收,但是国民大会由国王不定期召集,在有的地方甚至根本就不会召集(参见帕耶法官:《法国民法手册》,第 1 卷,第 10 页)。最高法院是审判法院,其中巴黎最高法院是最早的一座最高法院,是由菲利普四世在 1302 年建立的。在那之前,最早期的审判法院都由国王的亲信掌管,这种习惯令人忧虑,并导致了 11 座最高法院在全国各地陆续建立(威廉姆·托克:《法国君主制的兴衰史》,第 208 页)。

⑤ 大约在 1664 年或 1665 年,柯尔贝尔和路易十四交流了他的计划(阿德门·埃斯马:《法国刑事诉讼法史》,第 180 页)。路易十四此时正热衷于法典编纂的想法(同上,第 177 页)。

⑥ 同上,并参见阿尔弗雷德·艾梅:《柯尔贝尔——路易十四大法典创始者》,第 15 页。《民事条例》的制定最为严肃(《法国古代法律大全》,第 18 卷,第 103 页)。这些初步计划在制定《民事条例》之前就已经成型,但是这部法典的历史被认为是所有成文法典的历史,尤其是 1670 年的《刑事条例》(阿德门·埃斯马:《法国刑事诉讼法史》,第 206 页)。

⑦ 阿尔弗雷德·艾梅:《柯尔贝尔——路易十四大法典创始者》,第 17 页。参见马丁:《法国历史》,第 4 版,第 13 卷,第 67 页及以下各页。

⑧ 保尔·维奥莱:《法国法律史要旨》,第 186 页。路易十四和科尔贝尔对巴黎最高法院和各省最高法院的厌恶始于弗龙德运动(又称投石党运动——译者注)时期,谈不上鼓励但至少在各最高法院的默许之下,这种憎恶不断累积增加。皮埃尔·柯莱门:《柯尔贝尔的信件、箴言和回忆》,第 1 卷,第 20 页。柯尔贝尔计划对巴黎最高法院进行致命一击,因此不希望巴黎最高法院的任何成员参与其设计的立法改革。保尔·维奥莱:《法国法律史要旨》,第 186 页;阿德门·埃斯马:《法国刑事诉讼法史》,第 179 页。

⑨ 阿尔弗雷德·艾梅:《柯尔贝尔——路易十四大法典创始者》,第 17 页;阿德门·埃斯马:《法国刑事诉讼法史》,第 179 页。

负责所有与民事和刑事司法和执法问题[1]相关的事务。柯尔贝尔本人是第三个部门的成员。在他因事缺席期间，其想法和主张由他非常信任的叔叔亨利·皮索尔(Henri Pussort)[2]提出并进行阐述。[3]

为了推动委员会的工作，使之最终高效完成其使命，国王采纳了柯尔贝尔提出的建议，从国内各地的法学专家收集各种备忘录，法学专家们在其中详细阐述法典修纂计划的不当之处并提出修改建议。[4]而且，为了获得有价值和可靠的信息，在柯尔贝尔的建议和指导下，委员会还在一些获得认可的和高效运转的团体(有法定资格的团体)中开展调查工作。此外，委员会在不断完善计划的同时，还派出八位有能力的并且可信赖的法国平政院主事(maîtres des requêtes)[5]履行国王议会(Parlements du Royaume)[6]的职责，去查明和受理指责和批评意见并完整反馈给司法会议，司法会议中有几位特定的成员专门负责接收所有来自主事们的报告和讯息并与他们保持经常性联系。[7]

据说司法会议的第一次会议在1665年9月25日[8]做完弥撒之后召开，地点就
264 在卢浮宫国王的书房内。国王路易十四亲自到场主持会议并进行训示。[9]从那一刻起，这项伟大的工作可以说正式拉开帷幕，并始终不间断地进行下去直至成功的终点。[10]当经司法会议[11]采纳的条款提交审议[12]时，委员会一般至少每十五天召集一次会议(并且大部分情况下国王都亲自出席)。

---

① 阿尔弗雷德·艾梅:《柯尔贝尔——路易十四大法典创始者》,第17页。

② 马丁:《法国历史》,第4版,第13卷,第77页。

③ 同上;参见保尔·维奥莱:《法国法律史要旨》,第186页。

④ 阿尔弗雷德·艾梅:《柯尔贝尔——路易十四大法典创始者》,第17页;保尔·维奥莱:《法国法律史要旨》,第186页;这些备忘录现仍保存于国家图书馆(阿德门·埃斯马:《法国刑事诉讼法史》,第180页)。其中,所有备忘录中,柯尔贝尔只对亨利·皮索尔的备忘录给予过高度的重视并且进行了分析(同上)。

⑤ 他们在柯尔贝尔那里获得了专门的指导(阿尔弗雷德·艾梅:《柯尔贝尔——路易十四大法典创始者》,第17页)。平政院主事是国务委员会成员,级别类似于顾问。

⑥ 阿德门·埃斯马:《法国刑事诉讼法史》,第194页。

⑦ 同上;参见柯尔贝尔,阿尔弗雷德·艾梅:《柯尔贝尔——路易十四大法典创始者》,第17页。

⑧ 人们对第一次会议的日期有一些不同意见。因此,尽管本文中给出的时间得到了一位权威人士的确认(阿德门·埃斯马:《法国刑事诉讼法史》,第194页),但依据另外一位权威人士,首次会议举行的时间是1665年10月10日(马丁:《法国历史》,第4版,第13卷,第77页,注释1)。但另外有人指出正确的日期应该是1666年10月28日(同上;伊桑贝尔:《法国古代法律大全》,第18卷,第104页)。

⑨ 阿德门·埃斯马:《法国刑事诉讼法史》,第194页。在该次会议中,除了大法官塞吉耶,由于他对这项正在进行中的计划知之甚少以致犯了些愚蠢的错误之外(阿德门·埃斯马:《法国刑事诉讼法史》,第194页),M. M. 瓦赞、奥特芒、德·维勒鲁瓦、泰利耶、德·利奥诺、德·韦尔塔蒙、普塞、布舍拉和亨利·皮索尔均到场参会(保尔·维奥莱:《法国法律史要旨》,第186页;阿德门·埃斯马:《法国刑事诉讼法史》,第195页)。

⑩ 阿德门·埃斯马:《法国刑事诉讼法史》,第194、198页。

⑪ 参见阿尔弗雷德·艾梅:《柯尔贝尔——路易十四大法典创始者》,第19页。

⑫ 据称司法委员会自1666年10月28日首次召集会议直到1667年2月10日,坚持每周都举行会议,有时一次会议持续数天(伊桑贝尔:《法国古代法律大全》,第104页)。

据说第二次会议于1665年10月11日[1]召开，地点仍在卢浮宫，国王依然亲自出席，这次会议似乎应得到更多的注意。[2]就在这次会议中，路易十四咨询了司法会议中每个成员的意见，并决定将需要马上着手的事务分为几个主要部分，每一部分委托两个或两个以上成员负责，这些负责人需要先与一些著名的辩护人讨论，之后向给国王作报告，提出自己的意见，再由国王做出最后决定。[3]当时，柯尔贝尔发表了详尽的讲话，表达了对国王决定的赞赏，同时详细地说明了拟推荐采用的计划的细节。[4]

没有必要介绍司法会议的每一次会议，但是，应该特别提到的是，直到1667年1月26日，根据国王的明确指示，巴黎最高法院第一院长拉穆瓦尼翁（Lamoignon, the First President of the Parlement de Paris）第一次出席了司法会议的会议，此人 265 很早以前就向路易十四阐述过他关于法典编纂的想法，[5]同时参会的还有一个声势浩大的法院院长组成的代表团，他们身穿法袍、头戴法官帽。[6]从这时起，司法会议代表巴黎最高法院和司法会议本身，并且继续展开工作，地点主要是在大法官塞吉耶（Chancellor Seguier）[7]的办公室，会议也由他主持。不过，巴黎最高法院的成员不得参与由柯尔贝尔筹划的有关法典编纂的各项预备工作，他们只可以参加有关民事和刑事法令的编纂工作。其他的法令、条例应该也都是严格按照柯尔贝尔最初规划的框架进行编纂的，完全不顾巴黎最高法院成员的意见，并且也未向其提出任何咨询。[8]

在司法会议开会期间，当会议讨论有关民事和刑事的法令时，巴黎最高法院首席大法官拉姆瓦尼翁极力维护最高法院自古享有的独立自主权，这些辩护看起来是针对亨利・皮索尔的，但事实上是针对柯尔贝尔和路易十四的，[9]但巴黎议会最

---

① 阿德门・埃斯马：《法国刑事诉讼法史》，第196页。那些对第一次会议的召开时间有异议的人很明显也对第二次会议和之后的会议的召开时间有不同意见。

② 同上，在第二次司法委员会的会议上，M. M. 埃斯唐普、德・莫朗迪斯和德・塞夫菲吉首次出席了这样的会议，而M. 普塞的名字却不见了。

③ 保尔・维奥莱：《法国法律史要旨》，第186页。

④ 阿德门・埃斯马：《法国刑事诉讼法史》，第198页。

⑤ 保尔・维奥莱：《法国法律史要旨》，第185、186、187页。

⑥ 伊桑贝尔：《法国古代法律大全》，第104页，注释1；阿尔弗雷德・艾梅：《柯尔贝尔——路易十四大法典创始者》，第19页；保尔・维奥莱：《法国法律史要旨》，第187页。

⑦ 保尔・维奥莱：《法国法律史要旨》，第186、187页，1667年1月26日，在大法官塞吉耶家里召开了第一次会议，最后一次在同年的3月17日；总共召开了15次会议（伊桑贝尔：《法国古代法律大全》，第18卷，第104页，注释1）。在司法委员会会议期间，国王特别安排了六位倡导者准备了法律材料（les elements），并会同首席议长和巴黎最高法院的人员一起讨论计划制定的法令的名称和条款（柯莱门：《柯尔贝尔的历史》，第2卷，第304页及以下各页；阿德门・埃斯马：《法国刑事诉讼法史》，第192页；皮埃尔・柯莱门：《柯尔贝尔的信件、箴言和回忆》，第1卷，第21页）。

⑧ 同上，参见马丁：《法国历史》，第4版，第13卷，第77页。

⑨ 在弗龙德运动时期，路易十四被迫离开首都，为了协助围攻反叛的城镇在各省份之间奔波，因而当他掌权时，这些回忆促使他决定惩罚高等法院，尤其是巴黎最高法院，即使他们不是暴乱和反叛的主谋，也是煽动者；而他的这些作为都得到了柯尔贝尔的支持（皮埃尔・柯莱门：《柯尔贝尔的信件、箴言和回忆》，第1卷，第20页）。

266 终还是失去了其独立自主性。[①]然而，议会在经历了严酷的考验和困境之后，依旧幸存下来。同时，处事谨慎的最高法院第一院长在第一部条例即《民事条例》(*L'Ordonnance civile*)获得登记的那一天，为巴黎最高法院保留了反对的权利，但是这些都隐藏在对一个专制君主[②]必要和巧妙的恭维之下，但路易十四最终在1673年完全废除了这些权利。[③]

司法会议各次会议讨论的内容并不尽为人知，但该委员会成员和巴黎最高法院代表之间此后举行的会议内容最终已全部公之于众，并且在各部《条例》颁布施行后，为它们的正确解释提供了一种途径。[④]

系列《条例》

1667年4月20日，第一部法典化的条例《民事条例》，有时候也被人们称为《路易法典》[⑤]，获得了登记[⑥]，并且不需要通过国王主持的"国王行法仪式"(*lit de justice*)[⑦]来推动法典的登记[⑧]。这部条例，就其本身而言是一部名副其实的程序法
267 典[⑨]，它包括35条条文。在当时，绪论和前8个"题"(Titiles)在法律上和政治上被认为具有最高的价值。就整部条例而言，如果不在细节上加以考察，它的目的和随后颁布的条例一样，在于创建一部完备的、系统的、详尽且具有广泛和普遍重要性[⑩]的部门法典。

该条例的制定者和编写者制定这部特别法典的主要目的是为了缩短刑事诉讼

---

① 阿德门·埃斯马:《法国刑事诉讼法史》，第187页。

② 保尔·维奥莱:《法国法律史要旨》，第187页。

③ 同上，第189页。

④ 阿德门·埃斯马:《法国刑事诉讼法史》，第194页。

⑤ 马丁:《法国历史》，第4版，第13卷，第78页。

⑥ 同上，第186页；阿尔弗雷德·艾梅:《柯尔贝尔——路易十四大法典创始者》，第19、20页。

⑦ "国王行法仪式"是指古法兰西法中一种庄严的司法仪式。在这种仪式中，国王由王子、大法官、法兰西贵族及其他高级官员陪同，坐在王位上，行使其作为法兰西最高裁判者的权力，并以敕令的形式制定法律。国王行使这种权力有时是为了迫使巴黎高等法院同意登记皇家敕令。18世纪时，为了对付议会的反对，这种权力的行使最为经常。法国大革命前夕，该做法被视为权力专断而遭批判，其合法性也受到质疑。

⑧ 当议会拒绝批准一项条例、法令或声明时，国王可以通过他自己的绝对权力亲自举行御前会议或皇室会议以强制通过任何的条例、法令或声明(帕耶法官:《法国民法手册》，第9版，第10页)。条例或法令一经签署或批准，立即生效(同上，第9页)。从路易九世(Saint Louis)时期开始，过去被称为Capitularies和Etablissements的法律都被命名为法令和条例(同上)，这些必须送交议会和主权参事会(Sovereign Council)颁布并记录在册(同上)。"声明"指国王颁布的特许令状，用以宣布实行、改革或撤销法令或条例，和法令条例相同，这些声明也须备案。议会和主权参事会经常在批准前对一些特殊的条例、法令或声明向国王提出异议或者进行一些修改和限制后批准，所以一个被议会否决的条款往往为主权参事会接受。因此，1667年《民事条例》和1670年《刑事条例》在洛林没有通过(同上，第10页)。在1673年，巴黎最高法院对所有事项提出异议的权力都被取消了。

⑨ 马丁:《法国历史》，第4版，第13卷，第178页。

⑩ 这种法典编纂方法是由柯尔贝尔首次提出的，并在路易十五统治时期继续使用。

案件结案时间，减少诉讼费用，以及简化诉讼程序。[①]该条例的第一条被称为“条例意见”(de l’observation des ordonnances)，它规定所有《条例》、《敕令》和《宣言》都应“被包括议会、委员会、伯爵议院、救助法庭在内的法院，和其他法院、法官、审判官、军官、领主，及其他主体保持并遵守，即便是教会法庭”(gardees et observees par toutes nos cours de parlement, grand conseil, chambers des comtes, cours des aides et autres nos cours, juges, magistrats, officiers, tant de nous que des seigneurs, et par tout nos autres sujets, meme dans les officialites)[②]，并进一步声明：“所有有悖于《条例》、《敕令》和《宣言》的逮捕及判决，都被视为无效，产生不了任何影响和价值；而作出此裁决的法官要对双方当事人的损害赔偿负责，同时他也将受到警告。” 268
(tous arrest et jugements, qui seront donnes contre le disposition disposition de nos ordonnances, edits, et declarations, nuls et de nul effet et valeur; et les juges qui les auront rendus, responsables des dommages et interets des parties, ainsi qu’il sera par nous avise.)[③]

对于民事法院案件审理的延期时限，该条例同样作出了规定，[④]该条例还禁止适用某些延期申请，因为有经验表明，它们只能导致不必要的诉讼上的时间拖延和诉讼费用上的增加。[⑤]此外，在诉讼开始阶段，为了避免无益的以及没有事实依据的诉讼，该法令还规定：诉讼当事人有责任提供足够的证据复件，用以支持他们提起的诉讼请求。

《路易法典》还详细规定了当事人从一个法院向另一个法院提起上诉的权利和限制，并缩短了行使上诉权的期限，将原来的30年改为3年零6个月。[⑥]此外，该条例还规定，当事人在诉讼中可请求法官回避的情形。[⑦]同样，这部条例还明确规定了商事债务和民事债务间的差异，并规范了以人身限制(corporal restraints)的手段来强制执行民事债务的做法。[⑧]

---

① 阿尔弗雷德·艾梅：《柯尔贝尔——路易十四大法典创始者》，第22页。

② 第一章，第1条(伊桑贝尔：《法国古代法律大全》，第18卷，第106页)。

③ 第一章，第8条(伊桑贝尔：《法国古代法律大全》，第18卷，第106、107页)。这一特别条款遭到巴黎最高法院首任院长拉瓦穆尼翁和其他法院代表的坚决反对，因为这条规定有损法官的尊严和荣誉(阿尔弗雷德·艾梅：《柯尔贝尔——路易十四大法典创始者》，第20、21页)。为了加强民众对法官的信心，1673年法典还规定法官不得收受超过法律规定的费用或工资，具体标准由首任院长决定，直到国家的财政条件允许司法事务不收取任何费用(《法国古代法律大全》，第十九章，第86页)。《民事条例》第二章，第14条，法院的传达员和法警必须具有读和写的能力。

④ 《民事条例》，第二章；参见阿尔弗雷德·艾梅：《柯尔贝尔——路易十四大法典创始者》，第22、23页。

⑤ 《民事条例》，第六、九和十四章；参见阿尔弗雷德·艾梅：《柯尔贝尔——路易十四大法典创始者》，第25页。

⑥ 《民事条例》，第二十七章，第12条。

⑦ 同上，第二十四章。

⑧ 同上，第三十四章。

269 关于证人(Enquêtes)的调查取证权利,《路易法典》作出了各种规定,它禁止证人的代理人(deputies)① 调查取证;同时,“习惯法认可调查”(les enquêtes par turbes)和“审问调查”(celles d'examen)也被取消。②

对出生、死亡、结婚的注册登记问题,该条例作出了不同的规定,并如先前的条例一样,将这些“公民身份行为”(*Actes de l'Etat Civil*)几乎交由非神职人员办理,③这些问题因此失去了纯宗教的特点和意义。④但是,在法国大革命爆发时,仍然能发现这些登记簿由教区的牧师们(curés)控制着。⑤

由于该《民事条例》在执行过程中遇到了种种困难,因此另外又补充颁布了延续 1667 年 4 月的条例以推进司法改革。而且,在不同时期,若干敕令获得了登记,它们依故作为原《民事条例》的附件。⑥这样,依 1669 年 8 月获登记的一部敕令,法国又建立了一种称为“民庭”(La Tournelle Civile)的新的法院。该法院附属于巴黎最高法院,负责审理标的额通常都不超过 1 000 埃居(ecu,法国当时的货币)的案
270 件。而 1673 年颁布的另一部条例,不仅减少了支付给法官的薪酬,而且缩短了法官的假期。但是该法典作出了相关规定,推动和确保现行生效的法律形式在整个法国的统一性。⑦此外,在 1673 年 3 月颁布的一部条例中,抵押公示制度(the publicity of Mortgages)得到确立,该制度触及并影响到公民的民事权利,⑧被认为是柯尔贝尔推行的最重要、最明智的举措之一。

为纪念《路易民事条例》的颁布,当时制作有一些纪念章,其中一枚的样子是:路易十四拿着象征正义的天平,装扮成法官的模样,纪念章上面还镌刻着“正义的审判者”(*Justitia judicanti*)的字样。⑨此外,许多著名的法学家还通过撰写学术著作对该条例作出解释和说明。⑩

下面我们有必要提到由柯尔贝尔推行的另一部重要的法典化条例——1670 年 8 月颁布的《路易刑事条例》(*L'Ordonnance Criminelle*)。它颁布之后,成为“法国刑

---

① 《民事条例》,第二十二章,第 12 条。

② 《民事条例》,第三十五章;参见阿尔弗雷德·艾梅:《柯尔贝尔——路易十四大法典创始者》,第 26 页。

③ 《民事条例路易民事条例路易民事条例》,第二十章,第 7—18 条。随后有关这一问题的法规在路易十四统治时期颁布——即 1683 年 8 月,1691 年 10 月,1705 年 6 月,1706 年 10 月和 1710 年 7 月。

④ 阿尔弗雷德·艾梅:《柯尔贝尔——路易十四大法典创始者》,第 25 页;马丁:《法国的历史》,第 4 版,第 13 卷,第 80 页,注释 1。

⑤ 洛朗:《法国民法原则》,第 2 版,第 2 卷,第 6 页及以下各页。

⑥ 马丁:《法国历史》,第 4 版,第 13 卷,第 79 页及以下各页。

⑦ 马丁:《法国历史》,第 4 版,第 13 卷,第 79、80 页。由于在适用于实践中遇到了困难,这项有价值的举措在 1674 年被撤销了。

⑧ 同上,第 80 页。

⑨ 同上,第 79 页。

⑩ 伊桑贝尔:《法国古代法律大全》,第 18 卷,第 104 页。

事诉讼法典”(French Code d'Instruction Criminelle),[1]这一地位维持了120年。[2]该法典与在它之前颁布的《路易民事条例》具有相同的立法体例和形式,并且经受了非常类似的痛苦且繁重的初期准备过程。[3]这部有争议的法典和《路易民事条例》同样拥有值得称赞的特征,即条理性、明确性、一致性和简明性。然而遗憾的是,该条例丝毫未加损益地保留了1593年《维雷·戈特莱条例》(*Ordonance de Villers Cotterets*)[4]中的某些有害的规定,如关于秘密法律诉讼程序;[5]以及至少在多数案件中,阻止被告人获得受过训练的辩护律师提供的专业救助,[6]而且它还保留了野蛮
的酷刑逼供,当其他的方法都无效时,允许对被告人进行拷打,迫使罪犯揭发同谋 271
的名字。该条例保留了此种残暴的、广受诟病的规定[7]主要归因于柯尔贝尔叔叔亨利·皮索尔,他的观点和影响战胜了巴黎最高法院第一院长[8]拉姆瓦尼翁以其影响力和雄辩之才大力倡导的更为明智和人道的观点。不过,拉姆瓦尼翁也确实成功地对条例作了许多修正和更正。[9]不过另一方面,他似乎抵制一些有益的改革,而且众所周知,他反对任何企图限制法官的特权和利益的做法。[10]

在柯尔贝尔给路易十四的备忘录中,他明确指出司法会议在刑事立法领域的任务——“审查一切王国的刑事司法,最重要的是,重新判断诉讼中的诡辩,当心确定可靠的辩词,在保护无罪者的条件下,尽早实现对罪犯的惩罚。”[11]

这是1670年《刑事条例》的目标所在。然而,必须承认,该条例并没有充分地实 272
现预期目的。在路易十四统治时期,由柯尔贝尔推动的所有法典化条例中,该条例从总体上看,是最保守、最不具创新性同时也是最不值得称赞的一部。[12]

笔者在这里并不打算详细地讨论和回顾这部刑事条例的各项规定,前面已经提到了,它由28“章”(titles)组成。[13]它没有创设新的程序,只是对法国长期以来已经

---

①② 阿德门·埃斯马:《法国刑事诉讼法史》。

③ 同上,第206页。参见《法国古代法律》,第十八章,第371页。

④ 《维雷·戈特莱条例》(Ordonnance de Villers-Cotterêts, 1539年)是1539年,弗朗西斯一世颁布的法国历史上第一个影响较大的语言政策法令,它明确规定法语为法国的法律及行政语言,而非以前用的拉丁语。——译者注

⑤ 同上。文中提及秘密诉讼程序存在的时期比1539年早很多,但是,在1539年这种方法再次变得很普遍(同上)。

⑥ 马丁:《法国历史》,第4版,第13卷,第83页。当时法律规定只允许非死刑案件中的罪犯才有咨询律师的权利(阿尔弗雷德·艾梅:《柯尔贝尔——路易十四大法典创始者》,第33页)。

⑦ 这些规定的最初制定者据说是德·帕热,1539年时他担任大法官。

⑧ 马丁:《法国历史》,第4版,第13卷,第83页;保尔·维奥莱:《法国法律史要旨》,第188页;阿德门·埃斯马:《法国刑事诉讼法史》,第193页。

⑨ 保尔·维奥莱:《法国法律史要旨》,第187页。

⑩ 同上。另参见阿德门·埃斯马:《法国刑事诉讼法史》,第209、210页。

⑪ 阿尔弗雷德·艾梅:《柯尔贝尔——路易十四大法典创始者》,第30页;《回忆录》(Rcvue Retrospective),第2辑,第四章,第257页。

⑫ 马丁:《法国历史》,第4版,第8卷,第83页。

⑬ 同上,第81页。

形成的体系进行规制，该体系对邻国也产生一定的影响。[1]该条例的确对先前的法律有细化。[2]在该条例的讨论阶段召开的一些会议上，立法者便注意到了这个问题。当某个特定条款被建议采纳时，由于该条款包括了一些新的事项和内容，往往会引起特别的注意。[3]不过，该刑事条例并不意味着仅仅是对经时光侵蚀过的法律制度的复制，因为它确实在某些方面有所创新。但遗憾地是，尽管它在某种程度上可能缓和了惩罚的残酷程度，但是它在古代法律严酷刑罚的基础上又新增了一些酷刑。[4]当然，它也提出了一些亟需的监狱改革措施。[5]此外，在坚持先前法令所确定的基本原则的同时，该条例作出了更具体细致的规定，并且第一次对刑事诉讼程序进行了系统说明，[6]甚至对诸如纠问法(inquisitorial)、书面审理和秘密审理等程序的最微小的细节都作了规定。[7]

鉴于地方法官(magistrates)对于犯罪和轻微刑事违法案件各自都拥有管辖权，为了防止今后在各地方法官之间发生冲突，该条例还作出了有关犯罪和轻罪的规
273 定，尽可能明确地方法官的管辖范围和权力。[8]事实上，根据国政院(Conseil d'Etat)成员的备忘录，在考虑起草上述法律之前，委员们认为尽管改革现行法律使之现代化是必须的，[9]但也有人建议应该对地方法官制度而不是法律本身进行改革。在柯尔贝尔时期，对地方地方法官席位的任命常常令人愤慨，空缺的席位经常由一些还只是孩子的人或刚毕业的学生担任，并赋予其生杀大权，[10]而此种现象在当时极为平常，丝毫不值得惊讶。

如果将 1670 年的《刑事条例》与现代的刑法典和现行的刑事立法相比，并对其作出批判性评价，是极其不公平的。它是一个时代的产物，对待犯罪和罪犯的有些方法，现在认为是残酷的，甚至是野蛮的，在当时却为公众所认同。

为了迫使人们严格遵守法律，德拉古式的严刑峻法(draconian severity)也被认为是公正的。至于柯尔贝尔本人是否支持这一理论无法确定。也许在他那个时代，他已经很具有前瞻性了，并且更乐于把该刑事条例看作是向正确的方向迈进的一步，而不是一部完美的法典。

尽管上述两部条例是路易十四统治时期通过的最主要的法典，但在柯尔贝尔的一生中，绝不仅仅只有这两部重要条例体现了他的创新能力和天赋。因此，尽管

---

①② 阿德门・埃斯马：《法国刑事诉讼法史》，第 vj、vij 页。

③④⑥ 阿德门・埃斯马：《法国刑事诉讼法史》，第 vij 页。

⑤ 《剑桥近代史》，第 5 卷，第 15 页。

⑦ 同上。中世纪的口头和公开审讯的制度逐渐变为秘密的、不公开的形式(同上)。

⑧ 阿尔弗雷德・艾梅：《柯尔贝尔——路易十四大法典创始者》，第 30 页。

⑨ 阿德门・埃斯马：《法国刑事诉讼法史》，第 185 页。

⑩ 同上，第 182 页。

上述《民事条例》和《刑事条例》已获通过，但仍在孕育当中；柯尔贝尔以及在他身边的大约 21 个委员通过八年多勤奋和细致的调研，掌握了很多必要的、具体的细节，并准备在水域、林地、森林等部门大刀阔斧地进行他的立法改革计划，[1]并最终在 1669 年 8 月形成了《路易水和森林法》(*L'Ordonnance des Eaux et Forets*)。[2]这被称为立法史上的丰碑[3]，充分体现了立法者的智慧。该法一直实施到了 1827 年，[4]期间几乎没有作出任何改动。同时，该法本身足以使任何一个参与制定的大臣获得 274
显赫的声名。[5]这部法律将许多有歧义和相互矛盾的法律汇纂为一部法律。这些法律从遥远的查理大帝时代(约 742—814)一直存续至今。查理大帝试图创建一个管理"水和森林"(*les eaux et forets*)的部门[6]，从而能够遏制各种侵害水资源和森林权利的行为。当然，颁布新法律是有充分合理性的，主要是为了维护和保护公有和私有的森林，并且从个人、商业和海事的需求考虑，禁止对林木的恣意破坏[7]。这一法律在法国举足轻重，适用广泛。没有人试图重新制定这个法律中的各项规定，这一法律中的条款涉及的所有的违法犯罪，都有统一的司法管辖[8]。除了规定对树木和森林的保护之外，该法也针对在河流中捕鱼作出了详细的管理规定，禁止没有法律上的根据而宣称有权收取通行费的行为，根据不同的规定限制打猎的权利，禁止在葡萄园或即将收获的耕种的土地上进行狩猎行为，以及废除农民因非法猎捕而可被处以死刑的规定等。[9]

该法的目的主要是保护河、海航行的利益，这样的意图在其序言和许多条款中都有明确体现。这一杰出的法律将制度与理性结合起来，充分体现了人类卓越的立法技艺和深谋远虑的智慧，是立法史上的一座丰碑。一旦该法律被推翻，便无法轻易找到可替代的法律。[10] 1827 年的《森林法》(*Code Forestière*)当然也不比 1669 年颁布的《路易水和森林法》更为进步。[11]

略去一些不太重要的条例，包括 1871 年 8 月为法国所有的港口和兵工厂确立 275

---

① 阿尔弗雷德·艾梅:《柯尔贝尔——路易十四大法典创始者》，第 37 页；马丁:《法国的历史》，第 4 版，第 13 卷，第 90 页；巴舍莱:《法国的杰出的大臣们》，"柯尔贝尔"一章，第 369 页；伊桑贝尔:《法国古代法律大全》，第 18 卷，第 219 页。

②⑤ 马丁:《法国历史》，第 4 版，第 13 卷，第 90 页。

③ 阿尔弗雷德·艾梅:《柯尔贝尔——路易十四大法典创始者》，第 37 页。

④ 阿尔弗雷德·艾梅:《柯尔贝尔——路易十四大法典创始者》，第 37 页；另参见皮埃尔·柯莱门:《柯尔贝尔的信件、箴言和回忆》，第 4 卷，第 62 页。

⑥ 同上；另外主要参见皮埃尔·柯莱门:《柯尔贝尔的信件、箴言和回忆》，第 4 卷。

⑦⑧ 阿尔弗雷德·艾梅:《柯尔贝尔——路易十四大法典创始者》，第 37 页及以下各页；马丁:《法国历史》，第 4 版，第 13 卷，第 90 页及以下各页。

⑨ 《柯尔贝尔——路易十四大法典创始者》，第 39 页。

⑩⑪ 马丁:《法国历史》，第 4 版，第 13 卷，第 92 页。

统一的重量标准和测量标准的条例，我们介绍另一部重要的条例，即 1673 年颁布的《商业条例》(*L'Ordonnance Pour Le Commerce*)。该条例在序言部分阐明了立法的目的："商业是国家兴旺，个人财富的源泉，多年以来我们一直致力于王国的繁荣昌盛。这一目标首先支撑着我们在国民中建立很多企业，通过这种方式带动了从前最遥远的同胞。其次这一目标让我们为了航海的进步，建造装备起大量的船舰，使用海洋防御的力量来保护国家安全。这些设施获得了我们所期待的成功，为了保证尽其所用，我们需要通过规章来保护善意商人，预防影响他们工作的障碍，比如拖沓的诉讼给他们造成的花销。"[1]

该条例包括了所有与商业相关的内容，[2]被认为是柯尔贝尔最得意的一部立
276 法。[3]它包括十二章，从各方面来看，柯尔贝尔和萨瓦里(Savari)为之付出的心血都是值得的。萨瓦里是一个伟大的商事专家，1675 年出版了著名的《完美的商人》[4](*Le Parfait Negociant*)[5]一书。[6]据说，萨瓦里为《商法条例》(*Commercial Ordinance*)准备了第一稿草案，由于这个缘故，该条例有时也以他的名字而被称为《萨瓦里法典》(*Code Savari*)[7]。

然而，柯尔贝尔并不满足于仅与一位商事专家磋商。相反，他获得了当时法国许多著名商人的帮助，邀请他们来访，获得他们提供的可靠信息，并与他们就商业惯例和法律展开讨论。[8]他甚至在自己家中留宿他们当中的一些人，并把他们推荐给国王。[9]该条例的立法目的在于消除商界人士不必要的职业焦虑。这些焦虑是在各种各样的商事往来中产生的，该条例鼓励保持良好信誉，严禁欺诈行为，为所有商事案件制定统一的立法，缩短诉讼时间并且降低诉讼费用。它规定收取复利(interest upon interest)[10]的行为违法，[11]并且对商事行为作出了细致入微的规定，规制商人的商事行为，强制性要求他们登记账目，以便弄清其每天的财务状况，将发送的信件统统复印留底，对收到的信件进行归档。[12]

---

① 伊桑贝尔：《法国古代法律大全》，第 19 卷，第 92 页。

② 《近现代传记》，第 4 卷，"柯尔贝尔"一章，第 216 页。

③⑥⑦⑧⑨ 保尔·维奥莱：《法国法律史要旨》，第 189 页。

④ 也翻译为《健全的商人》，作者是雅克·萨瓦里(Jacques Savary，1622—1690)。这部书是根据《商事王令》起草委员会的意见，对王令所作出系统性解释的著作，其篇幅达四百余页之多。该书通过列举实例，阐述复式簿记的方法体系，并从基本原理上加以诠释，故对法国复式簿记变革形成了深刻影响，它再版很多次。——译者注

⑤ 马丁：《法国历史》，第 4 版，第 13 卷，第 152 页。

⑩ 复利是指在每经过一个计息期后，都要将所生利息加入本金，以计算下期的利息。这样，在每一个计息期，上一个计息期的利息都将成为生息的本金，即以利生利，也就是俗称的"利滚利"。——译者注

⑪ 第六章，如同前述。

⑫ 艾尔弗莱德·艾梅：《柯尔贝尔——路易十四大法典创始者》，第 40 页；另参见《商事贸易条例》第 11 章。

该条例规定了成为商人的年龄条件和必须经过的一定期限的学徒期，但如果出于商业目的，未成年人应视为成年人对待①。《条例》中还有许多并不引人注目的关于公司以及合伙②的规定，要求公司或合伙的成员间的争议必须提请仲裁机关进行强制性仲裁。③最后，为了确保其中的条款能够被遵守，该条例规定，对于那些不能遵守更为重要的条款的商人，在其破产时，可宣告为欺诈性破产并判其死刑。④

1680年《商业条例》之后制定的是《盐税条例》[*Salt Tax*(*Gatelle*) *Ordinance*]。 277
这一条例不需要做过多解释。

1681年8月颁布了著名的《海事条例》(*Ordonnance pour la Marine*)。英国海事法庭后来主要采用了这部法律。⑤《条例》的具体立法工作由特定的委员们完成，为了协助其更好地完成工作，柯尔贝尔指派迈特尔·德勒凯(Maitre des Requetes)走访了全国的港口。⑥除了那些无法一一提及的诸多事项外，该条例涵盖了所有关于海军的职责、海事官员的司法管辖权、审理海事案件所采用的程序模式、驻外国领事的特权、黎凡特(Levant)⑦，即地中海东部诸岛及沿岸国家各港口的航运事项(*en assemblee ou Nation*)，⑧它还规定了担任船员和船长所需符合的资质条件，规定长途航行必须带有随船牧师和外科医生，⑨对海岸和港口的治安管理也作出了规定，推行在海上救人的方法，还规定了对抢劫沉船者的人可判处死刑。⑩

柯尔贝尔死后两年，法国颁布了最后一部与他的名字相联系的条例。该条例是在他担任内阁成员期间拟定的，即1685年颁布的《殖民条例》(*L'Ordonnance Coloniale*)，⑪人们对该条例的别名十分熟悉——《黑人法典》(*Code Noir*)。

该条例主要规制法国西印度殖民地政府(the government of the French West Indian colonies)以及黑人和自由民的身份和待遇问题⑫，尽管实质上是伟大的柯尔贝尔促成了该条例的诞生，该条例也确实完全体现了柯尔贝尔的立法精神，但制定

---

① 《商事贸易条例》第一章；另参见《柯尔贝尔——路易十四大法典创始者》，第40页。

②③ 参见《商事贸易条例》第四章。

④ 参见《商事贸易条例》第六章；《柯尔贝尔——路易十四大法典创始者》，第40页。

⑤ 《柯尔贝尔——路易十四大法典创始者》，第42页。

⑥ 艾尔弗雷德·艾梅：《柯尔贝尔——路易十四大法典创始者》，第42页。

⑦⑧⑨⑩ *Levant* 常译为"黎凡特"，也翻译为"累范特"，该词原本适用于"意大利以东的地中海土地"，在中古法语(Middle French)中，Levant一字即"东方"(the Orient)的意思，是一个不精确的历史上的地理名称，它指的是中东托鲁斯山脉以南、地中海东岸、阿拉伯沙漠以北和上美索不达米亚以西的一大片地区。——译者注

⑪ 柯莱门：《柯尔贝尔的历史》，第2卷，第二十八章，第323、324页；马丁：《法国历史》，第4版，第13卷，第555页。

⑫ 莱瑟姆：《人名辞典》(*Dictionary of Names*)，第62页；另外参见《柯尔贝尔——路易十四大法典创始者》，第43页及以下各页。

这一法典的责任、荣誉和功绩全部归于柯尔贝尔的长子德赛涅莱侯爵。[1]

278 该条例适用于所有法国殖民地，规范的是黑人的待遇问题，[2]它确立了奴隶主对他们的奴隶的义务，防止奴隶主对奴隶以惩戒性处罚[3]的方式进行压迫，还规定应该给予黑奴适当的衣物和食物，如其生病应予以及时治疗；奴隶主谋杀黑奴也可以成为刑事起诉的案由；[4]同时黑奴可以结婚并建立家庭，尽管丈夫、妻子和孩子均为奴隶，但不可以被单独买卖。黑人奴隶丈夫和自由民身份的妻子所生之孩子应享受自由民的待遇。所有奴隶均应接受洗礼并接受天主教教义的训导。[5]

就该条例所采用的术语来看，它无疑比当时现存的法律有较大的发展，[6]似乎不应该受到伏尔泰如此严厉的批判："《黑人法典》只能揭露出统治阶级对人类权利的一无所知，仅供法王路易十四查阅。"该法一直沿用至1847年（法国殖民地废除奴隶制的几个月前），这充分证明了它的价值。[7]

柯尔贝尔作为一名立法改革者所做的工作将永远被铭记，所有这些都是柯尔贝尔的功绩，他旨在通过法律的法典化而使自己国家的法律条例形成一个整体，使之成为一个像罗马法那样完整、统一的法律体系，[8]而当时罗马法的成就全部归功于优士丁尼的辛劳。正是由于他的这一理想，柯尔贝尔很自然地敦促路易十四不要只满足于改革司法管理部门，而应该努力实现路易十一和亨利四世的志向——即将整个王国置于同一法律的调整之下（*même mesure et même poids*）。[9]要达到这一目标，可能至少需要国家保持连续三十年的和平，但这是柯尔贝尔所侍奉的雄心勃勃的君主所不允许的。[10]不过，通过上文提到的大量的法典化条例的制定和颁布，大部分目标都朝着正确的方向稳步前进并获得了成功。这些条例在事实上只是展
279 示了"柯尔贝尔对于统一全国法律的一些片段性思考"，柯尔贝尔对于统一全国法律的一些思想的片段，尽管法国司法体系直到1789年前都是片段状的。[11]

1683年柯尔贝尔去世后，除了《黑人法典》之外，还颁布了几部条例。柯尔贝尔似乎并没有参与这些条例的立法准备工作，极有可能的是，直到柯尔贝尔去世后，人们才想起要制定这些条例。同样，无论如何，柯尔贝尔都不应该对1683年的那则敕令负责，它废止了"南特敕令和尼姆敕令"（*the Edicts of Nantes and*

---

① 柯莱门：《柯尔贝尔的历史》，第2卷，第二十八章，第324页；柯尔贝尔最大的儿子只比柯尔贝尔多活了7年，于1690年11月3日过世（《伏尔泰作品集》，第17卷，第35页；《塞维涅夫人的信札》，注释版，1862年，第4卷，第582、583页）。

② 帕耶法官：《法国民法手册》，第24页。

③ 《世界古今传记》，"柯尔贝尔"一章，第216页。

④ 《柯尔贝尔——路易十四大法典创始者》，第44页。

⑤⑥⑦ 马丁：《法国历史》，第4版，第13卷，第556页。

⑧ 同上，第76页。

⑨⑩⑪ 同上，第77页。

Nimes)[1]。据说，该敕令是由大法官泰利耶[2]去世前起草的，[3]而且好像是在卢瓦的建议之下颁布的，卢瓦在柯尔贝尔死后接替其担任国家的首席大臣。[4]柯尔贝尔本人对雨格诺教徒(Huguenots)和犹太教徒都很宽容，[5]他的长子德赛涅莱侯爵也反对宗教迫害。[6]

在路易十五[7]这位大君主路易[8]的曾孙(the great-grandson of the Grand Monarque)的统治期间，又有一些法典化的条例获得登记。这些条例的功绩应归于当时享有最伟大的律师美誉的国王秘书阿盖索(Chancelier Aguesseau，过去常译为"德·阿居瑟")，就像在路易十四先前统治时期，那些重要条例的颁布在很大程度上归功于柯尔贝尔那启发灵感的天赋和影响力一样。

路易十五时期的条例，似乎与路易十四颁布的条例在立法模式上有很多相同之处。在这些条例制定前，立法者都会向一些具有必不可少的专业知识和技能的人进行咨询。通过这些条例的确立，民法中有关捐赠、遗嘱、代行继承(substitutions)[9]的部分得到了法典化。[10]执政府统治时期和帝国时期的法典(the Codes of the Consulate and Empire)的制定也没有离开精心、勤勉的准备工作。

《法国民法典》(《拿破仑法典》)并不是一项创新，而且它的编纂者是追随者而 280
不是倡导者[11]，但最终颁行的法典与大革命时期人们思考和计划的完全不同。它是以罗马法为基础的，并且是彻底统一法国法律的第一次成功尝试。[12]很难想象，这勇敢的一步是由一名独裁者在大革命的次日实现的。[13]

柯尔贝尔人生的最后阶段

柯尔贝尔生命的最后几年并没有给这位伟大的政治家带来过多的幸福和满足。

---

① 南特敕令(法语：Édit de Nantes)，又称为南特诏令、南特诏书，法国国王亨利四世在1598年4月13日签署颁布的一条敕令。这条敕令承认了法国国内雨格诺教徒的信仰自由，并在法律上享有和公民同等的权利。而这条敕令也是世界近代史上第一份有关宗教宽容的敕令。不过，亨利四世之孙路易十四却在1685年颁布《枫丹白露敕令》(Édit de Fontainebleau)，宣布基督新教为非法，南特敕令亦因此而被废除。尼姆敕令则系由路易十三颁布，也体现宗教的宽容精神。——译者注

② 泰帕耶法官：《法国民法手册》，第14页。

③ 马丁：《法国历史》，第4版，第15卷，第47页。

④ 艾克顿勋爵：《近代历史讲演录》，第244页；马丁：《法国历史》，第4版，第13卷，第39页及以下各页。

⑤ 皮埃尔·柯莱门：《柯尔贝尔的信件、箴言和回忆》，第3卷，第22页。

⑥ 马丁：《法国历史》，第4版，第14卷，第2页。

⑦ 原文为路易十四，但译者判断原书此处系误拼，应为路易十五，他5岁登基，在位期间是1715—1774年。——译者注

⑧ 路易十四(1638—1715)，别名路易大帝(Louis the Great，法语作 Louis Le Grand)，大君主路易(Louis the Grand Monarch，法语作 Louis le Grand Monarque)或路易太阳王(The Sun King)等。——译者注

⑨⑩⑪ 也译为"替代继承"。——译者注

⑫⑬ 詹姆斯·布里希：《关于历史和法学的研究》，第376、377页。

他在近二十二年的时间里，承担了浩繁的行政管理工作，在公共服务的各个政府部门为这个国家做出了许多有益的事情。而且很明显，正如大家所见，在财政方面，柯尔贝尔高超的施政技艺和卓越天赋避免了国家的破产，而在当时看来，国家破产是富凯在其任内管理不善、挥霍无度和缺失诚信带来的不可避免的结果。

在柯尔贝尔去世前的一段时间，他成为了阴谋和指控的牺牲品。这些都是米歇尔·勒·泰利耶及其儿子弗朗索瓦（Franeois 或 Francois-Michel, Morquis de Louvois）[①]精心策划的暗算。弗朗索瓦很能干，但为人处世毫无道德原则。弗朗索瓦和他父亲对路易十四不良的影响最初被柯尔贝尔和利奥纳（Lionne）施加的影响所平衡。[②]柯尔贝尔无法再得到他曾经爱戴和衷心服务的国王的支持和充分信任；人们因不堪重税之苦，错误地将沉重的税收归咎于柯尔贝尔的挥霍无度，柯尔贝尔因而遭到人民的憎恨，失去民心。[③]其实，除去内阁管理方面的诸多原因之外，重税的真正原因是战争，虽柯尔贝尔极力反对战争，但弗朗索瓦（François）却倡导战争；而老贵族们也
281 轻视柯尔贝尔，他们讥笑他相对卑微的出身。柯尔贝尔此刻深切感受到，在他生命即将走到尽头之际，他曾经走过的"辉煌之路"即使没有被视作耻辱，至少备受质疑。[④]

1683 年 9 月 6 日，柯尔贝尔在他位于巴黎小场街 5 号（Rue Neuve des Petitschamps）的寓所中停止了最后的呼吸，享年 64 岁，[⑤]使他丧命的疾病是结石症。在他弥留之际，耶稣会的传道士布尔达隆（Bourdalone）[⑥]在圣·厄斯塔什教区牧师（the Cure of St. Eustache）[⑦]的协助下为柯尔贝尔主持了最后的宗教仪式。在最后时刻，柯尔贝尔收到了一封国王写给他的信。信中说："我不想再听到人们讨论国王，至少他让我安静地逝去。我现在所要回复的是王中之王。"又补充道："如果我是为上帝做了我为此人做的事情，我会获得十次的救赎。而现在，我只知道我将会改变了。"[⑧]这些话让人回忆起红衣主教沃尔西（Cardinal Wolsey）过世后获得的高贵赞美。[⑨]

---

① 马丁：《法国历史》，第 4 版，第 13 卷，第 633 页。

② 艾克顿勋爵：《近代历史讲演录》，第 239 页。

③④ 马丁：《法国历史》，第 4 版，第 13 卷，第 633 页。阿尔弗雷德·艾梅：《柯尔贝尔——路易十四大法典创始者》，第 10 页。

⑤ 《著名的让·巴普蒂斯特·柯尔贝尔的一生》，于 1695 年译成英文；《世界古今传记》，第 4 卷，"柯尔贝尔"一章，第 224 页。

⑥ 查莫斯：《传记大辞典》，第 5 卷，第 19 页。

⑦ 马丁：《法国历史》，第 4 版，第 13 卷，第 634 页。

⑧ 马丁：《法国历史》，第 4 版，第 13 卷，第 634 页。厄斯塔什的一位牧师告诉柯尔贝尔他的忠实信徒要为他的痊愈和恢复祈祷，他回答说："不，不要那样；让他们祈求上帝宽恕我。"（巴舍莱：《法国的杰出的大臣们》，"柯尔贝尔"一章，第 403 页）可能行将就木的政治家在那时像伟大的亚瑟王（King Arthur）一样感觉到"除了梦想中的世界，祈祷者应该做更多其他事情"。

⑨ 见《亨利八世》，第三幕，第二场。沃尔西的话实际上是这样的："我像服务上帝那样辛勤地为国王服务，我本不应满头银发，但这恰恰是对我的辛勤的努力和学习的公正的奖励，这与我为上帝所做的一切无关，只与我对国王的付出有关。"

对于柯尔贝尔，人民所表现出的忘恩负义远胜过国王的表现，①国王对他重臣的去世确实还表现出了些许悲痛的迹象，②但人们对柯尔贝尔始终怀有深深的敌意，因此在那时尽量少公开甚至不公开办理柯尔贝尔的丧事似乎更为明智。③在柯尔贝尔死后的第二天夜里，他被埋葬在圣·厄斯塔什教堂(Church of St. 282
Eustache)。④他的遗物被埋在柯尔贝尔家族的私有产业圣·路易·德·贡扎格教堂(the Chapel of St. Louis de Gonzaque)的坟墓里。他的妻子，仅比他多活了四年。他的妻子为我们提供了追忆柯尔贝尔的纪念像，由勒·布兰(Le Brun)设计，画像上的伟大政治家——柯尔贝尔正跪着阅读一本书，一个天使为他扶着书本，他穿着一件长袍(arrayed in the robes of the Order of the Saint Esprit)。⑤纪念像的下方是蒂比(Tubi)设计的宗教人物和夸瑟沃(Coysevox)设计的丰饶画(Abundance)。⑥这是由勒努瓦(Lenoir)在1792年的破坏中保存下来的纪念物之一。当时，勒努瓦把它转移到珀蒂—奥古斯坦博物馆(Musee des Petits-Augustins)，直到1801年才又重归圣·厄斯塔什教堂。⑦

柯尔贝尔证明了自己是一位卓越的政治家和爱国者，如此卓越的人是不需要气派的坟墓或者墓志铭来使自己永垂不朽的。尽管他不是没犯过错误，但这些错误很大程度上是他所生活的腐朽时代的产物。作为一个追求国家统一、昌盛的人，他将永远为人们所铭记，他从不为了国家某一方面的利益而牺牲另一方。⑧在史册中，他仍然是一个伟大的人，并且也的确得到了人们的高度评价："他为这个国家的强盛，贡献了毕生的精力，他并没有实现他所有的理想，但是他做到了他所能做到的全部。"⑨

(撰写：H. A. De Colyar)

---

① 令人担忧的是，民众可能会对柯尔贝尔的遗留物有所冒犯或无礼对待(马丁：《法国历史》，第4版，第13卷，第634页；《让·巴普蒂斯特·柯尔贝尔颂》，1783年，第60页；《大英百科全书》，第11版，第659页)。

② 马丁：《法国历史》，第4版，第13卷，第634页；阿尔弗雷德·艾梅：《柯尔贝尔——路易十四大法典创始者》，第10页。

③ G. P. R. 詹姆斯：《路易十四的生平》，第4卷，第73页。

④ 马丁：《法国历史》，第634页。

⑤⑥ S. S. 贝亚勒：《巴黎的教堂》，第139页。

⑦ 同上。柯尔贝尔似乎在巴黎厄斯塔什的教堂里自费设立了两个私人祈祷室，一个主要负责结婚仪式而另一个主要负责洗礼仪式。这两个祈祷室连同教堂向西一侧在后来的大火中被烧毁，正因为如此，现在教堂的长和高之间显得非常不成比例(参见 S. S. 贝亚勒：《巴黎的教堂》，第125页)。

⑧ 马丁：《法国历史》，第4版，第13卷，第35页。

⑨ 《世界古今传记》，第9卷，"柯尔贝尔"一章，第224页。

283

14. 莱布尼茨
(Leibnitz)

（德国法学家莱布尼茨）

作为法学家的莱布尼茨[1]

将戈特弗里德·威廉·凡·莱布尼茨（Gottfried Wilhelm von Leibnitz, 1646—1716）[2]列入世界最伟大法学家之列是理所当然的。正是他最先指出，法律文献中，缺乏主要法学家的生平记载。在许多方面，他都最配得上伟大法学家的称号。他很有创新性，在很多方面自成一派，开辟了同时代的人甚至从未想到的新道路；作为哲学史上屈指可数的伟人之一（one of the half-dozen great names），他推动数学沿着新的思路发展，而且在逻辑学、语文学（philology）、历史学等诸多科学领域里都有建树。他还被认为是现代法理学的主要奠基人之一。用迪布瓦·雷蒙（Du Bois Reymond）的话来讲，如果世界上有一个人是“无所不知的”（omniscient），那就是莱布尼茨。现在人们主要称他为数学家、逻辑学家和形而上学家（metaphysician）。莱布尼茨的哲学著作引起了越来越多人的注意。现代思辨的趋势是，他最初发展出的观点受到越来越多的关注；比如物质基本构成及能

---

① 莱布尼茨的译名最初为：拉勒乃脱（见《万国人物传记类纂》，下册第12卷第16页，无出版年代，太原山西省图书馆藏）；雷比尼茨（见郭凤翰译：《英国张伯尔[Chambers]世界名人传略》，L字第12页，上海山西大学堂译书院，光绪三十四年[1908]）。还有译为“莱布尼兹”、“莱伯尼兹”、“莱白尼兹”、“莱伯尼志”、“莱博尼茨”、“来伯尼支”、“拉爱勃尼采”等。本节的翻译中参照过莱布尼茨著《人类理智新论》（陈修斋译，商务印书馆1982年版）的附录“莱布尼茨生平和著作年表”，以及李素霞等译的《莱布尼茨》，中华书局2002年版，原著是加勒特·汤姆逊（Garrett Thomson）：《论莱布尼茨》（On Leibniz），沃兹沃思（Wadsworth）：《汤姆森学习出版社的一个分社》（a division of Thomson Learning），美国，2000年；张传友译的《莱布尼茨》，中国社会科学出版社1987年版，原著是G.麦克唐纳·罗斯（G. Mac Donald Ross）的《莱布尼茨》，牛津大学出版社1984年版；赵晓春编：《科学大师启蒙文库·莱布尼茨》，上海交通大学出版社2009年版等资料。——译者注

② 他的父亲把自己的名字写为Leibnüz。在他第一次正式签署自己名字的文件上，他把自己的名字写为Leibnuzius。他有时也把自己的名字写为Leibnitz，有时写为Leibniz。

量本质的研究，皆围绕着他提出的构思而发展。很有可能大家会对他提出的法理学的概念以及他的法律著作重新予以关注，这是迟早的事。我们怀疑，即使在他自己的国度里，他在法学领域的活动、成果的广度及其创新性，恐怕也未得到公正的待遇。不同于同时代出现的其他观点，他的视角超越了时代的需要；他持有的一些法律观点似乎更接近我们现在的时代，而离了他的时代很远。阅读他的法律著作，不得不惊叹其字词达意，而且字里行间包含着丰富、多样、新颖的见解。这些见解虽然往往没有结论或者并非言之凿凿，但也比那些思想平庸之辈的作品有价值得多。

笔者要强调的一点是，莱布尼茨不是法学的外行或业余爱好者(dilettante)，也不是纸上谈兵式的理论改良者。在他生前出版的书中，以哲学为主题的并不多见：他年轻时撰写的《人类理智新论》[①](*Les Nouveaux Essais Sur l'Entendement Humain*)是在他死后约五十年才得以见到天日。在他的同时代人中，他是以多产的法学作品而享有盛誉。他在很年轻的时候，就出版了《法学论辩教学新方法》(*Nova methodus discendae docendaeque jurisprudentiae*, 1667)；他不但在书中提出全面深刻的见解，而且书中体现出的冷静判断使这部作品同他的其他法律作品有很大不同。"我从很年轻的时候起就是一名法学家，不止在一个法庭上发表过见解；法理学是实用哲学的一部分。"他在很年轻的时候，还写过一部《论法学之艰难》(*Specimen difficultatis in jure, seu Quaestiones philosophicae amoeniores, ex jure collectae*, 1664)，他常将兴趣转到法理学之上。 284

莱布尼茨出生于一个法律人世家。他的外公曾汇编过教会法和刑法方面的书籍。对于自己，他写道"对于法，可以说，必须要掌握"(*ad jus, ut ita dicam, necessitudine rapiebatur*)。他在研究法律时，既注重理论也关注实务，而且还一度全身心地投入法学研究。"我在研究法律问题的时候，会专心致志，其他的都会放到一边。"如果说有一个领域他曾持续热心地关注过，那就是法理学；这可以算是他的主业(Berufswissenschaft)。和培根不同，莱布尼茨不是出庭代讼人(advocate)；事实上，他也从来没有想过以这样的方式来实践法律。他乐于法官的职务而反感律师(judicis munere delectabar; advocatorum aversabar)。在 24 岁的时候，他被任命为美因茨上诉法院法官(a member of the Court of Appeal of Mainz)。像汉诺威的霍夫拉斯(Hofrath)一样，在法律工作上，他并没有接受那种不重要的实务方面的锻炼。从耶拿(Jena，德国中部城市)回来约 17 年后，他潜心钻研法理学。他创作了《诉讼程序》(*Prozessakten*)，极富技巧性地完成了这一技术性工作。晚年，他在布伦

① 中文版译本已由商务印书馆出版，译者陈修斋；商务印书馆 1959 年版曾译为《人类理解论》，译者是关文运。——译者注

瑞克王朝(House of Brunswick)工作,期间他常常从数学和哲学研究中分身处理与他的赞助人(patrons)有关的法律问题。①

作为一个法官,莱布尼茨是不是成功的,笔者无从判断。但无疑的是他具有很
285 强的职业责任感,就像他在《法学论辩教学新方法》中所表述的一样。如果从他的著作中揣测,他有着良好的判断力,这使得他的学问能够帮助而不是阻碍他得出正确的决定。他最早的著作是论述法律的作品。他的法律作品数量较多;在杜登斯版(Tuten's edition)的莱布尼茨作品集中,第四卷中有三分之二是论法律的。还有一些作品被零星地挖掘整理出来;据那些在汉诺威(Hanover)整理他的手稿的人,我们确信他的许多有价值的法律作品还会被发现并整理出来。②研究者们在这方面已经挖掘了一些年头了,但是远没有穷尽。

对莱布尼茨常见的批评是,他将精力分散在了太多的领域。笔者无从判断他在数学、物理和哲学方面到底投入了多少精力。但是,这种多重职业和兴趣,以及精力的分散,也是有回报的。他很有整体感,能把事情作为一个整体来看待,能看到它们的关系和相互影响;他摒弃了孔德(Comte)注重细枝末节带来的缺点,后者的这种做法在当时影响还很大;他在一个领域中发现了另一个领域中急需的文献;一个领域中被证明有用的原理可为另一个领域带来新的启发。③他一直为自己的全能辩护,并与针对多面手的那套古老、固执的偏见作抗争。他说:"把那些毫无关系的东西连接在一起往往可以创造新奇的事物。这也就是为什么那些思维更为开阔,或者会将自己的领域和其他领域联系在一起的人,比起那些仅仅局限于自己领域的人更容易、更频繁地发现新事物。"④

无论如何,莱布尼茨对法理学的关注是一以贯之的。在许多方面(在此不细述),他使人们联想到培根。在某种意义上,他的法学著作可以和培根这位伟大的英国人的著作相提并论;就笔者的阅读范围来说,法律问题的讨论在他的作品中占到的比例比培根作品中的比例更大。

阅读莱布尼茨法律方面的文字,得到的一个强烈印象是,我们很赞同他对现实
286 的关照(practical sagacity)。他从不墨守成规,也从不盲目接受和跟随那个时代所

---

① 库诺·费舍尔(Kuno Fischer)断言他在用德语写法院文件(Prozessakten)的时候,推动了语言趋向完美。

② 在他的一些信件中,我们可以看出他辛勤劳动的一个概貌。从中所体现出的他的阅读量也是非常惊人的,更不要说他写的东西之丰富了。

③ 伏舍尔与卡莱尔编:《莱布尼茨未出版的信件与作品》(Lettres et opuscles inedits, par A. Fouchor ed Carel, p. 287)。

④ 原文照录如下:"Les combinaisons des choses qui paraissent eloignees servent souvent a produire des effects extraordinaires, et c'est encore les raisons pourquoy ceux qui se bornent a une seule recherche manquent souvent de faire des decouvertes qu'un esprit plus etendu, qui peut joindre d'autres sciences a celles dont il s'agit, decouvre sans peine."——译者注

认为的公理或者通说，而是充满激情地去探求事情的本原，而且对于那些只按照固定模式做事而不顾生活中或者历史中的事实的律师不屑一顾。他认为法律的发展需要做到科学和实践的统一。他充分践行了自己对做学问的理念——学者当研究所有当研究之事，“要竭尽全力去探求事物固有的属性和真谛。”世界上最重要的事就是获得认知，尽可能到达人类记忆的极限，达到心领神会(qui res maximas in orbe cognito gestas, quo usque hominum memoria pertingit, animo complexus est)。但他并不支持为做学问而做学问。尽管他本人广泛涉猎法理学方面的书籍，但却处事圆滑，善于处理实际事务，很重视实践的价值；他希望律师能够贴近现实生活。很少能够看到他在商榷类作品中严厉苛责他人，而是在各方面都透出从容、宽容、大度的态度，但他会指责那些不用自己的眼睛来观察他们周围的事物而是卖弄学问的人。

虽然莱布尼茨对当时备受推崇的“萎靡的教育情绪”(*frigidam eruditionis affectionem*)很不以为然，但一次又一次地改变了初衷。尽管他很崇拜格劳秀斯，但是他认为格劳秀斯未能充分地解决他所处时代的问题；他一直在思考的是要将做学问和搞创新结合起来。他指责有些法学家私下以法律具有不确定性为乐。他的著 287
作中有一章节专门论及这一问题，体现了他务实的智慧，很值得阅读。与边沁(Bentham)和其他没有充分重视律师面临的困难的法律改革者们不同，他在现行的法律制度中看到了好的方面，法律制度的全面，以及法律执业者的诚实。他钦佩罗马法学家(Roman lawyers)，他说：“我多次说过，后来的几何学家的作品并不出色，在权威性和精致性上它们无法与古罗马法学家的作品相比，在内部活力和深度上也是如此。”(Dixi saepius, post scripta geometrarum nihil extare, quod vi ac subtilitate cum Romanorum jurisconsultorum scriptis comparari possit: tantum nervi inest, tantum profunditatis.)在库蒂拉教授(Professor Couturat)新编出版的《小集子》(*Opuscula*)一书中，有一篇题为《证明程度的法的天平》(*Ad Stateram Juris de Gradibus Probationum*)的论文，莱布尼茨对律师们在对待小问题上体现出的独创精神和坚持不懈表示尊敬，尽管有些勉强。比如说，在对诸如因放牧三只山羊而引起的优先通行权、地役权问题上，他们也会费尽心思论述，如同罗马元老院处理亚细亚或埃及问题一般。他并不是没有看到这般论述的不足；他担心的是，严格遵守程序会牺牲掉实体规则(“lassatis litigantibus exhaustisque inter judiciorum moras”)。

因莱布尼茨是一个切合实际的人，所以无法容忍帝国枢密法院(Reichskammergericht)的拖沓、奢华与形式主义；帝国枢密法院轻易许诺，却无力执行，只有在对付弱者时才显得足够强硬；经常在诉讼双方都已死亡或者改变主意后才作出了判决。

莱布尼茨的主要作品

莱布尼茨的主要法律著作和文章(有的只是短短的几页纸)如下:

(1)《论法学之艰难》(*Specimen Difficultatis in Jure, sen Qucestiones philosophicae amceniores, ex Jure collects*)。莱布尼茨1664年的硕士学位论文。他认为,研究哲学和法学的关系,有助于法学研究者根除对哲学研究者的轻视态度。他讨论问题有:不确定命题(indefinite proposition)是否等同于全称命题(universal proposition)?“提出主张的人负证明责任”这句法谚(*affirmanti incumbit probatio*)与“提出异议者应提供证明”(*quod opponens teneatur ad probationem*)是否相一
288 致?他运用数学和物理学方法解释梭伦(Solon)的立法——凡挖沟渠或坟墓者,须与邻居的土地留出与改沟渠或坟墓相同深度的距离。他还探讨诸如蜜蜂、鸽子和孔雀等是否属于野生动物的问题。他讨论的还有一系列逻辑方面与形而上学的问题,比如互相矛盾的两个方面是否都有可能是错误的?睡“着了”的人是否存在?“已分割的部分”(a part *pro diviso*)与“未分割的部分”(a part *pro indiviso*)的真正本质是什么?论文中提到的17个问题,有些于现在来看不值一提,然而今日之法院日常争论的问题,也许比这些问题更不值一提。我们这代(本书出版时间为1914年——译者按)人可以花数以百计的英镑还有一家接一家的法院资源去裁定什么算作是“意外事件”,难以苛求莱布尼茨时代的经院哲学。

(2)《论法学中的难题》(*De Casibus Perplexis*, 1666)是莱布尼茨最有价值的法学作品之一。这些难题包括:一些人断定不可能被解决的问题;一些人觉得应通过“抽签”决定的问题;还有一些人觉得应由公断者决断的问题。他认为这种担心是多余的,因为所有的案件都可以依据法律的精神(*ex mero jure*)进行裁判,没有法理学上给不出答案的案件。他把案件分为两类,一类是原告和被告身份清晰、争议焦点系是否存在诉权(right of action)的案件,可以称之为“复杂的分配性案件”(*Dispositio perplexa*);另外一类是谁享有诉权是清晰的,但问题在于哪一方的权利是优先的,可以称之为“复杂的竞争性案件”(*concursus perplexus*)。他通过丰富的专业法律知识,就问题予以解答,特别是关于优先权的问题。

(3)《法学论辩教学新方法》(*De Nova Meiliodo discendce docendceque Jurisprudentice*),约1667年完成,莱布尼茨总体上阐述的是法学方面的问题。关于这本书,他说:“这本书是在旅途中写成的,路途中没有参考书,也无暇休闲。”(Liber est effusus potius quam scriptus in itinere, sine libris, sine poliendi otio.)该书的理论意
289 义大于他的实践价值。第一部分是总论,探讨法学和其他学科的共同性问题。第一章题为“研究动机的总论”(De Ratione Studiorum in universum),即“达致完美的行为方式(即状态)的方法”[modus perveniendi ad statum(i. e., habitum) actionum

perfectarum(p. 1)]。他认为性格形成的原因不是超自然的[上神或恶魔的灌输(*infusio*),极善或极恶的(divine or diabolical)]就是自然的[习惯(*assuefactio*)]。简单地说,这一章是关于教育的基本理论。第二部分是关于法学的,他将法学分为教谕式的(didactic)法学、历史(historical)法学、注释式的(exegetic)法学和论辩式的(polemical)法学。换言之,莱布尼茨用了类比的方法,借用神学的分类来研究法学;顺便要说的是,神学是他常回归的一个点。教谕式法学或实证法学(positive jurisprudence)指的是明示的制定法及其他类似的法律文件。历史法学可以分为两个部分,即内部法学和外部法学。后者是指法律渊源,前者是指实体法。注释式法学有语文学和法哲学(philologia ac philosophia juris)和法的解释(interpretatio legum)之分。后者又可以分为两类,根据文本作出的解释(alia ex textu)和对文本作出的解释(alia ad textum)。莱布尼茨在解释规则、法律逻辑、文法以及法律词语的形成等方面的造诣深厚,我在此转述他对"论辩式法学"(polemical jurisprudence)的论述。

判决的原则可简化为自然法判决理由(*ratio ex jure naturae*)、类推和民法判决理由(*ratio ex jure civili certo*)。其中自然法判决理由又有"严格法"(*jus strictum*)、"衡平法"(aequitas)和"虔敬"(pietas)三种。严格法的解释不够清晰;莱布尼茨认为它无非是战争与和平法(*jus belli ac pacis*);可以用格言"分给各人应得的;诚实生活,不伤害他人。"(*summ cuique tribuere*; *honeste vivere*, *neminem laedere*)加以说明。他认为衡平法是由特定和谐的、匀称的规则构成的;即使是一个人受到了伤害,也并不意味着他有权发动一场血拼式的战争(internecine war),而应该去寻求赔偿或者接受仲裁。第三种原则是统治者的意志,并非强者的纯粹意志,而是统治者中的统治者的意志。"存在一个明智的强大的实体,或上帝,它是自然法的根本基础。"(Existentia igitur Entis alicujus sapientissimi et potentissimi seu Dei, est juris naturae fundamentum ultimum.)莱布尼茨接下来讨论的是法律汇编(legal report)或者说判例汇编集的问题;他认为汇编最要紧的是简洁。在这一点上,我不能确信我对于他观点的理解是否完全正确;比如说就法的一些共同事项进行汇编(*de locis communibus juris instituendis*)主要是法学家,特别是大学教授的任务。潘德克顿法(Pandects)应建立在这些汇编之上,应不超过对开本两卷(two folio volumes)。他勾 290
勒出的法学学习的三个时期:基础阶段、注释阶段和论辩阶段。对于最后一阶段,我要特别提到,莱布尼茨坚持模拟审判的价值,在他看来,这是法律实践的最佳准备。

(4)《典型的确定性或对于在条件学说中展示的法学的说明》(*Specimen Certitudinis seu Demonstrationum in Jure exhibitum in Doctrina Conditionum*)。莱布尼茨在该论文中阐释了"条件学说"(doctrine of conditions)或者"假言命题"(hypothetical propositions)是法律逻辑的一部分。因此该文也可被视作一部研究"假言命题"

文书释义的作品。文中总共列举了70条有价值的可用于解释遗嘱和其他文件的定理(theorem)。我没有仔细研究过该文,但文中所列的规则无疑源于当时法庭的辩诉规则以及法条释义。

(5)《选立波兰王的政治证明典范》(*Specimen Demonstrationum politicarum pro eligendo Rege Polonorum*),该书约完成于1668年,旨在劝说波兰贵族参加约翰·卡西米尔(John Casimir)和巴拉丁伯爵诺伊堡的菲利普·威廉(Philip William Neuburg, Count Palatine)继任人选举。莱布尼茨用乔治乌斯·立陶阿努斯(Georgius Ulicovius Lithuanus)的笔名①撰写了该书,并清晰地阐述了该文的用意(practical end)——意在赞成波兰王位继承人的某一候选人资格。论述涵盖多个领域,政治哲学的方方面面,几乎都有涉及,该书还探讨了最适合欧洲和基督教国家的政体形式。在全书的结论处,他提出约60种方案,以及他积累的大量研究成果。书中不经意间流露出对俄罗斯不利的话,他视俄国为欧洲文明的威胁,很可能是第二个土耳其。在选择波兰国王人选时,他也考虑过德国的安全。该书暴露了莱布尼茨的优点和缺点——他博学、敏锐、聪明但又具有曲意逢迎的性格特点;他会对不同的受众讲不同的话,"他会不遗余力地逢迎君王、驳斥哲学家对手以及逃避神学家的批评"。

291 (6)《经更订的法律大全的规则》(*Ratio Corporis Juris reconcinnandi*),该书是在美因茨的拉瑟博士(Dr. Lasser of Mainz)的协助下约于1669年完成的。它是一部由共156个简短的段落组成的小册子。它的开头假设罗马法将会被欧洲继受,进而成为欧洲的共同法。莱布尼茨认为罗马法的权威性不会被摒弃,除非法学在某一天被彻底颠覆;但是,罗马法的不足需要或者应该予以摒弃。他进一步分析并解释了这些不足,主要是"过多"(*superfluitas*)、"有瑕疵"(*defectus*)、"费解"(*obscuritas*)和"混杂"(*confusio*)。他指出了这些不足的影响主要是:"法的无限性、不确定性、不可理解性、随意性以及过时性招致很多混乱。(Ita jus infinitum, incertum, imperceptibile, arbitrarium, antiquum denique chaos reddi clamarunt plurimi)"他谈到了补足的途径;其中"混杂"要通过"更订法律大全"(*Corpore Juris Reconcinnato*)来解决。他接着描绘出了现代法典的蓝图。

(7)《论教会法中对有效缔结的新教首领的婚姻的禁止度》(*De Matrimoniorum Principum Protestantium in Gradibus solo canonico jure prohibitis contractorum validitate Dissertatio*)。该作品的写作缘起是梅克伦堡的查尔斯公爵(Duke Charles of Mecklenburg)反对他的兄弟梅克伦堡的克里斯蒂安公爵(Duke Christian of Mecklenburg)与沙蒂永夫人(Madame de Chastillon)的婚姻。当时的问题在于,在

① 这一笔名与Gottfriedus Guillelmus Leibnitius发音相似。——译者注

先前的婚姻仍然存在的情况下，这一婚姻契约是否成立；德国的几位王公都与这一问题有关；该书要回答这样的婚姻属合法还是非法。全书运用大量事例对新教徒(Protestants)的婚姻禁止度(*in gradu prohibito*)作出严密论证。该书建立的一个重要原则是：诸如婚姻等问题的立法权，完全归于国家最高权力机关。即使是今天，对于跨国婚姻(mixed marriages)，该书仍有借鉴价值。

(8) 1678年，莱布尼茨以假名(feigned name)[1]发表了《论最高的法与德国的最高使节》(*De Jure Suprematus ac Legationis Principum Germaniae*)，他在书中主要探讨了奈梅亨[2]议会(Congress of Nymegen)的德国选民代表和其他亲王是否应被作为主权国家的代表来对待。亲王们有自己的军队，具有主权者具备的外在特点。但是，他们宣誓对皇帝效忠，向皇帝行臣服礼；他们在某种程度上是国王的封臣(vassals)；而且他们还受帝国法院(Imperial Court)管辖。对于君主，莱布尼茨在严密论证的同时不忘逢迎；和培根对待他的国王时显示出的奴性一样，莱布尼茨在他的其他许多作品中，也不乏对皇帝谄媚。但这毕竟是一部关于主权的作品，它显示 292
了作者对于政制本质的洞察力，它将政治理论和法律理论与复杂的实践活动结合起来，超出了一般学者的水平。他曾提到："多进行分类；研究当前的事实；不要做著作和模式的奴隶。"

(9)《国际外交法典》(*Codex Juris Gentium Diplomaticus*)出版于1693年；该书是相关论述和国家文件(State papers)的汇编；莱布尼茨在该书的"序言"中阐述了他对国际法的看法。莱布尼茨预见了国际法在未来的发展。他按照对待自然法一样，发展了关于国际法的理论。在论证国家同意(consent of nations)时，他对于相关论述和国家文件给予的关注超出其他人，在他看来，它们比诗人和口述者等更值得信任。

(10) 1700年，《国际外交法典》的增补本问世，题为《外交法典补集》(*Mantissa Codicis Juris Diplomatici*)。莱布尼茨在书中就国际法中的某些问题进一步阐述了他的思想。

(11) 1701年，莱布尼茨出版了《对于古代如何取得万民法的思考》(*Cogitationes de iis quae juxta praesens Jus Gentium requirumtur*)等作品。他以"论荣誉的头衔"(*De titulis honorificis*)、"论国王的头衔"(*De titulis regiis*)为标题探讨了什么样的国家称得上主权国家等问题。

(12) 1706年，莱布尼茨出版了《对神圣的普鲁士王国统治时期的法的简短说

---

① 他使用的假名是 Caesarinus Fursteneriu。——译者注

② 现在拼为 Nijmwegen，旧式拼法是 Nymegen，Nieumeghen，是位于荷兰东部的边陲城市，靠近德国。——译者注

明》(*Compendaria expositio juris, quo augustissimus Borussiae pollet*)。

(13) 出版了《法学原理观察》(*Observationes de Principio Juris*)。莱布尼茨在本书中探讨诸如自然法的基础、实证法、国际法、正义的概念及规则等问题。

(14)《对萨缪尔·普芬道夫的理论的若干提醒》(*Monita quaedam ad Samuelis Pufendorfii Principia*)一书出版,是对普芬道夫作品的批判。莱布尼茨并不崇拜普芬道夫,但在莱布尼茨时代,普芬道夫的作品很有权威。莱布尼茨认为普芬道夫只是一个无关紧要的法学家和微不足道的哲学家(*vir parum juris consultus et minime philosophus* only)。他对于普芬道夫的主要批判在于,后者认为法律仅源于上级的意志。按照莱布尼茨的说法,普芬道夫所谓上级恣意的规则是有自然的基础,或者说神圣的基础的。

法学与哲学

笔者并未列出莱布尼茨的全部法学作品,也未指出他在书信,或以其他方式在其他场合谈及的法律问题。完成这项工作,足以花费普通人一生的时间;好在这至少可以说明莱布尼茨在法学方面著述颇丰。

293 研究莱布尼茨的时候,有一点很值得关注,那就是他不是纯粹的理论家,他也不崇尚作纯理论的研究。他常常提到理论和实践结合的优点:"我坚持认为,人应能够独立地质疑(理论上的)道理;一个人拥有这样的经历,或者向拥有这样经验的人请教都是很重要的。"(Je tiens qu'il faut se defier de la raison toute seule, et qu'il est important d'avoir de l'experience, ou de consulter ceux qui en ont.)他也常常思考实践性训练的价值。然而,他在自己的法学作品中从来都没有停止过像哲学家那样去思考。他在《论法学之艰难》这部小册子中,努力地克服法学研究者轻视哲学的毛病。他提议法学家应体现哲学之于法学的作用,并旨在说服他们"法的许多问题没有哲学的引导,将是一个难以走出的迷宫,哲学这门古老的学科及其作者可能拥有最高的智慧"。(plurima sui juris loca sine hujus ductu, inextricabilem labyrinthum fore, et veteres suæ scientiæ auctores mystas quoque sapientiæ summos extitisse.)德国现代的法学家们——我当然是指那些法哲学(Rechtsphilosophie)的编著者——的特别之处在于,他们是从法理念(Rechtsidee),或者特定概念(Begriff),抑或是某些能够导出特别规则的概念之中演绎出特定的规则。笔者并不质疑这一过程的合理性;事实上,如果没有这些概念,最广义的法理学简直是无法存在的。进一步分析,法学和哲学的分家是有很大缺陷的,然而大部分英国的法学研究者对此却赞赏有加。比如说,很难想象一部刑法中某些不断变化的部分,如果没有基础性哲学问题的探讨,它们的处理就会达到令人满意的程度。没有暴力,它们就不可能被删除,而即使它们被奉命删除,但仍会回归。对于犯罪与刑罚问题进行研究的人们无法回避这些问题：意志是自由的吗？自由意志只是一种假象？人就是一台机器或自动机器吗？如果它们的回答是肯定的，那么谴责和非难的含义和合理性是什么？责任的正当理由是什么？如果一个刑罚理论是以宿命路线（determinist lines）为基础的，那么这样的理论会有很重要的实际效果。①如果不面对基本的道德和哲学问题，就很难设计出一个良好的刑罚体系。确实，诚如莱布尼茨所说的“很 294
难区分是先形成了判决结论，然后为它的合理化去解释说明原因，还是依据一些理由而作出判决”（来自宗教的真正的法学与哲学是分不开的）。当然，这样的讨论很可能带来文义上的争执。如果法理学不仅仅在文字上打圈的话，就应该注意经常与事实和实践相联系。莱布尼茨不主张将法律和哲学分离得太开，他一贯坚持法律应该关注现实中活生生的问题。

很难恰当地描述莱布尼茨和他同时代的法学间的关系，因为只有学识极为渊博之人才能准确地做到这一点。不过，有些方面还是很清晰的：莱布尼茨认为他同时代的法学如同一堆枯骨；律师与占卜者或者巫医无异，都因他们那些毫无用途的学问而骄傲自大。莱布尼茨对他同时代法学中的错误有着深刻的认识——它们的状态混乱、内容分散、主次不分、同一规则运用不同术语表示、研究人员困惑懵懂，常关注细枝末节的问题。莱布尼茨试图将法学出经院主义的淤泥而不染，促进法学的复兴。从莱布尼茨说到他同时代的其他法学家，据笔者所知，只有培根是个例外，莱布尼茨显然受他的影响明显，但其他人对他的影响显然极为有限；我们会发现，同时期的法学家们无休止地讨论着法律文本；提炼之后还要再提炼；不加甄别地援引他人枯燥的言论；对那些极不严谨的判断一概接受，并表现出颇受教益的样子。莱布尼茨一生所做的重要事情之一就是使法学具有理性并变得简单化。他说：“简明地阐释出观点比烦琐地解说原理更加有说服力。”（Multi anni sunt, quod promisi illustrare jurisprudentiam et amplissimum juris Oceanum ad paucos revocare fontes limpidos rectse rationis.）倘若他能够对那些经他发展的理念投入更大的精力，我们简直不可想象他会做出多大的成绩。

从他对法学教育发表的观点来看，我们可知莱布尼茨的转变。他的主要观点是学生是为实际工作而准备的，所以他很推崇模拟法庭。根据他描述的法学院课程安排，学生要有两年多的时间熟悉法律事务性知识。他将全面而又广泛的法律 295
训练视为从事法律实务的必要准备。他特别强调，专业学习应辅以广泛的阅读、旅行以及对社会生活的熟悉。只有在这些方面的见习经验，年轻人才可能去处理法律事务。《新方法》（*Nova Methodus*）中设计的教育计划，对于不具有他本人那般资质的人而言，大概太难以实现了。但是它所强调的重视实践的方向是正确的。莱

① 关于逻辑和法律程序，莱布尼茨有一段很经典的表述，见库蒂拉的《莱布尼茨传》，第566页。

布尼茨对如何培养优秀律师的观点很值得注意。我们到现在仍然未超越他的主张。

莱布尼茨与法律改革

在很多方面，莱布尼茨走在了他所处时代的前面；在法律方面，他将那个时代远远地抛在了后面。在他所倡导的改革中，有些已经开展了一段时间，有些在那时还尚未完成。在他看来，任何法律制度最重要的是简洁明晰。他甚至这样认为，哪怕是不公正的法律，也比模糊和不确定的法律要好。他很欣赏早期法学家那种无可比拟的简单和"看法的自然本色"(judicii color naturalis)。这位演讲时温文尔雅的法学家曾撰文抨击当时"法的无限性、不确定性、随意性"(jus infinitum, incertum, arbitrarium)。我们很难想象，在公众可接触到立法之前，也就是说在表达社会意志的公认机构存在之前，法律具有的混乱与不确定性。以法律的一个分支而言，如果没有《工厂法》、《实物工资法》(Truck Acts)、《雇主责任法》、《劳工补偿法》(Workmen Compensation Act)、《煤矿法》(Coal Mines Act)这些法律，如果在工业巨变、新的义务概念不断涌现的情况下，法庭不断通过赋予旧的法律规则以全新的含义来修正法律，事情将会是怎样一种情形？再以另一个领域的法律为例，假设公司
296 法并未得到制定，人们只能尝试在与"合伙"有关的旧的法律规定中类推出满足现代商业需要的规则，这样不清晰的法律又会产生怎样的混乱后果？笔者并没有仔细地阅读那个时代的文献，但是笔者有一个清晰的认识，当时有人已深刻地认识到，通过扩展旧法规已无法适应于新的情况。如果想把罗马法中的某一个判决原则努力地应用在新的社会秩序中，就会陷入僵局。人们相信，罗马法已经过时了。为了治愈莱布尼茨谴责的这些顽疾，莱布尼茨建议大幅改革。他的这些建议，大部分在他的有生之年都得到了践行，也有很少的一些没有得到贯彻实施。其中有一两个到现在仍然是梦想。在他的迫切愿望(desiderata)中，有些培根在他的《学术的进步》(*De Augmentis Scientiarum*)中曾提到过，莱布尼茨在他的《新方法》中是这样安排的：

对法进行分部(Partitiones Juris)；将法纳入体系(Sciagraphia Juris in Artem redigendi)；新法律大全(Novum Juris Corpus)；法的基础(Elementa Juris)；法律格言改革(Reformatio Brocardicorum)；对梅诺奇和马斯卡迪的《论证明和推定》的摘录(Compendium Menochii et Mascardi de Probationibus et Praesumptionibus)；法律剧场(Theatrum Legale)；法的变迁史(Historia Mutationum Juris)；法的语文学(Philologia Juris)；法哲学(Philosophia Juris)；司法协议(Concordantiae Juridicae)；法的隐喻、原理、格言(Tropi, Formulae, Adagia Juris)；法的算术学(Arithmetica Juris)；全部法的阶梯(Institutiones Juris Universi)；帝国法的阶梯(Institutiones Juris Caesarei)；萨克逊法的阶梯(Institutiones Juris Saxonici)；德国法的翻译(Versio Legum Germanica)；解释的技术(Ars Hermeneutica)；指示交付的自然法基础(Juris Naturalis Elementa demonstrative tradita)；研究普遍性的科学(Scientia Nomothetica)；简论司法冲突(Breviarium Controversiarum Juridicarum)；法的图书馆(Bibliotheca Juris)；法学家的传记(Vitae Jurisconsultorum)；法的索引(Repertorium Juris)；新潘德克顿法(Pandectae Juris Novi)。

在这些迫切愿望中，有些曾是培根期待的；有些在一个世纪以后被边沁重提过；有些只是为了解决一时之需；还有些只能由莱布尼茨思想的真正传承人来实现。这些迫切愿望的提法都是很有建设性的。它们为法学发展预设了很大的空间，将近两个世纪后的法学发展都没有能够完全实现。

莱布尼茨真正的现代精神体现在他关于法典化的阐述中：他主张法典所使用的语言应该尽可能地如法律本身般平常，他将这样的法典称为“利奥波第那[1]法典”(*Codex Leopoldinus*)；它不是过去意义上的法典，而是一部合理、有序的阐述法律 297
原则的作品。将莱布尼茨的观点与培根的观点进行比较是很有意思的。这样的比较结果对莱布尼茨并非不利。另外一个值得注意的是他的法典分类主张。莱布尼茨尽管崇尚罗马法，但这不影响他发现其中有很多值得审视的地方。他是最早批判《法学阶梯》分类的人之一。他对《法学阶梯》经典分类的反对理由是诉讼法与人法和物法的关联；诉讼法系由人法引出又与物法相连。他的进一步反对理由是“人”(*persona*)和“物”(*res*)属于“事实”(fact)的组成部分；而“权力”(*potestas*)和“债”(*obligatio*)则是“法律”的组成部分。若要将“事实”进行细分，为什么不继续分下去呢？为什么不把“人”分为聋人、哑人、富人、穷人呢？为什么不将“物”再细分呢？莱布尼茨建议如下分类：

(1)法律一般原则及诉讼法(*Generalia juris et actionum*)；(2)人法(*Personœ*)；(3)司法程序(*Judicia*)；(4)物法(*Jura realia*)；(5)契约法(*Contractus*)；(6)继承法(*Successiones*)；(7)刑法(*Crimina*)；(8)公法(*Jus publicum*)；(9)神法(*Jus sacrum*)。他的这一分类与现代数部法典所采用的结构不无相似之处。莱布尼茨坚持认为法律原则值得人们千百次地去注释。[2]

他曾提出很多原创性观点，比如说，他认为遗嘱(遗嘱继承)依赖于人们对“永生的信仰”(belief in immortality)——“除非灵魂不死，否则遗嘱法纯粹没有任何意义(testamenta vero mero jure nullius essent momenti, nisi anima esset immortal-

---

① 利奥波第那是德国科学院的名字。——译者注

② 比如他主张简化德国法，可以简单到用两个到三个大的图表表示，可以悬挂在墙上；限制争议点来减少诉讼等。

is)"；拉萨尔(Lassalle)后来在他的《既得权体系》(*System der Erworbenen Rechte*)中对此有详细论述。莱布尼茨对此的解释是："除非灵魂不死，否则遗嘱法纯粹没有任何意义。但由于事实上死者仍然活着，因此仍是事物的主人。"(Testamenta vero mero jure nullius essent momenti, nisi anima esset immortalis. Sed quia mortui revera adhuc vivunt, ideo manent domini rerum.)继承人只是"自我事务的代理人"
298 (procuratores in rem suam)。他的这一观点或假想后被拉萨尔继承。莱布尼茨能够对任何事物都给出理由；前提越荒唐，证明理由越才华横溢。

他热衷于统一；我们可以说他是一位"普遍主义倡导者"(universal reconciler)。他追求普遍秩序——普遍性的教堂、普遍的语言、普遍的文字、普遍的货币及普遍的度量衡标准等；而这种普遍秩序的实现需要理性的、普遍的法律制度。在致霍布斯的一封信中，莱布尼茨提到他构建的法学以罗马法为基础，基本上与自然法相吻合且在欧洲的大部分地区适用。①

莱布尼茨与法学

在莱布尼茨看来，法学的研究对象和研究目的是什么？虽然我们对这一点尚未达成一致看法，但对于他的回答，我们无法忽略。是法律的文法，抑或是特定规则的扼要陈述？是关于法律制度和文契格式的学问？抑或是更丰富的内容？是在这些不同的格式背后找出规律，然后形成可以规范所有法律现象的规章？自然的法则在与人类社会的法律一度同化后，是否还存在事实？法学是否只是实证法(*de lege lata*)的学问？还是也注意应然法②(*de lege ferenda*)？对这些问题，他的答案并不确切。他并没有特别为不同学科划定界限。他在这些边界之间自由地游弋。事实上，莱布尼茨更喜欢探讨同时涉及多门科学的问题。他的研究并不始终在同一问题之上，他有探求不同学问的习惯，经常在一段时间里放下某一领域的研究，隔一段时间后再拾起来，但并不一定从原来停下来的那一点继续开始，正因为如此，他的语言常常有大的起伏。另外一个值得关注的现象是，为了便于人们接受他的观点，他会根据听众来调整自己的语言。他对王公或学者们说话的方式明显有别于他与神学人员的说话方式。

无疑，莱布尼茨并没有对法学和伦理学之间划分清晰的界限。在他的《自然法原理》(*Elementa Juris Naturalis*)一书中，莱布尼茨把正义定义为"一个好人的姿态(或固定的状况)"[*habitus* (*seu status confirmatus*) *viri boni*]，"好人就是爱所有人的人"(*Vir bonus est quisquis amat omnes*)，"我们爱那些其幸福让我们也欢愉的人"

---

① 格哈特：《哲学家作品集》(Philosoph)。

② 即对"法律是什么"及"法律应该是什么"的实证研究。——译者注

(*Amamus eum cujas felicitate delectamur*)。他因此还说"正义是一种爱他人的姿态"(*Justitia habitus amandi alios*)。在《国际外交法典》的序言中,他重复了这一观点。他说:"我们将正义定义为一种理智的爱。……爱是一种普遍的善,善就是爱或选择去爱的姿态。爱就是以他人的幸福为乐,或者换句话说,使他人得到其应得的幸福。"(Justitiam ... definimus caritatem sapientis ... Caritas est benevolentia universalis, et benevolentia amandi sivi diligendi habitus. Amare autem sive diligere est felicitate alterius delectari, vel, quod eodem redit, felicitatem alienam adsciscere in suam.)在他的著作中,这样的表述很普遍,比如说"实际上,正义不是别的东西,正是符合智慧的仁慈"(La justice dans le fond n'est autre chose qu'une charite conforme a la sagesse)以及"然而在我看来,除了符合智慧的仁慈,没有别的东西可以称为正义"(Cum vero [nihil] aliud apud me justitia sit quam caritas ad normam sapientis.)。① 299

莱布尼茨将自然法(*Jus Naturae*)分为三个等级:"严格法——平均正义"(*Jus strictum—justitia commutativa*);"衡平法——分配正义"(*aequitas—justitia distributiva*);"虔敬——普遍正义"(*pietasvil* [*probitas*]*—justitia universalis*)。和这三个等级相关的三个强制令分别是——"不得损害他人"(*neminem laedere*),"给予每个人应得的东西"(suum cuique tribuere),"诚实地生活"(honeste vel potius pie vivere)。

莱布尼茨将法学与神学混到一起。对他来说,神学是一种特殊的法学。两者具有同样的基础。在给康宁(Conring)的一封信中,他坚持信仰神和信仰不朽的灵魂是正义的必要基础。有时候他对法学与伦理学也不加区分,他是这样表述的,"法学是正义之学,或自由与义务之学,或对某些事件或行为施以惩罚的法之学"(Jurisprudentia est scientia justi seu scientia libertatis et officiorum seu scientia juris, proposito aliquo casu seu facto);以及"法学是行为之学,是关于何为正义何为不正义之学。"(Jurisprudentia est scientia actionum, quatenus justae et injustae sunt)有时他从自己的伦理学作品发展形成的概念中提升出一些概念;例如"正义是一个人在行为时对另一个人所保留的适度的美德"(Justitia est virtus servans mediocritatem circa effectus hominis erga hominem)这一亚里士多德原则(the Aristotelian doctrine)。有时他还会发表类似于功利主义理论的看法,如"有害公共利益之事是唯一不正确的事"(Justam aliquis injustam est quicquid publico utile vel damnosum est)。他曾不止一次这样说:任何一件事物都是与它自己完全不同的其他事物。

对莱布尼茨的法学概念,有人很自然地持反对意见。人们认为他的法学概念

---

① 引用他关于智慧的定义会有所助益:"智慧是人类所知的最完美的东西,是人类的生活准则,并因此保持健康、使四肢更好地工作。"(It is worth while quoting his definition of Sapientia: "Sapientia est perfecta eorum rerrum, qua homo novisse potest, quæ et vitæ ipsius regula sit et valetudini conservandæ artibus omnibus inveniendis inserviat.)

300 太过宽泛。但如果在更广阔的视野下看莱布尼茨的话,就不会觉得他是唯一持这种观点的人了。在16—18三个世纪中,培根、莱布尼茨和维柯都曾投身于法学研究和法律实践。这三位伟大的思想家都是在很宽泛的意义上理解法学概念的;但在他们三人中,莱布尼茨对此的理解是最全面的。他们三人都认为要从自然的秩序(order of nature)和社会的规则(constitution of society)中寻找法学的基础。莱布尼茨认为法律并不是一种随意性的规则,它与大众的游戏规则并不一样。在他看来,法律也不只是一种外在的安排或者是权力的随意性表达。法律一定是根植于"社会的规则"之中。奥斯丁(Austin)曾说,法有"法律意义上的法"(law in legal sense)和"科学意义上的法"(law as a term of science)之分。但是,花再多的时间去甄别两者间的差异,并揭示常见的谬误,也只会分散他对于重要问题的注意力。奥斯汀尽力把法学的范围划小,将法律人排除在了莱布尼茨和维柯的视域和所取得的丰富成果之外。就这一点内容,笔者会另文讨论。但笔者在这里仍然要指出的是,比较法学研究可以使我们更加正确地理解莱布尼茨的观点。我们知道,在社会的每一阶段里,总会有一种法秩序(Rechtsordnung)与当时的经济结构以及道德观点相适应;社会的经济框架(economic skeleton)具有相应的法律形式;法律和道德在某一时期曾是同一的。现代社会学强调社会框架的各个部分间有紧密的关系;法律、道德、经济间发生互相影响以及它们可带来和谐。莱布尼茨用自己的话亦表达了同样的观点。他也强调法律即是上述和谐的表现。正如霍夫丁(Hoffding)所指出的:"在莱布尼茨的法哲学中,在他所有的体系中亦如此,存在于个体之间的和谐这一基本思想最为突出。"

还有人并不赞同莱布尼茨把法学与神学混合到一起;但这一批评的靶子几乎
301 可以投向莱布尼茨同时期的全部研究者群体。①因为对他们来说,这种混合是很自然的,就好像我们这个时代的人用我们的观点考虑物质世界和精神世界的事实一样。莱布尼茨不会乐于将法学、神学和伦理学分开来分析,因为在他看来它们是一个整体。这样的处理也有它的优点,与今天社会学坚持的优点很类似——特别是将法律现象与同源事实(cognate facts)相协调这一优点。

莱布尼茨与国际法

莱布尼茨是国际法的奠基人之一,也是将庞杂的国际条约编纂整理的先驱者之一。在《国际外交法典》一书的序言中,他不但对外交的全部领域有研究,还探讨

---

① 关于神学,莱布尼茨说过:"神学是一门特别的准法学","神学是法学经常引证的一门学问"。莱布尼茨有许多类似的言辞。笔者的朋友泰勒·伊内斯(Taylor Innoes)告诉笔者,在他与格拉德斯通(Gladstone)的一次对话中,格拉德斯通特别向他强调:"阁下,相信我,一个人如果不是神学家则不可能成为一名出色的律师。"

了国际法上的一些重要问题。他下大力气研究国际法并赋予其更为科学的形式和更高的权威。他很崇拜格劳秀斯(Grotius);每当提到格劳秀斯,他总是带着崇敬的心情。但是他也注意到格劳秀斯的研究成果缺乏批判精神,界限模糊,缺乏法哲学理论。莱布尼茨尽力对国际法给出一个准确和经得住检验的定义,因为那时还无一则准确的国际法定义。诚然,他的观点有自然法的色彩,他对自然法的把握不亚于他对道德的论证。但是,自然法的理念有什么意图吗?按照心理学、历史学和比较法学的修正,自然法的理念是否有发展的空间?构建一种能为所有人接受的法律的理念已死亡。这种理念的死亡说明了一个真理,那就是任意性立法(arbitrary legislation)只占很小的部分;习惯法实际上是由道德信念、经济条件和社会结构决定的一组规则。法律是特定社会组织出现的自然结果或不可避免的伴产物。

令研究莱布尼茨国际法著作的人们印象深刻的是,他完全没有意识到困扰现代研究者们的问题。现代人会问,谁制定法律?法律规则的权威或约束力有多大?莱布尼茨从不问此等问题。当然,他也从未对这些问题给出过答案。在文明社会中,某些时候,人们对于这些问题的关注甚至和国内法一样多。很难说谁是立法者,国家主权归哪里。特定的法学家、一些个人、一些并非司法机构或者立法机构的成员都可能有很大权威。他们说的话可能被接受为法律,除非还有另一位同样杰出人士的相反判决理由可供援引。莱布尼茨引用的法学家如巴尔杜斯(Baldus) 302
或居亚斯(Cujas)的权威有多大?他们的权威几乎和国内法一样。"市民"的言辞本来就具有效力。这虽然只是个人观点,但却是一个无可辩驳的观点。莱布尼茨对无休止的字谜式的法学定义极为反对。

作为历史学家的莱布尼茨

如果我们对莱布尼茨作为历史学家的身份只字不提,对他显然十分不公。就如同他在其他领域取得的成就,他有很多原创成果。他的《西罗马帝国编年史》(*Annals of the Western Empire*)具有精准、犀利、简明等特点,是后世学者的理想范本。法官佩尔茨(Pertz)对此曾有很高评价;[①]作品知识基础渊博,体现了作者非凡的洞察力和远见卓识。莱布尼茨的主要观点之一是,苏伊士地峡(Isthmus of Suez)是连接欧洲与东方的重要枢纽。

作为政治家的莱布尼茨

可以用很多笔墨来描述作为政治家的莱布尼茨所付出的努力。他与布伦瑞克

① 佩尔茨在列举了《布伦瑞克王朝编年史》(*the Annals of the House of Brunswick*)的优点之后,说道:"本书不但在同类著作中出类拔萃,和其他卓越的新兴历史学家巴隆尼乌斯、雷纳德和穆拉托里的作品相比也毫不逊色。"

王朝有交往。他的赞助人约翰·弗里德里希公爵(Duke Johann Friedrich)是路易十四的崇拜者,一心想提高德意志"各小主权者"(the lesser Sovereigns of Germany)的地位,莱布尼茨正是他们的代言人。莱布尼茨声称作为主权者,他们有权力向荷兰的奈梅亨(Nymegen)派出大使;这是他创作《德国君主主权及外交权之研究》(*Caesarinii Fursternerii de Jure Suprematus ac legationum principium Germaniœ*)(1677年)的主要目标。

莱布尼茨也是德意志帝国的支持者,为了德意志帝国的利益,他写了不少东
303 西。他极力倡导德意志的统一。为实现这一目标,他于1607年写成小册子《国内外公众安全》(*Securitas publica, interna et externa*)。在该小册子中,他指出,德国独特但不幸的地理位置使得这个国家成了一个纷争之源。德国的羸弱给那些威胁欧洲和平的力量带来了可乘之机。在这个背景下,很容易发生纷争,只有德国的统一和强大才能避免流血,抵御攻击。

莱布尼茨在政治研究方面多产,他在这方面的许多作品直接反驳那些对路易十四的攻击,比如《欧洲国王的新利益》(*Nouveaux Interests des Princes de l'Europe*)、《法国事例评述》(*Remarques sur un Manifeste Francais*)以及《外交事务的咨询观点》(*Consultations sur les affaires generales*)等。

在莱布尼茨的政治作品中,许多与法律问题有关。他在小册子《抗辩理由之检讨》(*Paix d'Utrecht Inexcusable*)和《为查理三世辩解的理由》(*Manifeste pour le defense des Droits de Charles III*)中,站在法律基础之上详尽论证,支持奥地利的安妮(Ann of Austria)、玛利亚·泰蕾兹(Marie-Tèrèse)和玛利亚·安东妮娅(Marie-Antonia)放弃所有权利。这两个小册子都是法律推理的杰作。它们的语言表达极为恰当,在当时众多的小册子作者(pamphleteer)中,莱布尼茨是最令人印象深刻的一个。

在莱布尼茨诸多的政治性作品中,《征服埃及的计划》(*Projet de Conquete de L'Egypte*)不仅是从法国一个国家的利益而是从整个基督教世界的利益出发,来证明法国远征埃及的。这又一次证明了他的洞察力。他清晰地预言了法国大革命的到来,指出苏伊士地峡在连接东西方上的重要性,并说明世界上唯一可与其相提并论的地方是巴拿马地峡(Isthmus of Panama)。

关于莱布尼茨的个性:他知识面宽阔,同样宽阔的是他的胸怀和气度;他能看到人性和人的行为中最好的一面,更乐于思考那些他赞同的事情,他在这些方面的
304 思考远远多于他反对的事情。他的心态平和,对和平与信誉的执著追求的程度不逊于他对待学问的态度。他忠于那句自己喜欢的格言——"交流中寻真,实践中致用"(*In Worten Klarheit, in Sachen den Nutzen*)。

最后要说的是,莱布尼茨既有书本知识,又愿意将它们与事实相联系起来;他

致力于法学和其他科学的结合。他对法哲学和法律史都很感兴趣。他总是能呈现出法学的首要目标——实现人与人之间的正义。在当时拘于形式和技术的法律之下,他重新找到了正义;如果说他和塞尔登或萨维尼类似,那么他和边沁也很类似。他或多或少清晰地预见了法学的未来发展方向;他的远见,有些即便在今天,也只有很少人才能朦朦胧胧地看到。

(撰写:Sir John Macdonell)

305 # 15. 普芬道夫
(Pufendorf)

（德国法学家普芬道夫）

近代法律的总体观念在很大程度上是以假设的契约基础为依据的。尊重当事人合意（*consensus ad idem*）的观点无处不在，它通常被认为是最具主导性和决定性的原则。在立法过程中，只有“客观上存在的”方法才会得到一再运用；因此，提出含有抽象分析的观点会被指责为荒诞不经、不切实际。换言之，人们认为只有对法律进行实证的构建才是有效的，而对自然法的公理性原则衍生出来的原理进行阐释与整合则是行不通的。但是，这两个方面、两种过程是无法彻底分开的。可能会因为这样那样的目的而单独强调或考虑其中的一者，但两者都是所有思想和法律构建中不可或缺、相生相伴的要素。

“实证主义者”（positivist）将由人组成的社会，或是由合法化了的社群或城邦组成的社会具有的迫切需求当作必不可少的标准；他们观察人们思想的外在表现，然后据此制定法律——他们隐含的（也可能是公开的）观点是，人是万物的尺度。（我们完全可以问，近代的“实用主义”（pragmatism）对古时候的普罗塔哥拉斯及其学派的饱受争议的诡辩原理（sophistic doctrine）进行了哪些思想上与道德上的发展？）另一方面，“自然主义者”（naturalist）研究人类意识的根本属性，援引宇宙和谐及其与人类关系的观念，指出在这些前提下得出的特定结论已经得到内在的证明，故个人
306 与国家应当公开认可它们是永恒的行为准则。因此，这两者之间其实不存在对立，它们各自的方法所产生的结果也未必不相容。自然法的支持者对于实际状况关注太少，从所依据的资料中分析出的东西又太多，超过了资料本身所能反映的事实。因此无疑地，他们言行过度。但是就这方面而言，错误不在于方法本身，而在于运用方法的人。不论如何被中伤和讥笑，只要还有心理学家和德育家，自然法就会继续影响人们的思维。

虽然现代社会把自然法当作陈旧且无利可图的东西而抛弃，但却实际上享受着自然法的规则和制度带来的好处。这些规则和制度的建立离不开先辈们在自然法的指导和约束下进行的实践和制定的原则。近代国际法中有很大一部分是早期民族和君主的惯例和规则的产物，而这些民族和君主又一贯诉诸自然法。还有一部分源自法学家们的观点，比如贞提利斯、格劳秀斯和普芬道夫等人。他们或多或少地将自己的论点建立在自然法基础之上。在所有学者中，普芬道夫可能是对自然法最忠实、最彻底且最具系统性理解的拥护者。研究普芬道夫的主要作品，我们可以发现他是如何解释自然法，并将之运用到组成国家的个人之间以及组成“国际团体”(civitas gentium)的国家之间的。

生　平

普芬道夫是一位路德教派牧师(a Lutheran pastor)的儿子，他 1632 年 1 月出生于开姆尼茨(Chemnitz)。他在格里马(Grimma)接受了最初的基本教育。由于原本打算从事神职工作，所以他被送到莱比锡(Leipzig)学习神学。但那里教条的理论和普遍存在的排斥异教的思想使他转而学习语文学(philology)、哲学、历史学和法理学。普芬道夫总是表示自己从格劳秀斯(Grotius)和霍布斯(Hobbes)处获益甚多。1656 年，他搬迁到耶拿(Jena)，在那里他遇到了数学家埃哈德·威格尔(Erhard Weigel)，后者向他介绍了笛卡尔(Descartes)的哲学理论及其论证型推理(demonstrative methods of ratiocination)，并且教导他，欧几里得式方法(Euclidean processes)可以像其运用于数学研究那样运用于伦理学和法理学研究。①

1658 年初，普芬道夫成为 P. J. 卡耶特(P. J. Coyet)家的家庭教师，后者是瑞典国王卡尔·古斯塔夫(Charles Gustavus)派驻哥本哈根(Copenhagen)的大使。当时，正在对丹麦推行扩张政策的瑞典国王强行缔结了罗斯克德(Roeskild)条约，但不久便再次发动战争。丹麦人立即对瑞典使节采取了报复措施；卡耶特设法逃脱了，但是第二公使泰诺·培尔克(Steno Bjelke)和全体随员，包括普芬道夫，都被逮捕并投入了监狱。普芬道夫在对法律的理论基础和社会调控作用的思考中度过了8 个月的监禁；他在荷兰重新回到卡耶特手下后，于 1660 年在海牙(The Hague)发 307
表了他的《一般法理学要义》(见《普芬道夫全集》之三)，该作品受到社会各界的高度赞扬。第二年，他被选帝侯(德国有权选举神圣罗马帝国皇帝的诸侯——译者注)卡尔·路易斯(Charles Louis，上述作品就是献给他的)任命为海德堡大学(the university of Heidelberg)自然法与国际法讲席教授(the chair of Law of Nature and

---

① 据回忆，斯宾诺莎于 1663 年到 1665 年间完成的著名的《伦理学》[*Ethica* (*Ordine Geometrico demonstrata*)]就是有关这方面的。

Nations)(这个职称被公开承认是专为普芬道夫设立的)。这是同类公立教授职位中的第一个，它的创立在政治学史和法学研究史上是一个有纪念意义的事件。

1667 年，在获得选帝侯的许可后，普芬道夫又发表了题为《德意志帝国的现状》(*De statu imperii germanici*)的短文，这一作品对德国的政治政策产生了重大影响，并被译为数种欧洲语言。在海德堡居住期间，普芬道夫接触到了许多显要的公众人物，如被他视为最有能力的政治家之一的博伊内伯格(Boineburg)以及受到他高度尊敬的选帝侯本人。后者据信为上文提到的普芬道夫的后一部批判性作品提供了很多资料。然而，该作品的出版引发的激烈争议迫使他离开了海德堡，于次年赴瑞典，并接受了隆德(Lund)大学的一个教授职位。

在发表了许多学术论文(dissertationes academicae)后，他于 1672 年发表了他最著名的作品《论自然法和万民法》(见《普芬道夫全集》之八)(*Iuris naturae et gentium libri VIII*)。1673 年，该书的节本《论公民的自然法义务》(*De officiis hominis et civis*)问世，被译为大多数欧洲语言，包括在彼得大帝(Peter the Great)的命令下被译为俄文。这些作品在瑞典受到几名教授和牧师的猛烈抨击，在德国也有许多人加入抨击的行列，尤其是神学家，包括莱比锡的阿尔贝蒂(Alberti of Leipzig)。他们指责普芬道夫的作品影响很坏，理由是这些作品将自然法与神学分离开来，对此，普芬道夫在 1676 年发表的《学术论文选》(*Eris Scandica*)中进行了坚决的回击。

1677 年，普芬道夫来到斯德哥尔摩(Stockholm)，于卢克尼斯(Loccenius)去世后被任命为皇家史官(royal historiographer)，同时还被任命为国务委员(Secretary of State)和枢密院成员(Privy Councillor)。大约过了十多年，继有关欧洲诸国和瑞典的历史著作之后，《基督徒生活和世俗生活的关系》(*De habitu christianae religionis ad vitam civilem*)一书出版了。该书出版后，他被大选帝侯召到柏林，任命为勃兰登堡(Brandenburg)的皇家史官，还享有其他许多荣誉。在这段他生命中最后的
308 岁月里，他的许多历史、宗教和政治方面的作品都带有争辩色彩，其中包括在他死后出版的《神圣宣战和法，一名新教之赞否》(*Ius feciale divinum sive de consensus et dissensu protestantium*)和《勃兰登堡选帝侯腓特烈·威廉之历史》(*De rebus gestis Frederici Wilhelmi magni electoris Brandenburgici commentarorium libri XIX*)。后者也许是他最重要的历史著作，腓特烈三世(Frederick III)下令把它译为了德文和法文。

1694 年，瑞典的卡尔十一世(Charles XI, 1660—1697)赐封普芬道夫为男爵(baron)；同年 10 月普芬道夫谢世，被安葬在柏林的圣·尼古拉斯教堂(the church of St. Nicolas)。

主要著作[1]

就本文目的而言，文章的关注点将主要放在《论自然法和万民法》上；但为了展现普芬道夫广泛的活动以及他在哲学、伦理、宗教、法理、经济和政治以及所有社会现象方面的兴趣，简要介绍一下他的另外一两部作品也是有好处的。实际上，与所有这些主题有关的问题在那部主要著作里反复出现。可能是因为普芬道夫投身如此广泛的领域，消耗了他过多的精力，因而在一定程度上降低了他纯法学作品的价值。但如果一个法学家不去努力研究有关人类生活（无论是个体生活、社会生活还是政治生活）中的不同学科，那么他很难在自己那个领域上获得过人的才能、深邃的洞察力和高度的影响力。

《论德意志帝国的宪法》一书是化名（维罗纳的）泽韦林那斯·得·蒙萨巴诺（Severinus de Monzambano）在海牙出版的，尽管书的扉页上写的是日内瓦。就其形式、讽刺风格和敏锐的批判力来说，它可以当之无愧地被看作是孟德斯鸠（Montesquieu）的《波斯人信札》（*Lettres Persanes*）的先驱。该书对德国的政治状况进行了强烈的批评。满怀着对祖国的热忱和真挚的爱，他以辛辣的讽刺语言指出了神圣罗马帝国（the Holy Roman Empire）在组织结构上的根本缺陷以及它是罗马帝国的延续这一错误观念，否认它为德意志人民带来了巨大的利益，谴责了奥地利王室的过 309
错与恶行，并对教会君主[2]（ecclesiastical princes）的政治主张表示质疑。根据实践经验，他认为主教的圣职资格、诸侯的头衔都或多或少地有水分，在这群人的奇怪组合管理下的国家，无任何规则性可言；从政治理论上看，这种国家的畸形程度是十分罕见的。在分析了这种普遍的混乱状况及其成因后，普芬道夫提出了救济方法。他没有走极端，并赞同在当时已有的提议——请法国、瑞典干预或者驱逐奥地利，而坚持认为，达到统一、和谐的唯一的方法是在德国诸邦之间建立邦联同盟，并设立一个常设机构作为其最高权力机关。普芬道夫是第一个直白而有力地探察社会现状的人。他犀利的批判、敏锐的政治洞察力、老练的分析为终结许多较弱的诸侯和暴君铺平了道路。他的研究成果更多是对政体和主权的理性认识，而不是曲解亚里士多德和圣经的狭隘的经院派观念[3]。

《基督徒生活和世俗生活的关系》（*De habitu religionis*）。它对前一部作品中简

---

① 参见穆瓦耶（Moyer）：《普芬道夫：对其生命历史的一种贡献》（*Ein beitrag zur Geschichte seines Lebens*）。这是一本主要介绍普芬道夫的家族谱系及其早期生平的小册子，其中有一张列表列明了普芬道夫的34部出版物。

② （实际上、名义上或出身上隶属于某国王或皇帝的）小国君主。——译者注

③ 布兰剌里（Bluntschli）高度评价了普芬道夫的这部作品。在《国家法全史》（慕尼黑，1864年）第111页中，他写道“普芬道夫有宽阔的视野”，在第120页，他写道“普芬道夫开启了一个新时代，他融合了历史、心理学、组织行为等多种研究方法……”

要提到的理论在某些方面进行了详细阐述。教会与国家、神权与世俗权力间的界限得到了清晰的界定，国家无疑享有至高无上的权力。教会则被认为是人们自愿建立的社团。在与其有关的特定领域、与其存在和安全有关的方面，教会有一系列权利和义务。所以，在与国家的关系中，教会大体上属于法人团体。由普芬道夫第一次进行充分阐释的这种“共同负责”(Collegial)制度，后来在德国——特别是普鲁士——发挥了重要的作用，成为促成天主教会和新教政府之间彼此容忍、平息矛盾的重要方法。①

310 《论自然法和万民法》是一部八卷本的巨著，提出了以自然法观念为基础，包含私法、公法和国际法的完整法哲学体系。第一卷探讨了法律的基本原则及其各个分支、自然状态的含义，作为自然主体、道德主体和法律拟制体的人，社会、权利、义务以及社会控制力。第二卷进一步阐述了自然法的概念、自然状态、法律的基础和渊源、习惯的效力，必然性原理与人类固有的理性，自然法和实在法之间的关系，关于上帝命令的假设。后五卷则以前面论述中所强调的原则与结论为视角，探讨了关于私法的许多问题。最后一卷简要探讨了主权的含义，并从第六章到结尾探讨了有关战争三个阶段(即宣战、开战和结束)的法律，最后探讨了条约、公约与同盟关系的缔结。

在普芬道夫的早期法学作品《法理学基础》(*Elementa iurisprudentiae universalis*)中，可以说已经体现出了法哲学的内容。书中普芬道夫采用了欧几里得的方法，宣称要通过严格的数学证明过程来得出某些结论。他首先定义了一系列基本法律概念，然后提出了某些命题，以此作为对自然法的分析性概括。它们当中有的是本体(axiomata)，因为它们是从人类的理性中必然得出的；其余的被称为表征(observationes)，因为它们也涉及经验的范畴。从这些出发，推导出了决断权、自由意志以及自爱和社会本能；因此他推理出，每个人都必然寻求自我保护，但是这样做时不得损害或危及社会利益。这个公式中隐含了许多令状(percepts)，暗示着最终的结论。作者最后总结到，对一个国家而言，仅有自然法是不够的，还需由实在法补充、加强。

普芬道夫的这些作品相对于那些伟大法学家而言，在结构上存在一些不足。普芬道夫的作品不如格劳秀斯的作品简明有力、娴熟老练，也不如贞提利斯的作品那样多样、灵活、富有个人特色。普芬道夫的作品通常有些单调、晦涩、死气沉沉。
311 他大部分的史学著作更是如此，尽管这些题材很容易写出生动鲜明的文章。麦金托什(Mackintosh)极力赞誉《论自然法和万民法》，同时也毫不留情地指出普芬道夫

---

① 普芬道夫这部分作品参见 F. 里滋(F. Leius)的《普芬道夫和洛克研究》(洛克和普芬道夫的忍让概念(*Der Toleranzbegriff Lockes and Pufendorfs*)(Leipzig, 1900)。

的专著会吓跑学生，他说："太冗长了，彻底缺乏作品应有的吸引力。"①

自然法之发展过程

为更好地理解普芬道夫法学作品的特点、其作品与前人作品的关系及其作品对同代人和后人的影响，有必要简要回顾一下在他之前的人们对自然法的普遍理解。②

近代社会的法，无论是国内法还是国际法，都深受自然法的影响。称颂实在法学派的人忽略了自然法的具体特征，认为自然法仅仅具有抽象的、哲学上的意义。自然法的倡导者们不总是具有同样的特征，但他们的基本理念是"自然"代表着一种至高无上的、统一的、具有支配力的力量，显现于整个宇宙；而"理性"(Ratio)是上述原理的一个特殊方面，是人类从其视角及精神和道德活动出发看待上述原则的产物。人类就是人类，就这个层面而言，他们有很多共性。在政治和社会生活中，这些共性不可避免地表现出来，体现在习惯和法律中。因此，这种体现人类共性的法律基础必然建立在普遍指导力之上，而"自然"就是该指导力的象征。这种自然法在总体上代表了人类法律中永恒的部分，而且自然法先于实在法出现并优位于实在法。实在法仅仅是应不同地区环境变化而成为自然法的补充。传统的正义观念能很好地阐述或促进自然法的适用，但是不能违背自然法的本质和精神。在国际关系领域，自然法在早期曾被反复适用。原因在于：一方面自然法有毋庸置疑的社会控制力，另一方面实践中存在冲突。还有一个众所周知的原因是，实践还显然不够。

中世纪的学者，由于受到亚里士多德和斯多葛派学说、西塞罗(Cicero)以及《学 312
说汇纂》(*Digest*)的各种影响，通常认为神③法形成了另一个类别。但是，自然法的观念仍然是法律发展的主导因素。正如尼耶斯(Nys)教授说："自然的平等及自然状态的理论，在人类历史上，确实曾起到积极作用(Les théories de l'égalité naturelle et d'un état de nature ont rempli dans l'histoire de Fhumanité un rôle bienfaisant)。何则，古来所非难、攻击及排除之一切自然法之弊害。仅就其名称上言之故也(car c'est en leur nom que presque tous les anciens abus ont ete denonces, attaques, detraits)。"④

---

① 詹姆斯·麦金托什爵士(Sir James Mackintosh)：《自然法和国家研究之论文》(*A Discourse on the Study of the Law of Nature and Nations*)(伦敦，1828 年)，第 25 页。

② 见 F. 波洛克爵士(F. Pollock)：《自然法的历史》，《比较法协会》1900 年第 1 期，第 418—433 页；J. 布莱斯(J. Bryce)：《自然法》，见《史学和法理学研究》(牛津，1901 年)第 2 卷，第 112 页以后。笔者的《古希腊和古罗马的国际法和国际惯例》(伦敦，1911 年)第 1 卷，第 78 页以后和文章各处。

③ 上帝制定的法律，不同于人制定的法律，有时也分为自然法或神启法(revealed law)和实在法两类。——译者注

④ E. 尼耶斯：《国家法的起源》(布鲁塞尔，1894 年)，第 8 页。

圣·克里索斯托[①](St. Chrysostom)和塞维利亚的伊西多尔(Isidore)等神职人员认为,自然法和神法是一样的,人类的法律完全建立在习惯的效力上。这一观点于五个世纪后在《格拉提安教令集》(*Decretum* of Gratian)中被采纳。《格拉提安教令集》是教会法全集中最古老的一部分,它把伊西多尔的观点纳入自然法、市民法和万民法。[②]圣·保罗说过法律由上帝写在人们心中。奥古斯丁指出永恒法也统治天国。但丁则认为所有的普遍存在于宇宙中的力是上帝的爱。阿奎那阐述了自然法的倾向(比如自我保护、保护及抚养家庭等)和理性的戒律(比如人和上帝的关系、人和社会的关系)之间的区别,并且与斯多葛学派的观点是一致的,他指出自然法由神法和永恒法流露出来,被理性生物的思想所分享,是人类法律的渊源(比如国家制定的实在法)。"自然"是判断人类法律有效性的标准,是对抗非正义的最后诉诸。苏亚雷斯说过,"恶法非法"(Lex iniusta non est lex)。这并不是一个新观点,而是回归到了希腊诡辩家和犬儒主义者(Cynics)的理论。在英国,自然法在教会法
313 之外起的作用相对较小。培根认为国家的法是自然法的产物。奥卡姆的威廉[③](William of Ockham)则对自然法的合理性进行了辨析,并认为自然法由上帝创造。另外,因立法需要,或为强化对抗教皇或国王的主张,或反驳他国咄咄逼人的争辩,统治者经常诉诸自然法。在这种情况下,通常很难把被援引的自然法原则与那些功利、权宜的东西区分开。在文艺复兴时期和宗教改革时期,自然法占据着支配地位。政府契约论即被认为是建立在自然法基础之上的。经典学术权威开始取代经院神学家的地位。罗马法中的万民法有时候被认为和教会法学者眼中的自然法有着密切的联系。在英国,人们认为教区大法官制定的衡平法的本质源于自然法,与罗马法的裁判官法(praetorian jurisdiction)也存在历史纽带。上述基本观念大致上逐渐摆脱了神学特征,罗马法汇编也比教会法具有了更重要的地位,所以曾经求助于教会的人们现在转而诉诸与宗教分离的自然法。因此,罗马—日耳曼帝国的瓦解,教皇权威和封建制度的衰落,因宗教冲突而产生的对宗教的社会调控作用怀疑,国际法专家所作的种种推测性解释,古典文学和罗马法学的复兴等所有这一切都促使人们更为普遍地接受建立在哲学而非神学基础上的法律系统和道德标准,也促使许多伟大的作品问世(仅就法律领域而言),比如贞提利斯和格劳秀斯的作品。后者对普芬道夫的启发可谓无可估量。

贞提利斯努力说明一个庞大的国际法体系可以来自自然法、契约、根深蒂固的习惯,并建议神学家们不要僭越自己的领域。格劳秀斯试图阐明政治学的基本原

---

① 克里索斯托(约347—407),早期基督教神学家,君士坦丁堡主教;他试图改变宫廷、神职人员和人民的腐败状态,因此冒犯多人,包括欧多克西亚皇后,后者于403年驱逐前者;其名希腊语意为"金口"。——译者注

② 关于古代概念中自然法和万民法的联系,见《古希腊和古罗马的国际法和习惯法》的第1卷第52—67页。

③ 威廉(约1285—1349),英国哲学家、方济各会修士、唯名论捍卫者,以"奥卡姆剃刀"原则闻名。——译者注

理总的来说无需借助神学及其有争议的原理就可以确实地建立起来，其中司法系统更是如此。他从永恒不变的自然法出发，将自然法视为“理性的法则”（dictatum rectae rationis）并暗示其为万物的第一原则。虽然这个原则是上帝创设的，但上帝不能修改它。因此它和自发产生的神法（*ius divinum voluntarium*）不同，后者完全受上帝控制，同时也是上帝所昭示的法①。格劳秀斯还发表评论，认为人性是自然法之母。社会的迫切需求产生了契约关系，从契约角度出发，人性还可以被看作是市民法的曾祖母。不论是在私法上，还是在国际法上，自然法并不必然要求建立某种具体制度，但一旦这种制度被制定出来，自然法要求我们按照制度行事。也就是说，自然法包含一些会统治人类的正义规则。这些正义规则将人类视为独立于人为制度的社会存在——即在“自然状态”下生存。在另一方面，霍布斯则保留了“自然之法律”（*lex naturalis*）和“自然法”的表述，承认自然法的稳定性和永恒性并赋予自然法不同于以往的解释。事实上，他的自然法原则是具有革命性的，他所说的自然法所揭示的并非至高的社会调控工具，而是一种自然状态。在这种自然状态下，个人会利用权力来谋利，个人也只关注如何维持自己的生计。在这种状况下，人际冲突就不可避免地产生了。为了解决这种冲突或者把冲突最小化，人们同意放弃各自的自然法权利，并把它让渡给君主，自此，君主获得了民众的忠诚。君主的权利都来源于其被赋予的权力，而不是通过任何双方合意得到的，所以当他合理地行使主权时不会受到任何限制。霍布斯的反对者中，值得一提的是坎伯兰（Cumberland），他始终坚持功利主义和公益主义（general good）。 314

从普芬道夫的作品内容及其时间顺序来看，没有必要再进一步探求一些思想家，比如洛克、孟德斯鸠、卢梭等，所研究的“自然”和社会契约理论的后续发展。普芬道夫承认自己应感激格劳秀斯和霍布斯。他常批评霍布斯，但其实有时，普芬道夫对他是有所误解的。普芬道夫大体上接受格劳秀斯和坎伯兰的思想。然而，对于像斯宾诺莎那样的思想家，也许因为没能充分理解这个伟大哲学家的泛神论和决定论，以及那些认为自然具有统一性、无限性和自足性的观点，普芬道夫毫不掩饰地表示出反对。 315

普芬道夫的研究方法

普芬道夫以法律概论授课讲义的形式完成了他的《论自然法和万民法》。格劳秀斯则是以热情洋溢的处理诸国事务的改革者的面目发表其作品。前者的作品在许多观点上与后者的作品联系太过紧密，以至犹如后者作品的附件：对其作注释，详细阐述其记载的一些问题，对一些观点进行反驳（虽然不常出现）。也许可以毫

① 也见霍克的《生态政治学》。在该书中，他已经把自然法看作生态宗教的部分。

不夸张地说，如果没有《战争与和平法》(*De iure belli et pacis*)、《论自然法和万民法》，就无论如何不会以现在的形式出现。普芬道夫之于格劳秀斯，就像沃尔夫(Wolf)之于莱布尼茨(Leibnitz)，孔狄亚克(Condillac)之于洛克(Locke)，事实上是一种理论的集大成者和开创者之间的关系。一个法国作家是这样形容的："归纳总结也是一种发明创造"。上文已经提到，耶拿的数学教授威格尔(Weigel)对普芬道夫有很大的影响。普芬道夫很快确信：只要存在某些有关人类生活的基本原则，便可直接或间接地从中推断出一整套表达人类行为规范的有效结论。笛卡尔(Descartes)、斯宾诺莎、沃尔夫等哲学家或多或少地从事不同领域的研究，但他们对上述方法也都有兴趣。在普芬道夫的时代，哲学和其他规范科学①(regulative or normative science)之间的界限尚不清晰。所以我们可以发现他的作品包含了哲学和伦理学、政治学和经济学以及法理学。但是在现代学者中，普芬道夫或许是第一个区分
316 绝对义务(属于法律层面)和相对义务(属于道德层面)的人。当然，康德把这一点阐释得更加清晰、深刻和易懂。与此类似，普芬道夫将自然法与神学分离开来，就像斯宾诺莎把哲学与神学分离开来一样；②因此两人都引起了教会正统派的强烈敌视。维柯(Vico)等学者认为，普芬道夫、格劳秀斯以及塞尔登(Selden)的错误在于没有把上帝的天命作为自然法的真正基础。普芬道夫认为，格劳秀斯在研究国际关系的时候没有充分揭示出道德和法律原则之间的必然联系。所以，他在《论自然法和万民法》中就试图基于某种来源于人类天性的东西，构建一个普遍的、可以永久适用的完整法律体系，而不仅仅只是国际法。

普芬道夫一直在有逻辑地阐释自己的观点。有时候他会以另外一种形式来展示其观点的一致性和说服力。他对分析和分类的方法表现出一以贯之的倾向，无休止地作分类和区分。他经常交叉引用自己的作品，在他之前的学者很少尝试这种做法。这保证了其著作的一致性，并最大限度地避免了自相矛盾。顶尖的学者有能力应对其著作中时不时出现的不一致，而那些能力较弱和那些仅会归纳总结的学者则做不到。普芬道夫常常引用古代和当代的学者的观点，也会运用他自己在心理学方面的知识进行举例，以此来加强自己总结归纳的成果。

普芬道夫的学说

格劳秀斯认为事物的固有性质构成了法律的基础；霍布斯认为法律源于拥有无限权力的统治者的意志。普芬道夫在这两种观点间实现了某种折衷。他认为法律义务的基础是上位者的意志，他强大得足以对抵抗和不顺从进行惩罚，但同时也

① 与 positive science(实证科学)相对。——译者注

② 这部作品和霍布斯的《利维坦》一起于1671年遭到了讥讽性的批评。

参考理性和正义，避免过度、无理由地干涉被统治者的自由。国家和君主的权力可 317
以被认为源于契约。契约首先存在于组成国家的个人之间，然后存在于个人与国家之间。然而，只有在有组织的社会才会有安定，所以事实上，是上帝制定了上述规则。“社会性”是权利和义务的自然法原则。自然法规范人的外部行为。自然状态并非像霍布斯所说那样是战争状态，而是和平状态。但是，这种和平是不稳定的、难以保障的，所以必须制定实在法来保障。实在法在遵循自然法的同时对自然法进行补充和扩展。普芬道夫并不满足于从这种社会性中看出人们已普遍认知的事实，他主张社会性具有哲学上的重要意义，并为社会性探究更基本的原因。

普芬道夫将社会现象的本质定义为“道德存在”(Moral beings or entia moralia)。道德存在是上帝为了将秩序与和谐带给人类而创造的，受上帝支配(impositio)①。诚然，在普芬道夫看来，与其说物理现象证明了上帝是真实存在的，不如说其是被人类拥有的理性、道德意识、道德天性和天生的区分善与恶、正义和非正义的能力所完美地证明。这些道德要素构建了家庭关系和公民义务的基础，两者的集合构成“自然状态”。道德要素作为指导者和监督者而存在；他们的绝对训谕构成了自然法，同时也可以通过人类个体或群体在道德存在范畴内的活动被演绎适用到具体事例。这样，我们就可以看出普芬道夫和格劳秀斯不同：普芬道夫不接受托马斯神学有关正义独立存在的信条，恰恰相反，他支持斯多葛学派的基本理论，认为某件事之所以是正义的，仅仅因为上帝使然。

因此，从“神意会给人和平的、社会化的生活”这条公理出发，可以得出的一个结论是，所有侵害和平的社会化生活的行为必须被禁止；另外一个结论是，任何有助于该种生活延续的行为都必然是神所要求的。从这个结论可以看出，人类的所有义务都是特定的，分为对自己的义务及对他人的义务。在适当履行这些义务的同时，个人对上帝的义务也就得以履行了②。再者，人作为人类这种生物而承担的义务和作为一个既定国家的公民而承担的义务是有差异的。(对前一个义务的处理，普芬道夫借鉴了许多格劳秀斯的观点；对后一个义务的处理，他借鉴了霍布斯的观点。)没有完成这些义务将意味着社会的毁灭。就国家制定的法律而言，普芬道夫的观点与霍布斯一致，认为它仅仅是自然法的一些片段；而国家也属于“道德
人(Moral persons)”的范畴，与自然人适用同样的行为准则。因此他认为，在某些先 318
决条件下，不存在真正的实在法意义上的国际法。条约本身不能产生法律，他们只是确认自然法中已隐含的内容。③他认为所有国家，包括非基督教国家和异教国家，

① 在这个问题上，普芬道夫和莱布尼茨观点相反，后者接受了托马斯神学(Thomist)的教义。

② 普芬道夫把人对上帝的义务单独列举出来作为一类，并放在其他另外两类义务之前。

③ 参见《法理基础》(*Elementa iurisprudentiae*)，第24—26页。

都被普遍的法律所规制，平等地享有权利、承担义务。

毫无疑问，不难发现普芬道夫理论中存在不少缺陷。有时，他的前提假设缺乏依据；有时，他又省略了相关事项；他也偶尔会忽略对相关概念作出辨析——尽管总的来说他所作的辨析多种多样。不论是对私法还是国际法，普芬道夫对它们的实践特征都缺乏足够的认识。他误解了格劳秀斯对于以自然法为基础的国家制定的法律而提出的“自发法”(*ius voluntarium*)一词，认为不存在自发的法，也因此否认存在可变的法。正因为他坚持认为法律是恒久不变的，所以就忽视了法律也需要时间、空间、环境及其他必要条件。他对自然法的外部结构关注过多。就客观存在的法律而言，普芬道夫混淆了法律义务和法律制裁，也混淆了道德意识产生的直觉和客观法的直接或间接的要求。按照他的理论，义务建立在上帝的意志基础上，但他没有意识到起决定作用的到底是上帝的力量还是其正义。再者，在试图完善格劳秀斯的理论的过程中，普芬道夫也有失误。前者的理论坚持认为，人的社会性、理性和神意是自然法的三个基础，但后者几乎完全将理性剔除出这个体系，并将另外两者结合，以至于神意对人的社会性起的影响微乎其微，因此几乎没有用处。

莱布尼茨在其《对塞缪尔·普芬道夫的理论的若干提醒》(*Monita quaedam ad Samuelis Pufendorfii principia*)中对普芬道夫理论的哲学价值加以考察。他极力
319 反对普芬道夫的一些观点，认为：第一，普芬道夫仅将自然法归因于人类的生活，这样不合理地限制了自然法的范畴，未能阐释神性与正义之间的联系；第二，他使得法律仅适用于外部行为；第三，他没有清晰地界定权利和法律，道德要求和法律要求这些概念；第四，他将法律定义为上位者(即上帝)的单方意志是错误的，因为这忽略了责任的自发性，从而必然地将那些与上位者无关的责任排除出义务的范畴；第五，正义并非基于上帝的单方意志，而是源于上帝的本质，源于永恒不变的真理(*Neque ipsa norma actionum aut natura iusti a liberoeius decreto*, *se dab aeternis veritatibus divino intellectui obiectis pendet*)。

对《论自然法和万民法》的分析①

这是一部八卷本的巨著，按普芬道夫的表述顺序来讨论该书的内容会比较方便，但要遵照如下经过修正的分类：(1)法律的基本原则和法律的分类(第一卷)；(2)自然状态和自然法(第二卷)；(3)人类的基本权利和义务：公民社团和主权(第三卷到第八卷的前五章)；(4)战争法(第八卷的第六章和第七章)；(5)有关和平、联盟

① 这里指的是1715年出版于阿姆斯特丹的版本——此外还有1729年出版于伦敦的肯尼特(Kennett)的英文译版。后者在翻译的时候更多地参照了巴贝拉克(Barbeyrac)的法文译版而非拉丁文原版。

的条约和其他惯例(第八卷直到结尾)。其中的第三部分内容十分丰富,占了整部著作的很大一部分,但是考虑到本文的目的,对这部分的主旨仅作简要介绍。读者必须注意的是,普芬道夫的目的并不仅仅是对一部法典作概述,而是要阐述法理的基本原理。因此,律师在看普芬道夫的著作时,要能受得住那些似乎有些泛滥的哲学论证和对比(比如关于主体、方法、空间、时间等的内容);哲学家如果发现普芬道 320
夫的论述没能构成确定的、合乎逻辑的哲学体系,或发现他一直——可能是不分青红皂白地——论及哲学之外的东西时,要能按捺得住,不作过多谴责。本文中的其他部分或许已经对法学家的优点和不足讨论得够多了,在下面的简要分析中不会再有大段的批评。如欲对普芬道夫的全部作品作详细评论,非得对许多领域的基本问题及其联系进行研究不可,自非本书所能及。

1. 法律的基本原则:法律分类

——物理实在,或者说物理存在,经由上帝创造,后构成宇宙,且各具特性。道德存在(entia moralia)是某种模式或属性,智慧存在(intelligent beings)将之添加到自然事物上,以控制和缓和人类从事自发性活动的自由,并在人类生活中争取适当的规律性。上帝要求以确定的原则来缓和人类活动。人之所以为人,就必然意味着享有权利和承担义务。人类的状态要么是自然的(status naturalis)要么是非自然(status adventitius)的(比如说人类的状态会因制度而改变);人类状态所涉及的关系,不因和平时期或战争时期而有所不同。当和平由纯粹源于自然法的义务来维持时,它是普遍的;当和平的效力来自约束双方当事人的明确的契约时,和平又是个别的。实体化了的道德存在,被称为"道德人"。他们分为单一和复合两种。单一的道德人具有公属性,(政治方面或宗教方面)和私属性(普通市民)。普芬道夫认为霍布斯作了没有必要的法律假定,[①]因为当一个人被要求去担任一个无生命的 321
客体或建筑的主体[②](*persona*),比如教堂或医院,更好的理解方法是阐明某人是经社会授权,收集那些为保存建筑或物[③](things)而设立的税收,提起或防御由此产生的诉讼。复合的道德人(社会)由若干个体组成,他们的联合极为紧密,以至于他们为了这个联合体的利益而产生的意愿和行为被视作同一个意愿和行为。复合的道德人或有公性质(公民性的或宗教性的),或有私性质(比如家庭、大学或公司)。前

① 《利维坦》第16章。

② 在罗马法上有两种意思:(1)人。广义上指任何自然状态的人,包括自由人和奴隶;狭义上仅指自由人,即罗马法上的权利主体。(2)(人的)身份。权利主体所具有的与一定权利义务相联系的地位或资格。一个人可同时具有父亲、儿子、主人、奴仆等多种身份。——译者注

③ 在罗马法上有两种意思:(1)物。法律性质的物包括不动产(things real or immovable)、动产(things personal or movable)和不动产与动产的混合物(things mixed)。而在罗马法与大陆法上分为有体物(corporeal thing)与无体物(incorporeal thing)。(2)所有物。指为某人所有,从而构成其财产组成部分的东西。——译者注

者有罗马天主教全体神职人员、议会和宗教会议等。公民性的复合道德人还可以再分为一般主体(比如联邦)和特殊主体(比如参议院、议会)。部队可以被称为军事社团。由神意建立的道德存在只有上帝才能毁灭。因人为制度建立的道德存在则可以依据人的意愿而废除,这并不会影响所涉之人或物的自然本质。比如降低一个人的头衔只表明附着在这个头衔上的特定权利丧失了,但是其他的权利并不受影响。再者,道德体可以被视作或类比为一些模式。这些模式或者是“感性的”(affectivi),或者是“既定的”(aestimativi),也就是说与质或量相关。道德的质可以是形式上的(即其简单属性),也可以具有操作性(操作性被分为本源性的和派生性的两种)。本源性的道德操作性表现为积极的和消极的两种。前一种类别中最主要的是权力、权利和义务。在效率方面,权力可能是完美的(如果有必要,可以通过战争或诉讼等强制手段保障权力实施),也可能是不完美的(虽然阻止他人行使权力有些不近人情,但当权力没有强制手段保障时,它的确是不完美的)。就权力的对象而言,它是私有的、可以转让的。就权力的客体来说,权利可以施加于自己的人身和行为(自由)、自己的物和财产,也可以施加于他人的人身(此时的支配或命令可能是绝对的,也可能是有限的,)、他人的物(使用权)。普芬道夫接着指出拉丁文 *ius* 一词的含义是模糊的,但他未能就“权利”给出一个令人满意的定义。义务是一个人在道德的强制约束下必须做的、承认的或忍受的事。至于道德的量,是指物的价格,人的名声(虽然此两者也可以被归入价值的范畴)。至于权力行为,书中没有提到。

接下来,普芬道夫讨论了道德科学(moral science)的确定性,反驳了否认这一点的人。他指出,人的理解力、意识、错误、意志自由、道德行为、道德行为的规则、一般意义上的法律等方面都体现出了这一点。普芬道夫把法律从建议、契约、权利
322 等概念中区分了出来。服从法律并不是因为赞同法律的内容(这不同于遵从建议),而是因为要服从于立法者的意志①。之所以如此,是因为法律是主权对其公民的命令,而公民无权审查或拒绝遵守法律。权利意味着一种自由,但是法律包含着一种约束,限制了自然赋予我们的自由。无论以何种方法,即使是“通过自然权利的内在含义”,只要立法者的意愿能传达给公民就行了。霍布斯则认为自然法只有经《圣经》中上帝的言语颁布才具有效力,单单被理性所理解不能使自然法具有效力。普芬道夫批判霍布斯观点为“冗余”(inutilis subtilitas),上述观点仅是其无用的理论的一部分,也拒绝接受格劳秀斯的观点。后者认为在任何法律规则制定之前已存在正义和权利,即使人们不遵守既定的规定,义务也会因道德感和自我审查而产生。难以抗拒的冲动只能通过外部力量来动摇意志。普芬道夫认为,一个了解规则且意志在本质上是自由的人,“有能力扭转乾坤”(able to steer contrary ways),但不应违背规则。

---

① 此处普芬道夫提到霍布斯区分法律和建议的观点(*De Cive*, XIV. 1)。

既无权力，又没有其他自然优势，都不足以施加义务（因为自然和法律常常相悖）。如果一个人遵从另外一个人的意志，那他不是从中取得了可观的收益便是自愿接受后者的指引。因此，认为法律是强权者的意志的学说必须得到修正。

再者，立法者和法律都应当向公众披露。运用理性便可知，宇宙的创造者便是自然法的创造者。国家的法律要经过正式颁布之后公民才会知道；但对于自然法，人们要通过思考人性的固有意义来获知。法律的义务性并不依赖其守法主体的同 323
意而存在——除非这种同意已经通过间接的方式表达，比如当一个人接受他人统治时，可以同时认为他也服从统治者以后的行为。君主必须对其颁布的法律的正当性有所了解，并要有足够的力量建立处罚制度来保障法律实施。这样，每部法律都是由两个部分构成，一个部分是说明性的（规定什么是要做的、什么是不能做的），另外一个部分是惩罚性的（处罚条款）。因此，法律的约束作用体现在惩罚而非奖励。坎伯兰的观点则恰恰相反，所以是错误的。

关于法律的起源，有神创说和人创说两种观点。就法律的内容而言，又有自然法说和实在法说。有种东西与人的理性和社会属性联系得极为紧密，以至于缺少了它，人类社会、善良和平的人际关系将不复存在，这就是自然法。也就是说，自然法具有为了人类谋福利的价值。自然法之所以被称为自然法的另一个原因是，即使是普遍人，在思考普遍的人性时也能体会到自然法的内容。另一方面，实在法（或称自发法）源于立法者的意志，应社会需要和社会环境的变化而改变。严格意义上说，人类的法律只有实在法，因此容易被废止。自然法则是不变的。

在第一卷的结尾，普芬道夫探讨了道德行为的质。他考察了善恶行为的构成要素、行为的正义、一般公平和特殊公平、分配公平和交换公平等问题。侵害是一种国际公认的非正义行为。非故意造成的损害（laesiones）不是侵害。经被害人同意而对其施加的行为，就不存在侵害问题可言（volunti non fit iniuria）。普芬道夫认为霍布斯的观点——只能对存在契约关系的人施加侵害——是有瑕疵的。

2. 自然状态和自然法

我们可以认为，人的自然状态是与生俱来的，与所有人为的或上帝诏示的创造、制度都没关系。也就是说，人既不会相互服从也不会一起顺从于某个君主。在这种状态下，人的权利与人的自我保存、独立的天性有关；人际联系的纽带源于人 324
类天生的相似性，一个人之所以会与他人产生联系，也仅仅是因为存在这条纽带。普芬道夫认为霍布斯所谓的人有无限的行动自由，是错误的。只有遵照理性的启迪，人才有权利维持生计，才有权做他想做的事情。另外，人类这种物种从来没有也不可能生存在纯粹、单纯的自然状态中。

普芬道夫发明了一个与自然状态相关的概念——"附属状态"，其中主要有婚姻、父子关系、主仆关系、市民或国民状态等。世上并没有一种天生的自由能使人免于履行自然法义务或上帝的命令。没有法律的生活状态违背人的天性。政府的存在确实是自然的要求；自然规定了人类必须组成政府。建立社会、制定实在法都是必然的。再者，自然的状态是和平，而不是敌对，是与社会生活并不矛盾的东西。普芬道夫强调，问题并不在于仅受冲动和自然倾向支配的动物的自然状态而在于带有理性(*ratio*)烙印的人的自然状态。理性支配着人的其他所有的天赋，即便在自然状态下理性也具有一种共同、稳定、统一的行动尺度，也就是说依照事物的本性。理性并不会教人仅以个人利益作为行为的指导。事实上，理性规劝人们不要无缘由的挑衅，不要发动战争或使用其他暴力手段。理性阐明人的基本义务，比如尊重他人的自由和财产；诚实信用地履行所有已缔结的契约；在不与更高的义务相抵触的情况下，自觉为他人谋福利。因此，和平是以约束作为理性生物的人的那些
325 义务为基础，而非合意或惯例。合意和惯例仅仅是一种郑重声明，明确肯定人们彼此间的权利和义务的合法性，或者甚至建立了一个更紧密的结合，比如友谊，但是他们确实没有为自然法义务附加任何实质性的东西。同样必须承认的是，在实践中，理性并不总能完美地运行，也并非唯一的支配力。人有很强的情绪性，足以因此不顾上帝的教诲而去犯罪或发动非正义的战争。所以，自然和平是不确定的，必须通过特别规定来强化。

自然法是普遍存在的，因为它约束的对象是作为一个物种而存在的全体人类。自然又是永恒的，不像实在法那样因时空条件的变化而变化。“自然法，是自然对一切生物制定规则的法”(Ius naturale est, quod natura omnia animalia docuit)，这是乌尔比安对自然法下的定义，后来，被纳入优士丁尼的《学说汇纂》和《法学阶梯》，但普芬道夫并不不赞同。正如理性并非人和动物共有的特征，法律也是如此，所以罗马法学家们的上述观点仅是一种修辞性的陈述。①有些人看到动物的行为时而表现出规律性和目的性，就认为法律也适用于动物。他们通过这种不合理也不必要的推理，滥用了“法律”一词。低级生物的这些行为与人类的行为和义务相去甚远。

评价行为合法与否的前提是存在法律在，所以在受法律约束之前，行为的性质无所谓好或者坏。上帝创造人时并不打算让人的行为总是无好坏之分，所以他按照人的天性制定了一套法律。那些认为行为的善与恶决定自然法的人(比如格劳秀斯)，陷入了一个恶性循环。(但格劳秀斯并没有陷入恶性循环，因为他会说，自然法要求的诚实行为及其禁止的卑鄙行为，都以是否符合理性和社会性为准绳。上述必然性并不独立于上帝的意志。因此，普芬道夫和格劳秀斯在这个问题上的看法从实质上看是一致的。)自然法并非属于上帝和人类共有。如果认为自然法可
326 以包括所有与上帝的公正、神圣相背离的规则，那将是对上帝的亵渎。上帝依据一

① 具体表述见笔者所著《古希腊和古罗马的国际法和国际惯例》第1卷，第83页。

定的条理，针对其创造的生物为一定的行为，但这与人的行为规范并不完全是一码事。因为上帝的神力是绝对的，独立于所有法律和义务。上帝遵守其誓约，人类也应当如此。所以，人的诺言隐含着践诺的义务，但是上帝的承诺只通过神恩来实现。事物的固有天性以及他们之间的关系都是由神意决定的。

是人类的普遍认可产生了自然法吗？那些把对自然法规则的认知归因于人类的认可的人经过推论认为，答案是肯定的。霍布斯（正如普芬道夫指出的那样）证明了上述理论是站不住脚的。理由是，在这种情况下，必须得到所有人的一致认可，但人的见解和习惯都大相径庭，即便在那些史上最闻名遐迩的人中，风俗和制度的差异、对立都屡见不鲜。另外，从实践中提取自然法还有个更大的困难。每个国家都有各自庞大的实在法体系，同时人们又有根深蒂固的观念，将自然理性假设成没有差异性的东西。但是，我们不能因此就推断自然法不存在。我们也不能认为便利性和利益就是自然法的基础。功利分为两种：一种是捉摸不定且不能持久的，它是病态的情感所作的不道德的决定（affectuum male compositorum pravo iudicio）；另一种是始终如一，恒久不变的（quod in universum tale est, et ad diuturnitatem facit），它普遍存在。遵照自然法行事有两个好处：一是有助于提升人诚实、善良的品质；二是使人真正获利，从而增进幸福感。另一方面，违背自然法的行为永远是卑鄙和不诚实的。尽管这些行为有时看似会带来利益和快感，但是这种魔力会很快消失，取而代之的是罪恶和不幸。如果人只考虑私利而不顾他人，混乱必将接踵而至。国家因其功利需要而采用不同的实在法并不会抹杀自然法的存在及其作用。

自然法是从创世目的中演绎出来的么？上帝的正义和人的正义没有统一的计 327
量标准；上帝为人类创造秩序（即自然法）也并非在暗示其创世目的。

自然法的原理来源于上帝灌输给人类的纯洁的理性之光。但这并不是说人一出生就懂得全部的自然法原理；也不是说人在未经过进一步的教育和思考的情况下，一旦拥有了语言能力，就能在不同的议题中表达它。圣保罗[1]的评论："自然法铭刻在人的内心"，只不过是一种比喻。但是，人类确实被赋予了获取自然法原理的能力。通过思考人生的意义，人们将意识到必须在生活中遵守自然法。也可以找到那些彰显自然法规定的原则，从而不用担心有人会以自然法的名义将他"紊乱头脑中的胡言乱语或混乱的情绪"强加于他们。因此，人类真正的、本质的天性才是自然法的起源。但是，一个人类个体的"智慧和天性都是有限的"（summa imbecillitas atque naturalis indigentia），所以个人不得不与他人发生联系，把他人的利益与自己的利益捆绑起来。所以，可以这样阐述自然法的基本原则：就个人而言，每个人

① 《新约·罗马书》第2章第15节。

都应当努力增进和维持与他人的良好社会关系，使自己符合人类的本质和目的。

社会性并不意味着无论哪种社会（比如无序的、组织混乱的社会）都要加入，而是代表了一种固有品格：努力建立一个以怜悯、慈爱、和平为基础的联盟。可以说，这中间包含着“一种秘而不宣的义务”。这样，探寻必然性的一般目的的责任就隐含着另一个责任：达成上述目的。所以，自然法要求尽一切可能促进多边社会性，
328 禁止一切不利于多边社会性的行为。普芬道夫指出，上述观点与坎伯兰的观点一致；一些学者在诠释霍布斯的观点时表现得过于苛刻。但是，普芬道夫不接受格劳秀斯的看法。后者认为，即使上帝不存在也还是有自然法。普芬道夫则认为自然法义务是上帝的要求，自然法基本的社会调控作用也与上帝的意志有关。

国际法和自然法有区别吗？在这个问题上，普芬道夫接受了霍布斯的观点，认为自然法分为人的自然法和国家的自然法（比如国际法）。这两者由同样的训令构成，因为国家一旦形成，就具有了人的特质。所以，没有任何一个国家的实在法是来源于一个上位者的。应人类天性需要而产生的规则必然和自然法有关。万民法所规定的平民的行为（比如合同、取得财产的方式等）应归入自然法或国内法的范畴。事实上，可以发现许多国家的法律规定在很多并非基于人类普遍理性的问题上是一致的。但是，不能将这些非源于基本的普遍义务的相似法律归类进国家制定的实在法的范畴，因为一国有独立的权力修改或废止它们而不用考虑其他国家。就习惯来说，情况也是一样的，比如说休战。基于正当理由发动战争的国家可以不顾习惯而只遵循——也必须遵守——自然法。在双方都默示同意的克制和缓和中，似乎任何一方都可以自由地作出声明，终止休战状态，这事实上会自动地使另一方解除休战状态。所以说，时间和千差万别的习惯都可能会使人不遵守法律，但这仅仅是因为人想去违法，而与自然法本身无关。格劳秀斯认为，有些权利，比如外交使节的权利、获得安葬的权利等，构成了国际法中一种自发的或者说特殊的部分。但这是一种不必要的分类。因为外交使节的本质性权利源于其促进和平的责
329 任，而之所以尊重安葬权则是因为人必须遵从人道。自然法已经规定上述两种责任。国际条约多种多样、不可尽数、效力短暂，它们是史学的核心但不是法律的基础，虽然诚实守信地遵守国际条约是自然法的当然要求。就习惯的普遍适用性及其包含的明确的法律义务而言，可以认为习惯直接或间接地源于自然法的规定。所以，从自然法这一真正源头中寻找习惯，将习惯从狭义的社会惯例性质中剥离出来，这使得习惯被赋予了更强的权威性和更高的社会约束力。

上述辨析导致涉他义务被分为绝对的义务和附条件的义务，或者说是完全义务和不完全义务（自然法也规范人对自己的行为）。绝对义务独立于人类的制度，在任何时间、任何条件下约束所有人。附条件的义务假设某些民事习惯和做法是自发形成的，例如，特定行为可能是人自愿作出的。但是，该行为一旦作出，一种道

德必然性或者说义务，将应自然法的要求接踵而至，换句话说，该行为的方法、作用环境将受附条件义务的调整和决定。所以，自然法和实在法之间存在一种固定的关系，违反实在法很可能就间接地违反了自然法。但是实在法并不是自然法中本质性的组成部分，所以两者不具有同一性。诚然，自然法要求人必须服从君主，但自然法本身的控制力有赖于其主体的同意，比如通过契约方式同意。我们必须注意一个重大差异：自然的、有条件的法律源于约束人类这一物种的普遍的法律，而国家制定实在法则仅仅是因为社会有特定的利益需求，或者出于立法者的偏好。

3. 一些基本的权利和义务；市民团体和主权国家

人对自己的义务包括关注自己的身体状况、促进心智成长等，还包括最主要的义务：自我防卫。普芬道夫在大体上思考了上述问题后，又对“必要”理论进行了探讨。人们认为大部分法律，特别是实在法，当存在紧急的、必要的情况时，可以不被遵守，也就是说，当遵守法律明显会“泯灭人的天性，或者会超过人的心智在一般意义上能保持的忍耐和坚定”时，法律就失去了约束力，除非相关情况已在法律中有明确规定。但上述情况时，任何人都不能以“必要”为理由僭称自己有权不遵守实 330
在法。类似的是，如果某人出于非因其本人引起的极端必要的状况下，他有权不遵守自然法的相关规定。但是，如果存在绝对的自然法义务要求人即使付出生命也要履行，则上述规则不适用。无论如何，必然性都不能用来作为冒犯上帝的理由。

接下来，普芬道夫阐述了国内关系和国际关系上都有的权利和义务。人人生而平等。损害应得到合理补偿。他国的军队在我国领土上有免费通过权（free pass），但如果数量众多，我国就有权要求担保（比如人质）来保证我国国民的人身及财产安全。如果没有特别的协议或特许，当他国军队进军的目的地是与我国有友好邦交关系的邻国时，自然法不赋予该国以免费通过权。因此，如果我国有足够的力量，我国应该阻止该国通行，除非我国的反对会给国家带来一场灾难性的战争。换言之，“必要”理论免除了我们的义务。没有恶意也没传染病的外国人可以自由地登上我国海岸。自然法义务要求我们接纳外国人、友善地招待旅行者，如果他们心怀诚实的话。如果流民同意服从于我们的政府且没有敌对举动的话，政府应当允许他们定居。另外，外国公民在我国国家政策、经济条件允许的前提下有权与我国公民通婚（*ius connubii*）、通商（*ius commercii*）。

在探讨了承诺和条约的属性、必要内容、问题和条件以及代理理论后，普芬道夫探究了与言语有关的义务及其表达，还有许多由此产生的、有待讨论的问题，比如，什么情况下撒谎不被认为是欺骗或犯罪；隐瞒多大的一部分事实将被认为是合法的；多大程度的伪装和意思保留（mental reservation）是被许可的；什么情况下国 331
家的统治者可以发布错误的报告；给敌人假情报是否合法；犯人是否可以否认控罪，其辩护人又可以做什么。然后，普芬道夫研究了誓言的法律意义、誓言的解读及伪证罪；所有权的起源和目的。至于海洋的所有权，普芬道夫认为很多积极从事这方面研究的学者在争论中更多地表现出对他们祖国的热爱而非寻求真理的态度。公海不受任何国家主权的支配。因为公海面积太过广大，不可能有效地阻止占有行为，而且它的资源取之不竭，足够所有国家共同开发。上帝把世界赐给了全体人类，所有人天生就平等地享有权利。主权可以存在于海洋的一部分上，比如领海。对于其他特定区域，一国可以通过和邻国及其他有关国家签订条约的方式获得控制权。航海自由是所有人的权利，没有人可以就航海行为取得排他性的权利。通常的权利可以由契约约定，但不能损害第三人利益。

上述问题暴露出其他一些问题，比如取得所有权的模式、占有、在他人财产上的权利、财产转移、遗嘱、无遗嘱继承、取得时效、时效、附着在财产权上的义务等。接下来还分析了价格的概念、合同交易。至于国际关系，普芬道夫认为，交战国家之间存在一种默契，当所有达成和平的条件都被拒绝后，战胜国有权在战败国颁布
332 法律。当争议中的问题还有可能通过其他途径解决时，参战的一方会被认为已决定诉诸武力解决，这样一来，战败国就不能主张它是因为害怕而被迫卷入战争，所以违反了条约。解释合同的时候应不遗余力。在自然状态下，争议不应由法官解决，而应该由调解或仲裁解决。第六卷是关于婚姻、父权和主人权的制度。

最后，普芬道夫探讨了市民团体（civil societies）的和主权国家的建立以及主权权利和附属权利。人们为了保护自己免受伤害而建立起有组织的团体。相比自然法的调整以及调解人、仲裁人暂时性的介入，人们更需要的是保持持久的和平状态。除此之外，在自然状态下，仲裁人没有权力强迫当事人接受他们的裁决，所以也就无法阻止当事人采取暴力手段解决争端。绝大多数人只关注眼前的问题而不关心未来。他们的行为受原始冲动驱使，缺乏理性的动机。人们通过契约集合意志和力量，又基于此建立国家和主权。在市民国家这个构想中，普芬道夫强调具有人格本质的共同存在。在君主制国家，君主的意志就是国家的意志。在其他实行法治化政体的国家，多数公民的意志代表了国家的意志。但是，上述两种国家意志都会受到限制。普芬道夫接着探讨了君权是否由上帝直接授予的问题。他指出，公民权利不可能仅仅经由战争而产生，战争之前它肯定就已经存在。普芬道夫还探讨了政体，主权（特别是君主制下的主权）的获取方式，主权的构成部分和他们的天然联系（例如，立法权、司法系统、税收权、决定战争还是和平的权利、有关缔结条约和建立同盟的问题等）、国家的责任、国家的一系列权力：例如指导公民行为的权力、出于公共利益需要或在刑事案件中剥夺公民的人身和财产的权力、决定公民等级的权力，以及作为国家“公共遗产”存在的权力。当然，国家的当权者要受到多种制约，比如它不能将国家的全部或部分转让出去；不能转让国家财政收入；不能将国家划作封邑；也不能在没有得到公众同意的情况下以国家做抵押。

4. 战争法

普芬道夫的议题中的这一部分在价值上无疑可与贞提利斯和格劳秀斯在这方面的论述并驾齐驱。对于后者的观点，普芬道夫相当遵从。普芬道夫将许多重要 333
和有趣的问题略过了，将另一些问题分析得稍显肤浅。尽管存在种种缺点，比如太轻易地得出结论，考虑得不充分，从假想的原则出发几乎只考虑抽象联系，忽视事实上必然存在的现象等，但无论如何必须承认的是，他对战争法的阐述无疑在战争法历史上占有一席之地。

从一个与贞提利斯和格劳秀斯不同的观点出发，普芬道夫给战争与和平下的定义更大，不如那些伟大前辈们所下之定义简练、明确。普芬道夫认为，和平是人们平静地生活在一起的状态，不受暴力干扰，自愿履行义务。战争是人们施加侵害和防御侵害的状态，或用暴力手段努力取得应得的东西的状态。和平是人类的常态，人类之所以被赋予自然法主要就是为了建立和维护和平。只是存在某种特别的可宽恕的情况下才允许人们发动战争。具体来说，当自然法已被故意违反时，人们可以发动战争，比如面对非正义的侵略，被侵略者可以发动自卫战，或当被他人拒绝返还本属于自己的东西时，受损害的一方可以主动发起战争。无论哪种情况，战争的价值和结果都是和平。但是，这种所谓的战争的原因必须经过证明，排除所有疑点和不确定性。当存在争议的时候，应该先设法通过协商、仲裁或者抽签来解决。普芬道夫承袭格劳秀斯的观点提出，在某些不合理的开战理由中，有一些显然是不合法的（比如贪婪、野心、领土扩张），还有一些仅具有少量的合法色彩（比如害怕邻国越来越强大的国家实力）。仅有怀疑是不够的，必须有确凿的证据证明他国对我国有所图谋方可诉诸武力。把有利可图作为发动战争的理由是无耻的想法。非人道的野蛮行为（比如吃人肉和献祭）并不是充分的开战理由，除非该行为针对的是没有侵害他国利益的我国公民。对敌人运用计谋和诈术是合法的，只要不存在变节、违背约定或诚信的情况即可。但是，要对什么是敌意行动作出界定是很难 334
的。似乎每次战争都会涉及对诸如“你打我，我就打你”这类行为的理解。在民事案件中并不总是能以施害程度来决定报复程度。但是，人道主义法则不但禁止对敌人造成过多不必要的伤害，还要求胜利者对待战败者宽大处理。所以说，自然法要求人们温顺、“适度”（temperamenta）（格劳秀斯坚持这种观点）。

在自然状态下，人有权采取敌对行动，但是一旦国家建立了，这一权利就转移给了权力机关。战争可以分为经过正式宣战的战争（solemn war）和没有经过正式宣战的战争两种。第一种要经过正式宣战才开始，并分别受双方最高权力机关指挥控制。在这种情况下战争双方被认为是“合规的敌人”（iusti hostes）。第二种的特点则是不经过正式宣战，或者由公民私自发动，又或者战争的对象是公民个人。前者可能是如劫掠这样的非正规军事行动，后者则可能是内战。任何团体，无论是民间性质的或其他性质的，都无需对其个别成员的行为负责，除非该团体的有关作为或不作为应受到惩罚，比如纵容或默许其公民的犯罪行为，或者拒绝交出逃犯。拒绝“执行正义”的国家遭到受害方的报复是罪有应得，后者可以扣押该国公民的人身及财产。如果甲国基于某种联系或义务（比如联盟）必须帮助乙国国民，那甲国为了他们的利益而发动战争是正当的，此时乙国本身也有正当理由参战。否则，帮一个国家打另一个国家是不合法的，因为所有的人都应平等地得到帮助。把自己当作争端的裁决者并将之强加于人，是违背人人平等的自然原理的。如果国民基于正当理由反抗统治者的暴政，那他国可以合法地使用武力来保护他们免收压迫。至于有关宣战方面的理论，普芬道夫毫无保留地接受格劳秀斯的观点。

335 关于大体上如何对待敌人及其财产的问题，普芬道夫认为不太可能制定法律规则来修改自然法，对惨无人道的行为设立明确的限制，把这些问题留给交战双方的良知会比较好。另外，交战双方心里都明白（tacito quodam pacto），蔓延战火还是平息战火是他们的自由。但格劳秀斯坚持认为，这种情况已有很大程度的好转。可以雇用刺客来对付敌人吗？当出现叛乱，或者碰上海盗、强盗的时候，答案是肯定的。交战国必须保持诚实守信，但说服敌国国民使其逃走则不在此限。在合法的经过正式宣战的战争中，交战国有权依据自然法夺取与最初索要的量相等的敌国的财产，并有权要求就费用和损失进行补偿，还可以向敌国要求其他担保。但实际上交战国会把从敌人处获得的财产全部占为己有，尽管这可能超过了最初索要的量。但是，交战方必须已经对战利品的归属达成合意，胜利者才有权获得财产所有权，否则该财产就仍归原主所有，当他足够强大时，他有权重新取回财产。战利品归统治者所有。在将属于原所有人的东西归还后——战争就是为了这些人发动的——国家可以将战利品分配给士兵。外国雇佣兵除了他们的报酬外，不能要求任何东西。私人的雇佣兵，除了国家许诺给他们的东西外，也无权获得其他任何东西。那些无形的东西只能与其附着的对象——比如人或物——一并取得。俘获一个人并不意味着将他对第三人的权利都转让给俘虏他的人，除非第三人同意。因此，如果国王被俘的话，俘虏他的人并不能因此获得他的王国。与之类似，俘获了丈夫并不意味着得到了他的妻子和孩子。俘获一个人并不能取得他的财产，除非能取得支配他人身的权利，再将他的财物一并取得。同样的原理也适用于被俘获
336 的人的诉权和存款，除非他同意让渡——虽然这种同意可能是被胁迫的。如果被征服者明示或默示地承认征服者是他们的君主，且征服者及其一方的势力承诺不再将被征服者视为敌人，则征服者取得对被征服领土的支配权。最后，如果俘虏逃回到自己的国家，那他恢复原来的身份不再对敌人有任何义务或诚信。在战争中，无论战利品是动产或不动产，一旦被夺回，都应该归还给原来的主人。无论依靠自身的力量还是借助友邦或盟友的帮助，当整个国家摆脱了敌人的枷锁后，它将重获

自由。但是如果第三方国家以自己的名义、为自己的利益通过战争手段将一国从其敌国的征服和奴役下夺取出来，则对这个国家的控制权将被转让给新的胜利者。

条约或公约能限制、停止甚至彻底终止交战国家之间的战争行为。但问题是，停战和停战协定到底有多大效力？违反这些协定是否构成对自然法的违反。鉴于正确地运用诚信的目的是促进和平，停战协议可能恰恰会延长战争。虽然停战协议使积极的敌对行为得以暂缓，但敌对状态还在持续。停战协议本身给予战争方无限的自由，允许其利用一切可利用的条件来对付对方。一味地利用停战协议，却不想去恢复、维持停战协定能带来的和平，这听起来或许有些荒唐，但要求国家处于战争状态时声明放弃对抗敌对国的自由则也不切实际。因此，只能通过停战产生的作用和效果（*eadem utilitate aestimari*）来评价停战协议。战争一方并不是非要用尽战争法赋予他的最大权利不可；当一个敌人按照法律可能被处死时，释放他就会被认为是一种慷慨和高贵的行为。不过，在不能通过和平的方式取得己方权利时，战争就变得必要了，然后遵守自然法规则交战就能很快地达到上述目的。因此，那些只可能缓和敌对行为但会延长战争状态的公约，是违背自然法的。然而， 337
在世界上更文明的地方，出于各种考虑已经建立起了有关停战和停战协议的惯例。在那些地方，停战只是将引发战争的问题暂时搁置。所以当停战协议时效届满时，无需再作新的宣战。如果已经停战很久，战争进程已彻底停止，且战争局势已因此改变，或者停战协议已经约定通过会议协商的方法解决争端，当停战协议时效届满时，即使没有义务重新作开战宣告，这么做至少也是可敬的。当然，如果一方违反停战协议，另一方毋庸置疑可以不经任何宣告再次使用武力。休战可以通过明示的约定作出，也可以通过交战国家的行为推断出，但仅仅在短期内暂停敌对行为并不能算停战。停战给予双方怎样的自由？无论出于什么目的达成了停战协定，纯粹的防御性行为还是合法的。例如，为了埋葬死者而达成了停战协议，如果在此期间交战一方撤退到了安全的地点或者修筑防御工事，这些都是完全合法的。同样，如果一个被围困的城镇请求停战以延缓攻势，那他们得到人员和战备物资等方面的补给也是合法的。在停战期间，交战一方有权逮捕在其领土上发现的敌国公民。

在战争法问题上，普芬道夫很大程度上追随了格劳秀斯的理论。事实上，他常常引用格劳秀斯的文章来支持自己的主张或解决一些问题。当他们的观点出现分歧的时候，普芬道夫的观点往往不如他伟大的荷兰前辈那么先进，因为他太过执著于自然法所依赖的先验性的假设，对国际关系的现实发展关注甚少。普芬道夫认为战争法应有严格的规则，这与格劳秀斯和其他一些法学家的观点不同，后者认为战争法的规则应当相对宽松。为了证明自己的观点，普芬道夫几乎完全依赖对古 338
老案例的引用来支持自己的观点，而没有用他的一贯做法——援引那些他认为毋庸置疑的基本原则（有时候他会过于机械地运用这种方法）。

5. 和平条约、联盟条约和其他公约

在被胁迫的状态下签订的和平协议是否有效？格劳秀斯的答案是肯定的。其理由是，就各国实践情况看来，这些约定不会被认为无效。如果这些约定无效，那就不可能结束战争，甚至没有办法能降低冲突等级。然而，普芬道夫则主张，人的良知不能接受在非正义战争的胁迫和蹂躏下催生的东西。因此，当征服者强迫被征服者接受苛刻的要求和苟延残喘的和平时，应当允许后者以受胁迫作为不循常规之理由，拒绝承认停战协定。但是，如果战争双方都决定只用武力解决争端，那在胁迫状况下签订的停战协定是有效的。一个国家和他国内的反叛者签署的和平协议是否有约束力？普芬道夫坚持认为，和反叛者签署的和平协议意味着国家已在事实上宽恕了他们的冒犯行为，他们甚至还有权宣称是否履行许诺的义务要视国家履行协议的情况而定。这样的协议可能具有了宪章的特性，或者说具有宪法的基本内容。君主出于紧急情况或公共利益的需要，可行使公共征收权（*dominium eminens*）和平地征收私人财产，但国家有义务尽快补偿其国民。对于为保证和平而交换人质的做法，普芬道夫同意格劳秀斯的观点，并强调如果人质是王位的继承人，那在国王死后应另派人质代替他。

根据主要内容不同，可以将与战争无关的其他条约和公约（*foedera*）分为两类：一类用以确认那些自然法已规定的权利和义务；另一类在自然法的一般义务基础上增加了特别规定，或者根据特定条件对那些义务进行修改和限制。第一类协议是为促进双方文明和人道主义发展而订立的友好协定。古人会比较多地制定这类协议，但是对于文明化程度更高的现代国家而言，人们的举止较以前更有教养，此类条约确实有点多余了。作为脱离野蛮的文明人，为了达到某种已受自然法调整的目的，不惜重立协议，这对人性而言无疑是种耻辱。第二类协议能促成联盟。这
339 种联盟，可以用平等或不平等来评价，也可以换个角度，评价为真正的联盟和依附于人格的联盟。依附于个人的联盟是指某人以个人身份与国家建立联盟，此人死亡时盟约失效。真正的联盟是存续时间与订立盟约的统治者的寿命无关的联盟，因此具有长期的效力。缔结这种联盟的方式多种多样，比如明确表示结成永久的联盟关系；为了君主及其继承者的利益结成联盟；或者约定了联盟的存续时间。为避免争议，可以认为有利的契约（比如目的是促进商业发展的契约）构建真正的联盟，而认为设置繁多义务的契约构建的是依附于个人的联盟。在这些问题上，普芬道夫一方面追随格劳秀斯的理论，另一方面又认为这些理论有不足之处。他认为，上代君主签订的条约是否能约束这代君主，是个有待讨论的问题。通常，在以下几种情况下，答案是肯定的：(1)前任君主缔结的条约开创了和平局面；(2)前一任君主与第三方达成合意，把权利转移给他；(3)条约的任何一方已履行义务，而另外一方没能履行义务就死去了；(4)双方都没有履行条约，或已平等地履行完毕。不过

惯例是，新的继承人要对前一任君主签订的条约和公约进行重订，即使那是真正的盟约。但是，如果新的继承人认为先前的盟约已经失去意义，或对国家无益，他有权不遵守约定（这是普芬道夫的评论，与格劳秀斯的观点不同）。

如果订立协议的君主被流放或罢免，那他还有权要求协议的另一方履行协议吗？格劳秀斯认为，如果君主是被非法罢免的，那么他有权这么做，因为尽管国家已不归他控制，但是他对他的国家还有权利。但普芬道夫认为，如果条约中明确约定允许保护君主人身及其王朝，那么他有权要求获得帮助来恢复王位。另一方面，如果条约单纯地只是为国家的利益订立，那就有待讨论了，因为他国缔约时承诺给予的帮助被视为是针对敌国的，而非国内反对势力。当然，一个合法的君主可能会 340
得到盟友的帮助，清剿篡权者。他还认为，“同盟国”一词，不仅包括那些联盟创建之初加入的同盟者，还包括那些后来加入者。当约定期限的协议到期时，不能当然地认为协议已通过默示方式得以重订。他还探讨了“越权约定”①（*sponsiones*）的性质，以及君主否决越权约定会产生什么后果。

下面是探讨君主个人签署的协议。君主可以拒绝承认那些与外国签订的对自己不利的协议。但是如果君主与其臣民达成协议，出于荣誉考虑他应该遵守，尽管这中间没有法定义务。如果君主赋予公民在他的国家的法院对他提起诉讼的权利，那么对于国家的实在法而言，此类诉讼更应适用自然公正原则处理。君主可以把合同义务转给他的继承人吗？如果将国家视为君主的世袭财产，那继任者一并继承前任君主的财产和义务。如果认为君主对国家仅享有用益权，那继任者就不受前任君主的义务的约束。因为他所获得的王权不是前任君主赋予的，而是民众赋予的。一般来说，君主签订的协议对国家有约束力，除非协议内容明显不合理、不适当或者非正义，如果存在争议，应作对君主有利的推定。对于前任君主出于诚实、善良的目的作的拨款和捐赠，继任者无权撤销。

最后，普芬道夫讨论了什么情况下公民可以不再服从国家，以及主权变更和国家解体的影响。如果君主死亡且没有继承人，此时原先国家的臣民将不再是该国臣民，但互相之间基于最初的社会契约仍构成一个共同体。在外国领土永久定居的臣民也可以不再服从原来的国家。格劳秀斯认为，大规模地移民与市民团体的天然属性不符，是非法的。但普芬道夫认为没必要在这个问题上争论，因为大规模移民虽可能使国家解体，但总体上并不会破坏人与人之间的团体性质。一个国家的消亡意味着新国家的崛起，这是此消彼长的概念。随着人类数量不断增加，天性 341
使他们分化成不同的群体，但并没有规定哪个特定国家应当兴旺发展并永久繁荣。

---

① 越权约定，国际法上某些官员（例如战时的军事将领）未经政府授予该项权限或超越为此而授予的权限而代表政府签订的协议或约定。因而，此类约定须经政府明示或默示批准。——译者注

在探讨了市民权丧失的原因（比如流放和投降帝国）后，普芬道夫指出政权的更迭（不论是君主制、寡头制还是共和制的政府）都不必然影响国民的身份，国家的债务也不会因此消灭。只要有国际关系牵涉其中，篡权行为可能被认为有效。因为只要权力交接在其他方面是合规的，外国势力就没必要去质疑篡位者的权力合法性。但是，篡位者针对本国实施的不当行为可能在他的统治终结后被合法政府撤销。君主继位和退位都不影响国家存续。只有当国民全部死亡，或者团结他们的伦理纽带完全断裂时，国家才会消亡。格劳秀斯认为，一场大灾难之后如果只有少数居民幸存，那他们无权取得主权及其衍生权利。但普芬道夫则主张，如果幸存的居民有能力有效地抵御外来侵略，拥有足够的资源可“重新壮大自己”，并且仍然保持着独立国家的状态，那他们有权主张并行使先前的居民所享有的权利。

结　论

普芬道夫的法学作品非常成功，多次重印，被翻译成多种文字。精华集、注释本和节本数量众多。此后近一个世纪，欧洲大陆特别是德国的大多数自然法和国际法研究者都承认普芬道夫的领导地位，并采纳他所构建出的理论框架。他的大量追随者中，值得一提的有：德国的克里斯蒂安·托马修斯（Christian Thomasius）、科克采伊（Cocceji）、韦恩赫尔（Wernher）、瓦格那（Wagner）、格里布纳（Griebner）、克勒（Koehler）、海奈克栖乌斯（Heineccius）；法国的巴贝拉克（Barbeyrac）、里谢尔奥布（Richer d'Aube）；丹麦的霍尔贝格（Holberg）；还有瑞士的维卡特（Vicat）、伯尔曼拉克（Burma-
342 laqui）、得·费利斯（De Felice）（最后两人原先是意大利人）。在意大利，皮埃里托尼（Pierantoni）指出，普芬道夫的理论并没有在意大利产生多大影响。但是后来，毫无疑问，还是有一些意大利人的作品显示出他们受了普芬道夫和沃尔夫的影响。另一方面，即使在德国，也不乏坚决的反对者，其中包括两个有影响力的自然法反对者——萨穆埃尔·拉赫尔（Samuel Rachel）和沃尔夫冈·特克斯托尔（Wolfgang Textor）。

莱布尼茨曾对普芬道夫的哲学和法学才能进行诋毁。他之所以这么做，更多出于其个人对普芬道夫的反感而不是对后者作品的正常评论。他们之间的芥蒂始于普芬道夫就德意志帝国现状写的稍带革命色彩的小册子。莱布尼茨性格保守，在政治方面小心翼翼而普芬道夫则充满闯劲，积极寻求社会改革。性格差异使得两人难以和睦相处。而激化两人矛盾的原因首推普芬道夫在那场激动人心的辩论中取得的巨大胜利。莱布尼茨出于某一方面的过度优越感断言：“法学素养太少，在哲学上则是无足轻重的人物”（Vir parum iurisconsultus et minime philosophus），这让人联想到本·琼森（Ben Jonson）对莎士比亚的经典成就的评价，虽间接，但却与事实不符。普芬道夫的追随者们认为，正是莱布尼茨尖酸且不公的评价使人们低估了这位学者。洛克对普芬道夫的高度评价或许可以纠正莱布尼茨的说法。詹姆斯·麦金托什爵士(Sir James Mackintosh)也说“普芬道夫的著作是个宝藏,后人应该多挖掘”。最近,著名经济学家罗舍尔(Roscher)教授说他绝不认同莱布尼茨的观点,他甚至认为普芬道夫是世上最伟大的政治学家和经济学家之一。[①]

在诸多作品中,特别是法学方面的作品中,普芬道夫并没有表现出格劳秀斯的那种天赋、洞察力和学识,也没有贞提利斯的实务方面的洞察力、辩论技巧和解决实际问题的能力。在创新能力方面他显然不如前者,在某些方面又不如后者。但 343
无论如何,他在法哲学方面的著作有很高的学术地位。这些著作内容详实、逻辑严密、意思连贯、布局合理,通篇立论于基本原理之上,有史以来第一次系统地阐述了法律体系。这些原则的问世,很大程度上依赖他对格劳秀斯和霍布斯学说的学习及融合。他是自然法学派的领军人物及代表。他的作品表现出了宽容的精神、对狭隘的宗派主义的摒弃、将法律与神学分离开的决心,以及把正义带给全人类(无论是基督徒还是异教徒,文明程度高还是底)的愿望。

人们认为自然法的原则有时阻碍了国际法的发展。但是,这绝不是因为前者有什么固有的缺陷,而是因为有些过于狂热的自然法爱好者对自然法作了前后矛盾的类推和演绎,还有就是一些状师在援引或反驳某些自然法规定时粗心大意,犯了错误。现今世界上的法律,无论是国内法还是国际法,都首先体现出实在法特征。现代科学大多数是唯物性的,教授们也如此吹嘘。现代人过于追求那些看得见、摸得着的东西,但有迹象表明人们追求精神层次的风气正在苏醒,在许多方面体现出想要看穿表面现象,探求人生、思维和人际关系的最终本质的愿望。科学现在变得相当抽象,比较法学近来发展得如火如荼,其研究表明,人们现在不仅急切地想知道法律问题在不同场合是如何呈现和解决的,还渴望了解法律的起源和普遍公认的法律的本质基础。随着科学领域中越来越多地引入高度抽象的概念,自然法的原理也会因为人们对人类和国家直觉性的意识,逐渐在法学领域得到强调。
最近的海牙公约被许多人认为是实在法的方法在国际法领域的体现。它有涉及良 344
知和人道的问题么?它有没有因此强调实在法方法的不足,转而诉诸自然法呢?总之,自然法以最简洁的语言表达出了人类良知自省的结果,尽管经常不被公开承认,但其影响依然深远。

(撰写:Coleman Phillipson)

---

① 威廉·罗舍尔(W. Roscher):《德国国家经济史》(Geschichte der National-Oekonomik in Deutschland,慕尼黑,1874 年),305 页:“但是在这两种选择之外还有第三种可能:普芬道夫是一位在哲学、法学和历史方面拥有极高造诣的,非常重要的国家学者和经济学家。”(Aber zwischen diesen Alternativen bleibt noch eine dritte Möglichkeit übrig: Pufendorff war ein, durch Philosophie, Jurisprudenz und Geschichte gründlichst vorgebildeter, Staatsgelehrter und National-Ökonom von ausserordentlicher Bedeutung.)

345

16. 维柯
(Vico)①

意大利文学的黄金时代,可以说在西班牙的奥地利王朝(Austrian House of Spain)藉1559年《卡托—康布雷齐条约》(the Treaty of Castel Cambresis)在半岛上建立霸权时就结束了。外邦统治的时代自此开启。特伦特会议(the Council of Trent)通过的法令完成了反宗教改革的最后一项措施。在1565年前,原来对于文艺自由的宽容态度就已让位于足以使一切思想活动感到恐惧的普遍压制与愚民政策。从那时起,欧洲生活的主流便基本上不再具有文艺性了。法国和西班牙皇室的利益成为吸引一切最优秀事物坚定的向其聚拢的中心。

18世纪中期的某个时候被视作中世纪意大利和现代意大利的时间界限。梅塔斯塔齐奥(Metastasio)②、哥尔多尼(Goldoni)③、阿尔菲力(Alfieri)和蒙蒂(Monti)向我们展现了正朝着新型艺术转型的古老艺术。但他们并不能代表意大利风格。梅塔斯塔齐奥的悲剧是受高乃依(Corneille)④的启迪;而哥尔多尼的喜剧则是受莫里哀(Molière)的影响。他们的世界是艺术的错误。虚假的英雄豪情、颓废的田园牧歌、萎靡的音乐与浮华的修饰使他们没有资格成为先辈们艺术成就的集大成者。但历史和哲学领域的情况却展现出了全新的富有成果的一面。穆拉多利(Muratori)惊人的广博学识使人们了解了过去最黑暗的角落,在18世纪前,那不勒斯(Naples)便迎来了它最出众的公民詹巴蒂斯塔·维柯(Giambattista Vico),他思想的高度原创性足以使他站在欧洲学者的前列。

尽管我们可以说,一个文人的人生经历最好从其作品中去研究,不过为了清晰地理解他的相对价值及其思想的形成方式,通常有必要探究他所生活的环境与受
346 到的影响。虽然从本质上讲,维柯的精神是现代的,但他却出生于一个几乎是中世纪的环境中。1668年维柯出生的时候,那不勒斯在阿拉贡王朝(House of Aragon)的统治下。这些西班牙的总督们(viceroys),从天主教的费迪南德(Ferdlinand the

---

① 维柯(Giambattista Vico,1668—1744),意大利伟大的哲学家、语文学家、美学家和法学家,在世界近代思想文化史上影响巨大,其著名代表作有《新科学》、《普遍法》及《论意大利最古老的智慧》等。维柯生在意大利南部的那不勒斯,终生都生活在异族统治下。——译者注

② 梅塔斯塔齐奥(Pietro Metastasio,1698—1782),意大利剧作家,早年写诗歌,后转向歌剧文学剧本的写作。——译者注

③ 哥尔多尼(Cario Goldoni,1707—1793),意大利剧作家。——译者注

④ 高乃依(Pierre Corneille,1606—1684),出生于法国西北部的鲁昂,是17世纪上半叶法国古典主义悲剧的代表作家,法国古典主义悲剧的奠基人。——译者注

Catholic)时期开始，就把握着这个省的最高权力，漫不经心地处理各种事务，常常很腐败。他们远离马德里(Madrid)，但控制着和中央政府的联系渠道，用种种烦琐的限制性规定阻碍商业的发展，用最具灾难性的形式来践行裙带主义。如果他们侵吞了足够多的贡赋，并定期向西班牙进贡，那么他们唯一害怕的监督就只有那不勒斯民众的愤怒了。

在17世纪的时候，强盗人数已经达到前所未有的比例：强盗得到贵族的保护，在暴乱时期，他们可以毫无顾忌地进入那不勒斯，支持叛军中的一方或另一方。几乎每一个教堂都会庇护那些暗杀者，如果他们有足够的社会影响力的话，总督还参与诉讼，在公开审判中尽心为他们辩护，保护他们。有很多造伪币的人(其中有一些是变节的僧侣)，有时候受到惩罚沦为阶下囚，但由于狱卒的默许纵容，他们仍然会很平静地继续他们的营生。有一位总督名叫贝纳维德斯(Benavides)，他效仿自己的臣民，经营起了制造伪币的事业。在那不勒斯，职业惯偷的人数达到三万人，居民中每六十个人中就有三个人是从事这个行业的。尽管违法行为横行，但是那不勒斯的教会在民众中间依然有很大的影响力。

教会是最大的地主，而且教会中的上层人士拥有很大的权力，可以不受任何约束，任意实施以扩大自己的权势或增强小团体势力为目的的计划。在那不勒斯城里，有一万六千名天主教徒，教会有权获得任何一位未留下遗嘱的教徒身故后三分之一的财产。融化圣真纳罗①鲜血的传奇——土耳其基督教的奇迹(*miracolo da fare ogni Turco Cristiano*)，只是那不勒斯民众坚定信奉的大量类似的传奇之一。

1707年，西班牙人在节节胜利的奥地利人到来之前，从那不勒斯撤离，爱好和平的公民通过高举圣真纳罗的画像在街上列队游行，成功避免了一场血腥的暴乱。教会的影响无处不在，并且常常被偏执地利用。在1740年，犹太人获准进入那不勒斯，修士曾经预言，国王和他的追随者们会遭受无穷的灾难。阿斯托里诺(Astorino)是一个有名的智者，被指责是通过巫术获得知识的。马耶洛(Majello)是第一个 347
将笛卡尔哲学(Cartesian philosophy)引入那不勒斯的人，但一直受到宗教迫害。詹诺内(Giannone)是《民间历史》(*Storia Civile*)一书的作者，尽管他是教会的朋友，但他的著作出版后也遭到了国民的否定。

在这种环境下，只有三种职业是对明智的或积极上进的公民开放的。一是供职于军队——皇帝和西班牙国王从那不勒斯的贵族阶层大规模招募新军。修道院是一个安全而愉快的环境，对于较普通的阶层，如果满足于寻求身体和心灵的宁静，喜欢整日生活在高墙内，读苏亚雷斯(Suarez)和贝拉明(Bellarmine)的作品的

① 圣真纳罗(San Gennaro)，那不勒斯的守护圣人，圣真纳罗礼拜堂保存着圣真纳罗的鲜血，在每年两次的圣真纳罗节上，圣血都要融化，否则城市可能会遭受灾害。——译者注

话，这是一个好的选择。法律职业是不喜欢战争、具有更世俗头脑的那不勒斯人所可能从事的最后一种职业。

尽管在那不勒斯省同时并存有十一种法律制度，这为律师执业提供了丰富的市场，但是那不勒斯商业发展阻滞，政治动乱频发，这就禁不住让人怀疑，在这四千多个阿伐卡托（*avvocati*，意大利律师的代名词——译者注）中，有多少人能有机会在法庭上得到充分的历练。辩护人通常具有一定影响力和权势。他们为特权受到侵犯的贵族辩护，这些显赫的主顾一般会自由地给他们一定报酬。同时，法律职业是获得较高的官衔和学术荣誉的途径。那个时代的不少律师都是意大利的文化名人。但是那不勒斯在意大利早期的文学发展史上地位甚微。托斯卡纳（Tuscany）的公共生活催生了彼特拉克（Petrarch）和薄伽丘（Boccaccio），如果维持以前的封建制度的话，托斯卡纳人不会有如此的公共生活。这个民族的性格混杂了希腊、萨拉森[1]和诺曼人（Norman）的特性，这种性格可能并不利于形成当时的思潮，而那些思潮在其他地区已经在各种艺术和科学流派中表现了出来。

维柯的生平

从很多方面来说，自传都不是一个令人满意的信息渠道，但我们还是得从《维柯的一生——维柯自传》（*Vita di G. B. Vico, scritta da sè medesimo*）中了解一下作者几乎所有已为人知的性格特点。这本自传是应波西亚伯爵（the Conte di Porcia）
348 的要求写成的一系列介绍学者生活的文学作品中的一部。尽管维柯自认为当不起这样的殊荣，但他的确被选作最适合担纲这一系列作品之首的角色。在叙述他自己的生活的时候，维柯所采取的叙事方法让人们很容易追寻到他的思维发展脉络，并能澄清他在其他著作中的模糊之处。维柯自传的写作为历史的研究方法提供了一个具体的例证。他的文字信息量很大，同时有助于我们如今勾勒出他生活中真实发生的事情。

我们这位哲学家的父亲安东尼奥（Antonio）在一条穿越那不勒斯老城的曲折狭窄的街道上开了个小书摊。尽管维柯的父母很贫穷，但他对他们仍有很美好的回忆。维柯7岁那年从梯子上摔了下来，导致颅骨骨折，三年间无法进行学习。当他重返学校时，性格忧郁但诚实，他将这一情况归因于自己的家教；他长期的病痛以及缺少童年伙伴，无疑增强了他性格中的韧性。维柯给自己布置了一个任务，要把患病时耽误的时间弥补起来，因此他进步飞快，不久就获准进入高级班就读。不久后，父亲把他送入耶稣会士（Jesuit）的学校，在那里他和那些最优秀的同学竞争。他

[1] 萨拉森（Saracen），系指从今天的叙利亚到沙特阿拉伯之间的沙漠游牧民族，广义上指中古时代所有的阿拉伯人，狭义的萨拉森人只用来指中世纪地中海的阿拉伯人海盗，他们在9—10世纪最猖獗。——译者注

认为自己受到了老师的不公正对待，于是退学，独自学习。他沉浸在自己的学习中，不再遵守日常作息时间，他告诉我们，他母亲不止一次发现他在白天休息时间仍然扑在自己的书上。

为了有助于个人的学习，维柯去听了一个名叫德尔·巴尔佐(Del Balzo)的耶稣会士的讲课，后者推荐他阅读彼得罗·易斯潘诺(Pietro Ispano)和保罗·威尼托(Paolo Veneto)的作品，这两个颓废派学者无法让人理解的学问实在令维柯思路清晰的头脑生厌，以致他中断学习达 18 个月。一个名为“愤怒者协会”(*Accademia degli Infuriati*)的社团聚会使他又找回了自我。

正如他自己打的那个有趣的比方一样，他像一匹战马，在训练后放归牧场一段时间，现在听到了学术讨论的号角声，便又重返战场了。另一个耶稣会士的教育则激发了维柯对那些更优秀学者的尊崇，他似乎对司各脱(Scotus)和类似学者笔下的希腊哲学熟悉起来了。格拉纳达的耶稣会士哲学家苏亚雷斯(the philosophic Jesuit
Suarez of Granada)的名声使维柯对他进行了特别研究。但令人惊奇的是，苏亚雷 349
斯在其著作《论法学理论》(*Tractatus de Legibus*)中所反映出的思想，在维柯的作品中一点影子都看不到，而且维柯在作品中一次都没有提及苏亚雷斯。

在获取知识的过程中，维柯随意学习的这些课程本来已经将其远远带离他可以大有作为的领域。一天，在他去皇家大学(the royal university)的时候，凑巧听了一节法律课程，当时教授在评价乌尔特斯(Vulteius)，说他是《法学阶梯》最好的评注者。维柯很想研究乌尔特斯，说服其父亲从一位有名的学者处得到一本复印本。那位学者见到这个青年人，印象极佳，就把书作为礼物送给了维柯。维柯告诉我们，正是因为这件事，他才开始了法学研究。在他掌握了法律的基本原则之后，最初维柯想作为律师执业。在十六岁的时候，他成功地为父亲辩护并赢了一个案件。但是他的健康状况仍然不好，由于性格问题，他不愿意参与法庭上针锋相对的斗争。他开始移情于诗歌，在他选择的法学专业上几乎没有什么进步。

一次令人兴奋的机遇最终促成了维柯与伊斯基亚的主教罗卡(Rocca, Bishop of Ischia)的碰面。主教为维柯所展现的运用真正的方法教授法律的能力所打动，便请他为自己的侄子们，即迪瓦托拉侯爵(Marchese di Vatolla)的儿子们讲课。在之后的九年中，维柯处于一个宽松舒适、书香萦绕的环境中，有很好的图书馆可以利用，也拥有充足的闲暇时光可以完全自由地作研究。他对法律和文学研究给予了同样的关注。他对教会法的兴趣使他投入了对有关詹森主义(Jansenist)①的争

① 詹森主义(Jansenism)，罗马天主教在 17 世纪的运动，是由康内留斯·奥图·杨森(Cornelius Otto Jansen, 1585—1638)创立，他是荷兰乌特勒支省人。其理论强调原罪、人类的全然败坏、恩典的必要和宿命论。——译者注

论的研究中，他系统地阅读了但丁(Dante)、维吉尔(Virgil)、彼特拉克(Petrarch)和贺拉斯(Horace)的作品，比较了他们各自在语言上的优势，每位学者的作品他都仔细阅读了三遍。正是在那个时期，维柯形成了自己关于柏拉图和亚里士多德主义的主要观点，这对他后来思想体系的形成有很大影响。他是通过第二手资料接触到了这些观点，主要通过阅读一些经院派作者和文艺复兴时期学者的论文，这些即使不是完全错误，也常常会使人产生一些误解。对于希腊文学，他知之甚少，以至于他曾经将埃利亚的芝诺(Zeno the Eleatic)①与斯多葛学派创始人芝诺(Zeno the founder of Stoicism)②混淆。

1694 年，维柯回到那不勒斯，他发现自己和那个时代的文人生活有很大距离。
350 那时意大利文艺复兴的教学被法国哲学知识的讲解所代替。笛卡尔主义的风行削弱了费其诺(Ficino)和皮科·德拉·米兰多拉③(Pico della Mirandola)的声名。藐视传统学术和所有权威成了那个时期的普遍现象，从瓦托拉丛林隐居生活回到自己的家乡后，维柯觉得自己反倒成了一个陌生人。他开始试图参加更多的公众生活，但曾经的远离尘嚣阻碍了他的成功。为了摆脱贫困，他创作一些谄媚的诗词和葬礼演讲词。维柯一度想成为一个修士，但想为年迈的父母尽孝的心愿使他终止了这一想法，他还是去找了工作。他没有得到那不勒斯市政秘书的职位，不过 1697 年，他在大学谋到了教职，成了一名修辞学教授(professorship of rhetoric)，但是薪水微薄，只有 100 斯库多(Scudi)④多一点。之后不久，他就结婚了。他的妻子泰雷萨(Teresa Destito)是一个文书代书人(scrivener)的女儿，但她却连自己的名字都不会写。维柯的孩子中也没有太出色的，也许只有根纳罗(Gennaro)继承了父亲雄辩的才能，当然这也主要归因于家教。

如果把维柯在七个学年中每年伊始讲授的内容结合起来，就具体体现了维柯早期关于教育的观点，这是他一贯感兴趣的课题。他 1708 年发表的演讲随后以《理性研究》(*De Ratione Studiorum*)之名公开发表。这是维柯最早的著作，其中清晰地反映出了他后来思想的发展趋势。他对笛卡尔核心方法论的背离，对人类自发的思维活动、记忆和想象的形成以及修辞学家所谓的“话题”(topics)的价值的信心，在他的作品中都得到了充分体现，尽管其中也可能仍然包含着他个性中固有的偏见。在教修

① 芝诺(Zeno the Elea)，约前 490 年生于意大利半岛南部的埃利亚，约前 425 年卒。专业方向为数学、哲学。——译者注

② 芝诺(Zeno of Cilium，约前 336—约前 264 年)，生于塞浦路斯岛上的一个城邦西提雍城。约在公元前 300 年，他在雅典创立了自己的学派，其讲学的地方是一个用绘画装饰起来的，一侧为墙、一侧为柱列的有屋顶的柱廊。希腊人称这种建筑为“斯多亚”，其学派因此而得名。——译者注

③ 皮科·德拉·米兰多拉(Pico della Mirandola，1463—1494)，意大利文意复兴时期的著名思想家。——译者注

④ 斯库多，16—19 世纪意大利流通的货币。——译者注

辞学的时候，维柯仍然在继续他的法学研究。他在讲授法理学方面的课程，写一些民法方面的文章。他坚信，那些伟大的罗马律师最初都仅能由贵族担任，这一判断也是他与皇家学术官员发生争议的缘由，但这些研究最终形成了维柯最重要的法学论文《单一的普遍法原则》(*De Uno Universi Iuris Principio*)。次年(即 1721 年)，当享有盛誉(the complimentary volume)的《论君士坦丁大帝的法学》(*De Constantia Jurisprudentis*)出版后，维柯当之无愧地成为意大利最伟大的法学家之一。351

在 1723 年前，有一段时间维柯一直考虑谋求一个法学教席的位置。民法先驱康帕尼勒(Campanile)去世后，维柯前去申请了这一空位。除了他高质量的著作外，他是学校资深成员，因此享有很高声望，这让他很有信心赢得这个职位。但是他也受到各种阻力——没有深厚的个人关系和家庭背景，政治方面的作品也使他树敌较多。另外，还有部分原因在于他正直的个性，这使他难以给那些习惯被人阿谀谄媚的人留下良好印象。所有竞争者必须在一天的时间内根据《学说汇纂》中的几段文本撰写一篇论文。维柯在提交后公开了自己的论文，得到很多杰出人士的赞誉，但是这个教席最后被多米尼克·詹蒂莱(Domenico Gentile)赢得，而现在大家对他都一无所知。自此，维柯对获得本国民众的认可丧失了信心。

尽管他努力将困厄视作对生命的祝福，这些不幸的经历使他转过身再次移情于文学，正如他自传中所言，这可以使他以一种贵族的方式报复他的诋毁者们，但是这次失败摧毁了他的生活，并且使他的命运变得比之前更加艰难。然而，无论多么不幸，就好像维柯从来没有拥有过世俗成功所带来的快乐，当我们回忆起正是这厄运促成了维柯名垂千古的佳作《新科学》(*Scienza Nuova*)的诞生时，我们就无法将其视作罪大恶极的困苦。《新科学》是维柯对世界文学作出的最永久的贡献。

> 顺其自然，如果时运不济
> 就像种子落在了不属于它的土壤
> 那就既来之则安之。
> *Sempre natura, se fortuna trova*
> *discorde a se, come ogni altra semente*
> *fuor di sua region, fa mala prova.*

维柯对于教席职位的渴求让他坚定地走上学术道路，而这本来极有可能令他厌恶学术研究的道路，但他在其中找到了一种其他低微的竞争者所不能得到的荣耀。《新科学》在 1725 年面世，这部作品是维柯在其早期作品的基础上进行逻辑推理的产物。他大胆地向欧洲各大学推荐他的著作，将自己的作品交给所有学者评判，请他们判断他的思想主张是否称得上伟大的学术成就。在这之前，几乎没有一

位学者会这样做。米什莱(Michelet)略微夸张地说“如果不能说‘科学’这个词是由
352 维柯率先提出的,至少可以说是由他正式确立的。”当今人类在大部分研究领域所使用的历史研究方法是一种非常重要的研究手段,许多领域的出现都得益于维柯的研究。

相较于他在这一方面的巨大成功,其他的一些小成就显得有些微不足道。出于天才的直觉,这位《新科学》的作者感知到了自己的作品意义重大。正如他表述的那样,他已经获得新生。他说道:“它使我停止下来,停在一块高大的磐石之上,迎接上帝的审判,将由他来对这些天才般的文艺作品作出评判。”(*Mi ha fermato, come sopra un' alta adamantina rocca, il giudizio di Dio, il quale fa giustizia alle opere d' ingegno con la stima dei saggi.*)

在接下来的生命中,维柯致力于修订他的作品,并做了其他一些不太重要的研究。《新科学》的第二版献给了克雷芒十二世(Clement XII)①。教皇命人传达了他由衷的赞赏;尽管教皇可能有合理的理由认为这比《战争与和平法》(*De iure belli et pacis*)更具有颠覆性,维柯亦从这一著作中受益良多,但是这一著作却被列为禁书(*Index expurgatorius*)②。1744年《新科学》第三版面世,但当时维柯的生命已经快要到尽头;由其儿子根纳罗完成的主要注释和内容增补使得这一版显得内容模糊,价值不大。

1735年,在法国波旁王朝的查理(Charles of Bourbon, 1716—1788)的私人牧师(Chaplain)的帮助下,维柯被任命为皇家史官。但是恩宠来得太晚了。维柯的晚景凄凉,他的学生索拉(Solla)为我们做了一些描述。尽管多年来维柯一直被病痛折磨,且难见好转,但他仍然坚持讲授修辞学并给予私人指导。“有无数学生去听他的课。他从不将授课内容局限在修辞学中的概念上,而是通过适当举例和介绍将听课者的思维扩展至许多知识领域。”他的学生说:“他讲课内容包罗万象(*tutto lo seibile*)。”即使在他很低落的时候,维柯依然体现出他人格的伟大之处。他尽心尽责,在他家里接受指导的学生都受益于他的博学多识,同时受到细致的培训,知晓如何作出有价值的思考和行动。1744年1月20日,维柯在试图重复一首圣诗的时候去世了。索拉说,他的朋友们以及所有学者们都为他感到深深的惋惜,他们抛却了敌意,放下了曾经的嫉妒,为意大利失去了一位伟大的公民而伤感。

维柯中等个头,相貌轮廓分明,鼻子有点鹰钩状。他性格急躁,这也是他容易
353 树敌的原因,但正是他性格中潜在的激情成为一股力量,推动他的天赋不断发展,

① 克雷芒十二世(Clement XII, 1652—1740),意大利籍教皇,反对詹森主义,禁止中国和印度马拉巴尔天主教徒尊孔或祭祖。——译者注

② Index expurgatorius,罗马天主教廷发布的禁书目录。——译者注

加上他执著的坚持，最终走向成功。如果说在维柯低落的时候，他的愤怒急速爆发为他的对手对其污蔑诽谤提供了借口，那么这种性格同时也显示出了一种意志的力量，使得维柯可以承受残忍的命运。

像巴克尔(Buckle)和卢梭(Rousseau)以及其他许多杰出人物一样，维柯并没有从正规教育中受益，这显然可以从他的作品中反映出来。毫无疑问，如果维柯经受的教育让他认同了那些一致为人认可的学术概念，那么他作品的深刻性和原创性将远远低于现在的水平。不过他思维中一些模糊的地方却也正是因为他没有参加过任何系统的课程所致。不容置疑，其中的一个体现就在于他的写作风格，他的作品可读性很差，同样因为这个原因，他无法得到同时代的人充分的欣赏。维柯被批评有奴性(servility)，这一指责并非没有道理。他的演讲、书信和自传中都充满了过分谄媚的表达。他的侪辈曾这样评价他："他被如此叫好称赞，以致可以授予他不朽的荣耀"(*Tarn bonus erat laudator, ut immortalitatem donare posse putaretur*)。

但是，在评价他的时候，要记住，对于他卑微的出身而言，贵族和修道士已经是很高的阶层；在他所生活的时代，只有得到这些人的赏识，才有希望得到公众的注意和认可。他的奉承之词经常只是象征性地表达感激之情，相较于本国民众而言，在一个更缺乏想象力的民族眼中，他的这些表达才显得有些过度。而且，这些赞美的颂词并没有什么令人不齿的目的，也并没有违背他坚守的原则。

这一传统看法可以追溯到吉诺维斯(Genovesi)——维柯同时代的人，他认为维柯写作风格上的含糊性是由于他想掩饰自己观点的离经叛道，但是维柯有明确的宗教信仰，并且与天主教教会权威甚至包括书刊审查员(censor)保持良好的友谊，这一点可以有力地驳斥上述传统看法。维柯的观点中有很多内容可能会令教会觉得恐惧，但是不论他自己是否意识到了这一点，他的诚信是显而易见、不容置喙的。

正如前文所述，维柯有虔诚的宗教精神，而在他的思想中宗教信仰又有不同的 354
含义(his mind turned around deep religious convictions)。最奇怪的是，他很坦诚地表明，他认可的格言是："事物的发展取决于哲学，而非根据神学"(*Multa sunt vera secundum philosophiam sed non secundum theologiam*)。有评论称维柯的观点与异教徒相近，悖离了《圣经》，对此所带来的困扰，维柯不予理会，他依然坚持一些被认为与《圣经》矛盾的主张。相较于现代人，对于一个对《圣经》中的人性问题一无所知的人而言，这些语言可能并没有如此奇怪，但是维柯立场的不一致性的最好解释是，他完全没有意识到自己的历史研究方法所表现出的颠覆传统的倾向。

维柯的学说

和笛卡尔(Descartes)、洛克(Locke)的教学不同，维柯的教学并没有形成新的哲学学派，但是在他一生中，以及在他去世后的一段时间里，他在那不勒斯以及意大利北部一些城市的崇拜者数量众多，他们也很狂热。在《那不勒斯人物传记》（*Biografia degli uomini illustri di Napoli*）中，马尔图谢利（Martuscelli）这样描述：维柯的房子是那个时代所有文人聚会的地方。利马浓（Romano），一个与维柯同时代的评论家说，他害怕出版与维柯的历史观点不一致的作品，因为维柯拥有众多追随者，而且他们都有狂热的教徒情绪。他说“我们城市中大部分人支持维柯，反对异见者。”这位评论家还告诉我们，维柯的拥趸者（Vichiano）或者说狂热的维柯派学者很快就成了一派非常忠实于他的人，维柯是他们眼中的大师，但他们的虔诚却并不总是与一般智识相符。维柯遗漏解释的地方，他们当中的一些人也不会去研读。尽管诸如此类因素有助于表明维柯创造性思想的吸引力，但是很难形成一个新的学派的核心。

在北部，维柯的思想得到更广泛的发展；在威尼斯，学术发展受到的阻力相对小一些，人们对维柯的兴趣似乎使维柯思想暂时找到了合适的环境。但是那个时代一切都处于混乱的状态。意大利已经不再是一个盛产思想的国度，维柯希望重振意大利的辉煌，为她在荷兰和德国之外赢得一席之地，这一愿景没有长达一个多世纪的时间是不可能完成的。维柯自身的伟大恰恰解释了他的失败。

355 米什莱说，“他忘记了描述过去，只是在说未来。”当19世纪的人们终于发现维柯当年研究成果的价值时，很多情况下，这些成果已经不再被认可，因为它们已经不再是新发现。第一次更好地欣赏维柯的运动发生在19世纪初的伦巴底（Lombardy）。一些被流放的那不勒斯人在米兰出版了一些评论他们杰出国民的思想体系的文章，并迅速形成了一股研究维柯的学潮并广泛传播至阿尔卑斯，正是在这一年，即1807年，沃尔夫（Wolf）出版了专论以回应关于他借用《新科学》中的史诗理论的指责。在1811年，尼布尔（Niebuhr）出版了《罗马历史》（*Romische Geschichte*），他把维柯置于一个更高的位置上，他指出早期古罗马历史中的观点和这个那不勒斯哲学家的几乎被人遗忘的研究成果有很多相似之处。

米什莱的努力无疑使我们对维柯的了解更为彻底完整。米什莱在1827年出版了《新科学》的翻译本，以及维柯其他的一些零星作品，同时他给这些作品写了充满赞美之词的序言，在序言中，一个年轻而伟大的历史学家的热情可能使米什莱表现出了一个探索者过于坦率的热诚。自此，许多国家的卓越的学者都开始将注意力转向维柯的研究和阐释。库辛（Cousin）、密尔（Mill）、曼西尼（Mancini）都很熟悉《新科学》阐述的理论。在法国、德国和英国，对于维柯的研究总是时断时续地在进行。尽管潘越（M. Penjon）在1888年写道“好像时尚的潮流，去了又来”（*comme la mode etait venue, elle a passe*）。[①]如果我们从以下事实去判断，之后每一年都有新的维柯

① 《哲学评论》（*Revue Philosophique*），1888年第25卷。

研究者出现，我们有理由相信他的名声没有死亡也没有淡去。

我们已经粗略地描述了维柯所生活的时代概况，以及他的一生和他的作品的荣辱沉浮。还要简单地介绍一下他的观点，指出它们的价值，只有这样，我们才能在一个合适的角度上，判断他的价值（comparative worth）。

正如前面所介绍过的，维柯最早的哲学作品是他的学术演讲录。他本人并不 356
认为这些作品有恒久的价值，甚至还后悔将其中的一部出版——那部唯一在19世纪前出版的作品。但是这些作品很有意思，一方面显示出维柯在形成成熟观点前的雏形，另一方面可以从中看出他的研究方法，这也是他之后大力提倡并在很大程度上身体力行的方法。

这些口头演讲共分六次，文风简练明晰。第一篇演讲是关于自省的重要性。德尔菲（Delphic）石刻铭文被视作所有智慧的开端。自知（self-knowledge）将人们带往知悉上帝的道路。不同的神是人类特性拟人化的象征，这一点正体现了人性的尊贵。人们需要以一种适当的方式学习人本身，通过发展心智，使自己符合人类发展的根本规律，向神圣的目标趋近。在第二篇演讲中，他阐述了在智慧的要求与人类因私欲而产生的做不正当之事的倾向之间的矛盾。神的理性创造了现实世界，只有践行他的理性，人类方可认识这个世界。智慧与美德的本质是相同的。

第三篇演讲论述了文学的作用以及滥用这些功用造成的危害。认识到无知是获得真知的起点。在第四和第五篇演讲中，维柯认为，科学研究应该在利他主义理想的指引下进行，每一个追求真知的人都应该按照上帝的善意提高全人类的福祉。他还进一步论证了文学和战争的关系，指出这两者之间事实上通常是同步的。这些是维柯早期的历史主义方面的思想。第六也是最后一篇演讲以《理性研究》为题公开发表。在某种意义上，这篇文章可以视作维柯后期作品的引子。就像自传中所表现出来的一样，在维柯回到那不勒斯后，他的注意力就转移到笛卡尔哲学方面了，他开始思考笛卡尔哲学的根本性错误。维柯没能找到让学院派哲学名声变坏的原因。他所受的教育使他远离那些在17世纪对笛卡尔的普遍怀疑。就大多数同
辈人而言，与过去割裂，拒绝古老的权威似乎是可以解放思想创造一种可接受的思 357
维体系的唯一理性的方式。而对维柯来说，他浸润在古人的智慧中，对于罗马法全心敬仰，笛卡尔哲学的浮夸矫饰只是一种疯狂，如果接受这种思想，将可能造成无法弥补的损失。所以在《理性研究》中，他试图探讨一些方法论的基本问题，并且分析了《方法论》[1]的原则在任何一种良好的教育体系中都应当被否定的原因。他通过强调个体判断的重要性来表明他认同笛卡尔作出的贡献——参见他对有人对其《论意大利最古老的智慧》（*De antiquissima sapientia*）的评论作出的回应——但是

---

① 笛卡尔：《方法论》（*Discours sur la methode*）。——译者注

他声称了解拉丁文化不过是在了解西塞罗的仆人，维柯的某种性情暴露了他缺乏基本的历史感。

笛卡尔发现将代数运用到几何中可通向独特的微积分，但是，即使他能够用“运动和延伸集”来构筑世界(construct the world out of motion and extension)，也不能重构这个世界的智慧，这是数代人积累的成果。只弘扬和介绍数学和同源科学，而抛弃那些只是讨论道德确信的学科，这种做法是不合理的，因为它忽略了人的自然属性。维柯揭示了现代教育的真正规则，后来裴斯泰洛齐(Pestalozzi)①对此作了更清晰的阐述，他认为教育的方法和顺序应该和知识的自然发展顺序相适应。早期对抽象科学的研究是错误的，因为这些研究没有考虑那些在童年时期起最重要作用的影响因素。

尽管维柯一定不赞同培根对亚里士多德及其学说的不尊重，但是他同意培根改革科学方法的观点，强调观察和实验在自然科学研究中的重要性。他很希望这篇演讲稿能被视作对《学术的进展》(*De augmentis scientiarum*)②的补充。维柯所坚持的分析的研究方法，在没有足够的知识储备的时候，在逻辑上并不能很好的适用。论题必须先于评论(Topic must precede criticism)。一些人企图通过笛卡尔式的数学理性揭开自然之谜，因而放弃了实践研究(practical research)。人们不再认真地教授伦理学和政治学，这些仅是适用错误的方法所带来的一部分后果。争论持续进行，人们试图从罗马法的历史中求证。最终这场论辩因所选题目太泛，而不无遗憾地戛然而止。修辞学，在事实上，是和所有智慧都有关联的。

358 显而易见，本文作者的观点，在本质上，是从一个教师的角度出发的。维柯在研究中所遭遇的困难，毫无疑问给他留下了深刻印象，并让他认识到，方法论的实践，远比方法论方面的哲学观点重要。他对笛卡尔的批评的确非常粗俗，因为他并没有很好地了解笛卡尔的观点，同时，对于一位声明自己还没有成功穿过“笨人难过的桥”(*Pons asinorum*)③的政论家而言，也难以对于笛卡尔在数学领域作出的卓越成就和贡献怀有赞赏和推崇。《理性研究》尽管有其自身的局限性，但它是建立在坚实的教育学说基础上的。否定笛卡尔式的怀疑论的观点所赖以存在的基础，在今天看来已经完全可以接受。在进入实务领域之前，人们有必要先接受教育，已经成为普遍共识。维柯在一封信中说：“你绝对不能教育一个人并告诉他，他是注定要进入一个由线条、数字和几何符号所构成的世界的！”这些常识性的观点在18世纪非常罕见。

---

① 裴斯泰洛齐(Pestalozzi，1746—1827)，19世纪瑞士著名的教育家和教育改革家。——译者注

② 培根：《学术的进步》(De augmentis scientiarum，1605年)。——译者注

③ “pons asinorum”，直译作“笨人难过的桥”，指初学者难解的问题，此处用以表明维柯对于数学一窍不通。——译者注

《理性研究》强调了法学研究的重要性，这体现了维柯对这个问题的重视。在维柯看来，过去历史所蕴含的深刻洞见，尤其是罗马法的精髓，一定可以创造人类的整体意识和团结统一，而这正是智慧的本质。因此，他认为法学是学术研究中最不可或缺的领域。正是在法学研究的基础上，维柯随后构建了历史批判学派的架构。

在探讨维柯的法学作品之前，有必要提到一本书，该书本会成为维柯一部哲学著作的一部分，但维柯没能在生前完成这样的著作。该书的名字是《论意大利最古老的智慧》，更多的以《形而上学》（*Liber metaphysicus*）这个名字为人所熟知。它的问世引发了很长一段时间的争议，并且从许多方面看来，它都是作者思想发展过程中的异象。在加尔各答亚洲学会（the Asiatic Society of Calcutta）成立之前，语言学可能并不存在。对所有语言进行系统研究，研究清楚其形成和发展的规律，是新近才开始的。但是这项研究工作一直举步不前，直到人们对梵语（Sanskrit）知识有了
了解，才使得欧洲语言的潜在统一变得可能。自从梵语成为大学的一门课程之后， 359
语言学这一学术分支得到很大的发展，但这使人们很难体会到过去处理语言现象的努力。维柯在写《形而上学》的时候，提出通过研究拉丁单词的词根，探寻早期语言的规律。维柯并不是第一个坚持信仰史前文明的人。从福尔（Fall）的希伯来故事研究，到格莱斯顿先生（Mr. Gladstone）的深夜苦心钻研，人们已经在这个有魅力的领域持续作出了贡献。最早，维柯是受到培根《论古人的智慧》（*De Sapientia Veterum*）的影响，开始关注这一领域。但他在最后得出了不同的结论，他坦言，自己从柏拉图的《克拉底鲁篇》（*Cratylus*）中获得了很多启发。

在熟悉罗马法的过程中，维柯在意大利开始重视词源学研究（etymological studies）的重要性。在长达一千多年的时间里，词源学理论坚持认为法律的措辞不能有任何更改，再加上《十二铜表法》近乎神圣的结构包含的全部法律（*finis aequi iuris*），这些很难令一个对过去充满崇敬之意的、对古代文明异常着迷的人不印象深刻。敬仰过去，是学者们的共同信仰，也为历史研究奠定了哲学基础；毫无疑问，维柯也试图寻找坚实的依据，以构建论点反对人们攻击笛卡尔主义。对一个有能力将人类的全部知识构建在历史基础上的对手，否认个体经验的自足性是愚蠢的。

尽管维柯在写《新科学》的时候，已经完全抛弃了《论意大利最古老的智慧》的建构，但是，关注这部早期作品的一些主要观点，依然是有益的。维柯试图解决的首要的也是最重要的问题是，知识的起源及其有效性。按照维柯的说法，拉丁人认为，凡是有形的事物，才是真实的。

绝对真理只存在于上帝思想中。上帝创造了万物，并集万物于己一身，因此只有上帝的思想才了解人类的全部知识。而人的思想则是浅层的、被创造出来的事物，因此除了纯粹表面化的知识以外，人们无法获知关于自己的任何知识。神的知

识可以比作一个坚实的立体图形，而人类的知识只是一个平面。维柯坚持的基本
360 理论是：不知道事物的原因就无法掌握它的知识——凡不是源自思想的人类知识，他都拒绝承认。

他认为真理（*verum*）是并且只能是事实（*factum*）。对人类而言，抽象的真理，只有是我们思想的产物时，才是真实的。这样的逻辑推论是向笛卡尔主义的彻底投降。人是自己抽象的精神世界的主宰，精神的世界之外都是黑暗和非现实。从"我思故我在"（*cogito, ergo sum*）到完全信奉数学化的理念，充满了公式和数据的世界；这是人类的思想领域，但这个领域也终结于此，再难发展。这种对真理的检验手法太表面化，经不起考验。人们通过思考得到的某一想法，通常能保证在外在世界找到对应的现实；因此，维柯总是以他自己的标准为论据驳斥怀疑论，并竭力主张对于原因的理解就足以建构上帝的存在。他坚持认为，关于形而上学的真理的主张比关于数学的重要，维柯事实上不再认可文本的有效性。形而上学不是一门关于原因的学问（a knowledge of causes）；只有摒弃"存在原因的事物"（*notitia rerum per causas*）才是真实的这样的看法，以及像费希特（Fichte）[1]和黑格尔一样，本能地信服"绝对"，存在学（the science of Being）才可以被置于最高确信的位置。

维柯的形而上学理论缺乏逻辑的大部分原因在于他受到的杂乱无章的训练，在心理分析方面不够清晰，而缺少了这一点，形而上学就只能沦为玩弄词藻的游戏。他的思想尚没有充分吸收消化他从古希腊哲学和先辈们那里获得的观点。对于一个在这些研究领域尚未形成自己观点的人而言，含混是难免的。维柯将形而上学的原理错误地归因于季蒂昂的芝诺（Zeno of Citium），在《论意大利最古老的智慧》一书中对这一原理的阐述典型的混乱不清，难以令人满意。

毕达哥拉斯学派（Pythagorean）认为，万物都可以简化成一系列的点，埃利亚学派的芝诺的观点与此不同，他根据二分法的观点建立起了他们的数学观点，即一个点只是没有长度的一个位置（merely position without magnitude）。如果由点构成了线，那么我们一定可以说出这条线共包含了多少个点，但是我们总是可以将一条线段分成两部分，所以如果线是由点组成的，则点的数目比任何一个确定的数目都
361 多。芝诺为了证明物质和运动的虚构性和毕达哥拉斯学派的多元化理论是错误的，提出了众多论点，上述论证是其中之一，同时上述论证也旨在证明巴门尼德纯粹一元论（the pure monism of Parmenides）的正确性。它起到的作用与"阿喀琉斯与乌龟"（puzzle of Achilles and the tortoise）这一著名的悖论一样。

芝诺认为的形而上学只是大脑臆造的东西，而维柯深信芝诺提出了关于点的

---

① 费希特（1762—1814），德国唯心主义哲学家，认为真正的知识只能是"自我"的创造活动，强调"自我"的能动性，主要著作有《知识学基础》、《人的使命》等。——译者注

问题的学说，可见维柯完全忽视了古希腊哲学。经院派哲学家代表芝诺，在学校教授物质最终是由点组成的，这一事实毫无疑问使维柯深信他想象中的芝诺通过关于点的原理已经解决了“一和多”(the one and the many)的问题。最大的问题在于绝对和相对之间如何产生联系，换言之，就是神是如何创造自然的，这个问题深深困扰着希腊人。现在这个问题由于得到神示，在一个古老概念的帮助下终于找到了最终的解决之道。维柯看来，点是非物质的，它们属于无法触摸到的世界，它们没有物质属性，就像莱布尼茨所说的单子①，它们的扩展不必通过自身扩展的方式。它们是事物的本质或内在效力，万物都是在此基础上发展演变的。神性散发出的这些点是被创造的万物存在的基础，上帝通过这些事物赋予这些点以“外在的形”。

尽管有时候维柯将这些“点”视作“自我存在”，就像斯宾诺莎②提出的实体论(substance of Spinoza)，存在者本身的存在(*ens per se existens*)，但他并不总是这么认为，因为他只是试图将神性的存在和由点构成的存在区分开来。在他的其他一些文章中，似乎暗示所有的点事实上是一体不可分的，他甚至大胆地在《解答集》(*Risposta*)中明确阐述了这些事实上读起来充满了泛神论(pantheism)意味的主张。这些异端观点给维柯带来了显而易见的危险，使其必须声明自己对基督教教义的信仰，但是毫无疑问，他的形而上学的理论成果自身体现出明显的泛神论的倾向性，而犹豫不决的插入补救内容的行为，只是使事态更加严重。

《论意大利最古老的智慧》一书的部分观点完全是笛卡尔主义的观点——例如，自然厌恶虚无；但是正如我们所见，他的形而上学理论又与莱布尼茨极其相似。故全书都充满了矛盾和混乱，深入研读根本无所助益，维柯也从没尝试在书的任何一部分为其理论提供令人满意的证据。他关于点的理论对于解释他所面临的问题没有任何用处，以至于无意识中他自己逐渐偏离了这一理论，开始向泛神论发展。毫无疑问，《论意大利最古老的智慧》是维柯所有作品中思想最浅薄、最缺乏创造性的一部作品。他人的评价是对这一看法的最有力佐证，马米亚尼(Mamiani)主张维 362
柯是一个感觉论者，罗斯米尼(Rosmini)认为他是一个理想主义者，而焦贝蒂(Gioberti)则认为他的学说更倾向于现实主义。

维柯和法学

现在我们已经对维柯早期的作品有了大致的了解。接下来，我们将对他的法哲学和道德哲学方面的学说作一个阐述。这位哲学家在法律方面的研究很有趣，

---

① 单子(monad)，意大利哲学家布鲁诺认为单子是具有内在创作力的物质和精神的统一体；德国哲学家莱布尼茨则认为单子是不可分的精神实体。——译者注

② 斯宾诺莎(Spinoza, 1632—1677)，荷兰哲学家，唯理论的代表人物，质疑从“实体”即自然界出发，提出“自因说”，认为只有凭借理性认识才能得到可靠的知识。——译者注

有一点不应该被遗忘，他在更广范围内的名声的获得主要得益于：一方面处于他对罗马法的深入研究，另一方面出于他对民法和教会法的全面了解，他在更广泛的层面上把握住了历史发展规律。维柯作为教师的职业经历和对法学教席职位（chair of jurisprudence）的渴望可能对他的思考方向产生了一定的影响。出于很偶然的机缘，他阅读了格劳秀斯的《战争与和平法》。该书出版于 1625 年，在欧洲产生了巨大影响。古斯塔夫·奥德罗普（Gustavus Adolphus）在战争期间都带着《战争与和平法》的复印本。格劳秀斯的学说所产生的影响是如此巨大以至于普法尔茨选帝侯（the Elector Palatine）在海德堡大学为这位荷兰法学家提供了一个国际法终身教授的职位。尽管该书主要是实务性的，但是它展现出一套涵盖面广的全新理论，这一部门法的理论在罗马法中是找不到的，极有可能正是这一点使这部著作给善于思考的人，比如说维柯，留下了深刻印象。这些理论对维柯很有启发，无疑，它们扩大了他先前对法律领域的理解，也使他对引起和影响人类立法活动的学说有了更加深入的认识。人性是权利之母（human nature is the mother of rights）的观点——斯多葛派所谓的社会性直觉赋予的人类共同的本质——成为维柯构建法哲学及后来的历史哲学的基础。事实上，一方面维柯对格劳秀斯表达了无限感激，但另一方面维柯看到了格劳秀斯应该受到批判的地方。当维柯开始运用历史学的方法考察事
363 物真实的本质时，《战争与和平法》长期累积下的权威和表现出的博学似乎显得越来越不具有哲学意味。

显然，维柯认为，法律的自然发展需要用一种完全不一样的方法来把握。毋庸置疑，维柯对格劳秀斯的伟大著作的很多批判无关痛痒。维柯非常重视法律原则的重要渊源，这一点可以解释他对于格劳秀斯的批判——格劳秀斯通过割裂神学和法学，将法学与其主要原则分离，使得法律无法再有新的发展，但是维柯的这一观点并不能使他对格劳秀斯的批判具有合理性。从现代科学的角度，即使是在 18 世纪以后的学者们看来，把法律看作是可以自足的主体是该部门法的一个大发展。同时，这一点也可以视作新精神的典型体现和必然结果，这种在更广的知识领域内的新精神从 17 世纪起就用事物的自然秩序论（the idea of a natural order of things）替代了中世纪的上帝干预论（conception of Divine intervention）。

同样，以格劳秀斯对于国内法及其历史基础了解不够深入为理由，试图减损格劳秀斯的功绩也是站不住脚的。即使这个观点是正确的，也无法真正影响到格劳秀斯计划确立的理论。毫无疑问，对于格劳秀斯的著作，无论是它们的风格，还是它们所赞同的政体的专制特性，人人都是可以考查证实的。他秉持的自然法观点强调“纯然的自然法”（*ius naturale simpliciter*）和“事物的特定状况”（*pro certo rerum statu*）的区分，这导致了奴隶制和野蛮残暴的战争的使用，例如有毒武器的使用，由于得到自然法的承认，会招致有根有据的负面评价。

格劳秀斯似乎陷入了混乱之中，他将实在法归于自然法，但是既然实在法的合法性来源于自然法，怎么会又同时与自然法发生矛盾，这一点也为批判者提供了大好的批判机会。这两位作者的目标几乎完全不同，这一点或许也能为维柯对格劳秀斯的诸多批判作出解释。他们两人中，一人的法学探索是朝着哲学历史理论(philosophico-historical theory)的解释方法而发展的，而另一个人则基本上是追求实务的目的，其成功大概直接得益于这些研究，与那些思辨性论题无关。

普芬道夫(Pufendorf)和格雷维纳(Gravina)对维柯的影响踪迹难寻，尽管维柯经常以某种模糊的方式引用普芬道夫的学说；霍布斯和塞尔登对他的影响同样如 364
此。但是如果说在法律领域维柯有一位前辈引路的话，这一殊荣格劳秀斯当之无愧。弗林特教授(Professor Flint)试图表明维柯在法学研究中采用历史研究方法、并且在《新科学》将其拓展至社会学体系的研究当中；尽管有些不合逻辑，但是这一方法论的确是从《形而上学》中确立的“评判确信的任意性标准”(the arbitrary criterion of certitude laid down in the *Liber metaphysicus*)自然发展而来。将知识限定在人脑产生的真理范围内，同时，为了避免任何质疑，承认更广范围的思维活动的必要性，即维柯所谓的意识，它最终导致了混乱；但是在弗林特教授看来，它同时促进了人类思想和精神世界的发展。由于信仰的宽泛性，真理和事实(*verum* and *factum*)的任意规则没有用武之地，经过理性发展，伴随着科学的进步，信仰也同时获得发展，逐渐被并入真知的范畴，在这个范畴内无需再受到质疑的困扰。维柯放弃了严谨的逻辑，提出这一概念；它成为维柯后来进行研究的源头。

维柯的一部重要法学著作名为《单一的普遍法原则与单一目的》(*De uno universi Iuris principio et fine uno*)。瞥一眼这本著作的框架就足以看出，至少在形式上，它突出体现了神学观念。维柯接受了《法学阶梯》(*Institutes*)中法学的定义：法学是神事和人事的知识(*iurisprudentia est divinarum atque humanarum rerum notitia*)，将他的研究分为三个部分：(1)起源；(2)发展；(3)法学的独立性；他同时试图确立三个命题：

起源：一切事物都来自上帝(*Origine, omnes a Deo provenire*)；

运行：一切事物都归因于上帝(*Circulo, ad Deum redire omnes*)；

稳定：上帝存在于一切事物中(*Constantia, in Deo omnes constare*)。

他似乎认为，根据神学的概念将研究命题作这样的分类是他教学内容中必不可少的一部分，但是事实上并非如此，这样的分类只是作者试图以一种任意且无必要的方式进行进一步分类的一个例证。同时，作品的清晰性被他的阐释所破坏，他阐述的是法律原则和一些紊乱的论点，这些阐述使得本不应模糊的法律原则与道 365
德原则模糊不清。

如果忽略不计这些奇怪之处，维柯在《单一的普遍法原则与单一目的》中表达的学说可以得到更好的解释。法学是建立在理性和权威，或者换言之，哲学和历史的基础之上的，这一学说能更好地阐释法学的基本地位。哲学揭示了人类本性遵循的规律和万事万物的起因。历史见证了事件，昭示着万事万物更替的法则和可能导致历史事件重演的情况。因此普遍法包含了三个部分——三个部分结合在了一起：哲学、历史、适用法的固有方法（*coalescit expartibus tribus*，*philosophia*，*historia et quadam propria arte iuris ad facta accommodandi*）。维柯在古希腊和古罗马的法律史中为这一学说找到了佐证。

在古希腊，法律原则在哲学讨论中占有很重要的地位。哲学的一个分支——政治哲学中衍生出了法学研究，它与伦理学紧密相连；在纯理论知识的源头（*hominis consummatrix*）——形而上学理论中也可以找到法律的原则。法学除了这些抽象科学的源头，在雅典，还有一群实用主义者将他们的精力全部集中于纯实务，他们只与成文的法律和已决判例打交道。他们熟悉雅典全部的法律，但他们的知识不缜密，不值得细究。这种理论与实践分离的后果就是，在希腊并不存在作为一门艺术的法律。对于将各种法律原理理性运用于具体案件，即法律适用问题，纯理论学家和实用主义者有着截然不同的看法。当问题的焦点主要关乎事实问题，则主要根据修辞学论题展开讨论；如果主要关乎法律问题，则不管诉讼理由是否正当，辩护律师将诉诸成文法或哲学概念。

故罗马人向我们展示了事物完全不同的状态。人们的自由精神使他们拥有了开阔的视野和对他们国家的深深的爱，他们将公共福祉置于个人利益之前。对罗马人而言，他们宁愿在若干负责任的事务所获得实务经验，而不是接受理论训练，对上帝的崇拜取代了对形而上学的推崇。最初，地方行政长官（Patrician）是由立法
366 者和法学家担任。这个法律中心的早期市民受到市民智慧的熏陶，熟悉法律的潜在理性并且习惯了适用法律，他们融合了哲学家、实用主义者和古希腊演说家的性格。事情并没有长期维持这一状态。早在第一次布匿战争（the first Punic war）[1]之前科伦卡纽斯（Tiberius Coruncanius）就开始向贵族青年系统地传授法律知识。他的教学标志着罗马法学（*doctrina propria Romanorum*）的开端。这种早期的教学模式都从政治的观点看待并解决法律问题，主要是为今后从事地方行政长官事务做的前期准备。

直到罗马帝国将文明传播至全世界，法律为人道主义思想所改变，并吸收了公平的原则，法律才真正成为区分正义与非正义的知识。法律的第三个渊源，独立于历史和理论哲学，可以在法律术语的词源学研究中找到。在罗马，法学家都是声名

---

① 布匿战争，古罗马与迦太基争夺地中海西部统治权的战争，共3次，发生于前264—前241年、前218—前201年和前149—前146年，以迦太基覆灭告终。——译者注

显赫的有智慧的人，博闻强识，无论是神的事务还是人的事务都知晓。但是，在维柯看来，对人类而言，罗马法并非终点，我们还受到理性力量的指引。我们的力量，我们的知识和我们的愿望都受到启示之光的指引，使我们知道了实现普世正义的主要方法。人类的良心体现了神的光芒，所有真正体现永恒的正义原则的立法都典型地反映了这一点。为了追求完美，真正的法学家因而必须遵守哲学原则和在此基础上建立起的实在法，他首先必须通过对重要事件和典型事例的研究，探究法律原则和不同年龄的人对待这些原则的方式的源头。这种复合的方法是打开法学大门的真正的关键；它避免了其他方法带来的无尽矛盾，并且这种手段本身就提供了一种使基督教义与古代体系相调和的方式。人类是堕落的生物，但他依然拥有一些残留的、堕落之前拥有的完美。人类努力赢回他失去的善和克服单纯的动物本能，但是很多东西依然需要依靠神的帮助才能重新获得。

这些半神学的概念并没有影响《单一的普遍法原则与单一目的》的后来论据，《单一的普遍法原则与单一目的》的进展沿着的是一种罕有的现代精神的道路。

对我们而言，社会和社会群体的起源问题的吸引力很小，远远小于它们对 17 世
纪、18 世纪的学者的吸引力。那时的学者都普遍相信，如果他们能成功找到社会的 367
起源、社会发展的影响因素和早期的发展趋势，知识将成为最有价值的东西，因为它可以使他们确立政府运作的规律，可能还能预测人类追求的终极目标。尽管我们不再相信可以因此获得如此深远的成果，也不再非常重视这些问题的研究，但伴随着现代社会的进步，当我们回想的时候，我们关于社会起源的思考依然混沌不清，与霍布斯和卢梭的理论相比，几乎没有取得任何进展。我们会审视先前的学说并饶有兴趣地将其与自己的学说作比较，这是非常自然的事情。

社会最初是由多个家族自愿聚集而成还是由一个家族自然扩张而成，这个现代问题从政治的角度阐述了一个疑问——社会成员的驱动力是什么？对于后一个问题，维柯尝试着给出自己的答案。人在孤立和无知状态下遭受着双重需要的折磨。其一，他脆弱的头脑需要获得同类的支持，通过交流以求得些许真理。其二，他单薄的身体不可能独自成功战胜大自然无情的力量。第一重需要为社会的存在提供了精神基础，第二重需要提供了物质基础。如果这个假设成立，那么社会可以被定义为功用互换——*utilitatum communio*（实用和共享）——精神层面和物质层面，同时，法律的作用就在于确保互换过程中的正义。

对于罗马古谚“我们要秉持善意行事的原则”（*Bona fide agito*），我们可以为其加上一句：“我们要生活在真相之中”（*Ex vero vivito*）。社会在立法者的协助下，旨在实现我们的自我完善，无论是道德层面还是物质层面，社会必须在其目标指引下，并受这两句谚语的统辖。此两者紧密联系：试想一个道德败坏的人，如何能够行事正直，或者道德高尚的人如何能行不正义之事？《法学阶梯》“法律的箴言”

(*praecepta Iuris*)的表述就能证明这些原则。但是为了实现完全的正义,维柯认为有必要在这些纯理性规则上增加关于仁爱的基督教法律——上帝爱所有的人(*in omnes hominis prae Deo charitatem*)。不伤害任何人并不是完全的正义;"完全的正
368 义"的自然含义应该是在行动上和思想上为邻人服务。给予邻人应得之物,如果应得之物没有完全囊括他改善生存所必需的,那么只算部分履行了这一原则。

在这些原则的指导下,维柯阐述了两条最初被视为不可接受的法则。第一,"紧急避险法则"(*Lex summae necessitatis*),即在迫切必要的情况下,每个人为保全自己的生命可以侵犯他人财产,即使违背他人的意愿,法律承认这是每个人的固有权利。第二,"善意使用规则"(*Lex innocuae utilitatis*),即每个人都有权使用甚至滥用他人的财产,前提是这么做可以使自己获益而他人不遭受任何损失。作为日常的规则,这些权利不断被行使,但毫无疑问一定会碰到一些严重的问题。M.法兰克指出,第二条法则不符合当时对所有权的定义,在许多情况下暗示着侵犯所有者意愿的权利。对于第一条,他同样反对,因为这样的权利将摧毁行善的美德,这将不再是人们的自愿行为,同时,无法对"紧急避险"作出限制,从而表明何种程度的"必要"可以使剥夺行为正当化。但当人们记起维柯的目的在于确定实现纯粹的分配正义的条件,从他的论述目的出发,对那些仅关涉便利性和实际操作性问题都不作考虑时,上述的反对就失去了力量。

我们现有的所有权观念是大量历史经验的总结,像所有"实证法"(positive law)一样,是在社会的迫切需求下形成的。因此,它很可能在理论上并不完美。基督教的博爱义务并不依靠一国法律所不允许的善意的行为来实现,同时也不能基于这一点就认为"紧急避险"很难明确,并因而反对将"紧急避险"作为剥夺他人财产的正当化理由;同样,这一点也可能被用以攻击自我防卫的正当性。根据科尔里奇勋爵(Lord Coleridge)在R.诉杜德利(*R. v. Dudley*, L. R. 14QBD. 273)一案中极具说服力的判决来看,即使是"紧急避险"构成剥夺他人生命——他人最珍贵的东西——的正当理由这一个问题,至少从道义上来讲,也不是一个完全不可讨论的问题。

由于社会的目的是按正义的比例实现功用互换(an exchange of utilities),而法律的功能在于保证这一比例的稳定,所以自然出现了明显不同的两类立法。平均正义(*iustitia aequatrix*),即构建旨在保证负有相同义务的人拥有平等权利的法律,这一理念贯穿整部民法。分配正义(*in distributionibus regnat*)决定奖惩的分配。
369 这被归入刑法范畴讨论,其原则如下文所述。

自然规定的禁止行为是出于保卫权利的目的,它的合理性基础在于道德良心和自然要其侵害人所承受的悔恨苦痛。但是,习惯性的恶行会减轻痛苦的程度,出于使作恶者遭受更大的必要的痛苦,立法者须使其承受身体上的痛苦(*ipsis est ferme peccandi necessitas*)。刑罚的其他动因就仅仅是复仇或暴政。仔细审视刑罚的基础,有一点很明确,如果立法者的惩罚行为仅对违法者有害,它们就是没有合法性的,这也是边沁的"反射式犯罪"(reflective offences)的观点。在这里"良心"是一个充分的威慑因素。立法者还必须使自己的目标与"良心"相符,这也是对罪犯的一种改造;他的职责仅限于保卫社会,他不能助长复仇的欲望。边沁说:"复仇的唯一目的稍微过头一点就是纯粹的邪恶。"这一原理和柏拉图的《高尔吉亚》(*Gorgias*)一样古老。

根据维柯的主张,民法由三个部分组成:"所有权"(*Dominium*),或者处理事务的权利;"自由权"(*Libertas*),即不受妨碍的生存;"保护权"(*Tutela*),即保护自己或自己的权益。市民人格(civil personality)就是由这些权利构成的,并且每一项权利都是必不可少的。如果我们的生存受到妨碍,我们无法拥有"所有权";如果我们被剥夺了财产,那么我们的"自由"也失去了意义;如果我们不能"保护"自己的自由和财产,那么它们都一样沦为幻觉。

人的自由是"人"的组成部分。自然施展自己的才能、智慧,表达意愿或教导人哪些权利是必要的,哪些道德本性是不必要,这些都需要个人能够自由行事。承认自由是人们内在的独有的权利,继而从逻辑上导出对财产的承认。身体一定是跟随大脑,因为身体不会单独行动;同样物质自然位于理性的统治之下,理性是万物的最高决断人。"保护权"同样有着合乎理性的基础。感官保护身体,理性保护本能的冲动,自我意识清明的灵魂守护好自己的圣坛。实证民法(positive civil law)的职责在于保护这三项权利并避免其被滥用。当我们从理论转向历史世界时,事实上,我们发现按照理性推演得到的原则已经随着时间慢慢有了新的发展,在外在环 370
境的压力之下,已经从现行的社会秩序中找到新的表达方式。这些原则被误解并开始错误发展,经演变的制度自身存在着腐朽的因子,他们无可避免地必然消亡。

从维柯关于社会起源体系的上述概论中可以看到,对于社会契约理论(theory of the Social Compact),他没有作任何论述。尽管这一理论已经在斯宾诺莎和卢梭那里取得了巨大发展,他们两人很想为抵制滥用权力提供理论辩解,但这一理论的本源不过是政治上的陈词滥调,而这一说法维柯一定会毫不犹豫认可。"社会"意味着至少是大多数成员的同意无法被正当反驳。亚里士多德将国家定义为"同心合意"(κοινωνια)的产物,这一概念表明他认可上述事实,同时这一点也体现在从《单一的普遍法原则与单一目的》中的"法律状态"(*status ex lege*)或《新科学》中的"自然状态"(*stato ferino*)到最早期的公共生活形式的转变之中。但是,维柯并没有像同时代很多学者一样,被一种吸引人的简洁理论带离原有轨道;这一理论只有在原始人类需遵从的所有的综合影响因素被忽略得只剩一个时,才似乎有道理。但即使承认创建者的脑中有建立一个社会的愿望,他(指维柯——译者注)也不会承认这种愿望和后续的同意是决定性因素。

维柯认为原始状态的人类比天使低级很多;他的思想更接近于达尔文的物种起源说,即人由猿猴进化而来。在《单一的普遍法原则与单一目的》和《新科学》中所展现的全部内容事实上与赫胥黎(Huxley)以及进化论派描绘的内容极其相似。广泛而言,维柯早期应属现代社会学的百科全书派(the cyclopean family)。

《单一的普遍法原则与单一目的》之后的《论君士坦丁大帝的法学》(*De Constantia Jurisprudentiae*)一书的内容被《新科学》吸收。因此,在讨论后一部著作时可以偶尔参考该书,非常方便并且具有足够说服力。我们的评述仅限于对维柯主要论文的全貌和其中涉及的一些更重要的问题作出简明的陈述。

371 《新科学》是一部极难分析的作品。作者在书中常对一些奇怪的并且往往是怪诞的历史学说作论述,加之陌生的语言,古怪的想法,以及很多版本的粗劣印刷所造成的障碍,这些原因使得维柯的巨著在表面看来如此令人生厌,以至于只有其绝对至高的原创性才可以解释这部著作的成功以及频繁的再版。《新科学》表面形式上的缺陷部分归结于维柯的写作速度,他在短短四个月内就准备好了第二版,另一部分原因在于他对语言纯粹性的忽视。在许多书信中,他都表达了自己对于词汇和现代含注释的作品的轻视。他的方法似乎是先进行长时间细致的思考,然后在压力之下和知识火花迸发时快速写作,这在现代被称为"诗意的疯狂"(*furor poeticus*)。他对作品作出的改正总是保持原文的核心内容,却使得文章比之前更模糊不清。

维柯与历史学

尽管维柯的哲学被贴上了经院派的标记,但一些维柯近代钦慕者认为他是一个实证论者。德·卢卡(de Luca)教授在他的《社会力量的发展》(*Dinamica delle Forze sociali*)一书中将一章命名为"维柯与孔德[①]",同时,还介绍称最新印刷的《新科学》的主要内容是维柯的实证主义哲学。在某些观点上,维柯似乎背叛了他实证主义者的倾向,但是将这一点看作是他性格中的现代性可能更为恰当。这些观点中最著名的就是他的历史怀疑论,这曾在维柯的同时期学者中引起一阵反对的飓风。尽管维柯已经发现笛卡尔系统怀疑(methodic doubt)的矛盾性,同时也运用了大量逻辑论证技艺证明笛卡尔学说在哲学上的荒诞性,但是在他的历史研究中,他摒弃传统信仰的态度是十分坚决的,以至于维柯被看作是法国哲学家笛卡尔的信徒。在维柯之前,没有一位学者能像他在《新科学》中所做的那样,尝试着质疑早期历史和传统的可信性。当然,也有一些针对特定文献或特定国家的传统的批判性

① 孔德(Comte, 1798—1857),法国著名的哲学家,社会学、实证主义的创始人。——译者注

论著。

洛伦佐・瓦拉(Lorenzo Valla)①在他的演说中成功揭露君士坦丁大帝捐款这一谎言。福修斯(Gerard Jan Vossius)②和皮科・德拉・米兰多拉曾努力把基督教和古代经典寓言完美地结合起来,而这也许恰恰暗示他们不信任历史的表层意义。 372
后来,海因里希・洛丽塔(Heinrich Loriti)开始撰写一系列文章,攻击一些已被接受的关于早期罗马的论述,这些论述被17世纪的荷兰历史学家热忱地发扬光大。但是维柯所做的根本性批判远比海因里希・洛丽塔走得更远。维柯的观点最终全面推翻了伯罗奔尼撒战争和布匿战争之前被广泛接受为人类事务真实记录的所有传统。他说道:"修昔底德(Thucydides)告诉我们,直至他父亲生活的年代,古希腊人对自己的过去依然一无所知。那么,他们对'蛮族人'(Barbarians)的过去又能知道什么呢?当修昔底德以古希腊人(最早成为哲学家的人们)的名义向我们作出这番坦白的时候,我们对于罗马人——这个完全生活在农业和战争中的民族——的过去又知道些什么呢?"

他补充道,李维(Livy)在第二次布匿战争之后宣布,他将书写更为可信与确定的罗马历史,但是即使是那个时候,这位历史学家也依然对很多重大事件存有疑问。"所有比我们之前提到的年代更早的异教徒历史,对我们而言,都充满了不确定性和模糊性。因此我们不敢贸然进入这一领域,就像进入属于第一任占领者的无主之地。在处理这类历史问题时,我们不应该害怕触犯任何人的利益,我们不应该同意那些迄今已被接受的观点,甚至应该反对将它们视为文明的起源。"这些大胆的宣言坚强有力,难免使人们想起笛卡尔的学说——清空思想上的"苹果篮"③。维柯对于《圣经》的批判态度与他在处理非宗教写作中表现出来的自由主义形成了鲜明对比,这一点毋庸置疑。他的大部分辩解者,尤其是他的同胞将他这种突出的态度归结为政治或其他隐秘不明的缘由。

从《新科学》中的一些篇章来看,维柯似乎认识到他自称在希伯来人的历史和其他民族的历史的比较中发现的差别,这种差别具有不容更改的特征。当他写道"诗歌是所有民族,包括犹太民族最早的表达方式",或者当他对犹太人在亚伯拉罕时代究竟是否用人祭祀这一问题产生疑问时,这些辩解者看到了一位自由思想者 373
处于半压抑状态的愿望,他因此拿文学批判的规则来看待《圣经》。对于维柯奇怪

---

① 洛伦佐・瓦拉(Lorenzo Valla, 1407—1457),意大利政治家、雄辩家、人文主义学者,曾在那不勒斯宫廷任职,当过教廷秘书和修辞学教授。——译者注

② 福修斯(Gerard Jan Vossius, 1577—1649),德国改革宗神学家、历史学家。致力于研究古代希腊、罗马历史及教会情况。——译者注

③ 笛卡尔坚持普遍怀疑论,认为我们原先接受的知识中有些是真理,有些则是虚假的知识,想要发现真理,就必须先进行普遍怀疑,他作了生动的比喻:如果一个人有一篮子苹果,他担心其中一些烂了,为了找出烂苹果,他必须先将篮子倒空,再逐个检查苹果,将确定无疑不坏的那些苹果再放回篮子。——译者注

的态度，一种更简单也更恰当的解释是，这是他的写作环境使然。当《摩西五经》[1]仍然被视作世界上最古老的书籍时，当挖掘者的锹和破译密码者的耐心还未揭露以下事实，即先知(the Prophets)甚至是亚伯拉罕(Abraham)是生活在一个充满人文文化的世界时，当人们对东方古代帝国在艺术和机械科学方面取得的进展一无所知的时候，撇开教会权威的认可，文学的大步发展、哲学概念以及在《旧约》中表现出的道德启蒙，已经足以使希伯来人的历史受到尊崇，希伯来人的历史自成一格与非犹太民族截然不同。当然，18 世纪时，培尔[2]、伏尔泰等人时刻准备着嘲笑《圣经》的前后矛盾之处，并带着具有讽刺意味的"敬畏"(ironical reverence)攻击当时"值得尊敬的偏见"。

但是这些作家这么做是出于政治目的而非学术目的。如作品《老实人》[3]在他们看来，最重要的是，他们必须耕耘自己的花园，除去社会上过度生长的杂草，而不仅仅为了学术这一卑微的目标而努力。当他们攻击已经被广泛接受的对《圣经》的历史性解读时，出现了很多误读，但事实上他们这么做，是因为他们将宗教看作是社会改革的劲敌，而不是出于运用先进的历史知识进行学术改造的想法。因此也就可以理解，从学术角度考量伏尔泰和自然神论学者们的时候，所发现的粗糙了。他们的批判不具有恒久价值。这些评论的目的不在于形成我们现在非常熟悉的《圣经》在真正意义上的现代概念，因此也无助于这样概念的形成；以至于很难判断每个时代关于《圣经》的观点，如哪个时代忽略了《圣经》的综合性特征，哪个时代认为即便对《圣经》作出一些改变或修改，也不意味着亵渎上帝。

维柯对于《圣经》的如此看法是自然而然的，几乎是不可避免的，因为对每一位基督徒而言，尚没有一种关于《圣经》的理性的观点可以被他们视作应该接受的。维柯将解读《圣经》的问题暂时搁置，同时并不打算对希伯来传统作出任何修正，正
374 是这一事实可能表明了他的一些怀疑，他认为当代处理《圣经》的方法并不令人满意。他试图对《世界通史》(*Discours sur l'Histoire universelle*)中的目的论部分(teleological lines)作出解释，或者至少可以提出一种方法使他的历史哲学与某一独立的希伯来传统相融合。但是他却没有这么做。他的注意力完全投入探究尚不懂得区分善恶的野蛮民族的历史当中，这些野蛮民族未经过《创世记》中描述的上帝挑选的过程。将《圣经》中真正具有的一些神性光辉及其历史价值归功于一个人出众的历史直觉是理性的。一些被引用来证明维柯并不真正信仰《圣经》的特殊地位的篇章，更应该将此视作维柯思想上的独立，以及在很多方面，这是使他的思想比同

---

① 《摩西五经》，《圣经·旧约》的首五卷：《创世记》、《出埃及记》、《利未记》、《民数记》、《申命记》。——译者注

② 培尔(Bayle, 1647—1706)法国哲学家，启蒙运动的早期代表，用怀疑论批驳从理性上论证宗教教义的哲学体系。——译者注

③ 《老实人》(Candide)，作者伏尔泰，主要批判了盲目乐观主义哲学。——译者注

时代的众多偏见更具天赋的明证。我们应该相信，他并不会意识到，如将宗教的历史从他的研究计划中排除出去，会导致矛盾的结果。他的科学直觉（如果允许这一表述的话），使他在必要时，将可能妨碍其将得出普遍结论的假设和偏见放在一边。

维柯的历史怀疑论，就像笛卡尔的系统怀疑论，只是为构建自己的实证体系（positive system）扫清基础性障碍。《新科学》暗含的信仰，用最近的维柯解读者克勒姆博士（Dr. Klemm）的话来说，就是“根据科学的原则，展现各民族人民的生活，或构建关于各民族的普遍科学是完全可能的”（《社会学》，*Völkerwissenschaft*）。

但是为了创建这一门科学，维柯认为笛卡尔派对博闻强识的轻视和将所有知识建立在由意识展现的事实之上的努力是远远不够的。社会学必须利用两种不同的调查路径。在探求绝对理性的知识和所有可以通过纯理性演绎得到的真理时，必须依赖于哲学，但是这些研究结果无法被有效利用，除非社会学同时与语文学建立关系。从后一个层面而言，维柯理解除了从哲学中推衍出来之外的所有知识。 375
历史、文学、一般经验以及人们对语言和事实的认识（*la cognizione delle lingue e dei fatti dei popoli*）共同组成了语文学，同时也构成了系统的研究对象。依靠这些内容演绎推理的资料可以得到检验，反过来这些内容也可以从理性原则出发，得到新的诠释。一方面过度依赖抽象观念，另一方面两者之间缺乏协作的强有力的纽带，这两点危险在维柯看来可以通过他提倡的复合的研究方法克服。

很有可能，上述研究方法系来源于他的“历史是上帝永恒思想的表露”这一学说。他相信，所有外在事件，无一例外，都在上帝的脑海中；如果我们确定，我们的智慧不会通过使我们错将幻觉当成被泄露的上帝的计划来欺骗我们，那么我们不需要观察事件发生的时间地点，也应该同样能知晓这些外在事件。

描述这种半柏拉图式的学说的奇特与矛盾之处很困难，也没有意义。“人类的发展是人类本性不可避免的结果”这一观念——维柯最有意义的观点之一——和维柯的形而上学的学说，即“预先存在的上帝的计划”，这两点在《新科学》一书中始终相互冲突，以至于作者不得不经常谈及上帝，好像他的意思只是上帝的想法出现在个人的思想中。换言之，为了自己原创的理论，他无意识地放弃了在经院哲学家学说的基础上改写的计划。上帝成为从内部影响“人的过程”（human process）的一部分，而不是处于社会发展的规律之外，并将其强加于现实世界。维柯对上帝的诸多看法很好地证明：虽然他拥有如此多穿旧了的哲学外衣，但在现实中，他已经开始以一种现代的方式思考。

在一则以“关于全部发现的一览表”（*Tavola delle discoverte generali*）为题的随笔中，维柯总结了他认为自己在《新科学》中创立的主要观点。其中之一即“所有国家共同的永恒的理想的历史”（*Una storia ideale eterna commune a tutte le nazioni*）；其中的“理想的历史”（*storia ideale*），在维柯看来，是社会学的基础。可以这样说，社会学在某种意义上而言,是一种尝试,试着简明扼要地书写历史——它比任何一种记录事件所允许的形式都更加简要。在分析记录在册的事实时,在观察现存的社会现象时,在将结果分类并试着陈述社会稳定和社会进步的条件时,社会学就只是在应用一种对
376 所有学科而言都非常熟悉的方法,并且在运用时合乎比例,按照社会学研究的常规,尽可能覆盖到迄今为止尚未观察到的事实和更贴近一门精确学科的情况的各种研究方法。知晓历史现象从来不是随机发生的,同时正确理解这些历史现象,可以从中推衍出普遍的观点,这一点对于构建一套关于人类行为的理论非常重要。

如果社会学研究是可能成功的——这一假定被很多人否定——如果人们信奉的科学世界观与人类复杂的动机和行为之间的沟壑被填平,那么必须承认,"历史事件的承继由固定的规律主宰"这一观点将成为人类有史以来最伟大的思想之一。维柯是第一个对此观点作出清晰表述的人。通过提出"永恒的历史"(*storia eterna*),维柯意指借助一些普遍的历史规律来阐述历史。这是维柯的巨著的核心目标,就像一个发现者宣称自己的发现具有独创性是正当合理的,维柯也有足够的理由称自己的科学研究是"新"的。达尔文的理论称不上绝对是新的,因为拉马克(Lamarck)[①]和圣·希拉尔(Saint Hilaire)的研究工作也推动了达尔文进化论的形成,同样,拉瓦锡(Lavoisier)也否定了他的化学发现的功绩,因为普莱斯特里(Priestley)也对拉瓦锡的发现作出了贡献。相似的,我们可以认识到,柏拉图的《理想国》(*Republic*)、奥古斯丁的《上帝之城》(*De Civitate*)[②]、马基雅维利的《论李维》(the *Discorsi*),可能还有布丹(Bodin)和康帕内拉(Campanella)都以各种方式对维柯的社会法理论的形成作出了贡献。《理想国》中描绘的城邦,"可能在天堂里为想见到的人们保留了这样一种模式",但这并不是维柯寻找的城邦,因为他意识到这种模式仅存在于假想领域;但是,带着这样一座城邦的构想,很有可能使维柯在他所信奉的"在万事万物的世俗秩序中,天然存在着的上帝"这一想法的指引下,猜想历史表面的混乱与不连贯,事实上可能掩盖了不为人知的上帝的计划的梗概。《新科学》中频繁引用奥古斯丁似乎表明,《上帝之城》对维柯的历史研究具有重大的影响力。毋庸置疑,维柯所信奉的上帝与通常理解的"上帝统治管理所有世俗事务,尽管我们不知道他的动机,我们也绝不怀疑他的统治管理的正当性"相去甚远。维柯含蓄地否定了上帝之城(gloriosissima civitas)和地上之城(*civitas terrena*)[③]的狭隘的二

① 拉马克(Lamarck 1744—1829)法国生物学家,最先提出生物进化理论,后称拉马克学说。——译者注

② 《上帝之城》,古代基督教拉丁教父奥古斯丁的神学代表作。——译者注

③ 奥古斯丁在《上帝之城》一书中提出了"上帝之城"和"地上之城"这一对概念。奥古斯丁认为:虽然诸多大民族分居世界各地,其宗教、风俗各异,语言、兵器和衣裳、繁芜不同,但仍可以说在人类社会中只有两类,根据我们的经书,我们可以恰当地称其为两座城。两者根本区别在于:在地上之城中,充满了自我、私己的爱,人们可以拥有某种善,但决非真正的德性;在上帝之城中,爱是共同且长久的,它能使众人一心。——译者注

元论，正如我们已经知晓的，维柯拒绝进入研究犹太民族和非犹太民族的传统区别的领域；将预先形成的神学观念安排进历史的普遍原理之中的尝试对维柯也没有任何吸引力。

但是，这些事实并没有影响这样的判断：维柯的理论确实受到奥古斯丁观点的 377
影响——主要是奥古斯丁关于“上帝引导的人类命运”及他反对将“希腊人反对自杀的看法和命定观念”(Greek necessity and fortune)用于历史的解释的观点。在维柯的研究中，没有马基雅维利关于人类本性天生堕落的学说的踪影；在《君主论》(*The Prince*)中随处可见的“偏见”(bias)和为这位佛罗伦萨政治家(指马基雅维利——译者注)在世界范围内赢得声名的“辩护”(advocacy)，在《新科学》标举的科学的超然品格(scientific detachment)中并没有得到体现。但当马基雅维利写道，“世界上任何时期的任何事物都必然可以在过去找到对应物”，当他系统地运用《论李维》中关于历史类比的论证时，这明显接近于维柯的历史法学的观点(conception of historical law)；同时，在他试着将自己的研究建立在人类普遍的先天性格之上时，我们又在一定程度上看到了维柯坚持的“历史学需要心理学基础”的理论。

在关注对《新科学》产生明显影响的学者们时，我们会发现，查阅史学研究领域前辈的情况，是一件很有意思的事情，尽管可能维柯并不知道他们，但他们似乎已经期待着维柯将他们的研究推向顶峰，为此他们等待了三个多世纪。

伊本·赫勒敦(Ibn Khaldoun)——他的祖先曾参加了摩尔人征服西班牙的战役——于1406年在开罗去世。他对于政治阴谋的热情使得他的一生风云变幻。他本来肩负着提里姆萨城(Tilimsan)统治者交给他的外交使命，但为了完成《历史绪论》(*Prolegomena*)的写作，一路上停留了数年之久；《历史绪论》是《史通》(Kitab-el-Ibar)的主体部分。这部作品的风格类似于马修·阿诺德(Matthew Arnold)所谓的亚洲式的(Asiatic)风格，并且布局不均衡，但它包含了一种穆斯林们的历史哲学观，远远早于维柯之前的欧洲文献。

“历史，”伊本·赫勒敦写道，“从其目的出发，必须探讨社会群落的形成、人类所直面的境遇、风俗的进化、家族和部落的情感、帝国形成的基础——即民族优越感的观念，以及事物变化这一本质属性对社会性格的影响等等。关于这一论题，我们所研究的内容包含着一种新的科学，兼具突出的原创性和功用性。”这些段落和
标题，诸如“不同的种族和他们定居的国家”；“哈里发(Khalifate)的政府形式和这些 378
形式对每一个国家而言都是必要的”等内容充分说明了这位阿拉伯学者的信条是多么高深。

当维柯对社会法的构想已经形成清晰的观点时，他进一步研究了一些问题，这些问题可以分成两部分。针对第一部分，他尝试对历史资料作出评论，并探究社会发展的原因、规律和结局。针对第二部分，他探究在所有社群中都有迹可循并且体

现公共价值的精神事实，诸如语言、神话和风俗。对于维柯为社会科学的目的，而给予语言和神话研究的重视，很少有近代学者会认可。他们都过于关注变化，吉丁斯(Giddings)对此用一句格言作过典型表述："进步在实质上是一种经济现象"，以此突出了精神发展的哲学。但是，现代的伦理社会学派以维柯为榜样，并尝试着创立一套从自我主义到利他主义演进的理论，而这是现代社会学中用以解释诸如"兴趣"等现象的一种相对普通的研究方式，即研究这个单词意义演变的历史。

维柯在《新科学》中写道，"一定是人类创造了文明世界"。上帝，无所不在，在人类社会中，协助创造万物，但是正如大家所见，维柯的"上帝"(the *Provvedenza*)与波舒哀《演讲》中的上帝(the Providence)几乎没有一丝相像之处。在《新科学》中，用以构建人类全部历史的基础不是假定，而是一种推论，以及维柯根据发现的思想做出的归纳概括。当人类从洪水之后就陷入的黑暗中走出来的时候，他们身上布满了兽性的痕迹，这些是其自身生长出来的罪恶。没有家庭，没有任何形式的演讲——"愚蠢和丑陋的野兽"(*mutum et turpe pecus*)，只是拥有野性的冲动和错觉的猎物；这些长满粗毛的丛林定居者主要是在"力量"和"理性"这两者的影响下逐渐走向更好的一面。

最初，只有强壮的人才拥有权利。具有身体优势的人迫使弱小的人们为他们工作，为他们劈柴担水。身体上的优势，还在混杂的性交方面，压制了弱小群体；强壮的人可以选择自己的配偶，并带着嫉妒守护自己的配偶，防止其他弱小的人接近。这是婚姻最早的形式，随着婚姻的建立，逐渐出现了家庭，拥有确定家系的孩
379 子，这些孩子的父亲自然都希望将自己辛勤劳作的成果、他的奴隶和土地全部传给他们。

对维柯而言，"强壮的人的力量是促进社会进步的首要原因"，梅因(Maine)有同样的看法。继承意味着土地的分割和土地所有者的绝对权力——完全所有权(*dominium*)。但是仅仅依靠武力，尽管这是强有力的手段，但还无法促成文明的萌芽。人类的思想在所有时代和地区都多少拥有一些超自然的信仰。维柯并不热衷于解释这种信仰的起源。他认为，有时候这种信仰的产生仅仅是因为对于自然力的敬畏，对雷声的恐惧(*fu fantasticata una divinata in cielo che fulminasse*)。在另一些情况下，则是由于人类意识到了自身的渺小或出于良心的选择(*coscienza del' mal fatto*)。但不论是什么起因，信仰成为人类迈向文明的一种手段。即使人类的执拗使其信仰了错误的神，出于无知，他全身心地敬畏这些神，通过一些预兆企图获知神的意志，通过祈祷和献祭安抚神。人类的整个生命变得与那超自然的存在息息相关；婚姻成为一件圣事；"意旨"(wills)被置于神的庇护之下；牧师和立法者的身份得到确认。这是因为在最初，家庭、法定权利和美德本身是建立在宗教的基础之上，因此维柯将自己的体系称为"理性的民间神学"(*una teologia civile ragionata*)。

积极诉诸宗教实践的人们，都是一些通过行使更高的力量和凭借更高的能力获益的人，这一点很容易理解。已经拥有住所、妻子和家庭的人最早搭起圣坛或建起一座神圣的果园，以求得看不见的力量的好感，他们的牲畜产下的第一胎子嗣往往被用来作为祭品奉献给神。

世俗的智慧、超自然的关系和绝对的世俗权威是家长①独有的权力，他的专制权力到最后也变得慈悲。他所坚持的要求群体性服从的野蛮的热情也慢慢得到抑制，趋于平静。在其去世后，家长的贡献得到认可，他成为英雄和半个神一样的人物。

根据中世纪时对于异教神话的看法，这些神话中的神都是无根据的虚构的，或者至多是邪恶精神的象征，这种看法是错误并且浅薄的。古代的神话世界是有意义的，并且到处都是真实存在的人。“我们在古代神话中可以找到最早的人类的文明史”，从这些材料中，原始人类思想和历史的真正轮廓得以形成；早期人类创作神话的能力非常出众。维柯提议的运用神话的方法，在很大程度上得到新近学者的 380
肯定和追随，但是，我们在《新科学》中发现，一些对特定神话的出色的解读，可能隐藏了自身巨大的价值。维柯试着表明，希腊十二位伟大的神，反映了很多重大的历史，举例而言，朱诺②象征着人类婚姻的历史。当然这样的尝试，在我们看来或许是荒谬的，但是，当我们阅读了他的论述后，会惊讶地发现，他像任何一位近代学者一样，清楚地明白原始种族的“自同构性”(automorphism)。

维柯相信，早期的语言在很大程度上是从模仿开始的。它们的后续发展则是一个无意识的过程，他将语言的多样性归结为以下原因：“众所周知，由于气候的多样性，各个民族具有不同的天性，因此产生了不同的习俗。从这些不同的天性和习俗中产生了同样多的语言。同样是由于其天性的多样性，人们看到人类生活的多样性的需求，因此产生了各种不同的语言。”(*Come certamente i popoli per la diversita dei climi, han sortio varie diverse nature onde son usciti tanti costumi; cosi dalle loro diverse nature et costumi sono nate altrettante diverse lingue; talche per la medesima diversita delle loro nature, siccome han guardato le stesse utilita o necessita delle vita umana con aspetti diversi, cosi son uscite tante lingue diverse.*)

导致最早的宗教信仰形成的人类的恐惧，同样使人们通过单音节的发声来表达情感。人类最初的语言只是一些简单的本能反应，慢慢地，在不知不觉的过程中，人们开始用语言表达所有简单的情感——悲伤、喜悦、期待。“受到强烈的刺激时，他们通过大吼大叫、吱吱呀呀、愤怒咆哮来表达自己的情绪。”(*Spiegavano le*

① 家长，罗马法中规定为享有父权的成年男子，对其家庭成员享有权威。——译者注

② 朱诺(Juno)，天后，主神朱庇特的妻子，主司生育婚姻等。——译者注

loro passioni urlando brontolando fremendo：*spinti da violentissime passione*）在单纯表达情感的基础上，言辞的复杂性与日俱增。合适的名词发展成普通名词，这些普通名词再发展成为用以表示抽象特性的形容词：一个头脑不是很发达的民族不会提炼出抽象性的词语，即一般来说……如果他们想要表达两种不同事物的不同特性，他们不会将这两种事物结合在一个概念中（*Una nazione di mente cortissima non sa appellare una proprieta astratta*，*ossia in genere*，... *ed ove vogliano dire diverse proprieta di due corpi di specie diverse*，*eglino uniranno in una idea essi corpi*）。

在早期演讲中，很大一部分语言带有拟声的特性，亚里士多德最终确立了拟声词这种语言。有关宾语的学说是由马克思·缪勒（Max Muller）和其他近代语文学家创立的。在人类可以将外在事物转换为抽象的概念之前，他必须认识到外在事
381 物给他留下的印象，以及这是一种他仅仅试图用哭泣而不是其他任何模拟的声音来表达的印象。但是另一方面，由于印象必须反映一些引起这种印象的事物的本质特征，所以用以表达这一印象的语言也必须在一定程度上体现其外在起因，这一点引起了一些争论。因此，维柯如此重视拟声词或许并没有错。

诗和音乐产生了散文。"人类在最初阶段只是感觉，但并不会评述他的感觉；然后他们开始评价万事万物，但是只是凭着野蛮和原始的灵魂，并且以一种混乱的方式；最后受到纯理性光辉的启示，人们开始真正的表达。"诗歌，是内在感情的传播媒介，也是最早出现在各地的表达。当欧洲正形成新的语言时，诗人再一次成为最早运用这些语言的人。早期的诗人是一群如此富有想象力的生物，他们对于自己头脑中的幻象深信不疑。"他们想象，他们坚信"（*Fingunt simul creduntque*）。这就是那么多早期的诗歌都向我们传递了一种强烈的印象的原因。维柯的这些观点足以表明他对于语言的立场。正如我们指出的，尽管维柯对于语言的起源不可能形成任何成熟的观念，但是就像在其他领域一样，维柯还是成功地说明了一些真理，这些真理直到最近才被证实。维柯的出色之处在于，他意识到了语言的重要性，因为语言是最早用来储存历史的工具，他也看到了研究这些问题的方式的价值。

希罗多德（Herodotus）将古埃及的历史分为三个发展阶段：神的时代，英雄的时代和人的时代（*la prima degli Dei*，*la seconda degli Eroi*，*la terza degli Uomini*）。维柯接受了他的划分。他制定了一个非常任意的编年时间表，以证明希罗多德划分的历史阶段适用于所有国家。在神的时代，只有一些原始家族（family）。我们注意到《新科学》借助古罗马家庭法中的概念对此作出了阐述。《十二铜表法》中只记载了一种事实上的专制统治，它规定："家父掌握着子女的生死权利"（*Patrifamilias ius vitae necisque in liberos esto*）。除非我们假设"家族"（family）这个词是从公务员（*famuli*）这个词或者先是从第一位"家长"的仆人（*patres familias*）这个词演变过

来的,否则“家族”这个名称从起源来看就是被误用的。

当弱小的和被迫害的一部分人开始被带向强大的那部分人的祭坛,人们必须生活在强大的人的庇护之下时,历史开始向第二时代或称为英雄的时代过渡。在这些家族中发展起来的道德观念——顺服和谦恭——是未来的国家统治者所需要的。随着时间流逝,这些家族的数量不断增长,并且开始对自己越来越有信心。人 382
们对家长不再有恐惧感觉,而且也不再因得到庇护或免受从未亲身经历过的危险而感激万分。最后,他们产生了被奴役的怨恨,并达到顶峰,引发反叛。他们大胆地要求确认自己的权利,而且要求保证在未来得到很好的待遇。但是这种反抗迫使家长联合起来,并且选出首领,接受首领的统一领导,只有这样他们才有可能成功压制他们反叛的受庇护者。这是最初期国家的粗略轮廓。在这个社会中,不再仅仅是各个家族团体,还有对立的派别、集团利益的存在,当一种生活方式(*modus vivendi*)建立起来后,还出现了基本的法规,统治阶级借此维持社会的和平状态。

促成新的社会单元形成的影响因素,在维柯看来,不是任何一个外部机构的行动,而是如他所说,“事物本身说了算(*ipsis dictantibus rebus*)”,维柯看到了上帝在其中起的作用,同时,上帝也出现在了人类的精神之中,某种程度而言,两者共同作用确保了社会发展按照人道主义的基本法则进行。上帝的力量通过维柯所说的“国家共识”(common sense of nations)体现出来,这是国家共同本质的自发性表达,“这种力量的形成不需要经过人类的深思熟虑,同一阶级或同一民族中的每一个成员或者全人类都感受的到”。《单一的普遍法原则与单一目的》中也突出体现了“共识”(*senso commune*)的重要性,在《单一的普遍法原则与单一目的》中,“共识”被表述为“你的城邦……对于遵循或拒绝某事物的一种共同的认识,你的所有市民……对于遵循或拒绝某事物的一种共同的认识”(*communem tuae civitatis ... prudentiam, qua id sequaris aut fugias, quod omnes tui cives ... sentiunt sequendum vel fugiendum*)。在《新科学》中,人类共同的本性(a common human nature)这个概念尤其重要。当然,就其本身而言,这绝对是一个全新的概念,当维柯用这个概念来解释国家的兴衰时,这种曾经单纯的情感的表达方式具有了新的重要属性。克勒姆博士(Dr. Klemm)说:“我们最初认为,维柯的社会心理学思想是一种奇怪的历史哲学观。”维柯第一个意识到了社会心理学(*Völkerpsychologie*)预先假定的基础,并尝试着建立社会心理学期望创建的普遍原理,从这个意义上而言,我们的这位作者的确是社会心理学的创建者。

维柯揭示了人类心理历史的一些基本的或普遍的真理,这些可能会被提及作为体现他聪慧敏锐的例子,因为《新科学》一书从头至尾体现了这些真理:

“人总是先关心需要的东西,再关心有用的东西;然后他们成功找到了安慰、快 383
乐和奢华。最后他们滥用财富。”

“各个民族的性格一开始都是残酷，然后严酷，然后发生转变，变得温和，和善，好奇，最后变得放纵。”

“政府应该与它所治理的社会相适合，因此国君最需要的是关于人民的知识。”

“风俗习惯比法律法规更合乎人性，也更有力量。”维柯在《单一的普遍法原则与单一目的》中充分表达了这一观点，他写道：“风俗习惯和法律都是对自然法的演绎，但是习惯法是更确定可靠的演绎，因为它们得到了当前社会状态的认可，它们随着时间消失；法律，尽管有时候优于习惯，但往往不够稳定可靠，因为它们是根据立法者不断变化的意志制定的。”

早期的国家，我们在维柯的论述中已经读到了其形成过程，是一种贵族式的政体。国王只是“同等地位者之首”（*primus inter pares*），至高无上的权力全部归族长大会（the assembly of chiefs），族长们将私人复仇的权力分给各个家长（family authority），同时认可公共权力机关享有至高权力，并且在必要的时候，为了满足国家的利益可以剥夺家庭世袭财产（family patrimonies）。这一观点大体上依然为近代学者所支持。我们对于最早期的国家仅有的一点知识就是，根据弗里曼（Freeman）的记录“国王并不能依据个人专断的意志进行统治，他必须听取族长议会（council of chiefs）的建议”。

根据维柯的论述，中世纪土地保有权的多样性在此后形成的共和国政体中受到了挑战。族长授予造反平民基础的或衡平法上的土地占有权（a base or bonitary tenure）类似于“封建农役保有人”（*feuda rustica*）；族长们拥有贵族的占有权，而对于所有土地，至高族长议会享有和封建君主同等的内在权利（immanent right）。贵族阶级的政策都很保守，因为作为既得利益者，他们都反对改变。阶级特权、宗教权利、家族权威以及立法权都由族长享有。这种状态很难持续。平民阶级被迫向贵族进贡，无法将土地传给自己的孩子，因为他们被剥夺了通婚的权利（*connubium*），也没有政治上的权利，最终再一次发动起义，向镇压者强行要求法律上的平
384 等。这标志着英雄时代的终结。

在平等社会建立过程中发展出来的法律和习惯体系更适应人的实际需要，但是这种流行的政府组织形式很快转变为君主政体，这是历史循环进程中无可避免的最新的一种组织形式。根据研究对象的本质，社会科学必须形成一套用来解释现象不断更替的理论。近代学者常常将政治上的变化视作一种进步；但维柯倾向于将之视为某一轨道上的天体运行。维柯不仅仅满足于将他的“三时代理论”应用于古代历史，并力证其普适性，他同时坚持这一理论同样适用于罗马帝国衰落之后的历史进程。然而建立这一论题的努力失败了，因为尽管他没有绝对坚持历史事件的发生总是循环反复的——“实际上同一”（*identita in sostanza*）但“在解释方式上多样”（*diversita nei modi lor' di spiegarsi*）——但是论证的难度，使维柯陷入了

明显的诡辩，并且很多主张都缺乏历史基础。

维柯认为第一时代历史时期的诗人在第二时代成为了编年史家；居住在欧洲的野蛮人的语言、私人的正义体系和家庭宗教也获得了同样的发展。在封建制度下，英雄时代封臣掌控着平民的土地的情形再次重现，无论是和平还是战争时期，平民都对所侍奉的领主表达敬意。当君主政体取代了封建制度，优士丁尼的罗马法传遍欧洲时，我们再次迎来了“人的时代”(human age)，维柯坚持认为，在他所处的时代，这是所有已经建立君主专制制度(absolute monarchy)的国家最发达的时期。维柯是如此急切地想要归纳出这一观点，而且他还试图将这一理论应用于一些他事实上根本不了解的国家，甚至宣称日本和其他亚洲国家正处于和迦太基战争时期的罗马相同的发展阶段。所有这些都是空想，尽管正如我们已经提过，历史循环论大体上已经被废弃，但是甚至在今天仍有些学者坚持，法律的存在与记录(recorsi)的存在一样，正因为如此，如今的某些社会变革与过去发生的变革有诸多相同之处，这是注定的。龚普劳维茨(Gomplowicz)就是其中很著名的一位。

尽管维柯在《单一的普遍法原则与单一目的》中的一些篇章中似乎暗示了君主制在根本上优于其他形式的政府——“最符合本性的方式”(*maxime naturae conveniens*)，但是这可能并不是他成熟的观点。他在《新科学》中提道：“考虑到每个民族的特性，仍存有疑问的是，根据人们的生活环境，人们如何才能得到最好的治理……在炎热且易使人兴奋的气候下统治者的统治方式，显然不同于生活在寒冷和难以使人激动的环境中民族适用的统治方式。”这种观点更易让我们想起麦考利(Macaulay)激昂的话语“一个人根据抽象的原则即宣布某一组织形式是好的，全然不考虑某个受统治民族的具体相关情况，这种评断是如此荒谬，就像一个裁缝应该按照贝尔维迪尔·阿波罗(Belvidere Apollo)的尺寸为所有顾客做衣服”。 385

维柯认为，君主制、贵族制度和民主制都是政权的自然形式：每一种都适用于文明进程中的某一个或多个阶段。在一个国家特别需要某种有利条件或者有特定的发展方向时，某种形式会比其他形式更能发挥作用。

政府的正当性是由这个政府存在原因的持续性衡量的。只要保证最有才能和智慧的人当政，并保证政府是合法的(即使它的改革是错误的)，社会实质上就会更加均衡或者更加合理。当古罗马贵族拥有知识、能力和组织，他们的治理就是合理的。当社会中较低的阶层在文化上不断进步时，他们的统治者逐渐失去真正的优势，当仅依赖于继承的特权来维系统治时，这些统治者就应该被废黜，交出权力，这是正确而合适的做法。君主专制制度也适用于诸如古东方的一些国家；当一个衰退的民族失去自我控制力，骄奢懒惰，他们会很轻易地向专制君主低头，因为这个君主自称拥有其他人因太愚钝而不具有的或因太软弱而无法践行的辨别力。当一个有活力的民族开始自我觉醒，不断凝聚、发展群体的力量时，它对于一种更加普遍的、可以使这个民族最好的部分得到更大发展的、政权组织形式的需求就和创建这个国家的人的生理需求一样真实。但是，国家的变革趋势却在本质上堕落了。386 财富的不断积累，社会生活的日益精致，以及阶级之间的冲突导致主要政治关系的腐化。有时候，国家这部四分五裂的机器在某位恺撒的铁腕之下恢复正常运作。但是如果这部机器无法得到维修，没有什么能将其从腐朽和无政府状态中拯救出来，那么就只有来自国外征服者的残酷镇压才可以解救它了。如果可以使被征服者的政治生命获得新的力量，那么一个民族对另一个民族的征服就是正当的。“如果一个人无法统治自己，那么他必须允许被他人统治……这个世界总会被那些具有非凡品质的人统治。”

但是，政治历史循环论也许事实上并非《新科学》的本质思想，这一观点也没有排除人类取得真正的永久进步的可能性。维柯在社会学假想中表现出的悲观主义特性源自很多方面的原因。其中有他自己发现的史前社会的衰败，古罗马和古希腊伟大社会制度的瓦解和衰落，以及他所生活的意大利的法律空白，这些都扰乱了他对未来的展望，阻碍了他对于重大发展迹象发表应有的正面评价。当他对于上帝的意图表现出信心时，他并不是基于科学所教授给他的东西，用他自己的话来说，也不是意识到进步中的本能的信仰是人类常识（*senso commune*）的一部分，或者按照我们的说法来说，他没有认识到这种信仰是实现上帝的意图的最好保证。

有一位法国评论者在对维柯的政治研究和孟德斯鸠的进行比较之后，由于他将自己限定在古罗马政体之下，忽略了对其他任何政体的考察，因而大大贬低了维柯的研究成果。《论法的精神》（*L'Esprit des Lois*）①的作者考察范围更广，这一点毋庸置疑，但是他的真正价值在于他对改革法国君主专制制度的正确路径的探讨，而不在于他比维柯研究的范围更广泛。

在思想领域，人们对于政治的研究还是受到了柏拉图、苏格拉底和亚里士多德的影响，很大一部分政治事实也依然是近代学者从罗马的历史记录中摘录出来的。387 梅因说：“如果我们把对罗马法的研究放在一边，那么我们对于法律和社会起源的探讨，在很大程度上将会沦为模糊的推测。”维柯没有错误地过度依赖罗马历史的一个明证就是——他得出了许多孟德斯鸠和后世学者创立的最好的结论。他自己可能尝试过假设各国政治发展从本质上而言是相同的——这是“国家的共同性质”（*commune natura della nazioni*）理论的结果，并在这一点的基础上来证明他的方法的正确性。当然在他的时代，他不可能掌握任何关于意大利原始土著民族的具体情况，同时他也无法得到他的后继者们可以从语文学和考古学探究中得到的帮助，但是他充分利用了手边的资料。他清醒地认识到厘清平民和贵族之间斗争的起源

① 孟德斯鸠：《论法的精神》（L'Esprit des Lois）。——译者注

和发展阶段的重要性，完全就像尼布尔（Niebuhr）和蒙森（Mommsen）所认识到的那样。从他对于氏族的原始特性的叙述来看，他认为受贵族保护的平民最初和普通平民是一样的，在这一点上他和蒙森意见相同，但不同于尼布尔。可以肯定的是，后来的研究者们不认为完全消除王权是一个神话。对他们而言，塔昆（Tarquins）比罗穆卢斯（Romulus）和努马（Numa）更具现实意义，但这是典型的成熟观点，不应该对一位前辈有如此高的要求。

维柯在罗马法研究方面最成功和最引人注目之处在于他对《十二铜表法》起源的探讨。他指出《十二铜表法》是对古代拉丁人生活习惯的编撰而不是古希腊的立法者写就的。维柯认为李维、普林尼（Pliny）和其他古典研究者的观点是不可靠的；他得出的结论是，《十二铜表法》是从意大利（Latium）民族的习惯法发展而来，而非古希腊立法者们创制的，维柯的这一论断现在已经被广泛接受。维柯给出了强有力的理由进一步证明。他说明了其中的矛盾，并指出古希腊和罗马法的相似之处可以追溯至普遍的产生原因（general causes），并且这些相似之处并不足以证明两者存在借鉴关系。尽管这些结论可能非常出色卓越，但是这些结论发表后立即引起了众多争议，因而形成新的探究领域，但是这一点反显得更加重要。在意大利，维 388
柯的支持者和反对者很快都开始讨论维柯对传统的反叛，人们对早期罗马法的探究获得了新的动力，并且开始朝着一个研究方向进行，这一方向也是之后的研究者们坚持的方向。因此维柯也将自由辩论拓展到了另一研究领域。

在《新科学》第二版中，维柯的第三卷主要是用来“发现真正的荷马”。他对于荷马史诗起源的探索非常重要，因为他将这次研究视作正确对待早期神话的典范，他的许多观点都是从这次的研究成果中发展而来的。他确立起了对待古代神话传说的重要方法。尽管很多的古希腊研究者已经准备好接受阿诺德（Arnold）给翻译者的忠告“不要纠缠于荷马的身份这一伤脑筋的问题”，但这依然是一个可辩论的问题，即荷马史诗到底是由一位作者单独“创作的”还是“编辑的”。在维柯看来，荷马就是古希腊人民。没有人是天才，但是古希腊人在世俗争斗中为了国家的希望和生存摸索前进的民族精神，古希腊人民经历的困苦和怀抱的理想都反映在了《伊利亚特》和《奥德赛》中了。古希腊最早期的繁盛在《伊利亚特》中通过阿喀琉斯——半神半人，象征着力量和男性的进取心，反映了出来。《奥德赛》则表达了不一样的特点，我们看到了另一种美德。世俗的智慧和计谋比身体上的力量更重要，卡吕普索（Calypso）①和喀耳刻（Circe）②更加不可抵挡。两部史诗都是许多诗人的心血结晶，但是它们在情感和风格上的根本性不同表明《伊利亚特》中的诗篇来自

① 卡吕普索（Calypso），《奥德赛》中的海上仙女，曾将特洛伊战争英雄奥德修斯截留于其岛上7年。——译者注

② 喀耳刻（Circe），希腊神话中能将人变成牲畜的女巫。——译者注

更早的年代。因此，“真正的荷马”是希腊文明的奠基者，他是第一位哲学家和历史学家。因为早期的历史必然是充满了诗意，而诗歌一定是理想化了的历史。

弗里德里希·奥古斯特·沃尔夫(Friedrich August Wolf)拒绝承认他的荷马理论已经为维柯所预言。对于第三卷书而言，很难称之为一种公平的评判。事实上，维柯——而不是德国的评论家们——才是近代荷马理论和真正的种族起源研究方法的创始者。

以上对《新科学》主要内容的概述将有助于表明它是当之无愧的18世纪最伟大的作品之一。除了上文已经提到的方面之外，维柯还预先展示了近代学者的研究方法。比如他指出，人们研究社会学时可能会从生物学中获得很多有价值的帮助；
389 通过探讨后来被称为野蛮民族的相关问题，他阐明了自己的部分理论。但是因为他的书中新东西太多，在他的观点可以接受检验和安排之前，他拥有了如此多的新发现，以至于凭他一己之力根本不可能对这些发现一一作出合理论证。据说维柯曾经送给牛顿一本《新科学》，也许他是希望向《数学原理》(*Mathematical Principles*)的作者表明，尽管宇宙重力的原则由一位英国人发现，但一位意大利人已经有了同样重要的发现，即人类在社会中也都遵从确定法则的运行。尽管牛顿并不认可维柯所阐述的规则和自然的统一性同样清楚确定并且不存在任何例外，但是他认可了维柯的尝试(尽管可能失败了)，但是牛顿认为这种尝试是值得高度肯定的。人类知识的进步是缓慢的，洪堡①对于社会科学作出的描述尤其正确：“在观念和现实之间存在着巨大的时间和空间地带。”

在Signor B. Croce写的Bibliografia Vichiana(那不勒斯，1904)中有对维柯作品完整的列举。最近对于维柯的社会学观点的最优秀的评论是克勒姆博士(Dr. Otto Klemm)的《哲学和社会学家维柯》(*G. B. Vico als Geschichtsphilosoph und Volkerpsycholog*，莱比锡，1906)。另参见弗林特教授(Professor Flint)在布莱克伍德(Blackwood)的《古典哲学》(*Philosophical Classics*)中“维柯”一卷中对维柯作出了全面的精彩评述。

(撰写：Michael Rafferty)

① 威廉·冯·洪堡(Wilhelm von Humboldt，1767—1835)，德国学者、政治家和柏林洪堡大学的创始者。——译者注

17. 宾克尔舒科 390
(Bynkershoek)

（荷兰法学家宾克尔舒科）

科内利乌斯·范·宾克尔舒科(Cornelius Van Bynkershoek)于1673年5月29日出生在西兰岛的米德堡(Middleburg in Zealand)，父亲是一位商人。宾克尔舒科在弗里斯兰(Friesland)的弗兰克(Franeker)大学接受教育，先是学习人类学，随后才开始罗马法的学习。他在大学表现突出，得到著名教授胡伯若斯(Huberus)的最高赞赏。后来，他定居海牙，成为一名律师，并着手准备有关荷兰国内法的著作——《荷兰和西兰岛法律大全》(*Corpus juris Hollandici et Zelandici*)，并发表了一些罗马法方面的论文。1702年，他开始研究海事案例，随即出版了著名的《海洋主权论》(*De Dominio Maris*)，探讨了在过去两个世纪中有关海洋主权的重大争议。和格劳秀斯一样，宾克尔舒科没有继续从事律师实务。1703年，他被任命为荷兰、西兰岛和西弗里斯兰的最高法院法官。他所在的法庭位于海牙。1724年升任首席法官。因为职务上的关系，他开始关注外交关系的性质和习惯，并完整学习国际海商法的惯例和实务细节。1720年，他出版了有关驻外大使的权利和责任的《外交法》(*De Foro legatorum*)一书。1737年出版了《公法问题》(*Quæstiones juris pubici*)。第一部分是《战争史》(*De rebus bellicis*)，其中探讨了关于战争的国际法和国际惯例中最重要的问题。1743年4月16日，宾克尔舒科与世长辞。

《私法问题》(*Quæstiones juris privati*)是宾克尔舒科生前未完成的作品，他死后才面世。1761年，罗桑(Lausanne)的法学教授维凯特(Vicat)在日内瓦出版了两卷选集，集中选取了宾克尔舒科广受关注且对当时法律和政治影响深远的作品。

第一卷：(1)《罗马法观察》(*Observationes juris Romani*)，共有八篇论文，论述
罗马法的一些问题，有的研究视角很有新意；(2)《诸论文集》(*Opuscula varii* 391

argumenti)，收集了六篇关于罗马法学的论文，例如《法律的起源》(*de origine juris*)、《家父权》(*patria potestas*)等等；(3)对批判之前作品的回应。

第二卷：(1)《小论文集》(*Opera minora*)，收集了六篇论文，其中的第五篇就是《海洋主权论》，第六篇是《外交法》；(2)《公法问题》：一是《战争史》；二是《诸学说史》(*De rebus varii argumenti*)，探讨了国际法和荷兰法中的许多问题，例如第三章到第十二章论述了大使的法律地位，第二十一章论述了军舰在海上行礼的问题等；(3)《私法问题》，分为四本书，共四十八章，述及民法、荷兰国法、保险法以及其他有关海事和商业的法律。

除了上述作品外，他还完成了《荷兰和西兰岛法律大全》和《杂观》(*Observationes tumultuariœ*)两部作品。后者是他在从事司法实务时对案例所作的评注。遵照他本人的意愿，这两部作品并没有出版。

宾克尔舒科的著作足以使他在众多的国际法学者中享有崇高的声誉。霍尔(Hall，旧译霍耳)对他的评价是：他是最早的重要学者。少有后人能在判断力和洞察力上和他相提并论。他研究的范围不及格劳秀斯、普芬道夫、沃尔夫或瓦特尔(Vattel)等人广泛，也无意于在国际法领域梳理出一个体系。但他以前所未有的务实精神、更严谨的逻辑，更深入、全面地研究所探讨的问题。在多年的职业生涯中，他养成了简洁表述、精炼表达、准确分析复杂问题、清晰解释、注重细节的习惯，面对矛盾，也能保持中立的态度。他不止一次表达了审慎的见解，与本国的惯例直接冲突。例如，在如何处理敌方船舶内的中立货物的问题上，他反对荷兰外交政策和法令规定没收这些中立货物。这一态度随着他在国内司法机关职位的上升而愈加引人关注。他在推理中常援用法律上的和历史上的典故，但他又会小心地避免卖
392 弄学识，既能避免引起争议，同时又不至于弱化前辈们确立下来的原则。

宾克尔舒科的论述跟审慎公正的事务家一样，具有务实直率的特点，完全没有故弄玄虚、高深莫测的味道。他的主张不为形而上学的理论所支持，但符合推理、常识和当时的实际应用。他不是唯理论者，也不是唯先例论者。他选择了折中的方式，以改进标准后的推理来补充实例，根据实际情况、必要的日常生活、必然的人类极限和维持和谐的国际关系来解释推理的哲学要求。有人说，普适性是他的既定原则，始终以实证研究法为指导，通过合理的评判、活跃的思维和广博的学识来运用这一方法。他的很多判决涉及复杂的争议问题，比如他确定的领海范围一直被引为权威观点。他的著作都洋溢着亲切活泼的感情，有时又用语诙谐，例如，当引用因烟草(战时禁运品)分类而引发的多方争议时，他认为这场论战不会得出实质性的结论，只会随着论战的结束而烟消云散。当然，他的著作中也有些许瑕疵，比如，以严苛的逻辑来论证一些已有结论的问题；在有些战争中发生的事件上，忽视已经初现端倪的人道主义关怀。

想更好地理解他的学说,需要明确他对之前已经确立的各种学派的立场。我们发现"教会国际法学派"(*l'ecole canonico-internationaliste*)在13世纪就开始以教会法理论来解释战争法。随后两个世纪里,罗马法学派拓展了研究范围,对结盟和其他国际关系、战争、驻外大使等问题都有涉及。到了16世纪,有关国际法的作品数量激增,表明对国际关系的概念的研究有了实质性的进步;相关作品的涵盖范围也越来越广,海事和国家之间层级问题都得到了更系统的研究。这一时期最重要的两位思想家是西班牙的耶稣会会士苏亚雷斯(Jesuit Francis Suarez)和贞提利斯,均被称为格劳秀斯的前辈。 393

格劳秀斯1625年出版的《战争与和平法》,第一次全面、系统地研究国际法上的问题,对欧洲产生了深远影响。该书试图将伦理超验主义(ethical transcendentalism)与国内和国际政策的实际需求和实证主义,在某种程度上加以调和,即自然法与意思法的调和。前者是"理性的命令",占据支配地位,"亘古不变的法则"。实在法是国家意志的结果。尽管时代和环境都有所不同,但各国都认同这一实证主义原则。这种认同可以被认为是一种默契,如罗马法学家所说,是"各国认可的不成文法"。格劳秀斯的这一态度促使他自己坚持从古代案例中寻找证据,并有意地回避现代的例证。

之后不久,苏亚雷斯在他的作品中对格劳秀斯的理论进行了重大修正。这是第一部关于实证主义国际法的书籍,为"英吉利学派"(English School)奠定了最初的基础,尽管在塞尔登身上也发现了类似倾向。在苏亚雷斯看来,实在法以实际惯例为基础,更为重要;而且和格劳秀斯不同,他更多选取了现代的例证和事实。格 394
劳秀斯的万民法(*Jus gentium*)升华为苏亚雷斯的"国家间的法律"(*Jus inter gentes*),这一用语为日后边沁的"国际法"(International Law)作了铺垫。

到了17世纪,英国、荷兰、德国和瑞典的大学开始广泛且认真地研究国际法。哲学家们推动国际关系的哲学理论基础的发展,而非法学理论基础。此时学派之间的纷争日趋明显,而格劳秀斯的"自然法主义"(Naturalism)和苏亚雷斯的实证主义之间的对立有所动摇,有调和折中的倾向。由此形成了三个学派:自然法学派、实证法学派和格劳秀斯学派。

普芬道夫是自然法学派的领军人物,他的理论源于霍布斯的论断。而霍布斯的主张则萌芽于格劳秀斯的观点,普芬道夫认为,国际法是自然法在国际关系上的适用,一旦实证法脱离自然法,则丧失真正法律的性质,因为只有自然法具有法律惩治力——自然法是"由神制定的,对各国国民有拘束力"。起初,实证法学派认为国际法中的实证因素与自然法无关。惯例和条约所体现的原则具有法律效力。这是泰克瑟(Texor)和理查尔(Rachel)的观点。他们强调,实证法是"大多自由国民依据明示或默示的约定,为实际利益而相互受到约束的法律"。而且认为通过惯例形成的规则，构成对各国具有普遍约束力的“共同万民法”(*Jus gentium Commune*)；而通过条约形成的规则，只构成对缔约国有约束力的“特殊万民法”(*Jus gentium proprium*)。格劳秀斯学派采折中态度。他们承认自然法和实在法之间的区别，但与格劳秀斯本人不同的是，他们认为两者具有同等的重要地位。17、18世纪的多数学者采取这一态度，沃尔夫和瓦特尔是其中最重要的两位。

在欧洲历经“三十年战争”后，国际法的实证因素得到多方面的重视，同意原则
395 的影响力也更为广泛。1648年《威斯特伐利亚和约》[1](*Peace of Westphalia*)本身就是欧洲外交史上第一个重大法案，这是首次以条约的方式来解决国际争端。在奥斯纳布吕克(Osnabrück)召开的新教国会议(meeting of the Protestant Powers)和在明斯特(Münster)举办的天主教国会议都是国际关系发展史上引人注目的大事件。自此，欧洲均势论占据了主导作用，并普遍承认国家的独立。国际大家庭(family of nations)的概念也开始从设想走向了现实。海上交往的扩大促使习惯和惯例逐渐具备了法律约束力，外交方式也更加统一、系统。国际会议如雨后春笋般频繁召开，报纸新闻业的勃兴促使会议决议的广泛传播。备忘录和外交文件汇编的相继公布。在法国、英国、德国还有条约汇编出版。丹尼尔·凡·内塞尔(Daniel von Nessel)于1690年，莱布尼茨于1693年将不同时期各国的条约和外交文件汇集出版。这使得学者们可以依据已有的真实事实，从浩繁卷帙的历史文献中概括出结论，而不再沉溺于抽象的形而上学。显然，后人在考虑到时间、地点和环境等因素
396 时，更容易全面理解国际法的发展历程，也普遍承认通过明示和默示同意可使条约生效。格劳秀斯和莱布尼茨早已提及实证主义，坎伯兰(Cumberland)也强调了这一点，实证主义几乎得到所有后辈学者的认同，并成为包括边沁思想在内的整个政治哲学的理论基础。诚如当代法学家勒泽(Leseur)指出的，在条约和习惯中包含实证价值和法律性质，制定国际关系合理规则的可能性，自然法(现代意义上的自然法和格劳秀斯所指的有差异)无可取代实在法，但能够引导实在法的内生发展，对系统地阐释理论及法典化都起着重要作用。宾克尔舒科实为实证主义现代派的先驱，与马尔顿斯(Martens)并称为该学派的两大巨擘。

宾克尔舒科不仅注重实证因素，而且将其视为自己作品的唯一理论基石。尽管每种制度都会受到理由充足的批判而被修正，但明示或默示的国家意志显然比

---

① 1648年欧洲协议的总称。它结束了西班牙、荷兰八十年战争和德国三十年战争的局面。1644年在威斯特伐利亚的明斯特和奥斯纳布吕克两城开始谈判，1648年分别签订了西荷条约(1月30日)以及包括神圣罗马皇帝斐迪南三世、德国其他诸侯、法国、瑞典间的条约(10月24日)。决议载明，法国、瑞典及其同盟国，或获得了领土，或对领土主权的要求得到确认。教会问题也同时得到解决。由于确认了《奥格斯堡和约》，以及把条约的条款扩大到新教(加尔文宗)，帝国的三大教派——天主教、信义宗和加尔文宗获得了信仰自由。困难的宗教地产所有权问题也通过妥协获得解决。神圣罗马帝国被迫承认德国各诸侯在其各自领地的绝对主权，帝国的权力被极大削弱。——译者注

自然法中缜密的理论更为重要。他强调了格劳秀斯的论断:“每个人都能提出自己的理由,却不能正确解决问题,其原因在于自然法缺失理论支撑,所以内容上应该为各国国民的意思。”国际法以传统惯例、习惯和体现国家间明示合意的条约为法律渊源。惯例也以协议和法令为表现形式。在无成文法时,“若为理性所允许”,长期存在的通用惯例和习惯做法则被推定具有法律性质,约束所有人。各国因此而享有权利承担义务,并使得和平、战争、通商、外交、结盟等行为具备法律意义。明示同意可以推翻默示推定同意。当他国行为有损我国利益时,应摒弃个人得失,以理性来对待。“我们不能狭隘地维护自身利益,所有争议都应当以理性为判断依据,而不能只关注利益。”条约和法律所设定的规则尚不足以构成国际法,还必须符合理性的要求,才具有合理性和有效性。“违背理性的法律将丧失权威性。”宾克尔舒科试图糅合理性和习惯来作为整个国际法的法理基础。这是最理想的结果,但 397
问题在于如何准确地界定理性的意义。早期学者遵循罗马法学家援引罗马法上的意义来使用“理性”。此外,还在直觉、道德意识或常识等意义上使用这个词。诚如宾克尔舒科所使用的那样,“理性”可以充分地解释为象征着合理的常识行为。他认为尽管罗马法是古代法学家极力推崇的法律体系,但过多依赖于类推;古代法典无论多么体系化,结构多么优雅,并不必然适应新时代新环境。现代国家的“同意”远比《学说汇纂》上奉为圭臬的结论(decisions enshrined)要重要。所以宾克尔舒科引用威克福[①]的话:“既然公法的规则连《民法大全》中的《法令类典》和《学说汇纂》都没有引用,怎么可能从其他法律命令中总结出来”,反复强调现代国际法源于理性指导下的惯例与习惯。他是当时极少数只关注近期历史事件、外交事件、法院判决、议会决议和最近条约声明的学者。又是第一个广泛运用条约和习惯中的资料的学者。他在著作中常常引用荷兰议会[②](States-General)的决议,而且在“封锁”一章中还大量引用并评价了荷兰有关“封锁”的公告声明。英国学者塞尔登和苏支直接适用英国海军部的命令来讨论欧洲重大的海事争议问题,宾克尔舒科在这一方面的观点与他们类似。例如英吉利海峡和爱尔兰海的主权问题、中立通商的法律地位。两三个条约中规定的新规则不一定构成法律,但可能属于特殊的例外情形。 398
“他国之间的约定可以构成国际公法么?抑或属于例外情形?所以此类约定是否已经超过公法范畴不得而知”。在探讨敌方船舶上的中立物资时,他认为应当合理依据当时情境判断当事方真实意思,作出符合事实的条约解释。因此他拒绝荷兰议会于1650年、1662年、1674年、1678年、1697年和1713年与西班牙、法国、英国

① 亚伯拉罕·德·威克福(1606—1682,Abraham de Wicquefort),荷兰外交家,著有《大使及其职能》。——译者注

② 1579—1795年期间,由荷兰共和国各省的代表组成的议会机构,也为荷兰议会的现称。——译者注

和瑞典签订的一系列条约。有意思的是，宾克尔舒科建议，条约的解释发生争议时应由仲裁机构裁决。因为条约在缔结后，常常因无法在条约解释上达成一致而被拒绝履行，沦为一纸空文。

有关国际法的总体观点，国际法的渊源，有关国际法发展的学说，有关前辈和同辈学者观点的理论、他在现代派中的地位，以及与该学派相似的观点，特别是他反复强调习惯与惯例的重要性，条约、外交文书、公开的法令和声明，还有在理性和逻辑指导下的公正行为，这些都在上文中有所述及。下面，我们将探讨他在海洋主权、大使的权利和责任、中立、禁运品、中立通商、战争法上的一些特殊难题等重大问题上的具体观点。

海洋主权

《海洋主权论》以坦诚和无偏见的态度探讨了 16、17 世纪备受争议的一些问题。作者冷静地探讨了何种情形下海洋可以成为主权或排他性管辖的客体。继而论述了各国不同时期在主权问题上的主张。他强烈反对贞提利斯和塞尔登的学
399 说，赞同格劳秀斯和普芬道夫的观点，主张任何国家都享有在公海通航、通商和捕鱼的自由。

格劳秀斯继受了罗马法原则，来区分海洋是共有物(*Res communes*)，可通航的河流是公共物(*Res publicæ*)。但是，自中世纪以来各国都主张对领海、英吉利海峡和爱尔兰海享有主权，以及专属捕鱼权，敬礼和其他海上礼仪，对他国交战行为的驱逐权。主权迅速扩展到了更广泛的范畴，打击海盗、维护秩序。领海国以提供航行安全为对价向过往的外国船只收取苛捐杂税，此后，有限管辖发展成为排他性支配。各国纷纷提出主权主张，如热那亚(Genoa)对利古里亚海(Ligurian Sea)，威尼斯对亚得里亚海(Adriatic)，法国对其海岸周边的模糊海域，英格兰和丹麦对挪威海都提出主权要求，瑞典还主张共享波罗的海。更有甚者，如西班牙和葡萄牙主张对其发现的水域都享有主权权利，引起了主权受侵犯的各国的抗议，很快，整个海洋主权原则就濒于崩溃。伊丽莎白女王曾强烈反对西班牙觊觎印度水域的主权。乌巴尔迪斯(Ubaldis)和尼古拉斯(Nicholas)等学者认为如果没有长期占有，则一般不能享有所有权；其他学者如阿方索・德・卡斯特罗(Alphonse de Castro)猛烈批判了葡萄牙、热那亚和威尼斯的特别主张。尼德兰联邦[①](United Provinces)和西班牙的菲利普二世之间的争议催生了大量研究著作，如 1613 年贞提利斯的《西班牙辩护状》(*Advocatio hispanica*)，威廉・维尔伍德(William Wellwood)于 1613 年和 1615 年分别出版的《各国海洋法略论》(*An Abridgement of all Sea-Lawes*)和《海洋主权

---

① 荷兰 16 世纪独立时的名称。——译者注

论》(*De Dominio Maris*),约翰·布鲁斯的《英国海洋主权论》(1653年)。在所有此类作品中,格劳秀斯于1609年出版的《论海洋自由或荷兰参与东印度贸易的权利》(*Mare Liberum*)和塞尔登于1635年出版的《闭海论》(*Mare Clausum*)最重要、影响最大。格劳秀斯坚持必要的有效占有,反对设立永久边界,主张区分绝对财产和主权,公海(*oceanus apertus*)和内海(*maria interiora*)。塞尔登并没有明确区别领海和 400
公海,支持英国对周边海域的主权主张,反对荷兰人在海岸以外的水域捕鱼。

到17世纪中期,主张如此广泛海权的越来越少了。查理一世、克伦威尔(Cromwell)和热那亚继位时,都遭到蓬塔努斯(Pontanus)和德克·格拉斯文克(Graswinckel)的强烈反对。后者追随格劳秀斯,采纳罗马法中关于财产取得的原则,认为持续占有很有必要,但不可行。他指出塞尔登将近海和外海混为一谈的理由是无效的。他嘲笑威尼斯的督治总督连亚得里亚海都想加以传统管辖,否认英国主张的海上霸权,而且认为仅仅向英国国旗行海军礼仪不必然暗示着任何对英国主权的认可,进而反对塞尔登所主张的,一旦占有邻接海岸的水域即有权利或有明确期待可以将主权延伸到海洋深处。他承认一定范围的海域可以被专属管辖,首先是邻接陆地的海域(Mare terrœ proximum),其次是有出口与大洋相连,但其他部分被特定一国领土包围的海域,海域两侧的海岸由该国专属管辖。例如在他所处的时代,罗马帝国对地中海以及土耳其对黑海就符合此种情形。他进而认为,特定情况下,海上强国可以对特定公海区域享有特别权利;但这些权利与完整主权不同,主要是便于通商、航海,同时行使管辖权和监管权。

至于领海的界限,布丹(Bodin)在巴尔杜斯(Baldus)的观点基础上认为,沿海国至少可以对海岸线外六十英里的水域主张权利。宾克尔舒科是第一个解答这个问 401
题的人,至少是第一个就水域边界提出可被接受的定义的人。领土主权的范围以依据武装力量能够实施有效防卫为限度;"所谓领土主权,就是可以发布命令且实施占有的范围,火炮射程范围不构成领土范围"。三海里最初是从海岸开始的大炮射程距离,后来被用作领海范围。宾克尔舒科的建议不仅为一国立法所采用,而且被重大国际文件采纳,比如《1882年北海渔业公约》。近来,有人试图扩大领海范围,但毋庸置疑,国际法依然采用三海里说。

外交大使的法律地位

在宾克尔舒科写作《外交法》的时候,人们对外交大使的法律地位远未达成统一意见。主要的两种观点认为大使是不可侵犯的并具有独立性。前者在理论上被普遍接受,而且在实务中也被广泛遵守,在撒拉森(Saracen)战争中,即已有向敌方派遣使节的行为。但在13世纪,此种向敌方派遣使节的做法,与其说承认了其法律上的意义,还不如说它是建立在双方约定的基础上,双方只是对各自负有道德义务保持忠诚罢了。而大使的独立性则尚未得到公认。

有学者通过援引罗马法学家有关使节的权威观点来否认大使的豁免权。但宾克尔舒科认为使节和大使职责不同,对大使进行类推适用是站不住脚的。后来,设
402 定了拟制的治外法权,以保护大使免受驻在地动乱的侵害。但其适用范围很长时间都没有扩展到随员和从仆。1576 年,皮耶·艾劳尔(Pierre Ayrault)以事实和法律为依据主张大使可以免受驻在地法院的刑事管辖。贞提利斯和弗兰西斯·霍特曼(Francois Hotman)探讨了大使密谋危害驻在国主权的问题。在著名的门多萨(Mendoza)案(西班牙大使密谋侵害伊丽莎白女王)中,英国政府就咨询了这两位法学家。英国将该大使驱逐出境,并派特使前往西班牙指控他。格劳秀斯认为大使及随员应依据两国默示同意而享受驻在地的豁免管辖。但在东·庞塔里昂·萨(Don Pantaleon Sa)案件中,被告人是葡萄牙驻英国大使的兄弟,于 1653 年被指控谋杀罪,并被判刑,他以大使随员的身份请求豁免管辖,被法院驳回。苏支是审判法官之一,赞同这一判决。1679 年,威克福(Wicquefort)的著作汇编了这类实例。宾克尔舒科系统地梳理了相关学说的发展过程和原则的形成过程,而且立即发现法律和政治的本质区别——“凡是与国际有区别的问题,都属于政治范畴。”他认为,各国使节不论级别、头衔,其家庭、从仆、随员都有权受到与其同等的保护,但批评本国政府不适用该原则。民事案件的管辖依据人的住所和财产所在地来确定。他赞同希利格鲁斯(Hilligerus)的观点,认为在财产问题上,国王与平民的诉求应当平等地得到满足。大使的可扣押财产包括非公务必需的财产和大使及其家人的个人用品。大使从事商业活动时应和普通商人一样,对由此产生的债务承担责任,当然此时更适合采用外交途径解决。与威克福不同的是,宾克尔舒科认为,一国委派
403 驻在地国国民担任驻在地国大使时,该大使不享有任何豁免权——这是依据他的基本原则进行逻辑推导得出的结论。

在刑事管辖权的问题上,对个人犯罪和对国家犯罪有明显的区别。他认为可以批驳“东·庞塔里昂·萨”案的先例并不充分,只有在实务中普遍适用才具有可信度。大使不得被当地法院审判和处罚。但是,按照 17、18 世纪的惯例,如果大使犯有危害国家的罪行,将被逮捕、审理,如果被判有罪还要驱逐出境。原则上,经母国同意,无管辖权的法庭有权审判该大使。如果大使的母国批准,大使可以向当地法院表示放弃免遭驱逐出境等特权。大使的住所如同他本人,不得被侵犯,但住所不得向罪犯提供避难。最后,尽管母国可以因其大使受到侵害而予以报复,但第三国不得以任何方式对大使进行报复或反报。

《诸学说史》第七章中探讨了大使有违其秘密指令的行为是否可以约束母国的问题。除了实际中国际公约与私人契约严格意义上不可类比。将重大问题引入实务操作,需要获得政府批准(但整个指示受全权证书委托的除外)在当时很普遍。

但如果大使未遵照指示或以任何方式越权，不受主权国家约束。如果大使仅仅违背了秘密指示，且行为在明示授权范围内，仍然受主权国家管辖。这一学说得到许多近世学者的支持。

战争法

《战争与和平法》没有全面述及战争法的各个方面，但彻底且实际地探讨了非常重要的问题。宾克尔舒科不想效仿格劳秀斯和普芬道夫，从事法典汇编工作。404
可以毫不夸张地说，他对商事和海事问题的研究，特别是中立国和交战国之间的关系，比前人的任何作品都更深刻、彻底、务实，具有敏锐力和法律与政治家的技巧。

18世纪的哲学家倾向于使交战国负有更多义务，限制他们在战争中的一些权利。但当时的实践却恰恰相反，宾克尔舒科的态度更严苛。为正义事业而战将用尽一切方式快速且有效地实现既定目标。正义是战争的必要因素，宽容只是偶然发生的情感。人道、仁慈、虔诚等其他宽宏大量的美德都散发着贵族的气质，却不为法律所容。理性(他常常指严谨的逻辑推理和公正的天性)允许采取除背信弃义外的一切手段来对付敌人。所以他给战争的定义是：战争是具有获利实力的人，以暴力或诈骗等方式开展的斗争。这种定义的主要缺点是忽视了格劳秀斯强调的战争是一种状态，将诈骗方式也归为战争一种，未免冗余了。

格劳秀斯认为按惯例，宣战是必要的。但是，宾克尔舒科引用很多实例来反驳，除非有相反的特别公约，否则宣战不是必须的。敌对关系的开始意味着通商关系的终止。然而，为了国民利益，允许一般的或特定的商品贸易。和平与战争并存。“所以在一个国王之下的两部分臣民中，一部分在战争，一部分处于和平状态。”相对于宾克尔舒科严苛的一般学说，他提出这种观点有些不可思议。他的作 405
品中有时出现矛盾：一方面对习惯、惯例进行归纳推理，另一方面进行演绎推理，偶尔还会出现得出的结论相去甚远，不能协调、调和。他承认战争和通商可以并存，实为解释现代国际法诸多明显矛盾的隐含理由。

我们可以在自己的、敌人的或无主的领土上行使战争权。对中立领土采取敌对行动就是对中立国主权的宣战。该国有义务采取一切手段阻止战争，并强制夺回被侵占的财产。此时，战争的必要性不构成充分合理的理由。报复行为应当直接针对敌对方，而不能侵害中立方。1652年10月10日荷兰议会发布法令，因避免侵害中立国，禁止在中立国港口交战。因此，在中立国大炮射程范围内的领海交战是非法的，除非战斗已经在其他海域打响，在不侵害中立国利益的前提下追及敌人至中立国海域。尽管这一观点附加了限制条件，除了宾克尔舒科之外，几乎得不到任何同辈的赞同。

至于战争中的私人财产，宾克尔舒科阐述了一般规则：“敌对方的任何物品均可立即没收，如果没收的物品有利敌方不利我方，则属于敌方物品。”在敌国领土上的中立国民可以视为敌人。如果该中立国民的财产已经被敌人占有，我方可以合法占有。在战争中很少关注对个人及其财产的豁免，更多注意的是，对敌人占有的
406 动产和不动产何时取得所有权，或何种情形需要把财产归还原主。占有在事实上并未获得所有权，仅发生有条件地移转财产的效果。格劳秀斯所主张的 24 小时正当占有的标准未必有效。必须将捕获物搬入安全区域，并加以有效防卫，才构成有效占有。尽管在安全区域经过 24 小时占有可推定为正当占有，但只是事实占有，而不是武断地界定时效期限。卢克尼斯（Loccenius）提出同样的规则。后来的威廉·斯各特（William Scott）也赞同《康索拉多海法》[①]（Consolato del Mare）和宾克尔舒科作品中阐述的原则。特殊案例中可依据特别情况对一般规则加以修订。但是最根本的在于保护捕获物的能力。

战后财产复归权[②]（postliminium）不适用于取回敌人以非暴力方式占有的财产。不动产和动产的适用场合不同。不动产依据战后财产复归权归还给原主。从敌人那儿重新夺回动产，重新占有和之前的捕获行为都具备移转效力，原主有权取回动产。交战国将处罚从中立港捕获的敌方财产。1789 年，威廉·司各特和王座法庭的观点一致。但是后来，这位伟大的法官发展了相异的学说。在美国，依据宾克尔舒科的学说观点处理了一些案件，这实际上符合了长期以来确立的欧洲惯例。针对取回财产的原主的损失与承担的风险予以一定的回报，并由公平的估算员来估值。就这个方面，他赞同《康索拉多海法》的规则，尽管这部法主要是“海事法律
407 的混合产物”。如果一国被部分占领了，且占领国有占领的故意，被占领国无力守卫尚未沦陷的区域，则视为整个国家被占领。

通常一国可以剥夺交战国国民的诉权和债权，但若冲突并不激烈，交战国之间仍继续通商时，不能肆意剥夺权利。荷兰议会于 1590 年 10 月 2 日和 29 日相继发布的法令及后续判例表明，主张敌国国民丧失追诉资格和被追诉资格，但双方都认可的通商情形下除外。瓦特尔也认可这种剥夺权利行为的合法性，但相信日后一种更开明更宽容的做法会得到普遍的接受。如果债权和诉权尚未让渡给母国，那么债权人在战后可依据战后财产复归权重新行使先前权利。“如果债权人请求，则须合法履行债务，如果债权人不请求履行债务，债权无法行使，战争结束后，先前债权人可依据战后财产复归权重新行使该债权。”

如果战前我们在敌国领土上拥有的财产，因为在战争期间被隐匿而未被没收，

---

① 公元 14 世纪在西班牙编纂而成，汇集了当时地中海西岸的海事判例。——译者注

② 战后财产复归权。是一项国际法原则，指战时处于敌国控制下的人员、财产及领土被敌国放弃或由第三国收复时，应归还原主权国或返还原权利人。——译者注

若又被我国国民占有，应当归还原主，而不能归为新占有人的财产。

对于盟国境内的战后财产复归权，宾克尔舒科认为，如果一国国民回到盟国境内，应当享有战后财产复归权，因为他视为回到母国境内。盟国与母国视为一个主体。同理，如果我们的财产被敌人占有，最终流入我们盟国境内，视为已归复原主。除非充分重视交战国为实现占领和征服而发动战争的权利，与以合同（和战争无关）等因素为基础产生的民事权利之间的区别，否则有关中立领土的战后财产复归权问题容易得出错误的结论。发动战争权以实际占有为标准，民事权利以普通产权归属为标准。所以若占有者或其代理人将占有的财产带入中立领土，不必归还 408
原主，因为中立国的实际占有就是行使了发动战争权的证据。此种情形下，赫修斯（Hertius）主张，事实可以作为法律依据。若船舶被俘获后逃走或被原俘获人及其代理人以外的第三人带入中立国，原来的民事权利和被俘获的财产复归于原主所有。但如果占有国法庭依据发动战争权已经转变为民事权利，判决合法没收财产，则不能适用该规则。诚如宾克尔舒科所言，这一规则仅仅适用于常规的战争，若财产被海盗抢走，则不能复归。鉴于战后财产复归权适用于城市和国家，宾克尔舒科同意格劳秀斯的规则："战后财产复归权不仅适用于个体，同理也适用于政治实体，其盟友可依据武力将原本可自由行使的权利从敌人手里夺回，恢复自由行使的状态。"

中　立

中立的概念古即有之，例如希腊人就使用过这个名词，但未形成系统的惯例。在罗马人眼里，其他国家不是盟国就是敌国——"罗马人的概念中非盟即敌，没有所谓中立国家"。中世纪的封建制度也有类似规则。随着海上贸易和国际关系的发展，殖民地的建立，开始有了中立的概念。战争的目的也发生改变，教会努力促进和平。"保持中立的主要原因是存在连带的利害关系以及维持经济秩序的目的。"条约和公约开始发挥重要的作用。17 世纪初，惯例尚未确定，极易变动，格劳秀斯的学说既不完备也没有保持观点的一致，这是他著作中最令人遗憾的部分。到了 18 世纪，公平责任和尊重中立国领土的规则得到正式认可。后来，宾克尔舒科 409
和瓦特尔相继确立了更完备的中立规则。从此角度来看，尽管宾克尔舒科提出中立规则在先，使用了"非敌国"（*Non hostes*）这样的否定词来表达中立的意思，而瓦特尔使用了更重要的"中立"（*neutralité*）和"中立国"（*neutres*）的概念，但前者的理论依然比后者更先进。希腊学者使用"保持沉默"来表达中立立场；罗马学者使用的词是"中间国"（*Medü*）、"友邦"（*Amici*）、"和平者"（*Pacati*），并沿用至中世纪。1408 年，法国国王在宣言中使用"中立"（*neutralitas*）来指代罗马和阿维尼翁（Avignon）教皇。随后在德国和瑞士的战争中，发明了"维护宁静"（*stille sitzen*）和"不偏不倚"

(*unpartyschung*)两个词语。在1465年英丹条约中出现了“确保无战事”(*guerrarum abstinentiœ*)的表达。到15世纪末,“中立”(*neutralité*)一词已经在条约、公约、法令中普遍使用了。在“三十年战争”中,出现了德语化“Neutralität”,马基雅维利(Machiavelli)和圭恰迪尼(Guicciardini)使用“*neutralità*”,布丹则使用“*neutralité*”。格劳秀斯重新使用罗马文字“战争终止”(*medii in bello*),宾克尔舒科则用“非敌国”来表达,并下了定义——“处于中间派者”(*Qui neutrarum partium sunt*)。

宾克尔舒科在探讨中立问题上声望很高,但他的观点不是被全盘接受。格劳秀斯对中立问题的论述模糊且贫乏。苏支的关注重心是国家政策而非法律。普芬道夫主张除非有特别协议,否则中立国不享有免受干扰的通商权利。与格劳秀斯和瓦特尔不同,宾克尔舒科主张中立国不得依据战争的正义性与否来给以援助,除非交战双方均为该中立国盟友,且没有条约约束各方。一般的规则是“战争的正当性与共同的友邦没有关系”,除非战前已有条约约定。即“战争一旦爆发,不得与任何盟国合法约定援助,也不得提供援助”。附庸国或被保护国虽然可以援助宗主国抵抗外来侵略,但不得提供武器与人力支持。

410 宾克尔舒科清醒地认识到中立国的通商愿望,和从法律层面而非外交层面调和双方利益的必要性,以及中立国与交战国的冲突利益。理性而非个人利益在指导这些问题的处理——“问题解决取决于理性的判断而非利益的博弈”。主要的指导性原则非常契合当时的观念和实际情况。中立方有义务不以任何方式援助一方从而危及另一方利益——“作为中立者,不得做利甲而害乙的事情。”与此相应的是在免受交战国侵害的前提下进行和平通商的权利——“侵害公正国家的行为是违法的”。在宾克尔舒科看来,最主要的问题在于为军事活动提供补给和物质。在没有相反法律规定或宣告的前提下,可以在中立国境内招募军队。在这一点上,他和格劳秀斯、沃尔夫、加利亚尼(Galiani)及同时代的国际法学家的观点是一致的,也符合当时通行的实务惯例。当时的条约往往允许缔约国享有募兵权(right of recruiting),例如1656年英国和瑞典缔结的条约中就有相关规定。

战时禁运品

古罗马的一些皇帝曾禁止与蛮族进行特定商品交易,如武器、铁器等。后来教皇禁止与异教徒买卖武器和军需品。主权国家有权编订战时禁运品清单,并依据自己意愿相应调整。商业的发展促使概念的定义更加清晰,缔结的条约也有利于中立国和平贸易。1659年的《比利牛斯山和约》①(Treaty of the Pyrenees)第12条

---

① 1659年法西战争结束时,法国国王路易十四与西班牙王腓力四世之间的和约(1659年11月7日),结束了1648—1659年的法西战争。——译者注

规定了特定的战时禁运品，例如直接和战争相关的硝石、马匹、马鞍等；第 13 条规定食品和生活必需品可以自由贸易。1713 年的《乌德勒支和约》[①](Treaty of Utrecht)第 19 条列举了一些禁止的货物，比如马匹、马具、武器、器具。英法两国早在 1303 年就签订协议公布这些战时禁运品，同样的内容还出现在 1613 年的瑞典和汉萨同盟[②](Hanseatic towns)都市条约，1625 年英国和汉萨同盟的协议，1654 年英国和尼德兰联邦的协议之中。但是，1655 年的路易十四和汉萨同盟签订的《比利牛斯山和约》、《乌德勒支和约》和 1786 年的《凡尔赛条约》(Treaty of Versailles)排除了这一规则。18 世纪的学者们的理论与当时的实务惯例并不一致。海奈克栖乌斯(Hei- 411
neccius)于 1721 年指出，不仅武器、军需品、硝石、马匹应当被禁止贸易，而且缆绳、帆布及其他航海设备也应当列入禁运品清单。

宾克尔舒科提到了格劳秀斯对贸易商品的三重分类：(1)可用于战争目的的商品；(2)于战争无益的商品；(3)对战争或和平都有用处的商品。前两种分类没有异议，问题在于第三种商品，格劳秀斯认为只在必要场合允许截获“可疑之物或临时使用的物品”，且负有日后返还之义务。但是，宾克尔舒科指出，谁来判断场合的必要性很难确定——“提出场合的必要性很容易，但究竟谁来判断场合的必要性存有疑问”。让本方人员来判断必要性是违法的，而且格劳秀斯的分类缺乏各国惯例的支持。宾克尔舒科自己对战时禁运品的定义是“战时禁运品是指那些用于战争的物品，不论是否可为非战争用途”。那么，是否禁止那些生产禁运品的原材料呢？苏支倾向于禁止；但宾克尔舒科认为理性和实例的指向相反——“我不采纳这一观点，原因在于理性和实例常常背离”。如果连原材料都要被禁止，那么战时禁运品清单将非常庞大，几乎禁止了所有的商业活动。这些原材料被禁止贸易，不是因为其本身属性，而是特定的环境使然。比如有的物品在战争中需求量很大，如马鞍、皮套、皮带，或者禁止某些物品贸易能迅速结束战争，比如被围困时的粮食需求。他认为后两类例外符合荷兰议会于 1652 年 12 月 5 日和 1657 年 12 月 31 日分别针对英国和葡萄牙发布的法令。至于 1667 年 5 月 6 日针对瑞典发布的法令，其中有 412
一条特别理由——报复权(retaliation)，即有权禁止那些可用于战争的非军事物品贸易。苏支指出英国与西班牙曾发生烟草纠纷，西班牙认为烟草可用来保存食物；但宾克尔舒科驳斥西班牙的观点，他认为烟草不具有任何打击敌人的用途。他主

① 1713 年 4 月至 1714 年 9 月法国、西班牙同反法同盟国家为结束西班牙王位继承战争分别签订的一系列条约。首次将“势力均衡”这一概念正式写入国际条约，进一步发展了近代国际法的内容。——译者注

② 14—16 世纪北欧诸城市之间形成的商业、政治联盟，以德意志北部城市为主。13 世纪逐渐形成，14 世纪达到兴盛，加盟城市最多达到 160 个。1367 年成立以吕贝克城为首的领导机构，有汉堡、科隆、不来梅等大城市的富商、贵族参加。拥有武装和金库。1370 年战胜丹麦，订立《施特拉尔松德条约》。同盟垄断波罗的海地区贸易，并在西起伦敦，东至诺夫哥罗德的沿海地区建立商站，实力雄厚。15 世纪中叶后，随着英、俄、尼德兰等国工商业的发展和新航路的开辟，转衰，1669 年解体。——译者注

张明确制定规则限制战时禁运品清单的编制，但发现与母国乃至全欧洲的实际惯例相矛盾，后来，他试图从惯例和条约有关特定情形的处置条款中归纳出例外规则，但这动摇了他的学说根基。后来，在战时禁运品问题上遇到了很大困难，时至今日观点仍未统一。第一次和第二次武装中立联盟分别于 1780 年和 1800 年试图限制战时禁运品的种类，但以失败告终。1856 年的巴黎宣言中使用了“战时禁运品”一词，但没有给出任何定义。

至于那些运输禁运品的船只，荷兰的很多法令以及自《威斯特伐利亚合约》至《乌德勒支和约》签订的条约规定，只没收禁运品，运输的船只则应释放。宾克尔舒科的学说源于罗马法的实际运用，而且为众多后辈学者所认可，即便船主没有意识到自己运输的是非法货物，船只也应该被扣押。而且，如果货物既有合法的也有非法的，且同属一个货主，则可以一并处罚。如果属于不同的所有人，则应该区分对待，只处理违法货物。这一点与苏支的观点完全一致。1778 年 7 月 26 日法国颁布法令，规定若战时禁运品达到全船载货量的四分之三时，全部货物连同运输船只将一并被处理。1794 年 11 月 19 日签订的英美条约中规定，如果船只被怀疑装载了
413 敌方财产或向敌方运输禁运品，该船只应该被拖到最方便最近的港口予以没收或扣押。如果船上发现有部分是敌人财产，应当扣押这部分财产，剩余货物可由该船只自由运输。

封　锁

宾克尔舒科认为，任何货物违反法律和条约的规定，被运输到被封锁或被包围地区，可以被视为禁运品，而且依据惯例，可以对违反者处以死刑或根据案件情形科处较轻刑罚。瓦特尔时代盛行一种比较温和的处理方法，就是把违反者视为敌人，但通常只没收他们的财产。宾克尔舒科在早期作品中认为，只能对违反者实施报复——“报复不针对盟友，对于那些不损害本方利益的国家，不得施以报复”。但后来他认为侵害中立国的国家也应当被视为敌国加以报复。这是荷兰议会对西班牙人发布的法令中采用的观点。宾克尔舒科从 1630 年著名的荷兰法令中推导出何种船舶应当被拿捕的规则，这也是有关封锁问题的首次官方系统的立法。“荷兰于 1630 年 6 月 26 日发布法令，封锁西班牙管辖的弗兰德斯[①](Flandre)等港口，这是近代首次就封锁问题的官方立法，也是最早的有关封锁的明确规则”。如下船舶可

---

① 法国旧地区名。位于今法国东北部，中欧低地西部、北海沿岸，包括今比利时的东弗兰德省和西弗兰德省、法国的加来海峡省和北方省、荷兰的泽兰省，临加来海峡(多佛尔海峡)。是 13 世纪至 14 世纪欧洲最发达的毛纺织中心之一。14 世纪初被法国占领。15 世纪成为勃艮第公国的领地。英、法两国为争夺弗兰德斯，导致了“百年战争”(1337—1453)，最后以法国胜利告终。除加来港外，英国在法国的领地与弗兰德斯被法国收回。——译者注

以被拿捕和没收:(1)十分接近且有明确驶入被封锁港故意的船舶,但由于天气原因被迫入港的除外;(2)离被封锁港有一定距离,但船上文件显示有入港的意图,除非在实施非法行为之前自行修改路线;(3)尽管远离被封锁港,但从被封锁港驶出,且当初入港并非因为天气原因而迫不得已,除非离港后驶向本国或中立国港口。若从被封锁港出发,虽然驶向本国或中立国港口,但后来又从本国或中立国港口驶 414
出,出现在公海上,可以被没收。

宾克尔舒科认为这些规定过于严苛,适当情形下可以变通执行,事实上这些规则已经日趋缓和了。"人不同,意见相左,实属当然。"他进一步指出,上述规则被用于厉行封锁中,而且对宣言封锁或"纸上封锁"能够合法约束中立通商活动,没有发表任何见解。17 世纪的实际惯例易变,而且常常根据自身利益需要调整惯例。宾克尔舒科批评母国在实际操作中常有矛盾之处。

敌船上的中立货物

对待敌船上的中立货物和中立国船上的敌方货物的态度比以往更加宽松,但常常与荷兰政策相违。他写作的年代发展出三大制度:(1)以法国 1681 年和 1704 年的法令为代表发展起来的"敌性传染"①(hostile infection)规则。依此规则,以任何方式与敌方船、货发生联系的船舶均可被处罚。(2)《康索拉多海法》规则规定只能拿捕敌人的财产、船舶、货物,中立国船舶不当然视为中立国领土的延伸。(3)《乌德勒支和约》规则——中立船舶上的货物可以自由运输,敌方船舶上的货物均视为敌方货物。即运输船舶的国籍决定了船上货物的性质。

宾克尔舒科不赞同《乌德勒支和约》的规定。他认为一、二两条特殊规则不是国际法的必需证据。处罚敌船上中立货物是不合理性的,如格劳秀斯所言,该中立货物至多可推定为敌方所有。即便船主知悉营运的是敌方船只,但这些货物仍不可加以没收。必备标准是,我在货物装船时是否有侵害你的意思?敌船运载的货物的所有人是否知悉战争已经爆发,如果知悉,是否清楚自己行为的合法性。等等 415
诸如此类细致入微的问题,展现出法律的精巧,但往往与缺乏复杂性的常识不符。"这些问题在学者们眼中是非常具有探讨趣味的课题,但在常人看来过于精细令人生厌。"宾克尔舒科基本上认可《康索拉多海法》中规定的,只能拿捕敌船,船上的中立国货物必须归还货主;所不同的是,他认为一旦船舶被带进拿捕国港口,则不得继续运输。

就在敌船上发现中立国货物的问题,他反对"敌性传染"规则,赞同《康索拉多海法》上的规定。没收敌方货物,而允许中立国货物自由通行,除非货主知悉这些

① 因夹有部分违禁品而导致货物被全部没收。——译者注

属于禁运品。交战国享有巡查和搜查的权利，不仅通过船旗来推定存在欺诈，而且凭借船上文件来确定是否确属中立货物，是否隐匿敌方财产，并可以依法扣留船舶。总之，若中立国运送应当被拿捕的敌方货物，不违反国际法规定，可以自由通行；若运送的是战时禁运品则是恶意犯罪，船舶和运送的禁运品都要被没收。

至于私掠船[①](privateer)，尽管宾克尔舒科驳斥了中立国权利次于交战国权利的观点，但他的态度仍比贞提利斯或格劳秀斯更严厉。若私掠船非法拿捕，且船长越权行事，则对所造成的损失承担责任。若船长依职权行事，不论是否诚实或技能娴熟，都由船东对所有损失承担责任。若船东不是以拿捕为目的任命船长的，则不必负责。如果不是私掠船，即没有政府授权，而是依据船东指令从事拿捕活动，则
416 与常规的私掠船适用同样规则。如果非授权船舶遭敌人攻击并捕获敌船，捕获物归拿捕者的船长所有。“捕获物如果不是依据他人委托授权而获得，应当归拿捕者所有。”此时适用了本人和代理人的一般学说。如果捕获物被一个或多个私人武装船只捕获，其他在场船只没有提供帮助，则捕获物属于战胜敌船者所有。但如果有军舰在场，可以另行制定法律。

此外，宾克尔舒科还关注过其他一些问题，比如海盗，负责拿捕船只的保险，捕获法庭[②](prize courts)的权限(若判决不公将得不到执行)，经捕拿许可证的救济(remedy by letters of reprisal)[③]；最后，思维严谨的宾克尔舒科在具有永恒价值的巨作《战争史》中，对战争问题的见解闪烁着智慧的光芒。他反复强调“国家的理性”，即“一只可怕的怪物，丑陋、硕大无比，唯一的眼睛已经失明”[④](*Monstrum horrendum*, *informe*, *ingens*, *Cui lumen ademptum*)：“如果各国政府向此怪物屈服，放任自己听从它的指示，视他国财产如本国所有，这时再去进一步研究国际法并讨论其原则实属无用之举。”

(撰写：Coleman Phillipson)

① 战时经交战国特许在海上攻击、捕押敌方商船的武装民船，1856年巴黎宣言在欧洲各国间废除私掠。美国直至19世纪末才予以废除。——译者注

② 处理战利品的军事法院。——译者注

③ 在交战期间，由交战国授予私掠船在公海上攻击敌国船舶并扣押其财产的许可证。——译者注

④ 《埃涅阿斯纪》第三卷第653行。维吉尔：《埃涅阿斯纪》，杨周翰译，译林出版社1999年版。——译者注

18. 孟德斯鸠
(Montesquieu)①

（法国法学家孟德斯鸠）

1852 年，当圣伯夫（Saint-Beuve）②着手写关于孟德斯鸠随笔的时候，他将无人曾以孟德斯鸠为主题的原因归结为：有部分人，譬如孟德斯鸠，太为人们所尊敬，他们的头上顶着宗教式的圣人光环。

五十多年前③，圣伯夫写下的话折射出的是，19 世纪上半叶，孟德斯鸠依旧存在着极大的魅力，然时至今日，这种影响已日渐消退。这倒并不是因为孟德斯鸠业已故去，或者他的思想行将就木。只是他不再被奉为神谕的转达者。对于他的著作《论法的精神》（*Spirit of Laws*），宪法制定者们已经不再视它为政治哲学的“圣经”，它在制宪者心中的权威性不比亚里士多德在学者心中的地位。当大多数文明国家或多或少地依孟氏描述并呼吁建立了议会制和代议制（parliamentary and representative institutions）后，孟德斯鸠也就走下神坛。

现在人们对于孟德斯鸠的兴趣，更多地是集中在文献和历史意义之上。他是法国最伟大的作家之一。他的著作《罗马盛衰原因论》（*Consideration on the Greatness and Decay of the Romans*）一直被法国学校里的年轻人奉为经典，就像埃德

---

① 这部分中文翻译中，人名、地名和作品名称的翻译参照了刘明臣等翻译的《孟德斯鸠评传》（英国学者夏克尔顿著），中国社会科学出版社 1991 年版本，原著是“*Montesquieu A Crisical Biography*, *by Robert Shackleton*, Oxford University Press, 1961”。严仲仪：《孟德斯鸠》，商务印书馆 1984 年版。刘德忠译：《孟德斯鸠传》，中共中央党校出版社 2001 年版。——译者注

② 圣伯夫（Sainte-Beuve，1804—1869），法国文学评论家和作家。——译者注

③ 本文作于 1904 年，是作者考特尼·艾伯特爵士（Sir Courtenay Ilbert）在牛津大学一年一度著名的罗曼尼斯讲座（The Romanes Lecture）上发表的演讲。本讲座是以生物学家乔治·罗曼斯（George Romanes）的名字命名的。——译者注

蒙·伯克(Burke)的作品在英国一样。政治史学的学者一定熟悉,他的思想深刻影响了欧洲大陆和美洲大陆国家宪法的起草。对政治学的学者来说,他的作品在观察问题和处理问题上未因循守旧,作出了重大创新。《论法的精神》被称为 18 世纪最伟大的著作,它的出版无疑是那个时代最重大的事件之一。

如果有人要求我为把孟德斯鸠作为今日的主题而道歉的话,我想为此说几句
418 话。首先,无论是史学界、政治学界抑或是法学界,他是一位无人敢忽视的先驱,是他将比较法第一次运用至政治学和法理学的研究之中;其次,在最近的出版成果中,对他的人格和作品的写法均有新的见解;最后,之于伟人,无论如何反复提及他,都不为过。另外,孟德斯鸠这个名字,在如今这个国家,当是无人不知、无人不晓,但真正拜读过他作品的人却又寥寥无几。当然,于我而言,要想深入详细地去介绍这样一个多才多艺的人,也是不现实的;因为他在很多方面颇有建树。

首先,我们需要回顾孟德斯鸠一生中重要的时间点和事件,这样才能把他清楚地置于历史的"坐标"之上。夏尔·路易·德·塞孔达(Charles Louis de Secondat,孟德斯鸠原名)在那场推翻斯图亚特王朝统治的"光荣革命"发生一年后出生(1689年);比伏尔泰(Voltaire)大五岁;比法国大革命爆发早 100 年。他于 1755 年去世;比法国《百科全书》(*Encyclopedia*)第一卷的出版(1751 年)晚四年;比"七年战争"(Seven Year's War, 1756—1763)的爆发早一年;比乔治三世登基(1760 年)早五年;比卢梭(Rousseau)完成《社会契约论》(*Social Contract*, 1762)早七年。卢梭在该书第一章向世界宣扬了他的观点:"人是生而自由的,但却无往不在枷锁之中。"

419 孟德斯鸠出生于拉伯烈德庄园(Chateau of La Brède;法语 Le château de la Brède)[1]——一个 13 世纪的城堡——距离波尔多城十多英里。[2]所以他和蒙田(Montaigne)是同乡,和蒙田的家族也有许多姻亲关系。他出生于一个贵族家庭,不过却是个"新式的"贵族家庭,主要靠从事司法和金融职务积累财富——也就是所谓的"长袍贵族"(*noblesse de la robe*)。因此,他也是法国"旧社会体制"(old régime)的两个特权阶级中的一员;这两个特权阶级拥有法国五分之二的土地,事实上不受这个国家的任何义务约束。

孟德斯鸠七岁那年,母亲去世。之后他被送到莫城(Meaux)附近的瑞伊(Juilly);然后在那里待了 11 年。然后开始学习法律;1714 年,他 25 岁时,担任波尔多高等法院的推事(counsellor of the Parlement of Bordeaux),也就是说他成为吉耶纳省最高法院的成员(member of the Supreme Court of the Province of Guienne)。第二年,他与一名信奉新教的女士结婚。接下来的 1716 年,他的生活发生了大的变化,

① 也翻译为"拉布雷特庄园"等。

② 通过铁路要走 16.5 英里。

伯父去世后[1],他继承了孟德斯鸠男爵地位(barony of Montesquieu)和可观的不动产,特别是得到了备受尊重的波尔多最高法院大法庭庭长(Président à Mortier of the Parlement of Bordeaux)[2]这一肥职。这是个由他伯父购买的官职。到1726年,他又把这个职位卖给了另外一个人。孟德斯鸠的司法职务使他有相当的空闲时间。受当时学界风潮影响,他涉足了物理学研究。他在新建的波尔多科学院(Academy of Bordeaux)阅读的那些文章并没有什么科学价值,但却影响到他之后对于政治的思考。这也充分解释了为什么他后来出访英国时,会成功获选皇家学会的成员资格(fellowship in the Royal Society)。他的真正兴趣既不在法律上,也不 420
在物理上,而是在人性的研究上。他的第一本书《波斯人信札》(*Persian Letters*)于1721年问世。1726年,他辞去了司法方面的职务,并于1728年初成为法兰西学院(*Académie française*)成员。随后的三年间,他一直在游学,在英国待了近2年,之后结束了旅行。1734年,他完成了《罗马盛衰原因论》,1748年完成了《论法的精神》,1755年谢世。

我们熟知他的样子来自肖像画家达西耶(Dassier)在1752年为其完成的头像徽章(medallion portrait)。从面貌中可以看出他的细腻、温和与幽默。他的视力一直不好,晚年近乎失明。1752年他写信给朋友杜德芳夫人(Madame du Deffand)说:“您曾告诉过我,您已失明。您没看见吗?您和我,年轻时那样的桀骜不驯,难道是我们受到了谴责,才被黑暗吞没?且唯念‘谓明智者,盖非目明’之念,以自慰。”

为孟德斯鸠赢得盛誉的三部书是《波斯人信札》、《罗马盛衰原因论》和《论法的精神》。其中,第一部是在路易十四统治黯然结束之后奥尔良公爵菲利普摄政期间(1715—1723)所作,这一时期法国社会充斥着狂欢的风气。第二部作品是在年老多疑的弗勒里主教(Cardinal Fleury, 1653—1743)任首席大臣时期(1726—1743)出版的;那时,评论古代历史,要比谈论时事政治安全得多。最后一部作品是在蓬帕杜夫人(*Madame de Pompadour*, 1721—1764)的统治下出版的。那时候百科全书的编纂者们开始在他们的书中为法国大革命做准备。应该说明的是,这三部书都是匿名在国外出版的,前两部是在阿姆斯特丹(Amsterdam),最后一部是在日内瓦(Geneva)。

为了能够勾勒出孟德斯鸠思想的来源和发展过程,这三本书必须连续交替阅
读,并且要结合其写作时,我们已知的孟德斯鸠当时的经历和研究。顺便提一下, 421
孟德斯鸠家族保存多年的手稿已在最近出版,会为孟德斯鸠的学习研究提供更多

[1] 1716年4月24日,孟德斯鸠伯父让·巴普蒂斯特·塞孔达·孟德斯鸠男爵(Jean-Baptiste de Secondat, baron de Montesquieu)病故。

[2] 过去译为“议会议长”。但中国政法大学李立教授和朱琳老师在《中国政法大学学报》2009年第4期发表了《孟德斯鸠职务考》一文,文章从语言学和历史学的角度详尽考证了孟德斯鸠的职务,认为孟德斯鸠曾经担任的职务是“波尔多最高法院大法庭庭长”,而不是“波尔多郡议会议长”。——译者注

有趣的材料。其中就包括他的旅行日记，按照圣伯夫的说法，他应当在得到《论法的精神》之前得到它们。另外出版的还有孟德斯鸠《沉思录》(*Pensées*)资料的四分之三，孟氏在其中积累了他已出版书籍的资料。

孟德斯鸠在《波斯人信札》中已经暗示要写《论法的精神》。前者中包含的许多理念，都在后者中得到了进一步的阐述。《波斯人信札》在孟德斯鸠年轻的时候就已成书，但它的构思和撰写极有可能是孟德斯鸠在1711年到1720年间①的不同时期陆续完成的，应该不是一次性完成。也就是说，应当是在路易十四执政的最后四年，以及菲利普公爵摄政的前五年；这一时期也应是《波斯人信札》中描写的三个波斯人旅欧的期间。《波斯人信札》中年长的那个波斯人叫作郁斯贝克(Usbek)，庄重而肃穆；年轻的叫作黎加(Rica)，欢快而活泼；第三个人叫雷迪(Rhedi)，他似乎从来没有到过威尼斯以西的任何地方。

422 这种设计并不新颖，但是此前从来没有体现出这么绚烂的风格，这么绝妙的讽刺，这么富有建设性的意见，还有这么细致入微的观察以及这么丰富的思想。一个作家能做到这一点真让人佩服。他能够自如地在人物的举止之间表达他的思想，对比和凸显不同国家的不同宗教、政治和社会准则，从不同角度来分析他的观点，有推理有反思。即便行文构思已至此，他也能使自己置身于"文"外，给人某种错觉：信件从不代表孟德斯鸠的思想，一切只是波斯人自己的牢骚而已。任何在当时看起来很危险的观点都会被"仅代表波斯人观点"的注释所化解。

期间有很多危险的段落，譬如，关于"两个魔法师"(Two Magicians)的著名信件，差点让孟德斯鸠没能当选科学院的成员。

> 法国国王是欧洲最强大的君主。他并不和邻人西班牙王一般，拥有金矿，但他却比西班牙王更富，因为他的财富，以臣民的虚荣心为来源，而这一富源，

① 有观点认为，这些信件的内容跨越了几年的时间。该观点有一些内部的证据证实。通信的内容随着时间的推移而变化。比如说，将信件七到信件十四的穴居故事与信件 exxxi 中关于共和国的起源的思想进行比较，或与信件 exxxiii、信件 exxxvii 中欧洲不同国家的政治发展的比较研究进行比较就可以证明。有关穴居生活是消除不平等的共同生活，有两个睿智的管理者将其恢复到鼎盛状态。这两个人鼓吹对别人的正义就是对自己的施舍。经过几代的衰落后，他们的子孙发现共和国理念的束缚太严格了，就向一个国王请求，结果受到责备。该寓言故事非常有趣，因为它包含了重复的句子和《论法的精神》中阐述的思想。但是它也非常幼稚和抽象。在写有关穴居故事的信与写后来的信之间的一段时间中，作者读了许多书，观察了许多事，并且在其后来的著述中反映了许多。作者将旅行者和兔子的故事与后来对一个国家有一个以上的宗教、并且有义务尊重和忍受它的好处的观察进行比较。生动的亲身体验的描述是更难得的：用更多的篇幅来讨论一些严肃的问题，如自从罗马帝国兴盛以来欧洲人口减少的原因和影响。作者不再引注和批评，他开始下结论。总之，他正从一个通俗小说作家成熟为一个政治性的历史学家和政治性的哲学家。但是在这一点上，他的政治性的哲学也许未超出他在信件 lxxxi 中表述的一段思想："我经常让自己思考，究竟在不同形式的政府中，哪一种是最合理的。对于我来说，最完美的政府也许是引导人们按照其本身的天性和爱好来行为的政府。"

> 比起金矿来更是取之无穷，用之不竭。人家会经常见他从事或支持大规模的战争，除了卖官鬻爵之外，并无别的基金，而由于人们骄傲到出奇，法王居然军队薪饷照发、要塞防范周密、水师装备齐全。而且这位国王是个大魔法师：他的实力，甚至在臣民精神生活上也能起作用，他随心所欲，左右臣民的思想。倘若国库中只有一百万盾帑，而他需要两百万，他只要说服臣民，一块盾帑值两块，大家也就相信。倘若有艰巨的战争需要支持，但当时国库一空如洗，他只要使臣民脑中有一个概念，拿一张纸片当银子，大家立刻深信不疑。关于国王的种种，上面所说不应当使你诧异，因为另外有个魔法师，比他更强有力。这魔法师名为教皇，他能使人们相信更为匪夷所思的事情。[1]

接下来是对那位老国王[2]的描述。他有一个大臣，年方十八，又有一个情妇年届八十[3]，尽管他有很多忠诚于他的秘密僧人(dervishes)，但依旧有很多他从来也无法发现的隐藏着的敌人。书中还多次提到宗教，他大部分时候并不虔诚，尽管并不像伏尔泰那样的愤怒和不屑。郁斯贝克发现，基督教的教义和仪式有不少虽不完全是但却类似于穆罕默德的教义(Mahommedanism)，并将世界普遍转而信仰伊 423
斯兰教看作是上帝的旨意(the finger of Providence)。对于信仰仪式的多样性，他自然有很多要说："一天，我在一家餐厅吃一只兔子，我旁边的三个人都让我发抖，因为他们都说我是在犯罪，一个人说这样的动物是肮脏的，另外一个人认为兔子是被绞死的，最后一个人认为我犯罪的原因是，我吃的是兔子而不是一条鱼。"我向一个偶然走过的婆罗门人(Brahmin)求助。他说："他们都错了，因为这个动物并不是你杀死的。"我说"是我亲手杀死的。""那你的行为应该被谴责，并且无可饶恕。你怎么知道你父亲的灵魂有没有轮回到这只可怜的动物身体内呢？"

从亟待解决的唯一圣子诏书(Bull Unigenitus)问题，到法学问题和他的计划，都在信函中有所涉及。

他选择的是一条相对安全的路，但当孟德斯鸠用拉布吕耶尔式(La Bruyere's manner)[4]的手法，素描出当代社会百态时，这条路仍然充满危险。书中展现的是这样的形象，譬如令人作呕的吸着鼻烟又抚摩哈巴狗的大贵族(grand seigneur)、

---

① 本段译文节选自人民文学出版社 1958 年版中译本《波斯人信札》(孟德斯鸠著，罗大冈译)，第 39 页。译者根据本书英文所引原文，对此处译文稍有改动。——译者注

② 指法王路易十四。

③ 孟德斯鸠故作讽刺性夸张，事实上法国当时并无 18 岁大臣；此处应指 1691 年出任枢密院秘书的巴勃西欧(Barbezieux)，时年 23 岁。至于 80 岁情妇，应指曼德侬夫人(Mme. de Maintenon, 1635—1719)，她替路易十四教育子女。路易十四在王后死后，和曼德侬夫人秘密结婚。——译者注

④ 拉布吕耶尔(1645—1696)，法国作家，要作品是讽刺性的《品格论》(Carateres de Thephraste, 1688)。这部书使他树敌甚多，但也获得很好的声望。——译者注

“发了财”的人、教条的人、把罪恶分成清晰等级的“良心的引路人”(director of conscience),虽然他们的信众也并不怎么热衷于坐到天堂的前排,却都伸着脖子想知道一条刚好挤入天堂的路。他也描绘各国人的百态,比如西班牙人,他们个性中的严肃是通过眼镜和胡须表现出来的,但他们一向缺乏礼貌,这在法国可是不合时宜的。还有,在征得许可前从不打士兵的长官;烧死犹太人之前,请求他原谅的宗教裁判官。在更严肃的场景里,他还经常提到的描述则是被奥斯曼军队的铁骑(Ottoman hoof)践踏得分崩离析的废墟。没有法律,生命与财产都难以保障;艺术、文学、航海和商业也只会彻底衰败。在穿越了小亚细亚后,波斯人说“在我旅行过的广阔疆土上,我只发现了一个富足的城市,正是欧洲人的出现才给士麦那(Smyrna)①带来了繁荣”。

《波斯人札记》突如其来的成功使孟德斯鸠旋即成为波斯人社会中的一个领袖
424 般人物(leading personage)。他住到了最时髦的区域,与在尚蒂伊的克莱蒙小姐(Mlle. De Clermont at Chantilly)交往,并成为兰伯特公爵夫人(Marquise de Lambert)的沙龙上最受欢迎的客人。通过这些影响,再加上一番努力,他终于成为科学院(Academy)的一员。但是,他对自己在那里的处遇并不满意,并且决定开始旅行。

1728年,孟德斯鸠开始旅行的时候,欧洲的国际政治关系相互纠缠着。议会的更迭频繁,条约的签订也不是一个接着一个,订立得快,失效得也快。在德国,查理六世(Charles VI)——哈布斯堡(Hapsburgs)王朝的最后一位男性继承人,在此前刚刚公布了《国事诏令》(Pragmatic Sanction),竭力确保其女儿玛丽亚·特蕾西亚(Maria Theresa)继承王位。同时,和“西班牙悍妇”(Termagant of Spain)②在是否归还摩德纳公国和帕尔马公国(Duchies of Modena and Parma)的问题上吵得不可开交。普鲁士王国的腓特烈·威廉一世(Frederick William)招募近卫步兵(grenadiers),举行“烟草议会”(tobacco parliament),探讨双重婚姻问题。在意大利,商贸发达的威尼斯共和国和热那亚共和国(republics of Venice and Genoa)都衰落了,而皮埃蒙特(Piedmont)则作为新兴军事力量出现。佛罗伦萨(Florence)经历着最后一任美第奇家族大公(Medici Grand Dukes)的统治③。英格兰在王后的影响下,新国王愈加信任沃波尔(Walpole),而他在法国弗勒里主教的帮助下,竭尽全力维持欧洲的和平。

孟德斯鸠在柏威克将军(Marshal Berwick)的侄子——沃尔德格雷夫勋爵

① 今称“伊兹密尔”。土耳其西部港市,濒爱琴海伊兹密尔湾。自古即为贸易中心,古希腊人的殖民城市。15世纪后属土耳其。——译者注

② 此处应指伊丽莎白·法尔内塞(Elizabeth Farnese, 1692—1766),西班牙语作 Isabella Farnese。西班牙波旁王朝的腓力五世的王妃。

③ 之后美第奇家脉断绝。

(Lord Waldegrave)的陪伴下从巴黎出发。后者刚被任命为出使维也纳帝国法院的使者。他穿越了奥地利和匈牙利，最后到达了威尼斯，访问了位于意大利境内的全部小公国。他在佛罗伦萨呆了几个月。那段时间他一直把自己沉静在艺术中。之 425
后，他在罗马呆的时间更长，最后到了那不勒斯(Naples)。据说，孟德斯鸠在最后一次面见教皇时，还发生了一件有趣的事情，不过似乎没有多少证据能证明这件事曾发生过。教皇说，他很希望可以为他尊贵的客人(指孟德斯鸠——译者注)做些什么。就这样，孟德斯鸠和他的家人的斋戒被永久免除(perpetual dispensation from fasting)。第二天，教廷的官员送来了一份用正式格式写好的特许令(bull of dispensation)及一份常规收费单据。但是，我们这位节俭的加斯科涅人(Gascon)却不肯接受那张羊皮纸，他说："教皇是个言而有信的人，对我而言，他的话就足够了，我希望主也听到了他的话。"

离开意大利，孟德斯鸠去过慕尼黑和奥格斯堡(Agusburg)，途经符腾堡(Würtemberg)和莱茵河沿岸各国(Rhine countries)到达波恩(Bonn)，这里居住着选帝侯科隆大主教(Elector and Archbishop of Cologne)。他和国王乔治二世在汉诺威(Hanover)会了面。他游历了哈茨地区(Hartz country)，针对那里的矿山还写了一篇论文。最后，他到达低地国家(Low Countries)。在海牙，他会见了英国大使切斯特菲尔德勋爵(Lord Chesterfield)。当时，勋爵正准备启程回英国，他回国后有望被任命为国务大臣(Secretary of State)。孟德斯鸠在1729年10月的最后一天，和勋爵一起坐在他的游艇来到英国，并呆到1731年。

德国有一位著名的历史学家，他对孟德斯鸠一直没什么好感，批评他去游学不是为了"学"而是为了"游"。最近由孟德斯鸠家族向世人公开的旅行杂志和相关的副本笔记驳斥了这种说法。可能没有任何前人能像他一样，在出发时就已通过阅读和观察了解目的地，明确了自己在旅途中需要见识学习的事物；也不会有人再有比他更好的机会去掌握最值得探究的知识。

孟德斯鸠在身体到达目的地之前，心思已经去那里神游过了。早在离开法国之前，他就在早期完成的一份波斯人信件中，描写了雷迪在威尼斯逗留的情形；雷迪写道："我的大脑每天都在运作，我已经在学习经商的诀窍了。我还了解君王的 426
利益以及国家结构的组织形式。甚至连欧洲的迷信现象，也不肯疏忽。我潜心钻研天文、医学、物理和各种艺术。事实上，我终于拨开了故乡那遮蔽双目的云雾。"

他的旅行计划事先就制定好了，正巧他也有实施的绝佳机会。在维也纳，他和萨伏伊·欧根亲王(Prince Eugene of Savoy)一起度过了一段"非常愉快的时光"。在威尼斯，他和两位著名的冒险家博讷瓦勒伯爵(Comte de Bonneval)和苏格兰人劳(Law)有过长时间的畅谈。在罗马，他与朱利奥·阿尔韦罗尼红衣主教(Cardinal Alberoni)和流亡异乡的斯图亚特(Stuarts)皆相识。在摩德纳，他和大古董收藏家穆拉托里(Muratori)进行过谈话。在英格兰,通过切斯特菲尔德勋爵的介绍,他迅速地融入上层政治圈和社交圈。他的英国游记都已经遗失了,也可能这些游记根本就不存在。我们对于他这段经历的了解主要是通过1818年出版的《英格兰笔记》(*Notes on England*)(但该书风格并不严谨)以及大量的英语书籍和最近出版的《沉思录》(*Pensees*)中的人物和事件。但我们可以确定的是,他参与了议会的一些令人振奋的争论,我们也可以确定的是,他对于英国国家制度的研究,深刻地影响了《论法的精神》一书。

孟德斯鸠又用了17年的时间准备《论法的精神》的写作。1734年的《罗马盛衰原因论》可认为是《论法的精神》的一期工程。意大利思想家马基雅维利(Machiavelli)从务实政治家的角度对待罗马历史,并将此作为知悉古今得失的宝贵通鉴,用以辅佐一位意大利王。他指出:"事物发展的不可预测性使得人们需要相当的深思熟虑。"法国历史学家波舒哀(Bossuet)从神学的角度研究罗马历史,并且从中寻觅"上帝秘密审判罗马帝国"的证据。

孟德斯鸠从政治哲学家的角度研究罗马历史,并尝试在一国的历史中发现某种一般原理。他认为:"这世界上,统治国家靠的不是运气。政权的兴起、稳定和衰落皆有一定的普遍性原因——道德原因或者现实原因。某个国家即便被一场单独
427 的战役'偶然地'毁灭,我们依旧要说,通过单个事件毁灭国家的可能性背后必然有着某些普遍性原因。而历史学家的责任就在于探索这些必然因素。"以上简短的论述也许最能淋漓尽致地表现孟德斯鸠的风格。他的文章不会出现多个主题,因为这样显得分散。他所论述的主题着眼于大处,都是庄重而宏大的,这使他的作品风格的显得独树一帜,论述极有说服力,且能做到一以贯之。他的行文就像罗马军团一样,整齐而有气势。

若将三年的旅行时间也算入,孟德斯鸠《论法的精神》的确如他自己所言,是"20年时间铸成的心血"。他还解释了该书的主题在其大脑中形成及发展的过程。"从观察人开始,我相信无论法律和习惯在各地有多大的差异,它们都是人们想象的结果。我发现,有些例证完全符合我给出的基本原理。我观察到,所有国家的历史都是这些原理作用的结果,每一个具体的法律都要受到其他规则的约束,或者是从一个一般规则中具体化出来的……我不定期地进行这项观察,也没设定什么计划。之前,我对于符合规则或不符合规则的事件都没什么深刻认识,直到发现这些原理后,我所苦苦寻找的答案才瞬时柳暗花明。20年中,我见证了自己这项工作的开始、发展、进步和完成。"

那么,孟德斯鸠长时间艰苦寻求并最终发现的原理是什么呢?可以简述如下:世界不是被机遇或者纯粹的命运所主宰,而是受理性(reason)所支配。不同国家的法律和制度就是这些"理性"的特定表现形式。每个国家的每部法律,每项制度,都

是由该国组织结构形式中的理性决定的；理性反过来有助于国家组织结构形式的确立。决定一国法律和制度的，还有理性与下列要素的关系，比如一国的形态、气候、土壤、地理位置、面积；还有居民的工作和生活方式、宪法能赋予人民的自由程度；人民的宗教(信仰)、他们的意愿、人口数量、富裕程度、贸易、行为方式和习惯；此外还有理性同立法者的目的联系以及理性同事物的秩序的联系。理性的确立实际上不能没有事物的顺序。就是这些关系或联系的总和构成了“法的精神”。“法律的相对性”学说(The relativity of laws)是孟德斯鸠的核心学说。没有最好的国家形式或宪法模式：仅从概念上说，法律本身无所谓好坏。每一部法律，不论是关于市民的法还是政治的法，都必须考虑它与环境的关系，是否能够适应当地环境是评判该法是否卓越的标准。如果想知道和理解法的精神、法的实质、法的真实而内在 428
的含义，以及法律的生气和效率所在，你必须审视它与先前的全部法律(指它的前身)以及它与周围环境的关系。这是孟德斯鸠在书中提出和论证的观点。

孟德斯鸠从法律与不同政体之间的关系入手分析。政体的类型分为三种：共和政体(又分为民主政体和贵族政体两种)、君主政体和专制政体。这种三分法与柏拉图和亚里士多德的无异，但是三类政体的分布模式(mode of distribution)却是新颖的，只是很难自圆其说并找到科学根据。但如果以历史为纵轴，这就很容易说通。通过研究和观察他所熟悉的政权，孟德斯鸠思考这三种不同类型的政体。他通过观察希腊城邦和罗马统治的世界，还有当时的威尼斯和热那亚以研究共和政体。他所研究的君主政体指的是西方的君主立宪制(limited monarchy)：它保留受宪法制约的传统，但在大多数国家，易转变成君主专制(absolute monarchy)。至于专制政体，他研究的是存在于东方世界的、完全不受约束并且反复无常的统治。

每种政体都有特有的原则和维系其存在的主要因素。民主政体的原则或主要因素是“美德”①(virtue)，——孟德斯鸠实质上指的是“公共精神”(public spirit，一译“公意”)；贵族政体的原则或主要因素是“节制”(moderation，一译“中庸”)；君主政体的是“荣誉”(honour)；专制政体则是“威慑”(fear)。各种政体的国家一定是依照各自的原则来制定各自的法律。在捋清政体与法律之间的关系后，他接着思考法律和军事力量、政治自由、税务、礼拜、土地、风俗习惯、商业、金融、宗教之间的关系。孟德斯鸠论英国宪法的，有两个著名章节，其中第一个章节是在“政治自由”的标题下论及的；在这样章节下论述的，还有著名的立法、行政和司法三权分立论。

本文的目的仅是为了详细分析《论法的精神》。的确，还有许多书对此作出了很好的分析。但“精神”在分析过程中却总不被触及。《论法的精神》的价值并不在于整体的布局和论点，这部分已受到大量的批评；其真正的价值在于书中大量细致

① 也有译者翻译为“德性”或“善”等。

的观察和建议、深刻又富有智慧的思考。人们最感兴趣的问题是：为什么该书在所
429 有文明世界中能产生迅速和深远的影响？其次，这些影响的本质是什么，它们又起到了什么样的作用？

在回答这些问题之前，我要指出，阅读孟德斯鸠著作的时候，读者应记住的几点。

首先，孟德斯鸠出身贵族，是特权化、有高级趣味的、要求极高的社会阶层中的一分子。他和伏尔泰不一样，后者是一个突然冒出来的天才，即便是受到后辈贵族的羞辱也毫不在乎。孟德斯鸠则来自一个良好的家庭，非常习惯于上层社会活动。

孟德斯鸠所处的社会环境（*milieu*）和对于事物的看法与马雷（Marais）和巴尔比耶（Barbie）等中产阶级有很大区别。他是一名乡村绅士，喜欢在他的葡萄园散步，并和他的工人和佃户交流。他说："我喜欢和农民说话，他们学问不多，但却不会思维反常。"不过，他还是用辉格党人或者土地豪绅那样的态度对待他们，丝毫无法理解他们的感受和观点。在大多数情况下，平民阶层对他来说是一个纯粹的未知世界，毕竟当时的平民什么也算不上，他们成为主人那是以后的事情了①。尽管孟德斯鸠不能完全丢掉那个年代那个阶级的缺点，但是他仍然是一个真正具有公众精神，热爱自由，憎恶压迫、残忍、褊狭和不公正的绅士。在今天看来仍然伟大的三个政治思想家中，孟德斯鸠代表自由，伏尔泰代表效率，卢梭代表平等②。如果阿克顿勋爵（Lord Arcton）曾规划的那部"自由的历史"（History of Liberty）已经出版，那么孟德斯鸠无疑会是书中绝对的主角之一。

其次，孟德斯鸠有世袭的种姓，孟德斯鸠家族很多人曾任法国的法官和裁判官。因此，他并不是以一个律师的观点来写作。他曾经任吉耶纳高等法院的法官
430 约 14 年，并在该地区适用罗马法和该省的"皇家条例"（Royal Ordinances），还有超过十种的地方习俗。他对审判中的技术性问题并不太感兴趣。令人怀疑的是，他的判决，如果他的判决有被收入案例汇编的话，在法官中的威信能否比他的前任蒙田（也曾在同一法院任职）略输一筹。他也没有积极参与 18 世纪时期法国的卓越法律家们从事的法律研究工作，即吸收、重述及系统编排习惯法和现代罗马法，并收集资料为法国大革命和拿破仑时代的法典起草做铺垫的工作。这项工作的领军人物是大法官德·阿居瑟（d'Aguesseau）③和朴蒂埃（Pothier）。

---

①② "从孟德斯鸠到卢梭，我们可以这样想象：我们已经到过一些巴黎的沙龙，在那里，儒雅的哲学家给进步的听众提出一些理论。这些理论被巧妙地安排在闪光的警句里以及体现在许多精美的短文里。突然来了一个被满街污物玷污的人，他的声音由于激情和潜藏在每个句子里的野蛮恐吓而显得有些哽咽。他宣布他作为狂怒的群众的使者，准备将所有存在于他们与他们需求之间的美丽的理论和公式撕成碎片。"《18 世纪的英国思想》，第 191 页。

③ 阿居瑟，亨利·弗朗索瓦·德（Hener Francois d'Aguesseau），法国法学家，曾在都曼门下学习，后来成为法庭辩论大师，三次出任法国执法官（1717—1718，1720—1722，1737—1750）。——译者注

就我所知，孟德斯鸠从未提到过朴蒂埃或者奥尔良大学(his school at Orleans)，至于他和德·阿居瑟大法官也很少来往，且多是例行公事。的确，活泼的孟德斯鸠(波尔多最高法院大法庭庭长)和严肃的大法官德·阿居瑟难有什么共同之处。如果孟德斯鸠生活在19世纪的下半叶，我们可以确信，他也不会和卡恩斯勋爵(Lord Cairns)相处得很好。宣扬统一法国法律的是伏尔泰而非孟德斯鸠，孟氏热衷的大概是法律的多元化而非统一性。但在法国人的概念里，孟德斯鸠则是个伟大的“国会议员”(Parliamentarian)。他为“法的寄托”(dépôt of law)的存在赋予巨大的政治意义，为有组织的独立机构(entrusted to the custody of organized independent body)赋予寄托权；他为买卖司法官职的体制辩护，并认为这是保证司法独立最可行最安全的办法，这使伏尔泰感到十分愤慨。

最后一点，孟德斯鸠的作品总是受到审查(with the Censor and the Index before his eyes)。他的作品的风格常常是含沙射影(allusive)或基于假设(hypothetical)，这在他的模仿者们看来就是“风格主义”(mannerism)。在英国宪法那章，这一风格最能得到淋漓尽致的体现。虽然题目是“英格兰政制”[1](Of the constitution of England)，但是，正文中却有很多“如果”(ifs)和“应该”(oughts)。这些字词和这种编排理应存在，因为正是这种编排才能通向政治自由。而直到文章的结尾部分，才“姗姗来迟”地提到“英国人”，甚至还是用一种相当谨慎的方式。“探究英国人现在是否享有这种自由，这不是我的事。我只要证明这种自由已由他们的法律确定了下 431
来，这就够了。我不再往前追求。”在他的时代，“一丝不苟地详尽”不是一件安全的事情。他的谨慎并不是毫无根据的，尽管他已经够谨小慎微，但他的书还是出现在了禁书目录(Index)之列，被监察官禁止达两年时间。

现在回到主要问题上来，为什么有这么明显瑕疵的书(指《论法的精神》)仍然会对世界产生这么大的影响？书中主要概念不清晰、松散，处理没有条理也不到位，半数的事实叙述并不够准确，半数的推论都只是臆测。那么究竟该如何解释本书的瑕疵和其具有的广泛影响力之间的矛盾呢？

无疑，这在很大程度上要归功于此书引人入胜的风格。如果要被阅读，并且是被广泛地阅读，就要具有可读性。在孟德斯鸠时代，政治和法律方面的书就像法律条规一样，晦涩难读。但是《论法的精神》过去是，现在仍然是，一部非常具有可读性的书。在孟德斯鸠之前，没有人用如此生动和形象的方式来阐述政治制度和法律这种枯燥的话题。这也直接反映了作者的个性。与蒙田不同，他的个性并不是在文章最显著的地方凸显出来，而是藏在不起眼的地方，这也给了读者继续阅读抽

---

[1] 中文版见《论法的精神》上册，张雁深译，商务印书馆1976年版，第185页。全书第十一章第六节。——译者注

象主题的兴趣。你可以看到孟德斯鸠的两面性,他既是巴黎沙龙的座上宾,也是一名喜欢离群的学者,亦是一个散漫且无类的读者。

我们需要牢记,孟德斯鸠是生活在一个谈话都要精雕细琢成艺术品的年代。在18世纪,每个法国人的口中都用到的"Esprit"这个词难以翻译到位,其最狭义和最具体的意义指的是"优秀的谈话的核心要素"(the essence of good conversation)。和他同时代的其他法国人一样,孟德斯鸠也很注重谈话艺术,并在法国最好的沙龙里实践——虽然他的口碑极好,因为他时常倾听谈话,而不只是一名谈话者——事
432 实上,他认定,好作品的标准遵循的就应是好的谈话的标准。他曾说过:"要写得好书,既要刻意省略一些承上启下,以使文章显得不那么笨拙,但又不能省略过度,使得文章难以理解。"因此他的文章并不像是学术论文,而是像随感录(*causerie*)。他写书就像闲庭信步,天马行空,甚至还反感跑题,时不时东拉西扯一点。阅读他的书,你会觉得在和一个博学、睿智、礼貌的人谈话。他并不会独占整个话题,而是创造一种自由,宽松的气氛,每个人都需要动脑去思考,而这正是一次良好的谈话所必需的。他说:"我不想穷尽话题,因为这样每个人都可以表达些自己的意见,而不至于使某个人支配整个谈话。"他又说:"我的目标不是让你阅读,而是让你思考。"

孟德斯鸠是个书斋里的人,大量的时间被他用来泡在位于拉布雷德(la Bréde)的图书馆中,他在笔记本上摘抄了大量的图书精华,并尽可能地把他自己的想法浓缩成格言或深入思考的成果。对于他的那本笔记本上的内容,他时常不怎么经过充分的思考就把它们应用到著书中,也不管这些内容是否与论点有关或者能够帮助论证。他实在是个"片段式"的思想家,跳跃而不连续,他生来就不愿意,也许是不能,长久持续地思考。这些特质,虽然减损了这本书的优点,但却增强了可读性。文中出现了离题的话,比如,他一直提醒自己不能过少地论述君主政体的优点,否则他可能被读者怀疑是在讽刺君主政体;又比如他在著作即将完成时,表达了自己无法承受的倦怠和心灰意冷的心态等。

写作风格的魅力在很大程度上可以用来解释孟德斯鸠的影响。但思想的新鲜感
433 和原创性的是更为重要的原因。政治和法律题材的传统论述顺序往往是从亚里士多德或者更常见的是罗马法学家权威确立起来的一般原则入手,然后推理出某种具有一般意义的结论。比如,布丹(Bodin)关于共和政体的著名论文正是按照这种传统方法论证的。虽然孟德斯鸠受布丹影响较大,尤其在他关于气候影响法律的理论,但是孟德斯鸠另辟蹊径,颠覆了老套路——他选择从特殊原则着手写作而不是一般原则。

我一直专注于,甚至过于专注于《波斯人信札》而不是《论法的精神》,倒不是因为像有些人说的,《论法的精神》只是他早期研究的继续,而是因为写《论法的精神》时候的孟德斯鸠和《波斯人信札》时候的孟德斯鸠基本没有什么区别,虽然孟德斯鸠在经历二十七年的研究和经验后变得更为成熟。

孟德斯鸠并不是有了什么理论和目标才开始写作的生涯；他是个超然的、不负责任的评论家和人类观察者，一个“反复无常”的蒙田(the man *ondoyant et divers* of Montaigne)。他一生都在继续这种不负责任和超然的态度。确实，在他寻寻觅觅某种一般规则后，或者他相信自己已经发现的规则之后，他对所观察到的许多事件都可以进行归类。但是人们在阅读他作品中的某些章节时，常常会感到，它们不过是给人们以假象的建筑物正面(facade)，貌似完整，但实际只是一幢复杂、多样的建筑物的一面而已。他的“法律相对性学说”(doctrine of the relativity of the laws)，是开明保守主义(enlightened conservatism)的基石，也曾被用来为其他非开明保守主义进行辩护，但却不足以成为某个新的体系的基石，但即便如此，对于一名主要精力都放在观察和对比不同制度的相同和不同点并得出推断的人来说，这已经是一个令人钦佩的起点了。

孟德斯鸠在后来的《“论法的精神”辩》(*Defence of the Spirit of Laws*)中写道：“明眼人一定一眼就可以看出，这本书的主题是世界上不同的法律、习惯和惯例”。这是一个宽泛而难以把握的主题，作者并没有成功地全面驾驭。正因为这样的问题，《论法的精神》并不能被列为最伟大的著作之一，但是其中的某些部分确实可以称为“伟大的”。他独特之处是，他在书中成功地做到了如何在法学和政治学领域进行卓有成效和富有成果的研究，也揭示了从多样到统一、从事实到原则的研究方法。434 他革新了政治学，使之成为一门通过观察进行研究的学问，并在政治和法学领域有了崭新的突破，就像培根在自然科学领域所作出的成绩一样。他终结了经院哲学家的时代(He closed the period of the schoolmen)。他不满足于啃罗马法的老骨头。他使人们摒弃抽象干涩的推断而采用对具体制度的对比分析方法来研究法学和政治学。从这个意义上说，他是伦理学和政治学比较研究法的开创者。

孟德斯鸠的另辟蹊径乍看起来不重要，事实上却是有重大意义的，因为人们的思维总是倾向于墨守成规。一代一代的人都是按照老方法来研究老话题。然后来了一个人，带着些新思想，然后社会进入了一个新阶段，被打上“进化”标签的阶段。他把他的跟随者从老套的思维中引导出来，给他们开启了一扇思维和发现的新大门。就是这样的人改变了世界，而孟德斯鸠则是其中的一个。

与修昔底德(Thucydides)以降甚至早于修氏时代的历史研究法的创始人一样，孟德斯鸠享有很高的权威，只是精确度上略逊一筹。①但他非常重视这一研究方法，这是事实。他曾在一段文章中这样说：“我希望，每个国家都有更好的法律方面的 435 作品。要了解现在，必须先了解历史，当代法律应当遵循历代法律的精神。”但是在实施方面，他既没有必要的知识也欠缺必要的能力。与前人一样，他假设存在“自

① 按照亨利·梅因(Henry Maine)爵士和莱斯利·斯蒂芬(Leslie Stephen)爵士以及其他人的说法。

然状态”。但如果不了解未开化的野蛮人，所有对于原始社会的臆测和理论都将是徒然的；而孟德斯鸠这方面的知识来自于旅游书籍以及传道士的叙述，因此没有办法来验证它们的准确性。他无疑是通过阅读“拉翁唐的作品”(*Lahortan*)和《耶稣会士的关系》(*The Relations of the Jesuits*)来了解18世纪早期代表蛮族的易洛魁人(Iroquois)。但是人们可能不禁会说，孟德斯鸠对于拉翁唐了解很少，他只知道后者可能是一位曾在加拿大海域上航行过的波尔多的海员(Bordeaux mariner)。

在罗马早期历史的叙述上，孟德斯鸠只阅读了蒂托·李维(Livy)[1]和弗洛鲁斯(Florus)[2]的作品，对于博福尔(Beaufort)[3]批判性的深入的研究，他似乎从未耳闻。也没有证据表明，孟德斯鸠读过维柯——那位特立独行而神秘的那不勒斯思想家——的书或者是受到了维柯的影响。维柯好像生不逢时，他的重要性直到一个世纪以后才为人们所充分认识。孟德斯鸠在威尼斯的时候听说过维柯的《新科学》(*Scienza nuova*)的初版卖得挺紧俏，他的确把这本书列为需要在那不勒斯购买的书单上。但最后却没有证据表明他真的购买了这本书。

他的方式方法大体上并无历史根据。他对法律所处的环境考虑得很多，但对于法律的历史考虑得较少。他将所有历史时期的法律一概而论，认为“国家”(State)是实现“平衡”(equilibrium)的前提。他预见到国家衰亡的可能性，但脑中却没有“国家会发展和进步”的观念。这些杜尔哥(Turgot)和孔多塞(Condorcet)常用的概念，对孟德斯鸠来说是很陌生的。

孟德斯鸠的伟大著作所产生的影响是非常深远的，我们足够单独用一本书来描述。
436 无论是在政治理论方面，还是在政治方法论方面，都可见其著作的踪迹。英国宪法或政制的理论(theory of the British constitution)几乎完全由孟德斯鸠提出。无论从哪个方面上说，他都是英国宪法或政制的权威版本(the authorized version of the British constitution)的最主要贡献者，而它的流行全拜布莱克斯通(Blackstone)和德洛姆(Delolme)[4]；孟德斯鸠的这一版本被美国和欧洲大陆的宪法制定者所参考，直到被沃尔特·巴杰特(Walter Bagehot)[5]的内阁理论(Cabinet theory)所取代。人们常常会有这样的质疑——孟德斯鸠对于他自己所描写的制度到底有多深的理解和了解?

针对上述疑问，需要明确两件事。首先，当孟德斯鸠书写《论法的精神》时，成

---

① 蒂托·李维(Titus Livius，前59—17)是古罗马著名的历史学家，著有《罗马史》，原名为*Ab urbe condita libri*，意为“从罗马建城开始”。——译者注

② 也译为弗罗鲁斯等，约74—约150，罗马帝国时期史学家、演说家、诗人。他著有《罗马史纲要》。——译者注

③ 博福尔(Louis de Beaufort，1703—1795)，法国著名历史学家，1738年出版《论罗马最初五个世纪的不确定性》(*Dissertation sur l'incertitude des cinq prèmiers siècles de l'histoire romaine*)的著作。——译者注

④ 让·路易·德洛姆(Jean Louis Delolme，1740—1806)，瑞士的宪法学家，民主主义者，写有一部为英国宪法辩解的著作(1771年)。——译者注

⑤ 旧译为白芝霍特、白芝浩等。著有《英国宪法》等。——译者注

长自1688年光荣革命的英国宪法尚处于形成阶段，其中的一些原则仍未确定下来，到底是国王至上还是议会至上尚无定论。其次，孟德斯鸠的写作是有目的的。英格兰对于他来说就像德国对于塔西佗(Tacitus)一样。在祖国(指法国)已经消逝的理念和自由原则，他在这个邻国找到了，或者他相信自己找到了，并希望能将之保留下来。他像一个伟大的艺术家，用大胆而不受约束的画笔勾勒出"自由"的轮廓。他倾向于点睛出上述精神及其特征，而他的写作就像威廉·特纳(Turner)的浪漫主义风景画一样，几乎不关注细节的准确性。

所以，它是如此一本能被英国人带着愉悦和崇敬的心情来阅读的书，也就不足
为奇了。孟德斯鸠著作最初实际上影响的是英格兰的土地，但却不是那个"老英格 437
兰"(Old England)，而是那个在大洋外崛起的"新英格兰"(New England)。

当华盛顿讨论吕西亚共和国(Lycian republic)①的时候，我们可以肯定，他直接或间接地引用了《论法的精神》。也正是从这本书出发，汉密尔顿(Hamilton)和麦迪逊(Madison)在《联邦党人文集》一书中，论证了联邦制以及立法、司法和行政的三权分立。稍后，广泛吸收各种学派观点的托马斯·杰斐逊(Thomas Jefferson)，在读到《论法的精神》的时候，发表了有趣的评论。而当时，这本书是由他的一位法国朋友提供给他的，此人是费城哲学会(Philosophical Society of Philadelphia)会员，也是法语协会(French Institute)的成员。

在英格兰，伯克(Burke)对孟德斯鸠的精神进行了最为全面且精彩的表述。伯克对孟氏作品的表述即可见于他在早年对英国君主违反英国宪法的抗议之中，也
可见于其晚年对法国国民公会(French Convention)②专制统治的抨击之中。 438

从亨利·梅因爵士(Sir Henry Maine)《古代法》(*Ancient Law*)中著名的第四章的用语中，人们可能会推断出一个必然错误的结论，即孟德斯鸠在法国的影响力不及卢梭。孟德斯鸠、伏尔泰和卢梭，虽然他们的目标、方法都不相同，但无疑都是法国大革命中第一等重要的启蒙者。索雷尔(M. Sorel)说："每一个被启蒙的法国人，在他们个人的书架上都有孟德斯鸠、伏尔泰、卢梭和布丰(Buffon)③的著作。"《论法

① 在孟德斯鸠《论法的精神》的第九章第三节"联邦共和国的其他要素"中，作者提到"吕西亚共和国是由二十三个城市联合而成；大城市在公众议会中拥有三票；中等城市两票；小城市则为一票。"

② 国民公会(法语：Convention nationale)是法国大革命时期的最高立法机构，在法兰西第一共和国的初期拥有行政权和立法权。1792年8月10日，巴黎起义军占领杜伊勒里宫，立法议会宣布废黜法国国王路易十六，在普选基础上成立国民公会。1792年9月20日，国民公会开幕，当选议员749名。国民议会初期的代表人物有：让-保罗·马拉、乔治·雅克·丹东和雅各宾俱乐部马克西米连·罗伯斯庇尔。1795年10月26日，国民公会解散，其立法权力由元老院和五百人院继承，其行政权力由督政府继承。——译者注

③ 布丰(Georges-Louis de Buffon，1707—1788)法国博物学家。生于蒙巴尔(Montbard)。先后学过法律和数学。曾在英国学习过一年数学、物理学和植物生理学。回国后翻译出版了牛顿的《流数》(*Fluxion*)和黑尔斯(S. Hales)的《植物静力学》(*Vegetable Statics*)。1739年被任命为皇家植物园主任。1753年当选为法国科学院院士，以后又先后被选为英国皇家学会会员、德国和俄国的科学院院士。——译者注

的精神》是1789年的政论家寻找辩论论据的资料库。法国有名望的作家都坚持认为孟德斯鸠对《权利宣言》(Declaration of Rights)的影响与卢梭并驾齐驱。需要记得的一点是,虽然孟德斯鸠写作时是位君主主义者(monarchist),但他的心仍然在希腊—罗马世界(Graeco-Roman world)中的小共和国里,同时,他也为18世纪末期盛行的表现为政治思想的伪古典主义负责。

确实,从1789年到1793年间,孟德斯鸠的影响力在降低,而卢梭的影响力则在提升。孟德斯鸠曾被视为亲英派贵族①;吉伦特派(Girondists)因对孟德斯鸠的研究过于深入而受到指责。而如果罗伯斯庇尔(Robespierre)的确曾引用孟德斯鸠的话,他也定是歪曲引申孟氏的原意以达到自己的目的。罗伯斯庇尔说:“在革命时期,民众的政府应兼具美德和暴力。失去了美德,暴力是灾难性的;失去了暴力,美德是无力的。”(virtue without which terror is fatal; terror without which virtue is powerless.)拿破仑在研究过《论法的精神》之后,认为这项旨在通过分权来保障政治权利和自由的制度并不合他心意。孟德斯鸠的思想在执政府时期(the Consulate)和帝国统治期受到抑制,但在波旁王朝复辟时期(the Restoration),获得了新生并变得异常强大;而在19世纪上半叶,他的思想在法国和欧洲其他地方,又成为所有君主立宪制国家的启蒙思想。

孟德斯鸠对于研究方法的影响也不小,尽管他在这一方面不如他对政治思想
439 的影响那么直接。对于在政治与法律领域适用历史研究和比较研究方法而言,正如人们对他的公正评价所示②,孟德斯鸠是先驱者(precursor)但不是奠基人(founder)。他所采用的历史研究法并不完美,对它的应用也有缺陷。直到他去世将近一个世纪后,人们才充分认识到他的历史研究法和比较研究法的重要意义。但同时,他的核心学说——只有深入了解法律或宪法的全部环境(surroundings)和历史(antecedents)之后,才能掌握它的真谛和精神——已牢牢地烙在学者们的脑中;并为今日的法学和政治学领域认可这些方法铺平了道路,这些公认的方法已被视为科学研究所必需。

在过去的50年中,比较法学研究会和比较立法学研究会在法国、英国、德国以及其他地区都已确立,并已成为或者正在成为最具效益和效用的方法。一部分学会主要从律师或者法官的角度研究问题,他们把主要精力放在了私法和刑法上。还有一部分学会主要研究其他国家立法机构所颁布的试行的行政法或者宪法,他们是从政治学的角度来研究问题。他们的研究领域是重叠的,但观点却不一定一

---

① 在恐怖时期,孟德斯鸠的儿子涉嫌犯罪被投入监狱,他的财产随之被没收,并于1795年死去。孟德斯鸠的孙子,曾经供职于美国华盛顿地区政府,成了美国的移民,同爱尔兰的姑娘结婚并定居于肯特,一直到1825年默默地死去,其母亲的且在法国的遗产由他的侄子继承。

② 腓特烈·波洛克爵士,关于“比较法史”的告别演讲(见《比较法社会学杂志》,1903年8月)。

致。从两种角度看问题的两类学者都收集、比较大量的史实,作为比较法学研究的必要前提,也是极为重要的素材。法学家和政治哲学家的剩余任务是,在孟德斯鸠精神的基础上,用更全面的知识和更具批判性的思维,探究出不同国家的法律和制 440
度的内在涵义,探究法律和制度发展的普遍轨迹,甚至预测它们在未来的发展方向。

有人可能会很有兴趣知道,如果让孟德斯鸠来审视现在的政府和立法,他会观察到与他的时代有何不同,他又会得出怎样的看法。他可能会发现,在地球上几乎所有的文明国家中,都建立了具有代议制立法机关和议会制度的政府形式(governments with representative legislatures and parliamentary institutions),各国都认可他所推崇和提倡的政府的行政、立法和司法等三个部门的分立,尽管认可的程度有异,在形式上也不尽相同。他还可能发现,各国的立法部门都在积极持续地进行着立法的工作,制定了数量惊人、种类上复杂得令人困惑的新法律。

不列颠帝国(包括其欧洲部分和南美殖民地在内)共有 60 个到 70 个立法机构;而美国有 48 个州立法机构和 1 个中央立法机构,后者包括参众两院。1901 年,美国 48 个州共制定了超过 14 190 部新的法律。在孟德斯鸠写作的那个年代,英国议会事实上是世界上唯一并且持续进行工作的代议制立法机构,但它立法的数量与现在相比显得相当“可怜”(modest)。以 1730 年议会会期记录为例,那年孟德斯鸠曾在圣斯蒂芬斯(St. Stephen's)参加辩论。我们可以看到:国王的讲话中没有提到立法;那一届议会共完成立法 48 部,其中地方性法律 20 部,财政法案 4 部。其中有一部法案引发了人们的争议,该法案限制英国臣民向外国发放贷款。用罗伯特·沃波尔爵士(Sir Robert Walpole)的话说,该法案的出台是因为牵扯到一项原本已计划援助查理六世皇帝的贷款(projected loan for the assistance of the Emperor Charles VI),但他和乔治二世(George the Second)的外交关系却趋于紧张。议会对工业和贸易关心的态度到了“父亲般无微不至”的程度。譬如专门有一部关于砖坯烧制程序的条例,还有一部“更有效”规制煤炭贸易的法案。议会还颁布一项授权法令,授予在英国境内制造且依照法定航线航行的英国籍船只,自由地从英国在北美洲的卡罗来纳殖民地(His Majesty's Province of Carolina)至菲尼斯特雷角(Cape 441
Finisterre)以南的欧洲任何地区直接运送大米;为了“能够更好地腌制鱼肉”,议会制定了从欧洲进口食盐至纽约殖民地的法案——“通过该项法案,大英帝国的贸易和上述殖民地人民都将会从中收获到极大的好处,当地人民因此将会购买到比现在更多的帝国产品,从而满足他们自己的需求。”

在众多“综合”(omnibus)法案中,有一部依议会程序法案,调整诸如面包定价、破产救助、经天主教徒实施的地契和遗嘱、对按济贫法领取救济金之人的安置等问题。在 18 世纪,除了那些纯粹的地方性法规以外,法律都是由那些在威斯敏斯特担任治安法官职务的土地所有人(landowners)详尽制定的。当时中央政府的行政职能非常受限。孟德斯鸠指出,“国王(而不是政府)通过行使行政权限来发动战争或者保持和平、外派或者迎接大使、维护稳定、抵御外敌侵略”。事实上,中央政府的职能往往被限定在维持国内安定,而不是建立对外关系或者发动战争。国家没有地方政府委员会,没有教育委员会,没有农业委员会;贸易委员会也只有名义上的职能;郡、地区和堂区(parish)也都没有自己的理事会(council)。市政府封闭腐败,市政当局(corporations)毫不负责,它们存在的理由不是为了公众利益,而只是为了政府成员的利益。那时没有铁路,也没有有限公司,燃气和电力尚未被利用。议会不关心教育和环境问题,至于工厂立法(factory legislation),那还是遥远未来的事情①。这样看来,当时几乎缺乏现代议会立法的所有要素。

孟德斯鸠如果能够“穿越”到现代,他一定会注意到,相比他所处的那个年代,立法的内容和种类已有了相当的扩展和增加。究其原因,他会发现,自他那个时代
442 起,自然科学已极大地改观了我们的这个世界。自然科学对世界的贡献是什么?至少在三个方面:优化了生产制造的效率,降低了生产制造的难度;加快了运转移动的速度,降低了运转移动的难度;提升了信息交流的迅捷度,降低了信息交流的难度。这样,才能造就民主、金权政治(plutocracy)、强大的国家。从民主建设的角度而言,它使公众意愿能更快、更有效地传递,并借助创造的财富缩小社会不同等级间的界限。但是,它也扩大了巨额资本(great finance)的权力,即使在约翰·劳的体系(Law's system)②崩溃和南海泡沫事件(South Sea Bubble)③时期,也可达到难以想象的程度。巨额资本通过控制媒体,进而制造出所谓的“公共意见”,在幕后操纵政治傀儡,因而成为现代政治中最微妙的、无处不在的、最强大的一支力量。

自然科学使民主大国成为可能,也使民主大国或国与国的联盟(agglomerations of States)成为必需。在孟德斯鸠、亚里士多德看来,所谓民主,就是市民聚集在同一个地方来讨论政治问题。但亚里士多德认为,这个市民群体不能太大,因为除非有一个斯藤托耳式(Stentor)④的人,否则怎么来传达重要的观点?但是现代议员,且勿论板球评论员,无须斯藤托耳式的大嗓门,就可以把他的意见传到反对者(Antipodes)那里。自然科学的发展,已经使大国成为必需,表现在一国的管辖效力(effectiveness)和军费开支的上升。国与国的联盟既有利于经济也有助于自我防卫;孤

---

① 我曾发表过一些观点。这些观点后被收录于拙著《立法方式和形式》(Legislative Methods and Forms)一书的第十章。

② 约翰·劳(John Law, 1671—1729)是18世纪欧洲的一个金融家,以推行纸币而闻名。他错误地认定货币可以带来财富,而没有想到货币其实只是财富的结果。实际上重要的不是创造货币,而是创造财富。——译者注

③ 南海泡沫事件(South Sea Bubble)是英国在1720年春天到秋天之间发生的一次经济泡沫。——译者注

④ 特洛伊战争中的希腊传令官,声音极其洪亮,可抵50人。

立的小国只有容忍才能求得生存。

现代文明国家在面积和人口上比孟德斯鸠时代都有了很大程度的增长。从政治的角度来看，世界正变得越来越小，联系也越来越紧密。这会导致立法和制度方面更加趋同。

要实现更大范围的同一性，需主要从以下三个方面来促进：

第一，直接模仿。就像塔尔德先生(M. Tarde)所说，人类是一种模仿性动物。如果他模仿前人，那就是前人的风俗习惯；如果他模仿邻居，那就是他们的时尚；如果他模仿他自己，那就形成了习惯。“直接模仿”在制度的确立和立法中起着重大的作用。全世界都在学习英国议会的程序。1848 年，弗朗索瓦·基佐(Guizot, 443
1787—1874)提醒平民院委员会(Committee of the House of Commons)：米拉波(Mirabeau)是在艾蒂安·迪蒙(Étienne Dumont)向其提交的下议院程序概况的基础上改动后，制定了国民大会(National Assembly)的规则；1814 年，路易十八颁布的《1814 年宪章》对这些规则作了些许变动后加以采纳。托马斯·杰斐逊在担任美国总统期间，曾为国会制定过手册，并大量参照了英国议会的先例，直到现在，《杰斐逊手册》(Jefferson's Manual)依然具有权威。不列颠帝国的每个殖民地立法机关都遵照不列颠和爱尔兰联合王国下议院的规则、形式及惯例，只有对其中部分条款进行了本土化处理。不列颠帝国的绝大部分殖民地的法令(enactments)直接复制了英国的“法令全书”(Statute-book)，其中只有少数法令根据当地实际进行改进。立法机关越来越多地效法(其他立法机关的立法)先例，这种趋势不仅发生在大英帝国，也发生在其他文明世界，这也正是立法趋同的原因之一。

第二，交往的便利，特别是那些商业关系紧密的国家倾向于建立统一的商业惯例。18 世纪末的法国和 19 世纪末的德国深切地体会到了世界上不同国家法律的差异性；长久以来，它们一直感到这种差异十分恼人，虽不至于不可补救，但情形确实颇为严重；而在现代商法的诸多领域，我们已经或者几乎实现了统一法律的目标，这当然是比较法学家们一直以来的梦想。

最后，自然科学使我们的世界越来越近，也使得我们的世界焕然一新，孟德斯鸠当时论述造成立法差异的重要原因——某些原因还被他夸大了——比如气候、种族、地理条件、文明的形式和程度等，现在都显得没当时那么重要——虽然这些差异因素依然存在，也未到可以被忽略的程度。

孟德斯鸠生前对于政治经济学有着浓厚的兴趣，如果他来到现代，几乎肯定会指出，财政规划(fiscal arrangements)在领土分布连续的国家可以产生很好的效果， 444
但对于领土被海洋隔开的国家而言，财政规划可能无法在当地取得很好的效果。种族问题仍然困扰着我们，白色人种、棕色人种、黄色人种以及黑色人种之间存在的猜忌和憎恶已经成为世界立法者面临的难题。除种族问题之外，不同程度的文明之间和不同阶段的文明间的反差和区别造成的立法问题一点也不比种族问题来得轻松。在大英帝国,既要为印度的山地部落(the hill-tribes)和西非原始拜物教的信徒们(fetish-worshippers)立法,也要为新几内亚(New Guinea)的“野蛮人”立法。为印度不发达地区和位于西非的“受保护国”(Protectorates)制定的法条及对法律人的从业建议多得可以建成一个博物馆。如此看来,立法的差异性因素仍然占有很重要的地位,但从整体上说,这个因素的重要性正在减弱,而促使趋同化的因素却变得越来越重要。如果拿出法国和英国比较立法学会(French and English Societies of Comparative Legislation)出版的某一年的关于世界立法的年度总结,你一定会为其中各式各样眼花缭乱的主题而头晕目眩。但如果坚持阅读并追踪研究数年的年度总结,你就会发现,大量重要的立法主题年复一年地出现。虽然人们清楚地认识到,不同种族、不同性格和各地不同的情况会造成立法上的迥异,但近来,在教育、工厂、矿业及酒类物品贩运等领域,不同国家的立法都呈现出十分相似的内容和原则。1902 年,海峡殖民地的立法机关(the legislature of the Straits Settlements)明确了马来的儿童有义务接受义务教育。塞拉利昂(Sierra Leone)的立法机关则规定在该殖民地西部边界普及伊斯兰教教育(Mohammedan education);至于这样立法的目的是什么,就不是我们需要深入探究的了。立法的趋同性也许最能在劳动关系中体现。四分之一个世纪前,所有文明国家的雇主对雇员伤害的责任都或直
445 接或间接地受古老的罗马法规制。从那以后,各国立法机构都开始对法规进行修订,而不同国家的修订却有着一个共同的方向。现在我们都认为,建立在过失基础上的责任原则(the principle of basing liability on personal negligence)已无法满足现代公司的雇佣情形。现代的大趋势是将雇主置于一个类似于保险人的地位,对于雇员发生的意外伤害进行赔偿,而这也成为现代保险秩序下雇主所要承担的风险。相似的趋势在劳动关系其他部分的立法中也有所体现,比如进一步认可雇员的结社权,规制劳动环境——尤其是矿井和工厂等组织化劳动的环境,限制雇佣妇女和儿童,规定预防生命健康遭到威胁的措施,建立政府医疗养老基金制度,劳动争议解决的条款等。各国对于上述立法也许在细节或者进展上有所差异,但总体而言,他们都在朝着同一个方向努力:简而言之,各文明国家正逐渐接近于制定一部统一的劳动法典,就像人们在商法领域所作出的努力一样。

在孟德斯鸠去世的几百年后,另外一部关于“法的精神”的伟大著作问世。[1]弗里德里希·卡尔·冯·萨维尼(Savigny)认为,每个国家的法律都是国家意识自然的、必然的产物。耶林(Ihering)则提醒他的读者,罗马曾三次征服过世界:第一次是用军队、第二次是用宗教、第三次是用法律。罗马法在世界范围内的继受——萨维

---

① 耶林的《罗马法的精神》(*Geist des römischen Rechts*)第一版于 1852 年面世。

尼作为一名历史学家曾有过这方面的专论——与法律的排他性和民族性(the dogma of the exclusively national character of law)并不一致,这一点萨维尼也预见到。各民族的商业生活靠商品的自由交换,类似地,他们的智力活动靠思想的自由交换,因为借鉴别的是能满足当地需求的法律或者制度,因此不是坏事,而是一件好事。

诚如萨维尼所述——孟德斯鸠在他之前就指出过——只有将一个民族的法律视为这个民族生活和特点的一部分,才能深入地理解它的法律。同样有道理的是,法学家的目标之一是要寻找不同法律体系的普遍规则。而法学家只有对不同民族的法律制度、法律史进行深入而科学的研究,并比较各国法律、厘清法律发展的不 446
同阶段后,才能找到上述普遍规则。本着旨在发现欧洲法律中源自罗马法的那些法律规则的真正含义,耶林将他的研究集中于"罗马法的精神"之上。任何人倘若打算对18世纪中叶与19世纪中叶的比较法学在深度和广度上作比较研究,只有将孟德斯鸠的《论法的精神》和耶林的《罗马法的精神》(*Spirit of Roman Law*)进行一番比较,才会获得最大的收获。

孟德斯鸠留给世界两个伟大的遗产:首先,他创制了英国宪法的理论,并统治了这一领域足足一个世纪,甚至成为那一时期所有宪政政府的理论基础;其次,他为法学和政治学的研究开辟了新的方向。

孟德斯鸠是现代最伟大的自由主义倡导者之一。从社会和政治的角度来看,他属于那个"旧社会体制"(old régime),这种体制在法国于1786年终结,而在改革没有法国那般暴风骤雨的英国,从1832年才开始逐渐消亡。从历史的角度来看,他属于一个逝去的时代。他的新观点、新方法,曾经新颖过,那么有吸引力也那么激动人心,如今已尽归西方思想的遗产之列。但在他的时代,他成功地做到了他试图做到的事情,那就是让人们开始了思考,而这显然超越了他最乐观的预料。

(撰写:Sir Courtenay Ilbert)

447

19. 朴蒂埃
(Pothier)

（法国法学家朴蒂埃）

罗伯特·约瑟夫·朴蒂埃(Robert Joseph Pothier)于1699年1月9日生于奥尔良,并于1772年3月2日辞世于此。他来自一个世代担任奥尔良地方法官的官宦家庭。他的父亲是罗伯特·朴蒂埃(Robert Pothier),母亲叫玛丽娅·玛德蕾妮·雅克(Marie Madeleine Jacquet)。朴蒂埃本就注定要接过父亲约瑟夫·朴蒂埃在奥尔良地方法院的钦命法官职位(the magisterial office of Conseiller au Présidial d'Orléans)①,就如同他的父亲从他的祖父弗洛朗·朴蒂埃(Florent Pothier,曾于1603年担任奥尔良市长)承袭了这个职位一样。虽然罗伯特·朴蒂埃逝世时,小朴蒂埃只有五岁,但这位未来的法学家在母亲的影响下,延续了家族的法学传统。童年时的朴蒂埃在奥尔良的耶稣会学院(Jesuit College at Orleans)求学,尽管当时体质羸弱,而老师的教学授业也并不详尽,但他在拉丁文学、人文科学以及古代哲学等方面都取得很大进步。他超凡的记忆力和接受力以及勤奋刻苦使他年纪轻轻就已成为当时古典学研究的名家。当他从耶稣会学院毕业时,对于专业的选择略有犹豫:他生来为数学和纯理论研究所吸引;另一方面家族的法学传统早已溶入他的血液,且他的母亲和父亲生前的好友,一名杨内约内地区的王室地方法官(Prévost de la Jannès Jauné)亦竭力督促其继承家学。实际上,正如我们即将在下文看到,他不仅沿袭了家族的传统,亦在法学的研究中淋漓尽致地运用他在纯理论领域的智慧。因此从耶稣会学院毕业后,他进入奥尔良大学法学院学习。

① 法国亨利二世于1551年1月设立的审裁机构,至1790年为国民议会所废除。——译者注

根据勒特罗纳先生[1]的叙述，当时的大学教育不容乐观，“大学的授课教授们对 448
于年轻人的进步漠不关心，仅仅给他们听写一些不知所云的课文，而这些课程连他们自己都不愿意研究”。这位皇家法律顾问接着描述了18世纪初教授们讲授法律的方法。“确切地讲，他们教的并不是法律学科，他们自己不会讲解如此美妙辉煌的科学，以至于对那些困难和障碍如此陌生，而这些只能由法典编辑的无能甚至是无德来对付。这些教授只能用一些论战中繁杂编造的问题来塞满他们的课程。”

“通过这种教学方式，我们相信，他们只能是对学生永远关闭法律的圣殿，甚至是让他们讨厌这门学科。类似于古代的贵族，为了使人民归附，费心地向他们隐瞒诉讼方法，把法律知识占为己有，再小心翼翼地用一层奇幻的外壳掩盖起来。如此不合格的教授无法满足朴蒂埃坚定公正的信念：幸好，他并没有扫兴，他去其糟粕，自己研究并补充缺失的部分。在所有的学科中，迈出第一步是最艰难的。他努力学习克服困难，研读维尼乌斯(Vinnius)的法学评论。做好准备，通过对法典最深刻认真的学习，追溯到法律的源头汲取精华。”

朴蒂埃以优异的成绩通过大学各个阶段的必修课程，具备了成为律师和地方法官的资质。他所接触到的高难度材料以及他所接受到的低水准教学反而激发了潜能，于是当他深入研读由阿诺德·维尼乌斯(Arnoldus Vinnius)[2]作注释的《优士丁尼法学阶梯》(*The Institutes of Justinian*)时，他对罗马人的法律和历史产生了浓厚的兴趣，而在此之前对他们的文学作品则已熟悉通晓。然而当他通过了大学里的所有考试之后——据勒特罗纳先生[3]描述——却再次面临人生道路的十字路口。超凡的宗教悟性和脱俗的天性让他对宗教生活充满向往。要不是出于对母亲的敬
重，他几乎在1720年前后加入律修会(Order of Regular Canons)，但他最后下定决 449
心：选择法律作为自己的终生事业。凭借自己丰富的知识解释及证明了当地法规的正当性与合理性；亦正因如此，他在21岁时，即被任命为其祖父及父亲曾担任过的奥尔良地方法院钦命法官。这个职位不仅确定了他从事的职业，也决定了未来的事业走向。他把所有的精力皆用于研究法学的理论和历史；与此同时，朴蒂埃在与奥尔良地区最博学卓越的梅拜齐(Me Perch)律师共事期间，亦获得了大量法律实务的第一手资料。关注朴蒂埃的早期职业经历对于促进对他的了解是不可或缺的。伏案于法理和法史之中时，他从无倦息；至于法务，他亦无时无刻不在关注(他

[1] 1772年，朴蒂埃去世时，勒特罗纳先生(M. le Trosne)是奥尔良地区法院的王室律师，在朴蒂埃于1773—1774年出版的系列作品在巴黎和奥尔良之前，他的著作《朴蒂埃的历史颂歌》以四卷本的形式出版，尔后该著作经修改后又于1781年再版发行。三卷本(分别以1777年版、1777年版、1778年在巴黎出版)包括了作者死后遗留的著作和为其他另外四部作品提供了所有著作的可靠原文。

[2] 译者也见该人名译为“阿诺德斯·维列斯”。——译者注

[3] 这一有关朴蒂埃的事实并未在19世纪的《拉鲁斯法语大字典》中得到证实，该字典提到朴蒂埃唯一经历的抉择危机发生在进入大学之前。

任钦命法官之职逾50年)。他和在他之后的萨维尼一样,将法理、法史与法律实践紧密结合,也正因此,朴蒂埃的杰作留给了法国法和其原则一笔不朽的财富。

朴蒂埃就任之后的10年到12年间,他将神学的基本理论融入法律的研究和实践中。他最喜欢的作者是圣·奥古斯丁(St. Augustine),但却信仰波尔罗亚尔教派的教义(Port royalist School of Thought),他也非常赞同皮埃尔·尼科尔(Pierre Nicole, 1625—1695)关于"应带着敬畏,将神学与哲学结合起来学习"的观点。尼科尔的思想非常接近詹森派(*Jansenist*)[1],但朴蒂埃则更进一步加入詹森派,在这一点上,他超过了尼氏。这个事件显然惹恼了奥尔良的罗马天主教会,甚至朴蒂埃在死后也未被教会所原谅:他们拒绝将朴蒂埃安葬在奥尔良的大教堂内——尽管朴蒂埃曾为这座城市带来过无限荣耀[2]。我们在对朴蒂埃整体评价时,应当牢记于心:朴蒂埃不仅一辈子致力于神学的研究,他同样将法学的探索作为他一生的课题,他对神学的态度亦是对于法学的一贯态度。"对于世间万物的思考并非仅仅是人的权利,亦是一项义务",正是这样的铭言使得朴蒂埃成为一名伟大的波尔罗亚尔教派的信徒[3],也为那场席卷了整个法国的巨变埋下了伏笔。

450 事实上,鉴于朴氏从事司法实务的经历业已深深地烙入他的法学理论中,了解了他的理论也可随即了解当时的法律形势,因此我们仅需轻松而言简意赅地在此介绍朴蒂埃所处时代的法律制度和司法系统。需要顺便提一下的是,1453年查理七世下令修撰当时法国的习惯法并且使之成文化,这项浩大的工程到18世纪末期[4]已基本完成(其中小部分地区依旧保持使用非成文法的习惯直至18世纪中叶)。而奥尔良地区的习惯法于1583年由阿希尔·迪阿莱(Achille du Harley)和他的学派成员整理并成文化,达洛兹先生(M. D. Dalloz)及蒂埃瑟兰先生(M. H. Thiercelin)在《法国法律总史论》(*Essai sur l'Histoire* [5]*Générale de Droit Français*)一书中盛赞:"因为这是有史以来最伟大的立法工作,无论是优士丁尼的法学汇编,还是我们法典的编纂,都无法与之媲美。进一步说,习惯法的撰写都不能放在法国法学家精神的光荣榜里,然而,它也许是第一名。"

尽管法典化遭到地方法院、执行院(the bailliage)和辖区法院(the *sénéchaussée*)

---

① 17世纪天主教詹森教派的神学主张,认为人性由于原罪而败坏,人若没有上帝的恩宠便为肉欲所摆布而不能行善避恶。——译者注

② 他的遗体于1823年以壮观的典礼移置于大教堂,但1843年又被转移到该建筑的隐蔽部位——教会学校的教室。而此时,朴蒂埃只能静静地躺着而无法抱怨。

③ 原文是Post Royalist,可能系笔误,应为上文所指的Port Royalist。——译者注

④ 原作者原词是the century。难以辨别到底指代的是那个时期。从译者在Harvard Law School的网站(http://www.law.harvard.edu/library/digital/french-coutumes.html)上查到始于查理七世的编纂直到法国大革命结束。故推断这里的the century指的是18世纪。——译者注

⑤ 原文是historie,译者认为可能系histoire的误写。——译者注

的反对，但编纂工作依旧事无巨细地全面展开。他们详尽且一丝不苟地查阅司法习惯和记录判例的《日常书记工作记录簿》(*Le livre Coutumier du Greffe*)等书籍。

首先我们需要对16世纪以后的法国习惯法有个大致的概念。法国的“人法”(law of persons)非常有意思。1315年7月3日，路易十世颁布敕令，所有居住在法国的人都是自由人，但在大革命之前，该原则并不适用于从殖民地买入的黑人。在“萨默塞特案”(*Somersett's Case*)判定黑人贸易在英国本土非法之后的两年间，法国法律在人法方面发生了变化。自由人又被划分为法国当地人、已入籍的外国人和未入籍的外国人。入籍是由国王授权的政府行为，已入籍的外国人与法国当地人拥有同样的权利。而没有入籍的居民既不能继承财产也不能立遗嘱；在相当长的一段时期内，国王是他们遗产的唯一继承人，但最终人们还是接受“未入籍外国人 451
的子女已在法国定居的，则可以继承死者的遗产”的观点。

所有的国民分为贵族(noble)和平民(*roturiers*)，平民又分为自由民(bourgeois)和隶农(villein，一译“维兰”)；自由人和隶农皆需服从于领主的权威，他们持有财产但须向领主缴税；但是，自由民是一个区别于隶农的群体，他们享受由市镇政府赋予的区别于隶农的特权，并为该市镇的行政官所管辖。农奴制度虽然存在，但由于当时不断有隶农被正式赋予公民权，因而直至旧制度①末期，他们在数量上已大大减少。而实际上，甚至于那些尚未被赋予自由身份的隶农，除保留了赋税义务外，其他义务在某种程度上已经名存实亡。

贵族身份一般通过以下方法取得：世袭、婚姻和国王授予。在大多数习惯中，贵族身份沿袭自父亲一方，但有些地区承认“母系贵族”(Uterine Nobility)，即从母亲一方承袭贵族身份。大约15世纪前后，有了向保有职位或地产之人授予贵族身份的做法；稍后，1470年的一项法令规定，在诺曼底，封地的保有者可获贵族身份。随着之后获得封地的权利向所有人开放，贵族身份的大门事实上也就向所有人敞开了。因而除了因家族血缘产生的贵族外，还出现了因土地的保有而产生的贵族；伴随君主制的衰落，许多的侯爵、伯爵实际上并没有贵族血统。这些贵族享有各种各样的司法特权和免税权。而保有土地的平民必须向王室缴纳称作“封地法郎”(*franc fief*)的土地贡金(fine)，但是，多个省和市镇都享有免除该贡金的特权，譬如，巴黎于1371年即获得免于缴付上述贡金的特权。

法律对贵族和平民的成年年龄也有不一样的规定；实际上，即便对于贵族而言，也分为不同的情况，因为未成年的封地占有人(minor possessor of a fief)是有两种未成年身份的：第一种是封建法上的未成年身份，第二种是习惯法上的未成年身

① Ancien régime，指法国在14世纪到18世纪这段时期，由瓦卢瓦王朝到波旁王朝建立的影响法国政治及社会形态的贵族制系统，这套系统在法国大革命中瓦解。——译者注

份。根据封建法,男性封臣自 18 岁至 20 岁,即可获得封地占有权,而女性则为 14 岁至 18 岁。在未到达上述年龄之前,未成年封臣仍然受监护人监护。此处的"成年时期"(period of majority)仅指享受封建权利和封建侍奉,我们不能将其与习惯法上规定的成年概念相混淆,后者不涉及封建权利和侍奉。习惯法仿效罗马法,一般将
452 成年年龄规定为 25 岁。贵族的监护人(noble guardian)行使的是与封建事务相关的监护权利,而自由民的监护人(bourgeois guardian)处理的则是其他事务。有些习惯法地区不适用自由民监护权制度(bourgeois guardianship);还有一些地区,比如巴黎,则将该制度的实行限于特定区域。自由民的监护权只能由被监护人的父母行使;男性被监护人届满 14 周岁,女性届满 12 周岁的,监护权终止;监护人再婚的,监护权终止——该规定在现今的《法国民法典》中得到援用。监护权绝对是一项有利可图的权利,而贵族监护权制度也绝不可能有例外。

除上述两类监护人外,还存在另外一类,即保佐人(tutor)。我们发现自 14 世纪起,无论是在使用成文法的地区还是使用习惯法的地区都存有保佐人。这一概念起源于罗马法,在成文法地区基于下列原因取得保佐人身份,包括遗嘱指定、立法规定和法院指定;在习惯法地区,只有法院有权指定保佐人。习惯法认可家族成员的集会,即"家族会议"(Conceils de familles)的效力,而保佐人则从中产生。

婚姻问题是一个极其重要的课题。当时,婚约的成立并不由习惯法所调整,而是属于教会法的管辖范围,但妻子的地位以及夫妻双方的民事义务则由习惯法规定。妻子从属于夫权,她无权出卖丈夫的私有财产亦不能在无丈夫授权的情况下签订契约或参与诉讼,但是妻子已与丈夫分居或者具有公开的商人身份的除外。丈夫有权支配妻子的动产与不动产,但未征得妻子同意前,丈夫不得转让妻子的土地。在阿图瓦省(Artois)和奥弗涅省(Auvergne),凡经订婚,男方即可取得夫权。大多数风俗习惯中,相对于婚姻双方的家长权在其婚后消灭;但也有不少地区,譬如诺曼底、奥弗涅和勃良第(Burgundy),只有相对于女方的家长权消灭;在其他行省,平民已婚一年零一天且此期间与父母分居的,相对于他们的家长权消灭。在波旁省(Bourbonnais),由弗朗西斯一世于 1531 年收归王室,父亲在同意未成年儿子婚姻的同时可约定保留对后者的家长权。在习惯法地区,女方无需准备嫁妆(dot)——罗马法称之为"妆奁(*Dos*)",但在成文法地区,女方却需履行上述程序。事实上,在某些习惯法地区,"嫁妆"包含两部分,由男女双方各负一半,男方付出的
453 那一部分称作"附加妆奁"(un augment de dot)。在有些成文法辖区,丈夫依法应负称为"婚姻赠与"[①](domatiopropter nuptias)的财产保证义务。

---

① 事实上,所谓"婚姻赠与"指的是丈夫或者男方家属应在婚前设立一部分财产(婚后可增加该部分财产),以免丈夫死亡后妻子或者他们的子女一无所得。——译者注

至于对妻子的亡夫财产的规定依当地惯例而有所不同。有些省份，寡妻享有其亡夫在婚姻期间所有的（包括婚后继承的）一半不动产的用益权。在布列塔尼（Brittany）、诺曼底、曼恩（Maine）、安茹（Anjou）、普瓦图（Poitou），亡夫遗产一律为丈夫生前财产的三分之一，无贵族或平民之别。在阿图瓦，亡夫遗产包括一半的土地和一半的平民货物（plebeian goods）。一些地区，亡夫的遗产因婚姻关系而取得，其他地区则以婚后行房为条件；在某些地区，丈夫死后，妻子（往往是贵族——译者注）可依法占有亡夫生前的全部土地，而在其他地区，妻子则应要求以继承人身份继承土地所有权。通常而言，当且仅当丈夫死亡后，妻子才可取得亡夫遗产；但在丈夫已民事死亡（此概念现已废除——译者注）或者其他一些特殊情况中，妻子得在丈夫的动产上设立担保权，当时称作"准亡夫遗产"（mi-douaire）。常见的情况是，（婚姻双方的）子女享有亡夫遗产的所有权，而妻子享有亡夫遗产的使用权。此时，子女应选择父方的继承财产或者母方的亡夫财产，不得两者皆选。母亲去世后，亡夫遗产可由孩子们平分。上述继承可视为，丈夫在结婚时与妻子以及未来的孩子之间签订的契约已履行完毕。

"亡夫遗产"已被现代法国法所废止。唯一有关"亡夫遗产"的痕迹出现在法典第 1465 条。根据该条款，无论其是否同意分割共有财产，妻子皆有权依法获得三个月的生活费用；选择分割共有财产的，得再获得财产分割后 40 日内的生活费用。除了诺曼底、奥弗涅、上马尔凯（Haute-Marche）[1]之外，法国其他地区皆通行财产共有制——即，自婚姻成立之日起，夫妻双方共有下列财产：(1)夫妻双方的所有动产，(2)婚姻存续期间夫妻双方所得的不动产，(3)婚姻存续期间夫妻双方所得的收益；并且夫妻双方连带承担对方债务。在一些地区，夫妻财产自订婚起即视为共有。婚前双方可约定不适用财产共有；如不然，婚姻关系解除时的财产分割可能会有失公平。该惯例原本显然更为严苛，但随着 14 世纪婚后夫妻处理财产协议的出现而逐渐演变成上述规定。在习惯法地区，通常将财产共有的条款写入婚后夫妻处理财产协议；但在禁止共有制的地方（如诺曼底地区的惯例不允许夫妻财产共有制）， 454
不得在婚后夫妻处理财产协议中约定夫妻财产共有。有些案子中，当事人通过宣告自己适用于巴黎的惯例，以避免对财产共有的禁止性规定——因为从一定意义上讲，巴黎的法律就是法国的法律；但上述行为在诺曼底则被认定为无效。根据诺曼底的惯例，妻子对丈夫的财产有一定的继承权：妻子对丈夫在婚姻期间取得的不动产和全部动产的一半享有占有权（*en bourgage*）。妻子的动产由丈夫占有，但如

① 马尔凯（Marche）法国中部历史地区。一度属于利穆赞，10 世纪分出，另成一边区（一伯爵领地）。12—13 世纪分成东西两部分。后相继为波旁公爵（1342—1435）和阿马尼亚克（1435—1477）所统辖。1527 年弗朗西斯一世没收该地。1574—1643 年间，被赐予法国国王的遗孀。法国大革命以前是法国的一个省份。——译者注

果丈夫选择处分妻子的动产，则其中的一半只能用于购置不动产。妆奁不得被转让，并且在丈夫死后，由妻子或者子女继承，一并继承的还包括上述的继承权以及丈夫赠与妻子的财产的所有权。丈夫晚于妻子去世且未再婚的，其对亡妻的财产享有终身所有权；丈夫晚于妻子去世且未再婚而育有子女的，其对亡妻的财产只享有用益权。鳏夫再婚的，则其仅能对亡妻财产的三分之一享有终身所有权。拉费里埃①先生曾解释，诺曼底的法律混合了斯堪的那维亚法、英格兰法、诺曼法和法兰克法。

根据习惯法对于共有的规定，丈夫在世时可处分全部共同财产，而在遗嘱里，只能处分自己份额的财产。在婚姻关系终止时，妻子可以选择分割或者拒绝分割共有财产。夫妻双方育有成年子女而妻子未拒绝分割，且维持财产共有有利于未成年子女的，共有财产不得分割。夫妻一方再婚的，夫妻双方以及原婚姻关系所育子女各占共同财产的三分之一；夫妻一方再婚，且再婚方与其新配偶已育有子女的，共有财产从三等分变为四等分；原夫妻双方都再婚且都育有新的子女的，共有财产等分为六份。增加权（*jus accrescendi*）②的规定亦适用于兄弟姐妹之间，但各地区对于共同财产的法律规定在细节上差异很大，而且这种制度通常只适用于平民阶层。

当我们考察法国封建法律中的财产制度时会发现在习惯法成文化后，法律就已经将财产分类为动产和不动产。土地（或称不动产）包括封地、受领主管辖的土地以及自由地。在习惯法地区最后一种土地类别几乎不存在，因为当时普遍认为“无领主的土地是不存在的”，然而事实上无领主的自由地可以由贵族所有也可以由平民所有。土地占有方式的多样性直接导致极其复杂的土地法和形形色色令人费解的有关于土地的税费体系。与英国的波洛克（Pollock）和梅特兰（Maitland）创
455 立的学派相比，法国的土地法还未得到法学家的足够关注。法国极具创造性的土地占有制度非常出色而缜密，并有助于更好地解释英格兰法中的相似制度③。法国人把他们的部分土地占有制度借用到动产制度中，而如果我们能将其与早期英格兰的占有制度联系起来，将会发现一些非常有趣的地方。在这里我们不可能详细叙述法国有关家庭财产的法律制度，这方面的法律很少跨越英吉利海峡影响到英国。其实，可以用一个单词来概括法国封建时代的占有制度：“分期偿清”（*amortissement*），即“逐渐将土地从封建负担中解放出来”。根据习惯法，任何需要解除土

① 拉费里埃（Edouard Louis Julien Laferriere，1841—1901），法国法学家，法国行政法院司法庭庭长，副院长，最高法院总检察长。——译者注

② 源自罗马法的一项继承法的制度，可参见黄风《罗马法词典》中的解释。——译者注

③ 法国的律师用了技术术语“Vest，Devest”来描述财产转移程序。先前占有人必须证明他的不动产被强占，而新的占有人又必须依法取得了财产的所有权。

地的封建义务的案件皆需征得所有有权管辖该土地的大领主直至国王本人的同意。随后，这逐渐形成了一个原则：即使低级领主拒绝解除土地的封地义务，国王仍单独拥有“减负权”(*le droit d'amortir*)。当该原则适用于人时，有特殊规定：宣告农奴自由是一项仅限于王室的特权，但领主有权向被宣告自由的农奴索要赔偿。

当我们将视线转向继承法时会发现在成文法地区，继承事务由优士丁尼法(《新律》第118、127条)调整；而在习惯法地区，人们需要遵守五花八门的惯例和习惯。习惯法对于财产继承的规定存在着一条清晰的分隔线：一方面指的是对封地和无领主“贵族土地”继承的规定，另一方面是对其他来源的财产的继承的规定。封地的继承适用长嗣继承原则，从安茹、普瓦图和都兰地区(Touraine)的习惯来看，长嗣继承并不全由男性长嗣继承。在法国北部，长嗣继承成为土地本身的固有属性。亦即，如果某人获得一块土地的所有权，即使他未获得贵族身份，但因为土地本身的“贵族属性”，得使该土地的继承适用长嗣继承；另一方面，如果某土地的占有者是贵族，但土地并不具有“贵族属性”，则长嗣继承原则不适用①。习惯法中有关“继承”的详细规定可以在达洛②出版的文献中寻到。人们可能会注意到，习惯法认可遗嘱的效力但不同地区的习惯法对遗嘱的效力作了不同的限制：立嘱人可以通过遗嘱处分的财产份额从全部财产的四分之一、三分之一直到有权处分所有财产；同样，继承人的范围也受到限制；遗嘱需符合法律(the will was subject to *la* 456
légitime)。所以，根据巴黎习惯法，如果父母死亡时没有留下遗嘱，孩子只对父母遗产的一半有继承权。

这里非常必要论及习惯法和成文法中对“债”的规定，此方面的研究应极大地归功于朴蒂埃。在13世纪，法国的习惯法采纳了罗马法对债的规定；16世纪，法学家发展出了现代合同理论，随后这些成果被写入法国民法典中。我们应注意到，许多习惯法典都认可“共有”作为一种财产所有方式，并将其归入债法的调整范围。更早的时候，通常认为售卖行为只有通过法律授权才被视为所有权的无瑕疵转让。教会法官方地谴责一切“金钱产生利息”的概念，但在民间人们往往用多种方式规避这条“禁令”，直到1789年10月2日该规定被废除。另外，按揭抵押也反复被教会所谴责，但随着在中世纪早期被广泛采用，按揭抵押的合法性事实上已被夯实。农奴的解放向市场提供了大量劳动力，使劳务合同的应用更为广泛而频繁。

如果回到16世纪，我们会发现国王拥有绝对的权力，对君主构成威胁的“属国”，事实上也就是独立的共和制“市镇”，已不复存在。我们看到的是受地方政府管辖的城镇、影响力不断增强的贸易公司，比如巴黎商会、大学学府和其他大型法

---

① 长嗣继承制的适用与占有人的身份无关，而与土地是否具有“贵族属性”有关。——译者注

② Dalloz，法国著名法律出版社。——译者注

人，而这一切都是改变社会面貌的力量。国家的统治阶层都是代代世袭；君主排他地掌管着土地，不允许土地的所有权转让给他人，但却对土地征收赋税。在当时的社会，虽然国民大会事实存在，但却依旧无法保证人们的"个人自由"。所谓的"密令"(Lettres de Cachet)①的使用一直持续到法国大革命前夜。另一方面，国王对财产提供充足保护，尽管财产所有人时不时就得纳税。从16世纪开始，国王拥有最高的立法权和行政权；除成文法和习惯法之外，国王发布的"条例"(Ordinance)亦有法律的效力。

《维特戈莱特条例》(Ordinance of Villers-Cotterêts，1539)、《奥尔良条例》(Ordinance of Orléans，1561)、《鲁西荣条例》(Ordinance of Roussillon，1563)、《穆兰条例》(Ordinance of Moulins，1566)、《布卢瓦条例》(Ordinance of Blois，1579)事实上
457 组成了法律的补充性条款，并对下列问题进行调整：(1)执法及诉讼程序(1539年)；(2)神职人员(1561年)；(3)商法及司法管理(1563年)；(4)取消市镇法官、审判效率、国王的册封权(1566年)；(5)宗教、教育、执法程序、皇家公务员、皇家土地、税收(1579年)。这一时代出现了许多处理宗教问题的条例。从当时颁布成文的条例的事实来看，习惯法已开始萌芽出成文化的迹象。16世纪的条例极大地补充了既存的法律机制，但它们依旧将"家庭"作为财产所有权主体的一种来调整产权。

但是，"条例"的出现的确起到了统一法国习惯法系统的效果，并将其特有的民族性格(National Character)烙入了习惯法，而这个"民族性格"也就成为法国的国家人格；尽管法国的民族性受到罗马民族和日耳曼民族的影响不小，但其在当时——甚至直至现在——依旧不失为独树一帜。因此，我们才看到最终足以左右法国习惯法体系且最终定型的司法和行政系统逐渐出现，而与此同时，家庭法的体系已经成熟地建立起来了。于是在1556年2月，亨利二世下令禁止秘密婚姻，并随之引入了一条残余至今的著名原则，即受制于家长权的个人不得在未取得亲属同意的情况下结婚。在那个时代不太可能宣布该种婚姻无效，但是可能剥夺他们在家庭法中所规定的权利，比如剥夺他们的被继承权和继承权并收回所有婚前赠与。不少其他有关婚姻形式的条款都可追溯至这个时代。第二任丈夫对妻子财产的权利在1560年和1579年的条例中受到严格限制，而这些规定在今天的民法典中再次得以体现(第1098条)。

《穆兰条例》(1566年)对证据法改革产生了深远的影响，该条例规定，凡涉及精确证明(比如有关生日、婚姻、死亡的信息)的，任何种类的人证将不再被采信，而应当采信书证之记载及证明内容。也正是这个时代，大量法律系统的官员被任命以

① 指在法国大革命前旧制度统治期间，由法国国王签发、国务大臣连署的批准将某人投入监狱——通常是巴士底监狱——的命令。该密令于1789年被废除。——译者注

满足司法的需求。在16世纪的公证系统中设立王室公证人、领主公证人以及为解决教会法问题而设立的教会公证人。公证行为的形式由条例所规定。按照规定程序，遗嘱订立时必须有公证人或者教区牧师的参与。与此同时，最晚到1579年，总 458
辩护官(*les avocats généraux*)和总检察官(*les procureurs généraux*)已形成两个固定的社会阶层，他们主要从事法庭辩论和诉讼准备。实际上在当时，所谓法律顾问完完全全等同于英国的"王室律师"(*les avocats du roi*)。

将法国法律法典化的想法来自亨利三世，1587年由巴纳比·布里森编纂的《亨利三世法典》草案发布，该草案在亨利四世时进行过修改，但从未真正生效过。

条例盛行的时代(1539—1579)也是诞生伟大法学家的时代。法国的复兴法学派始于一位曾在阿维尼翁(Avignon)和布尔日(Bourges)罗马法学家——阿尔恰托(Alciati, 1492—1550)和他的学生们，包括：居亚斯(Cujas, 1520—1590)、第一位纯粹法哲学理论家的多诺(Doneau, 1527—1591)、著有《狄奥多西法典》著名版本及评论的雅克·戈德弗鲁瓦(Jacques Godefroy, 1587—1652)以及德尼斯·戈德弗鲁瓦——他曾为优士丁尼、德埃伦(Douaren)、戈文亚(Govea)①、霍特曼(Hotman)、布里森(Brisson)和皮埃尔·皮图(Pierre Pithou，居亚斯的学生)做注。正是这些罗马法学家的成就为法国法的研究奠定了基础。法国法学的第一位真正意义上的学者则是孜孜不倦的夏尔·迪穆林。

迪穆林的工作热忱是无与伦比的：有些不容置疑的证据，及他的著作特点和其巨大的数量足以证明。他的成果涉及法律几乎所有的方面：习惯法、封建法、罗马法、教会法和历史；但是他的主要研究方向在于习惯法，封建法及债权领域。迪穆林主要在多勒(Dôle)②教授法学，但他在处理公共事务过程中表现出的轻率使他遭到流放，因此其大部分作品是在国外完成的。他最伟大的成就是对巴黎习惯法的评注。其中第一部分的抬头就是"论封地"(de Feudis)，共包括72节，在双列的四开 459
纸版本中占1 305列；第二个部分主题是"论财产登记与领主的权利"(De censu et juribus Dominicalibus)，涉及法律中对于领主权利的模糊规定，包括23节，在第一卷中占第1306节至第1619节。其他关于巴黎习惯法的主题都发表于迪穆林死后，包括：第三部分，对继承权与继承拒绝权案件之哀叹(De complainte en cas de saisine et de nouvelleté)；第四部分，论公告(De proscriptionibus)；第五部分，论对人之诉与抵押之诉(De personalibus et Hypothecariis actionibus)；第六部分，论地役权：城市地役权和乡村地役权(de servitutibus realibus, urbanis et rusticis)；第七部分，论遗嘱、

① 很多现代以前的法学家的名字都是拉丁语，在翻译为现代语言时做了缩尾处理，比如Douaren原名就是Douarenus。——译者注

② 多勒，法国东部城市，1668年为路易十四征服，成为法兰西王国的一部分。——译者注

赠与、遗赠和遗嘱执行人(De testamentis, donationibus, legatis, executoribus testamentorum);第八部分,论贵族的监护(De custodia nobili);第九部分,论农民的监护(De custodia paganica);第十部分,论财产共有(De communion bonorum);第十一部分,论直系亲属的继承(De successionibus in linea directa);第十二部分,论嫁资(De Doariis);第十三部分,论旁系亲属的继承(De successionibus in linea collaterali);第十四部分,论配偶间的互相赠与(De donatione mutual inter conjugis);第十五部分,论质押、讼争物寄托、判决和文书的执行(De pignorationibus, sequestrationibus, et executione sententiarum et instrumentorum);第十六部分,论亲属权的撤销(De retractu jure proximitatis);第十七部分,论拍卖(De subhastationibus);第十八部分,论其他习惯性规定(De ceteris articulis consuedinariis)。至此,第一分册长达1 795列;第二分册包含详细介绍法国合同法、租赁法和借贷法的专题论文;第三分册仍然讲述法国法,还包括一本宗教政治的小册子——《论法国王国和王室的起源、发展及成就》(*De l'origine, progrés et excellence du Royaume et Monarchie des Français*);第四分册由一系列有关罗马法的小册子构成,但也涉及1539年的条例和法国的许多习惯法领域,涵盖下列地区的司法官职务与子爵爵位:包括巴黎(Paris)、摩城(Meaux)、麦伦(Melun)、森斯(Sens)、埃斯唐普(Estampes)、蒙福尔(Montfort)、曼特斯(Mantes)、桑利(Senlis)、克莱蒙(Clermont)、瓦卢瓦(Valois)、特鲁亚(Troyes)、肖蒙(Chaumont)、维特里(Vitri)、韦尔芒杜瓦(Vermandois)、沙隆(Charlons)、兰斯(Rheims)、阿密昂(Amiens)、博瓦希(Beauvoisis)、蒙斯特卢耶(Monstrueil)、奥默(S. Omer)、肖尼(Chauny)、布勒努瓦(Boullenois)、埃斯达普(Estappes)、孔泰·达尔图瓦(Comté d'Artois)、勃艮第(Bourgongne)、奥塞尔(Auxerre)、尼韦奈(Nivernais)、里勒市(Ville de L'Isle)、沙特尔(Chartres)、蒙斯(Mons)、珞里斯(Lorris)、奥尔良、图雷纳(Touraine)、安茹(Anjou)、迈内(Maine)、布卢瓦(Blois)、迪努瓦(Dunois)、伯里(Berry)、波尔布诺瓦(Bourbonnois)、奥弗涅、拉马尔什(La Marche)、罗迪努瓦(Lodunois)、普瓦克图(Poictou)、奥古勒姆瓦(Augoulemois)、拉罗舍尔(La Rochelle)、波尔多以及布列塔尼(Bretagne)。这一卷规模宏大,是研究中世纪末期法国法的资料宝库。迪穆林的研究成为日后的法国法学家之成就及法国法演进之硕果的基石,亦奏响了反抗法国封建制度的第一个音符。不仅如此,我们也有理由
460 相信这本著作对英国法的阐述——即便只算是文章中偶然提及的次要信息——也具有相当深刻的重要性。

以现代法律的眼光来看,第四分册中有两篇特显重要的论文:(1)《论有关债的箴言》(*De Verborum obligatio*);(2)(债的)《可分性与不可分性的解析》(*Extricatio labyrinthi Dividui et Individui*)。对于上文中后一文有这样的解释:"可以说,在他的《可分性与不可分性的解析》中,迪穆林第一次在法国法学中提出了'不可分之

债'的学说——朴蒂埃则在原学说的框架下施以分析及调整,并将调整后的学说融入自己有关'债'的理论,而朴蒂埃有关于'债'的理论则在浓缩后遂演变为《拿破仑法典》中的两条条款。"

这个伟大时代的法学家还有:布列塔尼(Breton)的封建法专家达让特莱(D'Argentré, 1519—1590);居伊·科基耶(Guy-Coquille, 1523—1603);卡龙达斯(Charondas, 1536—1617),法国习惯法的权威;勒内·肖邦(Réne Choppin, 1537—1606),精通安茹习惯法;沙桑(Chassaneux, 1480—1541),勃艮第习惯法的权威;卢瓦塞尔(Loysel, 1536—1617),习惯法权威;以及卢瓦索(Loyseau, 1566—1627),这个时代最后的、可能也是对法国司法体系理解最透彻的法学大师。

17世纪国王颁布的"条例"具有绝对的权威性,不受封建领主的势力或宗教的动荡所影响。亨利四世统治时期,国家的财政、工业、农业、国防都被重新组合,在他去世后形成的宪法体制并不表明王权出现衰落的迹象,反而彰显人们对国家统一和社会效率意识的增强。黎塞留主教(Richelieu)于1641年禁止议会和其他司法机关干预公共事务。马扎林主教(Mazarin,法国路易十四时期的首相——译者注)也积极采用同样的政策,可以说正是倚仗"政策"的威力,1648年提出的宪法自由之法典最终未能成法。路易十四强势的执政风格迫使议会的作用仅限于履行司法职能,他的统治给法国人带来了荣耀,而这种荣耀感有时能适时地替代"自由"。1692年,国王宣布有权对境内所有土地行使国家征用权,取消自由私有土地,采用英国的"任何人对土地没有绝对所有权"的原则。至此,路易十四回归为严格意义上的封建领主;对贵族和平民的区分被保留,且平民需缴纳人头税;继续维持贵族的特权,但这项权利常与领主权利相混淆。

这个时代教会的法律地位将不会在此被讨论,但我们应注意到1682年的"神职 461
人员宣言"(The Declaration of the Clergy)为教会与世俗政府间的政教协定制度奠定了基础。本世纪(指18世纪——译者注)的世俗条例使得习惯法继续长期有效,而债法则因条例的颁布受到很大影响;与此同时,1667年法国民事诉讼法典成文,1673年商法被大幅修改。而有关于债的立法,在一些被反复引用的法国法史作品中我们已有详尽的叙述。1606年,巴黎议会禁止元老院决议(Velleian Senatus Consultum)适用于法国法,这项禁令随后在适用习惯法的地区被广泛接受。改革程序法的尝试总体始于1629年的法典/法令——虽然该法令本身并不有效,改革的最后一步则是程序法法典化——这也是16世纪法国法发展的一个特点。程序法法典化运动始于1667年颁布的一部民事程序的相关条例,并成为1806年法典的基础。其中,该条例亦涉及证明问题。1670年,刑事诉讼法典颁布;随后在1673年,商法典由法学家萨瓦里(Savary)起草并颁布。在路易十四统治的最后30年中,鲜有新的立法活动。而他,路易十四(Louis Quatorze),在这20年内所做的一切足以让他得到"法国的优士丁尼"的美誉。在这个时代,法学实务家们开始致力于编纂适用的法典——布罗多(Brodeau)和勒布伦(Lebrun)的努力为朴蒂埃的成就打下了基础;与此同时法哲学和法逻辑也因格劳秀斯(Grotius)和多马(Domat)而欣欣向荣。

路易十五早期最重要的法律事件中除了巴黎最高法院不断增强的宪法权力外,就数1738年敕令(Edict of 1738)的颁布了,该敕令中所规定的程序甚至依旧为现今的(指作者当时的情形,而非我们今天。——译者注)法国最高法院(Cour de Cassation)审理上诉案件时所沿用。早在1302年就确立了当事人对巴黎议会的错误判决有提起上诉的权利:"错误(判决)主张"(proposition d'erreur)从那时起即可被提起以对抗巴黎议会的裁决。16世纪的一系列条例确认了该原则,直到1667年的程序法改革废除了上诉权,但是国王仍保留宣布所有与现行条例抵触的判决无效的权利。于是国王(即指国王的私人王室委员会)因其所固有的管辖权而事实上
462 变成了上诉法院。德·阿居瑟(D'Aguesseau)在1738年7月28日的元老院决议(Réglement de Conseil)中进一步强调了该原则:当且仅当原判决与叙述清楚而准确的法律显著抵触时,当事人得向最高法院提起上诉。很明显,上诉程序设立的目的并不是推进司法公正,而在于维持国王所颁条例对议会的权威。与议会的斗争是这个古代帝国末期最引人注目的事件。几个世纪以来议会代表并保持了宪政思想的活力,并集中行使着司法机关的职责。但同时我们也应明白,起源于王室且受制于议会的上诉审判管辖的设立不仅是宪法思想的发展,同样也是自由与正义长足进步。

但是,如果宪政思想能在路易十五统治时期迅速燎原,这个时期在对民事法律修正案方面应该是成果丰厚的。其中,母亲在特定情况下拥有对孩子财产的继承权的规定于1729年得以恢复,而上述权利曾于1567年依圣莫尔敕令(Edict of Saint Maur)被废除。1731年的赠与条例(ordinance sur les donations)标志着法国在成文法与习惯法统一的道路上迈出了重要的一步——这是自迪穆林以来的法国法学大家一直所追求的目标。德·阿居瑟敏锐地觉察到法国法律需要统一化,不能因人因地而改变。这种思想在1736年条例的序言中有着准确且详实的介绍。关于生前赠与(donationes inter vivos)和死因赠与(donationes mortis causa)的条例正是追随这种理念而踏出的一步。新法规定,无偿赠与(non-onerous)可因出现争议而撤销。德·阿居瑟接下来将他的目光转向了有关遗嘱的法律,他面临的困境是如何协调罗马法与习惯法。其解决途径包含在1735年8月的条例中,该条例涉及遗嘱的形式、见证人(witness)、继承的原则以及该原则与财产所在地(locus)之间的关系。对于口头遗嘱(需7个见证人在场),只要习惯法认可,其效力即可得到确认与保留。这些内容被拿破仑法典所吸收,演化成"认证的遗嘱(le testament authentique)"的规定。当地可保留本土化的继承习惯并产生效力。罗马法,比如法尔奇迪亚法(lex

Falcidia)①被审慎地运用到现代的案例中。尽管在成文法地区和习惯法地区之间有关继承的规定依旧有着相当大且历史悠久的差别，但是该条例寻找到了两个法系之间可能的共同立场并以该立场为基础将法律法典化。1747年颁布的有关继承法 463
的条例明确限制了“生存者之间的赠与”②(inter vivos)。旧王朝时代对民法发展有重要意义的最后一部法令颁布于1771年，即朴蒂埃去世的前一年，该法令的主要是保护抵押权人的：自16世纪以来，抵押权人很容易因(抵押的)土地依法院判决被出卖而遭到欺骗。从此以后，各个地区法院有关土地出卖或抵押的相关事项的判决一律由抵押登记官(conservateur des hypothèques)所签发的文书代替。(土地出卖的批准)文书只能在该土地待售的信息被公示后方能签署。抵押权人在公示后两个月内未能宣告其主张的，土地的购买方才能顺利取得该土地的所有权。

路易十五的统治期间与朴蒂埃的作品时间上大致吻合。现在我们则可根据当时繁复的法律制度来研究朴蒂埃的著作。在上文曾提过的《法国法律总史论》中，朴蒂埃是如此被描述的：

我们怎么来评价朴蒂埃呢？他的著作将永远是法典的最好评注，而法典编纂者也大量地借鉴了他的思想。朴蒂埃是卓越的法学家，这点可以通过他清晰的叙述，明智的见解，可靠的学术来证明，而他总是能用简洁的论述一语中的。除了这些完美的法式优点外，他缺少的只是作家的那种活力和灵动。他的文风是朴实的，思想却超越法律学科。16世纪的那些法学家被打上了时代的印记：例如，迪穆林等介入了他们所处时代的政治和宗教运动。而18世纪的法学家处在一个意识形态转型的社会，他们似乎是与世隔绝起来的。而凡是读过朴蒂埃的作品的人，都很难相信，他与卢梭、伏尔泰处于同一时代。总而言之，简单明了的论据并无法动摇他作品的权威性；无论别人怎么解读他的著作，朴蒂埃的思想贯穿于整个时代中。

现在我们必须回首他的生平，理清其论著发表的先后顺序，以及他的著作与上文所提的法律制度的关系。朴蒂埃成就的基础来源于他对于罗马法的深入研究。 464
多年来，他将自己的业余时间花在《学说汇纂》(Pandects)这套法典原文中的顺序问题上，1736年他将其中的几篇论文送与杨内地区(Jannès)的王室地方法官并与其交流该问题，而后者随后即将论文转交至德·阿居瑟大法官。德氏看到了朴蒂埃重组《学说汇纂》计划的重大意义，写信给予他极大的鼓励，并将其工作与维吉留斯

---

① 颁布于公元前40年，规定在任何情况下，遗产的四分之一都必须保留给继承人，遗赠的限额不能超过遗产的四分之三。——译者注

② 生存者之间的赠与，即通过产权转让而转移财产时，该项交易被称为“在生存者之间”，以区别于继承或遗赠的情形，表示该项财产转让是于出让人在世时完成的，并非出让人通过遗嘱或因其考虑到自己即将去世才完成或从事的财产转让。通常一人对另一人的赠与被称为“生存者之间的赠与”，以区别于死因赠与或遗嘱赠与。——译者注

(Nicolaus Vigelius)的著作相提并论。1736 年 9 月，朴蒂埃就这一课题前往巴黎与阿居瑟大法官会面，此后他也时不时地将其作品的样本寄给大法官。在发表于 1781 年的第二版中，我们可以找到声名显赫的德·阿居瑟大法官在 1736 年到 1745 年间就该课题写给朴蒂埃的信。通过近四分之一个世纪的不懈努力，朴蒂埃最终于 1748 年发表了《新编优士丁尼学说汇编(Pandectoe Justinianoe in novum ordinem digestoe)》(其中巴黎版的规格为 3 册对开本)。这是一本无与伦比的著作！在此之前，大量的法学家都未能理清《学说汇纂》原文的顺序，而在顺序问题得以解决之前，罗马法一直无法以其本来面目示于时人。迪潘先生(M. Dupin)于 1825 年写道，优士丁尼指定了 60 位法学家也没能为他们自己国家解决的法学问题，却让朴蒂埃解决了。一位研究朴蒂埃的法国现代作家这样描述这项工作的重要性：

> 这门学科的研究充满了几乎是无法逾越的障碍，因为这本汇编是无序混淆的：古代法学家留下的珍贵的文献碎片、那些判决、原稿、摘录、注释、评论，所有罗马法的资料都堆积混合在一起，没有关联性，没有前因后果，没有考证，更没有方法论。而且后人的篡改及誊写错误，使这一混乱状况更加不堪。终于，朴蒂埃给这片黑暗带来了光明，在混沌中建立起来了秩序——他完成了这项即使是当时最著名的法学家都束手无策的工程：居亚斯曾经尝试过，而司法部也有天才曾梦想过。二十年来，朴蒂埃寻古问今，拜访所有的法学评注者，凭借比困难更坚韧的恒心，以及他的洞察力、学识，兢兢业业的工作，终于完成了这项伟业。

465 朴蒂埃所著的这本书以《学说汇纂》和罗马法典当时所留存的版本为基础，以居亚斯和迪穆林的著作为补充。这部著作的序言中开题部分探讨了罗马法的渊源，包括平民会决议(plebiscita)与元老院决议(senatus consulta)、裁判官法(Pretorian Law)以及罗马法学家的解释。随后，序言的第二部分对罗马的伟大法学家做了记录，并将法学家们做了如下的分类：(1)西塞罗(Cicero)以前的法学家；(2)西塞罗时期至基督教时期的法学家；(3)基督教时期至哈德良(Hadrian)时期的法学家；(4)哈德良时期至戈尔迪安(Gordianus，117—240)时期的法学家；(5)生卒年代不详的法学家。朴蒂埃共列举了 92 位古典法学家并一一介绍了其全部或部分著作。朴蒂埃也在随后提到了稍晚于古典时期的法学作品；再往后，朴蒂埃还对古罗马两大法学学派中的普罗库卢斯学派(Proculian/Proculus)和萨宾学派(Sabinian/Sabinians)的法学作品做了评述。序言的第三部分讨论了优士丁尼的成就——这是一篇相当庞大的论文：介绍并讨论了《十二铜表法》的残留部分、《永续敕令》(perpetual edict)的残片及其他相关优士丁尼皇帝主持的《学说汇纂》和其摘要的文件。这长达 208

页的介绍的风格是朴实的，却是不可怀疑的学术奇迹。朴蒂埃在处理研究《学说汇纂》时，保留了“永续敕令”各个主题当时存在的顺序安排。但他依一定的逻辑顺序将每个主题下的详细介绍重新排列并确定它们在原文的位置。重新确定各篇的顺序是一场艰苦卓绝的鏖战，是当时史上思维最敏捷，且最有条理的学者花费数年的心血。1825年出版的巴黎5卷版本不仅仅代表朴蒂埃个人的成就，更成为日后继往开来的罗马法研究者的上佳福音——当然另一方面也从侧面展示了这位多产的学者既深且广的法律知识。最终完成对《学说汇纂》的编辑时，朴蒂埃头脑里储存的法律知识在当时定是无人可及。同时，我们亦须记住，朴蒂埃的研究对象并不局限于罗马法，他还关注法国法的可实践性；他与同时代最优秀的法学家保持联系与交流，而且，还努力解决法国法律的历史问题。①

朴蒂埃取得成就的同时，健康却在不断恶化——高烧和长期的辛勤工作使他 466
的身体不堪重负，而他也需要长期调理才会康复。1619年10月，曾给予过他帮助的老朋友雅内斯公爵(M. de la Jannès)去世，大法官德·阿居瑟钦点朴蒂埃填补雅内斯公爵在奥尔良大学的法国法教授席位。该职位的另一位候选者是居约(M. Guyot)，两人都极力谦让，直到居约最终提议在工作上与他合作，朴蒂埃才感到心安。朴蒂埃看起来是一位理想的老师，勒特罗纳(M. le. Trosne)说道：

> 朴蒂埃会巧妙地隐藏作为老师的优越性，以便学生像对待朋友一样和他交谈。他的课程是会议形式的，通过提问的方式让学生集中注意力，更深刻地理解自己所学的知识。他问到一个人的时候，所有人都会积极踊跃地寻找答案。所有人的注意力都高度集中，因为下一个被问到的可能就是自己。要问答案难不难？根据问题的表达方式就能推测出来，然后让学生尽情享受思考的乐趣，和找到答案的成就感。被问到的人若有最微弱的异议，进展困难或者忘记了原理，都会被大家听到，并且得到善意的提醒。

有趣的是，朴蒂埃在审核他的学生时，重新采用了陈旧的中世纪的公开辩论的方法——虽然这个方法在英国不久前(指原文写作年代——译者注)才废而不用，但在法国早已让位于现代的正式考试。辩论的胜者将被授予金制奖牌，所以这种考试方法激发了学生的各方面的能力(问题和答案都由裁判审查)，正如勒特罗纳先生所言：“每一个能够进入奖牌名单的学生无一例外都出类拔萃，都是优胜者，至

① 朴蒂埃在工作中得到了吉耶纳(Guienne)的帮助，他是国会的律师，负责绪论的文学创作(材料由朴蒂埃提供)。他对《十二铜表法》的评注作出了很大的贡献，从批评的校对，校对了整个工作。朴蒂埃深受卢梭，巴黎的法律教师，及他的好朋友的影响。

少都获得赞誉,都取得胜利——至少获得了荣誉”。而且,这种公开辩论的考试方法在整个大学及法学院里都引起普遍的兴趣,朴蒂埃做这些创新的工作的动力源于他对教学工作全身心的热爱。他将两次担任老师的报酬均分给了穷人和学生。

467 朴蒂埃完成了对罗马法的研究之后,除去在从事教学和司法工作外,他将全部的热情——一个真正的法律人对于法律的热情——投向了本国法的研究。数年中,他不断地准备属于自己的法国法论文和各种手册,而这些工作也成为他例行的日常生活。有了日复一日积累的坚实基础和编纂罗马法的经历,他将自己的注意力转向了法国法并决意挑战从未有人尝试过的领域。早在1740年,他就与雅内斯爵士和茹弗先生(M. Jouffe)联合发表了一版《奥尔良习惯法》(*Coutume d'Orléans*);而如今应再版的要求,他又增添了些许个人的色彩:他在每一项习俗之前都写上了相应的论述,由此,拟出了随后一系列作品的框架。

这一工作完成以后,他开始撰写给他带来最大声誉的著作——著名的《债权论》(Traité des Obligations,二卷本,发表于1761年),这部作品是朴蒂埃其他同类作品的基础,同时实际上,也是体现他独具的罗马法智慧的第一份成果。我们很有必要对这部经典著作的要旨作一个概括,但在此之前,对以《债权论》为基础的一系列著作做一个介绍将使我们受益匪浅。1762年他发表了《买卖契约论》(*Le Traité du Contrat de Vente*)及《论撤回》(*Traite des Retraits*),1763年,发表《定金设定契约论》(*Le Traité du Contrat de Constitution de Rente*)及《论交换合同》(*Le Traité du Contrat de Change*) 1764年,发表《租赁契约论》(*Le Traité du Contrat de Louage*)及《地租契约论》(*Le Traité du Contrat de Bail à Rente*);1765年,他在《租赁契约论》一文的基础上补充了关于海事租赁法的论文,其主要论述了租船合同、损害赔偿、海员的雇佣,同年,还发表了《论公司合同》(*Le Traité du Contrat de Société*)和《家畜论》(*Traité des Cheptels*,该文有关于牲口的租赁)。1766年和1767年他发表了《善意契约论》(contracts de Bienfaisance)——包括《贷款使用论》和《论使用借贷和容假借贷》(*Le Traité du Prêt à Usage et du Précaire*)(两篇文章组成《善意契约论》的第一篇论文);《论消费借贷》(*du Contrat de Prêt de Consomption*,第二篇);《论寄托合同》(*du Contrat de Dépôt*,第三篇);《论委任合同》(*du contrat de Mandat*),其中涉及与无因管理人(Negotiorum Gestorum)所签订的准合同(第四篇论文)。同年出版了《论抵押合同》(*Du Contrat de Nantissement*,关于抵押),《论射幸合同》(*Des Contrats Aléatoires*,关于附属合同),《论保险合同》(*Des Contrats d'Assurance*),《论风险借贷》(*du Prêt à la grosse Aventure*,关于船舶抵押保证金),《论博戏》(*Du Jeu*,关于赌博合同)。1768年,发表了《夫妻财产契约论》(*Traité du Contrat de Mariage*);1769年,发表《论夫妻财产共有制》(*Le Traité de la Communauté*),这两部关于婚姻契约及婚姻与财产的法律的著作共计大约800页,本身就称得上是一

生的事业。随着这些著作的问世，朴蒂埃完成了他对债法的研究。如他曾经说过， 468
他习惯于把好酒储藏到最后：

> 我们相信没有比婚姻契约论更好的方式来完结有关债权、契约、准契约的论著——因为它是所有契约中最优秀最古老的。它是最优秀的，因为社会里国民最感兴趣的契约。它又是最古老的，因为它是人类订立的第一个契约。早在上帝用亚当的一根肋骨创造了夏娃，并把后者介绍给亚当的时候，我们人类的祖先就共同创造了婚姻契约。亚当娶夏娃为妻，说："现在，这一次，你是我的骨中骨，肉中肉。"相对应地夏娃嫁给亚当。

这确实是经典性陈述，表达了朴蒂埃对支撑起所有文明社会的（法律）制度的深深的尊重，以及对《旧约》的虔诚认可（因为从有限的原文看来，这位后保皇主义者并非现代主义者）而他探究法律运作的热情和热爱在他的生活和工作中往往不自觉地流露出来。

1770年，他发表了《论亡夫遗产》（*Du Douaire*，关于亡夫遗产），接着，1771年，他又发表了该著作的附录《论居住权》（*Du Droit d'Habitation*，寡妇在有生之年或寡居期间可在前婚姻住所居住的权利）和《论夫妻间的赠与》（*Les Donations entre Mari et Femme*），该著作的附录讨论了《奥尔良习惯法》的第68条，根据该条，经过共同遗嘱（mutual will）的确认后，夫妻双方可通过相互赠与（mutual gift）的方式将其所有的不动产的所有权利（去除债务及必要的非成年人抚养费后）赠与对方。这几篇非常有意思的文章对婚姻契约及与婚姻有关的财产法的规定起到了至关重要的完善作用。

1771年和1772年，朴蒂埃发表了他最后的著作，重新评估了整个所有权法系统，包括《论占有权》（*Le Traité du Droit de Domaine de Propriété*），《论所有权》（*Le Traité de la Possession*），《论所有权的时效取得》（*Le Traité de la Prescription qui résulte de la Possession*）。

《论占有权》一文提出了两种形式的权利：对物权（jus in re）和向物权（jus ad rem），前者指的是我们对物本身所拥有的权利，后者是对负有给付义务的契约相对人的权利。向物权是债法的研究对象；对物权是占有法、领地权法的研究对象。朴 469
蒂埃在这篇精心制作的论著基础上又补充了一篇关于"占有"的论文——这是他最后一篇公开发表的作品，而我们应该将这篇论文与萨维尼发表的那篇著名的处女作相对比，这两篇文章研究的是同一个问题。朴蒂埃说，占有是取得所有权的方式之一，关于占有权的著作必然是物的所有权论著的延续。朴蒂埃首先讨论了"占有"的本质，然后讨论了"占有"的不同种类，潜在占有和准占有，取得和失去占有权的几种方式，最后是产生于占有的诉讼中的各种权利。"占有"本身是："通过我们自己或者他人将特定实物置于我们名下或者控制下而对该实物产生的占据/占有的情况"。与其说它是一种权利，不如说更是一种事实，但是这种事实能引发被占有物中的相关权利——即，所有权人的身份(直至真正的所有权人出现)，以及获得或者恢复占有的权利。当然，这牵扯到该权利资格是否充分公正的问题；但是如果占有人的权利资格是充分公正的且其占有属于善意，那么占有时间满足取得时效的规定后即可获得所有权。

占有也有两种，民事占有(civil)和自然占有(natural)——前者产生于完整所有权，后者产生于无所有权、不完整的所有权、无效的所有权或虽然有效但不含转让权的所有权。我们可以把该原则与萨维尼的相关原则相比较。萨维尼强调，现代法将占有原则从财产和所有权(*jura in re*)领域扩展到每一项可能的权利，包括每个自然人的身份权和债务权利。当然，对这两部著作的比较研究在此无法全面展开。

在经历一场高烧引起的疾病后，朴蒂埃于1772年3月2日离开人世。上述对他作品的简短概括一定足以让我们看到他的刻苦努力。但四部伟大著作根本不能穷尽他对法学的巨大贡献。1777年，他去世后，他的其他著作以三卷本的形式出版，于是这位伟大法学家丰硕成果中又添一分璀璨。这些作品由他的同事居约先
470 生(M. Guyot)——奥尔良著名律师和法学家——整理。事实上在正式的官方版本没有出来且没有授权的情况下奥尔良已出现了《论采邑》(*Traité des Fiefs*)一文的非法的或者盗版的不完整版本(很显然，这些书籍是从学生的手抄笔记复印而来)，这也同时证明正规的汇编并出版他的作品很有必要。实际上他的任何作品对社会都很有价值，引用居约先生给米罗梅斯尼尔陛下[Monseigneur de Miromesnil，即法国司法部长(Garde des sceaux de france)]的书信就足以说明这一点："这位法学家(朴蒂埃)写成了不朽的(法学)著作；他在法官任位上从不懈怠，更在向人民传授'权利'理念时呕心沥血。他用这些成就照耀了我们整个省的土地！"

这部去世后出版的著作的第一卷包括《论采邑》，这部具有重要历史价值的经典之作，对法国大革命前夕的土地所有权的合法性作了理论支持。他告诉我们："不动产，根据它们被持有方式的不同，划分为封建式、租赁式和自主式。"他继续对土地的种类做了区分，其用语的清晰度令现代法国最好的词典也无法企及："封建不动产或者采邑，是出于信仰和尊敬被持有。租赁是源于支付货币租金，同时承认领主对其领地的所有权。那些自主财产不属于任何领主。"在讨论了采邑地之后，是《论年贡》①，它论述了几种向领主缴纳的现金租税的形式：

① 向领主缴纳的现金租税。——译者注

年贡租赁合同是由一个所有者以直接领地的名义，出租一份继承物或不动产产权，相应地，承租人需要承认所有者的领主权，并且给付货币或者实物年租。其中，这份年租被称为年贡。被出租的继承物被成为年贡继承物。这份继承物的承租人被称为年贡承租人。而拥有直接领主权的人，被称为年贡领主。

本文详细论述了年贡与地租之间的区别，而且我们可以从中看到新旧法律之间的分歧。地租从来没有具有领主性质，所以受制于取得时效制度，而年贡不受这类法律的制约。实际上，年贡让拥有可自由持有土地或无领主土地的公民取得贵族身份，因为当他们要求缴纳年贡时，便已经具有了领主的身份。

另一篇讨论封建或领主的权利或租赁的论著叫《论耕地权》(*Le Droit de Champart*)。 471

接下来是《论贵族与平民》(*Le Traité de la Gardenoble et Bourgeoise*)、《论遗产的先取权》(*Le Traité du Préciput*，关于优先遗产)、《贵族的法律制度》(*légal des Nobles*，关于贵族阶层的婚姻财产法的特殊规定)、《论抵押》(*Le Traité de l'Hypothèque*)、《论继承替代》(*Le Traité des Substitutions*，罗马法有关遗嘱规定的派生物)。

第二卷(和第三卷一样)，提醒读者要谨防非法印制的不完整盗版版本，比如，1774 年印制的《民事程序法》(*Procédure Civile*)开篇即是洋洋洒洒的《继承论》(*Traité des Successions*)，接下来是《论夫妻的私有财产》(*Traité des Propres*，我们习惯法中有关权利的精神是每个人都应在家庭中拥有一部分独立财产。而要达到这个目的，就必须将夫妻的共同财产和夫妻私有财产区分开来)。《论生者间的赠与或生前赠与》(*Traité des Donations entre Vifs*)，是《论人与物》(*Traité des Personnes et des Choses*)的最后一篇作品，对法国大革命前夕的社会阶层进行了极有价值的分析。他分 11 个专题概括了贵族的特权，其中第三个标题最为引人注目："他们(贵族们)不用支付人头税以及其他数种费用，他们以塔甬(Taillons)的名义加收间接税及补贴，让平民们臣服；他们也有权开发土地而不用缴纳任何费用"。但反过来，他们需要承担军事义务，而且还有一些特殊义务。当谈到农奴时，他小心地指出他们不是奴隶：永久定居于法国的黑人会获得自由。在皇家控制的省份，比如，勃艮第(Burgundy)的农奴，具有民事地位，他们是公民："他们不在他们所从属的领主管辖内，他们之所以被称为奴隶的唯一原因，是他们背负着一些非常昂贵的工作。"农奴分为三种：生来的农奴，他们注定要保持农奴身份；因继承遗产而成为农奴，他们只有抛弃遗产才能获得自由身份；另外是所谓的"动产农奴"(les serfs de meubles)，他们只有以其全部个人不动产为代价才能获得自由。"拘禁农奴"(les serfs de corps)不能摆脱他们的义务：这类农奴的领主有要求他们纳人头税的权利；而在他们死后，领主也有权利将死亡的农奴所有留下的财产收入囊中。平民税、苦役、不能与农奴以外的人通婚的禁止性规定以及在遗产处理中的限制显然是阻碍法国革命的力量。

最后一卷包括《民事程序法论》(*Traité de la Procédure civile*)和《刑事程序法
472 论》(*Traité de la Procédure criminelle*),其在追溯整理法国法史的价值无论怎样盛赞都不为过。从该卷内容的大致介绍中我们可以窥视朴蒂埃作品的思想。不过,对著名的《债权论》作更详细的介绍将对我们大有裨益,毕竟从一定意义上说,这部作品是他对法学的最主要贡献——在类型上独树一帜,在学术地位上也不低于那个时代的法国法的实践及思想的汇编。《债权论》包含以下四个部分:

第一部分:债的要件及效力;

第二部分:债的不同种类;

第三部分:债消灭的方式及怠于行使债权的不同结果(即债权的时效);

第四部分:债的履行的标志。

该书长达459页,而且内容精致详尽。

第一部分分为两章。第一章讨论了债的实质要素,第二章探讨了债的效力。他说,债的要件包括债产生的原因、债的相对人以及债的客体。债的原因有合同、准合同、不法行为和准不法行为(délit et quasi-délit),有时产生债的原因也可能仅仅是法律或者衡平法的规定。有趣的是,朴蒂埃也将自然法视为债的根据。他说:"自然法与债的关系没有想象中的那么遥远:合同、侵害行为和准侵害行为都能产生债,这是因为最初自然法秩序实质上是每个人共同作出承诺并保证弥补因为他
473 的过错或过失而造成的侵权"。朴蒂埃首先对合同下了如下定义:合同是形成某种保证的协定。他不认同罗马法中所采用的合同"不是自然权利的基础"的观点。他进而将合同界定为:"双方互相承认的合约,或者仅仅其中的一方承诺并保证将给付另一方特定的物或者为或不为特定行为"。当事人必须作出承诺,因为单方面的承诺只是著名的"不完全之债"(une obligation imparfaite)。这里不便将各位法学名家对合同实质的不同观点加以比较,但是不容忽略的是,萨维尼和奥斯丁都在很大程度上受到了朴蒂埃的影响,而奥斯丁对"合同"与"要约"(pollicitation)之间的区别的阐述明显借鉴了朴蒂埃的观点。在朴蒂埃的理论中无疑已隐含了现代英国法中的"对价"原则;朴蒂埃认为没有对价的债是不完全的,进而也就不存在合同。但在1765年[参见:威廉·安森爵士(William Anson)的《契约》,第12版,第90页];皮兰诉范米洛普案,(Pillans v. Van Mierop),英国法依旧未确立"对价"原则;直至1778年朴蒂埃去世后,在让诉休斯案(Rann v. Hughes)中,才最终确立了"未经充分的对价的合同属于'裸体简约'(*nudum pactum*)"的原则。假如朴蒂埃并未从自然法理念中抽象出的这一特定原则,被英国法学家所称的"对价"就不会出现。但朴蒂埃同时也认为,合同的要件应当具体问题具体分析——不同的合同,其要件也不尽相同。朴蒂埃还阐述了其他几种债的原因、什么样的人之间可以产生债以及什么能成为债的客体和标的物;他还在第一部分的结尾讨论了债的效力问题。

在第二部分中，朴蒂埃以对债的种类的分析开篇，随后在本部分的第二章中对民事之债（obligations civiles）和自然之债（obligations naturelles）作了区分。他认为，法国法并未遵循罗马法的规定而将契约和简约（simple pact）区分，"罗马法中所谓的自然之债，在我们（法国法）中其实与民法之债无异"。不过，自然协议与不完全之债（imperfect obligations）则是两个不同的概念：自然协议不具有强制性的原因是法律不认可该种协议的当事人具有诉权，或者协议一方原本就无订立契约的能力；而不完全之债已被朴蒂埃从"债"的范围中完全剔除出去，因为这种"不完全之债"并不赋予一方当事人任何权利。换句话说，只要存在对价，就存在债——即便由于技术原因，该债务不能在法庭上被强制执行。在接下来的一章中，朴蒂埃论述 474
了订立契约并产生债的几种方式。在第四章中，他以债的标的物为依据，分类论述了几种特定形式的债。在第五章中朴蒂埃讨论了惩罚性之债（penal obligations），第六章则有关"从债"，比如担保人所负之债。

第三部分分为八章，内容是债的消灭及相关的时效制度：债权人应在 30 年之内提起返还债务之诉。朴蒂埃认为该原则的逻辑基础在于"债务须在 30 年之内清偿"的人为假设，同时也可免除债务人必须永久保存债务履行凭证的义务。在有些习惯法中（比如《奥尔良习惯法》），已被公证过的债务的债权人所享有的诉讼时效为 40 年，上述规定显然仿效了罗马法。另外，小商店的店主必须在六个月之内要求债务人支付欠款，而商人则须在一年内行使债权；但有书面证据可证明债务的，当事人不受时效规定的约束。

最后一部分则是有关如何证明事实存在债务的问题。债权人首先应证明债务确实存在，下一步骤中（举证责任——译者注）则转移至债务人（如果可能的话）以证明其已经履行该债务。朴蒂埃认为，证明可分为两种：以法律条文或书面文字材料为证据的法理证明，以及依据实物证据的事实证明。本部分还详细论述了自认、推定和宣誓的效力。

我们建议那些对朴蒂埃的个性感兴趣的人士去仔细阅读总结朴氏伟大的《债权论》的文字。朴蒂埃用大量的篇幅讨论了勒布伦先生（M. le. Brun，时任巴黎议会的顾问一职）有关合同中违约行为的立法的一些观点。朴蒂埃采纳了先前所有罗马法注释家和法学家的观点——从阿库修斯（Accursius）到阿尔恰托（Alciati）；从居亚斯（Cujas）、德埃伦（Douaren）、达维赞（d'Avezan）到维列斯（Vinnius）、海奈克栖乌斯（Heineccius）——过失行为有三种程度：重大过失（*lata culpa*，即未能将最粗心和愚昧之人用于自身事务的注意用于他人事务）；一般过错（*levis culpa*，即未能将一个普通人用于自身事务的注意用于他人事务）；以及细微过错（*levissima culpa*，即未能将最细心之人用于自身事务的注意用于他人事务）。朴蒂埃之后继续确定了在何种情况下适用何种程度的"注意"的规则：合同仅使债权人受益的（除特殊情况）， 475

适用第一程度的注意规则；合同或准合同的内容对于双方当事人是互惠的，则需要适用第二程度的注意规则；一方当事人占有合同标的，并以此物为且仅为己方获利的（比如使用借贷合同），适用第三程度的注意规则。勒布伦全盘否认“注意的三种程度规则”原则。他认为只存在两种注意程度：(1)代理人惯常表现出的注意；(2)自然人在处理自己事务中通常表现出的注意；而适用何种注意程度取决于合同的种类。朴蒂埃悄然加入了与勒布伦的争论：“我依旧忠实地支持着那些古代保留下来的原则”，与此同时他也为与这位年轻人的分歧而作出自己的解释，并写下了这段富有诗意的辞藻：“此外，尽管作者没能够说服我拥抱他的理论体系（他要原谅一个不愿放弃自己旧思想的老人），对于他精巧深奥的论著，我有失公正。事实上，他的论著值得被所有对判例感兴趣的人拜读。”

篇幅已不允许我事无巨细地介绍朴蒂埃有关特殊合同以及大量的有关婚姻契约的论文。他关于婚姻契约的作品具有独一无二的价值，因为其成品时正是新法逐渐生效的时代。朴氏指出，离婚在法国是不被允许的，但他又补充到，“在一些新教国家，出于特定原因并经过特定的仪式程序后，离婚依旧是被允许的”。《债权论》给我们展示了一幅18世纪中叶法国社会生活的详细图画。在朴蒂埃作为法律实践家的笔下，18世纪详尽而复杂的法律调整着当时的婚姻契约，以及因为婚姻契约甚至订婚契约而产生的各种繁复的权利，也正是这些法律帮助我们再现了那个世纪婚姻状况的全貌。

简而言之，在朴蒂埃的著作里，我们可以聆听到这位伟大法学家的声音，他坚信法律人的法律思维必须包含三大要素：在部分罗马法和大部分自然法中存在的
476 法的精神（包括朴蒂埃自己的发现）、丰富的法律实践以及庞杂多变的习惯法系统。他如泰坦（Titan）①般的辛勤工作将这三个方面的法律要素糅合成一个完美的整体；当他最终呈现给我们一部法国的实体法典和程序法典时，他付出的是无比的艰辛以及令人难以想象的勤奋劳作。除了一名集伟大的思想家、法学家和法律实践家的优点于一身的人，无人能企及如此的成就，而朴蒂埃正是这样一个人。更难能可贵的是，他是一个真正的伟人——其人格魅力的香气不仅留存在他的作品中，亦弥漫在他的生活中。他是个守序自律并且心中充满信仰、希望和仁爱的人。他早已预见，法律不仅应当是治理社会的法律，更应当是规制个人的法律。像米尔顿（Milton）一样，他也认为以自由精神为核心的内在规则是调整人际间与国际间互相关系的外在法律的必要补充。

（撰写：Jame E. G. De Montmorency）

① 泰坦：希腊神话中巨人族的一成员，意为大力神。——译者注

20. 瓦特尔
(Vattel)

1834 年,在卸下了律师事务所繁重的工作后,晚年的约瑟夫·奇蒂先生(Mr. Joseph Chitty)利用他少有的闲暇时光,为那些即将忘记战争所带来的巨大痛苦的世人,重新编辑了尚不为世人所普遍知晓的瓦特尔(Emerich de Vattel)的《国际法》(*Law of Nations*,英文版)。[①]该英译本于 1760 年发行,并于 1797 年再次发行。曾在 1795 年翻译过马滕(Marten)的《国际法》的威廉·科贝特(William Cobbett),可能对第二次发行的版本进行了充分地校订。同每一位有自尊的法律人一样,奇蒂先生希望瓦特尔的《国际法》能与时俱进,对产生于拿破仑战争和美国独立战争中的一些法律问题作出解释。但是,瓦特尔的名著并不仅仅是这位杰出律师退休之后的消遣之物。书中有关伦理道德的见解尤其吸引了这位在英国律师协会的熏陶下成长起来的专业辩护律师。由此,约瑟夫·奇蒂先生在书的"序言"中写道:"可以肯定的是,每一个认真阅读过这本书的人,都会承认他不仅从中得到了高层次的情感享受,而且从中获取的知识超过了此前从其他任何一本著作中所获得的知识。"奇蒂先生不仅将瓦特尔的《国际法》视作统治者和政治家的必读书目,而且将其作为每个受过良好教育的人的道德向导。他说道:

> 人们普遍认为,且瓦特尔本人也在其精彩的序言中明确指出,他的《国际法》只适合统治者和政治家学习。但事实上,它的作用远不止这些。这本书的
> 确收集了无论个人还是国家都应遵守和追求的道德、原则和行为规范。它们 478
> 对个人的福利和幸福都具有非常重大的意义,会使所有人受益终生;每一位接受广泛教育的绅士和青年都应该阅读此书。这将培养他们具备最好的道德原则。同时,该书也应该在大学和社会底层以外的各阶层中普及。

---

① 奇蒂先生早在 1812 年就发表了名为《对国际法的实践性论述》(*A Practical Treatise on the Law of Nations*)的著作。该书标明,"献给厄斯金勋爵"。该著作论述了战争对交战国和中立国的商业的法律影响,以及对议会的决议和政府特许制所带来的法律影响。在国际法的历史中,该书是一本重要著作。奇蒂先生所编辑的瓦特尔的上述著作并没有被《国家人物传记词典》(*Dictionary of National Biography*,是一本介绍英国历史上著名人物的标准书目,自 1885 年开始出版。最新的版本于 2004 年出版,共 60 卷,更名为《牛津国家人物传记词典》。——译者注)作为其作品而收录。在此,我想补充的是,我曾在剑桥大学图书馆使用过 1760 年版的英文版《国际法》。林肯律师公会图书馆也珍藏有 1762 年版的《自然法哲学与条约法的性质》(*the Questions de Droit Naturel, et Observations sur le Traite du Droit de la Natur de M. le Baron de Wolf*)的复本(为本文的写作,我也参阅过此书)。该著作目前已非常稀有。

我之所以在此引用奇蒂先生那饱含热情和赞美的序言献词，从一定意义上讲，也是为了我分析的方便。然而，事实上这位杰出律师在“序言”中提出的愿望并没有成为现实。瓦特尔并没有被每一位接受广泛教育的绅士或青年热烈地追随。甚至，这部大手笔的杰作是否为每一所英国大学或每一个社会阶层的英国人熟知，仍存有疑问。作为克里斯蒂安·冯·沃尔夫①的亲密弟子，瓦特尔并不为一般读者所知晓，更不用说早已被奇蒂先生所排除的妇女和社会下层人士了。在此，我们看看能对这位著名而文雅的瑞士国际法学家作出怎样的新赞美或评价。

瓦特尔的生平

埃默里希·德·瓦特尔于1714年4月25日生于讷沙泰勒公国的库韦(Couvet in the principality of Neufchâtel)，其父达维德·德·瓦特尔(David de Vattel)是基督教新教派(加尔文派)牧师，其母玛丽·德·门特莫林(Marie de Montmollin)是普鲁士财政部官员之女。瓦特尔很早就表现出对哲学的兴趣，并获得了综合奖学金，在巴塞尔大学接受了教育。此后，他被日内瓦大学录取并最终选择专攻伦理学。瓦特尔成为莱布尼茨(Leibnitz)和沃尔夫的忠实弟子，还发表过一篇针对克鲁萨的(Crousaz)的驳文，以捍卫莱布尼茨的观点。1742年，他带着他的著作来到了柏林，准备效忠于自他出生就在位的国王腓特烈二世(King Frederic II.)，但却遭到这位国王的粗暴拒绝。于是，他来到德累斯顿(Dresden)。其才华立即得到萨克森邦(Saxony)首相孔特·德·布吕尔(Comte de Brühl)的赏识。这位未来的法学家才被安排从事外交工作，他所具备的丰富的国际公法知识和国际协定的知识，使他在工作中才华大展。期间，他也曾回到讷沙泰勒待了数年，但是，1746年，他又回到德累斯顿，被国王奥古斯都三世(Augustus III)任命为大使馆参事。次年，国王又派他到
479 伯尔尼(Berne)做全权公使。很长一段时间里，瓦特尔都在撰写他的名著《国际法》，并在伯尔尼愉快的外交工作中完成了该著作。在此期间，他还写了许多哲学和文学方面的文章，深入探讨了自然权利理论。同时，作为生活的消遣，他还发表了一些诗作。②

1758年，瓦特尔回到德累斯顿，此时，他被任命为枢密院官员和政府首席外交顾问。同年，《国际法》在讷沙泰勒印制出版，扉页上的署名为伦顿(London)。第二版也于该年问世，署名为“莱登”(Leyden)。

1762年，瓦特尔发表了他最后一部作品——《自然法诸问题与沃尔夫所著自然

① 克里斯蒂安·冯·沃尔夫(Christian von Wolff)：德国著名的哲学家，最早使用德语而非拉丁语进行写作的哲学家。他对莱布尼茨的治学思想进行了系统总结，并对其进行传播。——译者注

② 在瓦特尔的《自然法诸问题与沃尔夫所著自然法论之观察》中，有一章是论述悲剧和喜剧的。

法论之观察》(*Questions de Droit Naturel, et Observations sur le Traite du Droit de la Natur de M. le Baron de Wolf*)①。这本书具有很重要的意义,在发表前数年,作者已完成了该著作。书中包括了撰写《国际法》期间所收集的材料。

毋庸置言,瓦特尔还出版了其他著作,比如,于 1757 年和 1758 年同时在法兰克福(Frankfort)和利普西克(Leipsic)发表的三卷本作品。从历史资料的角度来看,这部作品的重要性是无与伦比的。第一卷(1757 年)名为《现代史补录》(*Mémoires pour servir à l'Histoire de noire tems*, par l'Observateur Hollandois, Rédigez et Augmentez par M. D. V.),共有 20 篇文章。《阿克顿勋爵图书馆目录》(*Lord Acton Library Catalogue*)一书将书名省略为"M. D. V.",暗示作者就是德·瓦特尔先生。对序言和注释的仔细考证也能证明这种看法是正确的。序言之后是瓦特尔所特意添加的,由法学家施特鲁贝(Strube)所撰写的《论战争之理由》(*Dissertation sur la Raison de la Guerre*)。瓦特尔的序言堪称精湛之作。在文中,他倡导建立一个欧洲联邦,其中任何一个国家都不得享有优于其他国家的特权。第二卷(1757 年)名为《现代史补录—尤以关于英法战争方面》(*Mémoires pour servir à l'Histoire de notre tems, par rapport à la Guerre Anglo-Gallicane*, par l'Observateur Hollandois, Rédigez et Augmentez par M. D. V.,在阿克顿勋爵图书馆的馆藏中,该卷与第一卷是连在一起的)。第三卷(1758 年)名为《现代史补录——关于欧洲惨战时法律及 480
事实》(*Mémoires pour servir à l'Histoire de notre tems, où l'on deduit historiquement le Droit et le Fait de la Guerre Sanglante qui trouble actudlement toute l'Europe*, par l'Observateur Hollandois, Rédigez et Augmentez par M. D. V.)。自 1762 年起,瓦特尔在萨克森法院的公职和越来越繁重的家庭事务使他无法开展更多的法学研究工作。

瓦特尔直到晚年才结婚。1764 年 1 月 27 日,他在德累斯顿与一位定居于萨克森的法国贵族家的小姐玛丽安娜·德·谢内(Marianne de Chesne)结婚。他们的儿子生于 1765 年 1 月 31 日,卒于 1827 年。在结婚四年之后,瓦特尔的妻子就不幸去世。而瓦特尔则由于繁重的工作而身体崩溃,不得不回到其出生地讷沙泰勒休养。在这一年秋天,他意外地感到精力充沛,于是又回到德累斯顿继续工作。之后,他再次面临健康危机,不得不再一次回到讷沙泰勒调养身体。但是,一切为时已晚,瓦特尔不幸于 1767 年 12 月 28 日去世,享年 64 岁。他给后人留下了附有详尽注释

① 出版商为 A Berne, chez la Societe Typographique MDCCLXII.。我认为《国际法》第一版显然就是署名为 London 的版本,因为在其第二册末尾有一系列的"勘误表",而在"Leyden"版本中,"勘误表"中的内容已被修正。通过剑桥皮特出版社的 T. A. 沃克博士的热心帮助,我得以将皮特出版社图书馆的"London"版本和沃克博士收藏的国际法系列图书中的"Leyden"版本(二册合一)进行比较。他还将奇蒂先生的 1812 年作品借给我。

的《国际法》(第一版)。之后,原封不动地吸纳了这些注释的《国际法》版本于 1773 年在纳沙泰勒出版。该书反映了作者最新的学术观点,对于批评家们具有无上的价值。可惜,该书出版的形式却有悖于作者特有的风格和习惯。1775 年版本的编者的确曾以严厉的的口吻评价过 1773 年版本,认为:“不得不将其视为破报纸而丢入废物箱中”(*devrait être abandonné à l' épicier comme vraie maculature*)。

瓦特尔的作品

在研究瓦特尔作品的过程中,我们会发现,详细地考察《自然法诸问题与沃尔夫所著自然法论之观察》是一条捷径,因为《国际法》中很多材料出自这本脍炙人口的著作。而且,该书还揭示了法学家如何收集资料、整理思路,以及如何驳斥他的伟大导师沃尔夫的学术观点。该著作还为我们展示了功利主义哲学的风采,而这也正是瓦特尔学术观点中最富个性的部分。读者会发现,他的聪慧伶俐无人能及。他有着与边沁(Bentham)一样的清晰逻辑和坚韧性格,并与这位杰出的思想家一样执着。从时代和思想渊源来看,可以称之为边沁的启蒙者。边沁的功利主义思想主要来源于瓦特尔的《自然法诸问题与沃尔夫所著自然法论之观察》这一著作。他
481 用几乎与边沁相同的语言表达了“最大多数人最大多数的幸福”(greatest good of the greatest number)的思想。然而,在阅读瓦尔特著作的过程中,我们会发现他和这位英国功利主义学者之间存在的巨大差别。瓦特尔的思想隐藏在他那优美而又富有情感的文字当中,使读者在了解事实真相之前,就已经全盘接受了他的观点。而边沁的作品却没有如此的好运。在英国公众对他的哲学理念有所了解之前,他的作品不得不费尽周折,先是由迪蒙(Dumont)翻译成法文,然后又被重新译为英文。瓦特尔却很快就找到了他的听众,正如我们所看到的那样,《国际法》首次出版两年内,它的英文版就于 1760 年问世。由 J. P. 舒林(J. P. Schulin)翻译的德文版也于 1760 年同时在法兰克福和利普西克出版,①与上文提及的由阿克顿图书馆收藏的图书的出版地点相同。他直接利用宗教意识,巧妙地将他的功利主义限于人与人的自然关系中。围绕这些关系,他指出人类可以依赖上帝赋予的爱,将纯粹自然法的利己主义变成超自然法的利他主义。在描述这种转变的文字中,一种理想主义隐藏在他的功利主义哲学之下。这种理想是持续出现的,而且为他所提倡的每一个观点都添加了一丝生动的意趣。当功利主义是我们人类灵魂所必需而但不是

---

① 1760 年、1797 年和 1834 年的英文版没有包含在克卢贝尔(Klumber's)所列的参考文献中[《现代欧洲国家的法律》(*Dans le Droit des Gens Moderne de I'Europe*),编者:吉约曼(Guillaumin),1861 年。第 446 页]。参见 M. P. 帕迪尔·福代雷(Padior-Foderer)编辑的《国际法》(巴黎,1683 年),第 1 卷,第 8 页。该套编辑版本应该是最好的,凡是其中与瓦特尔相关的文字和事实都运用在本文中。但本书还参见了霍夫曼在 1835 年的编辑版本,包括詹姆斯·麦金托什(James Macintosh)关于自然法和国家法的论文。

最终归宿时，人类可以毫无羞愧地接纳它。的确，正如我们所看到的那样，奇蒂先生在接纳它时是满怀热情的。

在阅读《自然法诸问题与沃尔夫所著自然法论之观察》一书时，我们也许会忽略，瓦特尔因为冒昧批评他的伟大导师沃尔夫先生而深感歉意。他在批评其导师时，没有进行深入的评述。这种"局部麻醉"的方法是其特有的方式。他没有放弃使用"手术刀"，并且巧妙地传递出这样的印象：手术刀给外科医生带来的伤害多于对病人的伤害。的确，这是他对沃尔夫的尊重。这本著作从始至终都贯穿着一个主旨：个人存在。我们首要的、最普遍的任务是，为我们个人的幸福和福利而努力，这也是所有其他任务的基础。既然只有完美的人才能获取完满的幸福，所以，每个 482
人都要为他自身的完善而努力，而自身的完善又只有通过品德的修炼才能实现。瓦特尔问道，这种自然主义的理想离基督教理想有多远呢？比如，我们有义务去爱我们的敌人吗？这个问题在以下这段脍炙人口的文字得以表述：

> 人首先必须爱自己，同时，实现自我完善和完成自己的工作，都应由自己负担。但是，人类绝对不可能靠一己之力达到完善、完成之目的。在本质上，人类不得不相互扶助，而且必须从心底服从它。因此，人类不得不彼此尊重。对他人的爱，建立在对自己的爱之上，因此，前者不得不对后者退让，并且不得因前者而妨害后者。如果某一人想与另一人断绝关系，与其为敌，这种做法不但没有帮到他，反而会害他；当然，他也可以为了保护自己的安全，而采取一切必要的对策。但是这种人与人之间的不合，是人类社会的危害，为个人而算计，也是一种危害。因此，人们应当穷尽办法避免不合的扩大，进而防止不合的事情发生。这并不是对自己正当防卫的一种谦逊，也不是单纯的宽容。我们以此种宽容对待我们的敌人，也可以尽到我们对人类的义务，使其不再对我们有所妨害；更会使与敌人相同的人不至于攻击我们。

如果将人在自然关系中的简单本性作为自己行为的基础，我们不可能作出比上文更深刻的论述。如果你要求的不止这些，那么你必须求助于上帝的爱。瓦特尔补充到，如果人类的心灵被上帝之爱照亮，那么你完全可能爱你的敌人。只有在超自然的公正观念的帮助下，道德才能达到完美的顶点。接下来，瓦特尔详细阐述了以人的关系为基础的心理学功利主义体系。这个体系是建立在观察和实证的基础之上的，同时，瓦特尔完全抛弃了沃尔夫将数学思维运用到伦理学的方法。他的人道主义体系的基础是：要求他人帮助的"权利"是一种"绝对的权利"。因为总有人阻碍他人行使"绝对的权利"，因此，要有一种配套权利去限制上述人员的行为。

该书第一部分的结尾讨论了不法行为所导致损害的赔偿措施问题。在惩罚与 483

罪行之间必须确定一个恰当的比例，即便惩罚不能阻止违法行为的发生，这个比例也必须被保持。如果死刑只能阻止从果园里偷苹果这样的行为，那么，我们宁愿容忍苹果被盗的损失，也不能滥施刑罚。一个人不仅有保护自己的义务，而且对他人也负有这样的义务。所以，当有人遭受某种损失时，如果宽宥加害人比惩罚加害人更有利于其品性的完善，那么，受害人就应当自己承担这种损失。当然，如果某种违法行为变得很普遍，那么就有必要突破原有的罪刑比例，加重对这种行为的处罚，以维护社会的安定。

该书的第二部分涉及一些基础的命题。瓦特尔讨论了原始社会中的天然孳息与劳动成果之间的区别。前者是由全体公社成员共同所有，但是每个人都"对其勤勉劳动的果实享有优先权"(*un droit de préférence sur les fruits de son Industrie et de son travail*)，其结果是原始社会的瓦解。当一个人开始单独耕种一块土地，进而发现他对这块土地的收益享有专属的所有权，于是他私自占有，并逐渐取得了这块土地的私人所有权，他的后代也继续占有这块土地。在这段论述中，我们可以清晰地发现18世纪理论的弊端。如果瓦特尔没有满足于从他自己所处的时代和阶层的哲学观点来推理，而是对他所能到达的村社进行考察，他应该能够发现自己的理论是绝对错误的，因为在土地私有之前，土地收益的私人占有就存在了好几个世纪。沃尔夫将财产和所有制的起源归结为人行使自然权利和人的需求，遭到瓦特尔的批判。但是瓦特尔的观点却更加难以令人信服。他认为：随着人类的繁衍，单纯的土地收益已不能满足人类的需求，于是工业和技术的出现是相当必要的；有远见的人开始为将来做打算，于是定居下来耕种土地而不是到处游走。原始社会的公有制决定了人们对每一事物都具有普遍的权利，于是这些人可以取得某一块土地，并放弃其他的土地，进而取得了保留土地上的收益的权利，其他人纷纷仿效："财产权和所有制从此就建立起来了"(*voilàla proprieté et le domaine établis*)。根据现代的
484 研究，也许沃尔夫的推测比瓦特尔的观点更加接近真实情况。但这个问题根本不适合进行推测，它应该是一个根据正确的证据规则来确认的事实问题。

第三部分讨论了一些关于合同的有趣问题，并提出了两个自然法的规则：第一，不得推定任何人拥有抛弃物；第二，善意持有人须受到保护。

第四部分继续就合同进行讨论，并提出了一些新奇的问题，比如，一个人能以默示的方式接受他人的要约吗？卖方有义务向买方披露其所售商品中的瑕疵吗？在后一种情形中，瓦特尔显然受"买者自慎"(*cavcat emptor*)理念的影响。关于工人遭受的意外伤害的赔偿问题，他的观点十分有趣，他认为雇主应对其雇员所受的伤害负责。但如果受害者只是一个工程承包者，则雇主不应该承担责任。

第五部分讨论了一些特殊的案例。自然法允许射幸行为的存在吗？瓦特尔的观点与沃尔夫不同，他认为这种行为是允许的。同时，瓦特尔也基本赞同在事后善

意制作保险合同。他也认为，用决斗方式解决争端是非法的。他还认为，土地的卖方有权为其邻居保留土地上的通行权。对于诸如此类的问题，英国律师当然是非常熟悉的。

该书第六部分，在讨论了一些关于土地的特殊问题以后（比如土地地表上的权利），作者论述了关于“紧急避险规则”（the law of necessity）的问题。对于合法的紧急避险行为的界限问题，瓦特尔的立场是十分坚定，他提出了一个确切的原则：“不得对他人行使不法行为，或侵害其既得的权利。”（*qu'il ne nous est jamais permis de faire tort à quelqu'un, d'aller contre son droit bien établi.*）人们有权从事那些本身不违法的行为，或者不影响另一个人的绝对权利的行为。比如，你可以杀害一个入侵者，因为他实施了恶行，进而丧失了保护其自身生命的绝对权利。但是，在极度危急的情形下，你不能为了获取食物而杀害一个手无寸铁的人，除非他出于自己的意愿，同意为了他人而牺牲自己的生命。

对于瓦特尔的最后一个观点，沃尔夫持否定的态度。他认为，个人没有对自己生命的自主支配权，故其不能自行放弃其生命。然而，瓦特尔却指出，沃尔夫的观点是不符合逻辑的，因为这意味着一个人也不能为国捐躯。沃尔夫认为，人类宁愿 485
饿死，也不应该互相为食。但是他却赞成，为了拯救一座城市，一个人可以做无望的突围。瓦特尔对这些观点不加理会，他说道：“我不赞成‘凡人不得自由处置其生命’之说，任何人除非有极其强大之理由，不得不将自己的生命置于危险境地，或牺牲其生命外，均应当慎重保存其生命。”（*Je ne voudrois done pas dire qu'un homme n'est point le maître de sa propre vie; mais je dirois, qu'il est obligé de la conserver précieusement, à moins qu'il n'ait des raisons tres-fortes et très importantes de l'exposer, ou même de la sacrifier.*）他将一般的“紧急避险”规则表述为：“选择做善良的事关系重大，做危害的事关系小。任何事情都必须考察其一切关系、一切可能的结果及相关的事项。因此所谓判断，决不可单以事物现在的状态下结论，必须全面考察其对世界及世界其他个体的影响。”（*II faut choisir le plus grand bien, ou le moindre mal; mais en considérant la chose dans toute sonétendue, avec toutes les liaisons et toutes ses consequences et dépendances. Car la décision ne doit pas se fonder seulement sur le cas présent, considérée en lui-même et indépendamment de ses conséquences dans le monde.*）接着，瓦特尔通过反对使用有毒武器（而沃尔夫是赞成使用的），进一步论证了上述原则。他认为，如果有毒武器的使用在理论上能自圆其说，那么“战争将愈加凶暴，而其损害的程度也将无限大，最终会消灭人类”（*la guerre deviendroit atroce, ses maux n'auroient plus de bornes, et elle seroit capable de detruire le genre-humain*）。不过，这样的论证是否站得住脚呢？这是否反而证实了沃尔夫的观点呢？恐怖战争越多，禁用有毒武器的可能性反而越小。如果将

反对有毒武器的观点适用于飞行器，它必将产生更大的影响，因为，战场上飞行器的爆炸将毁灭无防御能力的城市，给参战方和非参战方都带来无法挽回的损失。虽然战争的总体趋势是更加恐怖的，而事实上，战争发生的频率却更低了，所带来的破坏也更小了。当战争演变成根据高度人为制定的规则而展开大规模的单人决斗时，战争也就变得更加血腥了。根据瓦特尔的理论，战争越是恐怖，人类越有可能遵守自然法，以寻求和平。

在第七部分，作者开篇就对选举计票的方式展开了有趣的讨论。在此问题上，瓦特尔追随了格劳秀斯(Grotius)的观点，而不是沃尔夫的理论。他制定的规则是：为了作出一个决策，必须把持有相同意见的人们作为总体来对待。所以，如果对于某一被告，4 名法官认为应对其处以死刑，2 名法官认为应对其处以流放，2 名法官认为应判处 1 000 克朗罚金，另有 2 名法官认为应判处 100 克朗罚金，而 3 名法官认为被告无罪。综合上述，9 人主张保留被告生命，4 人主张将被告处死，所以他有权保留生命；同时，认为被告应接受某种处罚的有 10 人，而认为他无罪只有 3 人。由此，瓦特尔认为，我们可以得出这样的结论，可以保留被告的生命，但是他必须受到处罚。鉴于有 6 人赞成死刑或流放，7 人赞成其他形式的处罚，那么被告遭受的处罚应该是罚金，而且是较高金额的罚金，因为至少有 8 人建议对他处以较高金额的罚金，或比罚金更严厉的处罚。最后，这个被告被判处罚金 1 000 克朗。这是一个
486 很有趣的讨论，但它忽略了一个基本的问题，为什么大多数的意见能够成为决定性的意见呢？按人头计算肯定不是自然法则的结果，因为事实上往往是一个人在决定其他人的意志。这种规则可能是一种图方便的权宜之计。它实际上把以理性取胜的法律变成一种游戏，制造了一种看似平等的虚假气氛，而平等又是如此为人类所热衷。

但是，这里有必要强调这一事实，尽管在部落时代的早期就有类似的习惯痕迹，但从没有自然法对大多数人的决定给予特别的支持。对社员所处的氏族、亲属圈或狩猎队伍之外的自由、平等或博爱，每一社会成员都不太尊重。同时，在氏族组织内部，自由、平等或博爱则全然不存在：氏族首领拥有绝对权威，并且，奴隶制也存在着①。部族生活从来没有产生过平等的观念，因此，由多数人决定的民主政治也就无从产生。但是，像今天一样，当时也存在一种原始力量或情感(瓦特尔深深地感受到这一情感的存在)，意图创设一种对人类平等的习惯性认可。我把它归为一种嫉妒的情感。通过改变社会生活中确定的结构形式，这种破坏性的力量得

---

① 沃尔夫否认原始社会存在奴隶制，瓦特尔却认为奴隶与其他形式的财产同时出现。杀人的权利包含了奴役他人这一更小的权利。瓦特尔还认为，父母并不对其子女的生命和自由享有天赋的权利。毫无疑问，瓦特尔的上述观点是错误的：实际上，千百年来，父母都在对其子女行使着上述权利。但是，比起瓦特尔所支持的选择死亡的权利，它会更加不符合自然法吗？

到了满足。在有意无意中，人类将平等观念引入进来，与这种普遍存在的力量相抗争。如果人类能够被引导去相信他们是彼此平等的，社会就能保持稳定的均势。在这种明显是假想的平等之外，出现了一种对现实平等的理想追求，于是，在漫长的岁月里，经过一代又一代人的努力，人类为实现天堂般的理想化社会模式而不息奋斗。这样的理想至今仍未实现。但是，这个理想最终从虚拟的天堂深入到了每个人的心田。现在，通过人类前所未有的努力，我们正走在实现人类真正平等的路上。

瓦特尔饶有兴趣地把他的研究对象从人类平等理念转向了和妇女有关的问题。在这个问题上，他没有考虑任何平等的理念，尽管他既谦和又没有任何幻想，但也没有考虑到一夫一妻制的基本法则。尽管他承认在大多数情况下一夫多妻制 487
是不适当的，但他仍然认为自然法应该允许一夫多妻制的存在。他认为，在特定情形下，一夫多妻制是可以采用的，而且也是必要的。同时，他认为也可以使非法同居合法化。瓦特尔虽然主张男人可以因妻子不育而要求与之离婚，但也坚持认为婚姻从本质上来说是不可撤销的。自然法给我们施加了下列的义务：非因强烈且合理的理由不得解除我们的婚姻关系，尤其是在有孩子的情况下。对于这一问题的讨论，瓦特尔睿智地将功利主义原则适用于人类问题，这是一个非常典型的事例。

从功利主义角度出发，他继续研究哪一方在婚姻关系中居于主导地位。很奇怪的是，这个在当今被人们所厌恶的问题，会在一个半世纪以前被津津有味地讨论。瓦特尔不大可能受当今那些争取选举权利的女性的欢迎。他关于男性优势地位的无情推理和固执看法，可能会给许多敏感的心灵带来伤害。但是，如果沃尔夫突然再次登上讲坛发表他那激动人心的宣言："自然法已决定夫妇之间完全平等"（*Le Droit Naturel établit une parfaite égalité entre le mari et la femme*），并有力地批驳男性的优势地位，毫无疑问，情形将大不一样。关于瓦特尔与他的伟大导师沃尔夫的分歧的原文应该在此转述：他说男性"相对于女性更适合担任重要的职务，因为其坚强、活泼。因此妻子在丈夫的保护之下生活，在法律的保护之上，实际上已有优先权"（*plus capables des affaires importantes, plus fermes, plus forts et plus courageux. Il paroit done que la nature a destiné la femme à vivre sous la protection du mari, et cette protection donne déjà une supériorité*）。法学家继续说，当结婚的时候，必有一方要主动，但并非一定是强势的一方。"在平等社会中，当双方感情上发生破裂时，也必定有能够决定其权利的一方。"（*Dans une pareille société, dis-je, celui qui est le plus capable ait le droit de décider, en cas de partage dans les sentimens.*）

接下来，瓦特尔讨论了情感问题，这似乎是给苦涩的药物增添一丝甜蜜。丈夫

“为共同利益计算，极亲切、极适度且极平衡”（*avec douceur, avec sagesse et avec équité, pour l'avantage commun*）行使其特权。在这个问题上，瓦特尔失去了他惯常的智慧。生活中的一些事应被视为理所当然。但是，他补充道：“在丈夫不得不爱与注意之外，妻子更享有得到丈夫尊重的权利。”（*outre l'amour et les soins que le mari lui doit, elle a ses droits, qu'il est obligé de respecter.*）[①]对于这些观点，沃尔
488 夫的回答应该是：瓦特尔在回避问题的实质。他从他自己具备的极不完善的知识体系出发，构建一个普遍适用的观点。而事实上，自然法是建立在对女性的潜能与其实际成就的同等考量的基础之上的。举例来说，你不能武断地认为自然法会宣称黑人比白种人低等。

沃尔夫毕竟是一位理论家，当然肯定性别平等。而瓦特尔，却作为一个实用的功利主义者在否定人类的性别平等。但功利主义观点的弊端是，它必须依赖经验，但其所能依赖的经验又总是有限的。如果经验是无限丰富、详尽全面的，那么理想主义者和功利主义者必将殊途同归。但实际上，一般人随着时光的流逝和知识的积累，无不转向理想主义。

要想弄清瓦特尔是怎样构建他的自然法理论，实属不易。我们已经知道，他认为父母奴役或杀戮自己孩子是不符合自然法的。但是另一方面，他认为，尽管父母对孩子做出不好的榜样是一个极大的错误，但这只是构成一种天然的伤害，并没有违反自然法。毫无疑问，这种区分在当今的国内法中仍然存在。直到1908年，一个酗酒的母亲还可以把她的孩子带到任何一个酒馆。这些孩子自幼就时常被动、无辜地与他们的母亲一起饮酒。而且，发生于1796年2月25日的著名案例“霍奇诉霍奇”案（Hodges v. Hodges）[②]早就判决：英国普通法并没有施加给父母以教育子女的义务。凯尼恩（Kenyon）勋爵对这一法律观点作了如下表述：“基于各种社会约束，一个父亲有义务对其子女进行与其社会身份相应的教育，但这只是一种不完全的义务，法院不得强制其执行。”直到1876年8月15日，才有立法将这种“道义上的义务”变成一种可以通过法庭强制执行的义务。法律明确规定：“每位孩子的父母都有义务让子女接受读书、习字、算术方面的基本教育。如果父母未能履行其职责，他就要接受法律的制裁。”[③]当今的国内立法倾向于扩大自然法中的不完全义
489 务，但是，这两者之间的区分仍然很明显。自然法如何评价父母给孩子带来的非自然伤害行为的直接危害呢？并且，这种危害正好是自然法上的道义义务和国家立法所特意预防的。这很难判断，尤其是当我们把自然法的基础设定为：人的最终义

---

① 应该注意到，在第八部分，他宣称妇女在公共管理方面远远不如男性，这与沃尔夫的观点是相反的。

② 《皮克案例报告》（Peake's reports of cases at Nisi Prius）第2卷，第70页。

③ 1876年《基本教育法案》，第4条。

务是培养美德,以便寻求人性的完美,而人性的完美是实现个人幸福的关键要素。其实,瓦特尔只是为他的自然法理论建立了一个前提,只要这种前提没有妨碍他自己的先入之见:何种事物对社会演变有益。瓦特尔以一种假设来重构其社会进化的理论,如果他制定的功利主义标准与其之前所设定的假设的逻辑后果不相符合,那么,这些结论就要被抛弃。这是先验方法不可避免的后果。掌握进化论,并用历史的方法对其进行检测和修正的思路,本来是很好的。但是,如果我们同时接受进化论(Theory of Evolution)和社会生活论(Theory of Social Life),并试图用其中一种理论去检测和修正另外一种理论,那完全是另外一回事。依赖经验是唯一的测试方法,它既适用于物质世界,也适用于自然法领域。

理解瓦特尔在试图解释长辈和晚辈间的婚姻为何违背自然法这一问题时所面临的困境,也颇为有趣。沃尔夫认为,这种婚姻是为世俗所不容许的,瓦特尔并不赞同他的观点。但另一方面,他又认为婚姻当事人的选择是不明智、不体面的,是一种违背“完美法则”(law of perfection)的行为,很可能导致不孕,产生自然法上可怕的后果。这种观点丝毫不具有说服力。他一开始就说,长辈与晚辈之间的婚姻不符合实用的法律或理论。接下来,他说,这种婚姻也违反了社会基础的完美法则。由此,他试图武断地使这两种理论相一致(即实用的法律和完美法则)。然后,他孤注一掷地利用经验来证明这种婚姻的不合适,但他没有提出任何可靠的依据证明为何要诉诸经验。最后,他又回到了沃尔夫在《俄狄浦斯王》(*Oedipus the King*)中阐述的理论。到目前为止,瓦特尔未能明白的是:仅仅依靠功利主义——自然功利主义——是不能解决人类精神层面的问题的。其中涉及的一个超自然因素不能用“自然恐怖”(natural horror)来解释。这个因素无疑是从某种功利主义基础上衍生出来的。它一旦形成,就调整一切生物的行为,并且以一种不适于低等生 490
物的方式进行调整。爱,本身根植于物质世界,尽管它的开花结果都属于所谓的超自然的自我牺牲范畴。父母与子女的关系是由超自然的爱来调整的。事实上,物质上的血缘关系被形而上学的精神关系代替。任何想改变这种关系的企图一直不能实现,哪怕是在养父母与子女间也同样如此。瓦特尔试图将物质和精神区分开来,这恰恰导致他无法对社会生活作出形而上学的解释。而沃尔夫始终没有放弃分析的方法,最后找到了解决问题的真正途径。

每一位法学家关于继承权的讨论都建立在同一基础之上,即父母子女的关系必然包含了财产占有关系的绝对延续。当沃尔夫宣称继承权是完整的权利时,他显然也是基于这样的观点。由于历史知识的欠缺,瓦特尔却认为绝对的继承权理论破坏了死者立遗嘱的自然权利。由此,他提出:子女对父母的财产享有一定份额的继承权,具体的份额数量需要根据具体情形而定,这是一种“绝对的权利”。同样,父母对其无后代的子女的财产也有继承权。这样的观点也算是对其导师观点的部分妥协(p. 295)。在此,我们放任功利主义蔓延于所有问题的分析和全部的历史。其实,立遗嘱权本身毫无自然权利的成分,先民们对此权利也一无所知。而父母把财产传给子女(甚至是养子女)这一概念却包含了一些原始成分。同时,早期人们所传承下来的理念和实践,和我们对父母与其子女(甚至是养子女)的这种超自然关系的期盼是相同的。瓦特尔的"完美法则"似乎包含了父母向其子女转移财产的权利,而沃尔夫认为这是一种绝对的权利。

在该书的第八部分,瓦特尔转向对主权的探讨。他不同意君权神授的思想。他认为,国民才是唯一的主权者,国民可以将权力授予他人行使,但不得转让。他主张,即使国民在名义上没有保留这种权利,他们也可以随时收回自己的权力。只要具有正当理由,人民就可以重新取得他们的权力。任何人都不能成为国家的世
491 袭继承者,"国民才是真正世袭王国的所有人"(*Le peuple seul, j'entens le peuple entier et unanime, possède l'empire comme véritablement patrimonial*)。国家主权的继承权不是由大多数人掌握的,而是属于全体国民。①他说,实践中,即便事实上会导致一些不公,仍有必要让权力掌握在国家中的大多数人手里。事实上,将权力授予大多数人只是一种权宜之计,如果这个大多数人的集体变得腐败、暴虐,他们的权力将被剥夺。我们会惊奇地发现,瓦特尔的思想一直在功利主义和完美主义之间摇摆。阐述清楚他的主权原则以后,瓦特尔继续论述:如果人们一致选举出一个暴君,这次选举只能约束选举人本身,而对他们的后代没有约束力。当然,这只是一个折中之计,和最初的观点完全相左,即权利的收回权"属于国民"(*in gremio populi*)。在随后的论述中,他最终坚持了后一种观点。他认为,人民有权在两位王位的觊觎者之间作出选择。在国家宗教问题上,他亦有诸多重要观点。神职人员不得实行自治,"若由国权而使之独立,必致许多混乱与危险之扰动,而国王亦将不得安于其位矣"(*Mais si vous les rendez indépendantes de la puissance Civile, vous ouvrez la porte à mille désordres, à des troubles dangereux; et les Rois ne font pas fermes sur leur Trône*)。但是,国家必须监督僧侣,并且不应赞同《教式统一令》(Acts of uniformity)。"因此,民众团体或代表民众团体的主权者不得拘束市民的信仰自由。"(*La Societe, ou le souverain qui la represente, n'a done aucun droit de gener la conscience des citoyens.*)在这个问题上,我们必须借助瓦特尔的《自然法诸问题与沃尔夫所著自然法论之观察》一书。该书富有原创性和独到见解,蕴含了从1789年到1830年间在欧洲和英国居统治地位的主要思想的源泉,颇具引用价值。

以上对瓦特尔基本思想的分析,使我们能够简要地论述他的伟大著作《国际法》。从上述设定的假设中,我们可以看出他是如何将自然法适用于主权者间的关

① 需注意的是,瓦特尔此处已经意识到前文在对大多数人手中的自然权利进行讨论时遇到的困难。

系的。在“前言”中，他开篇就谈到了被《优士丁尼法典》长期论述的一个不真实之处：“因此在自然法上，一切人最初均是以自由人身份出生的。”①(*jure enim naturali db initio omnes homines liberi nascebantur.*)这是一个法律假设，但在事物的演化中，法律假设最终会变成自然真理，被人接受。瓦特尔认为，托马斯·霍布斯(Thomas Hobbes)是第一个明确提出国家权利概念的人。尽管他的概念尚不够完善，但是非常独特。然而，与格劳秀斯、霍布斯、普芬道夫(Pufendorf)、巴贝拉克(Barbeyrac)不 492
同的是，沃尔夫和瓦特尔都认为，涉及个人的自然法只有经过调整和修改之后，才能适用于政治社会。社会组织是由道德个体人构成的，但本质上不同于道德个体人。尽管瓦特尔紧紧追随着沃尔夫，但他还是谨慎地指出了他们两人的显著区别：沃尔夫承认世袭王权的存在，而瓦特尔对此则予以坚决反对；沃尔夫认为使用有毒武器是正当的，瓦特尔对此同样断然否定。其实他们之间还有更深层次的分歧。沃尔夫认为，大自然依靠自身的力量自发形成了一个社会，一个由世界上所有国家共同组成的共同社会。以此类推，自然共和国的公民法应该适用于其所有成员。瓦特尔写道：“对于这一观念，我并不满意。对于此种共和政体的拟制，我觉得并不十分正当。同时，我认为，可以共通于万国，且必然为君主国间所能承认之国际法规则，也不能从此种拟制中产生。”②(*Cetteidée, ne me satisfait point, et je ne trouvé la fiction d'une pareille république ni bienjuste, ni assez solide pour en déduire les règles d'un droit des gens universel et nécessairement admis entre les États souverains.*)他认为，除了自然在人类当中建立的自然社会外，国家之间并不存在自然社会。所有公民社会的本质就是每个成员将自己的部分权利让渡出来，交由一个统一的机构，用来治理社会。“在国民间，对于这样一种拟制，并不是可思考，也非可想象者。因为各国君主无不主张他国的独立地位，事实上也确实是如此。”(*On ne peut rien concevoir ni rien supposer de semblable entre les nations. Chaque fitat souverain se pretend, et est effectivement independant de tous les autres.*)所以，适用于国家的法律有别于适用于个人的法律，因为国家是不同于个人的道德主体。尽管如此，各国都存在一些基本的、必需的法律，另外，为方便而产生的意定法(voluntary laws)是对上述法律的补充。瓦特尔是这样阐述他的观点的(我采用的是经奇蒂先生修订的版本)：

国家的强行法(必然法)和意定法都是大自然创造的，只是创造的方式不一样。对于前者，国家和主权者都必须尊重和遵守；后者是人们在相互交往中

① 《优士丁尼法典》第1卷，第2章。

② 但这是他的目标(见上文第19页)。

为了公共福利和安全而不得不认可的规则。强行法(必然法)直接来源于自
493 然;意定法则是人类共同的母亲为了国家与国家之间处于相互尊重的状态、为了共同的福利,而建议大家遵守的。这两种法律,以某些特定不变的原则为基础,很值得论述,也将构成本书的主旨。

在进一步展开论述之前,我们有必要再次关注这一事实:瓦特尔并没有欣赏沃尔夫的深邃才智。他以优雅而谦逊的方式(这种方式让人想起圣·伯夫的批评方式),摒弃了沃尔夫关于自然造就一个由所有国家构成的"宇宙共和国"假设。我无意于对这种假设作出认可或否定。之所以不想否认它,是因为它实际上是关于人与人之间存在的普遍兄弟关系这一传统观点的另一表达形式——这种观点对现代思想家有特别的吸引力。

不过,瓦特尔没有接受这一假设。他当然有这样的自由,但是他进一步作了一个新的假设。该假设不仅涉及由沃尔夫的假设所引发的学术困难,还陷入新的尴尬。他假定国家是一个独立且不可分割的道德主体。本人不想对此提出质疑——如果我们将处于这个假设的国家中的话。国家被寄予一个道德主体的希望。也许,使一个国家成为道德主体的最好办法就是假定他们原本如此。但是,沃尔夫的假定似乎更接近眼前的真理。也许,在世界迈向由所有国家构成的"宇宙共和国"的征途中,其道路是崎岖不平的,因为这个"宇宙共和国"本是德国伟大的哲学家从内心意念中勾画出来的。但事实上,瓦特尔不也赞成这样的共和国诞生吗?而且,我们必须牢记,从奥古斯丁(Augustine)时代起,这些法学家所展望的是事物的最终结果,而不是开端。当他们以为自己在找寻过去的实然状态时,其实是在探索法的应然模式。不知不觉中,已成为柏拉图式的理想主义者。他们所看到的只是他们想象中的天堂般的理想模式。而我们对实际的原始社会状况所作的现代考察,对他们来说是毫无意义的或者没有任何吸引力。当他们在描述自然法时,根据他们
494 各自的精神视角和智力水平,表达着柏拉图(Plato)、奥古斯丁、但丁(Dante)、托马斯·莫尔爵士(Sir Thomas More)的思想。无疑,他们认为自己论述的是现实问题。就此而言,欧几里得(Euclid)也是如此。如果,沃尔夫和瓦特尔关注的不是现实问题,而是人人渴望带入现实世界的理想,沃尔夫无疑是比瓦特尔更伟大且无与伦比的思想家。比起以家族为基础发展起来的国家,"宇宙共和国"应该是人类的更高理想,因为对于"家族国家"而言,哪怕它以极小的部族形式存在,其道德内容都充斥着无休止的家族恩怨,或对权力的嫉妒与争夺。

对瓦特尔的观点作这样的评价是公正的,因为事实上,他是在对优于其观点的高贵理想进行持久批评。其目的是建立一个纯粹功利主义的国际关系体系。到目前为止,该体系限制了一个有条理的社会拥有更广阔的国际关系前景。有限的功

利主义理想，也是实用主义政治家们所赖以为生的智慧。马基雅维利(Machiavelli)是更伟大的贯彻有限的功利主义理想的思想家。在其去世的一个半世纪之后，其忠实的追随者瓦特尔通过欧洲外事办公室(Foreign Offices of Europe)将该理想具体化。从根本上说，瓦特尔可以称得上是一位外交家。他选择了与实际政治生活一致的最高理想作为其最根本的假定。然后，他投身于对当前政治问题的研究，修正他的理论，使其符合时代的现实需求。他对当前政治问题抱以新颖且最实用的态度。他超越了所有的实践者。所以，在论述中，他抛弃了古典时代的陈腐先例，改而采用最清晰的现代素材。他说："我用的绝大部分事例都选自现代史，一方面是因为它们更有趣，另一方面也是为了避免重复那些已经被格劳秀斯、普芬道夫以及他们的评论者反复引用的材料。"但是，也不能就此认为，他选用的事例增强了我们对其基本观点的依赖。

现在，让笔者简要陈述瓦特尔在国际法领域所作的定义。"国家是政治实体，是人们为了提高共同的安全和福利而联合起来的人的组织。"他还告诉我们，国家是一个享有权利负担义务的道德主体，而国际法则是讲述国家间的权利以及与此相关的义务的一门科学。国家被视作以自然状态生活在一起的若干自由人的集 495
合。完整的国家(它的意志就是其公民的集体意志)仍然要受制于自然法，因此，国家间的法律就是最初适用于所有国家的自然法。在运用这种自然法的过程中，国家间的强行法(必然法)就随之产生。格劳秀斯将其称之为"国际法"，也有些法学家称之为"国家间的自然法"。任何与国家间的强行法(必然法)相抵触的条约或习惯都是违法的，都要遭到道德法则的谴责，即便该国法律赋予其法律效力。一个国家应该与其他国家平等相处，正如一个人在国家建立前应该与他人平等相处一样。一个人即使加入了某个特定的国家，他依然对其他人类群体负有义务。瓦特尔补充道，人生来平等。在权利的享有和义务的承担方面，人们都是绝对平等的，因为他们都平等地源于自然。

如果我一直于论述各种假设的非科学本质，本文将达不到任何目的。所以，我马上转向瓦特尔根据他的定义得出的一般法则。他告诉我们，每一国家都有义务促进其他国家的福利和完善。但是，每一国家仍应享有自然赋予它的和平与自由。从人类的天赋平等原则出发，以自然状态联合起来的自由人所组成的国家也是平等的，它们被大自然赋予了同等的权利和义务。我们还可进一步推导，国家是自己行为的主宰，只要这些行为不影响他国的发展和完善的权利。上述原则及其延伸就是国际自然法，它是对国家道德给予制约的强行法(必然法)、自然法、内在法(internal law)。与这些内在法相对应的是国家间精心达成的意定法。条约法(conventional law，即包含在条约之中的法律)以及作为补充的习惯法(customary law)，共同构成国际实体法(Positive Law of Nations)。对此问题，瓦特尔有如下精彩表述：

“因为强行法(必然法)在道义上总是强制性的,一个国家在考虑行为准则时,永远都不应该忽略它。为了履行职责,国家应该遵循必然法;但是,当涉及一个国家可以向别国提出某种要求的问题时,意定法就必须被参考,因为意定法的宗旨是促进
496 整个人类社会的安全和福利。”这段文字让人清晰地看到了瓦特尔(及其思想前辈)没有勇气面对的困难。

实际上,瓦特尔在寻求世人对其法律的认可。与奥斯丁一样,他强烈地感受到,法律与其制定者紧密关联。事实上,为了求得对国际实体法的认可,他创设了万国法(Interior Law of Nations)。现在,我们终于能够明白,为什么瓦特尔要假设国家具有道德意识。寻求对法律的认可是必须的,在康德哲学里也是如此。在康德之前,瓦特尔就设计了必然法,以对其创设的道德个体的意识给予约束。与弗兰肯斯坦(Frankenstein)不同的是,瓦特尔没有看到,道德个体以自然法典的名义抛弃他们的道德意识和内在法(必然法)。但是,他对法典创制的功劳决不低于卢梭(Rousseau):当瓦特尔自得地徜徉于上述问题的研究时,拿破仑·波拿巴还在其科西嘉式(Corsican)的摇篮里翻滚呢!

主　权

瓦特尔为世俗国家构建了确信无疑的基础后,又冷静地揭示了国家权力的必然格局。根据其定义,国家需要建立一个政府,以命令或指导每个人做与国家命运息息相关的事。“政治权力就是主权,被授予主权的个人或集体就是主权者。”国家主权有三种形式:(1)民主制或民主政治;(2)以元老院为主权代表的贵族政体;(3)以一人为主权代表的专制政体。因为“保持和完善自身个性是一个人对其自身的最高义务”,所以,对一个国家来说也必然如此。“形成国家的政治组织的持续性决定了国家存在的长久性。”“当国家的各部门都能协调配合,为满足公民对构成幸福的诸要件(生活必需品、生活方便和膳宿条件等等)的需求而共同努力时,国家的完善才算实现。具体表现在下述方面:不受干扰地拥有财产,有保障地获得实现公正的渠道,以及共同防御外来入侵。”一个国家有义务保护自己及其成员,并对实施这些保护所需的一切事物都享有权利。而且,这种保护在本质上就是正当的,也不
497 会受到自然法的绝对禁止。“国家的第二个普遍义务是,必须为其自身以及政府的完善而努力。”每个公民也必须朝着这个目标而努力。

瓦特尔认为,英国是一个真正实现了他的理念的国家,但是英国本土的外交人士却不认同这一点。尽管英国在18世纪就陷入了沉寂和衰落的状态,但在瓦特尔看来,这正是标准的国家形态。“幸运之宪法!不是一次行动即可完成的,事实上必须经过许多人的流血牺牲。只有这部宪法所付出的代价并不太高。”(*Heureuse constitution! à laquelle on n'a pu parvenir tout d'un coup; qui a coûté, il est vrai, des ruisseaux de sang, mais que Ton n'a point achetée trop cher.*）但瓦特尔还略有补充，也许有人觉得这是反语，但更多的人会认为他是绝对认真的："或许，这在勇敢的爱国道德上为一种致死的黑死病，且在自由幸福上为极大的灾难，如同腐败的手指般奢侈，在人类视之，实为一种有名誉之纪念物，通知王者以统御自由民为如何光荣之纪念物，将永远不替！"（*Puisse le luxe, cette peste fatale aux vertus mâles et patriotiques, ce ministre de corruption si funeste à la liberté, ne renverser jamais un monument honorable à l'humanité, monument capable d'apprendre aux rois combien il est glorieux de commander à un peuple libre.*）有时候，我们并不大容易接受自己的朋友所给予的过多赞誉。第一册的第二章以感伤的情绪结尾，这种情绪将会走进国民的心灵深处："一国国民，贵在自觉，没有此种自觉，则无完善之可能。"（*Une nation doit se connaitre elle-même. Sans cette connaissance, elle ne peut travailler avec succes a sa perfection.*）能够面对这种考验的国家少之又少！正是这种自知意识使犹太民族逃过无数的磨难。

最高统治者代表国家

"当一个民族将主权授予一个人时，他们就将其理想和意愿寄托在他身上，将与管理国家和行使公共权力有关的权利和义务转移给他。最高统治者或政府的管理者由此变成与政府有关的权利和义务的受托人。道德个体人将一直存在于国家里，并排他地行使上述权利和义务。"这就是主权者的代议制性质的来源。在所有可能以主权者身份出现的事务中，他都是国家的代表。君主的权力来自国民，其拥有的权力仅限于国民认为可以委托他行使的权力。他必须尊重并拥护国家基本法。"一旦君主违反了国家的宪法，他就违犯了与国民之间的契约。人民因为君主的行为而获得了自由。人民可以不再尊敬君主，并将君主视为欲对人民施加暴政的篡权者。"在此，瓦特尔采用了格劳秀斯的观点。格劳秀斯曾经宣称："在法国、西
班牙、英国、瑞典、丹麦，都有国王被国民罢免的先例。所以，在当前的欧洲，君主的 408
权力几乎都是建立在此基础之上：如果君主滥用手中的权力，人民就有权剥夺其权力，推翻其统治。"

至少对当今的学者来说，他们很难根据历史而接受这种推理。根据先例，我们最多得出如下观点：人民如果有一个强有力的组织，他们总是会驱除其不喜欢的君主（不论是好的还是坏的理由），但如果君主能力超群，通常也能保住其政权。换言之，如果一个人的能力足够强，他也能在事实上掌握国家权力，即便不以其本人的名义，至少也可以其所属的组织的名义。瓦特尔的关于代议制王权来源的理论忽略了恺撒（Caesar）、克伦威尔（Cromwell）和拿破仑的情况。当代议制原则被用于议会政府时，它的价值更加明显。当然，政党的更替在一定程度上保证了每个人能在

其一生中对其政治主张进行基本的表达。实际情形是，主权者均倾向于依赖一个极少为大多数人所反对、能保持稳定的均势的政府。在实践中，权利和代表权没有多大意义。在英国，即便只得到实际参加选举的选民中的少数派的认可，一个政府在此之后的数年内仍然可以拥有权力。

无论怎样取得或保留主权，它总是而且必须是一个事实的存在。当瓦特尔继续讨论主权者的职责时，我们接触到更为实际的问题。主权者有责任为他（或他们）的国家提供充足的生活资料。为了实现这个目标，国家应有充足的劳动力，因此，应禁止对外移民。①"国家需使每个人能依其劳务而生活，因此有奖励劳动、振兴产业、鼓舞人才、提供报酬、名誉和特权之必要。"（*L'état doit encourager le travail, animer l'industrie, exciter les talents, proposer des récompenses, des honneurs, des priviléges, faire en sorte que chacun trouvé à vivre de son travail.*）主权者应该不遗余力地保证主权所及范围内的土地得到最好的耕种。农业劳动应被视为一种光荣之事。毕竟，谁会"瞧不起为人之天职的职业呢？"（*osent mépriser une profession qui trouvait la genre-humaine, la vocation naturelle de l'homme?*）

499 瓦特尔甚至提倡建立粮仓。他认为这既是预防物资匮乏的上策，也是调控物价的自动机制。紧接着，瓦特尔又从关于农业的论述转向了对商业的探讨，依靠商业，"个人及国民，可以获得自己所必需而本国没有的物品……国内商业的效用非常之大，能够使一切市民获得所需的物品、有用品及娱乐品，又能使货币流通，增加劳动力。并且因其能与数国国民交流生存之道，国家的人口数目增加，经济上也愈加富强"（*Les particuliers et les Nations peuvent se procurer les choses dont ils ont besoin et qu'ils ne trouvent pas chez eux. ... Le commerce intérieur est d'une grande utilité; il fournit à tous les citoyens le moyen de se procurer les choses dont ils ont besoin, le nécessaire, l'utile et l'agréable; il fait circuler l'argent, excite l'industrie, anime le travail, et, dormant la subsistence à un trèsgrand nombre de sujets, il contribue a rendre le pays plus peuple et l'état plus puissant*）。

对外贸易还具有其他两个优势：首先，提供了一个国家自身不能生产的物资；其次，可以增加国家财富。具体到英国，瓦特尔还作了如下补充："今日欧洲之平衡之所以能归其掌握者，主要是因为它能够对外自由贸易。"（*Aujourd'hui c'est principalement le commerce qui met en sa main la balance de l'Europe.*）

关于商业的自然法建立在人人都有帮助他人并使他人完善的义务之上。以合理的价钱从不需要此种商品的人那里购买其需要的东西：这是每个人都有的"非绝

① 读者也许会注意到，这种观点被英国法院多次推崇，英国法院从来没有否认过对外移民是违反公共政策的论点。见案例 Hingeston v. Sidney(1908)。

对的权利"(imperfect right)。当然,前提是卖方并不需要这种交换物。但是,并不存在一种强迫他人购买某种商品的权利,因为每个人都有选择购买或不购买的自由。这些粗略的分析是早期关于"供需法则"的论述。当然,瓦特尔试图用"非绝对的权利"这一术语来澄清他的法学思想,然而,这一术语使分析变得更加晦涩难懂。每个人都愿意出卖其不想保留的东西,而不想出卖其还想保留的东西;同时每个人都愿意购买其需要的东西,而不愿意购买其不需要的东西。这其实就是瓦特尔的观点,这是对"供需法则"的清晰表述。但瓦特尔进一步为当时的保护主义进行辩护,其理由是人们没有购买的义务,尽管可能存在出卖行为:"因此一切国家,均有防止外国商品入侵的权利,与此防御政策有利害关系的人,并不能因此而鸣不平。也就是没有类似人类天生职权被剥夺而鸣不平这样的权利。"(*Tout état, par cons équent, est en droit de defendre Fentree des marchandises étrangères; et les peuples que cette défense intéresse n'ont aucun droit de s'en plaindre, pas même comme si on leur eut refuse un office d'humanité.*)我们完全可以怀疑瓦特尔所设的前提能否承载这一论证。他在早期提出的关于权利与义务互利对等的观点,似乎与倾向于免除国家的家庭义务的政策并不相符。不过,这位法学家对以下主题毫不怀疑:"各国是否考虑本国国民愿意与他国国民进行贸易呢?或者不愿意呢?愿意在什么条 500
件下做贸易呢?又或者本国国民已经允许他国国民来本国经营商业的吗?因此当其觉得必要的时候,对此种商业加以禁止或限制,或者设定规则,均可自由为之。经营此种商业的人,不得因此而鸣不平。"(*Comme done il appartient à chaque nation de voir si elle veut exercer le commerce avec une autre, ou si elle ne le veut pas, et a quelles conditions elle le veut, si une Nation a souffert pendant quelques temps qu'une autre vint commercer dans son pays, elle demeure libre d'interdire quand il lui plaira ce commerce, de le restreindre, de l'assujettlr à certaines règles, et le peuple qui l'exercait ne peut se plaindre qu'on lui fasse uiie injustice.*)

对于外交家瓦特尔必须处理的事务的条件,这无疑是非常精彩的表述。但是,从自然法中获得(或试图获得)这一条件(就像他人从道德个体中获得一样)的观点看似有趣,却不具说服力。极少数人会怀疑:贸易保护其实就意味着对自然法、对"供需法则"的干预,而且可能是最合适的干预。不过,瓦特尔渴望讨论商业协定,而且可能很自然地为其存在的正当性进行辩护。政府一旦为国民提供了充分的、必要的生活资料,国家存在的第二目标就是——努力为国民创造真正的幸福。为了保证国民的幸福,统治者必须给予其国民以教育和引导。而对青年的教育是政府的头等大事之一。瓦特尔在这个问题上的远见卓识是非常引人注目的。他甚至敏锐地预见到了,整个19世纪的社会运动的方式,并没有因为那些"应加强父母责任意识"的说教而迷失了方向。他认为,如果父母因客观情形不能履行他们的责任，为了维护国家利益的需要，国家应予以介入。“全然将此种义务委之于父母，实不妥当。”(*Il ne doit point s'en reposer entièrement sur les pères.*)但是，国家不应该止步于对单个个体的教育，它应该鼓励人们进行艺术、科学和自由的哲学讨论。它应该竭力通过事例、善行和对腐败堕落的消除，来激发人们对美德的热爱和对恶行的憎恶。不仅如此，国家还应该激发人们的爱国热情。有人认为，对铁路和运河的维护属于主权者的职责范围，这种言论也预言了国有铁路的管理模式。

甚至在宗教领域，瓦特尔也坚持了所谓的“社会主义”立场：“国民非敬神不可。”(*Une Nation doit doneêtre pieuse.*)宗教，只要它已表现为人的外部事务(不从内心信仰的角度)，就应该在国家管辖范围之内。当然，在宗教问题方面，瓦特尔从
501 不强迫他人。他告诉我们，信教的自由是天赋的、不可侵犯的权利。但是，公民不能对其行为的社会后果不加任何考虑，而为所欲为。一般来说，只有全体国民才有权决定其应该信什么教、建立什么样的公共信念。如果必要，国家可以建立多种宗教组织。但是，如果某一教派太小，不足以形成独立的组织，那么有异议者可以分离(到其他教派中)。无论如何，“教义对社会道德和国家都没有危害的宗教，都应该得到普遍的包容。”君主个人的宗教信仰并不影响其行使国家权力，只要他执行了国家的命令。在讷沙泰勒公国接受了新教思想后，霍赫贝格的琼(Joan of Hoechberg)不仍然是其统治者吗？尽管她是一位天主教徒，她不也签署和批准了与教会有关的宪法和法律吗？在此，国家需要对宗教进行控制。国家的统治者仅仅是反映民意的渠道。瓦特尔坚定地认为，在对自身事务的处理中，国家应享有完全的独立主权，教皇不能干预，国家也不必将其内部事务上诉到罗马教廷。任何人不得以任何形式限制国家在这方面的绝对自由。瓦特尔使用了详细而精选的事例来论证其观点。

接下来，瓦特尔从宗教问题转向了对正义的论述。他将正义定义为赋予法律以效力的内在力量，并且正义的原则将被公正地适用于每一个案件中。除了法庭中实现的正义之外，瓦特尔讨论的范围更加广泛。他坚持分配的正义——每一社会成员应根据其功过得到相应的对待。这样的分配原则应该被用来调整就业机会和公共收益的分配。他关于惩罚权的讨论是很有趣的：以个人安全权和免遭他人攻击的保障权作为讨论的基础。当人们联合形成一个国家或团体时，该团体就需承担起为其成员提供安全保障的责任。这样，人与人之间的“私战(决斗)权”被并入国家的公共安全责任中，即“公力救济”取代了“私力救济”。同时，国家作为一个道德个体，也有权通过惩罚违法犯罪分子来维护自身的安全，民事司法和刑事司法由此产生，让那些侵犯私人利益或公共利益的社会成员遭到应有的处罚。“公战”仍然存在，因为国家必须保护自身安全，免受别国的侵略。

这段论述将我们引向政府的第三项职责，即巩固国防、抵御外来侵略的责任。

国家的强弱取决于以下因素:公民的人数,军事力量和公民的财富。政府有责任促进这三种国力资源,随时要记住:"一个国家的力量是一种相对的概念,必须相对他国之力而言,而且本国国民有几分之力与之对抗。"(*la puissance d'une nation est relative; on doit la mesurer sur celle de ses voisins, ou de tous les peuples dont elle peut avoir quelque choseà craindre.*) 502

对于海军实力的"两权标准"(two-power standard),当代进行了很多讨论。瓦特尔清晰地阐述了这些讨论背后的原则。该原则必然产生于国家的自卫义务。但是,脱离实际的社会主义者或财政部长将该原则视为一个便利的工具。相比之下,该书的其余部分尽管篇幅宏大,对许多问题作了讨论,比如,公民脱离国家的权利、有效的治理原则、最高领土权、国家在必要之时对国家的全部财产的占有权,但不够引人注目。

对于瓦特尔的伟大著作,我只想简单谈谈他的《国际法》。这个选题在某种意义上似乎过于宽泛,但在另一意义上又不免过于狭窄。我已经比较详细地指出瓦特尔关于国际关系的一般原则。事实上,就我的写作目的而言,这已经足够了,因为我主要是希望展示出他作为一位法学家的风采,而不想论及某一具体的部门法。但是,对于他在第二卷书中列出的第一项原则,涉及一个国家与他国的关系,我在此必须作些补充。

正如一个人对另一个人负有义务,一个国家也对他国负有义务。所以,一个国家对其自身所负的全部义务,也是该国对他国所承担的义务。只要他国确实需要帮助,该国就应当提供。"此为自然永久不变的法律"(*Telle est la loiéternelle et immuable de la Nature*)。由此,瓦特尔指出,由里斯本的地震导致的葡萄牙的灾难,其实是给了英国一个履行其人道主义职责的机会,其中蕴含的大度、博爱正是大国所应具备的品质。但是,一个国家不能向别国强加其"善行"。格劳秀斯主张,一个国家有权惩罚他国的无耻行为。但瓦特尔对此持否认态度,除非这种行为直接影响了介入国的利益,(否则,一国无权惩罚他国)。任何一个国家都没有权利强迫他国给予其帮助,但是,博爱原则应该得到推广,国与国之间有彼此相爱的义务。所有这些论述都是很有趣的。墨西拿(Messina)的地震,以及对刚果恐怖事件负有责 503
任的政府不当行为,都说明瓦特尔的观点在当今社会仍然非常实用。

瓦特尔也主张,国家间负有相互通商的普遍义务。他提倡最大限度的贸易自由,尽管,他以常有的谨慎补充到,每一国家都必须判断该笔交易是否能为该国带来利益。然后,他确立了这样的原则:每一国家都有得到安全保障的权利(保护自己免遭伤害)和内政不受干预的权利。不过,他小心地指出,对一个国家的统治权并不绝对排除他国在该国领域的一切权利。每个人不仅有以公平价格取得食品、船只和其他商品的权利,还有为了种族延续而近亲结婚的权利。为此目的,他认为,妇女就可能成为抢夺的对象。正是在这一卷书中,协定(treaty)问题得到了详细的论述。瓦特尔是他那个时代尚在世的关于协定问题的最伟大的倡导者。在这里,我们不可能对他的具体部门法方面的成就给予讨论,但是,瓦特尔的观点却不能被人们遗忘,他对仲裁的提倡同样具有非常重大的意义,而且在未来将会比在过去的一个半世纪内影响更大。

第三卷书谈论的是战争问题。瓦特尔在该书中将战争定义为"以暴力行使权利的状态"(*cet etat dans lequel on poursuit son droit par la force*)。"公战"发生于国家之间,而"私战"在个人之间展开。"私战"应遵循自然法。在自身防卫和保护权利的必要情况下,大自然赋予了一个人诉诸武力的权利。但是,我们看到,社会已经承担起为其成员提供权利救济的职责,而"私战"渐趋消亡。于是,只有国家主权者享有发动战争的权利。为此目的,统治者有权建立军队,而每一位公民都负有尽力为国效忠、保卫国家的义务。任何人都不能生来即被免除参军护国的义务。但是,国家发动的战争必须是正义的。国家的战争发动权只限于对正义的救济。在此,瓦特尔再次为世人勾画了一个理想世界。他深知,代表正义和权利的战争少之又少,但他并没有为我们提供消除非正义战争的办法。唯一的方式是由沃尔夫设想过、而现在有些人又开始向往的"共和国"。但是,瓦特尔是如此固执地坚持维
504 护和平的必要性,以致他也坚持正式宣战的必要性(*a Res Poenitentiae*)。

需要注意的是,这位伟大的法学家并没有对中立这一烦琐的问题进行冗长的论述。然而,他对违禁品所下的定义具有非常重要的现实价值,该定义是:"凡是满足战争的特别需求且禁止运往敌方的物品,谓之战时违禁品。"(*les choses qui sont d'un usage particulier pour la guerre, et dont on empêche le transport chez l'ennemi, s'appellent marchandises de contrebande.*)他继续论述了以下问题:各国在战争中都有权禁止暗杀和使用有毒武器,交战各方的诚实信用,战争中的战利品,战后财产复归权,私人在战争中的权利以及战争中的惯例。

第四卷,也就是最后一卷,探讨了和平的恢复及使馆的重建。由使馆对国民提供庇护问题在此也得到了谨慎的阐述。

《国际法》无愧于一流的传世之作。它使国际法的整个理论和实践体系焕发出现代的活力,使国际法走出纯学术的领域,从而进入田野、集市、国会议事厅和国王的宫殿。从此,调整国家关系的法则不再是神秘之物。瓦特尔对国际法进行了最富成效和最精彩的阐述。由此,他也是国际法的积极推广者。他对世界各国的贡献是巨大的,因为他将"道义的理性发展论"(theories of moral rational development)置于各国之上,直到这种力量成为一个国家生存的必备理论。在本文中,我冒昧地在多处对其假设、方法和结论进行过批评,甚至批评说,尽管他为世界各国设定了很高的理想,但也许应该存在着更高的理想。的确,在我看来,沃尔夫是比他更伟

大的思想家，而且，毫无疑问，瓦特尔本人也应该承认这一点。但是，从另外一个角度看，瓦特尔是一个实践者，他对沃尔夫的理论进行了修正，并将其适用于实际生活中，其实，仅仅这项工作的成就就足以使其英名不朽。当然，瓦特尔远远不止是一位实践者，他还是一位品德高尚、声誉显著的思想家，他对宗教的深刻理解和虔诚信仰在他那个时代无人企及。他至少给了我们所处的这个时代以下启示：人类思考的范围是狭窄的，而信仰的领域却是无边无际的。为了做出正确的行为，人们可以凭借充分的理性选择信仰，而人类社会符合逻辑的组织结构应该存在于更广阔、更高贵的空间。但是，我们都知道，瓦特尔给予我们的教益远不止这些。当今国与国之间的睦邻友好关系在很大程度上应归功于这位讷沙泰勒的外交官。

（撰写：Coleman Phillipson）

505

21. 贝卡利亚 (Beccaria)

（意大利法学家贝卡利亚）

凯撒[1]·博尼萨那，或称为贝卡利亚侯爵（Caesar Bonesana, Marquis Di Beccaria, 1735—1794）[2]，出生于意大利的一个古老家族，是意大利著名法学家。他生于米兰，死于米兰。他在帕尔马的耶稣会（the Jesuits of Parma）接受了教育，是米兰的一个文学社团的首批成员。该文学社是以较贝卡利亚年长二十岁的爱尔维修[3]所建的社团为原型而创立的。

1763 年前后，贝卡利亚模仿《观察家》（*The Spectator*）的风格出版了杂志《咖啡馆》（*Il Caffè*，又名 *Le Café*）。《观察家》由同时代的米兰人阿狄森（Addison）以及杰出的韦里兄弟共同创办。韦里兄弟是指政治家、作家彼得·韦里[4]和出庭律师、历史学家亚历山大·韦里伯爵（Count Alexander Verri）。

《咖啡馆》的创办旨在意大利传播新思想。杂志上的文章所体现的那些思想引导贝卡利亚开始关注那个时代刑事审判中的不公。在韦里兄弟的建议下，他成功地写成了那部伟大的专著——《论犯罪与刑罚》（*Dei Delitti e delle Pene*）。这部作品开始创作于 1763 年，次年出版。此后，它被翻译成多种文字并受到广泛赞誉。法文版（1766 年）的书名为《不法行为与刑罚》（*Des Delits et des Peines*），并附有伏尔泰（Vlotaire）的书评，而英文版（1767 年）的书名则翻译为“*An Essay on Crimes and*

① 本书原文为 Caesar，亦见拼写为“Cesare”，中文一般按照意大利语音译，译为“切萨雷”。——译者注

② 据译者所见资料，贝卡利亚的出生年份似应为 1738 年。——译者注

③ 爱尔维修（Claude Adrien Helvetius, 1715—1771），法国哲学家，主张功利主义和教育万能论，对边沁的思想产生过影响。著有《论精神》（1758），遗著《论人的理智能力和教育》（1772）。——译者注

④ 彼得·韦里（Peter Verri, 1728—1797），意大利哲学家、经济学家、历史学家、作家。——译者注

Punishments”。

贝卡利亚 27 岁就完成了这部著作。很多次，他因为嗜睡和情绪焦虑而很容易气馁，几乎要放弃该书的写作。贝卡利亚曾说道：“我把一切都归功于法语书籍，在接受了之前八年的狂热的教育后，人文主义情怀深深植根于我的灵魂。”贝卡利亚经常引述他非常熟知的大师的真知灼见，比如达兰贝尔[①]、狄德罗[②]、布丰[③]、休谟[④](Hume)、孔狄亚克[⑤]、孟德斯鸠[⑥]和爱尔维修。他说道：“他们不朽的作品是我不断阅读的对象，白天专注研读，夜晚苦思冥想。”爱尔维修的著作《论精神》(*L'Esprit*，又名 *The Mind*，书中认为善恶主要取决于气候)唤起了贝卡利亚对于人类的迷惘和 506
灾难的注意。

作品完成之后，贝卡利亚却不敢出版。尽管有费尔米安伯爵[⑦](Comte Firmiani)的保护，贝卡利亚只在里窝那[⑧](Livourne)秘密出版。1764 年，他写信给皮埃尔·韦里(Pierre Verri)：“若不是我们的友谊支撑着我，我恐怕会放弃这部作品，因为我喜欢用语晦涩。”由于害怕遭迫害，贝卡利亚常常通过含糊、不确定的方式表达其想法。

莫雷莱[⑨](L'Abbe Morellet)曾批判贝卡利亚的一些晦涩文章，对此，贝卡利亚回应道：“我应该告诉你我不得不这样写。在写书时，我眼前浮现出马基雅维利、伽利略[⑩]和詹诺内(Giannone)。我听到和看到的迷信锁链在抖动，狂热主义的叫嚣扼杀着真理的萌芽，这迫使我只能秘而不宣，把真理之光韬晦在圣雾之中。我希望做人类的保卫者，但不愿为此做殉道者。”

《论犯罪与刑罚》是贝卡利亚对于法国哲学和法国理性主义研究的结晶，影响着现有的刑事立法。该著作援引了司法传统、理性和感性。它雄辩地解释了这些声明：公众的良知反对秘密审判，反对强加于被告的宣誓，反对没收财产和使丧失信誉之惩罚(主要指监禁刑)——刑罚的不公以及残忍的拷虐。它明确区分上帝的

---

① 达兰贝尔(Jean Le Rond D'Alembert, 1717—1783)，法国著名物理学家、数学家和天文学家，著有《数学手册》8 卷、力学专著《动力学》。——译者注

② 狄德罗(Denis Diderot, 1713—1784)，18 世纪法国启蒙思想家、唯物主义哲学家、美学家、文学家、教育理论家、百科全书派代表人物，第一部法国《百科全书》(Encyclopédie, 1751—1772)主编。

③ 布丰(George-Louis Leclerc de Buffon, 1707—1788)，法国数学家、自然科学家。——译者注

④ 休谟，18 世纪英国哲学家，历史学家，经济学家。首倡近代不可知论，提出著名的“休谟机制”。——译者注

⑤ 孔狄亚克(1715—1780)，法国启蒙主义思想家、感觉论者。——译者注

⑥ 孟德斯鸠(Charles de Secondat, Baron de Montesquieu, 1689—1755)，法国启蒙思想家，著有《论法的精神》。——译者注

⑦ 费尔米安(1716—1782)，曾任奥地利总督，当时的米兰行政首脑。——译者注

⑧ 里窝那，意大利西部港口城市。——译者注

⑨ 莫雷莱(1727—1782)，法国文学家、经济学家、哲学家。——译者注

⑩ 伽利略(Galileo Galilei, 1564—1642)，意大利物理学家、天文学家和哲学家，近代实验科学的先驱者。晚年由于反对教会的陈规旧俗受到教会迫害，并被终身监禁。——译者注

惩罚(divine justice)和人的审判(human justice)、犯罪(crimes)和罪孽(sins)[1]的概念,批驳了复仇权,普遍正确地选用刑罚的基本原则,宣称废除死刑,主张罪刑相适以及立法权和司法权分立。没有哪本书比这部著作出现的时机更加适宜。《论犯罪与刑罚》获得了非凡的成功,并成为一个伟大的事件(event)。在出版后的十八个月内,该书再版了六次;此后的短短几年间,三十二种不同的意大利文版本和四种英文译本相继问世,这部著作也几乎被译为所有的欧洲语言。法国哲学家们热捧《论犯罪与刑罚》,将其视为他们的学说成就并引以为豪。莫雷莱对它进行翻译;狄德罗为它注解;伏尔泰为它写书评[2]。达兰贝尔、布丰、爱尔维修、霍尔巴赫男爵[3]
507 等大家(âmes sensibles)都盛赞它。也许它是这类书中最受喜爱、最为广泛阅读和最受欢迎的。据说同时期伏尔泰还专为书评出版了一本书,但这只是舆论观点,并无证据证明确为伏尔泰所写。

1766年,贝卡利亚到访巴黎,受到各方最热烈的赞赏和共鸣。用陪同他的亚历山大·维里的话来说,人们崇拜他(*con adorazione*)。贝卡利亚在巴黎仅待了几周。贝卡利亚是和他爱慕的人结的婚,故他不能把她一人丢在米兰而自己远行。贝卡利亚不断地给她写信,表达不能相见的哀愁以及离开她之后无法宽慰的心。他在信中写道:"亲爱的,为了你,我情愿舍弃世界上最迷人的巴黎。我的脑海中不断浮现我的妻子、孩子和朋友的身影。试想最亲爱的人不在身边,旖旎风光和艺术精品都无福消受。"

回到米兰后,贝卡利亚就再也不曾离开过这座城市。用他本人的话来说,他之后的生活,宁静而隐寂(*Io meno unavita tranquilla e solitaria*)。他的著作中某些涉及宗教的章节就差点打扰了他的安宁生活,幸好没有随之而来的教会谴责。他在给莫雷莱的信中写道:"费尔米安伯爵保护着我的作品,是他确保了我的安宁。"对于荣耀,贝卡利亚并非毫无触动。他认为,文学上的声誉、他自身的解放和对人世不幸的同情,这三种情感于他而言同等重要。但贝卡利亚渴望一种不会打扰他生活或要求他牺牲安逸和幸福的私人生活的荣耀。面对可能失去安逸生活的代价,贝卡利亚对于改革的热情很快消退,同时,他明智地迎合了现有权力阶层。

1768年,沙俄女皇叶卡捷琳娜二世邀请贝卡利亚住在圣彼得堡,但被他婉拒,奥地利政府得知后"投其所好",授予他米兰宫廷大学的政治经济学教授职位。此后,贝卡利亚也因之出版了一些政治经济学的书籍。在有生之年看到立法工作引入了自己主张的法律原则,贝卡利亚很感欣喜。1791年,贝卡利亚加入了旨在改革

① 宗教用语。——译者注

② 书名为《评〈论犯罪与刑罚〉一书》。——译者注

③ 霍尔巴赫(Paul-Henri Dietrich Baron d'Holbach, 1723—1789),18世纪法国唯物主义哲学家,法国百科全书派重要代表人物之一,主要著作有:《自然的体系》、《自然政治》、《社会的体系》。——译者注

民、刑程序而成立的米兰人委员会(Milanese Commission)①。

翻译过贝卡利亚著作的莫雷莱说,贝卡利亚的写作动力源自其真情实感、对文学名声的珍视、对自由的追求和对因误判而陷于不幸的人们的怜悯。维尔曼②(M. Villemain)说:“与其说贝卡利亚有远见卓识,还不如说他有一颗敏锐宽容的心灵和 508
充满想法的大脑。《论犯罪与刑罚》的作者获得了不朽的声誉,尽管他的著作尚不能认为是天才之作。”

百科全书派代表人物穆然(M. Mougin, *Encyclopedie Nouvelli*)说:“贝卡利亚不曾是一个思想家。他对爱尔维修和孟德斯鸠这两位迥异人物给予同等敬重,可见他内心的困惑。作为这两位大师的学生,他都敬之为哲学家,却无法找出他们的不同之处。他仅仅看到他们对人性的感知和对每个人的亲切,却无法揣测他们的主张,无论是在萌芽时期抑或发展阶段,他们的主张往往是互异且矛盾的。贝卡利亚的著作并不如人们所期待的那样,是他的独创思维、渊博知识和深刻思考的产物。”

勒米涅(M. Leminier)说:“曾被忽视和肆意破坏的人权突然迅速地得到重视和保障,贝卡利亚就是在这样的时代写作的。旧的刑法学不具备科学的特征,而且遭到一致反对。在这样的一个急需改革的时期,有才能就有天赋,而有勇气就是有才能的表现。一个走在改革先列的人必将受到同龄人的尊敬和钦佩。尽管《论犯罪与刑罚》算不上科学著作,但贝卡利亚在这本薄薄小书中挥洒热情,热切地宣扬自己的观点。”

另一位作者说:“这些给予贝卡利亚的赞赏似乎不完全公正。如今整个世界都意识到贝卡利亚开启了刑事立法改革,他用清晰的推理和令人折服的热情为这场改革辩护,几乎瞬间赢得了无人能及的荣耀。他成功的高速度似乎使人们忽视了他身上的优点。与此同时,在整个欧洲公众对于现存司法制度的反对声中,他所设计的刑罚幸运地随后被确立。”我们是否应该坚持贝卡利亚的主张?贝卡利亚的著作是否仅仅是负面的、破坏性的或是变革性的?人们是否应该将《论犯罪与刑罚》仅仅视为一本小册子,换言之,仅仅只是偶然产物?这本书被全盘认可。因为贝卡利亚不是注定要毁灭曾经如此可憎的古代法律大厦。他为新“大厦”奠基,塑造实体部分(material),描绘蓝图。今人仍可以从这本18世纪的著作中受益。我们绝对不能忘记贝卡利亚第一个公开质疑死刑等刑罚,他的名字将永远和主张废除死刑 509
联系在一起。我们必须看到,无论贝卡利亚的主张招致怎样的非议,面对立法者的坚决反对,面对为死刑辩护的哲学家们,面对长久以来普遍适用死刑的史实,他勇

① 似乎为米兰公共经济最高委员会,贝卡利亚于1771年被任命为委员,原文时间似有错误。——译者注

② 维尔曼(1790—1870),法国文学家,比较文学先驱。——译者注

敢并始终如一地坚持自己的主张——立法者和法官无权剥夺人的生命。总而言之，贝卡利亚以人心的名义否认他们判定死刑的权利。根据沃维纳尔盖斯[1](Vauvenargues)的说法，人心孕育了所有过去的、现在的、看似压制人的严冬或是未来的伟大思想。

至此，谁还能说贝卡利亚对18世纪的刑罚原理和社会哲学的发展没有一点贡献？谁还能说他不是如自己所说沿着法国哲学家们的轨迹前行？他的思想并非自生自长，而是站在巨人的肩膀上。他无可置疑地接受了卢梭[2](Rousseau)的"社会契约论"。在卢梭和爱尔维修的思想指引下，贝卡利亚赞同卢梭的观点，认为这种社会契约的基础源自共同需求和共同利益。和伏尔泰一样，贝卡利亚也发觉宗教上的人性构架，只不过是立法者玩弄的政治和冒险家的游戏，他们欺骗那些和自己一样的人，去盲从他们的步伐。

还有一个人写道："《论犯罪与刑罚》一面世，贝卡利亚就获得了专属于天才的不朽荣耀，他降临人世就是来惠泽这个时代的。此前从未有过这么小的书产生如此深远的影响。神圣的且给人以慰藉的真理也第一次被压缩到这么薄薄的一本书里。无罪和公正，人类自由和社会安宁，环环相连，展示给了世界。刑罚权的起源、基础和限度以一种难以忽视的方式展示出来。立法者明白他无权宣布判决，法官也知道自己只有权解释法律。"

迪蒙[3](Dumont)在1811年写道："贝卡利亚第一次通过分析刑罚对人心的影响、诱导犯罪的动机和法律鼓励人守法的动机来考量刑罚的效果。这种分析法的价值与其说促成了贝卡利亚的巨大成功，不如说是他向现存问题发难的底气所在，
510 或者说是人心所向的人道主义精神惠泽他的著作。"此后，吕纳丰(M. Lunefont)说："我对自己的观点有所顾忌，我认为贝卡利亚研究问题没有套路和方法，也没有任何普遍原理的指导，只关注最重要的问题，他仔细地展示了所有实际性讨论，这正反映了他对法学学科的熟悉。他的研究对象有二：刑法与刑罚，并间或增加一点程序方面的内容。并把刑法、刑罚和程序三大领域糅合到一本薄薄的小册子中。"

这本附上伏尔泰的书评还不到两百页的小书发行的版本数倍增。在意大利，出版后的头六个月里就重印了三版，随后一年里又至少加印了三版。在马勒泽布[4]的恳求下，1766年莫雷莱将其译为法文，字里行间流露着他对人类苦难的热切关注，并

---

① 沃维纳尔盖斯(1715—1747)，法国启蒙思想家，著有《箴言》。——译者注

② 卢梭(Jean Jacques Rousseau, 1712—1778)，法国启蒙思想家、哲学家、教育家、文学家，著有《论人类不平等的起源和基础》、《社会契约论》、《爱弥儿》、《忏悔录》。——译者注

③ 迪蒙·迪尔维尔(Dumont d'Urville, 1790—1870)，法国探险家、航海家。——译者注

④ 克雷蒂克·德·马勒泽布(Chretien de Malesherbes, 1721—1794)，18世纪法国著名法官、宫廷大臣和开明人士。——译者注

征得贝卡利亚的同意，将这部著作的各个部分按他自己认为适合的顺序重新编排。

随后沙隆·德·利锡(M. Challon de Lisy)出版了第二本译著，莫雷莱的第二版译本也于1797年面世，这个版本增加了狄德罗的注解以及由圣·奥本[①]翻译的边沁(Bentham)的《刑事法理论》(*Theory of Penal Law*)。在那个时代的普鲁士、俄国以及托斯卡纳[②](Tuscany)，统治者和民众敬仰维护时代安定和政府稳定的人物。沙俄女皇叶卡捷琳娜二世[③](Catherine II)要求翻译《论犯罪与刑罚》，并在制定新法典时有所借鉴。在位期间，她颁布了《宽容法令》(edict of toleration)以废除酷刑。普鲁士腓特烈大帝[④](Frederick of Prussia)和托斯卡纳大公利奥波德(Duke Leopold of Tuscany)也采取了相同措施。废除酷刑运动更像是一个情绪化的决定，而不是理智的选择。约瑟夫二世[⑤](Joseph II)很快废除了死刑，整个在位期间仅执行了极个别死刑。伯尔尼[⑥]政府授予贝卡利亚勋章以示表彰。科莱[⑦](Coray)将这本书翻译成希腊文并于1802年出版。据说曼斯菲尔德[⑧]伯爵(Lord Mansfield)一提到贝卡利亚的名字，敬仰之情溢于言表。即便这本著作永载史册，哪怕有利于人类，还是不可避免受到了因嫉妒和盲从而对它的攻击。在米兰，攻击他的主要是指责他不恭敬上帝和煽动骚乱。只有卡尔洛·费尔米安伯爵借助自己的强大影响力保护着贝卡利亚，并宣称贝卡利亚及其作品享有他的庇护。他为贝卡利亚提供了政治 511
经济学教席，贝卡利亚任教后，他竭其所能教导那些曾计划置其于死地的人。贝卡利亚的其他重要作品有：《论米兰公国1762年货币混乱及其对策》[⑨](*On the Disorder of Money in the State of Milan and the Means of Remedying it*, 1792)、《有关风格本性的研究》(*Researches upon the Nature of Style*, 1765)、《论贸易与公共行政》(*Discourse upon Commerce and Public Administration*, 1769)、《关于同意度量

① 圣·奥本(Saint-Aubin, 1724—1780)，任教于德国的公法学教授，法国大革命后前往法国任教。——译者注

② 意大利西北部一行政区名(原为公国)。——译者注

③ 叶卡捷琳娜二世(1729—1796)，1762—1796在位。在历史上与彼得大帝齐名，在位期间领导俄国进入世界列强行列。——译者注

④ 腓特烈大帝(1712—1786)，1740—1786在位，领导普鲁士崛起并推上强权位置。——译者注

⑤ 约瑟夫二世(Joseph II, Holy Roman Emperor, 1741—1790)，1765—1790在位，奥地利哈布斯堡—洛林皇朝的神圣罗马帝国皇帝。致力于建立依靠军队和官吏支持的集中统一的德语国家，其主张和政策被称为“约瑟夫主义”。——译者注

⑥ 瑞士首都。——译者注

⑦ 科莱，又名“阿达曼提奥·科拉埃斯”(希腊语：Αδαμάντιος Κοραής，法语：Adamance Coray, 1748—1833)，近代希腊最杰出的人文学者、古典语言学家、启蒙思想家，被尊称为“希腊近代文学之父”。——译者注

⑧ 曼斯菲尔德伯爵(William Murray, 1st Earl of Mansfield, 1705—1793)，英国王室法院首席法官，英国近代商法奠基人。——译者注

⑨ 当时米兰作为贸易和金融中心，汇率混乱、投机横行。贝卡利亚考察了各种货币的含金量，设计了一个以含金量为基础的货币价值兑换公式，引起了学术界和米兰当局的重视。1763年2月，部分采纳贝卡利亚建议的金融改革措施在米兰出台。作为经济学新锐的贝卡利亚在学界崭露头角。——译者注

衡的课题报告》(*Report upon a Project of Uniformity of Weights and Measures*, 1781)。其中《有关风格本性的研究》创造性地反思了语言的形成,并暗示了两条准则——表达愉悦和悲伤之情以及对对象的模仿。这篇文章刊载在贝卡利亚主办的《咖啡馆》上,并于1771年由莫雷莱译为法文。而《论贸易与公共行政》则由安托万·孔帕雷(Antoine Comparet)翻译。

《论犯罪与刑罚》面世百年后,博学的米兰历史学家凯撒·康图[1](Casar Cantù)在佛罗伦萨出版了《论贝卡利亚与刑法》(*An Essay on Beccaria and the Penal Law*, 1862)。在这部完整的长篇专著中,康图首先考察了贝卡利亚之前的刑事立法状况,包括那个时期罪犯在意大利尤其是米兰所受到的刑罚,以及公元后直至贝卡利亚时代之前的酷刑。他引用有关刑法和酷刑的最重要的罗马判例,并提及他所阅读的适用那种刑罚的最早案例。他引述了马丁·伯纳德(Martin Bernard)的著作《没收基督徒财产之法院中的拷打》(*La Tortura ex foris Christianorum proscribenda*)中的内容,带领读者重回基督教早期,同被引述的还有法学家(jurisconsult)格里弗斯(Groevius),他比贝卡利亚更早向世人揭示基督教的不公正。康图的著作中所列举的著作数不胜数,连那些没有什么特殊之处的刑法学家也均有提及。在写完贝卡利亚著作的历史之后,康图论证了百科全书派(Encyclopédists)和社会契约论的学说,社会契约论赋予社会保卫自己的权利,并构成法律基石和刑罚依据。

从理论到实践,康图回顾并评论了受贝卡利亚著作影响的刑法改革。运用刑
512 法的原理和当前适用,康图赞赏贝卡利亚在书中针对司法力量和哲学所提的建议意义深远。在评价处罚法时,康图受到了一些更清晰的原理启发,认为贝卡利亚的理论建立于社会起源系统,一如那个时代的哲学家所构想的那样。康图批评贝卡利亚排斥法律解释,还举例说明法律解释的重要性和必要性,并指出贝卡利亚著作中的一些经济学方面的错误。然而,康图还是公允地给予贝卡利亚在刑事司法改革中应有的地位,并断言贝卡利亚即便不是第一个发出改革的呼声人,也至少因促成改革而独享荣耀。总之在康图看来,贝卡利亚可谓毁誉参半。

贝卡利亚作品的意图并非构建完整的刑法体系,而主要在于反对恶名昭彰的谬误和滥用现行法律,特别是滥用酷刑和死刑。贝卡利亚之前,酷刑和死刑是主要的甚至仅有的两种刑罚形式。贝卡利亚反对死刑的理由有二:首先,死刑的目的在于威慑,但持续时间过短,而永久性奴役(贝卡利亚认为对最严重的犯罪行为所应采取的刑罚方式)却能长期执行。[2]其次,死刑带有强烈的野蛮色彩。贝卡利亚写

---

① 凯撒·康图(1804—1895),一般写作 Cesare Cantù,意大利历史学家、文学家。——译者注

② 贝卡利亚从心理效应的角度论证说“对人类心灵发生较大影响的,不是刑罚的强烈性,而是刑罚的延续性。因为,最容易和最持久地触动我们感觉的,与其说一种强烈而暂时的运动,不如说是一些细小而反复的印象。”——摘自《论犯罪与刑罚》,中国法制出版社 2002 年版,第 146 页。——译者注

道:“如果说战争的愤怒和不可避免带给人类的是同伴的流血牺牲,那么法律要想约束人类残暴的本性,就不能走向野蛮的一面,刑罚越是恐怖,就越冠冕堂皇地存在。”正是贝卡利亚特殊的表达方式、充满活力的雄辩唤起了人类的感情,使他的理论在传播中获得了强大的生命力。

阿特金森[1]写道,贝卡利亚之后的边沁批判曾长期残暴统治刑法最佳领域的错误理论,用他的话来说这一“带着憎恶的推论”;它只不过是一时愤怒和复仇的盲目冲动,每个时代都曾遮蔽了法官和立法者的视野。

作为贝卡利亚的同辈,边沁(1747—1838)据说曾声称在他人生的不同阶段都从 513
休谟、孟德斯鸠、巴林顿(Barrington)、贝卡利亚和爱尔维修等人那儿学习到“最大幸福”原理[2]。边沁曾在备忘录中提到,普利斯雷(Priestley)是第一个(要么贝卡利亚就是第一个)教会他宣称神圣的真理——“最广大民众的最大幸福是立法和道德的基石”——的人。[3]

据哈莱维(M. Halévy)所说,贝卡利亚勾勒理论的框架,但无论是对理论的全面定义还是对理论系统性地深入推论,他都不及边沁。蒙塔格(Montague)教授说,边沁发现了令人振奋的颠扑不破的公理,而贝卡利亚仅从评论家的角度略微论及过这些理论。

莱基[4]回顾了贝卡利亚的作品对废除酷刑的影响[5]:“贝卡利亚是意大利反对酷刑最坚决的人,废除酷刑运动更像是一个情绪化的决定,而不是理智的选择。运动中不断高涨的怜悯情怀阻碍了对理性的探究。当然可能有一个例外,贝卡利亚的推论大多以社会契约说为理论基础。但我认为他的观点影响甚小。”在重新审视他的作品对刑法典的影响后,莱基说[6]:“和欧洲的其他国家一样,由于《论犯罪与刑罚》是第一本将仁慈博爱的理念引入刑法典的著作,影响广泛,并且确立了刑罚立法的主要目的——把痛苦程度降到最低,英国的改革最终可能要追溯到以贝卡利亚为代表的伏尔泰学派。贝卡利亚被认为是废除死刑运动的先驱,虽然废除死刑进展缓慢但必将逐步实现。在英国,边沁提供了这场运动的哲学依据。论天资,边沁远胜贝卡利亚,而且他的作用不说有多大,至少影响了欧洲。”

---

① 阿特金森(Mr. C. M. Atkinson, 1835—1895),英国基督教会牧师。——译者注

② “最大幸福”原理是指“最大多数人的最大幸福是正确与错误的衡量标准”,即功利原则。——译者注

③ C. M. Atkinson:《边沁,他的一生和著作》,第 30、31、160、161 页。

④ 莱基(W. E. H. Lecky, 1838—1903),爱尔兰社会历史学家和政论家,著有《欧洲道德史》、《欧洲唯理思想史》。——译者注

⑤ 《欧洲理性主义》第 1 卷,第 331 页。

⑥ 《欧洲理性主义》第 1 卷,第 349 页。

514 慈善家霍华德[1]跟边沁和贝卡利亚是同时代人，也提倡废除死刑。霍华德为改善欧洲监狱条件的努力和边沁的作品对贝卡利亚确立客观性原则（the great objective principle）大有裨益。

在总结本文之前，简要回顾一下贝卡利亚的这本影响深远的小册子所确立的两大原则是一件很有趣的事。以贝卡利亚的观点和理解来看，酷刑在西方国家早已荡然无存。尽管自贝卡利亚以来死刑已经发生了深刻的变换，但尚未废除。

贝卡利亚的另一位同龄人，那不勒斯的律师菲兰吉利[2]于 1782 年出版了著名的理论著作《立法科学》（*Scienza della Legislazione*），并对他的祖国的整体立法改革产生了影响。这部作品印刷多版，并在德国、法国、西班牙、美国翻译、出版。菲兰吉利不主张完全废除死刑，而是应该仅在少数罪行上适用刑罚，包括蓄意谋杀罪、叛逆罪和重叛逆罪。贝卡利亚学说首先在他自己的国度产生影响。塔斯卡尼政府成为第一个受他学说影响的政府。

利奥波德二世（Leopold II）于 1786 年废除死刑。在废除令的序文中他宣称早在 14 年前，即 1772 年，塔斯卡尼事实上不再适用死刑，而贝卡利亚的书于 1764 年面世。在 18 世纪的德国，奥地利首先限制死刑，自 1781 年开始，必须得到国王约瑟夫二世（Emperor Joseph II）的命令才能判决死刑，而到了 1787 年则在事实上废除了死刑。1788 年，普鲁士也开始限制死刑。巴伐利亚州的法典起草人费尔巴哈[3]认为，根据他自己的刑法理论，只有最严重的犯罪才应该适用死刑。

早在 1790 年法国大革命之前，法国人就已经接受了贝卡利亚的思想，国民议会[4]也采纳他的理论，认为死刑仅适用于政治类犯罪。罗伯斯庇尔[5]高度赞赏废除死刑。在处死路易十六之后，孔多塞[6]提议，无论何罪都不应施以死刑。

---

① 约翰·霍华德（John Howard，1726—1790），英国慈善家，监狱改良运动的先驱，29 岁被关进法国监狱，受到非人待遇。1780 年发表《英格兰及威尔士的监狱状况》，提出监狱改良的建议，唤醒了社会对监狱状况的关注。——译者注

② 菲兰吉利（Gaetano Filangieri，1752—1788），意大利法学家、哲学家。——译者注

③ 费尔巴哈（Ludwig Andreas von Feuerbach，1804—1872），德国哲学家、人类学家。——译者注

④ 国民议会（National Assembly），法国议会政体。该名称首次使用于法国大革命期间，指称第三等级（1789）代表组成的革命议会，1789—1791 年为国民制宪议会。1871—1875 年起草的新宪法再度使用该名称。第三共和国（1875—1940）时期，国民议会为参、众两院的总称。第四共和（1946—1958）和第五共和（1958 年起），该名称仅指下议院（前众议院）。——译者注

⑤ 罗伯斯庇尔（Robespierre. Maximilien，1758—1794），法国杰出资产阶级革命家，法国大革命时期雅各宾政权的领袖，因实施恐怖统治而被处决。被认为是嗜杀的独裁者，但其减轻不平等和全民工作保障的社会理想后来也受到重视。——译者注

⑥ 马奎斯·孔多塞（Marquis de Condorcet，1743—1794），18 世纪法国启蒙运动时期最杰出的代表之一，数学家、哲学家，法兰西第一共和国的重要奠基人，并起草了吉伦特宪法，恩格斯将其与孟德斯鸠、伏尔泰、卢梭并列为“在法国为行将到来的革命启发过人们头脑的那些伟大人物”。著有《人类精神进步史表纲要》。——译者注

在美国，教友派信徒竭力主张死刑非法。1794年，宾夕法尼亚州立法机关规定 515
死刑仅适用于谋杀罪。以上这些展示了贝卡利亚对他所在的那个世纪的深远影响。

贝卡利亚对19世纪的影响难以一一枚举。我们必须注意到罗米利[1]在上个世纪[2]的伟大成就，他从贝卡利亚的理论中汲取灵感，促使议会通过议案减轻了英国刑法典中的严酷刑罚。从詹姆斯·麦金托什爵士到查理·霍普伍德(Charles Hopwood)，另外几位19世纪的杰出刑法改革家也将被我们铭记。在文章的结尾，我们列举了一些20世纪初曾有死刑执行记录而现在已经全部或部分废除的西方国家，以比较各国立法例。

意大利：1889年刑法典废除死刑。在该法典颁布前的很长一段时间里，死刑被减为终身监禁。陆军和海军刑法仍保留死刑。

英国、印度及其殖民地：1824年至1829年间，绝大多数案件都废除了死刑。1861年刑法典中，除了故意杀人罪和叛国罪外，死刑被废除，取而代之的是终身监禁。1865年，死刑委员会建议过失杀人罪适用劳役刑[3]，且非公开执行。

美国：在缅因州、罗德岛州、威斯康星州等地区废除死刑。

德国：普鲁士和巴伐利亚州事实上废除了死刑；萨克逊州于1868年废除死刑。

比利时：虽然死刑依然存在，但在已故国王统治期间，除了1866年有一个例外，自1865年起就没有宣判过死刑，通常被减为终身监禁。

丹麦：在故意谋杀和危害国家或政体的安全与独立罪行上仍适用死刑，但通常会减刑。

法国：很少执行死刑。一年中，126个死刑案件只有4起被实际执行。

荷兰：从1870年起废除死刑。 516

挪威：法典宣布自1870年起没有死刑。

葡萄牙：自1867年起，除了刑事犯罪和军事犯罪外，一律不适用死刑。

俄国：只有蓄意危害元首生命罪、叛国罪或煽动叛国罪适用死刑。

---

① 罗米利(Sir Samuel Romilly, 1757—1818)，英国法律改革家。在担任法官和检察官期间，依据贝卡里亚的犯罪学理论和边沁的功利主义哲学提出减轻刑罚的主张。著有《罗米利回忆录》。——译者注

② 本书成文于20世纪，上个世纪指19世纪。——译者注

③ 1853年取代14年以下流刑的一种将罪犯监管起来并强迫其劳动的刑罚。它可以由有权机关决定在任何地点执行，其刑期与流刑刑期有关，但短于流刑的刑期，最低刑期为3年，并且不得赦免。1857年的一项法令恢复了同流刑相应的刑期，并且可以根据提前释放、破格释放而得到赦免。该制度包括三个阶段：即在本顿维尔监狱(Pentonville)或其他地方监狱内的隔离囚禁；监狱工场的集体劳动；凭特许证予以释放。1926年的一项法令赋予了法院在某些案件中对罪犯施以劳役刑以替代监禁刑的权力。劳役刑与苦役监禁刑(imprisonment with hard labour)的区别在于：后者只能在监狱的围墙内执行，并且不能超过2年，至多3年。1948年劳役刑和苦役监禁刑都被取消。——译者注

瑞典：1891 年至 1900 年十年间，只有四个人被执行死刑。

瑞士：21 个行政州中有 17 个州废除了死刑。

切萨雷·贝卡利亚应该得到我们的尊敬与赞美，那本伟大的著作——《论犯罪与刑罚》引发了巨大的变革，这是迄今人类史上最伟大的著作之一，同时，他也给各国人民带来持久的幸福。

补记：在米兰有两座贝卡利亚的塑像，一个坐落于博物馆（*Palazze di Brera*）的楼梯间；另一个则位于司法大厦（*the Palace of Justice*）前。他是第一个科学反对死刑的人，每一座塑像的柱脚上都镌刻着他的功绩，引述了《论犯罪与刑罚》中的语句。贝卡利亚的外孙亚历山德罗·曼佐尼①是一位诗人、小说家。亚历山德罗·曼佐尼的一个女儿嫁给了政治家、作家迦马西莫·达泽里奥（Massimo d'Azeglio）。切萨雷·龙勃罗梭②（现代最负盛名的刑法学家）生于米兰，并于 1911 年在米兰长眠。

（撰写：T. Bridgwater）

---

① 亚历山德罗·曼佐尼（Alessandro Manzoni，1785—1873），意大利作家，早期作品主要是诗歌和戏剧，之后转向长篇小说。著有悲剧《卡马尼奥拉伯爵》、《阿德尔齐》，《约婚夫妇》是意大利文学史上最优秀的古典长篇小说。——译者注

② 龙勃罗梭（Cesare Lombroso，1836—1909），意大利犯罪学家、精神病学家，刑事人类学派的创始人。——译者注

22. 斯托厄尔
(Stowell)

（英国法学家斯托厄尔）

在英国法制史上，威廉·斯科特（William Scott）和约翰·斯科特（John Scott）两兄弟的地位之高，无人能出其右，他们就是为人们熟知的斯托厄尔勋爵（Lord Stowell）和埃尔登勋爵（Lord Eldon）。兄弟俩的杰出成就也各有千秋，哥哥威廉善于作出法律裁决（counsel），成为了杰出的法学家；弟弟约翰擅长法庭辩论，成为了出色的政界人物。他们两人都曾在法官行业中表现出色，一人为大法官法院（Chancery Courts）的首席法官，另一人则任职于民法和国际法的法庭。如果说弟弟埃尔登勋爵在他生活的时代表现更加突出的话，那么哥哥斯托厄尔勋爵则在法律史上留下了更高的声誉。

在斯托厄尔之前，英格兰还没有一位法学家的著述能代表着国际法的新发展，除非我们把理查德·苏支（Richard Zouche）也归入此类；而且，按常理，在一个法律实践胜过理论研究的国家里，对国际法作出伟大贡献的应当是一位法律实践者而不是理论专家。斯托厄尔在实践中发展了捕获法（the law of prize），正如曼斯菲尔德（Mansfield）和霍尔特（Holt）在其法官生涯中对商法作出的重大贡献一样。如果说他们两人为和平时期的商法发展作出了历史性贡献，那么，斯托厄尔则在清晰和概括的基础上建立了战争时期的商法适用原则。曼斯菲尔德和霍尔特的成果只对本国人有效，而斯托厄尔勋爵的大部分杰作得到了国际社会的普遍认可。他的判决被视为罗马万民法的历史延续。

斯托厄尔勋爵的生平

威廉·斯科特和约翰·斯科特是纽卡斯尔(Newcastle)①一位航运商之子。威廉比约翰长6岁,生于1745年。在他即将出生时,母亲为了躲避幼僭王(Young Pretender)②的入侵引起的动乱,迁到泰恩河旁边的达勒姆城(Durham)。③这个偶然
518 的事件为威廉带来了好运。当他结束在纽卡斯尔文法学校的学习后,于1761年获得达勒姆奖学金,进入牛津大学科珀斯克里斯提学院(Corpus Christi College)④学习。三年后,再次受益于他的幸运出生地,他获得了大学学院(University College)的达勒姆奖学金。尽管斯托厄尔已于1762年进入中殿律师会馆(Middle Temple)学习,并已经致力于律师工作。但是他出于谨慎,以及为满足父亲的愿望,他留在牛津,成为了一名讲授古代历史的大学老师。在治学的过程中,斯托厄尔吸收了大量关于古代罗马法学及整个古典文化的知识,并以此为基础,掌握了民法学,提高了表达能力,而且举止风度更加得体,这些积累为他日后成为一名优秀法官奠定了基础。1774年,他被授予讲授古代史的“卡姆登教授”(Camden Professor)⑤职位。在该职位上,他以讲座的形式授课。他的一位传记作家曾说道:“这些讲座的声誉使他达到司法岁月的顶峰。”相比而言,吉本(Gibbon)⑥的评价没有那么动人,但更令人信服。他说:“威廉相信如果将这些讲座公布于众,它们会构成最有价值的学术专著。”斯托厄尔终生都与文学事业和文学圈子有着紧密的联系,他是著名文学家约翰逊博士⑦的挚友,也是一个由约翰逊博士主持的著名文学沙龙的成员,他还是其中的权威人物。斯托厄尔并没有写过一本常规意义上的著作,但是他良好的文学素养及开明的思想都体现在他所作的判决中。

1776年,父亲的去世是斯托厄尔人生的转折点。他父亲留下不少于2万英镑的遗产,并指定斯托厄尔为继承人。尽管斯托厄尔十分谨慎,害怕失去收入,但现有的这笔遗产使斯托厄尔可以轻松地放弃在大学的教授职位,转向他在青年时代向往的事业。他恢复了在中殿律师会馆中断的学业。1777年,斯托厄尔写道:“我在律师学院已有一席之地,要时刻准备,尽快在大约两年内进入律师行业。”

当时,他的弟弟约翰·斯科特已进入普通法律师协会(Common Law Bar)开始

---

① 英格兰北部港口城市。——译者注

② 查理·爱德华·斯图亚特。——译者注

③ 英格兰北部城市,达勒姆郡的首府,位于泰恩河附近。——译者注

④ 建立于1517年,是牛津大学建立的第十二个学院。——译者注

⑤ 英国英格兰东南部城市。——译者注

⑥ 吉本(Gibbon, 1737—1794)是18世纪最伟大的史学家,他用20年时间写成了《罗马帝国衰亡史》6卷,记述从2世纪起到1453年君士坦丁堡陷落为止的历史。——译者注

⑦ 约翰逊·塞缪尔(Johnson Samual, 1709—1784),英国作家、评论家,辞书撰编者。——译者注

他的事业，但斯托厄尔选择了到教会和海事法庭（Ecclesiastical and Admiralty Courts）。当时这两个法院合并在民法博士协会（Doctors' Commons）的场地办公。在牛津取得了民法博士学位（Doctor of Civil Law）这一必要资格以后，他获准进入这两大法院工作。他于 1780 年取得了律师资格，时年 35 岁。 519

当普通法在王座法庭处于唯我独尊的支配地位时，英国衡平法制度正在大法官法院逐渐形成。教会和海事法庭主要管辖遗嘱、婚姻和航运方面的纠纷。一个打趣的人将这些管辖对象描述为"恼人的遗嘱、伤心的妻子和破败的船只"。然而正是在这里，通过这些诉讼，民事法律正在日益成为法学的基础。从 16 世纪初开始，在这两大法庭工作的出庭律师自行组织了一个协会，其中每个成员都是民法学博士。该协会的注册登记时间可追溯到 1511 年，它最早坐落于骑士街上一片属于圣保罗教堂的房子里。1666 年，伦敦大火毁坏了该协会的财产。博士们一度暂住于河岸街的埃克塞特府①，该住所当时还同时做其他用途。一直到 1672 年，根据枢密院的授权，博士们得以重新获得他们的旧址，并在那儿修建了一栋新的建筑，上面一直写有协会的名称：民法博士协会。民法博士协会有自己的组建章程，其成员全部是博士，并均在大主教法院（the Court of the Arches，或者 the Archbishop's Court）有出庭经验。同时，他们出庭的法院又会定期从该协会成员中挑选法官。此外，协会的律师成员人数受到严格限制，通常不超过 25 人。因此，只要能力得到认可，并进入该协会，就一定有大量的发展机会。

斯托厄尔在他所献身的法律领域有独特的成功潜质，他不仅有着非凡的才智，超群的表达能力，而且精通民法，拥有广博的历史知识。尤其与众不同的是，他拥有从事航运事务的个人经验。因为在他父亲去世后的一年内，他曾经继续经营航运，以待家族产业料理停当。而且他的一个兄弟在从事私掠业，使得他开始关注捕获法。他唯一欠缺的是，流利地进行公开演讲的能力。起初，他会先写出发言稿，但由于教会和海事法庭不实行陪审制，审理更多地依赖书面材料而不是口头证据。因此，对该法院的法官来说，演讲能力并不如法律知识和明晰的议论那么必需，而后两方面正是斯托厄尔勋爵的强项。

新入选民法博士协会的成员在第一年都很平静。在此期间，他们被要求到法 520
庭实习。而实习期一结束，斯托厄尔就迎来了良好的发展机遇。正如他的弟弟在 1783 年所写的那样，"他的成功充满奇迹，他的幸运是史无前例的"。在那一年，他得到了一份在大主教特许权授予法院②担任登记官的清闲工作。1788 年，他立即成

① 河岸街的埃克塞特府（Exeter House In the Strand），位于伦敦市河岸街南，建于 1575 年左右。——译者注

② 大主教特许权授予法院（Court of Faculty）不处理任何诉讼，但对教堂中的家族席、纪念碑、殡葬事务等能创设权利，有权签发婚姻特许状，还可签发特免状。——译者注

为了教会法院的法官、坎特伯雷大主教法律代表，以及民法律师协会的法律总顾问（Advocate-General）。该职位在民法律师协会中的地位相当于政府部门中的总检察长，而该职位在他任职期间尤其大有可为，因为1793年英法两国之间爆发了战争。正如富兰克林所说，英国大力发展私掠巡船，它们掠夺到大量物品。在与捕获物有关争议的案件中，他有责任代表王室出庭，并收取了很高的费用。1793年到1815年期间，英国海军签发了上万份私掠巡船特许证，因此有大量的海上捕获物有待决定其归属。

1798年，已在律师界取得权威地位的斯托厄尔被任命为高等海事法庭（High Court of Admiralty）法官，仅仅几个月以后他的弟弟约翰成为副检察长（Solicitor-General）。1790年，斯托厄尔作为下城区的代表议员成为下议院成员，而在六年前，斯托厄尔曾因为该区请愿而被剥夺议员资格。1801年，斯托厄尔又被推选为牛津大学的代表议员。在1821年被授予“斯托厄尔勋爵”爵位之前，他一直担任着下议院议员。

但是，斯托厄尔在政治领域并没有十分出色的表现，他很少在政治辩论中发言。他将其全部精力都投入法律工作，并在该领域取得极高声誉。他通过司法活动，将其思想载入世界的国际法学史册。1806年，他作出的裁定和判决多达2 206项。从中，我们不仅可以看到他的勤奋，也可以看出在战争期间他要审理的案件数量有多么庞大。除此以外，他还担任海事法院的法官顾问，同时还要负责教会案件的审理。1821年，他辞去了教会法院法官的工作，但一直负责海事法院的工作直到1827年。在83岁离职时，他依然精力充沛。但是过了一段时间后，他的体力逐渐
521 衰退，不幸于1836年去世。他留下了大笔遗产，包括价值接近25万英镑的动产和大量的不动产。尽管斯科特喜欢锦衣玉食，但他终生节俭，甚至是吝啬，而且，他本人对此表示十分得意。他的一位朋友注意到，他在赴宴时总比在家喝酒更多，于是开玩笑说：“斯托厄尔会喝干你给他的每一滴酒。”当然，瑕不掩瑜，这种个性上的缺陷并不能掩盖他对英国法律乃至整个法学世界的巨大贡献，正是他将我们的国际法提高到一个前所未有的高度。

斯托厄尔的主要判决都被完好地记录并保存以造福子孙后代，这不仅是斯托厄尔的幸事，也是克里斯托弗·罗宾逊①（Christopher Robinson）博士的幸事。1798年，克里斯托弗·罗宾逊开始到海事法院任职，他决定像其他法院那样制作一套海事法院的判决汇编，而这是史无前例的。同时，幸运的是，斯托厄尔在运用法律规则和各国习惯时，没有受到前任的判决的束缚，“除了辛普森先生少量的笔记，零星的法庭记录和偶尔对传统的参考外，斯托厄尔没有其他先例可以用作指导”。也正

① 克里斯托弗·罗宾逊（Christopher Robinson，1766—1833），英国海事法院著名法官，出版过若干判决汇编及其他著作。——译者注

是如此，他在前进道路上没有任何障碍。

但是在教会法领域，斯托厄尔受到了诸多约束。不仅有教会法教科书，还有司法先例对他构成限制。虽然保留在哈格德(Haggard)[1]和菲利莫尔(Phillimore)[2]汇编中的斯托厄尔作出的判决，并非都具有永恒的价值和原创性，但是其中几个案件的判决却在法律发展进程中具有里程碑性的重要意义。当然，他在世界法学家中的重要地位，还在于他在其他方面的贡献。这些贡献在克里斯托弗·罗宾逊博士、多德森博士(Dr. Dodson)以及爱德华博士(Dr. Edward)的著作中均有记载。如果说拿破仑战争造就了皮特(Pitt)[3]主导政坛，纳尔逊(Nelson)[4]将我们的海军引向辉煌，威灵顿(Wellington)[5]把我们的军队带向胜利，那么，该场战争也同样造就了斯托厄尔在全新而坚实的基础上发展了我们的捕获法，为我们在海上的统治建立了公正原则。斯托厄尔准确地意识到他面对的前所未有的机会，他精心准备并仔细制作每一份判决，并严格遵循公正严谨的原则，语言表达恰当精妙，极少有牵强附 522
会之感。正因如此，在斯托厄尔去世后，他的判决不仅得到英国法院的认可，还获得美国法院的赞同。不仅如此，他在审判中确立的诸多原则已被国际法所吸收。

柯勒律治(Coleridge)在其著作《席间漫谈》(Table Talk)中建议所有的政界人士仔细阅读格劳秀斯、宾克尔舒科(Bynkershoek)、普芬道夫(Pufendorf)、沃尔夫(Wolf)、瓦特尔(Vattel)等人的著作，以及罗宾逊博士的报告。当代诗人和哲学家认为，在调整公海上交战国与中立国的权利的法律实践方面，斯科特勋爵是最杰出的代表，后人也肯定了这一地位。在英国和拿破仑军队的共同推进下，武力征服和无法可依成为那个时代的烙印。但是，斯托厄尔坚持其促进和平中立的公正立场，正确严格地实施既定法律，从不允许背离法律，不允许规避法律，也不允许强制性的法律推定。在战争的压力下，他的判决曾受到一些美国法官的指责，但他充分的论证得到更成熟的评价和关注。正如其中一位批评过他的美国法官日后给他写信道："经过数年平心静气地阅读您的判决，我不得不坦率地承认，您的判决蕴含的准确性和公平性，使我完全信服了。"

---

① 哈格德(John Haggard, 1794—1856)，英国教会法庭律师，出版过若干关于斯托厄尔勋爵判决的汇编及其他著作。——译者注

② 菲利莫尔(Joseph Phillimore, 1775—1855)，英国律师及政治家，从1809年开始担任牛津民法皇家教授，出版过有关斯托厄尔勋爵判决汇编及若干著作。——译者注

③ 小威廉·皮特(Pitt William, 1759—1806)，1708年到1778年期间为英国首相，他曾经改组东印度公司，改组财政和关税制度，组织反法联盟，进行反对法国革命政权和拿破仑的战争。——译者注

④ 纳尔逊(Nelson, 1758—1805)，英国海军统帅，1803年到1805年间任地中海舰队司令，1805年在特拉法尔加角海战中打败法国—西班牙舰队，本人受重伤阵亡。——译者注

⑤ 威灵顿(Wellington, 1769—1852)，英国陆军首相，以在滑铁卢战役中指挥英普联军击败拿破仑而闻名，有"铁公爵"之称。——译者注

斯托厄尔勋爵的判决

斯托厄尔勋爵所作的判决的突出特点是，他总能准确无误地抓住每一个问题的实质，并同时能够将法律概念准确无误地适用于每一个具体环境。这种能力也许应归功于他把早期获得的哲学素养带进了法官工作中。极少的英国法官具备这种素质。他厌恶所有的诡计和谎言。他从形形色色的与船只及捕获物相关案件中提炼出的种种区别，都是建立在明确的原则之上的。

我们首先来看看他对英国法产生影响的那部分工作。其实这只是其所有工作中的一小部分。其中，他在主教法院任职时所作的几个判决非常经典。分析上的透彻和形式上的和谐是这几个判决的共同特点。首先，他会阐述可适用于当前案例的概括性原则，恰当地参考相关的民法及教会法。然后，他会运用所学知识谨慎
523 处理相关教科书和司法先例，并对它们的观点进行辨别或采纳；最后，他会对当前案例的事实和证据进行敏锐、清晰的剖析，并将前面阐述过的法律理论运用其中。收录在《哈格德汇编》第2卷第54页的"达尔林普尔诉达尔林普尔案"(Dalrymple v. Dalrymple)的判决具有典型意义。在该案中，斯托厄尔需要判定一桩婚姻是否有效：该婚姻按照民事契约的模式缔结，但没有根据苏格兰法举行宗教仪式，并且，其中一方当事人是驻扎在苏格兰的英国现役军官。斯托厄尔对该案作出的简短判决如下：

"既然英格兰法院受理了该案，也应适用合适的英格兰法审理。但是，英格兰法中唯一可适用于该案的原则是：G小姐婚姻权利的有效性应参照其婚姻缔结地的法律来裁定。据此原则，该案完全不适用英格兰的法律，其法律问题应当留给苏格兰法去解决。"接下来，他仔细分析了罗马法和教会法关于婚姻问题的一般原则，然后又论述了苏格兰的婚姻法，目的是为了确定苏格兰婚姻法在多大程度上继承和发展了前述一般原则。为此，他考察了所有苏格兰权威法学家的观点，以及苏格兰法院的判决，最后阐明了苏格兰法的原则，"现成的婚姻契约要成为实在的婚姻关系不需要举行完婚的仪式，夫妻关系根据事实本身及法律即已构成"。

另一相似的判决是收录在《哈格德汇编》中的"林都诉贝利萨里奥案"(Lindo V. Belisaio，《哈格德汇编》第1卷，第216页)。在该案中，他必须裁定一桩犹太人而不是苏格兰人的婚姻的有效性——这是英国法院从未遇到过的新问题。斯托厄尔在该案中以同样周密、透彻的方式，考察并权衡了众多犹太学者对于举办了一定仪式的订婚是否为有效的婚姻契约的看法。最后，正如他自己所说，他感到自己处于一种从未有过的思想境界，即"抱着怀疑的精神，仔细探究问题"。他向犹太学者提出了几个问题，并以这些问题的答案为基础作出了对该案的判决。他指出："如果我
524 要采用不同于现在犹太权威学者所推崇的原则来裁定婚姻问题，则需要打破每一

成规，并让自己承担起教会法法官的责任，以反对那些在决定此类问题时更多地持有自然权利观点的人。”

这里的原则是说，一个人并不无限制地受到其住所地法律的约束。在作为英国教会法院法官所作的最后一个案件的判决中，他重申了该原则。该案名为“雷丁诉史密斯案”（Reading V. Smith，1821 年，《哈格德汇编》第 2 卷，第 371 页）。该案的焦点问题在于，判定两个英国人在南非缔结的婚姻关系的有效性，而他们的婚姻关系根据当地的法律是无效的。斯科特认为，这桩婚姻是有效的。因为该案的情况是，丈夫是一名驻扎在南非的英国军队军官，当事人是在英国牧师的主持下结婚的，而且他们的婚姻关系已持续了 25 年。斯托厄尔可以自由地适用衡平法原则，“尽管英国的私法先例已确立这样的规则，即一桩涉外婚姻，只要根据缔结地法律是有效的，那么在其他地方也是有效的。但这并不意味着，英国国民之间的婚姻关系如果依据缔结地法律被认定为无效，那么在英格兰也应被视为无效”。

尽管斯托厄尔希望尽可能广泛地适用衡平法原则，但他从未允许自己通过对人性的模糊解释而偏离对既定法律的严格执行。在“埃文斯诉埃文斯案”（Evans V. Evans，《哈格德汇编》第 1 卷，第 35 页）判决的开端，他就用一种至今未被超越的方式，将“法律上的残酷”（legal cruelty）的条件规定为离婚的基础。他简洁地阐述道：“人道是法院的第二品德，但毫无疑问，法院的第一品德应该是公正。”正是这样的观点引导了他审理“奴隶格雷斯案”（The Slave Grace）。该案是来自安提瓜附属副海事法院（Vice-Admiralty Court of Antigua）的上诉案件。斯托厄尔在该案中判决认为：“一个临时居住在英国的未解放的黑奴，其奴隶身份暂时中止，但并未消失。因为一旦结束他在英国的居住，自愿回到奴隶制依然合法的国家或地区时，他的奴隶身份也自动恢复。”该判决在当时引起了强烈反对，直到今天，它也仅具有学术价值；但是，不可否认的是，尽管它是斯托厄尔勋爵作出的记录在案的最后一个判决，但它与关于海事捕获法的判决一样，包含着他对原则的熟练掌握和对法律的无比尊重。不能忽略的是，在一封给斯托里大法官（Mr Justice Story）①的信中，斯 525
托厄尔表示，他本人对仍然在西印度群岛存在的奴隶制度很厌恶。这位美国法学家在回信中完全赞同斯托厄尔在该判决中的逻辑分析。

正如在和平时期不让他的个人好恶影响他的审判一样，他在战争时期也不因民族利益和民族情节而背离法律。事实上，外国批评家曾指责他对中立国有不恰当的苛刻，但这种指责毕竟是指他所遵循的法律对中立国过于严格，而不是指他在运用法律的过程中有失公允，或因民族偏见而对捕获国有所偏袒。关于他对中立

① 此处的斯托里大法官是指美国的约瑟夫·斯托里（Joseph Story，1779—1845），法学家，马萨诸塞州人，1811—1845 年任美国最高法院大法官。——译者注

国的态度，我们可以作这样的辩护：斯托厄尔担任海事法院法官时，英国正为自身民族生存而战，而拿破仑却致力于利用中立国打击英国的商业，所以即便是有不恰当的苛刻也不足为怪。斯托厄尔判决的公正性的最高体现是：尽管美国的商人遭到斯托厄尔判决的打击最重，但当美国日后成为交战国以后，美国的商人也认可这些判决的公正性，并自觉遵循。

捕获法(Prize Law)

现在，我们将注意力转向这些关于捕获法的判决。我们不必奢望对斯托厄尔建立的英格兰捕获法进行全面归纳，我们所能做的就是关注能代表其总体思想的关键点，以及他所确立的一些原则。1798 年，在任职第一年，斯托厄尔对“玛丽亚
526 号”案(The Maria,《罗宾逊判例汇编》第 1 卷，第 350 页)的判决成为国际法的经典。
该案中的“玛丽亚号”是一只由战舰护航的瑞典商船。根据武装中立原则(Armed Neutrality)，它拒绝了英国巡洋舰的临检和搜查。斯托厄尔用两句话阐述了捕获法庭的性质：捕获法庭是一种适用国际法的法庭。“尽管本案中交战国的司法机关是地方性的，但根据现存的法律和各国实践，法律本身是没有地方界限的。海事法院的法官有义务不做出具有偶然性的、不确定的意见来满足当前的目的或特定国家的利益，而应该不偏不倚地公正司法，让国际法蕴含的正义无一例外地向各独立国家延伸，包括中立国与交战国。”

根据当前案例的是非曲直，斯托厄尔坚持认为，各国惯例和实践已承认交战国有权搜查可疑船只进行自我保护，以防止中立国给敌方提供援助。他摒弃了武装中立原则支持的不严谨观点，即有战舰护航的船只免于交战国的检查。他说：“对于这种未被认可的观点，我不想多费笔墨，各国的法律和惯例(也包括碰巧成为交战国的瑞典的法律在内)都没有对它给予支持，除非法律和惯例都以这样的方式重新组合：一国可以为他国暂时的方便而放弃其荣誉和早已拥有的权利，而暂时得利的国家在他们自己成为交战国时也要记得放弃上述荣誉和权利。这样的理论不值得尊重，它的目的是彻底消除战争中的捕获物。换句话说，它是为了改变人类有史以来就存在的敌对性实质，而引入一种前所未见的状态——武装冲突与商业和平并存的世界。”1908 年《伦敦宣言》确实提出了放弃对有护航的中立国船只的搜查权，所以，本案谈及的具体问题可能已过时了。但是，本判决确定的关于国际惯例约束力的原则仍然有被遵循的价值，除非各国一致同意改变它。

斯托厄尔勋爵构想捕获法庭具有庄严地位与责任，是一个国际法庭。它适用的不是某一国国内法官的理念，而是经各国认可的法律惯例。在一个关于交战国能否在中立国境内建立捕获法庭的案子中，他对捕获法庭的定位进行了大量阐述。在这个名为“弗拉德·奥耶”(The Flad Oyen,《罗宾逊判例汇编》第 1 卷，第 135 页)

的案件中，一艘法国的私掠船将一艘英国的捕获船只运到卑尔根(Bergen)①，法国领事在此对英国捕获船只进行了定罪。在对法国领事的驳斥中，斯托厄尔宣称："我有责任不承认法国领事的裁定。对于抛弃世界的普遍惯例，从而以全新的从未有过的方式来对待人类的关注，一个国家可以认为这种做法是正当的。由此，我有必要指出这种新制度的效力。对于独立于人类早期的所有实践经验的新方法，一般理论要给予一定程度的赞同。当然，这种新的制度必须符合标准的法律和与此相关的现有习惯。"在本案中，他本人并没有引入新的规则，也没有承认他国引进的准则。按他本人的理解，他的功能在于：如果针对某一问题不存在明确的做法时， 527
他将已公开发表的著作中蕴含的一般原则运用到具体多样的案件中，从而将其界定清楚；如果已有明确的做法，他就遵循它，并在必要的时候扩大其适用范围。

斯托厄尔勋爵提出的某些具有特定存在基础的规则仍受到质疑。其中一个例子就是关于战争期间与敌人进行贸易的非法性问题。在"霍普案"(The Hoop，1799年，《罗宾逊判例汇编》第1卷，第196页)中，在查阅了大量的18世纪英国上诉法院法官审理的案件，并且参照了宾克尔舒科的观点之后，他明确地提出如下原则，"除非得到主权者的允许，所有与敌国的贸易都是非法的"。禁止这种贸易的原因在于，无法在本国法庭起诉来自敌国的商人。"在一个合同得不到有效实施的国家中，当然不可能成功开展合法的商业贸易。"和他的许多判决一样，本判决的绝妙之处并不在于他创造了一个新的原则，而在于他阐明了一个既存的规则，并通过论证加以确定。教皇有一句名言说，"(有些东西)早已经常运用，但从未明白讲解"。他对规则的阐述是对这句名言的很好解释。

"战争中的贸易居住地"(trade domicil in war)是斯托厄尔勋爵予以明确界定并赋予其稳定性的另一重要原则。当时，属人法的居住地要求还没有全面展开。但是，作为捕获法庭法官，他关注居住地的其他方面，包括一个人在外国居住的或与外国相关的实质性程度。这一点对于确认当事人是具备敌国还是中立国身份非常必要。

禁止与敌国的贸易以及没收敌国船只和货物是为了阻止商业带来的财富的增加。交战国判定商人是否具有敌国身份并不是根据该商人的国籍，而是根据该商人的居住地或营业地。比如，一个英国或敌国商人，在战争爆发前或战争期间迁移到一个中立国，并合法地居住在那里，那么，他们的合法贸易对交战国不构成任何侵犯。另一方面，如果一个中立国国民在英国或在一个敌对国居住或建立商号，那么他的船只或货物取得了其来源地的国籍。在重视国籍的法国大革命思潮的影响

① 卑尔根是挪威的第二大城市，也是国内的最大港口。这个依临著小海角的港市，年降水量约在2 000毫米以上，平均气温为摄氏八度。——译者注

下，法国的捕获法庭采取了另外一种确认敌对国身份的标准，取决于当事人的政治
528 倾向。1802 年“勒阿迪案”(Le Hardy)的判决指出：一个居住在交战国的中立商人并不因此具有敌国国民身份，他在海上的财产是中立财产。

这项新学说并没有得到斯托厄尔的支持。每一个在敌对国定居的自然人，无论是否出生于此，斯托厄尔都视其为敌人，如果他的船只或货物被捕获都将被定罪，比如“印度大副案”(The Indian Chief, 1801 年，《罗宾逊判例汇编》第 3 卷，第 12 页)就是依此裁判的。相反，每一个定居在中立国的自然人，不论他是英国人还是中立国国民或敌国国民，出于保护海上捕获物的目的，他都将其视作中立身份，比如“达勒斯案”(The Danous, 1802 年，《罗宾逊判例汇编》第 4 卷，第 255 页)的判决就体现了这一思想。这是一般原则，但他严格适用有利于捕获者的法律。他在“容·克拉斯案”(The Jonge Klassine, 1804 年，《罗宾逊判例汇编》第 5 卷，第 302 页)中进一步规定商人可以在两个国家从事商业活动，如果在两个国家经商，该商人就应该被视为两个国家国民。因此，由中立国身份商人拥有的、但属于来自敌对国营业地的货物一旦被捕获，有可能被定罪。另一方面，他在“赫尔曼案”(The Herman, 1802 年，《罗宾逊判例汇编》第 4 卷，第 228 页)中指出：“当一个自然人在中立国设有商业实体，在大不列颠又有一个附属于中立国商业实体的实体，那么他的第一个商业实体可以继续与敌国商人进行贸易往来，只要不是伦敦的商业实体在进行这种贸易活动，也不从伦敦商业实体赢利。”当时，出于民事目的，正式居所的确定要求当事人具有永久居住在某国的意向。斯托厄尔认为，根据案件的具体情况，更容易判断商业营业地是敌国或中立身份。只要一个人是出于商业目的而在某国居留或从事商业活动，他的贸易或商业活动成为了该国税收来源的一部分，就足以使该国成为其商业居所，不管他是否有在该国永久居住的意向。商业居所的失去如同他的取得一样容易。斯托厄尔在“哈莫尼案”(The Harmony, 1800 年，《罗宾逊判例汇编》第 2 卷，第 322 页)及“印度大副案”中所构建的两大原则，至今对
529 有关商业居所的案件中仍有约束力。在前一个案件中，他指出：“时间是构成商业居所的重要因素……但是就居住期而言，不能仅仅根据时间的长度来确定商业居所。”在后一个案子中，他认为：“通过居住取得的身份特质随居所的改变而改变；它是偶然性而非永久性特质，从商人自愿提出离开该国并不再返回的申请那一刻起，这种身份就不再附属于他。”

有些现代学者否认战争期间的商业居所与和平期间的个人居所之间存在区别，但是这种区别是合理地建立在两种法律的目的和结果的基础上的，而且它已被英国和美国的法院所认可达一个世纪之久；斯托厄尔为了判断捕获物的性质而设定的居所标准已被广泛接受。

斯托厄尔勋爵所做的对英国法有重要影响的经典案例不胜枚举，这些案例涉

及以下各个方面:绝对的或相对的战时禁运物资及运输这类物资所受的惩罚;通知封锁和事实封锁的条件以及对违法封锁的处罚;为敌方运送公文或军事人员的非中立服务以及与此相关的法律后果;捕获物被再次捕获的法律后果;通过交战国运输在途货物给中立国所有者的法律后果;中立国参与敌对国在殖民地或沿海地区的贸易。其实我们只要这样说就够了,他使以上问题都无一例外地成为我们捕获法的研究对象。而且,尽管客观情况已发生了很大变化,国际协定已大幅削减了海上捕获权,但他的判决依然是捕获法最明确的指导,并准确地勾画出了干涉中立国贸易的合适界限。

连续航行原则(The Doctrine of Continuous Voyage)

事实上,现代的习惯做法已对斯托厄尔建立的原则作了扩大适用,超越了他本人对该原则的适用范围。在拿破仑战争期间,为了规避不得从法国和荷兰殖民地运送商品的禁令,美国的航运商习惯于首先在某地将商品转运到美国或其他地方的某一港口,然后用另外的船只将货物以美国商品的名义送到欧洲。斯托厄尔勋爵在“玛丽亚三号案”(The maria, No. 3,《罗宾逊汇编》第 5 卷,第 365 页)及“威廉二号案”(The William, No. 2,同前,第 585 页)中破解了这种规避行为。他坚持认 530
为法院应该依赖事实,而不是谎言或诡计。如果货物事实上被打算运往某一敌对国,或事实上是来自敌国的殖民地,那么这类货物一旦被捕获就应该被没收,不论它是否名义上被运往中立国,或名义上从中立国港口转运而来。“虽然真实的情况并非每次都能辨别清楚,但一旦发现这种规避禁令的行为存在,我们就应该根据事实而不是外在的诡计来确定交易的性质和名称。如果从装货地起的航程还没有真正结束,那么无论当事人采用何种方式使他的航行看起来已经结束,都毫无意义。”

但是,在普通的战时禁运物资贸易的案件中,他没有采用所谓的“连续航行原则”。他说,一艘船只能因为它自己本来的行为受到谴责,而且只能在存在过失,并被指控正在前往敌国港口的情况下,才能没收货物[亚胺案(The Imina),《罗宾逊汇编》第 3 卷,第 167 页]。即便可能有强烈的理由怀疑货物的最终目的地有敌对性质,但如果货物装运港是中立的,那么这些货物也应被免于没收。随着铁路的发展,及交战国想要弥补《巴黎宣言》带来的权利损失的愿望,所以连续航行原则只适用于所有前往敌国的装载战时禁运品的船只。

经过长时间的争论,处理战时绝对禁运商品的惯例受到《伦敦宣言》的认可,但有关战时相对禁运商品的惯例未受到认可。日后的交战国还没有而且可能永远都不会接受国际制裁。关于他们的改革,斯托厄尔勋爵没有给予支持,也就是说,在捕获法庭作出适当裁决以前,即使捕获国毁坏了属于中立国的捕获物,最后没有证实船只有过错,捕获国也无需向中立国的捕获物所有人给予赔偿。在他作出的最后一个关于捕获物的案件（“菲利西提案”The Felicity，1819年，《多德森汇编》第2卷，第381页）的判决中，他提出了捕获者适当处理捕获物的观点。

斯托厄尔说，在所有捕获案件中，捕获者的首要义务就是将捕获物带到港口接受裁定。“如果不能带走，那么，捕获者的第二项义务就是毁坏敌国财产。如果不能确定它是不是敌国财产，又不能带入港口，那么，安全而合适的做法就是放弃。
531 当捕获物属于中立国，从捕获国的公共服务的严肃性角度来看，毁坏财产的行为对于中立国的财产所有者是绝对不公平的。对中立国来说，在任何情况下，只有对他们的财产给予充足的价值补偿才是公平的。这些规则在理论上很清楚，在实践中很明确，不再需要逻辑或先例对其进行解释或支持。”

如果说宗教教义用最简短的语言阐述着永恒的真理，那么，尽管捕获法案件的判决牵涉国际法，但其表达的却是最具民族性的司法理念。在19世纪初，英国的斯托厄尔，以及美国的马歇尔（其贡献比斯托厄尔稍弱），成为那个时代捕获法庭的最伟大精英，实现了时代赋予他们的司法理想，建立了盎格鲁—撒克逊法系中被描述为“民族之光”的捕获法。由世界主要大国的代表所拟定的《伦敦宣言》，是战争时期的海商法典。可以说，《伦敦宣言》是斯托厄尔勋爵的杰作具有长久价值的有力证明，因为他作为捕获法庭法官时建立的很多规则都已经融入该“宣言”。

此外，由英国政府倡导的建立《关于建立国际捕获法庭的国际公约》，已由世界主要大国的代表于1907年在海牙和平会议签署。这意味着，斯托厄尔勋爵所坚持的捕获法庭应适用国际法的理想已经实现。对于成员国及世界其他国家的审理捕获物的上诉法庭，“公约”提供了兼具实践性和理论性的制度指导。

（撰写：Norman Bentwick）

23. 边沁 (Bentham) 532

(英国法学家边沁)

将杰里米·边沁(Jeremy Bentham)称为法学家,是一直为人们所接受的;然而倘若说他根本算不上法学家,则这句似乎矛盾却又正确的话,说得真实贴切。我们都承认,边沁对于英国的刑事立法、民事诉讼法和刑事诉讼法以及普通法与衡平法藉以实现融合的伟大革命等影响巨大。毋庸置疑的还有,他对于他那一时期的英国法有着超乎常人的学识。但是,他对于浩如烟海的英国法史料却知之甚少。

他曾经这样说:"亨利六世时期,有一种奇特的现象,法官像牧师一样觊觎王国的全部土地,他们会把那些目标对象逐出法外,永远都是形式完备,但没有实质理由。这种权力滥用后经有人制止而被废止。"作出上述判断的学者当然不会自诩有很高的法学学术素养。边沁只需查找亨利六世时期的《年鉴》(Year Books)或者参阅首席大法官福蒂斯丘(Fortescue)的《英格兰的法律与政制》(*De Laudibus*),就会弄清他认定的历史事实上与霍恩(Horn)在其《明镜》(*Mirror*)中作出的判断一样荒谬。

边沁对于《年鉴》、科克的作品均知之甚少,对布拉克顿的作品则了解得更少,甚至他在批评布莱克斯通(Blackstone)时也显示出对历史知识的匮乏,他对普通法的历史发展本应有更好的把握。事实上,边沁对于英国法的掌握和一名律师学徒(articled attorney's clerk)的了解差不多,本质上说都是经验主义者的机械路径。边沁掌握的只是现有的随意性规则体系,但是现行法律的先决条件、法律发展中非凡的人和事,则从未成为他的研究对象。

即使是在证据规则立法研究这一他取得显著成功的领域,边沁对于这些规则的合理根据也是极度无知的。几百年来,敏锐的实际工作者和开明人士一直致力 533

于确立一个由十二人随机组成的陪审团，使其成为裁决法律纠纷的有效制度，但边沁对此并不了解。陪审制对于英国政治自由的逐步发展所起到的影响，公民借此同政府犹如焊接般紧密地联系在一起，并成为现存政府的一个部分——所有这些从来都没有被边沁认识到；他没能发现陪审制作为独一无二的政治工具所起到的作用。

边沁对待所有司法证据的研究态度如同对待那些在他生活的时代中已被实施的法规，仅仅为了适应当年他在英国能够体会到的一小部分人和一小部分他能够理解的人。边沁提议废除利害关系方(interested parties)可不在法庭上作证这一规则，但很少能考虑到宗教人士的生动逼真的认识——一个人只要在法庭上宣誓“上帝作证，我发誓说真话”，如果他在此后还作伪证的话，就是妄称上帝之名(had taken the name of his Lord in vain)；而且利害关系方完全不应该在法庭上作证，法庭不应引诱他们并使他们不朽的灵魂陷于危险之中，这样做才更符合“最大多数人的最大幸福”原则。

边沁不仅不甚熟悉英国法的历史，对于罗马法和大陆法更是一无所知。他对罗马法的认识是如此的不正确以至于宣称罗马法是“一小包写得很差的论文”。尽管在边沁生活的时代，鲍尔(Bauer)和魏斯(Weiss)[1]以及他们的学生萨维尼(Savigny)对于罗马法和中世纪的法律体系已经有了严谨深入的研究；尽管人类历史上最伟大的法学奇迹——罗马法从帝国的废墟和黑暗世纪幸存了下来，并被完全展现了出来；尽管萨维尼在他的学术名篇中已经把德国从边沁所倡导的编纂法典的罪恶中拯救了出来，而这种非常粗糙的法典编纂方式正是边沁向各国所推荐的；尽管萨维尼已经证明了对现存法律进行历史性的研究是任何社会的法律的先决条件，倘若没有历史性的研究，法典编纂就是“虚张声势”(*brutum fulmen*)。但边沁似乎从未发现有这样的人(指萨维尼)在他身边生活着，有这样的书(指萨维尼撰写的那些著作)在他身边出现过。

边沁的基本观点是：立法者首先必须在人类自然哲学的高度之上给一部法典编排好合适的结构，然后再进行法典的编纂。而边沁所提到的人类自然哲学是借鉴于爱尔维修[2](Helvetius)的理论，他认为要平衡所谓的快乐和痛苦，不顾人类精
534 神的更高属性；这样编排的法典应该是稳定的，法典条文的意思是清楚明晰且非常确定的，因此，就不会有人再对法典条文的意思产生异议；这样制定的法典应是确定的，禁止任何律师转换为居中裁判的法官身份，同时，边沁还认为，这样编纂出的

① 鲍尔(Anto Bauer，1772—1843)和韦斯(Friedrich Weiss，1766—1808)是德国著名法学家，前者主要治刑法学，后者主要治中世纪法学。——译者注

② 爱尔维修(Claude Adrien Helvetius，1715—1771)，法国哲学家、启蒙思想家，提倡功利主义，影响了边沁的思想。处女作《精神论》(1758年)，遗著有《人论》(1772年)等。——译者注

法典对于任何国家都是适用的，无论该国现在存在着什么样的法律，无论该国过去的历史怎样，也无论该国的种族和社会是怎样的。这就是边沁提供给土耳其、埃及、法国、西班牙、葡萄牙、俄罗斯、瑞士、摩洛哥、我国（即美国）的一些州以及南美新成立的共和国的“法典秘方”，这个“秘方”可以使这些不同的国家制定并适用一部完全相同的法典。

以上事实明显表明，边沁没有资格忝列法学家之中。边沁本可以在英国创立一个新的法学家流派，但他失去了这样的机会。他的闲暇时光、众多杰出的研究方法以及漫长的一生，本应都被用来进行最佳的“资源配置”，使自己成为一位伟大的法学家。但是边沁没有兴趣成为那样的人。他留给后人的是大量的研究材料，这些材料在后人的有效运用下，影响非常深远。边沁知道这些材料的价值，因为他曾经告诉我们：“穿越整个欧洲大陆，搜索所有国家的图书馆，即使这些国家分属于不同的法律体系。把这些内容进行总和，你也不可能完成这样一部案例汇编，它能在种类、内容的丰富程度、陈述的清晰度上——总而言之，把所有的这些点加起来，能在结构上——达到英国已决案例汇编集（collection of English reports of adjudicated cases）的水平。”边沁意识到了这一点，于是有意转向了构建政治哲学这一相对简单的工作。尽管，他的“最大幸福”原则的适用是建立在对人类本质作出低评价的基础之上的；尽管，和大多数改革家一样，边沁对于周围经常与他联系的人的评价很低，这从他与朋友的书信中可以看出来；尽管，他对于自己个人生活中的追随者几乎都没有信心或者说是信任，但是他却把政府应采取的恰当形式理论建立在一个已被历史所摒弃的大众观点之上。这个观点认为，从某种角度上来说，人类的每个个体都是神圣的；所有的历史和过去的一切都阴谋反对存在这样的个人；如果允许，个人可以做任何他认为正确的事情，无需努力，无需战胜自我，因为是个人的本质属性允许他这样做的。这个观点在很大程度上表明这样一个天真的信念：良心通常教导我们什么是对的，而不仅仅是去做那些我们可能偶然认为是对的事情。

在这个基本的观点之下，边沁其他关于国家结构形式、普选权、编纂一部适用 535
于全人类的法典、无记名投票以及废除法律职业和法官选拔等政治主张就都非常容易推论出了。显然，在边沁的这些主张中，没有什么是新的观点，大多数曾在某些地方被提出过，并且，这些观点很明显都不甚成功。

但在同一时期，边沁的体系主要是建立在集体主义理论之上，他和这一学派的所有其他人一样，直到他最杰出的弟子约翰·斯图亚特·密尔（John Stuart Mill，旧译穆勒——译者注）在《论自由》（*Essay on Liberty*）一书中推翻了他整个有关政府的理论后，才成为一个热忱的“纯粹的个人主义”信仰者；并在此后才觉察到“集体主义必定会消灭个人主义”的判断是错误的；因为集体主义是一种具有更大破坏性的“普遍不合适的大多数人的统治，而不是某一个统治者或某一个统治阶级的统治”。

作为英国人，边沁不与他同时代或同民族的精神人物接触。边沁曾对他的弟子宝宁(Bowring)[1]提起过他仅有的一次与埃德蒙·伯克(Edmund Burke)[2]见面的经历。边沁说："我曾与伯克在菲尔·梅特卡夫家(Phil Metcalf's)见过一次，他给我留下了极糟糕的印象，简直让我作呕。"这就是边沁对于英国最伟大的政治哲学家，一个远比边沁更适合于法学家称号的人，被我们认为是最重要的法学家的唯一印象。

这件事情充分显示出了边沁思想上的特征，他对于埃德蒙·伯克的思想没有丝毫的认同感，他的脑中没有历史和习俗的观念；同时，边沁也缺乏一种历史的想象力。而正是这种想象力，如果运用它，就可以把各个国家的政治问题当作一个具体的东西，随着各种不同的条件加以改变。这些条件包括时代、地点、种族，包括现存的公共机构的状况，也包括过去对于现存观点和信仰的影响。

"……缓缓地见证生活，纵观整个生命。"(saw life steadily, and saw it whole.)这是埃德蒙·伯克的名句。边沁从不能领会伯克一直以来讲授的东西，后者说国家生活的结构是与个人相互作用的有机组织，国家的法律只是国民生活的一个部分，它有那样的法律是因为一个特定的国家不会有其他的法律。再没有比像古罗马诗人说的"罗马国是建立在古代的传统与英雄之上的"(*Moribus antiques res stet Romana, virisque*)更好的观点了。但是这样的观念对于边沁而言却是陌生的。他有一次曾提到罗马教皇关于政府的名言"凡是管理得最好的就是最好的"是写出的最愚蠢的东西。但是胡克(Hooker)同样有名的关于政府形式的论述："政府的形式多种多样，自然并未刻意垂青其中哪一种，而是将它当作随意的一件事情而供选择。"(The kinds thereof many being, nature tieth not to any one, but leaveth the choice as a thing arbitrary.)却可能是关于这方面最有智慧的论述了。

536 当然，边沁对于英国的影响是我们在本文中所不能忽略的。需要指出的是，边沁对于英国的影响更多的来自他的某些政治观点，而非法律著作。那些诸如无记名投票演变等可查明的事实是很容易追溯的。现今，在某些特定的地区，无记名投票制度是这样实施的：上百个候选人的名字被印在选票上或者一大卷法律建议稿被提交给选民去投票以确定是否实施。这种发展即使不令人可悲，也一定是非常古怪的。

除此之外，边沁提出的重要改革还包括：废除普通法与衡平法(law and equity)之间的差别；简化法庭辩论和司法程序；创设简易法庭；设立不动产转让的登记制

---

① 宝宁(John Bowring, 1792—1872)，又译成宝灵、包令，曾是英国的国会下议院议员，也是英国政府派驻的第4任香港总督(1854—1859)。同时也是一名英国的政治经济学家、旅游家、多才多艺的作家和语言学家。在他早期的生活中，受到了杰里米·边沁哲学思想的影响深远。——译者注

② 埃德蒙·伯克(1729—1797)，英国政治家、哲学家。——译者注

度；降低法律诉讼的成本；付给公务人员固定薪资(fixed salaries)以代替原有的酬金(fees)；废除由于欠债而入狱的规定；创立国家公诉人；废除绝大多数证据排除规则，以及法典化思想。这些改革一定程度上已被一些施行英国法的国家欣然接受。但是，边沁只了解英国的体系，他所有的视野都被这个体系折射的光所着色。甚至可能是因为边沁只能从大量的他所轻视的“法官造法”中效仿出一些原则，所以他所倡导的法典对于他本人而言才是可能的。

在受日耳曼法影响的国家中，边沁没有发挥出任何可察觉到的影响。在这些国家中占统治地位的历史法学派没有任何观点与边沁一致。这些法学家用他们自己的方式来搜寻英国法律。在边沁的著作中，没有他们需要的可以帮助他们的东西。他们所制定出的法典并不是建立在边沁所提出的原则之上的，而是根据他们自己法学家的观点。但在某些特定的拉丁国家，边沁却有着超乎想象的强大影响力。

边沁的第一部学术著作发表于1776年。在这部书中，边沁对于威廉·布莱克斯通(Blackstone)所著的《英国法释义》(*Commentaries*)一书导言中的某些论点进行了攻击。这部书其实并没有多大的价值。有价值的是另一部出版于1789年的著作《道德与立法的原理导论》[①](*Introduction to the Principles of Morals and Legislation*)。这部作品几乎包含了边沁所有的重要思想。

就在这部书出版之前，边沁遇到了日内瓦的艾蒂安·迪蒙(Etienne Dumont)[②]。迪蒙对于边沁的思想非常感兴趣，是边沁诚挚的追随者。他花了数年的时间整理 537
边沁冗长的手稿，去除手稿中完全属于地方色彩的东西，加以润色，使之通顺，容易被读者理解，并将它们翻译成法文出版。

通过迪蒙，边沁的思想被米拉波[③](Mirabeau)所熟悉。随后，边沁又成为了塔列朗[④](Talleyrand)的密友。法国大革命的起始阶段是平稳、和平的，这给边沁提供了一个提出政治主张的机会，他给阿贝·穆莱(Abbé Moullet)送去了他的专著《论协商会议的策略》(*Tactics of Deliberative Assemblies*)。随后，在1790年3月，他又送去了一篇关于法国法院架构的报告。1791年，边沁提出在法国建立一种理想的监狱模式，雏形是他之前提出的“圆形监狱”(Panopticon)体系。很快，边沁的计划书被议会印刷分发，同时，他的“人道主义的爱”(love of humanity)的信仰也被人们

---

① 商务印书馆于2000年出版该书中译本，译者是时殷弘教授。——译者注

② 迪蒙，日内瓦公民，由于政治纷争而被迫成为流亡者。他在宣扬边沁的声誉和扩大边沁的影响方面起了很大的作用。——译者注

③ 米拉波(Comte de Mirabeau，1749—1791)，法国革命中著名的政治活动家。——译者注

④ 塔列朗全名夏尔·莫里斯·德塔列朗·佩里戈尔(Charles Maurice de Talleyrand-Périgord，1754—1838)，是法国历史上著名的政治家、外交家。——译者注

承认。1792 年,边沁被授予法国公民的称号。

但是,随着法国大革命之后的发展,因立法机构转而采用残忍的暴力统治,故边沁所提出的议会策略、理想监狱和刑法改革计划不再被使用。边沁本人也感觉到了法国大革命的残暴,他不再那么激进。在 1800 年,边沁投票支持拿破仑·波拿巴(Napoléon Bonaparte)成为法国第一执政(First Consul)。

在这期间,迪蒙忙着校订边沁手稿的法文版。1802 年,他以边沁的名义出版了三卷名为《论民事与刑事立法》(*Traites de Legislation civile et penale*)的书。其中,第一卷是关于立法的总原则和民法典原则;第二卷是关于刑法典的原则;第三卷则是关于理想监狱的提议。这三卷书在欧洲,尤其是在西班牙,引起巨大轰动。1811 年,迪蒙出版了边沁的另一本书《赏与罚的原理》(*Theory of Punishments and Rewards*),该书参考了贝卡利亚[1]著作中很有价值的部分。之后,在 1816 年,还是这位勤奋不倦的迪蒙,出版了边沁的《论协商会议的策略》和另一部专著《论政治谬误》(*Treatise on Political Fallacies*)。1813 年,《论司法证据》(*Treatise on Judicial Proofs*)和《司法架构和法典编纂》(*Judicial Organization and Codification*)随之问世。边沁在欧洲的声望几乎全部来自在迪蒙帮助下出版的作品,而英国人则是通过欧洲大陆才了解边沁的。

1802 年,迪蒙在为边沁著作写的序言中努力削弱边沁的激进主义,使得边沁的观点能被普通百姓所接受。迪蒙明确表示,边沁对于任何特殊的政府形式都没有偏好,他对于那些开头即攻击现存机构的政治理论都是不赞成的。迪蒙同时宣称,边沁相信只有在政府稳定的情况下才能完成法律改革,他的唯一目的就是防止当
538 局政府被推翻以及阻止对财产和权力进行改革。可能正是这篇序文,使边沁之后一直宣称迪蒙完全不理解他的看法。不管是否真正如此,但毫无疑问的是,是迪蒙使得边沁的思想学说得到了人们的赞赏。

到了 1810 年,边沁相信,他的名声已经扩大到整个文明世界。他认为,法国和德国正是在他倡导的原理之上提议编纂法典。对于德国,他的这个希望非常荒谬可笑,同样,对于法国,他也完全误解了当时的局势。

和英国不同,在法国整个国家范围内,并没有一个统一的、能够适用于全国的法律体系。正如伏尔泰(Voltaire)所说的那样:在法国的旅行者改换法律次数之多,犹如其更换马匹一样频繁。在这样的背景下,很明显,编纂法典是唯一的补救方法,而由法国法律人制定的《拿破仑法典》正是适应了这样的背景;但在整个国家,它仅仅只是在各地之中最适合的地方适用。

边沁从来没有想到过,法国编纂法典是出于这种考量的。边沁的眼里只有英

---

① 贝卡利亚(1738—1794),意大利著名法学家,代表作《论犯罪与刑罚》。——译者注

国的情况。他的方案是废除法律职业、消灭法律汇编(to wipe out law reports),进而达到一种乌托邦的境界,即每个人都能成为他自己的律师。边沁关于司法证据的理论对于法国的法律完全没有用处,因为法国没有英国所拥有的证据法。可以这样说,就法国现存的法律而言,边沁对它们没有任何影响,因为在立法中,"最大多数人的最大幸福"这一可用原则,到头来只能就是"大多数人应该获得他们想要的"。

但是在这期间,边沁在西班牙找到了许多追随者。

霍韦亚诺斯(Jovellanos)是一位西班牙军事委员会(Spanish Junta)的成员。他写了许多阐述立法的著作,这些著作都带有边沁特有的气质。

努涅斯(Nunez)则是一名萨拉曼卡(Salamanca)大学的图书馆员。他用一种非常精巧的方法,把边沁的思想运用于国家教育之中。在1820年,努涅斯出版了一本厚厚的著作:《边沁精神》(*The Spirit of Bentham*)。该书被认为是"现存的阐述边沁主义最好的书"。

努涅斯曾这样挖苦忠诚的迪蒙,他说:"边沁爵士把阐述其理论的原始手稿交给迪蒙先生,而迪蒙先生从中整理出的那些法文专著都没能领悟边沁爵士的思想,直到现在,这些法文著作都还是遮蔽了边沁爵士思想的光芒,使之黯然失色,只发出些许微光。" 539

边沁关于理想监狱的著作早在1819年就被译成西班牙文。之后,边沁的其他作品陆续被翻译成西班牙文,以至于塞尼奥·西尔维拉(Señor Silvela)这样说道:"从1820年到1845年中,在西班牙,找不到比边沁更具有影响力的外国作者了。"

博罗(Borrow)曾这样描述道:1842年,当他去西班牙旅行时,接受了一位卡佩·菲尼斯特雷(Cape Finisterre)市长的邀请去他家中做客。在市长的家中,他发现书架上全都是"伟大的边沁"的作品。市长把边沁与梭伦(Solon)、柏拉图(Plato),甚至是洛卜·德·维加(Lope de Vega)①相提并论。这个比较使得博罗有些忐忑不安。

在1808年到1812年期间,西班牙正处于推翻约瑟夫·波拿巴②的起义中,立法受到了格外的关注,但一直到1820年推翻费迪南德七世(Ferdinand)的起义爆发,边沁的影响才变得明显。宪法得到恢复后,边沁将他的著作集作为礼物送给西班牙国会(Cortes)。他还写了许多关于西班牙事务的小册子。然后,他转向葡萄牙;当时,葡萄牙刚继受了西班牙宪法。边沁把西班牙宪法中他认为的大量错误向

---

① 洛卜·德·维加(1562—1635)是文艺复兴时期西班牙成就最大的戏剧家。他是西班牙民族戏剧的奠基者,被西班牙人民誉为"西班牙的凤凰"。——译者注

② 约瑟夫·波拿巴,那不勒斯国王,西班牙国王(Joseph Napoleon Bonaparte, King of Naples, King of Spain,1768年1月7日—1844年7月28日)是法国皇帝拿破仑一世的哥哥。卡洛·波拿巴(Carlo Buonaparte)和他的妻子玛利亚·莱蒂西亚·拉莫利诺(Letizia Ramolino)之子。被封为那不勒斯和西西里国王(1806年至1808年)和西班牙国王。他从1808年6月6日至1813年12月11日名义上是西班牙国王,在1812年6月13日他返回法国。——译者注

葡萄牙国会一一指出。葡萄牙国会接受了边沁所赠送礼物——他本人的著作，并欣然采纳。

之后，边沁再次写信给西班牙，强烈反对国会设立第二院(second chamber)。但和往常一样，边沁的眼中看到的是英国，因为他反对的是设立“贵族院”(House of Peers)，而西班牙和葡萄牙拟设立的是“第二代议院”(second representative chamber)。

1820 年 8 月，西班牙国会开始起草刑法典的工作。托雷诺伯爵(Count Toreno)是西班牙国会的主席，他称呼边沁为“立法的指路灯，人类的救世主”。他交给边沁一份刑法典的草案，征求边沁的意见。边沁的回答则是针对西班牙国会，他满腹牢骚地批评了国会，并对国会未聘请他起草刑法典草案而感到不满。边沁告诉这位尊贵的西班牙贵族，他的职务虽低，但拥有自主的观点，他愿意用提出的意见来佐证自己的观点。

肯尼先生(Mr. Kenny)说，对于边沁的回复，托雷诺以一种冷淡客气的尊贵口吻写信予以感谢：“(边沁)为西班牙人(Castilian)的尊严描绘了一幅良好的前景；(边沁)虽然内心受创，但仍彬彬有礼。”边沁继续给托雷诺写了大量的信反对西班牙现存的立法，他对于现存的立法状况持一种完全否定的观点。但是，在西班牙，随后发生的法国武装(French bayonets)干涉下的政治革命很快地就将宪法和国会送上了末路。

540 从一开始，边沁就对西班牙在美洲的领地产生了浓厚的兴趣。他认真考虑是否要陪伴艾伦·伯尔(Aaron Burr)①前往墨西哥。艾伦·伯尔打算自封为王，而边沁则打算在伯尔的拜占庭帝国中扮演特里波尼(Tribonian)的角色。当然，边沁肯定是适合这个角色的，因为比起乌尔比安或帕比尼安那样的伟大的哲学家，他在思想上更接近于特里波尼。

南美洲的西班牙革命家米兰达(Miranda)在伦敦就认识了边沁，边沁也很愿意跟他一起去委内瑞拉，因为他确信，他的法律在那里能被很好地实现，但是不久，米

---

① 1796 年，华盛顿退出舞台，联邦党人亚当斯(John Adams，1797—1801)以 71 票当选美国总统，民主共和党人(Democratic-Republican Party)托马斯·杰斐逊(Thomas Jefferson)以 68 票屈居副职。1800 年，杰斐逊以 73 比 65 票把亚当斯赶下台，成为美国第 3 位总统(1801—1809)。在这次竞选中，杰斐逊是拉拢纽约政客艾伦·伯尔(Aaron Burr)一起参加竞选的，民主共和党人提名伯尔为副总统候选人。但谁料杰斐逊和伯尔的选票数相等。伯尔原来只是想支持杰斐逊，一见票数相等，便要当“任”不让。这中间，汉密尔顿讨厌伯尔更胜于杰斐逊，在复选中，汉密尔顿指使联邦党人议员支持杰斐逊，帮助杰斐逊登上总统宝座；伯尔最终任副总统。四年后，伯尔改为竞选纽约州州长，汉密尔顿再次作梗，伯尔再次失败。1805 年，艾伦·伯尔(Aaron Burr)在卸任美国第三位副总统、竞选纽约州长失败、在决斗中枪杀亚历山大·汉密尔顿(Alexander Hamilton)等一连串事件后，遂到俄亥俄河谷(Ohio River Valley)及路易斯安那购地(Louisiana Purchase)等地方探险。1806 年，总统杰斐逊获悉，伯尔所谓的探险活动实为一种叛国阴谋——悉伯尔策划先夺得新奥尔良，然后再袭击墨西哥，最终攫取蒙特祖马的帝位(Montezuma)，将路易斯安那州据为其帝国的领土，并将阿勒格尼山脉以西的(Allegheny Mountains)北美各州并入自己的帝国。参见屈文生：《普通法令状制度研究》，商务印书馆 2010 年版，第 298 页。——译者注

兰达就死在了西班牙的监狱中。

玻利瓦尔[1](Bolivar)和桑坦德(Santander)是边沁忠诚的追随者,孜孜不倦地在最适宜的土壤上培养边沁式的改革计划。

据统计,仅1830年一年,在美洲西班牙殖民地共卖出了四万册边沁的法文著作。在那些地方,几乎每一个识字的人都学习边沁的作品,就像学习来库古(Lycurgus)和梭伦(Solon)的作品一样。

布宜诺斯艾利斯[2]的国会议员里瓦达维亚(Rivadavia)是边沁的学生;危地马拉的总统德瓦莱(José del Valle)也是边沁的学生。他们和巴西的安德拉德(Andrade)部长,都曾就他们各自国家的立法与圣人(指边沁——译者注)通信探讨。这些新成立的共和国的宪法和所有的法律都能显示出边沁影响的痕迹。

边沁的著作在当地的学校中被当作教材使用。但是,令人遗憾的是,边沁忠诚的弟子玻利瓦尔在1826年推翻专制的统治者之后,就禁止在公立学校中继续使用边沁的著作。

另外,值得注意的是,这些由边沁信徒建立起的政府通常都很容易被推翻。这种不稳定性也许是对边沁的政治理论价值的最佳诠释。

在刑法领域,边沁的观点具有很大的价值,且这种价值还在继续增大中。边沁的著作中关于刑法的许多理念,是对贝卡利亚观点的再次强调。其中,对于刑罚改良和罪刑相适用的观点,可以从每一个文明国家的立法中找到痕迹。但对于一位谨慎的研究社会形势的学者来说,他更愿意把刑法的这种变化归因于不断上升的人口密度和警方更加有效的治安,以及给予人类生命更大的尊重(通常是错误的尊重)。据说边沁的"圆形监狱"理论曾在俄国得到成功的实施。

单独的监狱房,持续的看守,关注犯人身体的健康,以及让犯人从事劳动——这些将边沁观点具体化的措施现在已经普遍适用于所有国家的监狱。但这些观点更多地来自霍华德(Howard)[3]而非边沁。

边沁关于缩减和休整国家军队的提议如今似乎有了实现的可能。但当时,边 541
沁是在一个特别不适当的时期——18世纪末提出这个建议的。

1877年,俾斯麦(Bismarck)[4]轻蔑地嘲笑这个建议是完全行不通的,但随之而来的国家崩溃的危险促使了它的实现。

---

① 玻利瓦尔(1783—1830),南美洲北部地区民族独立战争中最为重要的领导人,也是整个拉丁美洲反抗殖民统治的革命运动中最为杰出的领袖。——译者注

② 阿根廷首都。——译者注

③ 约翰·霍华德,一译何尔德,1777年出版《英格兰和威尔士监狱状况》(*The State of The Prisons in England and Wales: With Preliminary Observations, and An Account of Some Foreign Prisons*)等。——译者注

④ 建立德意志帝国的普鲁士政治家。——译者注

“国际法”(international law)这个短语是由边沁发明的，在国际法及相关领域，边沁十分活跃。很明显，边沁式的法典是解决国家间法律的唯一办法。早在1789年，边沁就已经创造出一种国际法理论，这种理论在惠顿(Wheaton)①出版的《历史》(*History*)一书中有被提到。之后国际法法典化的所有尝试在很大程度上都建立在边沁提议的基础上。

1793年，边沁建议法国解放本国的殖民地。他认为一个国家拥有殖民地是一种罪恶的状态，法国应该消除这种罪恶。但回应这一提议的却是更大规模地开拓殖民地。不仅法国如此，德国和英国亦如此。

在提议废除陪审团制度上，边沁没能取得成功。陪审团制具有的使公民安守于法律体系下的这一价值，边沁从来都未能理解到。

边沁提议应该废除银行业务，取缔银行家，因为他认为这两者对于任何一个国家的政府来说，都是有害的。这表明，边沁从来也没能弄清楚，在现代工业化的发展中，最具有影响力的“发动机”是什么。

但没有什么事比1828年边沁提议穆罕默德·阿里(Mehemet Ali)给埃及一个边沁式的宪法更荒谬的事了。

在边沁学说的应用中有一件很滑稽的事。斯坦霍普(Stanhope)给希腊带去了边沁的《行为的原动力》(*Table of the Springs of Action*)，同时，他试图向拜伦(Byron)灌输《行为的原动力》的内容，然后凭此为希腊而战；但是，正如莱斯利·斯蒂芬(Leslie Stephen)②冷冰冰的评语中所说的那样：“但是，诗人(指拜伦)戏谑地说，实际上他适合评判人类的强烈情感而不适合做一名哲学家。”对于把共和国这一不幸的制度强加给希腊人的事，边沁充满激情的坚定信念毫无疑问起了巨大的作用。边沁的崇拜者很乐意忘记，1830年，边沁曾提出，将公共办公室出售给出价最高的投标者。

在美国，我们新设计出了“预选投票”(primary balloting)制度，是边沁有可能变为现实的少数梦想之一(指“无记名投票”制度)。

542 被迫承认边沁的影响力如此之小是一件很痛苦的事，但是这一论断的理由又是那么的充分。边沁最终的思想教义仅仅是一些没有意思的词语。“最大多数人的最大幸福”完全没有任何含义。

在任何一个特定的国家，这句话对于今天是一回事，对于明天又是另外一回事；对于一个民族，它会产生一个独一无二的结果，但对于另一个民族，他将会导致另一个完全不同的结果。

---

① 惠顿(1785—1848)，著有《万国公法》(*Elements of International Law*, 1836)等。——译者注

② 莱斯利·斯蒂芬(1832—1904)，英国著名传记作家，著有《国家名人传记大辞典》(*Dictionary of National Biography*)等。——译者注

无论是在法律上，还是在道德上，这句话都同样的贫瘠和枯燥乏味。在道德上，它意味着一个人应该做对的事情，而在法律上，它意味着，没有其他什么事情能比法律更正确，因为法律是最正确的事。分析到最后，这个论断演变为，“最大多数人的最大幸福”究竟是由从道德的立场上来看是正确的事，还是由从法律的立场来看是正确的事来决定。

简而言之，都准确且让人满意的说法就是：一个立法者应该为使他国家获得利益而努力。在这样一个原则之上，边沁攻击的每一件事都应该得到辩护。就像他毫无困难地为决斗辩护——因为它为法律未能纠正的错误配置了一种救济措施。准备实施一个好的法律从来就不是一件困难的事，真正麻烦的是决定什么法律是正确的。

然后，同样的，边沁对于痛苦和愉悦的比较，现在被证明是没有任何特殊的价值，除了在刑法的应用中，似乎还有些表面的效力。

在这种比较中，边沁通过衡量某一法律对于人在生理、社会、政治或者宗教上产生的愉悦是否多于损害来测试它的优劣。这样的关于痛苦和愉悦的分析却可以用来解决刑法中这样一个命题：就是说对于一个罪犯的惩罚不应该多于这个罪犯所获得的利益和社会需要的一般利益。只不过，要协调这些考量因素，实际是非常困难的。尽管，运用边沁衡量痛苦愉悦的公式，我们似乎可以得到这样一个结论，一个罪犯如果天生对于社会就只有危险，那么，他应该被判处死刑。

俄国那些热衷于边沁著作的人会发现，所有试图将边沁的政治理论与俄皇独裁统治结合在一起的努力都是无用的，这么做，完全是一件非常痛苦的事。比起事实，人类通常都是更满足于语言。立法中的困难从来就在于，它需要许多人去完成，但很少有人是被精挑细选的。普通人会发现，克莱翁(Cleon)[1]或边沁比亚里士多德或伯克(Burke)更容易令人信服。

边沁认为，是英国国王乔治三世(George III)以卑劣的诡计阻碍了他拯救世界的 543
宏图，他至死前都是以此聊以自慰，然而，他毕竟有过很多幸福的时刻。在1823年访问巴黎期间，这位备受尊敬的圣人白发披肩，身着一袭黄褐色的长袍，在欢乐而易受影响的高卢人的极大热情欢迎下，感到十分高兴。一天，他在未作提前安排的情况下，信步访问了一家高等法院。全体律师都肃然起立，并对他表示出最高的敬意；要知道，边沁实际上从未停止过对于法律职业的批评。法官席上的法官们则邀请他到上座落座；要知道，边沁曾多次提倡限制法官的职权及权威。我们就让他坐上座吧。

(撰写：John Maxcy Zane)

---

[1] 克莱翁(？—前422)，希腊政治家，伯罗奔尼撒战争中的将军(Strategos)。——译者注

544

24. 米特迈尔[1]

(Mittermaier)

(德国法学家米特迈尔)

卡尔·约瑟夫·安东·米特迈尔(Carl Joseph Anton Mittermaier)于1787年8月5日出生在德国慕尼黑。他的父亲是一名精通自然科学的药剂师,机智敏锐又极度乐善好施。他的母亲在我们的想象中是个忙碌的女人,头脑清晰、沉着冷静又精明能干。他的姑父齐默尔曼(Zimmermann)是一名远洋水手,曾经是著名环球航海家库克船长(Captain Cook)的舵手,这位水手对那些遥远国度绘声绘色的讲述,曾深深吸引童年时期的米特迈尔,并唤起了他对海外旅行的渴望,这一直持续到他生命最后的时光。

米特迈尔生平

米特迈尔的父亲英年早逝,他母亲再婚时,这个年轻人被送到了一所由一名神职人员开办的学校就读。这位神职人员待人苛刻又心胸狭隘,但却在古代和现代语言方面掌握了广博的知识,潜移默化地培养了学生们对外语的兴趣爱好,并逐渐给学生们灌输了这些语言知识。由此播下的种子成就了日后米特迈尔在德国学者中出类拔萃的语言修为,这为他赢得了许多外国人士的友谊和赞赏,而他也正是通过无数次的旅行和多种联系方式与这些外国友人熟识起来。

一进入慕尼黑学院(Munich Lyceum),米特迈尔就对自然科学表现出了浓厚的
545 兴趣,就算在以后从事法学研究的岁月中也从未放弃过,仍一直力求将自然科学知

[1] 本传记作者戈德施米特博士,是米特迈尔在海德堡大学的同事,他是当时最著名的德国商法学家,在他20年前去世时,他就已经成为欧洲最伟大的法学家之一。这篇译文的原文最初发表于期刊《民事案例集》(1867年,第7卷,第417页),后来又收录在作者编辑的《杂集》(1901年,第1卷,第653页)中。本文中米特迈尔的一些生平事迹引自《英格兰、苏格兰和美国刑事诉讼法》法语版(1861年)序言,该书是由法国阿尔比的A.昌法德法官翻译。本文由芝加哥赫尔豪斯的维克多·冯·博罗斯尼翻译。

识融入法学研究中。最初他计划成为一名采矿工程师，因此在13岁时就参加了采矿工程师的预备考试。但因为米特迈尔体质羸弱，他的继父没有同意他从事采矿工程师职业，也没有同意他之后想从事的医生职业。16岁那年，他参加了兰茨胡特(Landshut)大学法律课程的学习，在参加法律和哲学讲座之余，他还参加了解剖学和医学讲座。困窘的经济状况迫使他要靠做家庭教师来赚钱维持生计，所有事迹都体现着米特迈尔不屈不挠的勤勉性格，特别是这个时期，还只是一名学生的他却创作出一部自然法方面的论著(未发表)。

米特迈尔在做家庭教师期间，和热心关注他生活状况的当时国务大臣、前海德堡教授冯·曾特纳(Von Zentner)建立了密切的关系。完成大学课程的学习后，他在慕尼黑实习，主要是在奥市郊(Au suburb)的地方法院处理刑事案件。他渊博精湛的外语知识引起了当时兰茨胡特大学著名刑法学家安塞尔姆·冯·费尔巴哈(Anselm von Feuerbach)的注意。费尔巴哈曾为巴伐利亚政府(Bavarian government)起草了《刑法典》，他请米特迈尔做他的秘书，专门帮助他做法国法典和意大利法典及法典草案的摘录工作。

米特迈尔将学术研究作为自己毕生追求的事业，他计划到其他一些大学进行深造，好让自己得到更全面深入的培养。政府授予他600弗罗林(florins)旅行奖学金，事实上政府颁发奖学金的目的并不在于要他取得多少学术成果，只是为了肯定他的价值，并让他能在短暂的余生中得到些慰藉——因为当时所有人，包括他自己，都认为他最多只有一年的生命，而那年他才21岁。那一年，厄运降临到了他身上，他患上了无法治愈的肺结核病。后来，在获博士学位50周年的纪念日上，满头银发的他还满怀兴致地追忆了这段经历。

在曾特纳的建议下，米特迈尔来到了海德堡大学，在马丁(Martin)、海泽(Heise)、蒂鲍特(Thibaut)、察哈里埃(Zachariae)和克吕贝尔(Kluber)等法学大师的指导下继续学习。为了增加收入，他继续做家庭教师，超负荷的劳动让他发了高烧，差点危及生命。尔后，尚在康复期时，他被巴伐利亚政府任命为新成立的因斯布鲁克大学(University of Innsbruck)教授，同时也向海德堡大学申请了博士学位。 546
1809年3月20日他被授予博士学位，学位论文的题目是《刑事案件中的无效判决》(*Void Judgments in Criminal Cases*)①。同年，他完成了首部同属刑事诉讼领域的巨著——《刑事诉讼中的证据理论》(*Theory of Proof in Criminal Procedure*)②，但由于出版商破产，该著作一直未能面世，直到1821年，达姆施塔特的海尔出版商

① 《刑事案件中的无效判决》，海德堡，1809年。

② 《刑事诉讼中的证据理论，根据法国民法典中共同的积极法规》第二部分，曼海姆。他根据德国普通法和法国民法典的规定创作出了《刑事诉讼中的证据理论》，该书于1809年在德国曼海姆出版，共有两个部分。

(Heyer of Darmstadt)才出版了这部著作。

就在米特迈尔到因斯布鲁克大学任职前，蒂罗尔州(Tyrol)因民众暴动脱离了巴伐利亚的统治，导致这位年轻的法学家没有上任便离开了因斯布鲁克大学。在慕尼黑做了一阶段出庭律师后，他成为兰茨胡特大学的编外讲师(*privat-docent*)，后来他拒绝了基尔大学(Kiel)的邀请，接受了兰茨胡特大学曾承诺过的教授职务。在接下来的那一年里，他选择了人生伴侣：与朋友兼同事的妹妹、著名外科医生F.冯·沃尔瑟(Ph. F. von Walther)完婚。他们的结合幸福圆满，这个婚姻赐予了他们7个孩子。

在兰茨胡特大学的十年，是米特迈尔学术生涯最为硕果累累的阶段。尽管他很年轻，但却连续三届通过选举他任校长(rector)职务。更值得一提的是，通过他不懈的努力，一直由政府掌管的大学财务管理权被归还给了兰茨胡特大学，这也正是基于对米特迈尔的信任。米特迈尔的教学内容很广泛，曾在同在兰茨胡特大学任教的萨维尼的劝说下，教授过罗马法制史，但很快又放弃了，因为他意识到自己无法在个人的研究方向上集中必要的精力。但他仍教授"刑事诉讼法"、"德国私法及法制史"课程；"德国私法及法制史"是该学科中最早的课程之一。在冯·根纳(von Goenner)于1810年接受慕尼黑立法委员会的任命以后，米特迈尔还教授"民事诉讼法"课程。这个时期，他利用自己已发表的大量著作来教授这三门课程。

米特迈尔的第一类(关于刑事诉讼方面的)著作包括：《刑事诉讼手册》(*Hand-*
547 *book of Criminal Procedure*)①、《刑事案件中的辩护艺术》(*Introduction to the Art of Defensive Advocacy in Criminal Cases*)②以及《公开审理和言辞程序及陪审制度》(*Public and Oral Procedure and the Jury System*)③，还有他编辑的期刊《刑法档案》(*Archiv fur Kriminalrecht*)。这个期刊是1816年他从科诺帕克(Konopak)和克兰施罗德(Kleinschrod)手中接管的，该期刊创办于1798年，在1816年更名为《新刑法档案》(*Neues Archiv fur Kriminalrecht*，1816—1833，共出版16卷)，后于1834年又更名为《刑法档案新编》(*Archiv des Kriminalrechts*，*Neue Folge*，1834—1857，共出版24卷)，1834年以后，米特迈尔仍然为这个期刊倾注了许多心血。

第二类(关于德国私法及法制史方面)著作包括：《德国法制史研究导论》(*Introduction to the Study of German Legal History*)④、《科学评判德国私法》(*Sketch of a Scientific Treatment of German Private Law*)⑤。

---

① 通过比较德国普通法和法国、奥地利、普鲁士和巴伐利亚的刑法规定，创作出了《刑事诉讼手册》第一卷，第一编和第二编(海德堡，1810年)；及第二卷(海德堡，1812年)。

② 《刑事案件中的辩护艺术》(1814年于兰茨胡特出版，1820年出版第二版)。

③ 《公开审理和言辞程序及陪审制度》(1819年于兰茨胡特出版)。

④ 《德国法制史研究导论》，1812年于兰茨胡特出版。

⑤ 《科学评判德国私法》，1815年于兰茨胡特出版。

第三类是关于民事诉讼程序的，米特迈尔在这一阶段（指在兰茨胡特大学期间）并没有出版经典著作，但是 1818 年，他与根斯勒（Gensler）和施韦策（Schweitzer）一起创办了期刊《民法实务档案》（*Archiv fur Civilistische Praxis*），在去往海德堡大学就职后，他担任了该期刊的主编，直到去世。该期刊的前几卷收录了他执笔的庭审摘要、诉讼法文献的评论以及关于诉讼法典、抵押法典及它们的草案的评论等。

之后，米特迈尔拒绝了哈雷大学（Halle）的邀请，于 1819 年接受了新成立的波恩大学（University of Bonn）的教席职务，至此结束了他在兰茨胡特大学的学术工作。他是波恩大学首任法律系主任。在这个莱茵河畔城市生活的两年里，米特迈尔着手创作了他学术生涯中最重要的两部书：《德国私法教科书》（*Textbook of German Private Law*）[1]和《德国普通民事诉讼程序》（*German Common Civil Procedure*）[2]。

在波恩大学，米特迈尔主讲德国私法、刑法和刑事诉讼法时，将重点放在了包括法律修辞学等在内的实践领域上。鉴于当时的《拿破仑法典》仍在生效，他便全面透彻地研究了法国的实体法和程序法。那时，煽动叛乱事件在波恩大学特别活跃，作为波恩大学的临时学监（provisional proctor），米特迈尔不得已扮演官方的角色担任煽动罪的公诉方，他因此十分厌恶学监这一职务。之后，米特迈尔又拒绝了位于吕贝克（Lübeck）的四个自由市最高法院的邀请，于 1821 年接受了海德堡大学的邀请。 548

米特迈尔在海德堡大学授课共 46 年，期间只被一次短暂的议会活动打断过。1847 年冬天，他因参加巴登议会（Diet of Baden）的会议而只教授了几个月的课程，在第二年夏天和 1848 年到 1849 年的冬天，他因出席德国议会（German Parliament）而没有教授任何课程。但是，尽管卡尔斯鲁厄市（Karlsruhe）和海德堡市之间距离遥远且通讯不便，身为巴登议会成员的米特迈尔，仍定期回到海德堡大学做讲座。在海德堡大学任教期间，他每年讲授的课程包括“德国私法”、“刑法和刑事诉讼法”及“民法”，他还主持了民事诉讼和刑事诉讼方面的研讨会。到 64 岁那年，他便逐渐减少参与这些大型活动，1850 年夏天，米特迈尔就德国私法的内容做了最后一次讲座，1855 年到 1856 年冬天，他就民事诉讼法的内容作了最后一次讲座，1854 年夏天，他就庭审法官审判方法的内容做了最后一次讲座，而他参加的刑事诉讼方面的最后一次研讨会是在 1854 年到 1855 年的夏天。

从 1856 年到他去世（1867 年）之前，米特迈尔每年会在夏季做刑事诉讼方面的讲座，在每年冬季做刑法方面的讲座，此外还开设了以下公共课，诸如“陪审制度”、

① 《德国私法教科书》，1821 年于兰茨胡特出版。

② 《德国普通民事诉讼程序》，1820 年于波恩发表 1 篇文章，1821 年发表 2 篇文章。

“英国诉讼法”、“刑事疑难案件”和诸如谋杀、政治和财产犯罪等重要问题的刑法学说。从 1821 年起直到他去世，米特迈尔是海德堡大学“法学院审判团”(*Spruchkollegium*)的首席，这样的审判团在从前咨询者众多。

米特迈尔的学术成果非常丰富。下列作品都是他在兰茨胡特大学和波恩大学工作期间开始着手创作的，其中一些作品是在海德堡大学任职期间接着做、补充完善甚至完全修改后问世的。这些作品包括：《德国普通私法的原则：包括商法、汇票和海事法》(*Principles of German Common Private Law, including Commercial Law, Bills of Exchange, and Maritime Law*)[1]；《德国普通民事诉讼法》(*The German Common Law of Civil Procedure*)[2]；《德国刑事诉讼法》(*German Criminal Procedure*)[3]；《德国刑事诉讼中的证据原则》(*Doctrine of Proof in German Criminal Procedure*)[4]；《辩护艺术
549 导论》(*An Introduction of the Art of Defensive Advocacy*)[5]。

除了在期刊上发表的大量成果外，我们也应该关注米特迈尔发表的以下这些篇幅长短不一的成果，除一部外，几乎全都属于刑法研究范畴，而这其中的大部分又属刑事诉讼领域，它们包括：“论精神错乱”(Mental Alienation)[6]；“德国刑事立法现状”(The Present Condition of Criminal Legislation in Germany)[7]；“刑法中的精神疾患原则”(The Principle of Mental Alienation in Criminal Law)[8]；《刑事立法的进步》(*The Progress of Criminal Legislation*)[9]；“意大利的状况”(Conditions in Italy)[10]；《言辞程序、控告学说、公开审理和陪审制度》(*Oral Procedure, the Theory of Accusation, Publicity, and the Jury System*)[11]；“刑法各论”(Essays on Criminal Law)[12]；

---

① 该书在 1824 年于兰茨胡特出版，1847 年出版第 7 版。

② 《德国普通民事诉讼法》首版于 1822 年，1838 年第三次印刷；再版于 1827 年，1838 年第三次印刷；第三版于 1823 年在波恩出版，1832 年第二次印刷；第四版 1826 年于波恩出版，1840 年第二次印刷。

③ 通过比较英国和法国刑事法律著作的适用性及其特殊性和细则来培训《德国刑事法庭》第二编，1827 年于海德堡出版，1832—1833 年出版第二版，1839—1840 年出版第三版，1845—1846 年出版第四版。

④ “德国刑法典的条文是德国刑事法院在接受了英国和法国刑事诉讼法比较培训后得出的结论。”(达姆施塔特，1834 年)本书有无数种语言的译版，包括：1848 年亚历山大在法国巴黎出版了《刑事诉讼举证制度》法文版，1858 年，F. 安布罗索利在意大利米兰出版了该书的意大利文版，1851 年在西班牙马德里出版了该书的西班牙文版。

⑤ 《辩护艺术导论》1828 年第三版，1845 年第四版。1858 年 C. F. 加巴在意大利米兰出版了《辩护艺术导论》意大利文版。

⑥ 载于《刑事犯罪中的精神疾病权利范围探究》，海德堡，1825 年(校长演讲)。

⑦ 载于《德国刑法现状》。

⑧ 载于《刑法中精神病患者的权利适用》，海德堡，1837 年(校长演讲)。

⑨ 书中提到：“刑事立法工作证明了在一个立宪国家，要根据学术的要求、新政中有价值的经验，及刑法典草案中优秀的立法观点来制定刑法典条文是难之又难的。”首版 1841 年出版于海德堡；1843 年再版。

⑩ 载于《意大利立法环境》，海德堡，1844 年。1845 年 P. 马格纳在意大利米兰出版了该书的意大利文译版。

⑪ 书中提到：“在各国不同的立法现状及各国对法律和自身利益要求的考衡下，口头审理、公诉原则、公开审理和陪审制度都是可以实现的。”斯图加特，1845 年。1848 年于意大利摩德纳出版了该书意大利译本。

⑫ 这四篇刑法短评，是对费尔巴哈《刑事案例集》最新的介绍。

《英格兰当代监狱制度》(*The Present System of Prisons in England*)[1];《刑事案件立法与实践》(*Legislation and Practice in Criminal Cases*)[2];《监狱改革》(*Improvement of Prisons*)[3];《监狱问题现状》(*The Present State of the Prison Question*)[4];《死刑论》(*Capital Punishment*)[5];《论欧洲与美国的陪审团的效力》(*Experience* 550
Relating to the Efficiency of Juries in Europe and in America)[6];《英国、苏格兰与美国刑事诉讼法比较研究》(*English, Scotch, and American Criminal Procedure*)[7]。

米特迈尔非常重视上述最后一本书,即《英国、苏格兰与美国刑事诉讼法比较研究》,因为该书满含着他旅居英国时的个人研究成果,书中的结论与美国法学家们的结论不谋而合。该书除了对英国司法惯例和法律实施作出了真实生动的描述外,还简明易懂地分析了英国法律制度的起源、发展和现状,尤其是分析了陪审制度的情况。该书的每一章都表明作者是在亲自对英国最重要的法律制度作了全面彻底的调查后才执笔著书的。

诉讼制度

米特迈尔在《英国、苏格兰与美国刑事诉讼法比较研究》这本书出色的序言中简明扼要地对英国、苏格兰和美国刑事诉讼基本原则进行了综述,并论述了法国和德意志国家借鉴上述国家某些刑事诉讼原则的可行性。为了展现他的文风、司法观点和在实务中敏锐的洞察力,我们在此附列了该书序言中的一段译文(本译文译自英文,而该部分英文译自法文版序言):

> 为了有效贯彻刑事审判制度,刑事诉讼程序应该以有责控告、言辞程序(oral procedure)和公开宣判这些原则为基础,司法组织机构也需与这些原则相符,这样才能保证案件的审理速度、法官的独立性、管辖制度审慎有效以及诉讼程序的统一与判决结果的统一。这些问题可能有许多不同的解决办法,法

---

① 书中提到:"英格兰监狱制度建设最新的观点及英国独立监禁的经验",海德堡,1850 年。

② 书中提到:"根据最近的培训和测试讨论刑事立法及其实践",埃朗根,1856 年。

③ 书中提到:"在获得各种监狱管理经验后,特别是在明白单独拘禁的实现和监狱制度原则的改进之间的重要关系后,监狱制度就在逐步改进。"埃朗根,1858 年。

④ 书中提到:"特别从单独拘禁制度的立法和实践经验的最新成果讨论监狱现存的问题",埃朗根,1860 年。1861 年 F. 弗洛伦斯出版了意大利文译版:《监狱问题现状》。

⑤ 《死刑论》,海德堡,1862 年。译著包括:1863 年 J. B. 沃斯在荷兰莱顿出版了荷兰语译本,1864 年卡拉拉在意大利的卢卡出版了意大利译本,1865 年 T. M. 莫伊尔在英国伦敦出版了英文译本,1865 年利文在法国巴黎出版了法文译本。

⑥ 《论欧洲和美洲的陪审团的效力》,埃朗根,1864—1865 年。1866 年内斯特·拉曼斯凯在俄国圣·彼得堡出版了俄文译本。

⑦ 载于《英国、苏格兰与美国刑事诉讼法比较研究》,埃朗根,1851 年。

制史为我们展示了两种完全不同的解决途径。

我们发现，在第一种体制下的司法组织机构中，特定地区司法审判的执行受高等法院的管辖，该法院是司法组织体系的中心，其他所有法院都依附于它。高等法院一般以人们犯罪后最为主动的合作为先决条件，使责任控诉和
551 公开宣判原则在预备诉讼程序中成为必须。它认为正式审理、言辞程序和责任控诉是必不可少的。主审法官指导审判，既不对被告人也不向证人提问；陪审团对事实的认定，并不只是建立在被告人在审前对具体讯问回答的基础之上，而是陪审团在接受了主审法官关于本案中法律要点的指导，并且根据证据原则对所有事实进行考察、权衡之后，然后对被告人的罪行作出总体裁定。

第二种体制以不同法院之间司法权限的逻辑划分和庞大的法院官员队伍(a large staff of court officers)的支持为基础，不同的法院有机地结合在一起，而法院的官员队伍中还包括一名检方代表(a representative of the State)，其有足够的权力揭露犯罪。这种体制要求进行秘密的预备调查，因此该制度更具有了不公开刑事诉讼程序的特征，并为审判提供有价值的报告。言辞程序和公开审理以地方法官的指控为基础，由审判法院的主审法官主持，并且给予陪审团最后的指导。只有在最严重的刑事犯罪案件中才需要陪审团进行裁判。陪审团作出裁定并不受法律证据的限制，而是以回答主审法官问讯的方式，自由地依据所谓的“内心确信”(intimate conviction)原则而作出他们裁定。

第一种体制符合罗马法律原则，主要被英格兰、苏格兰和美国采用。第二种体制则是法国法典和德国法典的基础。

第一种体制又有三种不同的模式。

英格兰采用的第一种模式是古代制度的产物，只不过在漫长的历史长河中被逐步改进，它以私人提起有责控诉的原则和后者运用的逻辑结果为基础。在法律的运用中它给予法官极大的自由裁量权。该模式通过两种途径保证了裁决的公正：提起控诉时需要获得大陪审团支持；对罪行的裁定必须取得全体小陪审团成员的一致同意才对案件有约束力。

苏格兰采用的第二种模式需要一个高级法庭官员的参与，他首先来决定由秘密预备调查程序取得的信息是否足以保证对该案提起控诉。因此，是否提起诉讼不取决于大陪审团，而仅仅是这位高级司法官员。在审理阶段，被告人的辩护人和公诉人享有同样的权益；被告人的权利得到了最充分的保护。只要大多数陪审员的意见一致，即可达成有效的裁定。

美国建立的模式属于第三种模式，它起源于英国法律，然而其特点是拥有不同的、更加简便的司法组织体系，采用公诉方式，而且对被告人的权益给予了极大的关注。美国模式通过立法调整了英国对于司法自由裁量权的规定，

抛弃了英国诉讼程序法中一些过时的特征内容。

对刑事立法发展感兴趣的每个人都必须研究英国的程序法。德国的立法者习惯于以法国法为楷模。他们满足于对法国法的模仿,而从不研究英国的法律,因为英国法的价值在法国未得到重视。法国立法者未能领悟英国法律 552
的民族精神以及它与该国的道德发展、政治社会习惯的紧密联系。如果我们研究法国的刑事诉讼程序,我们会毫无疑问发现其中包括许多英国法律所表现出进步之处;例如,它有良好的司法组织体系,各法院的司法管辖权协调运作。但是当我们关注法国和英国刑事诉讼程序的精神,并比较它在两国的运用状况时,我们会注意它们有许多不一致的方面。法国法典中的规定与构成英国相关规定基础并保证其效率的原则常常公然相悖。在法国,那些规定中的许多方面都缺乏自然基础;换句话说,同样的规则在英国必须拥有与其相关联的制度做支撑,而在法国的规定中却没有。法国法律的效率经常因为这些制度的缺乏而降低,而这些制度本身就可以维护法国的法律。没有哪个地方的刑事诉讼程序法像英国法律那样拥有深厚的道德和社会根源,没有哪个地方的刑事诉讼程序法的演变比英国法律与其国家命运的发展联系更加紧密。尽管英国拥有几个世纪的法制建设和经验,但是没有哪个国家像它一样回首过去,总结经验;明智的立法者不应该忽略英国法律的这一优势。没有哪个国家的刑事诉讼程序能够得到明智的保证条款更好的保护,也没有哪个国家能像英国那样致力于广泛有效地维护公共秩序,同时,因为英国刑事诉讼程序保证个人绝对自由,这使之获得了全民的巨大拥护。

然而,研究英格兰、苏格兰和美国的法律势必会遇到诸多困难。理论性和实践性的教程都采用陈述基本制度和细节的方式撰写,这就给读者留下许多悬念或疑问有待于解决。一些作者参考国家法律,为其同胞撰写实用手册,他们认为读者十分地熟悉该国的社会风俗和法律习惯,可外国人对此很可能全然不知。有人若想深入研究英格兰的刑事诉讼程序,他必须从细节方面研究特定案例,看看那些基本原则如何运用于它们的判决结果。此外,他还必须了解司法判决的过程,以及各种制度从远古时代以来的历史发展进程。他还必须分析法官的法律观点,并且明确判决理由,因为法官的法律观点会出现在给予陪审团的最终指导或者判决结果的导言部分,而且每个案件中的法律判决都是基于查明的原因作出的。最后,学习者还必须了解该国的公众意见和国民情感,因为法官、律师、承担陪审职责的公民和立法者都会表达和理解这种感情。

该著作旨在满足读者要求对每一制度从其起源到现状进行历史性的调查研究。它试图表明这些制度是如何与社会和政治习惯以及人类文明进程相联

系的。本书将通过引用特定案件和法官的指导意见，来讨论英国法律制度的
553 根本原则及其在大量刑事案件中的运用。作者只有在做好亲身调查研究、向法学家及其他公民进行咨询商讨并且详细阅读大量统计资料和议会报告以后才有可能完成这一艰巨的任务。通过这种方法，我们保证能够看到一幅描述英国司法制度的真实图画——反映该制度运行的情况以及从不同细节方面提出的改革措施。作者对英国过去三年内进行判决的1 500多个刑事案件进行了调查研究，要么在案件审理过程中亲自做笔录，要么仔细阅读速记审判报告和法庭日志以及极其珍贵的阿克利(Arkley)文集中的报告(用于对苏格兰的研究)。为了描述美国刑事司法实践的真实情况，作者还得到了几位杰出法学家的帮助。

任何一位不偏不倚的英国刑事诉讼程序法的学者都不会推崇他国对英国刑事程序法不折不扣的模仿。这对法国法律已经取得的进步，尤其是德国自1848年以来实施的改革不公，因为德国的这些改革措施已经得到公众的认可。凡是在英国观看过刑事案件审判的人，无不对英国刑事诉讼程序制度的高效印象深刻，这是毋庸置疑的事实。在全面保护被告人的权利，给予其充分辩护自由的同时，该制度保证无辜的人无罪释放，让有罪的人受到法律制裁。刑事诉讼程序应该符合公正理念，而且在激发每一位公民对法律的最大信心的同时，它也应该维护公共秩序与安全，所以它们在所有智者的眼里必然具有重要意义。如果新建一套刑事诉讼程序制度，能在避免法国法、英格兰法、苏格兰法、美国法和德国法中存在的缺陷的同时，又满足各种要求，那么这些智者一定会考虑建立这样一套制度具有多大的可行性。经过深入的研究，人们都不得不承认，英国法律对于从理论上和实践上构建完美诉讼制度作出了巨大的贡献，而且人们还能得出这样的看法：之所以某些特定的方法在英格兰、苏格兰和美国都得到有效的运用，是因为这些国家独具的制度和它们的社会生活的独特个性使之成为可能，而这些方法在德国却没有可操作性。

作者意在为读者奉献一部阐述更加详尽的作品，通过分析不同国家刑事诉讼程序法的基本原则及其逻辑后果，对各国刑事诉讼程序制度的缺点与不足进行全面讨论。该作品希望向我们展示如何建立一套符合以下条件的刑事诉讼程序，即平等保护社会利益和公民个人自由，激发正直公民的信心又能给公共秩序的一切敌人以威慑。

尽管米特迈尔多次宣称，他一生的追求就是出版一部刑法学指南，但他最终还是没有执笔，反而为费尔巴哈出版了《指南》的第12版(1836年)、第13版(1840年)
554 和第14版(1847年)。他通过在书中添加脚注对原著进行评议，阐述自己的观点，

也记录了其他作者的观点，通常这些观点都是与费尔巴哈的意见相反的。

除此以外，他还发表了无数篇评论和报告，覆盖了法学的各个领域，有些发表于德国和外国的期刊上，有些发表在他自己作为编辑的期刊上。他参与编辑的期刊中，有两本是在德国法学界历史最为悠久且影响最大的期刊，即上文曾提到过的《民法实务档案》和《刑法档案》。从《民法实务档案》创刊时起米特迈尔就担任主编，历时五十年之久，无论是以对某一具体问题进行讨论的形式发表，还是以对法典、法典草案或诉讼法文献进行评述的形式发表，每一期都凝结着米特迈尔的巨大贡献。这本期刊对所有出版物中有关民法的内容做了连续五十年的评论，其中讨论最多的问题包括：法律职业、司法与行政的关系、民事案件的统计分析及婚姻关系中财产权问题；另外也偶然出现关于监护权法律制度、铁路法和其他法律制度的短评。米特迈尔还担任了期刊《刑法档案》的主编，一直到该期刊停刊，共历时 42 年。他还定期为这个期刊供稿，特别是刑法及诉讼法的文章，以及对法典、法典草案和刑法文献的评述。

米特迈尔注重理论与实际的结合。只有当某个问题需要立即得到结果时，他才会从理论层面对这个问题进行讨论分析。他尽量避免过分追求理想中完美的制度而牺牲现实利益。聪明谨慎的头脑加上丰富的经验，将他深刻的哲学思想引向了真理这个目的地，他会把最终得出的法律原则运用于实践。鉴于对此不断的追求，米特迈尔建议德国法学家着手对外国立法和外国法学著作进行研究，同时又坚持以德国学术界独有的全面、缜密、系统、科学的综合分析方法进行研究。虽然米特迈尔勤奋的性格和渊博的语言知识让他有资本毫无顾忌、全心全意地投入这项伟大的工作，但他却一直格外小心避免犯学者们常见的错误，比如有的学者没能对自己国家的法律和体制作出正确的评价，却在赞扬外国的法制天空。他也小心翼翼地避免提出一些危险的改革主张，因为这种主张往往是在对外国法律体制还不 555
够了解时所作出的夸大的赞美。米特迈尔头脑清晰、处事公正的天性让他没有为了提出并采纳其他国家那些通常行不通的法律制度而牺牲本国久负盛名的法律制度。

他创办的第二个极具影响力的刊物是《外国法学评论》(*Critical Review of Legal Science in Foreign Countries*)①，该刊由米特迈尔和 C. S. 察哈里埃共同创办，之后曾与莫尔(R. v. Mohl)共同编辑该刊，还一度曾与沃恩凯尼格(Warnkoenig)共同编辑本刊。米特迈尔在这个刊物上也发表过许多有关国外法律制度、法典和法律文献的文章。大多数当时国外比较杰出的法学家都成为了该刊物的供稿人，比较法的研究也由此得到国际上的重视。1857 年《刑法档案》被迫停刊，米特迈尔在

① 《海外法学评论期刊》(1828—1856)第 28 卷，海德堡。

1858 年将《刑法档案》的第十卷并入了《法庭》(*Gerichtssaal*)这部期刊出版。《法庭》创刊于 1849 年,主要致力于对刑法学的研究,米特迈尔有许多刑法学的短评都发表在该刊物上。此外,他也为高登(Goltdammer)的《普鲁士刑事犯罪档案》(*Archiv fur preussisches Strafrecht*)和《德国普通刑法报》(*Der Allgemeinen Deutschen Strafrechtszeitung*)这两个刊物供稿[①],后者由霍尔岑多夫(Holtzendorff)创立。

米特迈尔从 1827 年开始积极参加公共事务。他于当年被选为巴登立法机构的成员,一直到该机构解散。从 1831 年到 1840 年,他担任了布鲁赫萨尔市(Bruchsal)在巴登邦下议院的代表。在 1840 年,米特迈尔的长子马丁·米特迈尔博士(Dr. Martin Mittermaier)不幸去世,他深受打击,辞去了代表的身份。马丁·米特迈尔于 1835 年在海德堡获得博士学位,其毕业论文《关于文件版本责任的确立》(*Ueber die Grunde der Verpflichtung zur Edition von Urkunden*),至今仍被认为是对科学事业作出了非常有价值的贡献。米特迈尔再次任职是从 1845 年到 1849 年间。除了参加议会活动的最初两年外,他在 1833 年、1835 年、1837 年、1839 年和 1845 年会议中都担任了下议院议会议长(presiding officer)。他积极开展各方合作,确保了很多具有深远意义的法律和行政改革得以实现,比如,地方自治政府的法律调整、减免农民税收、制定民法典、刑事诉讼法典和刑法典以及引进陪审制度和其他制度。他强烈主张在民事程序中实施口头审理、公开审理和公诉律师制度,后来又主
556 张施行陪审制。在刑事诉讼程序中,他主张对案件事实进行深入的调查、对罪犯制定人性化罚则和进行监狱改革。引进陪审制这个问题需要一个相当灵活变通的解决方法。有时为了赢得官方和律师对改革措施的支持,利用言辞程序和公开审理的优越性来说服他们就显得非常重要,这时米特迈尔就不再公开讨论陪审制度中的负面问题。但是上述所有改革措施一被立法机构采纳,他就又开始讨论陪审制度中存在的问题,他在仔细研究了法国和其他国家的陪审制度后呼吁德国也引进其他国家的优秀做法。他那无数篇关于监狱改革、终身监禁、驱逐出境和死刑的文章在促进刑法的人道主义方面起到了决定性的影响。如果将费尔巴哈和格罗尔曼(Grolmann)在 19 世纪初倡导的刑法原则与当前德国的刑事科学和刑法制度状况进行对比,就会发现米特迈尔对此作出了弥足珍贵的贡献。

米特迈尔在担任下议院议长时所做的那些令人敬佩的贡献,使他于 1848 年 3 月 31 日在法兰克福当选为德国第一届国民议会议长。在德国人民拥护宪法的斗争失败后,米特迈尔退出政界,之后多年许多地区邀请他出任该地区在巴登下议院的代表,他都拒绝了。1838 年,在海德堡过着市民生活的米特迈尔被授予了他非常感兴趣的荣誉特权(honorary freedom)。他是市议会、学校董事会和无数的慈善组织的成

---

① 上述数篇短评已被译成了英文或法文在专著或期刊中发表。

员，还是妇女协会和孤儿院的发起人和董事之一。国务委员莱米(State Councillor Lamey)曾在一次纪念(米特迈尔的)致辞中为我们描述了这样一幅画面来赞美他："米特迈尔完全脱离了自私和偏见，他以增进国家和全体市民的福利作为自己毕生的事业。穷人的苦难、被压迫者的诉求以及囚犯所受的折磨都牵动着他的心。所有人都可以得到他的帮助，而不会被责问他们自己在不幸中应承担怎样的责任。学校、孤儿院和其他慈善机构总能得到他的积极参与。他不断地致力于缓解由人类的自私、迷信和冷酷无情带来的各种不必要的苦痛和悲伤。"他在教授课程、著书 557
立说以及参加各种社会活动中作出的贡献远远超过了促进法制发展和提升社会文明标准这些内容。

对知识的渴求驱使米特迈尔利用假期四处奔波游历，收集各个国家及其居民和机构的相关信息，却不选择在繁重的工作后休息。除了在旅途中收集文献资料外，他还与德国和外国最知名的法学家、律师及政治家见面。比如，米特迈尔的第一次意大利之旅就收获丰厚，他得到了中世纪法学文献的珍藏本，他用他的背包就把它们背回了家。意大利，这个在政治和宗教文化发展上都遭受着别国压迫的国家，引起了他特殊的兴趣，他曾八次翻越阿尔卑斯山。在《意大利立法现状》这部著作里，他表达了对这个国家深深的同情。他还经常访问法国和比利时，他不仅与当地的政治家和法学家有所联系，还与西班牙和葡萄牙的政治家和法学家有诸多交流。1850 年，时年 63 岁的他为拜访英格兰和苏格兰作了全面的准备，认真学习了这两个国家的制度和语言。在与政治家、法学家和监狱官员当面沟通交流后，他填补了自己在英国法律组织和惩罚机构方面的知识空白。米特迈尔一直渴望访问美国的计划最终没有实现，但是他通过与美国许多州的政治家及法学家的不断联系，筹措了巨额资金用于对美国立法现状的研究。在随后几年里，他专门利用假期访问监狱和精神病院。他参加了两届分别在布鲁塞尔和法兰克福召开的国际慈善和矫正大会，并在法兰克福那次大会上担任了临时会议主席。1846 年和 1847 年，他到吕贝克和法兰克福参加了议会。在吕贝克时，他受邀为下届即将在法兰克福召开的会议准备一份关于陪审制度的报告，由于会议采用了这份报告，1848 年以后，陪审制在德国得到广泛介绍。

随着年龄的增长，米特迈尔在事业上获得了越来越多的成功和荣誉，但这丝毫没有影响到他那纯朴而谦逊的个性。不论是大学里的头衔，还是世界各地成千上万的学者对他的赞扬，抑或是德国或其他国家授予他的各种嘉奖和表彰，还是他在世界最重要的学术和科研协会里的席位，所有这些成就都没能让他的性格或举止发生改变。不论是对最卑微的群体还是最杰出的人，他都伸出援助之手。不论一 558
部作品的作者是鲜为人知还是颇富盛誉，他都会为他们的奉献感到高兴。他慷慨地出借自己丰富的藏书，也愿意回答来自世界各地的任何问题。米特迈尔不仅在民事诉讼领域是著名的权威专家，在外国普通法及其文献方面的研究也是极负盛名的，所以法院和法学家经常为了省去他们自己调查研究的麻烦，而直接将那个问题抛给他。

1859年，在米特迈尔获得博士学位50周年的纪念日上，海德堡大学、弗赖堡大学、瑞士的巴塞尔大学的代表团、他就读过的小学和中学的代表团、政府、市民、神职人员的代表团和其他社会各界的诸多代表团都参加了这次纪念庆典。最高法院院长以巴登各法院的名义致祝贺词，还特别赞扬了米特迈尔作为一名立法工作者和法学家的功绩。几乎德国所有大学的法学系和哲学系都发来贺信庆祝这一活动。海德堡大学法学系依惯例更换了他的博士学位证书，同时，该大学哲学系授予了他荣誉哲学博士学位。在这个特别的日子里，他收到了无数的学术著作，它们是对他的贺礼。

1859年以后，米特迈尔开始减少参加学术活动，但这不包括发表学术著作。前面已谈到，他在晚年对监狱改革、陪审制和彻底废除死刑这些问题上产生了很大的兴趣，所以，1859年以后的大多数作品都与这些主题有关。1862年出版的著作《死刑论》是对米特迈尔50年工作成果和经验的总结。该著作因一位76岁老人所表现出的孜孜不倦、刻苦钻研的精神震撼了德国和各国的法学家们，著作中的思想迫使许多学者在死刑这个重大问题上重新审视他们自己的观点。

当反复发作的疾病开始侵蚀米特迈尔看似健康的身体时，他经常对他的密友流露出想要放弃学术工作的念头。1867年5月，他就因为突发胸膜炎推迟了讲座。

在米特迈尔80岁生日时，他将自己15 000册藏书捐赠给了海德堡大学，这份
559 贵重的礼物让他的名字在海德堡大学名垂千古。

1867年8月28日，米特迈尔因心脏病离开人世，去世时显得平静而安详。

米特迈尔的性格特征

最符合米特迈尔的描述应该是“博爱”，因为这个词最充分地描述出了他的天赋中所有的优点和缺点。他终其一生最主要的目标就是致力于将法学研究所得到的丰富成果转化到实践中去。他惊人的接受能力和学习能力使他得以将这些资源运用到极致。在他看来，法律科学中包含着人类社会的统治原则，他主张根据这些不断变化的原则，对法律、社会现象和社会需求进行不断的反思。他记录下了法律进程中的所有细节，即便这个细节很微不足道。历史法学派曾宣称它的主要目标是对现存的法律和它们的历史演进做批判性研究，但是，米特迈尔的目标远远不止如此，他一生追求的是理性审视和改进现有的法律。在他事业生涯的最初，他倡导对诉讼法，特别是对落后的刑事诉讼程序进行改进，但是后来他慢慢明白了引进陪审制度的必要性。米特迈尔在他的教学和著作中阐明了基本立法原则的演变过程

和这些原则在实践中的应用，通过这种方式来让人们透彻地理解问题。他从来不会仅仅提出一个论点来支持某种学说，而是从多个角度进行讨论。比如，他利用精神病学和法医学上的论据来支持刑法和刑事诉讼法需要变革的观点；他利用比较法律史的观点阐明了迄今不为人知的意大利法是如何对罗马—日耳曼民法、刑法及其诉讼法的演变产生影响的；他还注意到了日耳曼法和后来其他法律渊源所起到的作用。米特迈尔是第一位彻底了解在国外发表的关于德国法学和德国法制演进文献的学者。他通过不倦的努力提高德国人的知识水平，在此之前，德国法学家仅知道为数很少的几部重要的外国法典。

米特迈尔是比较法学的创始人和最具影响力的代表之一；比较法学的目标在
于尽可能地收集各个时期所有学者的法学资料，展开比较研究，进而为所有文明国 560
家的统一立法奠定基础。尽管该领域迄今还有许多需要完善的地方，但是米特梅尔已在他重要的著作里指出了一般的法律原则以及它们在多国社会制度的整个领域中的相互关系和效力。他的方法是确定这些原则在理论和实践上是如何的不同和如何的相似，以及德国法律该如何采纳外国的制度。由此，米特迈尔无疑是沟通德国法学和外国法学的桥梁。在所有德国法学家中，包括萨维尼在内，米特迈尔在国际上知名度最高，而且获得了最多的尊重。

尽管米特迈尔的活动涉及范围如此广大，以至于对其作详细的评述十分困难，但是他曾经对其朋友说，只是为环境所迫，他才探索了这么多不同的领域。他语重心长地建议年轻人要集中精力，做到学有所长，因为只有这样才能保证学术事业上的进步。米特迈尔是一位多产的法学家，他从来不允许他的政治和公务活动打扰他在科学道路上的执著奋进。他对法学的各个领域都十分精通，他是最有影响力的法律科学普及者之一。

在刑法的历史上，米特迈尔的名字是不朽的，他摘取了他那个时代刑法领域最杰出法学家的桂冠。后人会永远铭记米特迈尔辛勤的努力给法学带来的巨大进步，是他通过启迪性的耕耘，将一些原本尚未结果的改革措施提了出来并将它们付诸实施。

（撰写：Levin Goldschmidt）

561

25. 萨维尼
(Savigny)

（德国法学家萨维尼）

弗里德里希·卡尔·冯·萨维尼(Friedrich Carl von Savigny)出生于一个古老家族，该家族发源于洛林地区(Lorraine)[1]，因靠近沙尔姆(Charmes)并坐落于摩泽尔(Moselle)[2]河谷的萨维尼城堡(Castle of Savigny)而得名。

保罗·德·萨维尼(Paul de Savigny)是法学家萨维尼的祖先，于1622年出生于梅斯(Metz)[3]。萨维尼家族是加尔文主义者，而且在洛林并入法国后他们一直保持了对德国的忠诚。保罗参加了瑞典军队，而且以军人身份定居德国，于1685年在基希海姆去世。他的儿子路易·让(Louis-Jean)成为一名律师，为纳塞(Nassau)[4]公国的王子效命。他曾在1692年出版一部作品对路易十四(Louis XIV)的好战进行了攻击。路易·让于1701年去世。他的儿子路易(生于1684年，卒于1740年)也曾谋取到一个政治职务。路易的儿子，克雷蒂安·夏尔·路易(Chrétien-Charles-Louis)于1726年出生在摩泽尔的特拉本斯(Trabens)，而且他在外交和政治领域都达到显赫地位。他是在法兰克福召开的议会的议员，代表帝国十大行政区之一(the ten Circles of the Empire)，即上莱茵河行政区(the Circle of the Upper Rhine)。在这个行政区里，他是好几个公国的代表。

弗里德里希·卡尔·冯·萨维尼(这个名字采用的是德国模式)于1779年2月

① 位于法国东北部。——译者注

② 摩泽尔河，源出法国东北部，流经卢森堡，在德国西部的科布伦次(Koblenz)汇入莱茵河。——译者注

③ 法国东北部城市，或译为麦茨。——译者注

④ 德国统一前的公国之一，纳塞公国的贵族从1815年起作为奥兰治王室(House of Orange)统治荷兰。——译者注

21 日生于法兰克福(Frankfort)。这位法学家的父亲是一名路德教派信徒(Lutheran),但他的母亲是一位加尔文主义者(Calvinist)。在那个年代,禁止加尔文教派的信徒在法兰克福做礼拜,尽管其牧师们都极富天资。法兰克福被路德教派控制着,他们用充足的警力来弥补宗教人员的不力。加尔文主义者被迫在城外的波肯黑门村(the village of Bockenheim)去做礼拜,尽管父亲坚持着对主流信仰的忠诚,但是小萨维尼的信仰逐渐地被带向母亲的一边。

母亲负责小萨维尼的早期教育,并给予了他特别的关注。夏尔·格努先生(M. Charles Guenoux)告诉我们:"她用拉辛[1]的悲剧和德·让利斯夫人的《城堡的故事》(*Les Veilées du Château*)教他学习法语。在他不到三岁时,他的母亲就已经给他阅读《圣经》了。真诚的宗教精神已经成为萨维尼性格中的显著特征,或许我 562
们应该将其归功于其母亲给予的教育和榜样。"萨维尼母亲的生命中有许多的伤痛,这促成了她对宗教的虔诚。除了弗里德里希以外,她所有的孩子全都早逝,而且她的丈夫在 1791 年去世。当她自己于 1792 年离开人世时,年仅 13 岁的弗里德里希·卡尔·冯·萨维尼成为地地道道的孤儿,没有兄弟姐妹的陪伴。他父亲最好的朋友——诺伊拉特(M. de Neurath)是一位著名的律师,也是韦茨拉尔帝国法院的陪审(the Assessor of the Imperial Chamber at Wetzlar),他成为萨维尼的另一位父亲,而且亲自对萨维尼和他自己的孩子施以严格的教育。当孩子们到 15 岁时,诺伊拉特已给他们开设了具有相当难度的课程,包括法学原理、自然法、国际法、罗马法、德国法等。这些法律原则通过问答的方式被注入这些孩子的头脑当中,而最后诺伊拉特引导他们记忆大量艰涩难懂的思想。这是不同寻常的训练,让人想起密尔(Mill)枯燥无味的早期生活,不过母亲的长期影响和诺伊拉特的温和关爱又对此有所缓和。据说,对于这些不真实的、艰涩难懂的理论,萨维尼十分厌恶。实际上,他后期的全部工作从一定程度上都是对非历史法学派思想(the unhistoric school of thought)的抗争,因为那些思想披的正是他早年努力学习到的理论的外衣。然而,诺伊拉特开设的课程肯定是卓有成效,因为这位年轻人的全部兴趣都因此转向了对法学理论和法律史方向的研究。1795 年的复活节,17 岁的萨维尼进入马尔堡大学(Marburg University),先后跟随埃克斯莱本(Erxleben)和魏斯(Weiss)[2]学习《学说汇纂》(Pandects)。

魏斯是一位令人印象深刻且教学效果显著的老师,他将其良好的图书馆交由萨维尼使用,萨维尼后来成了他的一名私人弟子。尽管魏斯不是一位声誉极高的

---

[1] 拉辛(Racine, 1639—1699),法国剧作家,诗人,法国古典主义悲剧代表作家之一,主要作品有诗剧《安德罗马克》,悲剧《爱诗苔尔》、《非德拉》等。——译者注

[2] 魏斯的全名是菲利普·弗里德里希·魏斯(Philipp Friedrich Weiss)。萨维尼曾称"魏斯身上所具有的对书籍犹如年轻人一样的狂热……对我起了决定性的作用。"——译者注

法学家，但他的确转变了萨维尼的方法论，尽管那一方法论在当时仍未成形。魏斯坚决反对沃尔夫（Wolff）和其他权威学者的观点，尽管他没有全部接受胡果（Hugo）和瑙博尔德（Naubold）的思想，但他感到历史的思维或进化的思维是法学研究的必备要素。萨维尼在孩童时代接受了许多我们称为“先验法学派”（*priori* school of law）的知识，而现在他如饥似渴地吸取新的理论。1796 年 10 月，他进入哥廷根大学（University of Göttingen），而施皮特勒（Spittler）关于全球史的精彩讲座巩固了萨
563 维尼的历史学兴趣。哥廷根大学没有其他有价值的东西可以给他，但是当时该大学确实给了一样他需要的东西——历史学。

1797 年春天，一场疾病使萨维尼不得不中断学习；他于当年 10 月份回到马尔堡大学继续深造。从 1799 年到 1800 年，他游遍德国，访问了许多不同的大学，包括莱比锡大学（Leipzig）和耶拿[1]大学（Jena），而且把全部的时间都用在学术研究上。1800 年，他获得马尔堡大学的博士学位，当时他以题为《论犯罪的竞合形式》（*De concursu Delictorum formali*）的博士论文获马尔堡大学的法学博士学位。同年，萨维尼成为马尔堡大学的编外教师（*Privatdocent*），讲授刑法学。另外，他还作为编外的特聘教授讲授（an additional or extraordinary professor）乌尔比安《学说汇纂》的最后十卷、继承法、债法、法学方法论及罗马法制史。在他所开设的课程中，我们看到了他日后著述的计划平面图。M. 格努（我们主要从他的作品中了解到萨维尼的生平[2]）告诉了我们萨维尼对历史学日益重视的态度，他说：

> 胡果的《罗马法史》激起了萨维尼的强烈兴趣，而且经常使用一些神秘莫测的方法，与其说是激发了萨维尼的兴趣倒不如说是满足了他的好奇心。对这十一个连续版本的修订并未完全去除其中的数字，这比原始著作增加了十倍的工作量。此外，萨维尼总是公开表示对胡果工作的尊重和认可，尽管他不会永远遵循这些课程，但是胡果可能是唯一一位对萨维尼的发展产生影响的现代法学家。

毫无疑问，这些表述很大程度上是真实的，但是萨维尼当时遭遇了这样一种情况，传统学术流派的支持者和黑格尔学派的思想者之间相互对抗，后者试图论证并且参与历史或发达的进程。我们必须明白的是，萨维尼代表着真正的文艺复兴运

---

[1] 耶拿，原德意志民主共和国西南部城市，1806 年普法战争战场。——译者注

[2] 《中世纪罗马法史》，萨维尼著。该书由 M. 夏尔·格努从最新的德语版本翻译而来，并先于作者生平和著作的概述出版（共 4 卷，其中第一、二卷合成一卷，于 1839 年在巴黎出版）。也可见该法学家的生平与著作简介，《弗里德里希·卡尔·冯·萨维尼：他的生平与著作》，鲁道夫教授著（魏玛，1862），或者威廉·格思里先生发表于《法律杂志与评论》1863 年 5 月刊的文章。耶林，《论文合集》；米涅，《新历史赞歌》。

动的舞台，而且由沃尔夫、瓦特尔(Vattel)及其追随者所提出的18世纪的法学理论是智识性的插曲，而不是对文艺复兴运动的干扰。 564

从12世纪到15世纪，前文艺复兴的法学家(pre-Renaissance jurisconsults)被人们称之为"注释法学家"①，他们致力于从罗马法典中引进可摧毁并代替当时迅速形成的封建法的有效法典。随着文艺复兴运动的到来，意大利和法国的思想家们有了更高的追求，他们致力于超越"注释法学家"的成就，代表人物有安德烈亚·阿尔恰托(Andrea Alciati, 1492—1550)以及图卢兹的雅各布斯·居亚斯(Jacobus Cujacius 或 Jacques Cujas of Toulouse, 1522—1590)。约瑟夫·斯卡利杰(Joseph Scaliger)曾经谈到他们两人，说道："阿尔恰托起头做一件事情，那么居亚斯就完成这件事。"阿尔恰托赋予了法学研究以新的活力和新的文学形式；但是，居亚斯则比这做得更多，他深入研究罗马法的内在精神。M. 莱米尼耶(M. Lerminier)在他的著作《法律史概论》(*Introduction Générale À L'histoire Du Droit*, 1892，第五章，第43—46页)中这样评价居亚斯：

> 他并不畏惧这些评论，他非常喜爱诗歌般的罗马史。他对现实产生了最深刻的看法，而且他在这条路上展示了他充沛的精力。他成为历史法学派名副其实的开创者：德国的历史学派就起源于他，因此以后开始接触罗马史。他的才华和天资：这是历史学家的头脑，这是艺术家的想象。在他的笔下，一切都是历史，一切都属于个人。在他那卷数众多的作品集中，我们也不能发现哪本著作不是对古代足迹的评论、说明与注释。居亚斯是注释方面的典范。

M. 拉佩特(M. Rapetti)是一名学识渊博的作家，在《新传记全集》(*Nouvelle Biographie Generate*)中有描写居亚斯的文章，他在引用了 M. 莱米尼耶的观点以后，又增加了以下的重要评价：

> 居亚斯的作品不是仅对罗马法更为精巧的阐释，而是注释方面的典范，是拉丁立法真实精神的体现：学习罗马史就像是学习对物体的历史修复，居亚斯又获得了另外一个好处；最初为了弄清每个文明自己固有的法律，他产生了这一想法，而且为此他将罗马法放逐在其敬畏的历史当中。他将新社会的自由从这部法律极度专制的帝国中解放出来。

① 博洛尼亚大学的法学家群体，如阿库尔塞、巴尔多鲁、维内利乌斯(Vinerius)等。(见《新传记全集》第12卷，居亚斯篇)

居亚斯在他大量的著作中预示了萨维尼的勤奋。他的六大对开本作品集[1]给
565 萨维尼带来极大的震撼。第一集全面论述优士丁尼《法学阶梯》(Institutes of Justinian)的四卷本、乌尔比安的共29“题”(twenty-nine titles from Ulpian)和尤利乌斯·保罗(Julius Paulus)的作品;第二集包括完整复原后的帕比尼安(Papinian)的作品;第三集包括以下内容:关于《优士丁尼法典》(*Codicis Justiniani*)九卷内容的摘要或梗概(Paratitla),对《优士丁尼法典》最后三卷(第10—12卷)的评论,对优士丁尼《新律》(the Novels)以及与封建采邑(Feuds)有关的五卷内容的展示,还包含了28卷评述和校正稿;第四集收录了保罗关于国王敕令(Edict)的作品以及保罗的《问题集》(*Questions*)还有保罗、奈拉提乌斯(Neratius)、马塞勒斯(Marcellus)、乌尔比安、莫蒂斯提努斯(Modestinus)、斯凯沃拉(Scaevola)所做的“法学家解答”(Responsa),此外还有关于莫蒂斯提努斯以及撒尔维乌斯·尤利安努斯(Salvius Julianus)作品的注释。第五集和第六集包括居亚斯死后的出版物,由T.圭里努斯(T. Guerinus)与C.科隆贝特(C. Colombet)编辑,包括以下内容:对《学说汇纂》中不少于76“题”的评注,关于《优士丁尼法典》及《格列高利九世教令集》(*Decretals of Gregory IX*)第二卷、第三卷及第四卷的大量注释。居亚斯是当之无愧的法学家,因为他将罗马法提升到一个新的高度,并将其融入了某些必将产生重大影响的法典之中。就法学研究而言,这位个性刚毅却亲切的学者和与其尖刻而聪明的反对者胡果·多诺(Hugues Doneau,或Donellus, 1527—1591)是莱布尼茨(Leibnitz)与让—埃蒂安·皮特(Jean-Etienne Pütter, 1725—1807)的领路人。

莱布尼茨的法学著作无疑标志着人类法学研究的新水平,比如《法学论辩教学新方法》(*Nova methodus discendoe docendoeque Jurisprudentioe*)(法兰克福,1667年)和《国际外交法典》(*Codex juris gentium diplomatics*)及其补充《外交法典补集》(*Mantissa Codicis Juris diplomatici*)。思路广阔的让—埃蒂安·皮特通过在马尔堡、哈雷(Halle)[2]和耶拿等大学的学习,十分精通古典文学、数学、哲学、罗马法、封建法和公法。他于1746年在哥廷根大学讲授法律,于1776年到1783年间发表了他的《德国公法文献目录》(*Bibliographica du droit public allemand*),在1772年撰写了《德国历史教程》(*Manuel de l'histoire d'Allemagne*),并在1786年写出了《德意志帝国宪法发展史》(*Developpement historique de la constitution de l'empire d'allemagne*)。在让—埃蒂安·皮特的著作里,我们看到了历史法学派的真正精神。

566 跟随其后的是古斯塔夫·胡果(Gustave Hugo, 1764—1844),他有意将其研究方法建立在莱布尼茨和皮特的基础之上。他将大量的时间用于与罗马法有关的历

[1] 前四卷以居亚斯的生平事迹和在他死后许多人为他写的纪念诗文为序言。

[2] 哈雷,原德意志民主共和国西南部城市。——译者注

史文献和立法的研究上，而且于1788年发表了《乌尔比安的残卷》(*Les Fragments d'Ulpien*)，并立即在哥廷根大学获得教授职位。胡果将法律分为人法(persons)(包括人的国家、人与家庭及城市的关系、人的性质与类型、取得和失去财产的方式)与获得和保护权利所必须的诉讼法(actions)。这种划分被《法国民法典》所采用。这是一种建立在哲学基础的划分方法。但是，胡果并没有忽略历史。他将罗马法划分为三个阶段：罗马法产生至《十二铜表法》时期、执政官时期及帝国法时期。他在1790年发表了《罗马法史》(*History of Roman Law*)，在1812年发表了《自优士丁尼时代以来的罗马法手册》(*Manual of Roman Law since the Time of Justinian*)，在1818年到1829年之间，他又发表了《优士丁尼时代以前罗马法的要素》①(*Elements of the History of Roman Law up to the Time of Justinian*)。正是通过胡果，萨维尼得以继承文艺复兴以来历史法学派的全部精髓，并成为该学派的代表。

在马尔堡大学，萨维尼很快成为一名受人尊敬的老师。我们从雅各布(Jacob)和威廉·格林(Wilhelm Grimm)——两人在1802年和1803年都曾是萨维尼的学生——那里得到关于他能力的证明。威廉·格林在他的自传中有如下的文字(pp. 170—171)：

> 我觉得他能够如此强有力的吸引住他的听众，是因为他的话语随和而充满生气，又不失沉稳和隐忍。他那演说家的天赋在一时间耀眼闪亮，但是它们并没有停留。萨维尼讲课内容丰富，而且几乎不看笔记。他的语言十分清楚，他的思想十分深刻，而且同时他的语言中又有一种缓和与克制，这给人留下了深刻印象，但是并没有产生最丰富的表现力，而且这在当时有助于语言的影响发展。
>
> 他让我们明白了历史学习的价值和方法的重要性。在这一点上的责任义务我竟全然不知，因为没有他，我永远不可能为研究确立一个好的方向。不知道他为了启发我们的兴趣做了多少事情！不知道我们在他的图书馆里借用了多少书！不知道他在为我们阅读《威廉·迈斯特》(Wilhelm Meister)的段落和歌德(Geothe)的诗歌时带有多大的魅力！我对他的印象还是如此的真切，以至于我感觉昨天还在听他讲课。

这是一幅精彩的画面，不仅展示了他的博学与明晰，还展示了他的仁慈与和善。萨维尼传递给学生的是所有伟大的老师给学生心灵上的永恒影响。所有听过 567
英国著名法史学家梅特兰(Maitland)讲座的人都会对他的讲座记忆犹新。但是，当

① 我们还必须记住洪堡(1766—1824)对萨维尼的影响。

萨维尼对他的同胞伟大的格林(the great Grimm brethren)影响如此之深时,才年仅23岁。

30年后,萨维尼又给M.夏尔·格努相似的影响,夏尔在1839年写道:

> 给我留下极为深刻印象的是他上课时的生动与热情,那节课他当时重复地讲了25次。他的教育每年都给我们提出新的兴趣方向,因为关于新的兴趣方向,每年大家都能再次发现新研究的成果,最前沿的发现和该学科的最终情况。萨维尼不仅对他在大量听众中激起的兴趣方向十分敏感,而且当最重要的工作可能好像占据他的全部时间时,正是这些兴趣使他将他的课程继续下去。他那丰富准确的语言将其最为晦涩难懂的课程内容讲述的如此清楚,以至于他的学生怀疑课程的难度,而且后来他们想要想出一个逃课的方法。但是关于有争论的课程,他有机会就将新的学说展示出来,那么他的方法尤其引人注意。他的语言极为简洁而且相当严肃,展示了他那深刻的思想以及真诚的谦逊。这与那些教授十分不同,他们为了说服读者,依靠律师采用的技巧,就像宣读一篇辩护词一样,提出科学性的问题,就是关于个人自尊的问题。

萨维尼作为教师的成功并没有阻碍,而是更加促进了他的进一步学习。到现在为止,他的工作不是写作,而是研读原文,以期法学研究能取得真正的复兴。他的导师胡果已经在这个方面做了很大的努力。正如笔者在前文直言不讳地指出的那样,M.格努也指出了胡果工作的价值,他发现现在的罗马法流派的法学家毫无生气,而且随心所欲,所以说他们从没有认清罗马法的传统,完全忘记了文艺复兴的意义。

> 但是在1788年,胡果将注意力放到了乌尔比安的身上,而且开始了一项改革,就像居亚斯在16世纪已经完成的那项改革一样。他被赋予了同这位伟人一样的头脑,将法学建立在其真实的基础之上,他还恢复了哲学和历史学对他的帮助。豪伯德(Haubold)和克雷默(Cramer)与胡果一同分享这一学科复兴的荣耀。

568 M.格努继续驳斥了当时(1839年)将德国法学家分为历史法学派(the historical school)和哲学法学派(the philosophical school)的观点。他认为这两派学者之间的区别其实是微乎其微:他们都追随居亚斯学派(Cujacian School),拒绝将法学与哲学或历史学分离。这可能是1839年的情形,但不是18世纪中期的状况,当时杰出的法学家,例如:沃尔夫和瓦特尔(Vattel),的确将新的法学建立在"先验论"之上。

历史法学派的最大胜利就是彻底击碎了“先验论的方法(*a priori* method)”，而且牢固确立了文艺复兴重要原则的坚实基础，而萨维尼是历史法学派的永恒之光。

1803年，萨维尼关于所有权的著名作品问世，即《占有权》(*Das Recht des Besitzes*)，由于篇幅有限，这里不可能对这本著作进行分析，但必须谈一谈该书的影响和价值，因为奥斯丁(Austin)在他的《法理学的范围》(*Province of Jurisprudence Determined*, 1832, p. 38)一书中称该书是所有法学著作中最完美和最精湛的作品。该书分为六卷，第一卷详细地讨论了占有概念，萨维尼说：“通过对某物的占有，我们总能处于这样的状态，即不仅本人对某物的处分是实在可能的，而且别人对某物的处分是可以被禁止的。”对财产的控制通过这种“留置”的条件(condition of detention)得以实现。萨维尼的目标是考察“占的权利”(*jus possession*; the rights of possession)，而不是“获得占有的权利”(*jus possedendi*; the right to possess)；而且在第一卷中，他从形式和实质的角度解释了占有概念：“在形式上，通过对需要以占有作为基础的权利进行描述，从而赋予‘留置’这一非法学概念在法学中需要的含义，从而使之可以被理解为法律存在(legal entity)；在实质上，通过列举罗马法本身对占有的存在所规定的条件，从而指出‘留置’像‘占有’一样运作的准确变化。”第二卷讨论了占有的取得；第三卷则是关于占有的丧失；第四卷论及关于作为保护占有权的救济方式的“禁令”(interdicts)；第五卷讨论了与实际财产分离的法律权利(如动产与不动产的地役权、地上权)有关的占有，即准占有(*juris quasi possessio*)。在最后一卷，萨维尼指出，占有学说作为如此重要的法律分支，完全有必要对诸如此类的学科加以详细研究。他说：“本书的前五卷对占有理论进行了探讨，而且没有涉及可能已经融入现代罗马法的任何问题；如果我们不希望混淆新旧法律从而误读两者的话，这种探索的方法是很有必要的。”历史问题绝对不可以忽略，因为“在所有普遍提及的罗马人对占有的错误观念中，无一不同时产生于教会法和日耳曼法 569
中”。关于占有的概念，萨维尼进一步指出，尽管在罗马法中占有仅仅针对物和对物权(*jura in re*)，然而尤其在教会法中，占有的对象扩展到各种可能的权利，包括个人身份权利和义务①。可见，罗马法的适用范围已扩大。占有的保护方式在后期罗马法中也被改变，“抢夺之诉”(Spoliatory Suits)用于地役权(praedial servitudes)其实是罗马法为满足在它鼎盛时期未曾出现的案件而在适用范围上的合法扩大。萨维尼同意米伦布鲁赫(Mühlenbruch)的观点，认为只要这些诉讼是合法的，那么它们就是“防止禁令”(interdict *de Vi*)在第三方恶意占有者(third *mala fide* possessor)方面的扩大适用。

在该著作的最后部分，萨维尼转而谈到那些对新法学思潮持对立意见的人士，

① 1872年，阿西巴尔德·布朗先生出版了对萨维尼的最新作品——《论罗马法之债》的分析和概括。

并欣然用《潘德克顿学说》(*Doctrina Pandectarum*)的作者米伦布鲁赫的话支持他的观点。“有人常以某种空洞的叫喊反对历史学派的努力,指责他们给一切权利无一例外地套上罗马法的外衣,由此给某些原创性的实践和现代科学知识的发展都带来不公。”这种攻击因其明显的不公自始至终激怒着萨维尼,而同时,当他了解到米伦布鲁赫在关于“抢夺之诉”问题上与他的观点十分相似时,他欣喜地说:“难道这位作者是德国历史学派的先知吗?”萨维尼接着阐述了从13世纪至今一直存在于德国、意大利、西班牙和法国的“荒谬而令人恼火的”占有权之诉——“简易占有之
570 诉”(*Possessorium summarium* 或 *summariissimum*),而他本人曾在此类诉讼中担任法官,这种所谓的诉讼形式不可能合乎罗马法任何科学的演进。他补充道:“毫无疑问,一些不曾为罗马法知晓的法律原则在现代社会已被采用,但是整个罗马法的理论远未被上述规则打破;反之,只有当它们被视为对上述罗马法基本理论的补充时,这些规则才得以为人们所理解,它们的效力才因此得到明确的认可。”今天,我们在学习萨维尼关于占有权的著作时,最明智的做法是从仔细阅读罗比博士(Dr. Roby)对占有权的详细论述开始,从中可知安东尼皇帝时期(the times of Antonines)①人们对占有权的理解。如果萨维尼健在,他也认为有必要对罗比博士作品的详细部分进行全面学习。

在此,有必要看看萨维尼的学生格努在1839年对萨维尼关于占有权著作的评述:

> 大家都知道,已经通过审查的44篇作品构成了法律研究部分的文献材料,在此之后,作者在这篇专论中致力于对这些文本的深入与创新性研究,而且在哲学和历史学的帮助之下,他将全新的学说建立在如此晦涩难懂的文献材料之上,或者倒不如说他恢复了古代罗马法理学家的学说。但是人们对此一无所知,因为在五个月的时间之内又完成了一项重大的工作。他那罕见的出产能力表明,尽管他很年轻,但是萨维尼并没有过度地加快创作速度;而且他的出产能力从未枯竭,因为就像大江大河一样,他会为了流动而静静等待其源头充满。
>
> 历史学和法学拥有一些难题,它们总是处在人们的争论之中,而且人们不可能对此提出最终的解决方法。这些问题将地点选在此论战之中,在论战中,萨维尼表现出来的聪明才智不亚于他的坦率和忠诚,一有反对者对这些问题

① “Antoninus”,指罗马皇帝安东尼·庇护(138—161在位)及其养子马可·奥勒留(161—180在位)统治下的时期。安东尼王朝通常还包括韦鲁斯(161—169在位),庇护的另一位养子,与奥勒留共为皇帝;康茂德(176—192在位),奥勒留之子,先与奥勒留共为皇帝,后来成为唯一的统治者。安东尼王朝时期(138—180)是和平、繁荣的伟大时期之一,此时帝国各处洋溢着民族和解、国家一统的气氛。见《不列颠百科全书》国际中文版修订版第1卷,中国大百科全书出版社2007年版,第396页。

> 提出最有可能的观点时，萨维尼就收回自己的观点。但是在大量的观点上，萨维尼都光荣地获得了所有人的赞同。尽管他的著作仅仅是理论上的，但是其对德国法律的实践产生了最为罕见的影响，而且影响注定不断增长，因为对待占有权就像对待其他众多方面一样，罗马法常常是书面的论证，是真实的法律，这是为了阐述必要的因果联系的表现状况，而联系产生于自然和事物之中。

这些写于1839年的文字是对萨维尼天才学识、严谨性格和持久影响的显著证明，甚至可以用于今天评价萨维尼，因为萨维尼的伟大随着岁月的流逝日益彰显。 571
此外，他的爱国热情以及他对贫苦阶层的献身精神（如1831年霍乱爆发期间）并不亚于他作为一名教师的勤奋与执著。

1804年，萨维尼与库尼贡德·布伦塔诺小姐（Fräulein Kunigunde Brentano）结婚。他的妻子是法兰克福一位银行家的女儿，而且她的家庭又因为其哥哥克来门斯·布伦塔诺（Clemens Brentano）和姐姐贝蒂娜·冯·阿尼姆（Bettina von Arnim）与诗人歌德的交往联系而在德国文学界颇有声誉。萨维尼的婚姻是门当户对的结合，因为他的妻子本身是一名孤儿，在各方面都能与丈夫思想一致。他们共生育了六个子女，其中有两个不幸夭折。他们唯一的女儿嫁给了康斯坦丁·德席那斯先生（M. Constantin de Schinas），即雅典的教育部部长，而她也于1835年在雅典去世。她本该有美好的前景，而且女儿的早逝是萨维尼一生都抹不去的伤痛。据说，萨维尼的大作《现代罗马法制度》（*System of Modern Roman Law*）正是他为了走出失去爱女的悲伤而着手完成的。

在结婚前夕，萨维尼切断了其与马尔堡大学的关系，而且拒绝了海德堡大学和格赖夫斯瓦尔德大学（Greifswald）诱人的邀请，而他与妻子则动身开始了他们前往某些著名图书馆的探索之旅，他们到过海德堡、斯图加特（Stuttgart）、图宾根（Tubingen）、斯特拉斯堡（Strasbourg）等（大学的）图书馆。在巴黎，他在德国收集到的所有资料不幸被抢劫而遭丢失。他请他以前的学生约瑟夫·格林来做他的助手。在格林、妻子以及妻子的一个姐姐的帮助下，他们获得了丰富的法文原稿资料，包括伟大的居亚斯的一些未曾公开发表且难以辨认的书信。1808年，萨维尼在兰茨胡特大学（University of Landshut）担任了一年半的教授之职。当他动身前往柏林时，学生们的伤感从未改变。他妻子的姐姐冯·阿尼姆女士在工作变动期间刚好与萨维尼呆在一起，她给歌德写信时曾说道：

> 尽管萨维尼希望他博学多才，但是他性格中的善良仁慈还远远超过他最杰出的才能。崇拜他的大学生们都感觉到，对他们而言他们失去了一位善者。教授们同样十分喜爱萨维尼，尤其是神学家。萨维尼将全新的生活投入大学

> 之中，他知道与其他教授和解，或者应该缓和他们的敌对态度，但是萨维尼乐善好施的影响使学生们尤其感受明显，他大大增加了他们的自由和独立性。
> 572 我不知道您是否会用青春的气息描绘萨维尼以展示他的才智。萨维尼学生的努力与进步从他身上汲取了真实的热情。如果他们在萨维尼建议他们从事的学科中取得成功，那么他会为此感到高兴。他想让他们打开他的心灵深处。他掌控着他们的命运，他思索着他们的未来和足迹。他那仁慈的热忱为他们照亮了这条道路。人们谈到萨维尼可能会说，他年轻时代的天真变成了他生活的守护天使。他的性格深处还是热爱他的这些学生，他将其精神和心灵的全部力量都用在了他们身上。难道不就是这样将他的特征定格在真正的伟大之上？他天生的朴实回馈他以双倍的伟大。正是他那天生的朴实，他的法学研究进入了人人皆知的水平。①

柏林大学于1810年建立，它是大规模教育运动在灾难深重的耶拿战区②外取得的首批成果之一。在柏林大学成立之时，普鲁士新教育部负责人威廉·冯·洪堡(Wilhelm von Humboldt)授予萨维尼法学教席职位(chair of law)，萨维尼主要出于爱国而接受了该职位。这位法学家担任该职位一直到1842年。他习惯在冬季学期讲授《学说汇纂》(继承法除外)，在夏季学期讲授优士丁尼《法学阶梯》。他还讲授关于"乌尔比安"、"盖尤斯"和"普鲁士邦法"(Prussian Landrecht)的课程。他在柏林的学生有霍尔韦格(Hollweg)、克伦茨(Klenze)、戈申(Göschen，是《盖尤斯》的编者)、布卢默(Blume)、鲁多夫(Rudorff)、凯勒(Keller)、迪克森(Dirksen)、巴尔科(Barkow)、伯金(Böcking)和普赫塔(Puchta)。除授课外，他还在大学上诉审理委员会(University Appellate Tribunal)，即施普鲁赫委员会(Spruch-Collegium)③担任职务，其他的委员会将法律问题提交该委员会进行裁决。在柏林，萨维尼成为著名学者尼布尔(Niebuhr)的亲密朋友和学生，尼布尔的思想和个性与萨维尼本人极为一致，而且他还在萨维尼的《罗马史》(*History of Rome*)序言中给了萨维尼恰如其分的赞誉。

1811年，萨维尼被选为柏林研究院(Berlin Academy)研究员，在以后许多年中，该研究院成为欧洲大多数研究院效仿的先例。此外，他向柏林研究院宣读了许多论文，包括："论罗马书面契约"、"论继承法"(on the Voconian law)④、"论马尔库

---

① 歌德的《写给儿童的书信》(第二卷，第171—188页，第2版)。

② 德国西南部城市，1806年普法激战战场。——译者注

③ 也翻译为"判决咨询委员会"等。——译者注

④ 又见"沃柯尼亚法"、"佛科尼安法"、"窝可尼安法"等译法，指制定于公元前169年的一部法律。该法禁止受赠人所得份额超过任何一个继承人所得的份额。也拼写为"*Lex Voconia*"。——译者注

斯·布鲁图借给萨拉米那镇的金钱债务诉讼”(on the lawsuit relating to the loan of money by Marcus Brutus① to the town of Salamina)、“论对儿童和《普勒托里亚法》② 的保护”(on the Protection of Infants and the *lex Plaetoria*)、“论古罗马法中债权人的权益”(on the Rights of Creditors under the old Roman law)以及“论现代欧洲贵族制度史”(on the History of the Nobility in Modern Europe)。

1814 年,萨维尼——时任普鲁士太子(Prince Royal of Prussia)的法学教师——发表了题为《论立法和法学的当代使命》(*De la Vocation de notre siecle pour la législation et la science du droit*)的简短论文,他在文中缜密而又睿智地批评了拟制定的《德国民法典》,因为该法典事实上并没有像提议的那样采用罗马法的原则。 573
1817 年,他被授予“枢密院司法顾问”(Geheimer Justiz-Rath)的荣誉称号,以表彰他对国家议会所作的贡献。

1819 年,萨维尼被任命为柏林最高法院顾问(Counsellor to the Court of Revision and Cassation at Berlin),该法院的组建目的是取代设在杜塞尔多夫(Düsseldorf)和科布伦茨(Coblentz)的法院。这些实践性的工作对萨维尼的法学研究大有裨益。稍后,也许是长年的紧张工作,萨维尼罹患神经衰弱(nervous breakdown),而从 1822 年到 1828 年,他都一直受到神经性疾病的折磨,这使他有时根本无法工作。M. 格努认为正是这种疾病导致《中世纪罗马法史》(*History of Roman Law in the Middle Ages*)③的延迟出版。因为这部著作的第一卷发表于 1815 年,但是第六卷直到 1831 年才问世。

萨维尼非常强调对中世纪罗马法史过程的探索。他曾经给 M. 格努写信说道:“将中世纪增加到原始罗马法中的内容忽略掉是完全不可能的,我们的老师让我们学到了这些内容,而且当时的书籍中都充满这种内容。”我们认为,布拉克顿的任何学生都不会怀疑这一点;况且,梅特兰在他著名的论文“占有的至福”(*The Beatitude of Seisin*)(《法律评论季刊》第 4 卷)中已经指出,在来自罗马法学家的压力消失后,英国法中的占有原则如何发生了彻底改变。尔后,萨维尼决定对中世纪罗马法史进行详尽而彻底的研究。

他的这一伟大作品分为两部分:对博洛尼亚大学建立(School of Bologna,大约在 1100 年)前的罗马法的研究和对博洛尼亚大学建立后的罗马法研究。在前两卷

---

① 马尔库斯·尤尼乌斯·布鲁图(拉丁语:Marcus Junius Brutus Caepio,前 85—前 42)是晚期罗马共和国的一名元老院议员。他组织并参与了对恺撒的谋杀。——译者注

② 《普勒托里亚法》是公元前 3 世纪制定的一部保护未成年人免受欺诈的法律。它规定,凡从未满 25 岁的人那里获利者,都要受到惩罚,与该未满 25 岁的人之间的交易可以宣告无效。它还允许 12 岁至 25 岁的人在特定条件下申请指定监护人,并由此监护人批准被监护人与他人的交易。——译者注

③ 《中世纪罗马法史》(六卷本,八卷本,海德堡,1815—1831。)第二版从 1834 年开始在海德堡出版,最后一卷,即第七卷于海德堡在 1851 年出现,其序言中标明的日期是 1851 年 5 月。

中，他探讨了中世纪早期阶段的法律，先采用概括方式陈述，然后进行详细研究。他以罗马的法律渊源、司法组织及公元5世纪的罗马省区划分作为论述的开始，接下来将这些相同的主题放在西罗马帝国的废墟上建立起来的日耳曼国家中来分析。在第二卷中，他研究了在勃艮第王国(Burgundy)、西哥特王国(Visigoths)、德意志帝国、萨克逊英格兰王国(Saxon England)、东哥特王国(Ostrogoths)以及在意大利境内分别在希腊、教皇和伦巴第(Lombardy)国王统治下的罗马法。最后，他指出
574 了教会在保存罗马法中的作用。在第三卷中，他收集了博洛尼亚大学建立后关于罗马法文献的大量资料，而且关于欧洲大学历史的章节十分重要。该卷总体上论述了罗马法从12世纪到中世纪末期的历史发展，这事实上就是公开的法律文献史，因为萨维尼发现这样的历史对于理解法律的演化是必不可少的。对此他说道：

> 所有历史创作的目的是为了对过去发生的事情进行完整而生动的描述。过去事情发生的越久远，人们达到这一目的的方法就越少。因此人们发现了一个细节，但是人们不知道如何将它与整体联系在一起，或者人们就忽略了这一细节，因为它把历史事件描述地像现代事件一样。如果历史的目的不能完全达到，那么人们说什么也不能忽视我们逐渐靠近的历史真相，因此人们也不该否定任何一个细节，像对我们不太重要的细节或者与我们研究的直接目的无关的细节都不能否定。

因此，在给我们展示了研究这一阶段法律文献史的方法、该学科的参考书目——除其他作品以外，他充分参考了以下人物的作品，博洛尼亚大学的约翰尼斯·安德鲁(Johannes Andrese of Bologna)、彼得拉克的朋友彼特拉克(Pastrengo the friend of Petrarch)、塞维林纳斯(Severinas)、特里特米乌斯(Trithemius)、迪普洛瓦塔修斯(Diplovataccius)、约翰·费沙德(Johann Fichard)、贝纳维德斯(Benavidius)、潘奇罗卢斯(Pancirolus)、泰桑德(Taisand)：在此，我们省去了里瓦利乌斯(Aymarus Rivallius)的名字，他的重要著作《民法史五卷本》(history of the Civil Law in five books)于1539年在美因茨(Mainz)出版①——继而在论及大学之后，萨维尼转向注释法学家占有的法学资料，并详细考察了他们的作品。

在第四卷中，我们会看到对前一卷中提到过的资料进行详细的论述。此处关于以下知名学者，我们最多可以阅读到长达五百多页紧密排版的著作，他们包括伊

---

① 林肯律师会馆图书馆里有该书的复制本。萨维尼在他的第四册书中(pp. 256—257)对里瓦利乌斯(Rivallius)作了简要的说明，他还宣称这部作品“尽管拥有一些缺点，但是它是杰出的，因为这是第一本关于法律史的书籍”。

纳留斯(Irnerius)、博洛尼亚大学四大著名法学家布尔加鲁斯(Bulgarus)、马丁努斯(Martinus)、雅各布斯(Jacobus)及胡果(Hugo),布尔加鲁斯的学生罗杰留斯(Rogerius)[1]、普劳提阿努斯(Placentinus)、约翰尼斯·巴西努斯[2](Johannes Bassianus),菲利普和许多其他的注释法学派成员,包括著名的瓦卡留斯(Vacarius)和几乎不出名的阿佐(Azo)。

13世纪中期法学研究遭遇全新的惨淡时期,罗马法的原文被汗牛充栋的评论 575
所吞没,而真正的论著已经消失,注释法学派其实已宣告死亡。14世纪,幸运的是,科学方法的部分复兴将法学带到了文艺复兴的时代,法学在世界思想领域能够捍卫其地位。萨维尼对这一漫长的运动作了详细的回顾,对每一阶段都参考14世纪到15世纪法学家的大量作品并加以解释。在这部伟大的著作中,萨维尼开辟了一个研究领域,它需要后世法学家几个世纪的努力耕耘。梅特兰在英格兰的著作只不过是那些需要其在欧洲完成的全部研究工作的一个范例。

萨维尼的论著《论立法和法学的当代使命》(*The Vocation of our Age for Legislation and Jurisprudence*)出版于1814年,并且于1828年再版,该书的出版引人注目,它是对强加于欧洲的法典体系(the system of the Code)的攻击。他宣称"拿破仑法典就像绳索,更多的是对国民的束缚,为此法典对我们来说是恐怖而令人厌恶的,即便它竭尽全力包含了它所期望的所有本质上的优点"。然而,他主要是从一个法学思想家的角度对法典进行批评。当拿破仑政权在1814年被推翻时,他的法典已经被除莱茵各省(the Rhenish provinces)以外所有德国人抛弃了。拿破仑的法典曾在巴伐利亚部分地区(parts of Bavaria)、黑森—达姆施塔特(Hesse Darmstadt)、普鲁士的莱茵各省、威斯特伐利亚王国(the kingdom of Westphalia)、巴登地区(Baden)、汉萨同盟的城镇(the Hanseatic towns)以及其他莱茵各省外围的地区(ultra-Rhenish provinces)都有效。此时的德国,来自于外国法典的威胁已经不存在了,但仍然存在法典化的危险。海德堡的杰出律师蒂堡(Thibaut of Heidelberg)[3]提倡制定一部德国民法典,而萨维尼决定予以坚决反对,并且主张恢复法律的自然演化。

他抨击制定法典的要求,首先是因为在当时的历史条件下,制定法典的准备工作还不充分(缘于18世纪法学家的缺乏)而且法律语言还不够发达,故制定法典在

---

① 另见罗杰鲁斯、罗格鲁斯等译名。——译者注

② 另见约翰尼斯·巴西亚乌斯、约翰尼斯·巴塞努斯、约翰尼斯·西那斯、约翰尼斯·巴西埃纳斯等译名。——译者注

③ 1814年拿破仑帝国覆亡后,活跃于德国的历史法学派展开了一场热烈的辩论,他们讨论的话题是全国性法典化的适宜性和可行性。在这场辩论的对抗双方中,著名的代表人物有萨维尼和蒂堡;萨维尼反对法典化,而蒂堡则支持法典化。参见〔英〕梅特兰等:《欧陆法律史概览:事件、渊源、人物及运动》,屈文生等译,上海人民出版社2008年版,第331—334页。——译者注

德国是不切实际的；其次，现存的三大法典——《拿破仑法典》(*Code Napoléon*)、《普鲁士邦法》(*Prussian Landrecht*)、《奥地利法典》(*Austrian Gesetzbuch*)都证明法典在实践中的运行并不成功。萨维尼对《拿破仑法典》的攻击是公正合理的，尽管他承认他采用的形式因内心的爱国热情而过于犀利。他说：

> 576 当时法国大革命将大部分法律和旧的制度一起废除了；人们宁愿盲目地推翻已建立的一切制度，恣意地憧憬未知的将来，也不希望对现存的制度作任何明确的改进。拿破仑一旦建立起军事专制统治，他就渴望快速进行满足其目的的那部分革命并且防止旧制度的复辟，人们对旧制度的残余十分厌恶，其被证明是拿破仑统治的障碍，而它们即将消失；然而，只有这样行动是并不完全可行的，因为旧制度数年来对人们的思想、行为方式和情感潜移默化的影响难以消除。让社会部分回归到以前国家的稳定肯定是有益的，这也为这个时期制定的法典确立了主要的方向。但是这种回归是厌腻和满足的结果，而不是高贵的思想或情感的胜利；而且事实上遭受瘟疫的欧洲也不会有这样的机会，因为政治事务正处于准备之中。这种坚实基础的缺乏在国政院(*Conseil d'etat*)①的讨论中清晰可见，用心的读者一定可以感受到作者的失望之情。现在，读者还能感受到政治体制对法典制定的即时影响。当法典刚刚成形时，从革命的意义来看，它理论上是共和的，但是实际上，它们全部倾向于刚刚建立起来的专制统治。法典制定中的不确定和变化因素最终与法典的基本原则混淆在一起。比如，1803年，拿破仑本人在国务委员会(Council of State)中宣称那些相同的替代条款是不公的、有不良道德趋向而且是不合理的，它们在1806年和1807年经重新制定后写入法典。但是考虑到公共情感的状态，法典迅速更替的更坏结果就是，人们信仰和崇敬的最终目标像人们经常断言的那样被毁灭，随着法典数量的增多，法律的表达和形式更加频繁地与人们的思想发生冲突，甚至对真理和道德仅存的延续也将消亡。很难想象还有比该国更要反对制定法典的国家了。②

关于法典的技术层面，萨维尼认为，由于国政院对普遍法律学说的无知，它对法典的影响是微乎其微的。事实上，就法典中的罗马法内容而言，法典制定是法学
577 家们的工作，而他们的工作必须以朴蒂埃(Pothier)的作品为基础。迪潘(Dupin)③

① 也见过"资政院"、"最高行政法院"、"国家参事院"等译法。——译者注

② 在此使用的译文来自亚伯拉罕·海沃德先生于1831年根据1828年版本所作的翻译(在伦敦有印制，但没有销售)，这里使用的是藏于剑桥的阿克顿图书馆的复本，在中殿律师学院也还有复本珍藏。

③ 夏尔·迪潘(Charles Dupin，1784—1873)，法国教育家。——译者注

说，法国民法典四分之三的内容是从朴蒂埃的论文中摘取的。“他独立占领的法学文献几乎成为人们崇敬和学习的全部源泉，尽管朴蒂埃的真正价值不可否认，但对一个国家的立法来说这必定是不够的。”萨维尼接着对法国民法典的制定者们进行剖析，包括比戈—普勒阿默纳(Bigot Preameneu)、波塔利斯(Portalis)和马勒维尔(Maleville)。他们当然都不是最智慧的法学家。他们作品的影响甚至极其低劣。在选题上，“各种显而易见的错误比比皆是”。更坏的结果是，这些错误被他人追随。“在这方面，更加重要以及本身更加困难的，就是与实际论述主题相关的法律原则的选择；结果就是，这些经认定的法律规则将来会适用于特定的案件当中。这里的目的是，掌握法律事件中确定性和效率依赖的主导性原则，罗马法在这方面给我们提供了生动的事例。然而从这一角度来看，法国法表现出令人遗憾的一面。”罗马法中财产法据以存在的基本精准的概念——物权和债权——在法典中也是模糊的，甚至被误解。这就造成了各种思想的混淆，以这种方式制定的法典对公共社会极为不利。

最后，萨维尼还抨击了法典中的某些条款，它们处理的案件在法典中无明文规定。他认为，不能将处理这些案件的条款视为是法典延伸出来的有机发展，关于这一点，我们可以将其与英国普通法(English common law)为满足新案件的要求而不断被增加来进行对比，尽管萨维尼并没有给出这样的类比，因为法典本身没有“有机统一体”(organic unity)。法典只不过是法国革命时期和革命前法律的机械混合物，这种混合物甚至都不是有逻辑的正式整体，它不会有逻辑地向前发展以满足新案件要求。因此，法典的增补性法规不得不从外在资源中吸取，比如，自然法、罗马法、本土先前存在的法律和一般的法律理论。将废弃的法律引入最高法院(Court de Cassation)是大错特错。法院的实践能力增长了，可没有真正的法学意义上的进步。增补性规则会助长法官的司法擅断之风。如果不考虑最初提及的政治因素，(萨维尼)对法国法典的批判是极其极端的；在迈向法典编纂的每一阶段，都应考虑到这一批评。在谈论萨维尼对法律改革的总体看法以前，我们最好先看看他对德 578
国法典和奥地利法典的批评。

萨维尼对腓特烈二世(Frcdcrick II)于1746年主持制定的《普鲁士邦法》的批判同样尖锐而深刻，尽管他对法国及法国法典抱有的天然的或许有些不公允的憎恨致使他对普鲁士法学家的评价远远高于他对拿破仑和法国法典制定者们的看法。我们可以怀疑苏亚雷斯(Suarez)是否比朴蒂埃更伟大，或者福尔克马尔(Volkmar)或帕哈勒(Pachaly)比波塔利斯更伟大，但是无论如何，萨维尼认为如果“我们认真研究《普鲁士邦法》的编纂，就会证实我的观点，即德国当前不适宜制定任何法典”。腓特烈二世为完全消除“法官造法”而制定法典，但事实上，最新形式的《普鲁士邦法》又赋予了法官充分的解释权。当然，这毕竟还是针对一些特定的案例。“对于罗马人来说,一切都依赖于这位法学家,因为他对法律制度有着透彻的把握,他能为每个新出现的案件用到合适的法律。这是由这位法学家对特定法律关系准确的个人看法所造成的,还包括其对主导原则的全面理解,包括各原则之间的联系和它们的隶属关系;我们发现,在将这些原则运用到法律判例中时往往有很多的限制,尽管案例一直充当着将一般原则具体化的角色。"而对于《普鲁士邦法》的运用却并非如此,该法典"既没有达到普遍性主导原则的高度,也不具备个人主义的特色,但是在这两者之间摇摆不定,然而,古罗马人却使他们的法律成为普遍主义和个人主义的自然结合"。萨维尼接着批评了德国的语言,"简而言之,该语言不符合法律语言的组织形式,尤其不宜用于立法。"他补充道,法国的语言在这方面却有很大的优势:法语没能得到更好的利用是"由于法国国内普遍的知识水平较低所致"。

《奥地利法典》的制定始于1753年。到1765年,法典的基础性工作已经完成,八大卷对开本手稿几乎全部摘取于罗马法评论法学家的作品。摘要的工作由霍登(Horten)完成,然后由马丁尼(Martini)将这些内容汇编成法典的形式,随后初稿发表,并呈递给各省权力机构和各大学审查,经过细微的修改后,《奥地利法典》正式出版,分为三部分,采用大开本纸张印刷,共计561页。女王玛丽亚·特蕾西亚
579 (Empress Maria Theresa)命令法案起草人同时借鉴"自然衡平法"和罗马法。实际上,立法者并没有打算将所有特定案例包含在内,只是对重要的法律关系进行定义,规定了大部分的普遍原则。萨维尼认为这些定义都太笼统,不够明确,而且它们经常建立在对罗马权威典籍不充分的评论之上。《法典》缺乏罗马法对概念的明确定义。此外,其实践性原则与《拿破仑法典》一样,不能满足特定案件的要求。对于某些(未做规定的)特定案件,《奥地利法典》采用法典已规定的类似案件的处理方法和"自然法"来处理。该法典采用了一种落后的方法,因为"自然法"的运用"极易损害正义的执行"。因此,《奥地利法典》与《拿破仑法典》和《普鲁士邦法》一样证实了萨维尼的观点,即"当前社会尚不具备制定法典的能力"。上述三次尝试的失败表明"法典的制定在所有时期的法律状况中一定有难以逾越的障碍"。

接下来萨维尼问道,当没有法典时,我们该怎么办呢?他会坚持"习惯法(common law)与邦法(provincial law)相混合的体制,相同的体制之前在德国全境很流行……但前提是法学只做它应该做的事,并去做只有通过它本身才能做的事"。我们继承了"大量的法律概念和理论……当前,我们没有占有和掌握这些资源,不论我们愿意与否,却反过来受它的控制和摆布。这是我们对当前法律不满的原因,我也承认这一理由,而且这也是我们需求法典的唯一原因"。萨维尼采用了黑格尔的观点:"不可能消除在世的法学家们的思维模式与影响;不可能完全改变现存法律关系的性质。在这两种不可能性之上依存的是,不同年龄和不同时代的法学家们间牢不可破的有机联系。法学在两个时代或两代法学家之间的发展可想而知,既

不存在绝对的起点，也不存在绝对的终点。”萨维尼的法学眼光闪耀着智慧的光芒，他将不可磨灭的法律概念变成了永久的成果。他说：“最终没有办法消除现存事物的绝对影响；如果我们盲目地受制于这种影响，它对我们是极其有害的；但是如果我们以富有创造性的精神反对它——通过周密而充分的历史分析从而掌握它，那 580
么这些影响将对我们十分有益，从而将前人所有的知识财富为我们所用。”在其他的法律演进中，法律可能失去其民族性，只有通过历史“法律与人类的原始状态才能保持生动的联系；这种联系的丧失必然会夺去人类精神生活中最宝贵的内容。”萨维尼接着说道，这种严谨的历史法学方法的目的是“追溯每一既成制度的根源，进而发现法学内在的有机规律，由此可以将那些仍旧生机勃勃的制度或思想与那些没有了生命而只属于历史的制度相分离”。罗马法的重要性在于：“其高度发达的状态”为现代法学家的工作提供了榜样。地方法或习惯法(customary law)的重要性在于：“它与我们有直接而广泛的联系”。对这两种早期法律制度的改造非常重要，因为这种改造展示了罗马法和地方法在实际需求和法学理论运用的压力之下发生着怎样的变化。我们必须抓住罗马法的实质，即如果我们要评价罗马法并将其运用于现代社会，我们就必须深入罗马法学家的思想。不要因为罗马法原文尚不完整就灰心失望，“蒂堡所说的关于我们罗马法原文文本不确定性的一切问题，在《圣经》等宗教经典中同样存在。批评家们在这里永远找不到原因；只要一个人总体上能在《圣经》中获得滋养并且享受其中的快乐，就绝对不会被这种理由所困扰”。萨维尼对《圣经的高等批评》(*Higher Criticism of the Bible*)的缺乏精神的评价，是他高深的精神本质的一个重要阶段。《圣经的高等批评》在那时已成长为一支否定的力量。

萨维尼以他惯常的远大目光坚持认为：“法学的普及不仅应该发生在学术阶层的法学家之中，包括教师和著书立说之人，而且更应该发生在从事实践工作的律师之中。”他主张理论与实践的逐渐结合，并称赞大学法学院与法院之间进行自由对话的提议。海沃德先生(Mr. Hayward)在其笔记(p. 149)中指出，“从马克西米利安(Maximilian，即卡尔五世的直接前任)时代开始，由德国大学教授们组成的法学院组建了享有最终裁决权的上诉法庭。我相信，上诉人可以选择他们信得过的任何大学。比如，在汉诺威(Hanover)审理宣判的案件可能送到普鲁士的大学去复审。”
我们应该记住的是，萨维尼的父亲曾经在一家这样的大学法庭(University Courts) 581
里任职。但是萨维尼说，到他生活的时代，这些大学法庭变得比一般的法庭更加机械。

萨维尼在说明了法律文本或法律权威如何才能发展自“一门深刻而全面的科学”、法官效率如何才能更高后，进一步谈论了高效法律制度的第三个必要条件：即良好的程序。他说，为了对诉讼程序进行改革，我们必须求助于立法机关。如此建立的法律制度才会从立法机关得到更大的帮助，立法机关将解决法律的争端（通过给法院的指令来得以实现），并且对实际中已取得效力的古老习惯予以记录。最后，法律的历史事务就转变成国家的财富，国家将拥有其自己的具有民族特色的法律体系，而不是“对罗马法无力的模仿”。萨维尼继续讨论在这些情况下怎样对待《普鲁士邦法》和《奥地利法典》的问题。很明显，在这三部法典之中的任何一部法典之上，包括在当时提议制定的德国法典之上，都不可能建立起“真实而有生命力的法学”。对法律的研究必须进行下去，就当这些法典都不存在。也就是说，共同法（the common law）和邦法的研究必须进行下去。法学必须在大学里进行下去，所有的德国大学间都应有密切的交流。

当人们读到萨维尼对其所处时代展开的法典运动的批评时，无不感到他观点的巨大力量。他逐渐提出一个无可辩驳的论点，并奠定了唯一真正的实践性法学制度的基础。今天，这项工作仍然具有独特的价值和意义，因为一方面是，英国尽管完全无意，但实际上却不折不扣地沿袭了萨维尼所设想的发展路线，另一方面是在欧洲的其他地区，它们正好处于欧洲最伟大法学家所谴责的法典制度的统治之下。到底谁是正确的呢？是萨维尼、英格兰和世界各地的盎格鲁—撒克逊民族呢，还是拿破仑和他的欧洲大陆呢？

萨维尼为其伟大作品《现代罗马法体系》（*System des heutigen römischen Rechts*，共八卷，前五卷于 1840—1841 年出版，后三卷于 1847—1849 年出版）撰写的序
582 言于 1839 年 9 月完成，该序言通过更加广阔的视角，进一步阐发他的观点——是将他在《论立法和法学的当代使命》这一著名的批判性文章的第一版（1814 年）和第二版（1828 年）中的观点的重述。关于《现代罗马法》的材料，萨维尼是在长达四十年之久的“教学过程中逐步收集并增加”而形成的。《现代罗马法》本身就是他对该研究课题最成熟且无与伦比的评价。他虽为法学需“持续性培育”的观点进行辩护，但是他也感到了不加选择地堆积资料的危险。

> 要避免这种危险，我们必须要求不时地对传承到我们手里的资料带着怀疑的精神进行重新审查，对其根源进行质疑。要做好这样的工作，最好人为地将我们自己置于不得不把材料送给他人审查的境地，而这个审查的人应该没有专业技巧，但敢于怀疑一切，敢于否定。审查工作的良好精神体现了学术自由的精神，不受制于一切权威；不过，为了不让这种自由的感觉蜕化为夜郎自大，我们必须对我们自身狭隘的能力有合适的认知，我们作出的判断应是毫无偏见后考虑的自然结果，还应清楚，完全的谦恭感觉可带来自由的观念，并对我们的工作富有成效。从两个完全对立的视角，我们可以由此走向统一，走向科学世界的同一需求。它可以被视为对前人已经完成的工作的定期检查，其

> 目的是剔除谬误，而将真实的材料留给我们自己，成为永久的财富。正是这些保留下来的精华给我们创造了接近最终目标的条件，当然，这也得依据我们解决一般问题的能力水平。当前工作的目标就是在我们真正所处的时代实施一次这样的检查。

他接着从“历史学派”（他理所当然是该学派最杰出的代表）所遭受到的不公正的批评出发，为“历史学派”辩护。该学派过去的目的是不让“当前屈服于过去的统治”，有人补充说该学派现在的目的也是这样，因为历史学派已成为欧洲思想界最重要的派别。法学的历史观（我们可以说任何学科都是如此）“存在于对每一时代价值和独立性的统一认识之中，它只是非常强调对现实与过去之间天然联系的认可。不承认这一点，我们就只能看到当前法制状况的外表，而不能抓住其内在本质”。

萨维尼的目标并不是给予罗马法“过度的统治力量”，但是他认为：对罗马法的 583
全面学习于理解现存法律状况而言是必需的。法律理论与实践的自然统一在罗马法中得到了最好的体现，所以对罗马法的研究可以在很大程度上避免理论与实践的灾难性偏离。但是要让罗马法促成这一结果，我们必须转向研究罗马法学家的著作，而不是那些摘要和普遍原则。此类研究可以消除法律领域主观性和任意性造成的偏差，从而赋予现存法律以新的生命，即便这些法律是以法典的形式存在。“法国的现代法学家是这方面引人注目的典范，他们经常以谨慎而明晰的方式借用罗马法来解释和完善他们的法典。”

即便是《普鲁士邦法》，如果它能部分重建“与共同法文献业已破裂的联系，那么现在的结果就是法典对实践产生有益影响，而人们在早期明显感受到的法典对社会的伤害肯定不会发生”。努力将罗马法“长期作为培育我们自身法律制度的手段”并不是对“我们这个时代或国家”的轻视，因为从大量堆砌的资料来看，我们比罗马法学家们拥有更艰巨的任务，但我们可以恰当地采用他们的方法。“当我们也学会运用罗马人那里令我们惊叹的自由和权威来处理我们面对的法律问题时，我们将不再把罗马人视为楷模，而是将其作为历史的纪念。”到那时，我们必须运用一种文化手段（a means of culture），而这是我们当前无法创造的。

怀着这样的信念，萨维尼开始对当时存在的罗马私法进行批判性和系统性的论述。他找出并排除罗马法中已不再有效的因素，然后展示由剩余罗马法构成的庞大而活跃的统一体。“在丰富的现实世界中，所有的法律关系形成一个系统的整体。”他的任务是论述这种深刻的基本关系，但是当特定领域的法律被立即提出时，这种整体关系容易消失。也正是这种系统关系存在的事实促使他在1839年对占有学说（the doctrine of Possession）的描述完全不同于他在1803年对此问题的表达。为此，我们必须求助于过去的法学家们。从他们那里，我们可以保持“自身法律思

584 想的生机和丰富，而这通过其他途径无法获得”。萨维尼说，如果他在较早的时候就开始这项工作，那么他本能够把其现在完成的工作完成的更好。他应该会运用从注释法学派到法国学派的注释和实例的方法来检查他的研究体系；他所说的实例是指：来自始于注释法学派的作品，比如出自多人之手的“意见解答集”（*Consilia responsa*）等。通过这种方式，他的学术体系将会得到详细的检查，而且他建议他的后继者将承担起这项工作并给它一个完整的文字表述。萨维尼带着些许伤感建议道，这项工作只能逐渐地完成。他并不奢望居亚斯或其他巨人的突然出现，所以他将他的著作留给整个世界。

第一卷（指《现代罗马法体系》第一卷）讨论的内容如下：萨维尼面临的问题、一般意义上法律渊源的实质、现代罗马法的渊源、关于成文法的司法解释。他在第二辑（Second Book）中讨论的全是法律关系，其中第一章论及法律关系的性质和种类。关于这一点，我们有威廉·霍拉韦先生的翻译（a translation by Mr. William Holloway）为证，他曾经是马德拉斯高等法院（Madras High Court）的法官，这部作品于1867年在马德拉斯出版[1]。萨维尼著作的第八卷完全是关于法律冲突和国际私法的论述，由斯考特律师协会的威廉·歌士瑞先生（Mr. William Guthrie of the Scots Bar）翻译，并于1869年（1880年第2版）由爱丁堡的克拉克先生（Messrs. Clark of Edinburgh）出版。1884年，威廉·拉蒂根爵士（Sir William Rattigan，当时还未晋贵族头衔）翻译出版了第二辑的剩余部分，萨维尼在该书中精心论述了“人作为法律关系主体”的问题。这篇翻译展示了萨维尼调查工作的彻底深入和他系统组织材料的能力。出于文章主旨考虑，我们不可能也不想在此对萨维尼诸如此类作品中的大量细节进行介绍；比如在书中详细论证的问题与学说包括：法律能力，“人格减等”（*Capitis Diminutio*），法人或者说是称其为法律关系主体的“拟制人”（artificial persons），例如公司。

长期以来，萨维尼承受着司法工作和外交工作的双重压力。雷迪博士有一部令人称道的作品，名为《罗马法的历史评析与德国近期关于罗马法研究的进展》（*Historical Notices of the Roman Law and of the Recent Progress of its Study in Germany*），该作品于1826年在爱丁堡出版。作者利用珍贵的详细材料，以个人理解为基础，对当时欧洲中部开展的广泛的法学研究活动进行了追溯。在该书中，雷迪博士给予萨维尼如此评价：“他是一个天才，他不仅是值得称赞的教授和法官，也
585 是思想深邃的政治家……可惜为了研究和科学的论证，他在琐屑的争论上耗费了

---

① 此处原文为1807年；但译者发现这里的年份有误。经检索后发现，应为1867年。附英文原文：Volume 1 was translated in 1867 by William Holloway as *System of the Modern Roman Law*, published in Madras, India, by Higginbotham。见 http://www.encyclopedia.com/doc/1G2-3045001099.html。访问日期为2012年5月8日。——译者注

太多的时间，而他所处国家的政府将注意力全部集中在军事事务之上，尽管萨维尼所付出的努力在其国家中得到很高的评价，但是对整个人类的贡献其实是微乎其微。”(pp. 111—114)但是，萨维尼并不这样看待他的法学工作。他出生的家庭兼具军人、外交家和律师的背景，他的儿子是一名优秀的外交家，而他长期强调法律理论与实践紧密结合的必要性。作为一名法官，萨维尼对实践性法律的贡献是无可否认的，而作为法学家，他也毫无疑问地从实践工作中获得巨大力量。这使得他的法学理论富有生命力，使他对社会现实有着最生动的认识，对其潜心从事的研究的重要价值也有深刻认识。他对这样的工作是如此的重视，以至于他在1842年辞去了柏林大学的教席职位，成为普鲁士司法部部长。该职务展示了他出类拔萃的才华，他一直担任该职务直到1848年，当时革命的浪潮已席卷整个欧洲。他也在这一年退休，并着手开始对他的出版物和文稿进行修改。

幸运的是，他拥有很长一段闲暇时光来完成这一重要的修改工作。萨维尼的许多论文都发表在《历史法学杂志》(*Zeitschrift für geschichtlichen Rechtswissenschaft*)，这本历史法学杂志由他在艾希霍恩(Eichhorn)和戈申的帮助下于1815年创办，由他亲手管理多年。[①]这位伟大的法学家于1861年10月25日在柏林与世长辞(他那虔诚的妻子一直支持他到最后时刻)。去世前夕，年已83岁高龄的他终于对他一生的丰硕成果进行了漫长的回顾，并对他钟爱的科学事业的未来充满信心。

在萨维尼去世半个世纪以后，我们仍然无法完全指出他在法律发展史中所做的工作，或指出他在世界伟大法学家群体中的地位。可以这么说，他是许多世纪法律研究的集大成者，他是深入而丰富的法学考证研究的先驱，他对科学的贡献神秘地主导着人类的健康和福祉，这一点容易被人低估，也容易被人高估。就我个人而 586
言，在此下笔真是胆战心惊，因为我不敢宣称已经从真正意义上领略了他思想的真谛，哪怕是他用辛勤劳动换来的丰硕成果中的极小部分。在此，我还是忍不住将他称作法学领域的牛顿(Newton)或达尔文(Darwin)，因为他的成就可与这两位大师的成就相媲美。就像牛顿一样，萨维尼在自己的法律现象案例中，发现了“一个现象的世界”(a world of phenomena)，他用文艺复兴运动中真正的勇敢精神，努力攻克着众多法律难关，穿过漫长的黑夜，直到“法律的精神”得以呐喊：“为了人类世界的曙光，让我自由吧。”

---

① 1850年10月，在萨维尼取得博士学位50周年的纪念活动之际，他发表了论文集(由他所著的所有独立成篇的文章构成)作为答谢和纪念。这本集子名为(翻译成《杂文集》是否更好)《论文集》，被这本集子唯一遗漏的是对格鲁克《法定继承顺序》的评述，该文于1804年在(应该没有“论”字)《论耶拿文学总汇报》现世[参见《法律杂志和评论》，1863年5月，和鲁道夫和贝特曼·克尔维格(Bethmann Kollweg)为萨维尼所做的个人传记]。

正是萨维尼当仁不让地承担了将文艺复兴运动的光芒带到法学世界的历史重任。他告诉我们，法律受制于法本身，它不是立法者主观意志的任意表达，必须遵循重大的变化过程。他还告诉我们，法律本身是生生不息的法律进程的体现，这本身就是他最高层次的成就。但是我们像萨维尼那样，继续追溯法律的自然历史，把法律当作一个生物而追溯它有机成长的历程，看它如何随着种族、王国和语言的变化而变化，这仍将是更伟大的成就。试想想，正是在众多杂乱无章的材料中，萨维尼探索着法律的进化史，或指出法律运行的进程；也正是在这些材料中，法律力量通过运行的进程，进行着自我调节以满足将来时代的要求，我们将情不自禁地给出这样的结论：萨维尼的确站在欧洲思想者的最前列。

的确，指导萨维尼考证研究和归纳的是辉煌的罗马法，但是在得出具有普遍意义的研究结论时，他自己也充分认识到其他法律体系以及欧洲各国关于一般习惯和特有习惯的共同法的重要性。虽然各个国家都拥有各自的共同法体系，但我们必须记住，至少直到文艺复兴运动兴起之前，罗马法一直是欧洲的共同法，各国地方法多多少少成功地与这一普遍的法律制度相融合。梳理罗马法在欧洲的自然演化历史，是解读推动整个法律进化的秘密的唯一途径。一旦这一秘密被揭示，就该是萨维尼本人和他的继任者重新发现法律进化基础，重新审查法律的历史渊源，并
587 围绕这些历史渊源来揭开新的法律发展进程的时候，由此给法律科学提供各种丰富的材料。而在此之前，这些材料好像一直在一般法律进化的控制和运行之外。

这里没必要给萨维尼过多的赞誉。我们已注意到，他并不是历史方法的首创者，他也不能宣称他将这种方法运用到了科学的高度。牛顿和达尔文深入研究了前辈的思想和实践，而他们提出的卓越理论得到了彻底的运用，这一点可能让大师本人也会感到惊诧。萨维尼也一直如此。对于他的前辈，我们已有所提及；对于萨维尼本人，尽管他在柏林年复一年地在教师和法官职位上辛勤耕耘，但是他的工作伙伴和学生都在实践着他的方法，并为他将所用的资料进行系统化整理。他在德国、英国和法国的继任者都取得了很大成绩。

他的朋友尼布尔于1816年在维罗纳(Verona)的教会图书馆发现了盖尤斯珍贵的重抄本手稿《法学阶梯》，而优士丁尼《法学阶梯》正是以此作品为基础。1820年，萨维尼的学生戈申出版了该手稿的第一版整理材料。他的另一个学生布卢默于1822年到1823年间从那些字迹模糊的手稿中获取了更多的信息，而这些内容被补充到戈申于1824年出版的第二版整理材料中。人们对盖尤斯的《法学阶梯》手稿的研究一直延续到最近。罗比博士告诉我们："威廉·施图德蒙德(Wilhelm Studemund)在1866年到1868年间对手稿制作了新的复本，其中包括许多从前没有读到的内容。他在1874年发表了复制本，在1877年与保罗·克吕格尔(Paul Kruger)共同发表了制作仔细且使用方便的编辑本。在1878年和1883年，施图德蒙德又重新

审查了手稿，并作了比较重要的补充和修正，更新的内容发表在他和保罗·克吕格尔合作书籍的后续版本中。”在此，形成了一条以萨维尼大师的考证研究方法为核心和起点的罗马法研究轨迹。

从法律演化史角度来看，另一项考证研究可能具有更重要的意义，它是英国杰出学者 H. J. 罗比博士的工作，他按照罗马法在西塞罗（Cicero）和安东尼（Antonines）时代存在的罗马私法进行重新构建，有人认为这是罗比一生的事业，他无尽的辛劳让人想起居亚斯和萨维尼的辛勤耕耘。这是一项神奇的工作，他给我们大体勾画了罗马私法在其顶峰时期（116—228）的状况，虽说还是没有摆脱“拜占庭的修改”（Byzantine modifications）。 588

萨维尼应该是最先认识到建立这种知识基础的重要性，因为只有在这基础之上，才能探索出长达几个世纪的法律修订状况，甚至延续到今天的荷兰、苏格兰、锡兰（Ceylon）①、埃及和南非的法律。如果他得知德国学者给予罗比博士的巨大帮助，他应该感到欣慰，他应该也认同罗比博士对现代德国的批评方法所发表的友善评论。在谈到罗比博士的同时，我们必须提到不朽的蒙森（Mommsen）②及其学派在解读“法律书、学者和铭文”（the law books, authors, and inscriptions）的文本时付出了孜孜不倦的努力。尽管许多工作已在黑暗的中世纪完成，但是毫无疑问的是，安东尼以后的时代还留有很广阔的研究空间给学者们。而对中世纪罗马法的研究还需要更多人的参与。梅特兰对于布拉克顿的经典所作的研究告诉我们，如欲对萨维尼开辟的巨大学术领域进行研究并取得成果，需要我们付出很大的努力。本文在此无暇详细说明这项工作的具体方面，或者列举已在进行之中的项目。但是现代法学家们从事的工作以及他们对萨维尼学术空间的广度和深度的赞赏就足以表明，萨维尼建立的原则是多么的透彻而合理。他的实际工作是浩繁而辛劳的，但是很显然，他已给了我们指导性的原则，他为人类打开了辽阔无边的科学研究新天地。牛顿和达尔文在人类文明史上占据着重要地位，萨维尼同样如此。

有时，我们不由得感到疑惑，一个如此博学的人竟将他的全部才智用在了法学和罗马法研究之上，这样的才智大概本应用于全人类的：即采用某种实际而直接的方式把他的才智贡献给全人类。然而答案不难寻找，正如人不能仅靠面包活着；即使“赚得面包的人”把面包扔到水体之中，它仍有可能在过一段时间后还会顺水而归。律师并不必迎合公共意志，法学家也是；但即便是拿破仑那样的统治者，却也必须求助于大众。也许，拿破仑最伟大的成就是使萨维尼与“耶拿的胜利者”（指拿

① 锡兰是斯里兰卡的旧称。——译者注

② 蒙森（1817—1903），德国历史学家，著有《罗马史》、《拉丁铭文集成》、《罗马国家法》等，1902 年获诺贝尔文学奖。——译者注

破仑)产生了直接冲突,尽管这只是思想与思想之间的碰撞。萨维尼对《拿破仑法典》的抨击激烈、睿智而准确,这种抨击对这位伟大的元首来说是应得的。萨维尼这种尖锐而机智的批评方式一直延续到今天。尽管《拿破仑法典》幸存下来并在欧洲产生普遍影响,但是它已逐渐呈现降低法律效率的趋势,它在伴随着人类的成长而成长的同时,阻碍了效率的提高。拿破仑最为成功的敌人就是英格兰,它一贯坚持采用与萨维尼主张相同的法律发展体制。结果,我们已逐步进入一个不同的时代——柏林法学已预见的那个意义上的时代——法典编纂在这时已缓慢地成为可能。关于法学家与日常生活之间关系的阐述并没有失去价值。法学家比立法者更伟大,他的作用是规定法律发展的一般原则,这些原则指导国家在频繁的立法活动中如何适应人们的需求,如何从现有的法律体系中提炼出国家的法制,如何让国家立法逐渐成为人们生活的表达;同时,法学家制定的一般原则还要引导个人和所有民族去选择更高层次的行为准则,甚至是与体现公平正义的神圣法律日益相近的法则——一种广受各国瞩目的柏拉图式的规则。如果法学家尽到了这样的职责,那么他就立足于世界最伟大的济世者之列。当我们穿越伟大的19世纪,并且公正地审视那些光芒笼罩着该世纪而又主导我们命运的伟人时,几乎没有人会怀疑,灵魂最为清澈与宽容的萨维尼是其中最耀眼的明星。萨维尼的家训是:“不为我,为所有人”(*Non mihi*, *sed aliis*),这在他先辈的生命中具有真正的意义。在萨维尼本人身上,这句话则融会于他的个性、理想和日常工作中。作为世界最伟大的法学家之一,他看到了所有法律的根基应当是爱。

(撰写:James E. G. De Montmorency)

26. 耶林[1] 590
(Ihering)

(德国法学家耶林)

鲁道夫·冯·耶林(Rudolph von Ihering)常被人们形容为“最后一位罗马法学家”(the last of the Humanists)。这种描写尽管具有一些误导性,但其中确实道出了不少实情。他的作品关注罗马法[2],他针对罗马法提出了众多新的想法,有针对性地回答了这一领域的众多问题。若是能有一位比我更加谙熟这一工作的人来描写和评价耶林的作品,那该有多好。

在阅读他的作品时,笔者一再感到需要更加熟悉民法的内容,然而这绝非一日之功。笔者能做的是,对他的生平作些介绍,并在认真研读他的一些作品之后对它们作些概要性的总结。

对于他生平经历的重要事件,无需着墨太多,因为一来很少,二来很简单。他过着普通德国教授的生活,他们并不追逐政治,追求学问就是作教授的目标。耶林于1818年8月22日出生于东弗里斯兰的奥里希(Aurich in East Friesland)的一个法律世家,是一名律师的儿子。他曾在海德堡大学(Heidelberg)、慕尼黑大学(Munich)、哥廷根大学(Göttingen)[3]及柏林大学(Berlin)等接受教育。1843年,他成为柏林大学的编外教师(*Privatdocent*)[4],讲授罗马法课程。1845年到巴塞尔大学(Basle),1846年到罗斯托克大学(Rostock),1849年到基尔大学(Kiel);1852年到吉森大学(Giessen)任职,并在此工作约16年,并取得丰硕成果。1868年,他受邀到

---

① 耶林(1818—1892),全名为鲁道夫·冯·耶林(Rudolph Von Ihering),德国历史法学派代表人物。——译者注

② 萨维尼的学生普赫塔(Puchta)于1846年去世;布伦斯(Bruns)1880年去世;温莎伊德(Windscheid)1892年去世。

③ 其他译名有“格丁根”(见商务印书馆《外国地名译名手册》)、“格廷根”等。但“哥廷根”更为常见。——译者注

④ 也译为“编外讲师”、“助理教授”等。——译者注

维也纳大学(Vienna)任教,他的名望已很高。但他不假思索地离开了维也纳,虽然他在维也纳过得极为开心,但注意力常被分散。1872 年,他回到平静的哥廷根大学,并一直在此任教,期间曾谢绝赴莱比锡(Leipsic)[1]和海德堡大学任教的邀请。在哥廷根大学,他的教学十分成功。他的班级规模很大。但是他在授课上天赋并
591 不高。他主要与别的对象交流他对法学的热情。

耶林曾作为一名候选人参加北德议会(the North German Parliament)的选举,但未能成功当选。他在哥廷根度过余生,俨然过着学者但非隐士的生活。他是一位杰出的音乐家,一位虔诚的艺术爱好者,一个热爱园艺的人。他不仅是一位聪颖的人类裁判官,更是一位品鉴葡萄酒的行家。耶林对俾斯麦(Bismarck)的热衷与欣赏甚至到达了偶像崇拜的地步,因此,对于统一德国,他甚为关切,并颇感兴趣又十分欣喜。耶林有着火一般的个性,精力充沛,也懂得该如何享受生活。这些都可以从他的手势、举止、表情和义无反顾地维护自己认为正确的事情中看出来。

耶林对于法律实践的重要性深信不疑,但他本人却几乎没有从事律师工作的经历。然而,耶林在巴塞尔大学担任教授(Professor at Basle)时曾与执业律师和法官有过密切的接触,这些律师和法官还曾向他咨询过一些重要的法律问题。耶林极富人格魅力,对人类的影响巨大。关于耶林,有一点必须在一开始就提及,那就是——在耶林的所做、所说、所写中,都洋溢着蓬勃的生命力。他写了许多关于“过去”的文章,但没有一页是死的东西[2]。耶林几乎所有的门徒都是他的崇拜者。其中,有一位门徒这样评价耶林:“他生活和思考在当下,并融入当下和周围的一切。耶林身上特有的知识分子品格,在他同一辈人中无踪可循。在乌尔比安(Ulpian)和帕比尼安(Papinian)之后,很少会有人像耶林那样聪慧。”同样是这位学生,他又补充道:他将是他那个世纪以及未来的法学巨匠(“*Er ist der Jurist seines Jahrhunderts und der Zukunft*”)。正如耶林的朋友默克尔(Merkel)所评价的,耶林本人和他的作品是非常一致的[3]。

耶林被称为“最后一位罗马法学家”。但对于他而言,罗马法只是达到目的的手段(a means to an end)而已。“经由罗马法,但高于并超过罗马法。”是耶林的训言,他坚持认为“如果不能领会现在的法律,也就无法理解过去的法律”。[4]在我看

---

① 莱比锡更常见的拼法是 Leipzig。——译者注

② “您在教授法律时,将它当作是一种出于实际目的而诞生的生活秩序。这种生活秩序是为了追求超越了民族和时代局限的一种正义的理想。然而同时法律也是一件细腻的艺术品,通过其形式上的美感以及意义深刻的、充满着千丝万缕联系的各部分条款散发着迷人的魅力。”(引自《基尔的节日礼物》一书的序文。)

③ 默克尔(Merkel)在写给《年鉴》(合集,26 期)的序文中写道:“现如今我们对罗马法的任务并不仅仅是建构了,这一点我们迄今为止一直在做着,我们还需要去解构和破坏。”在他们那个年代经久不衰的东西对于我们而言可能是毫无用处的。

④ 参见《戏谑与严肃》一书,第四版,第 365 页。

来，为了能使那些死东西生动起来，耶林常常能从罗马法中挖掘出其原本没有的东西。许多时候，他是在用旧瓶装新酒。 592

耶林的影响是巨大的——这种影响来自他作为法学教授的身份，更来自他的著作。比起其他德国学者的法律著作，耶林的作品有着最大的发行量。他的书风格独特，富有魅力，而这种风格鲜见于一般法学家作品当中。我们可以用轻快和戏剧化这两个词来形容它，就笔者看来，可能还要加上华丽夸张和发散性这两个词；另外，耶林拥有的这些品质使他在反复强调某一事物时能从气质上超越雄辩家。上天赋予了耶林充沛的精力和好胜的性格，在面对那么多来自本国法学家的反对意见时，他仍然起到了深远的影响。耶林是一位学者，也是一位法学家。他也渴望成为一位哲学家，他在德国最广为人知的就是他关于法学最基本问题的一些著作，例如《为权利而斗争》(*Kampf ums Recht*)一书。

就"历史学家"这个词的一个意思而言，耶林还算不上是一位历史学家。这是说，对于任何一个时代的历史事实，他都没有进行过系统的研究。耶林并没有遵循"一位现代历史学家就应该是一位客观的观察者"这一标准。"研究现在的真实利益比研究过去对于我而言更具研究价值。"比起成为一位对于遥远年代的客观研究者，耶林显然更愿意成为一位改革家。

耶林无疑是极具智慧的，在很多方面有过绝妙的推测论断，但同时他也是荒诞不现实的，对于自己的才能，他几乎不加以任何的限制。

耶林由于写得又快又多，很自然地，就会犯很多错误，这些错误大多已由评论家指了出来。例如，他把卡拉卡拉(Caracalla)颁布的法令归属于安东尼·庇护(Antoninus Pius)。但是，耶林拥有罕见的洞察力，在他的所有著作中都有关于预测的实例，尤其是《罗马私法的债务关系》(*Schuldmoment im römischen Recht*)①一书；在该书中，他想要说明，刑法是法律的核心，但法学的历史显示出，刑法长期受到压制(Verdrangung)或者说是排挤。作为一位法学家、历史学家、民族学家、哲学家——也许笔者还应该加上幽默作家，他有着异常广泛的兴趣，并将其付之于行动。

以下是耶林的一些主要作品：

1842年，《论遗产占有人》(*Dissertatio de hereditate possidenda*)。

1844年，《罗马法论文集》(*Abhandlungen aus dem römischen Rechts*)。

1847年，《不附判决之民法案例》②(*Civilrechtsfälle ohne Entscheidungen*)。

---

① 另见《罗马私法中的责任要素》等译名。——译者注

② 《不附判决之民法案例》分两部分，第一部分是耶林自己研究的案例，第二部分是普赫塔的36个案例；1870年第二版时删除了普赫塔的36个案例，把《日常生活中的法学》作为附录。——译者注

1857 年,《当代罗马私法及德国私法教义学年鉴》[1](后改名为《耶林年鉴》)(*Jahrbucher für die dogmatik des heutigen römischen und deutschen Privatrechts*)——这是一本由耶林一手创立、主编的出版物,耶林为之倾注了很多心血。

1852—1858 年,《罗马法的精神》(*Geist des römischen Rechts*),分三部分,共四
593 卷。这可能是耶林作品中最具价值和独创性的作品,它富有勃勃的生气,带有一种法的"精神"。这部书以广博的知识写就,充满了独到的见解。书的整个主题都是生动的。在法律体系方面,笔者知道没有一部书能比这部书更具有激励性或启发性。但这部作品并没有被大多数的罗马法教授所接受,他们认为它过于大胆和荒诞[2]。在给朋友的一封信中,耶林写道:"现在,我更清楚地认识到,几乎所有在法律界占有一席之地的人士都不赞同这部书中的观点。"

这部书和梅因(Maine)[3]所著的《古代法》是同一时期的作品,因此,不可避免地,两者会被放在一起进行比较。但是,耶林的这部书极具发散性和重复性,亦没有一个清晰的阅读顺序,其间还谈到了许多和法律无关的主题。在这部书的第二卷第二题第 39 句(the second book, title 2, s. 39)中,耶林探讨了国家是如何参与到个人财产中去的,以及奴隶制的社会影响。耶林常常带着一种倡导性的精神写作,他总是充满活力甚至激情地呈现事物的一面,但常常忽略另一面。笔者可以举一个相关的例子:耶林大力称颂罗马的家庭和实践中的家长权制度(patria potestas),而对于该制度的缺陷则视而不见。虽然这部书有着以上的这些缺点,但它仍不失为一部出色的原创作品。在这部书的第二卷第三题中,有关严格法(*jus strictum*)及古代法的形式等内容可谓是新思想的宝库。

1867 年,《罗马私法的债务关系》——这本书是一个非凡伟大的研究成果,它提出刑罚的历史是一个逐渐走向衰落的过程,同时,这个过程制约着刑罚的适用范围。作者的研究主要有两个结果:第一,观念的力量默默地影响、塑造并复兴法律;第二,不把刑罚作为法律中的一个元素——"法制观念兴,则刑罚衰。使用刑罚和法律秩序的完善以及民智的启发是背道而驰的"(p. 67)[4]。

1868 年,《论占有保护之根据》(*Ueber den Grund des Besitzesschutzes*)。

---

① 1857 年,耶林与冯·格伯尔(Gerber)共同创办的一本法学期刊。该刊物自 1893 年第 20 卷以后称为《耶林年鉴》(Jherings Jahrbucher)。

② "想象力过剩"、"缺乏实际的方法"是耶林的同时代人对于这部书的评价。

③ 梅因(1822—1888),全名为亨利·詹姆斯·萨姆那·梅因(Henry James sumner Maine),19 世纪英国著名的法律史学家,历史法学派代表人物。他所著的《古代法》发表于 1861 年。——译者注

④ "刑罚的历史也同样是其消亡的历史。在法律刚出现时,刑罚的概念居于统治地位,法律中也充斥着刑罚的元素,所有法律关系都或多或少地牵扯上了刑罚的手段;法律的进步就体现在不断地将刑罚的概念清除出去的过程中。"(p. 4)这就是"无罪责便无需担责任"原则的一个短暂的历史发展。(p. 20)

1870年，《日常生活中的法学》[1]（*Die Jurisprudenz des täglichen Lebens*）——这是一部问题或案例的讨论合集，已由古蒂教授（Professor Goudy）翻译成了英文。594

1872年，《为权利而斗争》——许多人正是通过这本小册子才知道耶林的。该书已被译成好几国语言，并多次再版。这本书试图证明公民主张自己拥有的权利是一项义务，而法律正是通过这种主张才获得成功[2]。为了获取权利，每个人都会去支持有利于社会的法律。该书这样写虽然是有点夸张，但也反映了道德和法律的一个方面，而这种夸张也是作者的性格使然。该书算不上一个具有巨大价值的科学研究成果。

1877—1883年，《法的目的》（*Der Zweck im Recht*）——两卷本。

这两卷书是耶林所有作品中最能体现其志向的作品。耶林本以为该书会受到很多人的批判，因为在该书中，耶林试图把他讲授的东西具体化。在《罗马法的精神》一书结尾，他对黑格尔的哲学原理进行了反驳。黑格尔认为法的本质是公众意愿的表达，而耶林则认为法的本质不是意愿（will）而是功利（utility）。乌尔比安曾这样说过："私权是指向个人权利的。"（*Jus privatum quod ad singulorum utilitatem spectat*）换句话说，权利是受司法保护的利益——这就是耶林想要继续发展下去的观点。想要在此把耶林两卷书中表达的各种不同观点阐述准确，是不可能的。这也是耶林所有作品共有的缺点：耶林的著作通常都极具发散性——涵盖了许多与法律相关的学科，但又游离于法律之外。该书的箴言："目的是整个法律的上帝"（the *telos* or purpose is the creator of all law）暗示了该书的主要观点[3]。在书的一开始，耶林就对在物质世界中起作用的"原因"（*causa efficiens*，*Ursache*）和在人的意志中起作用的"目的"（*causa finalis*，*Zweck*）之间的区别作了阐述。他指出，对于前者，不存在无原因的行为（*Ursache*），对于后者，同样的，也不存在无目的的行动（*Zweck*）。耶林认为，行为并不是由"原因"决定，而是由"目的"决定。没有目的，意志不会想要去行动。接着，耶林又对人的目的和动机（*Systematik der menschlichen Zwecke*）进行了研究。他将这种目的或动机分成两个大的组别——个人的和社会的（*die des Individuums und die der Gemeinschaft*）。个人对于社会行为的利己动机有两种：更大意义上的回报（*Lohn*）和强制力（*Zwang*）。社会动机同样也有两种：责任的观念和爱的观念。耶林对每一种动机都进行了详细具体的分析，例如，在第 595
五章中，耶林分析了不同的强制力（*Zwang*）。

法律的目的是什么？耶林给出的答案与奥斯丁（Austin）如出一辙，即法律的本

---

[1] 《日常生活中的法学》（本来作为《不附判决之民法案例》之附录，后单独出版）。——译者注

[2] "法律的目的是维持和平，但是实现的手段是斗争。""法律的生活就是斗争，民族之间，国家之间，阶级之间，以及个人之间的斗争。""法律要到斗争中去寻找。"

[3] "目的是整个法律的上帝。"

质是强制力。“我在内容上把法律定义为通过国家的强制力对社会的生活条件进行保护的一种形式。”(*Ich das Recht inhaltlich definire als die Form der durch die Zwangsgewalt des Staates beschafften Sicherung des Lebensbedingungen der Gesellschaft.*)换句话说,法是国家保证其实现的最基本的社会条件。获得这种有保障的社会条件的方式包括法律外途径(*ausserer rechtliche*)、半法律的途径(*gemischtrechtliche*)和纯法律的途径。社会基本条件是指生命权(preservation of life)、生存权(continuance of life)、工作权以及与人类交流的权利等[1]。

在该书的第二卷中,耶林论述了道德问题,包括目的论(ii. 135)和道德理论(ii. 243)。最后几章是专门关于谦恭或礼貌(*Höflichkeit*)(ii. 480)的研究——作者敏锐地观察到并详细地描述了问候方式、穿着、肢体的象征性意义和言谈举止等方面的礼仪。为了举例说明在各种不同的情况下该如何正确地询问,耶林特地在最后一章中提到了“礼貌句法”(the syntax of *Höflichkeit*)(i. 701),如“*thou*”和“*du*”的用法。正如耶林自己承认的那样,对于哲学问题,他只是一知半解。把耶林的论述与那些一流的心理学著作进行比较,就可以看出,在意志问题的探讨上,耶林的分析是有缺陷的[2]。他过分夸张了行为中有意识的原因这一部分,而忘记了行为的绝大部分是由积聚的精力或是盲目的自然冲动决定的。这些冲动包括性爱、对于死亡的恐惧等。在耶林看来,法律是受强制力保护的“权益”。这就留下了某种程度的不确定:什么是“权益”? 或者说,哪种“权益”是受保护的? 很明显,根据他的理论,某些“权益”是不受保护的,在某些“权益”中最重要的,例如,符合科学规律的真理,也是不受这种保护的。

1879年,《法律文集》(*Vermischte Schriften juristischen Inhalts*)。

1881年,《耶林民法学理论年刊作品集》(*Gesammelte Aufsätze*)。这部作品共三卷,它收录了耶林在《当代罗马私法及德国私法教义学年鉴》这一刊物上已发表的文章。其中还包含一篇耶林写给该期刊的非常有意思的序言;在这篇序中,耶林呼吁“一个具有容纳性的和富有成效的法学”的观点,并区分出高等法学和低等法
596 学。前者应关注的是法学概念而不是法律规则;而后者则应既有建设性亦带有批判性。“高等法学不仅仅是材料的构建者,同样也是创造者(Die höhere Jurizprudenz ist nicht bloss Bildnerin des Stoffs, sondern auch Schöpferin)”(i. 12)。

这部作品还包括一些关于“买卖合同风险”(*Gefahr beim Kaufcontract*)、“缔约过失责任或者关于无效合同或不完善合同的损失赔偿”(*culpa in contrahendo oder Schadenersatz bei nichtigen oder nicht zur Perfection gelangten Verträgen*)和“毗邻

---

① “生存的本能、社交的本能、获取的本能是社会中三种强有力的关系”,等等(p. 453)。

② 参见 Bain's Emotions and the Will 一书第四版,第333页。

土地所有人对土地财产权上设置限制”——即“相邻关系”的文章(*zur Lehre von den Beschränkungen des Grundeigenthumers in Interesse der Nachbarn*)。

耶林在该书中从法学和经济学角度对“小费”(*Das Trinkgeld*)作了研究,并将其描述为一种乞讨方式——一个有道德的人所认可的乞讨方式(*eine durch die Sitte organisirte Art des Bettelei*, p. 50)——所有心存公共福利之人理应尽力去阻止的一种习惯(p. 52)。

1885 年,《法学中的戏谑与认真》(*Scherz und Ernst in der Jurisprudenz*)①。根据这部作品的副标题“关于未来法律体系的秘密信件”可以推测出这是一本论文合集。耶林的幽默感或许并不适合所有人的口味,但是这些信件写得实在是棒极了。这些信件坚持和强调了法律和实践之间必须拥有密切的关系与改善法律教育的需要。题为“在法学的概念天国:一幅幻想的图画”(*Im juristischen Begriffshimmel: Ein Phantasiebild*)的这个章节类似于让·保罗·里希特(Jean Paul Richter)②讽刺、诙谐的写法。

1889 年,《占有意志》或《占有意思》(*Der Besitzwille*, or *Possessory Intention*)——是众多批判集中的一部,所批判的德国法学家从尼布尔(Niebuhr)、萨维尼(Savigny)这一代开始,到之后的布鲁诺(Bruno)、佩尔尼切(Pernice)、孔策(Kuntze)等众多学者。

1868 年,耶林在《(当代罗马私法及德国私法)教义学年鉴》杂志上发表了名为《论占有保护之根据》(*Ueber den Grund des Besitzsehutzes*)的文章。1889 年,他的成熟之作《占有意志——兼批判处于统治地位之法学方法》(*Der Besitzwille, zugleich eine Kritik der herrschenden juristischen Methode*)③面世。和其他尝试在罗马法规则寻找“占有”(*possessio*)和“持有”(*detentio*)的统一性的努力一样,该书试图对这一问题寻找出一种解释;事实是,与“财产权”不同,“占有权”受行为所保护。

罗马法学家曾说过:“任何一种所有者,由于他是所有者这个事实,就必然比非所有者的人多了许多权利。”但为什么是这样?为什么保护不仅仅给予所有者,还要给予非所有者以及那些知道他不是所有者的人?萨维尼给出了一个被普遍接受
的观点:保护所有的依据是“支配意图”(*animus domini*),对于“占有权”的侵犯就是 597
对于个人的侵犯。

对于耶林而言,“占有权”是财产堡垒的简易外围工事。耶林在之后(1889 年)

---

① 也有人翻译为《法学中的亦庄亦谐》。

② 让·保罗·里希特(Jean Paul Richter, 1763—1825),原名 Friedrich Richter,德国浪漫主义小说家、诗人。——译者注

③ 也有人翻译为《占有意思,对通说法学方法的批判》。

的这方面研究中,反对在"占有权"的形式上采用"意识理论"(will theory)。耶林建立了一个客观的理论,他认为,"占有权"并不仅仅是个事实,而是权利的一种形式。

耶林在这方面的探讨至少证明了一点,那就是,比起大多数其他学者,对于这个问题,耶林看得更仔细深入。他写道,历史和偶然的因素以及罗马法中某些特征的起源,在那些有权利和没有权利要求所有者补偿的人中[1],这个主题并没有以一种纯粹抽象的形式进行讨论。耶林经常看到他讨论的规则的实际效果,所以他并不打算去设计一种可适用于"占有"这个词的所有用法的"畸怪概念"(*Monstrum Begriff*)(借用费尔巴哈 Feuerbach 的用法)。

1894 年,《印欧人类史前史》(*Vorgeschichte der Indo-Europäer*)和《罗马法发展史》——这两本书在耶林死后才得以出版。《印欧人类史前史》来自他的罗马法发展史研究计划。第一本书是研究欧洲早期历史的书,在书中,耶林思考早期的雅利安人(Aryan)的生活状态和法律状况。"我的职业——研究罗马法——促使我去研究欧洲国家的古代历史。我想要更清楚地去了解罗马人是如何看待那些起源于原先更早国家的立法机构,他们是如何保留并改变这些立法机构的……"同时,在文献学的帮助下,耶林试图读懂印度欧洲人的祖先——远古时代人们的法律风俗习惯和国家组织机构。《罗马法发展史》未能在耶林的有生之年完成。这部作品的初稿由埃伦伯格(Ehrenberg)编辑后出版,书中包含一篇介绍法律史研究的任务和方法的序言,还有一章尚未完成的关于罗马家庭的介绍。另外,同这篇"序言"(*Einleitung*)中,耶林强烈反对(历史法学派的)"法律只是无意识的产物"这一理论(theory of the unconscious growth of law, p. 14),并称之为"纯粹的胡话"(*reines Phantasiegebilde*)(p. 17)。

为了理解耶林的教义,我们必须了解他写作时生活的时代和所处的环境。在
598 耶林生活的时代,黑格尔哲学(Hegelianism)对于法律的影响在达到一定高度后开始减弱,任何一个胆敢质疑黑格尔观点的人就会被极度蔑视的时代就要结束。用耶林自己的话来说,他想要为法律体系建立一个哲学基础,他发现这个基础既不能建立在黑格尔的哲学体系之上,也不能建立在克劳泽(Krause)[2]的哲学体系之上。耶林对于纯粹思辨性的法律理论著作是非常反感的,他甚至还会奚落这些作品[3]。

耶林师从多个显赫的法学家——他的老师普赫塔[4]于 1846 年逝世。而另一个

---

① 就财产问题,教会法的理论与罗马法的理论大相径庭。就该问题的现代讨论可参见《瑞士民法典》第 919 条到第 941 条。

② 卡尔·克里斯蒂安·弗里德里希·克劳泽(Karl Christian Friedrich Krause, 1781—1832 年)德国哲学家,出生于今天德国图林根自由邦。

③ 参见《戏谑与认真》(Scherz und Eres)书中的文章"法学中的纯理论方法—拉塞尔",第 17 页。

④ 普赫塔(1798—1846),全名为格奥尔格·弗里德里希·普赫塔(Georg Friedrich Puchta),德国 19 世纪著名法学家,萨维尼的学生,历史法学派的代表人物。——译者注

对耶林影响深刻的人则是萨维尼。虽然萨维尼死于1861年，但他的著作在他去世之前很久就已经完成了。耶林继承和延续了萨维尼的一部分思想，同时，反对和批判他的另外一些观点。这表现在，耶林常常带着钦佩的语气谈起萨维尼对法学的贡献，但在解释萨维尼的历史学研究时，却是另外一种语气。耶林反对萨维尼的以下两个观点：一个是法是自然且永恒不变的这一概念，另一个是将科学与生活结合起来的概念（Annaherung der Wissenschaft und des Lebens）。在许多问题上，耶林与历史法学派的其他学者持不同的意见。历史法学派倾向于引出一种宿命论，把法律与现实生活相脱离，夸大了民族的因素而忽略了普遍性因素。耶林不赞同“法律仅仅是无意识强制力的结果①，而在这些无意识强制力中，个人的努力几乎起不了作用”这样的观点。他指出，毫无疑问，启蒙运动（Aufklärung）时期的“自然法”仅仅是现存条件的一个理想化；但同时，耶林也承认正是普遍性的想法（idea of universality）赋予了现代使用的“自然法”这一法律短语的灵和魂。他写道：“正是这种对于现代法律发展趋势和动向的准确的洞察力使得自然法学派声称他们的法律普遍性学说是超越时代和地域的。”（《罗马法的精神》i. 15）耶林对于法律是纯粹由地域或民族的发展而形成的学说没有兴趣。他认为：“一个民族的生活并不应孤立存在，而是相互支撑存在的，这正如在一个国家中过着平常生活的个人，时时刻刻受着互有合同的影响，和平和敌对，给予和索取，借贷和赠予——总之，人们的生活离不开各种各样的商业交换。”②

同样让耶林反感的是当时的“法律解释狂热”（fanaticism of juristic construc- 599
tion），它推定：“凡不适合它的就是不真实的，凡适合它的就是必要的。”（whatever does not suit it is impossible, and whatever does is necessary）他一直反对给予法律中单纯的、符合逻辑的表述以过分的重要性，并认为把法学当作法律数学一样对待是一件很荒谬的事情。耶林对于真实有一种莫名的渴望，他不能容忍脱离于事实的空想。正是基于他的这种个性，耶林摒弃了拉萨尔（Lassalle）③《既得权体系》（*System der Erworbenen Rechte*）一书中的杰出理论，他是这样评价的：“推测始于人类理解力的结束。为了有推测的资格，一个人必须从来都没有任何智慧或者从来都没有失去它。”④

在耶林的身上，存在着明显的缺陷。从他的作品中，我们看不到德恩堡（Dern-

---

① “法律并不是单纯地由黑暗的迫切现实所催生出的法律感觉，法律历史学家根本无法研究和窥探其神秘的过程；法律应该是人类的意图和思考所产生的作品”等。（见《年鉴》一书的序文，第28页）。

② 参见《戏谑与认真》一书第四版，第341页。

③ 斐迪南·拉萨尔（Ferdinand Lassalle，1825—1864），德国早期工人运动著名领导人，全德工人联合会的创立者，国际共产主义运动中机会主义路线的重要代表。——译者注

④ 参见《戏谑与认真》一书第四版，第34页。

burg)[①]的精确和简明。耶林也不像蒙森(Mommsen)[②]那样拥有罕见的研究者天赋。在一些方面，耶林的阅读面是相当广泛的，但是，正如他的一位传记作者所评价的那样，耶林的博学仅限于某一个方面。他的某些独创性观点经不住冷静下来后的仔细推敲。这些观点更像是一位伟大的即兴演讲者一时的情感流露，而非经翔实的证据比较研究后的成果。例如，耶林提到，在罗马，没有像我们这样的法律职业，他对"酬金制度"(*Honoraria*)进行了讽刺挖苦，认为它是对于现代法学的玷污。"酬金"是琐碎和冗长的诉讼的源泉，它的存在是缺乏品位的、对于他们的技艺没有热爱的、欠缺天赋和智慧的法学家出现的结果。金钱腐蚀和降低了他们的专业素养。一些富有经验的法学家能与拉斯金(Ruskin)[③]或者托尔斯泰(Tolstoy)[④]写出一样高格调的作品。但同时，耶林也承认"酬金"的存在是必需的[⑤]。笔者可以在耶林提出的众多新观点中轻松地找到一个欠缺考虑就提出的例子，比如耶林认为，某些权利不属于或不归于任何人。也正是他具有的这种易冲动性的和发散性的性格，让他没能完成两部主要作品[⑥]。

自从《民法典》通过后，耶林这样的法学家和当今一代法学家之间出现了巨大的鸿沟；像耶林这样的法学家，他们大部分的著作都是以罗马法为基础的。但是，任何一位打算深入挖掘并真正摸透法律根基的今日法学家，还是必须向耶林求教。

(撰写：Ser John Macdonell)

---

① 德恩堡，德国法学家，历史法学派之"潘德克顿法学"派的学者。——译者注

② 蒙森(1817—1903)，全名为特奥多尔·蒙森(Theodor Mommsen)，德国历史学家，1902年诺贝尔文学奖获得者。——译者注

③ 拉斯金(1819—1900)，全名为约翰·拉斯金(John Ruskin)，英国著名作家、艺术家、艺术评论家，作品有《现代画家》、《政治经济散文》等。——译者注

④ 托尔斯泰(1828—1910)，全名为列夫·托尔斯泰(Leo Tolstoy)，俄国著名作家，作品有《战争与和平》、《复活》等。——译者注

⑤ 《罗马法的精神》(*Geist des romischen Rechts*)第2卷，第一部分。

⑥ 耶林的关于合同缔约过失的理论已经被包含在《德国法》的第119条和第120条中。

中英索引对照表（Index）

（这里的数字为原书页码，本书边码）

本书插图索引(List of Illustrations)

(下列数字为原书页码,本书边码)

译后记

《世界上伟大的法学家》一书的翻译，开始于 2002 年，至今已经过去了整整 10 年！其间的快乐和痛苦，焦虑和惆怅，欣喜和沮丧，没有经历过的人，是很难体验到的。然而，不管怎么说，经过一茬又一茬的译者的努力，我们终于完成了全部翻译任务，喜悦之心情，真是不可言表！

先后参加本书翻译的人，有何勤华、刘洋、井涛、刘晓雅、何佳馨、朱怡、占茂华、刘强、陈融、屈文生等华东政法大学、华东师范大学、上海财经大学、上海政法学院等学校的教授、博士生和硕士生。而承担任务最多的是陈融和屈文生两位老师，尤其是屈文生老师，承担了本书三分之二的 40 多万字的翻译，以及全书的统校和重译工作，从 2009 年初接手此工作以来，全力以赴花费了三年多时间，才使本书稿得以目前的面貌面世。对此，谨表示笔者一片诚挚的谢意！

还有其他需要感谢的人，他们是华东政法大学的硕士生李润、张睿、曹悦及本科毕业生秦劼晟、丁莉、孙逸琅、王徽，北京大学的硕士生陆佳，厦门大学的博士生李飞，对外经济贸易大学的博士后石伟、博士生申耘宇、硕士生衡珊珊，华东师范大学的任海涛老师，还有华东政法大学外语学院的德语老师金立成、法语老师陈雪杰。以上师生为本书的翻译校对及部分拉丁文、德文、法文等翻译核对付出了极大的心血。对此，我们表示由衷的感谢！

本书的翻译，也得到了上海人民出版社屠玮涓老师的热情关照。对此，也表示我们一片诚挚的感谢！

由于本书人物众多，语言涉及英、法、德等 7 个种类，处理起来比较困难。因此，我们虽然已经付出了所有的智慧与心血，但本书的翻译仍然可能存在若干缺陷，尤其是作为翻译了 10 年的一本作品，前前后后人手变动多次，在各个环节上都可能出现问题。此点，恳望广大读者批评指正。以便我们在再版时予以纠正。

何勤华

于华东政法大学

外国法与比较法研究院

GREAT JURISTS OF
THE WORLD

EDITED BY
SIR JOHN MACDONELL & EDWARD MANSON

BOSTON
LITTLE, BROWN, AND COMPANY
1914

图书在版编目（CIP）数据

世界上伟大的法学家/（英）约翰·麦克唐奈（John Macdonell），（英）爱德华·曼森（Edward Manson）编；何勤华等译．—2版．—上海：上海人民出版社，2017.11

（世界法学名著译丛）

书名原文：Great Jurists of the world

ISBN 978－7－208－14876－5

Ⅰ．①世…　Ⅱ．①约…　②爱…　③何…　Ⅲ．①法学家－生平事迹－世界　Ⅳ．①K815.19

中国版本图书馆 CIP 数据核字（2017）第 267393 号

责任编辑　屠玮涓

封面装帧　张志全工作室

·世界法学名著译丛·

世界上伟大的法学家

［英］约翰·麦克唐奈　爱德华·曼森 编

何勤华　屈文生　陈　融 等译

世 纪 出 版 集 团

上海人民出版社出版

（200001　上海福建中路193号　www.ewen.co）

世纪出版集团发行中心发行

常熟市新骅印刷有限公司印刷

开本 720×1000　1/16　印张 33　插页 4　字数 621,000

2017年12月第2版　2017年12月第1次印刷

ISBN 978－7－208－14876－5/D·3131

定价　98.00 元